中华枭雄大传

宰相权臣卷

[主编] 邹 博

线装书局

卷首语

中国封建社会,绵延数千年,是什么在维护封建制度的正常运行? 是封建制度下的官僚们。这些官僚,有的是顺历史潮流而动的正面人物,有的是逆历史潮流而动的反面人物,宰相也是如此。

中国宰相在历史政治舞台上一直扮演着一人之下、万人之上的角色,他们几乎一身系天下之安危。相权的大小,无不直接影响政治局势能否稳定,天下能否长治久安。从历史发展的大体形势看,相权重,国势强;相权轻,则国势弱。因而了解了宰相的历史,也就在一定程度上了解了那个时代的历史。除了宰相影响着国家的命运外,还有一个决定国家命运的重要力量,那就是本卷图书的第二部分所要讲的内容——权臣。明代开国皇帝朱元璋就认为,历代灭国之祸,概括起来,不外乎来自女宠、宦官、外戚、权臣、藩镇、夷狄六个方面。

这些权臣,有奸诈卑鄙的小人,也有为民请命独担大任的忠臣。所谓,喜好权力的人并不一定都是奸臣。今天的人喜欢讲一句话:"权为民所用",若能如此,则权臣也没什么不好。

可以说,此卷图书所选的历史人物,既有奸臣存在,但是同样也有忠臣良将的存在,所以,我们也可以通过本卷来了解在儒家思想熏陶下的封建官僚群体的众生相。我们可以想象一下,如果秦始皇身边没有了李斯,刘邦身边没有了张良,李世民身边没有了魏徵,刘备身边没有了诸葛亮……历史会怎样发展呢? 当然历史是不允许我们想象的,因为历史就是历史,但是我们应该认识到,历史并不是几个帝王所创造的。当然,你可以从每一个人物身上都感悟出一点什么,你也可以什么都不感悟,只是又熟悉了一下尘封的历史,可是无论如何,你在阅读本书的时候,你的时间不会虚度。在中国历史上的千位宰相权臣中,遴选出一批具有典型意义(正面的或反面的)的代表人物,把他们的传记精撰成书,使广大读者读了以后,能够了解一定的历史因果关系,能够了解一点可值得借鉴的经验或教训——这是我们编撰本卷的初衷。

目　录

1

中华传世藏书

中华枭雄大传

宰相权臣卷

3

中华传世藏书

中华枭雄大传

宰相权臣卷

7

宰相篇

管仲：变法图强　富国强兵

管　仲

【人物档案】

姓名：管仲
生卒：约前723年~前645年
字号：名夷吾，又名敬仲，字仲
籍贯：颍上（今安徽颍上）人
朝代：战国时期齐国
职务：齐国上卿（即丞相）
主要成就：强齐图霸，辅佐桓公九合诸侯，礼让天下开法家先驱，被称为"春秋第一相"。

【枭雄本色】

管仲是春秋时期的齐国政治家。年轻时家境贫穷。早年经商，后来从事政治活动。在齐国公子小白和公子纠争夺君位时，管仲当时曾支持公子纠。在小白取得君位后，并未仇视他，反而对他加以重用。管仲开始辅佐齐桓公施行改革。在政治上，他推行由君主、二世卿分管齐国的制度，设立各级军事组织，在经济上实行租税改革，颁布实行了若干有利于农业、手工业发展的政策。在国内形势稳定的情况下，管仲提出"尊王攘夷、争取与国"的方针，以达到建立霸权的目的。在管仲的辅佐下，齐桓公先后主持了三次武装会盟、六次和平会盟，史称"九会诸侯，以匡天下"，齐国逐步成为天下诸侯中实力最强的国家，管仲因功被齐桓公尊为仲父。公元前645年，管仲身患重病，在向齐桓公交代接替自己的人选后，没过多久就去世了，齐桓公为其举行了隆重的葬礼，将其安葬在今临淄牛山北麓。后来孔子曾称赞管仲说：如果没有管仲辅助齐桓公做诸侯霸主，一匡天下，那我们如今就会成为披散头发，左开衣襟，为蛮人所统治下的老百姓了。

管仲为后世留有一本巨著——《管子》，对后世影响深远。管仲主张法治，他认为国家治理的好与坏，其根本在于是否能以法治国。除此以外，管仲的思想中还有很多可贵之处，比如他主张尊重民意，以"顺民心为本"等，对后代影响很大。

管鲍之交　各护其主

管仲的祖先是姬姓的后代,所以和周王室是同宗。父亲管庄曾经在齐国担任大夫之职,后来家道中衰,到管仲时已经十分贫困了。管仲是个胸怀大志的人,他很想通过做官来实现自己的理想和抱负,可是一直没有从政的机会。后来,他的才能得到了鲍叔牙的赏识,两人经常在一起谈天论地,由此结下了深厚的友情,并成为了莫逆之交。

当时,为了生计,他们都想到了经商,二人由此便成了合作伙伴。在当时,商人在人们的心目中是很低贱的。不过,也幸亏经商的这段经历,管仲才有机会到各个地方去,从而接触到各式各样的人,见到了许多世面,知道了很多信息,了解了社会中很多别人都不知道的情况,这些经历丰富了他的社会经验。在经商的过程中,赚到钱后,两个人总要进行分红,这时候,管仲总是要求自己多分一些,给鲍叔牙的那份则明显的要少。可是

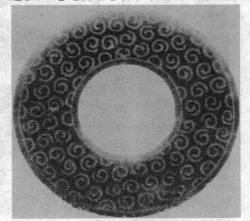

战国晚期阴刻谷纹璧

鲍叔牙对这种事情却看得很淡,从来都不和管仲计较。知道了这件事的人无不说管仲这个人贪财,不讲朋友之谊。但是鲍叔牙听说后马上加以解释,说管仲并非是不讲友情的人,他之所以这样做,是因为家里太贫困了,需要钱的地方很多,我了解他,我宁愿多分些钱给他。

管仲曾经参加过三次战斗,可是每次都是从前线上逃跑回来的。因此,当时有很多人便讥笑他贪生怕死,一点勇敢精神都没有。鲍叔牙听说后就替他解释说,管仲并非怕死,你们不知道,他家中还有一位年迈的母亲需要供养,如果他在战场上战死了,他就不能尽孝道了。管仲也很想为鲍叔牙办些事,可是因为自己各方面的条件所限,结果都没有办成,而且还给鲍叔牙带来了很多新的困难。因此,人们就认定管仲是个没有办事本领的人,可是鲍叔牙却不这样认为,只有他知道管仲胸怀谋略,是个很有本领的人。他现在之所以没有取得成功,因为条件所限,难以施展。这样的相处使两个人结下了深厚的友谊。管仲总是对人讲:生我者父母,知我者惟鲍叔牙也。

后来,因为得人推荐,管仲和鲍叔牙都来到王室。齐国国君齐僖公膝下有三个儿子,即太子诸儿、公子纠和公子小白,管仲奉命辅佐公子纠,鲍叔牙辅佐公子小白。因为国君对小白并不重视,所以鲍叔牙很武断地认为公子小白没有才能,将来肯定不会有什么大的出息,心里非常不满意,总是请病假,躲在家里。管仲知道他朋友这种顾虑后却不以为然,有一天,他来找鲍叔牙,对他说:"现在齐国的民众都

很厌恶公子纠的母亲,由此一来,人们也会不喜欢公子纠,相反对没有母亲的小白却加以同情。所以我认为将来能做齐国国君的必然是公子小白。虽然公子小白不如公子纠聪明,而且性子还比较急,可是这个人却非常有头脑,有远见。我了解公子小白这一点。即使日后公子纠废兄而成了齐国国君,也将会一事无成的。到时你辅助小白安定国家,必有大的作为啊。"鲍叔牙听完管仲这一番话,点了点头,认为他说得非常有道理。此后,他开始竭力尽心地侍奉公子小白。

公元前674年,齐国国君齐僖公去世,太子诸儿即位,是为齐襄公。可是齐襄

齐国故城

公的品行极为恶劣,而且又刚愎自用,独断专行,不能听任何人的意见,做事总是令人难以信服,有这样一个国君,朝中的大臣无不为齐国的前途担忧。齐襄公即位没多长时间,他就和自己的妹妹也就是鲁桓公的夫人文姜秘谋私通,后来还趁鲁桓公酒醉之机把他杀死。管仲和鲍叔牙闻知此事,都预感到齐国过不多久就会发生大乱。所以他们都想方设法为自己的主子谋求出路。因为公子纠的母亲是鲁国国君的女儿,所以在管仲的建议下,他保护着公子纠连夜来到了鲁国。而公子小白的母亲是卫国国君的女儿,卫国离齐国比较远,所以鲍叔牙就保护着公子小白到离齐国较近的莒国去加以躲避。尽管公子纠和公子小白一南一西,可是却都有自己的打算:静观事态发展,准备伺机而动。

齐襄公十二年,齐终于发生了内乱。齐襄公的叔伯兄弟公孙无知因为齐襄公即位后把他原来享有的很多特殊权利全都给废除了,因此大为不满,有一天,他勾结大夫,闯入宫内,把正在睡觉的齐襄公给杀死了。在他的那些拥护者的建议下,公孙无知自立为齐国国君。可是公孙无知并不得人心,他在位仅一年多,齐国的贵族经过一番密谋,就发动了变乱,带人冲入宫中,把公孙无知给杀死了。这样一来,齐国就没有了国君,国内的局势极为混乱。这时,逃亡在外的公子纠和公子小白见这正是大好时机,便都想着赶紧回国,以便夺取国君的位子。

自从公孙无知被杀死以后,齐国国内一直在讨论另立新君的问题。可是大家

战国中期彩漆木雕座屏

的意见并不统一，于是就形成了各种不同的势力。在这些人里，要属正卿高溪的势力最大，因为他自幼就和公子小白相好，所以他和大夫国氏勾结在一起，暗中派人到莒国去请公子小白马上回国来继承国君之位。接到这封信后，公子小白把鲍叔牙给召来，商量计策，最后决定马上启程回国，于是公子小白向莒国借了一些兵马，立即启程，日夜兼程向齐国赶去。而此时的鲁庄公在得知齐国没有国君之后，也马上派人把公子纠找来，告诉他此时是回国争取君位的最好良机，并要他刻不容缓，马上动身启程，一定要设法赶在公子小白的前面。

就在这时，他们又得到了消息，说是公子小白已经先出发往齐国的方向赶去。管仲便向公子纠请命，由自己去阻止公子小白返国，公子纠同意。管仲自带30乘兵车先行出发，来到莒国通往齐国的路上，要对公子小白进行截击。当有探子来报说公子小白的人马已经快要出现时，管仲显得非常沉着，他命人不可乱动，等到公子小白的车马走到附近时，他把早已准备好的弓箭操在手中，然后对准公子小白射了过去。箭中目标，只听到一声惨叫，公子小白应声倒了下去，他周围的人急忙过来照料。管仲眼睁睁看着公子小白被自己一箭射死，感觉心腹大患已除，于是马上率领人马回去。

事实上，公子小白并没有被射死，管仲的那一箭正好射中了他的铜制衣带钩，可当时公子小白脑子反应快，他急中生智佯装倒下。经此一劫，公子小白和鲍叔牙都提高了警惕，命人全速前进，丝毫不得歇息。当他们来到国都临淄时，齐国上下都得到了消息，便出城迎接，于是公子小白就进了城，在正卿高氏和国氏的支持下，很顺利地得到拥戴，由此登上了齐国国君之位，他就是历史上赫赫有名的齐桓公。

投身明主　献策治国

齐桓公即君位后，看到国内混乱不堪，急需有才干的人来辅助自己治理国家，因此他把鲍叔牙找来，对他说，自己想任命他为齐相。鲍叔牙极为诚恳地对齐桓公说："我的才能实在是平庸，对于治理国家大事，必须用有能力的人才，只有如此，才能够使齐国富强起来，我向主公推荐一人，他的能力胜我百倍。"齐桓公便问："不知他是谁，竟能胜你？"鲍叔牙说："这个人是我的好友管仲。"齐桓公听了非常吃惊，他说："难道你不知道他是我的仇人吗？"鲍叔牙回答道："管仲此人实在是天下奇才。他胸有才华，才干超众。"齐桓公便问鲍叔牙："那他比你强在哪里？"鲍叔牙说："管仲能宽以从政，惠以爱民；治理江山，权术安稳；取信于民，深得民心；制订礼仪，风化天下；整治军队，勇敢善战。"鲍叔牙讲完，看到齐桓公也不言语，知道他在想以前的几件事，于是就进一步谏请齐桓公，不要总是把以前的恩怨放在心上，应该释掉旧怨，化解仇恨。同时还指出，当时管仲之所以射国君，是因为他在为公子纠效命，他必须如此去做，如果能把他的这一罪过赦免，并委之以重任，那管仲肯定会像忠于公子纠那样忠于国君，为齐国效力了。

再说公子纠，他认为公子小白已经被管仲给射死了，这样也就没有人来和他争夺君位了，因此他也就不急于赶路了。很近的一段路，他走了六天，才赶到齐国。此时才知道齐国已经有了国君，新国君正好是公子小白。无奈之下，只好又回到鲁国。鲁庄公听说后，决定用武力来帮助公子纠夺取君位，并立即派出了自己的部队。但是齐桓公并不害怕，也不示弱，双方的军队在乾时大战起来，结果鲁军大败。齐军乘胜追击，一直杀入了鲁国境内。

齐桓公修书给鲁庄公，要他杀了公子纠，并交出管仲，以绝后患。否则的话，齐军将对鲁国进行全面进攻。鲁庄公跟大夫施伯进行商议，该用什么办法来应对。施伯认为齐国得到管仲并非是为了报仇雪恨，而是想要任用他来辅政。因为管仲这个人很有才干，可以说是世间少有。如果用他来为政的话，一定会将国家治理得井井有条，国家变得富强。如此一来，管仲倒成了鲁国的大患。所以施伯主张把管仲杀死，然后把尸首送给齐国。可是鲁庄公经过这一次的大败，也知道了齐桓公的厉害。他确实也害怕齐国会对鲁国实行进攻，所以他并没有听取施伯的主张。在齐桓公的威压下，他终于杀死公子纠，并将管仲送交齐桓公。管仲也知道齐桓公有意让自己为他效力，所以他并不担心自己的生命安危。齐国使臣带着被装入囚车的管仲，启程回国。半路上，管仲生怕鲁庄公会改变主意来追杀自己，于是他就让役夫加快赶路。为了能够解除他们的疲劳之苦，他即兴编制了一首悠扬激昂的黄鹄之词，然后唱了出来，役夫听后都感到精神振奋，管仲就教他们一起唱。一路上，他们边走边唱，走得十分轻松，没想到原来需要用两天才能走完的路程，只用了一天半时间就赶到了。

齐国刀币

再说鲁庄公，把管仲给放了之后，果然就后悔起来，他怕管仲被齐国重用，如果真的这样，那无疑会使齐桓公如虎添翼。鲁庄公派兵在后面追赶，可是早已经来不及了。管仲尽管一路上有些恐慌，可是最后还是很平安地回到了齐国。而他的好友鲍叔牙早在齐国边境迎接他了。老友相逢，真是格外地亲切。管仲被从囚车里放出来，去掉了刑具，洗浴之后，二人便在大堂上叙谈了起来。鲍叔牙就把齐桓公的意思对管仲说了出来，希望管仲能辅助齐桓公治理国家，管仲对鲍叔牙说："我没能辅佐公子纠登上君位，而且作为他的一个臣子，又没有为他死节尽忠，实在是深感惭愧。如今让我去侍奉仇人，那会使得天下人耻笑啊。"鲍叔牙诚恳地说："你很聪明，怎么倒说这种糊涂话。成大事就不能拘小节；立大功就无须他人谅解。你有治国之才，就应该找机会展示出来，而今，桓公有做霸主的远大志向，你来辅佐他，定会展翅高飞，德扬四海。"

鲍叔牙安顿好管仲之后，立即回到临淄，向齐桓公做了汇报。齐桓公选择了一个良辰吉日，以极为隆重的礼节，迎接了管仲，以此来表示自己对管仲的重视和信任。此后，齐桓公经常召见管仲和他共同商谈国家大事。有一天，齐桓公把想了很长时间的问题摆了出来。他问管仲："你认为齐国能安定下来吗？"管仲知道齐桓公胸怀大志,所以就直截了当地说:"如果主公想称霸诸侯,国家就能安定富强,你如果只想安于现状,那国家就肯定不会安定富强。"齐桓公听后说:"我现在还不敢说如此的大话,那得看机行事吧!"管仲见齐桓公态度非常诚恳,自己也深受感动,于是他向齐桓公表白说:"主公能免去臣死罪,还委我重任,这实在是我的万幸啊。我能苟且偷生到今天,既然未能为公子纠而死,就应该使国家富强;如果无法做到这些,那我就只能算是贪生怕死之辈了。"齐桓公被管仲的话深深感动了,他对管仲说

战国中期钩内戟

自己决心以霸业为己任,希望管仲能辅助自己实现这样的愿望。

过了一会儿,齐桓公又问管仲,如果想要让国家富强,应该从何做起。管仲看着齐桓公回答说:"先得从得民心做起。"齐桓公又往下问,那怎样才能够做到得民心呢?管仲回答说:"要得民心,必须得爱百姓,如此一来,才能使百姓愿意为国家出力。可是爱百姓就得先使百姓富足,百姓富足了,才能使国家得到治理。安定的国家很富有,混乱的国家则很贫困,所说的就是这个道理。"齐桓公听后点了点头,表示对他的这种观点的赞成,接下来又问,如果百姓富足安乐了,可是兵甲不足又该怎么办。管仲说:"兵只在精而不在多,要想有很强的战斗力,士气要旺盛。如果士气旺盛了,这样的军队肯定能训练好。"齐桓公紧接着又问管仲,如果军队训练好了,可是国家的财力却不足,这又该怎么办呢。管仲马上回答说:"这就需要大力开发山林,发展盐业、铁业、渔业等,由此来增加财政收入。要鼓励商业的发展,如此就能做到取天下物产,互相交易,由中得到税收。如此一来,国家的财力自然就增强了。也就会很容易解决军队的开支问题。"经过这一番讨论,齐桓公心里特别高兴,暗暗赞叹管仲确实是个难得的人才,接下来他又问管仲,如果自己真的兵强、民足、国富了,是不是就可以雄霸天下了?管仲一听,表情瞬间变得严肃起来,他回答说:"不要着急,这时还不可以。因为雄霸天下并不是一件很容易的事情,不可轻举妄动。国家当前所面临的重大任务就是要使百姓休养生息,国家富强,社会安定,只要到了这时,才能够谈论如何称霸天下。"

这番谈话之后,长期困扰在齐桓公心里的问题全都迎刃而解了。没过几天,他就毫不犹豫地拜管仲为相了,由他来主持政事,为了表示对管仲的尊崇,他还尊称管仲为仲父。

施行改革　富国强兵

管仲担任齐相之后,对国内当前的形势做了一番详细的调查,并加以分析,然后,开始对齐国进行大刀阔斧的改革。在行政上:对行政区划和机构进行了划分和整顿,把国都划分为六个工商乡和十五个士乡。这十五个士乡是齐国的主要兵源;把国政分为三个部门,制订了三官制度。通过他的划分和整顿,全国开始形成了一

个统一的整体。在军队建设方面，他采取寓兵于农的办法，把保甲制和军队组织有效地紧密结合在一起，到了每年春秋之际，就以狩猎来加强对军队的训练，这样一来，就大大地提高了军队的战斗力。同时他还规定，百姓不准随意进行迁徙。人们相互间要团结，要做到在夜间作战时，只要一听声音就能分辨出是敌是我；到了在白天作战时，因为能看见容貌，大家能相互认识。为了解决军队的武器问题，规定凡犯罪者可以使用盔甲和武器来进行赎罪。如果

管仲

犯的是重罪，就可以用甲和车戟来赎罪。如果犯的是轻罪，就可以用车戟来赎罪。如果犯的是小罪，就可以用铜铁来赎罪。通过这些措施，可以十分有效地补充军队的装备不足。在经济方面，管仲提出，根据土地的好坏来征收不等的赋税。这样一来，就使得赋税负担趋于合理，从而提高了人民的生产积极性。同时他还倡导大力发展经济，并设置"轻重九府"，用来观察年景的丰歉，百姓的需求问题。同时还规定必须由国家来铸造钱币，大力发展渔业、盐业，并鼓励商户对境外进行的贸易……从此以后，齐国的经济开始走向繁荣。

管仲推行了一系列的改革以后，齐国逐步出现了民足国富、社会安定的繁荣局面。齐桓公为此感到特别高兴，有一天，他把管仲召到宫中，对他说："如今齐国已经是国富民强了，此时适合会盟诸侯了吧？"管仲摇了摇头，加以谏阻说："齐国近年来虽然有了很大的发展，可是当今诸侯之中，实力比齐国强的还有很多，比如在南边有荆楚，西方有秦晋。他们都实力强大，自逞其雄，傲视天下，可是他们却不知道尊奉周王。周王室虽说已经衰微，可是仍然是天下的共主。自从国都东迁以来，各诸侯国们也不知去加以朝拜，不行君父之礼数。如今主公可以以'尊王攘夷'来加以号召，那天下的诸侯自然就会望风归附。"

管仲所说的"尊王攘夷"，就是要求齐桓公尊重周朝王室，承认周天子是天下共同的领袖；使各诸侯国间进行联合，而共同来抵御戎、狄等外部族对中原的侵扰。在当时，"尊王"可称得上是一面正义的旗帜了。

虽然管仲的建议是正确的，但是在国家强大起来之后，齐桓公还是不甘心就此等待时机，他开始准备采取行动了。齐桓公二年，齐桓公以鲁国收纳公子纠为由，第二次对鲁国进行了攻伐。鲁国上次刚被齐国打败，元气还没有得到恢复，现在齐国又大兵压境，这使得鲁国上下一片恐慌。这时候，一位鲁国人挺身而出，帮助鲁国在长勺打败了齐国，这个人就是曹刿。鲁国取得胜利之后，便有些忘乎所以，所以他们又引兵去侵犯宋国，这时的齐国并不甘心自己的失败，为了报长勺大败之仇，齐桓公又和宋国结盟，怂恿宋国不要被动挨打，应该主动对鲁国发动进攻，同时

齐国也派出了大量军队。鲁庄公采纳大夫公子偃的建议，最终在乘丘把宋军给打败了。齐军见形势于己不利，所以也就撤走了。

转过年来，宋国为了报乘丘之耻，又兴兵对鲁国进行了攻击。这时候，鲁庄公趁宋兵还没站稳阵脚就发动了猛攻，结果宋国又吃了败仗。因为连吃败仗，宋国国内开始产生动荡。不久，国内就发生了内乱。大夫南宫长万把新立的郑闵公给杀了，没过多长时间，宋国的贵族又把南宫父子给杀了。如此一来，宋国的力量极大地削弱了。

在齐国西面有一个小国家，叫谭国。齐桓公当年出逃路过那里时，谭国国君对齐桓公很不礼貌，等到齐桓公继位后，谭国也没给予祝贺。按照当时礼法来说，谭国如此失礼，遭到谴责是很自然的事。管仲这时就建议齐桓公对其用兵。谭国怎么能够经受得住齐兵的进攻？所以很快就被齐国消灭了。

青铜器

齐国几乎没有费什么力气，就扩大了国土。

齐桓公五年，在管仲的建议下，齐国约宋、陈、蔡、郑等国在齐国的北杏会盟，共同商讨安定宋国之计。遂国也在被邀请之列，可是他们却并没有派人参加。于是管仲就建议齐桓公消灭遂国，以此来提高齐国的威望。以齐国的实力，当然是很轻松的一件事情。

齐国消灭了遂、谭两国之后，实力大增，而此时的鲁国由于连年战争，实力已大不如前，只好屈服于齐国，两国举行了隆重的会盟。当时，会盟的会场布置的非常庄严，还专门为此修筑了高坛，在两边设立了兵甲武士，显得极其威武。齐桓公和管仲在坛中正坐。本来已经商量好了，只允许鲁君一个人登坛，其余的随行人员只准在坛下等候。可是当鲁庄公和他的卫士曹沫来到会场时，却发生了意外。在他们正要登阶入坛的时候，当时会盟傧相把曹沫给拦住了。曹沫全身武装，手提短剑，对傧相怒目而视，傧相吓得后退几步，于是，鲁庄公跟曹沫就来到坛上。鲁庄公和齐桓公正想要歃血为盟，可曹沫却突然拔剑而起，伸手抓住了齐桓公的衣袖，同时右手已将短剑直逼齐桓公。齐桓公目瞪口呆，幸好管仲非常沉着，他赶忙上前，把身子插在齐桓公跟曹沫之间，然后问道："将军，你想要干什么？"曹沫厉声说："齐国依仗自己强大欺负鲁国，如今鲁国已是城破墙毁，请你们考虑这该怎么办？"齐桓公眼见形势于自己不利，立即答应归还以前占领的鲁国土地，并当场写下了诺约，直到这时，曹沫才收剑，徐步退回了原位。会盟结束，鲁国君臣带着胜利回国。可是齐桓公君臣却闷闷不乐，许多人都建议齐桓公毁约，只有管仲不同意，他对齐桓公说："此约不可毁，否则会失信于诸侯，令天下人都说我齐国不讲信用。所以还是按约定归还鲁国的土地为好。"齐桓公考虑再三，最终采纳了管仲的意见。

没多长时间，宋国背叛了齐国，转过年来，齐桓公就邀请陈、曹两国一起出兵伐宋，同时又派人到周王室去，请求周王室派兵。时间不长，周王室就派大臣单伯带领着军队同三国军队会合，共同伐宋，大军压境之下，宋国只得屈服。此后，齐国的实力开始大增，使得鲁、宋、陈、蔡、卫都先后屈服。

当时，郑国有内乱，于是管仲建议齐桓公来出面调解，由此来提高齐国的声望和地位，以加速实现做霸主的目的。郑国原来的国王是郑庄公，他有两个儿子，一个是公子忽，一个是公子子突。后来，公子忽继位为郑昭公。但是自己的弟弟并不甘心王位旁落，于是就在宋国的帮助下（因为他的母亲是宋国人），逼迫郑昭公退位，自己登位称君，成了郑厉公。为了巩固自己的君位，郑厉公有心要联合齐国。于是管仲就建议齐桓公好好利用这个机会。于是齐国向宋、卫、郑三国提出邀请，同时又邀请了周王室参加，于齐桓公六年，在鄄进行会盟。转过年来齐桓公又召集宋、陈、卫、郑在鄄进行了会盟。通过这次会盟，齐桓公成了公认的霸主。

在晋献公十年的冬季，齐桓公再次召集鲁、宋、陈、卫、郑、许、滑、滕等国的国君，在宋国的幽进行了会盟。周惠王也派使者参加了此次会盟。这次会盟规模空前，几乎所有诸侯国都参加了。就是在这次盟会上，周天子的使者代表天子，授予齐桓公以侯伯的头衔。由此，齐桓公便成了名副其实的霸主。晋献公十五年，鲁国国内发生内乱，鲁庄公死了之后，鲁闵公即位，可时间不长就被庆父给杀死了。鲁僖公即位后，庆父便畏罪自杀。僖公为了巩固自己的君位，便跟齐国会盟于落姑，由此，鲁国也得以安定了下来。至此，齐桓公进一步扩大和巩固了他的霸业，使自己的威望布于天下。

助危扶困　雄霸天下

齐桓公在中原各诸侯间确立了自己的威望，实现了自己的盟主夙愿。可与此同时，边境的那些少数民族狄人和山戎人也逐渐壮大起来。他们屡屡举兵侵犯中原各国的边境，对中原各国造成了严重威胁。周惠王十四年，山戎人攻打燕国，企图阻止燕国和齐国相通，燕庄公见自己势单，抵挡不住，于是就向齐桓公告急。齐桓公当时正准备力量对付南方的楚国，不打算支援燕国。但管仲认为要想征伐楚国，就必须先把山戎给控制住，北方得以安定，才能专心地去讨伐南方。况且燕国被犯，正可举兵伐夷，此举必能得到各国的拥戴。

齐桓公听了，认为很有道理，于是就举兵去救燕国。山戎人听说齐国的大队人马过来了，也不敢久留，匆匆地掳掠了大量财物而去。齐燕合兵一处，在后面进行追击。这次战斗，山戎人损失较大。其首领带着一些人逃入了孤竹国。齐军一下子就把孤竹国给围了起来，孤竹国见没有其他的破敌良策，只好派人向齐军诈降，并献上了山戎首领的首级，同时撒谎说孤竹国的国君已经弃国逃往沙漠去了。齐桓公信以为真，率军追赶。孤竹国的降将带领着齐军进入了荒漠，自己则乘人不备逃之夭夭。此时天已黄昏，只见茫茫一片沙海，狂风吹来，真是寒气逼人，齐军前后部队也失去了联系。齐桓公有些慌了，他向管仲求计。管仲想了片刻，有了主意，他让随行的兵士敲锣打鼓，这样一来，各队人马听到声音，都集结了过来，屯扎在一处，好歹挨到了天明。可是天虽然亮了，沙漠中却异常的炎热，全军将士无不焦急。管仲向齐桓公建议道："有道是老马识途，燕马多是由漠北而来，也许对此地很是熟悉，大王不妨把老马放了，跟着它们或许能寻到出路。"齐桓公点头同意，命人把数匹老马放了，军队紧跟在它们的后面，果然走出了险地。

此时，孤竹国的国君已经举兵攻进了无棣城，赶走了燕兵，那些躲避在山谷中的老百姓也随着回到城里。管仲见此情形，心生一计。他命将士扮成百姓模样混入城里，约定半夜举火为号，然后向无棣城发动进攻。当天夜里，齐军在城中放起火来，并砍开了城门，放大军进了城内。孤竹国国君率众行至

齐国特产——牺尊

北门时，被伏兵截住，两军一番厮杀，杀死了孤竹国国君。齐桓公由此灭了令支、孤竹，把所得土地都给了燕庄公。此后，各诸侯国无不畏惧齐国的威名，感谢齐桓公的恩德。

在救助燕国的时候，鲁国虽然也表示出兵给予支援，可实际上鲁国却没有出兵。齐桓公为此极为气愤，想要出兵惩罚一下鲁国。可是管仲并不同意，他说："鲁齐是近邻，不可为了一点小事就动刀枪，这样影响不好。反过来，我们可以主动改善两国关系。把这次征燕得到的一些中原没有的战利品送给鲁国一些，并陈列在周公庙里。"齐桓公对这个意见极为赞成。这样一做，果然使得鲁国上下受到震动，其他各诸侯国对齐国此举也给予赞扬。

当时处在西北方的狄人也起兵进犯中原，首先攻打邢国，气焰十分嚣张。作为霸主的齐桓公当然不能袖手不管。管仲也在此时向齐桓公建议出兵，于是齐桓公马上派兵去救邢国，邢国得以摆脱困境。可是时间不长，狄人又出兵把卫国给灭了，还把卫国的百姓赶到了黄河沿岸。这时候，宋国出兵相救，并在曹邑立卫戴公为国君。刚刚复国的卫国处境极其艰难。此时的齐桓公听从管仲建议，派人给予卫国极大的支援。这时候，邢国的实力还没有恢复，又遭到了狄人的第二次进攻。狄人此次攻邢，形势极为严重。于是齐桓公联合宋、曹共同救邢。邢国百姓见到他们的军队就如同见到了亲人一般，纷纷投奔过来，狄人再一次被打退。虽然狄人被打败了，可是邢国却再一次被狄人洗劫一空。经管仲建议，在宋、曹两国的帮助下，邢国把都城迁到了夷仪，这里离齐国近，较为安全。这样一来，破乱的邢国再次得到了安定。邢、卫两国在齐桓公、管仲的主持下，得以复国。

在齐桓公致力于图霸中原的时候，南方强国楚国也已经先后攻灭申、息、邓、缯等国，还制服了蔡国，并连年攻打郑国，加紧向中原扩张势力。为遏制楚国北进，周惠王十八年，齐桓公为了救郑国，邀诸侯在荤会盟。此后连续两年又与诸侯分别在贯和阳谷会盟，共谋攻楚。经充分准备，周惠王二十一年春，齐桓公率齐、鲁、宋、陈、卫、郑、许、曹等八国联军，准备南下一举消灭蔡国。楚国见大军压境，忙派使臣屈完来见齐桓公，刚一见面屈完就问："我们相隔千里，不知因何事情使你们兴师动众呢？"管仲听了，就替齐桓公答道："以前周王曾对我们的祖先太公说过，凡五等候至九级伯，如果谁不守法，你们都可以去进行征讨。东到海，西到河，南到穆陵，北到无棣，都是你们可以征讨的范围。现在，你们不向周王进贡，这就是公然违反了王礼。还有昭王进行南征，到现在还没有回去，这事也不是和你们一点关系也没有。我们如今兴师来到这里，正是为了向你们问罪了。"屈完说："多年没有进贡确实是我们的过错。至于说昭王南征至今未回的事，这件事情发生在汉水，你们去汉水那里打听好了。"楚使屈完的态度不软不硬，齐桓公没有进攻的好借口，只好命令

大军后撤，在陉驻扎下来。

南北两军从春季到夏季，一直处于对峙状态，过了半年之久。楚国又派屈完来谈判。其实齐桓公和管仲都无意打仗，只不过想显示霸主的威风，吓唬一下楚国而已。所以这次的谈判很快达成了协议。同时齐桓公为了炫耀自己的兵力，还请屈完来观看军队。齐桓公指着军队不无骄傲地说："这样的军队，能有什么样的敌人抵抗得住。有这样的军队去攻关克城，能有什么样的关城攻克不下呢？"屈完听后非常沉静，他说："若有德的国君以德来安抚天下诸侯，那又有谁不敢服从呢？如果仅凭武力，我们楚国就可以把方城山当作城，把汉水当作池，城有这么高，池有这么深，你的兵再多，也会无济于事的。"他的回答，委婉有力。齐桓公只好和楚国结盟。由此结束了南北军事对峙的局面。

齐五字刀背辟封

公元前 651 年，周惠王去世后，齐桓公会同各诸侯国拥立太子郑为天子，他就是周襄王。周襄王即位后，为了表彰齐桓公的功德，命宰孔赐齐桓公文武胙、彤弓矢等物品。齐桓公又召集了各诸侯大会于葵丘，举行受赐典礼。在受赐典礼上，宰孔说因齐桓公年老德高，不必行下拜之礼受赐。齐桓公想要听从王命，可是管仲却在旁进言道："周王虽这样说，可是作为臣子，却不可不敬。"齐桓公一听管仲说的有道理，于是答道："天威无人敢犯，小白岂敢贪王命，而废作臣之职吗？"说完，下拜稽首，然后才登堂入座。众诸侯见到此景，无不叹服齐君有礼。齐桓公接下来又重申盟好之意，并订立了新盟。这次的"葵丘之盟"是齐桓公霸业的顶峰，也是管仲事业的顶峰。

齐桓公在管仲的辅佐之下，经过了近 30 年时间的苦心经营，先后主持了三次武装会盟，六次和平会盟，还辅助过周王室一次，因此史称其"九合诸侯，一匡天下"，成为当时公认的霸主。周襄王五年，周襄王的弟弟叔带勾结戎人进攻京城，齐桓公派管仲去相助，在管仲的帮助下，平息了周室内乱。管仲深受周王赞赏。周襄王想用上卿礼仪设宴来招待管仲，但管仲没有接受。周王以下卿礼仪相待时，他才接受。

多年的操劳和年龄的偏大，令管仲的身体状况极差，有一次，管仲身患重病，齐桓公前去探望，并询问在他之后，谁可以担当相位。管仲说："身为国君应该是最了解臣下的。"齐桓公想了一下，便说："鲍叔牙如何？"管仲极其诚恳地说："鲍叔牙倒是一位真君子，可是他善恶过于分明，如见人之一恶，会终身不忘，这样的人是不可担此重任的。"齐桓公接下来又问："那易牙怎样？"管仲说："易牙不惜烹了自己的儿子来讨好国君，没有人之善性，不可用来为相。"齐桓公又问："那开方又如何呢？"管仲答道："卫公子开方在他父亲去世的时候都不回去奔丧，这样没有父子情谊的无情无义之人，怎么可能会真心忠于国君呢？况且他放弃封地，来俯就于国君，其心中所求也必定会过于千乘之封。所以国君应当疏远这种人，切不可让他担此重任啊。否则会后患无穷。"齐桓公又问："那竖刁这个人又如何？他为了来侍奉寡人宁愿把自己的身肢弄残，难道这样的人还会不忠于我吗？"管仲仍旧摇头说："连自己的身体都不爱惜，似这样违背人情的人，又会怎能发自真心的忠于您呢？

请国君万万不可重用这三个人，否则国家必出大乱。"管仲接下来向他推荐了性情忠厚，居家而不忘公事的隰朋。

管仲与齐桓公的谈话被易牙知道后，他气急败坏地去找鲍叔牙。并说："老将军，管仲可是在您的推荐下，才能有今天的地位，可是他却恩将仇报！国君本打算让您做相，他却没有同意，反而推荐了隰朋，我真替您抱不平呀！"没想到鲍叔牙哈哈一笑说："管仲荐隰朋，说明他一心只为社稷宗庙进行考虑，并没存有私心来偏爱友人。如果要我来当政，哪会有你们的容身之地？"易牙由此深知管仲交友之密，知人之深，于是很没趣地溜走了。周襄王七年（公元前645年），管仲病重过世，齐桓公为他举行了隆重的葬礼，将其安葬在今临淄牛山北麓。

但是，齐桓公并没听管仲忠言，对易牙等三人加以重用，终于导致易牙、竖刁作乱，将齐桓公困于宫中的悲剧。桓公不由懊悔地说："我还有什么面目去见仲父呢？"桓公就这样被活活给饿死了。他死后，齐国发生了内乱，致使齐国霸业走向了衰落，中原霸主之位也逐渐移到了晋国。

蔺相如：临危受命　有勇有谋

姓名：蔺相如
生卒：不详
籍贯：山西省古县东北约50公里处的蔺子坪村
朝代：战国时期赵国
职务：赵国上卿
好友：廉颇
主要成就：完璧归赵，渑池之会。

蔺相如

【枭雄本色】

　　蔺相如是战国时期赵国人，起初只是在宦官头目廖贤手下做门客。因为他极有胆识，便被推荐给赵惠文王，让他带着和氏璧出使秦国，蔺相如知道秦王没有以十五座城池来换和氏璧的诚意，他据理力争，以自己过人的胆识，终于完璧归赵。两年过后，秦赵两国在渑池相会，蔺相如更是以他超人的勇气，维护了赵国尊严，为赵王保住了面子，回国之后，蔺相如就被赵王封为上卿。

　　老将廉颇对蔺相如的官位超过自己感到不满，他扬言要找机会对蔺相如羞辱一番。蔺相如以大局为重，处处对廉颇避让，他的门客为此十分不满，蔺相如就解释说："秦王我都敢当众呵斥，难道还怕廉将军吗？秦国之所以不敢侵犯赵国，就是因为我和廉将军辅助赵国的缘故啊，在国家安危面前，就要舍弃个人恩怨才对啊！"廉颇听说后深感惭愧，他马上解衣露膊，来到蔺相如府上负荆请罪。这就是历史上有名的"将相和"的故事。

【风云叱咤】

以城易玉　临危受命

　　公元前283年，赵惠文王得到了楚国的和氏宝玉。这块宝玉洁白无瑕，把它置于暗处，它就会闪放光泽。而且这玉还能去除尘埃，有驱逐蚊蝇的功效，如果把它置于怀里，还可以冬暖夏凉。由此可见这是其他玉石所不能相比的宝贝。这块宝玉相传是春秋时楚国人卞和在山中发现，别人都以为它只是一块玉璞，看上去和普通的石头没有什么区别。可是卞和却认为它是块难得的宝石，所以他很想把它献给楚国的大王，他先后两次来到王宫，想把它献给厉王、武王，可是经过玉工的鉴定，都说这只是块普通的石头而已，这样一来，就把国王给惹怒了，他们都以为是卞和戏弄自己，所以他们分别砍掉了卞和的左右脚。楚文王继位时，卞和就抱着玉璞在山中哭泣个不停。楚文王知道这件事后，他叫人把卞和找来，而后命人把这块玉璞剖开，果然得到一块稀世的美玉，由此取名为"和氏璧"。

后来，这块宝玉辗转到了赵国国王的手里。时隔不久，秦国的国君秦昭王知道了这件事，他也很想得到这块宝玉，于是他就派遣使者来到赵国，把自己的一封信交给了赵惠文王，在这封信里讲明就是自己愿意拿秦国的十五座城池来换取赵国的这块宝玉。赵惠文王读完信后感到非常为难，不知道该怎么办才好，于是就把大将军廉颇和其他的文武大臣都召到大殿上来，把秦王来信的意思说了出来，问大家这事该怎么办。

秦国在当时的诸侯国中是势力最强大的，秦国曾多次欺骗过其他的国家，只要和秦国打交道，没有不吃亏的。赵惠文王担心即使把和氏璧送给秦国，秦国也不会真的用十五座城来交换，如此一来，就会白白地受到欺骗；如果不给，秦强赵弱，又害怕秦国会出兵来攻打赵国。他为此感到十分为难。这时有位大臣提议说："我们可以派一位智勇双全的人带着和氏璧去秦都咸阳见秦王，如果秦国把答应给赵国的城池给了赵国，那就把璧给秦王；如果赵国得不到城池，那就把和氏璧再带到赵国来，这可称得上是两全之计。"君臣一番议论，感觉目前只有这种办法是最好的。可这时候又出现了一个新的难题，那就是派谁到秦国去和秦王交涉这件事，谁愿意担当赴秦的使者？

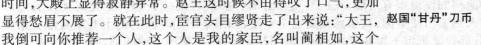

这个问题说出来，朝中的文武们开始还交头接耳地说几句，可是过了一会，就谁都不言语了。因为大臣们都知道，秦国可不是好惹的，此事处理不好，还会有引发战争的危险。去和秦王当面进行交涉，谁也没有这个胆量，因为大家都知道秦王是个蛮横不讲理的暴君，他总是凭借着自己的强大对弱国进行欺诈。一时间，大殿上显得寂静异常。赵王这时候不由得叹了口气，更加显得愁眉不展了。就在此时，宦官头目缪贤走了出来说："大王，我倒可向你推荐一个人，这个人是我的家臣，名叫蔺相如，这个人很有心计，并且勇略过人。我觉得派他到秦国，一定会完成任务的。"赵王一听，眼睛一亮，于是他就想深一步了解蔺相如这个人，他问："那你怎么肯定他可以出使秦国呢？"缪贤说："我原先冒犯过大王，当时因为怕您治我的罪，所以我就打算偷偷地逃到燕国去。蔺相如知道后，马上劝阻我说：'你怎么知道燕王就一定会接纳你呢？'我就告诉他说：'我曾经跟随大王在边境上跟燕王相会。当时燕王曾经私下里握住我的手表示愿意跟我交朋友，可见我给燕王的印象还不错。所以，我就决定到燕国去投靠燕王。'蔺相如听了，却不以为然地摇了摇头说：'燕王之所以愿意跟你交朋友，是因为赵强燕弱，而你又是赵王最宠信的大臣。现在你如果弃了赵王逃到燕国，那燕王因为害怕赵国，所以绝不敢收留你，相反他还会把你给捆绑起来送回赵国。到那个时候，恐怕你的性命也就难保了。我给你出个主意，你现在还不如脱掉衣服，赤身伏在腰斩人的斧子上，亲自到大王面前去认罪，请大王进行处罚，相信大王宽厚仁慈，他会对你宽恕的。'我听从他的主意，于是就按照他说的去做了，结

赵国"甘丹"刀币

果大王您还真的宽恕了我。所以我认为派蔺相如去就一定能够圆满地完成这个任务。"赵王点了点头,他想,目前也没有其他合适的人选,只好派蔺相如去了。

他马上派人把蔺相如给召到了大殿上。赵惠文王问他:"如今秦王要用十五座城池来换和氏璧,你说我们可以答应他吗?"蔺相如回答说:"秦国强大赵国弱小,我们不能得罪他,此事不得不答应。"赵王又问:"可是我担心秦王得了和氏璧,却并不肯把城池交给我赵国,你说这又该当如何呢?"蔺相如说:"这确实是令人担心的事,可是秦国说用十五座城来和赵国交换和氏璧,如果赵国不答应此事,那就是我们理亏,秦国也正好以此为借口来攻打赵国;如果赵国把和氏璧送交到秦国,而秦国则不肯把城池交给赵国的话,那就是秦国理亏。所以做一下比较,我认为还是答应秦国为好,派人把和氏璧送到秦国去,这样就会让秦国背负不讲道理的责任。"赵王认

古县蔺相如墓

为蔺相如说得很有道理。过了一会儿,蔺相如接着说:"我想大王此时还没有适当的人选去出使秦国,我愿意接受这个差使,如果秦国当时真的把十五座城池交给赵国,那我就把宝玉留在秦国;如果秦国并无诚意,不交出城池的话,我一定会把和氏璧完好无损地带回赵国来。"

赵惠文王听了蔺相如的话十分高兴,当即任命蔺相如做出使秦国的使臣,准备让他带着和氏璧去往秦国。但是在去秦国之前,赵王要求蔺相如一定要和赵国有名的大将廉颇见见面,再好好商讨一下。廉颇是赵国最有声望也是赵王最器重的大将。早在武灵王在位时,他就率军南征北战,为赵国立下了汗马功劳;赵惠文王上了台之后,他更是东挡西杀,为赵国屡建奇功,因此,赵惠文王非常器重他。可以说,对赵国来说,他是谁也比不了的功臣,地位是举足轻重。

廉颇这几天总是想着秦王要用十五座城池来换那块和氏璧的事,他知道赵王找自己肯定是商量这件事情。所以,他很快就来到赵王的宫中。到了宫里之后他才发现,除了赵王之外,还有一个陌生的黑瘦大汉也在这里。廉颇心里面在想,不知这大汉是什么人? 看见自己最为倚重的大将军到了,赵王很高兴,立即开口说道:"廉将军,我来为你们相互引见一下,现在站在你对面的人是蔺相如,将要代表

我们赵国出使秦国。"廉颇和蔺相如相互见礼。蔺相如很诚恳地说:"廉将军,我早就听说您的大名了。真是如雷贯耳。"廉颇也不由自主地从上到下地打量了蔺相如一番。赵王这时对廉颇说:"廉将军,秦国想要用十五座城池来换和氏璧。你知道

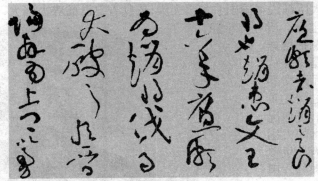

廉颇相如帖

和氏璧可是我们赵国的宝物,可是秦国这样提出来,如果不给他去看,就会显得我们赵国太小气了。廉将军,你认为如何呢?"廉颇说:"那就让他看也无妨,他若不还,我们赵国就可以和他开仗。"赵王听廉颇这么说很高兴,他说:"我赵国有廉将军领导的军事力量做后盾,那我就什么都不用怕了。蔺相如,你说我们该怎么做呢?"蔺相如说:"我带着和氏璧前往秦国时,廉将军可以将大队人马驻扎在秦国和赵国的边界处。做好打仗的准备。我先行秦国,见到秦王之后,见机行事,有一点大王尽可放心,我会使和氏璧完好无损的回归赵国的。等我带着宝玉来到安全的地方,廉将军即可撤兵。这样一来,可起到威慑秦国的作用。也不会让秦国抓到什么把柄,更不会出现什么乱子。"赵王认为这个策略很好,点头称赞,立即安排就这么执行。

秦廷智斗　完璧归赵

　　蔺相如到了秦国,秦昭王在章台,也就是他的偏殿中接见了蔺相如,蔺相如双手捧着和氏璧,样子很是恭敬,秦王的侍从把璧接过来,交到秦王手里,秦王很小心地接过和氏璧。把外面的布锦打开,里面包着的果然是一块纯白无瑕的宝玉,只见这块宝玉光华闪烁,经过天衣无缝的精雕细琢,的确是块稀世之宝,秦王赞叹不已,他正在欣赏,这时他的那些妃嫔闻讯赶来,都说要看这块玉,秦王很高兴的就把玉递了过去,由她们依次进行赏玩,接下来,秦王又把玉让他的文武大臣和侍从们欣赏,看了玉的人无不啧啧称赞,称大王得此宝玉乃是上天所赐,纷纷向秦王表示祝贺。君臣们只知道议论和氏璧的事,似乎倒把蔺相如给忘记了。过了好长的时间,秦王都未提及以城换璧的事。

　　一直站在殿上的蔺相如看到这种情形,已料到秦王绝对不会是以城换璧,可是如今璧在秦王手里,该如何把它要回来呢?他灵机一动,便有了主意,他对秦王说:"这块宝玉看上去确实很好,可是还是难免有点小毛病。"秦王一听,不由问道:"是吗?本王倒是没有看出来,那你指给我看。"说着,他就叫人就把璧交给蔺相如,蔺

相如把璧接过来，猛然间向后疾速地退了几步，让自己的身子靠到柱子。这时候，蔺相如就面现愤怒之色，连头发都快竖起来了。他义正词严地对秦王大声地说道："大王为了想得到这块美玉，写信给我家赵王，说要用十五座城池来交换这块玉，当时朝中的文武大臣都说秦国国君贪得无厌，依仗着自己的势力强大，想用几句空话来骗取赵国的宝玉。所以大家都不同意把璧送来。可是我却是这样认为的，平常老百姓交朋友都喜欢相互之间注重信誉，从不欺骗，更何况秦国是一个堂堂的大国呢？不至于因为一块璧而伤了两国的和气。因此赵王就采纳了我的意见。为此他还斋戒了五天，写下了国书，然后派我为使臣带着和氏璧来到了秦国。赵王的态度是如此恭敬。可是大王却在偏殿接见我，而且大王的态度又是如此地傲慢。把这样贵重的宝玉随便交由下人们观

秦始皇

看，这不是明摆着在戏弄我吗？同时也是对赵国的不尊敬，所以我认为大王并不是诚心诚意用城来换璧，因此我就把它要了回来。如果大王一定要逼迫我，那我宁愿自己撞死在这柱子上，也要把这块宝玉撞个粉碎。"说完，蔺相如双手举起和氏璧，眼瞅着柱子，做出要向柱子砸去的样子。

秦王见状，不由担心起来，他害怕和氏璧受到损伤，于是立即叫住蔺相如，让他不要这样做，然后赶忙向蔺相如赔礼道歉，说："先生不要误会，我怎能不讲信用呢？"同时又把掌管地图的官员叫了过来，秦王当着蔺相如的面把地图摊开，指着地图上的地方对蔺相如说，自己想把从这里到那里的十五座城划归给赵国。此时，蔺相如却很冷静，他想，秦王这样无非是装装样子而已，绝对不会真的就把城池给赵国，为了给自己赢得时间，他就对秦王说："和氏璧是世上罕有的宝贝，赵王对这块玉极是喜欢，可是因为害怕秦国势力强大，所以不得不献给秦王，因此赵王在送走这块璧的时候，斋戒了五天，还在朝堂大殿上举行了十分隆重的仪式。如今大王想要接受这块玉，就应该学赵王的样子，先是斋戒五天，然后在朝堂大殿上举行九宾之礼，这样一来，我才会放心地把这块宝璧献给大王。"秦王一想，和氏璧在蔺相如的手里，不好采取强取硬夺的办法，于是他就答应了蔺相如所说的条件。准备斋戒五天，随后，他就安排人把蔺相如等人送去休息。出了皇宫之后，蔺相如心里想，尽管秦王答应斋戒五天，可是却不一定会真的把十五座城给赵国，这很可能只是秦王的缓兵之计，他还是准备伺机强取宝玉的，为了以防万一，蔺相如就选了一名办事

精干的随从，让他穿上平民的粗布衣服，打扮成了普通老百姓的样子，怀揣着和氏璧，悄悄地溜出咸阳城，自小路连夜赶回了赵国。

再说秦王，他假装自己斋戒了五天，然后就在朝廷大殿上设下了隆重的九宾之礼。两边站着文武大臣，一派庄严气氛。接下来，秦王传下命令，要蔺相如来到殿上向秦王献和氏璧。蔺相如接到消息后，快步走入朝堂大殿，对秦王行礼完毕。这时候，秦昭襄王对蔺相如说："我已经斋戒五天了，现在就请你把和氏璧拿出来吧。"蔺相如说："秦国自秦穆公以来，已经历经了二十一位国君，可是却没有一个是讲信用的。因此我担心自己受到大王的欺骗从而对不起赵国，所以我就派人暗中把和氏璧带着离开秦国，如今恐怕早已到了赵国了。"秦王一听，当时脸色就沉了下来，不由地大发雷霆。可是蔺相如却举止从容，十分镇静地说："请大王不要发怒，让我把话说完。当今天下人都知道秦国是强国，赵国是个弱国。所以赵王自从接到大王的信，说是要以城换璧之后，赵国没有丝毫的违抗，马上就派我前来，把宝玉送来。天下只有强国欺负弱国的，决不会出现弱国欺压强国的道理。大王如果真的想要那块璧的话，就请先把那十五座城池割让给赵国，然后派使者同我一起到赵国去取璧。只要赵国得到了十五座城池，绝不敢不把璧交出来。这一次的确是我欺骗了大王，实是罪该万死，可是我已经做好了不想生还的打算了。现在大王尽可以把我扔进油锅里烹死。这样一来，也让天下的诸侯都知道秦国为了得到一块璧而诛杀了赵国的使者，这样更显大王的威名了。"秦王听蔺相如振振有词，可是他又狡辩不得，对此他只得苦笑了一下，因为他已经知道，自己的阴谋被彻底揭穿了，于是他说道："无非就是一块玉而已，没什么大不了的。"可是秦王的那些文武大臣们却都建议秦王把蔺相如给杀掉，秦王对众人说："杀了蔺相如也没什么好处，不但得不到宝玉，反而损害了秦赵两国的友好关系，也损害了秦国的名声。所以还不如趁机好好对他进行招待，放他回赵国去。"

接下来，秦王仍旧依照九宾之礼隆重地招待了蔺相如，然后又很客气地送他回赵国去了。蔺相如有惊无险地回到了赵国。赵惠文王对他能如此圆满地完成出使任务非常赞赏，在朝堂之上就把他提拔为上大夫。

秦昭襄王本来也不是真心想用十五座城池去换和氏璧，只不过是想借此事件来试探一下赵国的态度和实力而已。现在看到赵王身边还有蔺相如这样有勇有谋的人，知道赵国虽然实力没有秦国大，但也不能小视，所以也就不再打赵国的主意了。

渑池会盟　将相言和

公元前 282 年，秦国派遣大将白起攻打赵国，并很快就攻取了赵国的简和祁两个地方。转过年来，秦兵又攻占了赵国的石城；一年过后，秦国再次向赵国发动进攻，在两军交战的过程中，赵国损失了两万多军队，可是秦军的攻势也由此被遏止住了。公元前 279 年，也就是赵惠文王二十年，秦昭王为了能够抽出时间和精力攻打楚国，就想同赵国讲和，于是他派使者来到赵国，约请赵王在西河外的渑池会面，想要互修友好。赵王心里感到害怕，他当即召来了几位重臣，进行商议。多数的人都不同意他去，他也打定主意不想去，可是蔺相如却不赞成，他说："大王，前次因为和氏璧的事，我已跟秦昭襄王打过交道。他表面上恶如虎狼，可是想要吃人也不是件容易事。我劝大王还是到渑池会盟为好。臣愿保驾前去！"大将军廉颇也认为赵王推辞不去，这样并不好，他说："秦王现在约您去会谈，如果大王不去的话，那就显得我们赵国胆怯，会受到其他诸侯的耻笑，所以还是去为好。"赵王一见二人都极力建议自己去，况且蔺相如还愿意保驾前往，所以也就有了勇气，当场做出决定，赴渑池会盟，同时命令蔺相如随同前往，由廉颇率领大军护送。廉颇把赵王护送到了边境，在临分手之际，他对赵王说："大王此次去渑池，来回路上行程所用时间，再加上会谈的时间，估计不会超过三十天。为了防止有什么意外，如果三十天之后大王还没有回来的话，请允许我们让太子继任王位，以此来断绝秦国想要扣留大王对赵国进行要挟的念头。"赵王同意了他的建议。

　　此后，廉颇开始在赵国的边境布置大量的军队，以防备秦国趁机向赵国发动进攻。很快，赵王在蔺相如的陪同下如约来到了渑池，见过秦王之后，双方行过礼，便到筵席中就座，秦王和赵王互相叙谈，当酒喝到中巡的时候，秦王便想显示自己的霸道，他对赵王说："我听说赵王很喜欢弹瑟，为了助酒兴，正好我这里有瑟，就请你给弹一支曲子来助助兴，如何？"赵惠文王虽然知道秦王这是有意要羞辱自己，可是因为惧怕秦王，他不敢推辞，只得弹了一曲《湘灵》，弹奏完，秦王又讥讽道："我早就听说赵国的始祖列宗都很擅长音乐。如今看来，你鼓瑟鼓得好，看来的确是深得家传呀！"说着，他召来秦国御史，命他在竹简上写道：某年某月某日，秦王与赵王于渑池宴会，秦王命赵王为之鼓瑟。蔺相如看到这一切，感到极为生气，秦王这不是明摆着倚势欺负赵王吗？于是他想为赵王把这个面子争回来，他上前走了两步，对秦王说："我们赵王听说秦王特别擅长击缶，正好我这里有个缶，现在就请你敲缶来让大家高兴高兴。"秦王听了，脸色当时就沉了下来，自然不肯答应蔺相如的要求。蔺相如一见，立即端着缶走到秦王近前。可是秦王就是不肯敲，这时蔺相如就说："我现在离大王只不过五步，如果大王不答应的话，那我就是拼着一死，也要与你同归于尽了。"他这句话的意思就是要和秦王拼命。这时，在秦王两旁的侍卫看到主人受到胁迫，当即拔出刀来，要过去杀蔺相如。蔺相如双眼一瞪，须发皆直，大声喝叫："谁敢过来！"那侍卫吓得后退几步，再也不敢上前，秦王虽然心里不高兴，可是他早已领教过蔺相如的厉害，怕他和自己死拼，所以只

战国时期的铜质扣饰

得勉强在缶上敲击了几下。蔺相如回头把赵国的御史叫来，也让他把这件事情给记了下来：某年某月某日，赵王与秦王在渑池宴会，赵王命秦王为之敲缶助兴。

　　这场酒筵从开始到结束，为了维护自己国家的尊严，蔺相如始终在和秦王及他的大臣们进行针锋相对、不屈不挠的斗争，并凭借着自己的智慧和勇气挫败了秦国的图谋之心。秦国那些大臣们见到秦王丝毫没有占到便宜，于是就有人说："请赵王献出十五座城池来为我家秦王祝寿！"蔺相如也并不示弱，马上说："请秦王拿出咸阳来为我家赵王祝福！"

　　这时候，双方的局面已经非常紧张了。此时秦昭襄王已经得到手下的汇报，赵国派遣的大军就驻扎在临近的地方，如果要是真的动起武来，恐怕自己也不会得到

什么便宜,他马上喝住了自己的大臣,然后说道:"今天是我们秦赵两国君王欢会的日子,本来就是来论盟交好的,你们不要多说了。"接下来,他非常恭敬地送赵国君臣回国。秦赵两国的渑池之会总算有个圆满的结局。自此之后,秦、赵之间暂时没出现什么战事。

由于蔺相如的两次出使:完璧归赵,渑池挫秦,都使赵国免受屈辱,可以说是为赵国立下了赫赫大功,因此他在赵国声名大振。赵惠文王也因此而对蔺相如更加信任。他在朝堂之上,拜蔺相如为上卿,如此一来,他的地位就处在群臣之首,大将军廉颇也在他之下。赵惠文王如此对待蔺相如,廉颇打心眼里不服气。廉颇对人说:"我身为赵国大将军,不知道立下了多少的汗马功劳。那蔺相如有什么本事?只是凭着一张嘴,而且,他原本是宦者的门客,出身极是卑贱。如今他的官位竟然在我之上,这可真是我的羞耻,我绝不甘心在他之下!"他同时还对外放言说:"如果我碰到了蔺相如,一定要当面对他进行羞辱一番。"他说的话传到了蔺相如的耳朵里,蔺相如为了避免和廉颇正面相见,只要是上朝,他就托病请假,他不愿意跟廉颇争位次的先后。

有一次,蔺相如坐车出门,身边还跟着几个门客。真是冤家路窄,当他们行驶到一条窄窄的街上时,迎面看到廉颇的车马也正在向这边驶来。为了避免发生冲突,蔺相如吩咐赶车的赶快退到旁边的一个小巷子里去躲一躲。等廉颇的马车过去之后,他的车才从巷子里走出来,重新来到街上。蔺相如手下的门客对蔺相如的这种做法感到非常不解,从外面回到府上之后,他们就责怪蔺相如不该如此胆小怕事。他们对蔺相如说:"我们背井离乡不远千里来到这里,投奔在您的门下,就是因为我们敬仰您的为人,因为你富于正义,有胆量有勇气,不会向外敌屈服。可是如今您比廉颇的职位还高,廉颇还公开说出那些令人难堪的话,您见到他就害怕得躲闪回避,就如同猫见了老鼠一般,实在是太胆小了。这样的事如果让平常人遇到也会感到羞愧万分,何况你还是身为将相的人呢!我们的气

廉颇与蔺相如

量太小,实在难以忍受下去,所以只得跟您告辞了。"说到这里,他们就要转身离去。蔺相如知道他们对自己的做法有意见,于是拦住他们,对他们说道:"据你们看来廉将军跟秦王相比,哪一个更厉害?"门客们不约而同地说:"当然是秦王厉害了。"蔺相如说:"请各位想一想,秦王那么厉害,我都敢在朝堂上当众呵斥他,难道我还会害怕廉将军吗?"门客们听了,觉得很有道理,就很纳闷地问道:"那你为什么不敢见廉将军啊?"蔺相如见他们的脸色有所缓和,就耐心地给他们解释说:"因为,实力强大的秦国之所以不敢来侵犯我们赵国,就是因为赵国有我和廉将军两个人在这里。如果我们两个人之间产生了不和,仅仅因为私人意气而争斗起来,就好比是二虎相

斗,必有一伤啊。如果这件事情让秦国知道了,他们一定会趁机来侵犯赵国。所以为了赵国的安危,我根本就不需要计较这些个人的得失,就是因为这个,所以我才时时处处让着廉将军。"这件事情过了没多久,赵惠文王就知道了,他担心自己最为倚重的两个大臣产生不和,由此会对赵国不利,于是他派人请来了当时很有名气的游说名士虞卿,要他去说服廉颇,虞卿当即就答应下来。这一天,虞卿来到了廉颇府上。见到廉颇的面之后,虞卿首先把廉颇攻城略地,为赵国立下的巨大功绩着实夸耀了一番,接下来,他就话锋一转,说:"廉将军,如果论起军功,那蔺相如无论怎么说都无法比得上你;可是如果论起气量,那将军你可就不如他了。"廉颇起初听他夸奖自己,还比较高兴,可是听到虞卿这话之后,脸色马上就变了,他勃然大怒地问:"蔺相如所凭的只不过是口舌而已,不过是一介懦夫。他能有什么气量?"虞卿对他说:"廉将军,秦王你是知道的,他的威势可是够大的了,可是面对秦王,蔺相如从不害怕,你想一下,他又怎么会怕你呢?我听蔺相如说,秦国之所以怕赵国,就是因为赵国文有蔺相如武有廉将军您啊。如果你们两个人互相攻击,秦国知道了一定会拍手称快。到了那时候,秦国可就不怕赵国了,到时赵国肯定就要遭受秦国的凌辱。就是因为这,蔺相如才会有意避开你。显然,蔺相如首先想到的是国家,他也是因为国家才会不计较个人恩怨的啊!"廉颇听了虞卿的这一席话,顿时哑口无言,满面通红。这时,他才醒悟过来,原来蔺相如躲避自己不是害怕自己,而是怕和自己闹矛盾而影响国家前途呀。想到这里,他直埋怨自己真太小心眼了,在心里暗自佩服蔺相如这种以大局为重的高尚品质。为了表示自己的愧疚之情,这位平时威风凛凛的廉将军,当即赤着上身,并在背上绑缚着荆条,也不坐车辇,一个人步行来到蔺相如的府上请罪。

见到蔺相如后,他扑通一声跪在了地上,说:"蔺上卿,我廉颇是个武夫,没有什么大的见识,气量窄小。不知道您竟能如此宽容忍让我,真是让我惭愧万分啊。我实在是没有脸面来见您。这次我是特意来请您责打我的。"说着,廉颇从身背后取下荆条,递给蔺相如,要他责打自己。蔺相如见此,他也马上跪在地上,和廉颇跪了个面对面,他说:"廉将军啊,你我二人都是赵国的大臣,一起服侍赵王,为了国家的社稷,将军能够体谅我,我就万分感激了,又怎么敢劳将军负荆前来请罪呀!只要我们能够肝胆相照,不要反目成仇,那秦国就不敢小瞧赵国了。"蔺相如说着,马上伸手把廉颇扶了起来,并把自己的衣服给他披上,然后让他落座。廉颇见蔺相如如此宽宏大度,心里非常感动,他极为诚挚地说道:"蔺上卿,我愿和您结成生死之交,虽刎颈而心不会变!"蔺相如一听,非常高兴,当即就很爽快地应下了。于是,这赵国的一将一相,结成了刎颈之交。

廉颇、蔺相如的相亲相近,使很多的赵国大臣深受感动,他们也开始像蔺相如和廉颇一样,相互团结,这样一来,赵国的力量大大增强,有实力来抗拒强秦的侵犯了。

李斯：才高齐天　谋深如海

【人物档案】

姓名：李斯
生卒：？～前208年
朝代：秦朝
职务：左丞相
主要成就：协助秦始皇统一天下，极力主张实行郡县制、废除分封。
陵寝：河南省驻马店市上蔡县蔡国故城西南部的芦岗乡李斯楼村东南角。

李　斯

【臬雄本色】

李斯，功过昭著的秦王朝名相，一生都在毫不伪饰地追逐功利权势。少年出道，研学帝王术，初投秦相吕不韦，后宫帏进言，献翦诸侯，灭六国，成帝王之策，得秦王赢政信赖，驰骛于秦都。

以《谏逐客书》，说秦王取消逐客令，挽救了万千卿客，成就了大秦伟业。批驳分封，倡郡县制，一统货币、度、量、衡，著《仓颉》篇，创"小篆"，统一文字，有万世不灭之功。"长风万里，鸾凤于飞"的《峄山刻石》《琅玡刻石》为秦篆之典范！然而只为怀通侯大印归还乡里，李斯也曾助秦始皇焚书坑儒，也曾附赵高沙丘谋逆，最终为小人构陷，一代权谋大师腰斩于咸阳。功高亦李斯，过显亦李斯。

【风云叱咤】

郊仓中鼠　研帝王术

李斯，楚上蔡（今河南上蔡县）人，生年不详。论出身李斯乃一介平民，当时的平民二十五家为一闾，阎是里巷的门，故人称李斯"起自间阎"。

战国时代社会剧变，礼崩乐坏，各诸侯国之间进行着激烈的兼并战争。为了富国强兵，各国统治者不得不打破传统的世卿世禄制，从鄙野之士中选拔人才，因此当时出现了许多布衣卿相。这种形势，激发了天下士人美妙的憧憬，诱使他们舍弃妻子,远离家乡,探深涉险,走公室,跑私门,希望得到统治者的赏识和任用。

李斯刚成年的时候,在地方官府做了个杂差小吏。地位虽低,但官场上那种强烈的等级对比却使他不得不考虑许多人生的大问题。一次,他见到官舍厕所里的老鼠,在粪便堆中东嗅西寻,找到一点儿吃食便如获至宝,刚要咬啮,有人或狗走近,又不得不舍弃而惊恐逃窜。再看那官仓中的老鼠,积谷多有,无饥饿之忧;高廊大厦,无风雨之愁,更不见人或狗的经常惊扰。于是,李斯似乎悟出一些人生的真谛:老鼠处于不同环境,就有不同的遭遇!人也本无贤良卑劣之分,爬到社会顶层,就安享荣华;居于人下,就要历经贫贱和磨难!至此,李斯再也不能安于贫贱,他决心想办法向上爬,做人上人。攫取权势地位的欲火在他的肺腑中燃烧:他要改变自己!

"学而优则仕"。当官的资本就是要通晓治理国家的帝王之术。李斯也不得不走当时游学之士共同的道路,先投师受教。他拜当时最著名的思想家、儒学太师荀况为师,研学帝王之术。

李斯到了荀况门下,主要着眼于学习所谓"帝王之术",即学习那种能够打动君主的心,能够满足他们的扩张欲望和急功近利的"法治"学说。聪明的李斯知道,掌握这套东西,同时也是满足个人荣华富贵的终南捷径。当时与李斯同学的还有个韩非。他们二人后来同为战国晚期法家学派的代表人物。不过李斯偏重于实践,而韩非则偏重于理论著述。

李斯学成后,便告别了自己的老师。但到哪里去?想效力于乡梓故国,又眼看着楚国江河日下,连郢都江陵(今湖北江陵县北纪南城)都被秦国攻占,楚王已经难有作为了。其他东方各国,也无不苟延残喘,都不是能让人建功立业的理想之地。于是李斯决定西入强秦,一试身手。

在向老师辞行时,李斯坦率地表露了自己的心志:"人生的机会稍纵即逝,有了就应牢牢抓住。今天诸侯争雄,秦王羽翼丰极欲吞并天下。这正是布衣游士驰骋伸展的好机会。人生的耻辱莫过于卑贱,一世的悲哀莫过于穷困。有些人自甘于卑贱贫困,毫无作为,反而讥讽别人贪荣求利;这不是他们不想要,而是没有本事去谋求富贵。我不想这样。我要到秦王那里有所作为"。

李斯这种强烈而偏狭的功利观伴其一生,成为催他奋进的动力。但又是这名缰利锁往往在关键时刻模糊了他的眼界,使他不能冷静地思考和理智地抉择,终于酿成不可挽回的个人悲剧。荀况批评他舍本求末,不懂得用仁义治国的重要。李斯当时却无法领悟。

李斯来到秦国时,正赶上秦庄襄王去世,十三岁的嬴政成为新的君主,而丞相吕不韦执掌大权。吕不韦承袭秦国传统的用人政策,广招宾客,从东方六国引进各种人才,门下"食客"多达三千人,为一时之盛。李斯也即门求见,成为在吕不韦身边侍从献议的舍人。

舍人在当时仅属私人顾问秘书班子中的一员,还不是政府公职。但李斯的机敏和才华使他很快脱颖而出,受到吕不韦的赏识。于是吕不韦把他推荐到秦王宫廷里,任以为郎(从战国开始设置的帝王侍从官,有护卫陪从、顾问建议及差遣出使等各种职责)。郎的官职虽然不高,但由于身处政治中枢,有机会接近秦王,是进一步升迁高位的有利阶梯。

宫帏进言　驰骛秦都

从秦孝公任用商鞅实行变法以来，历经惠王、武王、昭王、文王、庄襄王六世，秦国兵强国富，实力已远远超过了关东六国，席卷四海、统一宇内的形势已经基本形成。对此，李斯也和当时许多明智之士一样，看得非常清楚。但他的高明之处在于，能够进一步为秦王具体地考虑统一的时机、谋略和步骤，及时地向秦王献计进言。

有一次，李斯得到了一个向秦王进言的机会，李斯便上书秦王，提出翦灭诸侯，消灭六国，并天下的谋略：

"从来那些无知小人，不会抓住历史的机运。而那些成就大功业的英雄之才，却能在不利的情况下隐忍待时；一旦看准机会，就毫不犹豫，果断地采取行动，以取得成功。春秋时期，秦穆公也是一方霸主，为什么不能向东并吞各诸侯国呢？因为当时诸侯众多，周王室还有一点空名。因此五霸迭兴，还都要打出'尊周'的招牌，来谋取本国的实利。但从秦孝公以来，情况不同了。周天子局促于一隅，地位卑微，谁也不把他放在眼里。诸侯互相兼并，关东只剩下六国。对于他们，秦国六世以来，也是一再乘胜进击，削其国土，夺其民众，迫使他们屈服于秦，如同秦国的郡县一般。今天，真是秦国万世难逢的好时机。以秦国的强大，大王的贤明，想要灭诸侯，成帝业，天下一统，就好比从灶台上扫除灰尘一样，真是轻而易举！假如错过了时机，等到诸侯再度强大起来，并联盟合势，就是有黄帝那样的贤能，也难以吞并他们了。"

这一席话，正说到秦王政的心坎上，并使他不能不对眼前的这个年轻人刮目相看，立刻虚心延教。

李斯刚从东方来，对那里各国政权的腐败和君臣离心的状况了如指掌。他指出，对他们不能只是硬攻，而要善于运用谋略。如能恩威并用，软硬兼施，这样便可收到事半功倍之效。他建议秦王派出谋士间谍，去游说诸侯。让他们随身多带珠宝金玉，贿赂各国的权臣名士。对这些人，可以收买的，就用重金收买，让他们为秦国工作，去蒙蔽其君主，陷害其忠良，离间其君臣关系，阻止其国与别国联合反秦。金钱收买不了的，就派刺客去把他杀掉。这样，就会使六国内部越来越乱。最后，秦国再派出良将劲旅，不难以摧枯拉朽之势，扫平六国。

秦王政听罢李斯这番话，击掌叫好，立即采纳了李斯的建议，并任命他为佐助丞相的长史。不久，又提升李斯为客卿。客卿是秦国专为从别国来的人才而设置的高级官位。李斯做了客卿，负责实施统一六国的战略计划，很受器重。秦王政遵照他的计谋，暗遣谋士、刺客游说诸侯；对各国大臣、名士，凡能用金币财帛收买者，便以重贿结交；凡不能收买者，便以利剑刺杀。与此同时，又派名将劲旅追随其后，以武力相迫。从秦王政元年至九年（前246～前238年），史书所见，仅对魏国的大规模军事行动就有六次，进行了毁灭性的打击。由于这一正确策略的实施，秦王政才得以续六世余烈，振长策而驰骛宇内。

一纸谏书劝秦王 "二十余年并天下"

就在李斯的仕途一帆风顺之时,秦国却同时存在着一场严重的政治危机,它几乎使秦国的统一大业半路夭折,也几乎使李斯建功立业的理想化为泡沫。但李斯仗其过人的才智和胆略,既拯救了秦国功亏一篑的危机,又为自己的富贵尊荣赢得了新的机会。

公元前238年,秦王政22岁,依照秦国规定到雍城举行加冕礼。与吕不韦狼狈为奸的掌权宦官长信侯嫪毐乘机反叛,秦王政果断处决了嫪毐。次年,又查知吕不韦与嫪毐叛乱有牵连,秦王政早已对吕的专权深感不满,乘此机会罢了吕的丞相官职,遣送其回封地。吕回封地后,又暗中与其他诸侯相勾结,图谋不轨。秦王政就削去吕的封地,把他发配到蜀郡,吕知大势已去,遂饮鸩自杀。

秦王政一亲政就铲除了觊觎王位、时时掣肘的两大心腹之患,政治上得到了空前巩固,这使秦王政更加志得意满。决心大力发展生产,以图霸业。首先要兴修水利,由蜀郡太守李冰父子二人设计、领导修筑的当时第一水利工程都江堰就是这一时期建成的。

韩国为减轻秦国的军事压力,派遣著名水工郑国充当奸细,入秦建水利工程,以拖垮秦国国力。秦王政听说郑国来帮助兴修水利,十分高兴,派人随郑国到全国考察。据此计谋,郑国设计了一条引水渠,自仲山(今陕西泾阳县西北)引泾水向西到瓠口(即焦获泽)作为渠口,沿北山南麓引水向东伸展,经今三原、富平等县,在今大荔县东南注入洛水。渠长300多里,工程完毕后400万亩土地可得到灌溉。但此项工程极为浩大,耗时长,费财物人力多。工程完成到一半时,秦王查明郑国是韩国派来的奸细,一时舆论哗然,秦王也非常生气。秦国那些一向守旧、排他的宗室大臣乘机向秦王上书说:"所有外国客卿大抵是为其主充当说客、奸细的,应一律逐出!"秦王想到吕不韦和郑国的教训,对此也有想法,一怒之下颁布了"逐客令",规定凡在秦国的客卿,一律驱逐出境,李斯也在被逐之列。

李斯步离咸阳,踏上茫茫征途,失意之感,不忿之情,油然而生。于是,他写就一篇《谏逐客书》转呈秦王政。这是一篇议论纵横、文情并茂的佳作,又是一篇思想犀利、逻辑性强的政论文章。

这就是李斯著名的《谏逐客书》。这篇上书一气呵成,鞭辟入里,具有极大的说服力,不愧为上乘佳作。秦王政读后,立刻改变主意,取消了逐客令,追回了已经上路要离开秦国的李斯,并让他官复原职。

秦国重用异国客卿的政策,既是传统的,又是独异于关东六国的。历史证明,它每每使得雄才大略的秦国国君能够不拘一格,广罗人才,以为我所用,从而保证了对内对外战略的成功。这一政策对秦国的发展强大,产生了重大影响。而逐客之举,明显的是一次可能产生严重恶果的决策失误。李斯的直言进谏,不仅使秦国保持了这种正确政策的连续性,使秦王政周围聚集起一大批第一流的政治家和军事家,加速了秦统一的进程,而且也最终奠定了李斯在秦国举足轻重的地位。很快,李斯便被任命为主管司法的廷尉,成为秦国的重要卿士之一。

远交近攻　首谋灭韩

因修渠而引起的一场逐客风波平息了。郑国渠的完工,不仅未能"疲秦",反而增强了秦国的经济实力,平定六国已被提到秦王政的日程上来。

李斯分析了六国的地理位置和实力状况,认为地处天下之中,又正当秦军东向之路的韩国,最宜作为突破口。以韩之弱小,头一炮打响,不仅可以振奋军威,而且敲山震虎,还能从心理上慑服其他五国。

秦军向韩国边境的进击,使韩王安极度恐慌。李斯又亲自出使韩国,威逼利诱,迫使韩王向秦称臣。于是,韩王急忙找韩非计议保全韩国之策。

韩非系韩国贵族,早年曾与李斯一同师事荀子,攻读刑名法术之学。韩非口吃,不善于演讲,但擅长著述,李斯自以为才学不如韩非。可是,由于两者在人生道路的抉择上大相径庭,致使结局殊不一样。李斯能择地而处,择主而仕,涉足于蒸蒸日上的秦国,投依雄才大略的秦王政,终能大展奇才,立下不朽的业绩。韩非念念不忘故国,情牵于贵族世家,身归于江河日下的韩国,希图挽狂澜于既倒。结果,他见韩国日趋削弱,屡屡以书进谏,昏聩无能的韩王每每不能听用。韩非愤恨治国不尽心修明法制,昧于求才任贤,不能力图富国强兵;宽缓时宠信沽名钓誉之徒,紧急时才征用甲胄之士,所养非所用,所用非所养,令国贼禄蠹凌驾于功臣斗士之上,使廉直之臣不容于邪恶小人。对此,真是痛心疾首,悲愤莫名。于是,他总结古今得失,奋笔撰写《孤愤》《五蠹》《内储》《外储》《说林》《说难》等五十余篇,计有十余万言。

秦王政读过韩非著述,连连拍案叫绝,赞叹道:"寡人得见此人,与之(交)游,死不恨矣!"也因为仰慕韩非之才,秦国更加急攻韩国,以求虏取此人。

韩王起初不信用韩非,及至情势危急,才想到韩非的用场,并于秦王政十四年(前233年)派他出使秦国,劝秦存韩。

这时的韩非身处两难之地:作为一个深谙历史大势的思想家,他知道秦灭六国,已是水到渠成,不可逆转;作为一个韩国贵族,又不忍祖宗基业毁于一旦,还得为保存韩国做最大的努力。

韩非到秦国后,"秦王悦之",但韩非不像李斯那样一心投靠秦王政,则是依然站在维护韩国的立场上讲话。主要表现在:一是姚贾提出出使燕、赵、吴、楚四国,携"金千斤"以断绝四国的联合,韩非却以谗言离间秦王政对姚贾的信任。他说:"贾以珍珠重宝,南使荆吴,北使燕代之间三年,四国之交未必合也,而珍珠重宝尽于内。是贾以王之权,国之宝,外自交于诸侯,愿王察之。且(贾乃)梁监门子,尝盗于梁,臣于赵而逐。取世监门子,梁之大盗,赵之逐臣,与同知社稷之计,非所在厉君臣也。"姚贾据理力辩,表明忠心,指出士有诟丑,而明主用之,可与立功,反责秦王政听谗,反噬韩非用心不良;"桀听谗而诛其良将,纣闻谗而杀其忠臣,至身死国亡。今天听谗,则无忠臣矣。"结果,秦王政仍用姚贾之谋,而对韩非产生怀疑。韩非新入秦国,便树立了一个强敌。

二是韩非为保全韩国,给秦王政上书提出"先攻赵而存韩"的建议,而当时秦国实行远交近攻,逐渐向外蚕食扩张的策略。按照这一策略,处于秦国东邻的韩国,则是首当其冲的兼灭对象。否则,秦国东进就有后顾之忧。韩非存韩攻赵的主张,客观上是为远交近攻策略的施行制造障碍，这更加深了秦王政对韩非的怀疑。

李斯说，韩国对秦来说，好比腹心之患。别看它现在顺服于秦，实际是顺服于强力。一旦秦保留韩国而东攻赵、齐，难保它不与赵、齐、楚合谋，从后方夹击秦军。这样，当年秦军惨败于晋国的崤塞之祸便会重演。故韩国绝不可信！接着，李斯指出韩非此来，只能是维护韩国利益，不可能为秦着想，这是人之常情。李斯劝秦王千万不能为韩非的辩词所惑，要明察其心最后，李斯建议，由自己前往韩国，诱使韩王入秦。秦就以韩王为人质，胁迫其大臣俯首归顺。然后秦再发兵威胁齐国，齐也必然效法韩国。这样一来，赵人破胆，楚人狐疑，魏国不敢为非，诸侯便可蚕食而尽。

作为一名成熟的政客，大局或者说目的是居首要位置的，他不会因为某种感情或关系而改变他心中那杆秤！李斯对待同师而学的韩非，自然也是如此。

试想秦王政那样欣赏韩非的理论见解，迫切"与之游"，大有相见恨晚之意。一旦韩非成为秦王政心腹谋臣，李斯行帝王之术，谋己腾达的欲望便会落空。

李斯抓住秦王政对韩非心生怀疑之机，对秦王政说："韩非，韩之公子也。今王欲并诸侯，非终力韩不为秦，此人之情也。今王不用，久留而归之，此自遗患也，不如以过法诛之。"就这样，韩非入秦不久便被秦王投入了监牢，紧接着，李斯派人将毒药送给韩非，迫其自杀。韩非尚欲向秦王政剖白心迹，无奈不见秦王回心转意，只得饮药自尽，一代学者就这样匆匆地含恨而死。

司马迁一再悲叹韩非不能自脱其难，说道："韩非知说之难，为《说难》书甚具，终死于秦，不能自脱。"其实，这既不足为怪，也不足叹。韩非是卓越的唯物主义者，是杰出的思想家，却不是个高明的政治家。他能批判地吸收商鞅、申不害、慎到等不同流派的法学理论，"法""术""势"三者于一炉，成为先秦法家思想的集大成者。但他并未能将自己的理论运用于自己的政治实践中去。因为认识同实践并非天然连接在一起的，思想家与政治家终究有很大的距离。

李斯害死了韩非，却在自己的政治生涯中贯彻了韩非的基本思想。二人倘能联珠合璧，无疑更能完善法家流派。但是，历史是无法随意假设的。本来，在它的发展过程中，既饱含着合理的内核，又充满了谬误和悲剧。

此后仅三年，秦就灭了韩国。

力驳分封制　定开国大计

秦王加冕亲政之后，在李斯等人的谋划下，就"奋六世（自秦孝公经惠文帝、武王、昭王、孝文王、庄襄王共六君）之余烈，振长策而御宇内"，拉开了统一中国的前奏曲。从公元前236年（秦王政十一年）到公元前221年的十五年中，秦国军队如秋风扫落叶，吞并了韩、赵、魏、燕、楚、齐六个国家，顺应历史的发展要求，结束了中国自春秋战国以来几百年的割据局面。李斯因功业显赫，累官至廷尉，位列九卿。

秦王政由一方诸侯变成一统天下之王，地位和形势发生了重大转折，他觉得应重议帝号、定制度，为此，召集群臣计议。李斯等人建议："古时有三皇五帝，可他们管辖的地方不过千里，如今陛下兴兵诛灭暴乱，荡平六国，统一天下，这是自上古以来未曾有过的壮举，三皇五帝岂能相比！"为此，合"三皇""五帝"之尊，秦王政改称"皇帝"，又因他是从古至今的第一位皇帝，即称为"始皇帝"，以后，继位子孙则依次称为二世皇帝、三世皇帝，……一直流传万世。

从此，秦王政成为秦始皇，为表示他至尊无上的权威和荣耀，将以前平民百姓亦可用于自称的"朕"定为皇帝自身的专用词，并宣布，今后凡重大制度之命称为"制"，通常之令称为"诏"。

李斯作为秦代不可多得的政治谋略家，其历史功业，莫过于他在分封制与郡县制的争辩中所起的决定性作用。

秦始皇刚刚统一六国，在强化中央集权机构之后，对于辽阔的国土如何治理，已是摆在秦王朝面前的中心议题。

以丞相王绾为代表的一批大臣坚持这样的意见：全国统一后，幅员广阔，诸侯初灭，原来属于燕、齐、楚的地区，距离都城太远，不搞分封恐怕难以管制。主张承袭周制，分封诸子为王。

王绾的主张实质上是沿袭西周"封亲建戚"的理论，商鞅变法已将它消灭了。秦始皇一听"请立诸子"，便对分封可能导致的结局忧虑起来。

廷尉李斯力排众议。他坚拒反对，并举例论证，周文王、周武王曾经大封子弟同姓，后来封国之间日渐疏远，以致相互攻伐如同寇仇，结果周天子也难以禁止。如今天下统一，并已普遍设置郡县。对皇帝诸子及功臣，只要让他们坐食赋税并加重赏赐就足够了。这样，天下无异心，才是长治久安之本。如果重新分封诸侯，就会削弱皇帝的权力，使国家陷于四分五裂的局面。

秦始皇不愧为"千古一帝"，他听了李斯的建议，觉得很有道理，就毅然表示赞同，说道："朕曾深思此事，长久以来，天下苦于兵戈，都是因为列侯相互对抗。如今依靠祖宗之德，初定天下，若沿袭旧制，重新封王许国，这其实是在树立兵患，要想再求得安宁、平息，岂不难哉！廷尉之意正合朕意，可照此实行！"当即命李斯负责规划疆土，定明法制，以颁天下。

李斯遵照秦始皇的旨意，下令臣属，绘制了大秦帝国疆域图；依据山川走势、地理方位把全国划分为36郡，直属中央管辖，一郡下设数县，从而设置了从地方到中央一体化的国家制度。与此相适应，他还在参考六国官制的基础上，提出了一整套机构的设置方案。他这一套完善的区域划分和机构设置方案令秦始皇赞叹不已，说道："李廷尉不愧是辨古通今、学识渊博、学过帝王之术的人，所做诸事，样样都合朕意！"

李斯所制定的郡县与分封制有明显的差距之分。生产力、社会经济的水平决定着国家的生产关系和上层建筑。脱胎于奴隶制时期的封建社会初期，国家制度处在初级形态时，国家的显著特征表现为王权与神权、政权与族权、君与父、贵与亲的相结合。因此国王采用宗法分封制度，按血缘的亲疏，将国土和百姓像自己的家产一样分给子孙后代。分封初期，由于中央王权的强大和血缘关系的密切，还具有较强的维持力量。随着亲属关系的逐代疏远，各分封国渐渐划地自治，拥县自守、诸侯之间就不再是兄弟、亲属，而是相互功伐敌国，"相攻击如仇雠"。而中央集权由于分封，已削弱了其实力，渐渐沦为与诸侯等同的地位，从而失去对诸侯的控制权力和能力，因此，对诸侯的相残，"天子不能禁止"。春秋以来的历史就是实证。到战国时，随着生产力的发展，国家制度也相应地变动，从这个意义上讲，秦的统一六国，是历史的必然。建立中央集权制国家就是顺应历史发展的主流，因而具有旺盛的生命力。李斯在这一点上能站在历史发展的前沿，力驳分封，主张郡县制，确属远见卓识。此项改革,对我国社会经济、文化的发展,产生了不可低估的深远影响。

天下初定 奉命立法定制

秦统一六国后,为长远地维护自己的统治,秦始皇开始专心探讨治国安邦之道。他问李斯:"朕观前代史籍,见数百年间,常常是战乱迭起,兵戎相见,哪一朝的帝王权臣,都难免成为百姓攻击的目标;而每一次动乱中,一些豪门大富又总是争权夺利,趁机崛起。这到底是什么原因呢?"

李斯进言道:"依臣看来,其主要原因是历朝历代或不能明法,或执法不严,所以使得豪强兼并,百姓造反,祸乱不息。陛下圣明,只要严执秦律,使天下人都做到令行行为遵,哪个还敢作乱呢?!"这些想法得到秦始皇的赞同。李斯进一步辅佐始皇策划、制定了一系列诏命和法令。

为防止百姓反叛,令民间原有的和缴获六国的大量武器全部上缴,不准私留。当时的兵器多为铜质所铸,地方的郡守县令把从民间收缴上来的兵器都运到咸阳。始皇命人熔毁兵器,铸成十二个大铜人,每个重达24万斤,陈设在咸阳宫门外,用以象征自己统一天下的丰功伟绩。

为防止豪富大户聚众造反,令各地12万户以上的豪门大户迅速迁居国都咸阳(早在征服六国过程中,就曾把各国的富贾豪绅迁移到巴蜀),这样,即使他们远离家园,失去原来植根于其中的土地,失去世代居住和统治所奠定的威望的基础,又便于朝廷就近监督他们的言行,使其不能相互勾结、暴乱。

为防止六国旧部死灰复燃、东山再起,令全国险要地方,凡城堡、关塞及原来六国构筑的堤防等,统统毁灭,使欲反叛者无险可据,无塞可依,难于作乱。

秦始皇二十六年(前221年),李斯提出了统一全国文字的建议,秦始皇当即批准实行。这就是历史上所说的"书同文"。这一措施的主要精神是以沿袭西周古文字的秦系文字为基础,对先秦各地域的异形文字、繁杂字体进行整顿,"罢其不与秦文合者",提出统一和简约的规范文字,要求全国通用。这种统一的文字,史称"小篆",又叫"秦篆"。当时,由李斯撰书《仓颉篇》、赵高撰书《爰历篇》、胡毋敬撰书《博学篇》三部字书,作为识读和书写的范本。可惜这三部字书没有流传下来。

"书同文"是一场深刻的文字改革,具有伟大的历史进步意义。它便于人们交流思想和社会交际,对全国政治经济一体化、民族的凝聚以及古文明的承传都产生了深远的影响。这一进步性突出地表现在规范和简化这一目标实施上。例如在秦统一文字前,"宝"字有194种写法,"眉"字104种,"福"和"寿"等也均有上百种形态,而小篆只用一种字形就代表了。

秦以前的货币,种类繁杂,各国货币的大小、重量、形状都不相同,齐国、燕国流通的是刀形币;魏国、韩国、赵国流通铲形镈币;秦国流通的是圆钱,而赵国使用的则是郢爰和海贝状蚁鼻钱……而且彼此之间计算单位也不一致。

秦始皇决定使用秦半两钱。黄金以镒为单位,钱以半钱为单位,旧币一律废除,龟贝、珠玉、银锡之属为器饰宝藏,一律不做货币流通。

法规颁布的同时,一种由国家统一铸造的规格、重量、形状一致的货币发放到全国各地。

铸造权归国家所有。但始皇考虑到秦国地域广大，交通不便，允许郡县地方政府按国家的标准设计进行铸造，并印上铸造地方的名字。国家定期检查，一旦发现有不符合规格的立即废除。

公元前221年，秦始皇又颁布诏书，以秦国的度量衡为基础，制定新的度量制度，并把这份诏书刻在官府制作的度量器上，发往全国各地。

诏书大意是：秦始皇二十六年完全兼并了天下诸侯，称号"皇帝"，黎民百姓得以安居乐业，始皇命令丞相隗林、王绾把混乱不清的度量衡统一起来。为了能够使这份诏书在全国贯彻执行，秦始皇还制定了三项规定：

第一，定期巡回检查。下令铸造大量各种量值的标准量器。与此同时，继续推行度量衡定期检查制度，规定"仲春三月，一度量，平权衡，齐斗桶。"

第二，大作宣传。使天下人都能知道并自觉使用这种新的计量体制。

第三，绳之以法。以法律来保证统一度量衡制度的准确使用，并对违犯规定者进行严厉处罚。秦始皇规定："衡石不正，十六两以上，赀官啬夫一甲；不盈十六两到八两，赀一盾。甬不正，二升以上，赀一甲；不盈二升到一升，赀一盾。斗不正，半升以上，赀一甲；不盈半升，到少半升，赀一盾。半石不正，八两以上；钧不正，四两以上；斤不正，三铢以上。半斗不正，少半升以上；参不正，六分升一以上；升不正，十二分升一以上；黄金衡羸不正，半铢以上，赀各一盾。"

这些规定对不遵守度量衡制度的人做出了明确的处罚，从而保证了这项法规能够在全国顺利实施。

修驰道、定车轨也是李斯的一大贡献。一次，少府卿给秦始皇造了一辆冷可防寒、热可避暑、华丽坚实、精巧别致的车子，众臣围车赞不绝口，说皇帝乘此车巡游可眼观六路、耳听八方，等等。独李斯一语惊人，他说："这车子造得倒是精美，只是陛下不能乘坐它巡游四方！"众皆愕然，李斯慢慢说道："臣刚仔细观察过，这车两轮间距是6尺，需要6尺车轨之路才能行驶。而如今天下道路都是原来各国所开，有宽有窄，很不一致，乘这车子怎么能远行呢？"秦始皇如梦方醒，遂颁发诏令，规定天下车轨一律为6尺宽。接着又开始修筑"驰道"，宽50步，修筑高土石，每隔30丈植一青松，如有什么地方发生变乱便于迅速调集兵马。这样的驰道有两条：一条由咸阳向东直达燕、齐；另一条由咸阳往南直达吴、楚。后来又接着修了"直道""新道""五尺道"等等，分别从咸阳通往北方、西南和岭南等广大区域，使咸阳作为全国政治、经济、军事、交通的核心地位更加巩固。

焚书坑儒　孰是孰非

分封制、郡县制论争后，秦始皇对李斯信任有加，并擢至右丞相，李斯遂成为一人之下、万人之上的权贵。

李斯功成名就，踌躇满志，春风得意，在爬到了人生的顶点之后，他苦苦思索的只是如何保住高官厚禄。

他把秦始皇的内心看得非常透彻。秦始皇完成统一大业后，愈加好大喜功，穷奢极欲，大兴土木，严刑重赋，以至民不聊生，国无宁日。作为丞相，李斯心知杜明。但他为什么不直言极谏？因为他这个政治谋略家，本质上是极端的个人主义者，一旦国家利益有损于自身利益，那他会毫不犹豫地使前者服从后者。为了永保富贵，李斯一心逢迎圣意。

秦始皇三十四年（前213年），置酒咸阳宫，大会群臣。博士僕射周青臣当面颂扬说："他时秦地不过千里，而今赖陛下英明神圣，平定海内，放逐蛮夷，日月所照，莫不宾服；以诸侯为郡县，人人自安乐，无战争之患。如此彬彬之盛，可传之万世，自上古不及陛下威德。"秦始皇怡然而乐。周青臣的颂词虽有奉迎之嫌，却也道着一些真谛，算不得屈意面谈。可是，身为博士的齐人淳于越却抗声反驳说："臣闻殷、周能称王千余岁，是因其分封子弟功臣，自为枝辅。今陛下有海内，而子弟为匹夫，倘有齐国田常、晋国六卿那样的叛臣篡政，何以相救？事不师古而能长久者，非所闻也。如今青臣又面谈以加重陛下之过，实非忠臣。"

淳于越的驳议，首先是选错了历史根据，殷、周国祚绵长，绝非因为分封子弟功臣。就整个人类历史看，其发展速度表现出这样的规律：越是在初级阶段，越是前进迟滞——这是由于社会矛盾发展缓慢，因而矛盾转化以及随之而产生的社会飞跃也较和缓，使社会带有极大的惰性，必然历时久长。这与生物界的新陈代谢有类似之处。以周代而论，合东、西周共八百年，但名存实亡的时间过半，比先前的夏、商两朝要短，而比以后的封建王朝享国长。淳于越的社会历史观念也是守旧的、错误的。他所指斥的皇帝有天下，"子弟为匹夫"，正是社会的一大进步。至于"田常""六卿"篡国、夺位之忧，不是分封子弟就可以避免的，这两例，恰恰是在分封时代产生的历史现象。基于此，他得出的结论——"师古"无疑是错误的，必然导致颂古非今，走回头路。

秦始皇再将淳于越之议下达朝廷，丞相李斯申论是古非今之不利于治，主张申是古非今之禁。

随着政治上的统一，势必要求思想、理论上的统一，历朝历代概莫能外。但是，即使是真理，一旦过了头，便会成为谬误。李斯为使舆论一律，所采取的措施难免于荒唐：1.除去秦国史籍和医药、卜筮、种树等书外，将民间所藏的《诗》《书》和诸子学说等，皆送交郡中焚毁；令下三十日不烧，黥面罚作筑城苦役。2.有敢谈论《诗》《书》者处以弃市（杀之于市）重刑。3.以古非今者，举族连坐。4.官吏知情不报者，与之同罪。5.凡欲求学者，以吏为师，研习法令。

秦始皇准奏，如议实行。

越一年，即秦始皇三十五年（前212年），一向怂恿秦始皇求长生不死药的方士侯生、卢生等人，连年诈术破灭，便诽谤秦始皇一通，然后逃之夭夭。秦始皇大怒，命御史按问在咸阳的诸儒生"为妖言以乱黔首"之状。诸生转相告发。于是将犯禁的四百六十余名儒生坑杀于咸阳。

以上，就是历史上聚讼纷纭的"焚书坑儒"事件。对此，赞扬者不乏其例，责骂者更大有人在。本来是一桩甚为简单的历史旧案，却牵动了古今人物，以致久无了断。原因在于，赞扬或责骂者，往往与自己的政治境遇、政治需要联系在一起，用以借题发挥，指点时政。其实，用历史唯物主义的观点客观地看待这一积案，就不难得出结论。其一，这一举动的出发点在于实现思想统一，这是已经完成军事、政治统一后必然要认真思考和解决的重大议题。倡导"师今"，主张向前看，反对"师古""颂古"，裹足不前，有着进步的社会意义，尤其对于巩固刚刚缔造的多民族的统一国家有积极作用。其二，一次坑杀四百六十余名政治反对派，在中国封建社会的历史长河中，仅仅投入一粒小石子，本不足惊奇，只应引起几丝涟漪，而不足激起轩然大波。此前此后的统治者大多残忍的屠戮功臣宿将和知识分子,规模往往大于此举。其三,采取焚书坑儒的极端手段,来解决思想文化领域的矛盾,借以达到愚民目的,实现文化专制和思想统制,是非常简单、残暴的,它毁灭了许多文化典籍,对后世造成恶劣影响,在当时的社会效果也很不好。后人诗云:"坑灰未冷山东乱,刘项原来不读书",即是总结了历史对这一愚蠢举动的嘲讽。

玩死亡阴谋　只为怀印归乡

秦始皇三十七年(前210年),他再次出巡,西还至沙丘(今河北广宗西北),病危。当时随行官员仅有左丞相李斯、中车府令赵高。少子胡亥因特蒙偏爱,得以跟随在身边。长子扶苏由于数谏忤旨,被北遣上郡,监大将蒙恬备匈奴。秦始皇在重病弥留之际,因甚忌讳一个"死"字,群臣均不敢早日奏请安排后事。直至神志昏沉,他才命赵高代诏,赐公子扶苏书,大意云:将边事悉交蒙恬,速赴咸阳料理丧葬。书未发出,秦始皇竟于这年七月悠然长逝。

开国帝王的暴死,往往引起举国惶乱。何况秦始皇死在巡游途中,生前又未及确立太子。李斯唯恐诸子争位,天下生变,便秘不发丧,将尸体装入可以调节冷热的疢辌车中,沿途上食及百官奏事如旧,内置一亲信宦官做替身,代为应答。这算是忧心国事,匠心独运。

这一来,却给宦官赵高以可乘之机。赵高原系赵国王室疏族,兄弟数人,皆生而自隐其宫(割除生殖器)以求进身于秦王。他入秦宫二十余年,因其强力,又精通法律诉讼,得任中车府令(主管皇帝乘舆),兼行符玺诏令诸事。秦始皇对他十分信赖,使之辅佐少子胡亥,又得胡亥宠幸。一次,赵高有大罪,交由蒙鞠治。蒙氏本是秦国的名将世家,其祖蒙骜、父蒙武、兄蒙恬均屡建军功。蒙氏兄弟又与始皇长子扶苏关系甚密。蒙毅依法判处赵高死罪,削除其宦籍。秦始皇念赵高敏于事务,特赦其罪,复其官爵。从此,赵高心恨蒙氏,常欲寻机报复。

秦始皇即死,诸子和大臣面临着一次权力的再分配。围绕这一问题,形成了两大对立营垒。一方以长子扶苏、武将蒙恬、蒙毅为代表;另一方以少子胡亥、宦官首领赵高为代表。在双方的争夺中,丞相李斯举足轻重,倚扶苏则扶苏胜,附胡亥则胡亥立。就在关键的时刻,李斯顾及身家私利,屈从了宦官赵高,与之一同谋划了沙丘政变。

赵高首先去见胡亥。他装出一副关心体贴的样子,问道:"今皇上去世,只留下一封给长子扶苏的诏书,而没有留下分封诸子的诏令,扶苏一到,就会立即登基为帝,而公子您却连一寸封地都没有,那可如何是好呢?"

这话正中胡亥的心事。他停了半晌,只好回答道:"我听说明君知臣,明父知子。父亲临终不封诸子,为子自应遵守,还有什么话可说呢!"

赵高做了一个否定的手势,说道:"公子错了!如今天下大权,全在公子与高及丞相三人之手,须知人为我制与我为人制,大不相同,是为君还是为臣,请公子早自有谋。"

胡亥听赵高之说,心中不由得一阵激动,暗想:"难道自己真的可以当皇帝?"但传统的伦理观念,又使他不敢妄为。遂说道:"废兄自立,是不义;不遵从父命而怕死,是不孝;才能浅薄,靠别人的扶植而取位,是无能。此三者都是不道德的事,即使由此取得了皇位，天下了也会不服，不但自身会遭受祸殃，国家也会灭亡，此事行不得！"

赵高嘿嘿一笑说道："臣闻商汤和周武王杀掉了他们的君主夏桀和商纣，天下称义，不为不忠；卫君杀了自己的父亲而自立，卫国人都称颂他的功德。孔子曾把这事载入《春秋》，这不能算不孝；可见，凡是干大事业的人，就不能拘小节。有大德行的人，是不计较小的责备之辞的。所以，顾小而失大，必有后害；狐疑不决，必有后悔。只有敢作敢为，必能成功。愿公子能够听从我的劝告。"

赵高的这一番话，说得胡亥连连点头。叹息道："你说得不无道理。只是现在父皇还没有发丧，丧礼也没有举办，怎么好去向丞相提及此事呢？"

赵高见胡亥已经认可，便接口说道："机不可失，失不再来。此事由臣去与丞相商量，不劳公子费心。"说罢，便急匆匆地去找李斯。

赵高知道，自己虽然是始皇帝的亲信宠臣，但官位毕竟只是一个车府令。废立国君的大事，是没有资格过问的。此事没有丞相的参考，不能成功。但如何说服李斯呢？他颇费了一番心计。赵高深知李斯是一个极为重视权势、利禄的人，遂决定就抓住他的这个弱点，进行威胁、利诱、软硬兼施，拉他入伙就范。

赵高见到李斯，屏退左右，便单刀直入地问道："请君侯，您知道皇上逝世前留给长子一封诏书，要他到咸阳会合参加丧礼，并立为继承人。但这诏书如今尚未发出，连同御玺都在胡亥那里，此事没有别人知道。现在，立谁为太子，就在你我口中一句话，不知尊意如何？"

李斯虽然也在考虑秦始皇去世后，局势将发生怎样的变化，但对赵高这突如其来的问话却感到极大的震惊。他不知道赵高到底是何用意，对这关系到身家性命的问题岂敢肆意妄说？于是，将脸一沉，厉声正色地说道："你怎讲出这种乱政亡国的话来呢？这不是当臣子的人应该议论的事！"

赵高并没有理会李斯的斥责，他只是冷冷一笑，把话锋一转，直捅李斯的疼处。问道："君侯你自己衡量一下，您的才能比得上蒙恬吗？功劳比得上蒙恬吗？深谋远虑比得上蒙恬吗？人心无怨比得上蒙恬吗？和扶苏的情谊之深比得上蒙恬吗？"

李斯摇了摇头说："这五件确定都比不上蒙恬，可你说这些话是什么意思呢？"

其实，就前三者看，即才能、功高、谋远无失，李斯绝不在蒙恬之下。后两者，李斯委实不及蒙恬：蒙恬为长子的心腹故旧，特受信任；蒙恬在秦统一后的两次重大内部政治斗争中，不像李斯那样锋芒毕露，自然未尝结怨于天下人。而直接决定李斯安危荣辱的却恰恰是后两者。这就不能不勾起李斯的后顾之虑。

赵高道："我赵高只不过是一个宦官仆役，幸而能够粗知些刑狱文书，在秦宫中管事二十多年。二十多年中，从来没有见到功臣和退位的丞相，有封地和爵位传及至二世的，最终都是被诛杀而死。皇帝有二十多个儿子，您都是了解的。长子扶苏刚强勇敢，对人信任，善于鼓励士人，他即位一定任用蒙恬为丞相，您恐怕终究不能带着通侯的印绶，荣归乡里，这是显而易见的。以我之见，不如立胡亥。我奉诏教胡亥刑法数年，从没见过他有什么过失。他仁慈厚道，轻钱财而重贤士，脑子很聪明。只是口头不善于言辞。诸公子中，没有哪个能比得上他的。实可拥立为君。立胡亥为君，于你我都是有利的，请您三思。"

赵高的话确实说到了李斯的心里。但他对赵高的阴险狡诈，深有了解，仍不敢贸然行事。因而继续装作一本正经地说道："请你不要再说了，我李斯遵奉皇帝的命令行事,顺应上天的安排,还有什么可考虑的呢?"

赵高已经瞧破了李斯的内心,于是又接着说道:"您可能自认为现在的处境很平安,实际上已经是很危险了。您若同意我的意见,表面上看了很危险,其实很安全。一个人不能掌握自己命运安危的关键,怎么能算得上是个聪明人呢?"

李斯佯作发怒道:"我李斯不过是上蔡的一名百姓,幸而受到先帝恩德,被任为丞相,封为通侯,子孙为官。先帝信任我,所以才将国家的存亡安危交付给我,我不能对不起先帝。况且忠臣不避死,孝子不惮劳,李斯但求自尽职守罢了。请你不要再提这种事,免得我成为先帝的罪人。"

赵高见李斯色厉内荏,便进一步用胡亥来威胁他。说道:"我听说圣人办事灵活应变,总是根据形势的变化而定夺。对事物的发展,看到梢就知道根,看见去向就知道结果。事物都不是固定的,哪有一成不变的呢? 现在,天下的大权和命运都掌握在胡亥的手里。我已经服从了胡亥的旨意,可以得志,唯与君侯相好多年,不敢不以真情相告。须知以外制内就是行逆,以下制上就是反叛,君侯老成练达,应该知晓利害。君侯难道不知,秋霜降,草木凋,春水动,万物生。此乃大势所趋,有谁阻挡得住吗?"赵高说罢,凶恶的目光直射李斯的眼睛,隐隐透出几分杀机。李斯不得不服从。

赵高随后伪诏命扶苏和蒙恬自尽。当扶苏依诏准备自尽时,蒙恬谏止扶苏道:"今皇帝巡幸天下在外,未立太子。让我率三十万大军守边,以公子为监军,把天下这么大的重任托付给你,不是皇上的亲信怎能如此! 如今仅凭一使到此,便去自杀,怎知其中无诈? 请公子派人驰奔行在,再行请命,如果属实,那时再死也不迟。"使者怕生变化,连连催促,速令自尽。扶苏为人忠厚,对蒙恬说:"君要臣死,臣不得不死,父要子亡,子不得不亡,君父有命,我死便了,还去请示什么!"说罢举剑自刎。

人们或以为扶苏德行优于胡亥,设想他如能继承皇位,秦朝不至于速亡。然观其行事,刚而寡谋,仁而乏智,只不过是一个愚孝的典型,实不足成大事。秦王朝的继承者只能在胡亥、扶苏等数人之间圈定,政绩均可想而知。这就是传子制度的恶果。

蒙恬是历事老臣,不肯匆匆就死。使者把他系于阳周狱中,候处置。

胡亥、赵高、李斯得知扶苏自杀,蒙恬被困的消息,见大事已成,欣欣鼓舞,日夜兼程,赶回咸阳。一到咸阳,立即发布了始皇帝去世的消息,并宣告了始皇帝立胡亥为太子的"诏书"。胡亥即位登基,称为二世皇帝。由赵高一手导演的沙丘之变的阴谋,终于得逞。

胡亥、赵高知蒙氏非心腹之臣,且手握重兵,必欲斩草除根而后安。他先戕杀蒙毅,随后催逼蒙恬自杀。蒙恬自信"将兵三十余万,身虽囚系,其势足以背叛",也自知有"孽臣逆乱",却顾忌"不敢辱先人之教,以不敢忘先主",竟也吞药而死。又是一个愚忠的楷模!

扶苏愚孝,蒙恬愚忠,赵高奸佞机诈,胡亥肆意妄行,李斯原居有利地位,系可为之人,却贪利屈节。有此五个最为核心的人物,秦王朝的可悲命运就不待赘言了。

上督责之术　步入穷途

秦二世胡亥乘始皇的偶然暴死,侥幸窃取了皇位,却不能靠侥幸来支配历史进程。他本是一个昏庸无能之辈,而暴戾却有过之而无不及的人物。登上帝位之后,面对纷至沓来的各种问题,他一筹莫展,手慌脚乱。为巩固自己的统治,他用高官厚禄收买笼络一批地位低下、容易操纵的遗老遗少,同时用严刑苛法打击、残害难以驾驭的皇族和功臣名将。

据史书记载,在戮杀大臣蒙毅之后,又将十二公子诛杀于咸阳,再将十公主磔死于社县。此外,他还继续修筑宫室,横征暴敛,把社会的各阶级、阶层统统推向自己的对立面,至此,秦三朝的土崩瓦解已是万事俱备,只欠东风了。

对于上述暴行,李斯或退让默许,或随声附和,或公然赞助,完全丧失了一位政治谋略家应有的雄略。以致秦二世元年七月,陈胜、吴广揭竿起义,关东豪杰并起,李斯才从京华春梦中惊醒,他企图上谏胡亥改弦更张,可是时过境迁。想当初,沙丘政变,胡亥少不更事,赵高官小身微,二人羽翼未丰,倘若李斯抛却私欲,运用谋略,定能把这次政变消灭在萌芽状态。到如今,始皇积弊未除,二世早已不可救药,赵高亦已羽毛丰满,因此,李斯的一切作为恐怕难有回天之力。

然而,当此之时,李斯尚未到山穷水尽之时。退一步,可效仿叔孙通,弃官而逃另谋高就;进一步,可毛借他在朝廷中的声威,联结右丞相冯去疾,将军冯劫等同谋,扯出反奸党赵高的旗帜,也是会有所作为的。可悲的是,李斯贪念爵位,利令智昏;只是曲意逢迎,最终为虎作伥,助纣为虐。

有一天,胡亥突然问他:“我想不受任何控制,又要永远统治天下,你有什么办法吗?”为讨胡亥的信任、欢心,李斯挖空心思向胡亥炮制了臭名昭著的“督责之术”。

李斯在上书中说:“贤王若能行督责之术,群臣不敢不全心全意为君王效死力。不能行督责之术的君王,如尧、舜等一生比百姓辛苦,简直如行尸走肉。”

所谓“督责之术”,实际上是严刑酷法和独断专横的代名词,即对臣下百姓实行“轻罪重罚”,使之不取轻举妄动;君主要驾驭群臣,不受臣下的非议……李斯认为,只有这样的君主才能随心所欲,为所欲为,永远统治天下。

独断专行的胡亥采纳了他的督责之术,举国上下刑者相伴于道,死者日积于市,弄得天下鸡犬不宁,百姓怨声载道。

聪明半世,糊涂一时的李斯,企图想利用对二世胡亥的阿谀取荣,对宦官赵高步步退让来保全自己。他万万没有想到,在他抛出害国祸民的“督责之术”的同时,也把他自己槁木死灰般的躯体抛向了暗无天日的人生末路。

起亦秦都　落亦秦都

公元前208年(秦二世二年),秦王朝已到了土崩瓦解的时候,随着外部斗争愈演愈烈,最高统治集团的内部矛盾也越发不可调和。

郎中令赵高,身居要职,把持着朝政大权,常因大臣不听从自己,擅杀无辜。他唯恐大臣入朝奏事,揭他老底,便生一计,使大臣有苦无处诉,有冤无处申。他对二世说："陛下年轻，又初即位，未必尽通诸声，不宜在朝廷上与公卿议决朝政之事。"劝他深居简出，使臣下闻其声，而不见其面。于是，胡亥深居禁中，每日怀抱姬妾，在歌舞声中打发时光。朝中政事，由赵高一人专断。

赵高恃宠专权，唯觉丞相李斯阻碍自己，遂起谋害之心。遥想当年，李斯处心积虑除掉了绊脚石韩非，没想到有朝一日反成他人的俎上之肉，此可谓螳螂捕蝉，黄雀在后，天道循环，因果报应。

为了置李斯于死地，赵高处心积虑，设下"请君入瓮"的圈套。他摆出一副忧国忧民的架势诱使李斯："关东群盗作乱，二世却急于征发役夫扩建阿房宫，还积聚狗马等无用之物。我想劝阻，无奈人微言轻，起不到应有的作用。这倒是您应当做的事，你为何不劝阻呢？"李斯无可奈何地叹道，二世不坐朝廷，常在深宫，没有上奏的机会。赵高见李斯已经动心，便说："只要二世有时间，我就通知您上奏。"

此后，每当二世与宫女纵情嬉戏时，赵高就派人通知李斯："皇帝刚得闲，可奏事。"

李斯丝毫不知，接二连三叩宫求见，每每不是时候，惹得胡亥大怒："平时我多有空闲，不见丞相上奏，偏偏在我欢娱时，却来请事，岂不是见我年幼可欺，故意破坏我的隐私吗？！"赵高趁机添油加醋，进行离间："这可太危险了！沙丘之谋，丞相自觉功劳盖世，现在陛下做了皇帝，他的所作所为就是要裂土受封以为王啊！"赵高又说李斯的长子李由为三川郡守，有谋叛行为。胡亥信以为真，遂派人立案调查三川郡守勾结楚盗的情况。

李斯遭到赵高的暗算，忍无可忍，立即上书二世，揭露赵高居心叵测，请胡亥尽早铲除，但此时胡亥、赵高正狼狈为奸，沆瀣一气，胡不仅不怀疑赵高，反而为其辩解说："朕年少之时，就已失去先人，于朝政毫不知情，不懂得如何治国，您又年老，朕不依靠赵君又靠谁呢？"李斯欲借胡亥铲除赵高，无异于与虎谋皮。

赵高见二世对自己宠信有加，便对二世哭诉道："丞相所恨，唯独赵高。我一死，他就可以为所欲为，杀君谋反了！"赵高一席话，犹如火上浇油，二世下令把李斯及其宗室宾客统统逮捕入狱，交由赵高审讯处理。李斯一套上枷锁，就仰天长叹："昏君无道，不足与谋！二世的暴政已经超过了夏桀、殷纣和夫差。现在楚盗已有半壁江山，二世尚执迷不悟，仍以赵高为辅足，咸阳迟早要被夷为麋鹿出没的荒泽野薮啊！"

且说李斯被捕时，右丞相冯去疾、将军冯劫亦受牵连。二冯坚持士大夫气节，"将相不辱"，遂自杀身亡，死得倒是壮烈。而李斯贪生怕死，自认为对二世忠贞不贰，又自负辩才，幻想二世能赦其出狱重享荣华富贵。但赵高心狠手辣，严刑拷打，不肯罢休。李斯不胜痛楚，无计可施，遂在狱中上书二世。

赵高见到奏章，随手扔掉，说："囚犯安得上书！"马上叫狱吏烧毁，然后分派门客十余批，假扮御史、谒者、侍中，轮番审讯。如此反复，李斯被折磨得死去活来，奄奄欲毙。最后，只得违心"招罪"，李斯招罪后，二世派人复查。面对审讯，李斯如惊弓之鸟，怕再受皮肉之苦，遂自诬反叛。供词呈至二世，二世大喜说："如果没有赵君，差点被李斯出卖了！"

当是之时，三川郡守李由已被项梁率领的楚军所杀，死无对证。赵高就愈加肆无忌惮地制造李斯父子谋反的罪状。二世下诏，把李斯"具五刑""夷三族"，腰斩咸阳。

萧何：功冠群臣　声播后世

【人物档案】

姓名：萧何
别名：萧相国
生卒：前257年~前193年
朝代：汉朝
职务：相国
谥号：文终
主要成就：辅佐汉高祖刘邦建立汉王朝，无为而治，萧规曹随，制定《九章律》。

萧何

【臬雄本色】

　　萧何，汉初谋略家，汉王朝开国名相。秦末，天下大乱，萧何乃一刀笔小吏，也能乘势而起，拥立沛公，反了沛县。劝刘邦避项羽锋芒，屈尊汉中王，立稳脚跟，徐图天下；他慧眼独具，月下追回韩信，使"汉兴三杰"到了刘邦一人手下，乃汉初开国两件要事，功在萧何！楚汉相争，萧何留守关中，为刘邦大军提供了充足可靠大后方，首功在萧何！汉王朝初定，治国安邦，颁法立规，更有"萧规曹随"之誉。身居相位，历事二主，善始善终也在萧何此人。"功冠群臣，声施后世"，太史公之盛誉。萧何受之无愧！

【风云叱咤】

刀笔小吏　结交雄點

　　萧何（公元前257年~公元前193年），沛丰（今江苏丰县）人。萧何和刘邦是同乡，秦时的丰、沛所在之地，在今徐州市（当时称彭城）的西北、江苏和山东交界的地方，位于微山湖的西面，战国时属宋，宋灭后归楚，被称为"西楚"。

　　史籍的记载说，萧何在秦时以"文无害"沛主吏掾。萧何为沛县主吏掾，应当是属于县丞之类的主雪长吏。萧何这样的身份，说明他在秦时深得沛县县令信任，在当地又有一定威望，他实际上是属于秦朝新征服地区统治阶级下层中的一员。

　　刘邦年轻时，不喜耕稼，专好交游，爱酒色，没钱时就赊酒来喝，常常喝得醉醺醺的。因此刘太公不喜欢这个儿子。怪不得后来刘邦当了皇帝，曾得意地问太上皇刘太公:"始大人常以臣无赖,不能治产业,不如(刘)仲力。今某之业所就孰与仲多?"

不过,刘邦胸怀开朗,倒是颇有志向的。秦始皇统一六国后,国内和平安定,经济上也有所发展。刘邦亲身经历了战乱纷争的战国到统一强大的秦帝国的历史大转变,感触很深。一次,他到秦帝国都城咸阳(今陕西咸阳市东北)服役,乘机游览,目睹帝国京城的繁荣壮观和秦始皇出巡时随行仪仗的盛况,不禁感叹道:"嗟乎,大丈夫当如此矣!"

刘邦年轻时不爱务农,壮年时通过地方政府的测试,当了沛县(秦泗水郡郡治)的泗上(今江苏沛县东)亭长。秦时乡村的基层政权,十里为一亭,十亭为一乡。亭长是掌管一亭之内治安和道路的地方小吏。刘邦倒不以职务低微而自卑,他常常嘲弄县里官吏,认为这些人多系碌碌凡庸之辈。他唯独与萧何和曹参,志趣接近,交往较密。

刘邦每次到县里办事,都要和萧何、曹参、夏侯婴等人一起饮酒,畅谈心事。萧何为人忠厚,心地善良,他作为刘邦的上级,处处照顾刘邦。即使刘邦有了什么过失,他也往往利用职权为其开脱救助,俨然刘邦的兄长一样。因此,萧何和刘邦可以称得上是患难之交、贫贱之交,他们二人的关系在日后的共同相处中得到了各种磨难与考验。

刘邦虽然当上了亭长,可是他那游手好闲的毛病却没有得到改变,整日只是借着办公事四处游荡,吃喝玩乐。正因为这样,刘邦已是二十八九岁的人了,却还没有娶上媳妇,这件事令他的父亲刘太公非常气恼,时常托人为刘邦提亲,但迟迟未有结果。乡里不是没有好姑娘,只因为刘邦向来好吃懒做,人们都不愿将女儿嫁与他。刘邦也并不急着成亲,还是混迹平康,得过且过。

单父(今山东单县)人吕公和沛县县令相识,因为躲避仇人来到沛县,就在县里安下了家。沛县的县吏和士绅、豪杰们听说县令有贵客,都前往祝贺。按照当时的习惯,萧何是县里的主吏,负责主持贺礼,接收贺钱,他对前来致贺的人说:"贺钱不满千钱的,坐在堂下,不得进堂屋。"

刘邦在萧何等人的指点和帮助下,也进了吕公的客厅。刘邦气度豪迈,谈笑自若,特别引起了吕公的注意。酒过三巡,人渐散去,吕公却示意刘邦留下,并对他说:"我从小就喜欢看相,我相过的人多了,没有一个有你这样好相的,愿你珍重。我有一个亲生女儿,很愿与你结亲。"刘邦走后,吕公的老伴很生气,说:"你常说我们女儿不是平凡人,一定要嫁个贵人。沛县的县令帮你在这里安了家,想娶她,你都不答应,为什么却随随便便地许给了刘季?"吕公说:"这不是你们妇道人家所能够知道的。"就这样,吕公终于把女儿嫁给了刘邦。她就是后来的吕后。

萧何与刘邦的关系甚密还可以从另一件事情里看出来。一次,刘邦带人去咸阳服徭役,朋友们照例都得送点钱,帮他准备行装,一般人都送钱三百,唯独萧何送了五百钱。

五百钱比三百钱虽然多不了多少,但从这个故事里可以看出,萧何很早就有意结交刘邦,而且处处用心,对他关怀备至。

出身沛县豪吏的萧何,为什么对一个小小的亭长这般看重呢?原来刘邦虽然只是一名亭长,但他豁达大度,很有志气,早就是沛县豪杰中的雄黠者,就连受秦始皇通缉的魏国名士张耳,也曾经多次与他交往,可见刘邦志向不凡。对刘邦的这些活动,萧何当然了解。当时秦灭六国不久,立足未稳,人心未附,在这种形势下,萧何有意结交刘邦,一方面固然是地方豪吏和地方豪杰间互为党援的需要,另一方面也表明他可能已经感觉到如果天下有变,像刘邦这样的人将有大用。

萧何在沛县为吏多年,素以办事谨慎、明辨、有方略著称。秦泗水郡的一位监郡御史曾与萧何共事,常常称赞他。萧何曾以县吏去泗水郡当差,考核名列第一。郡御史想征调他去咸阳,他再三恳求留下,始得免行。

萧何坚决请求留在沛县,是否说明他已经预感到局势即将动荡,认识到坐以观变才是上策呢? 这最好用他后来的经历来回答。

拥立沛公　起于沛县

公元前 209 年(秦二世元年)秋七月,陈胜率领戍卒在泗水郡蕲县大泽乡(在今安徽宿县东南)揭竿而起,以后在陈(今河南淮阳县)地自立为楚王,国号"张楚"。山东各郡县平时苦于秦吏的压迫,也纷纷起事,杀死秦朝的郡县守令,响应陈胜。

一日,刘邦与萧何、曹参、夏侯婴四人在曹家酒楼饮酒。

刘邦干完一杯酒,微微一笑:"三位好友是否知始皇驾崩,二世胡亥继位?"

夏侯婴说:"这全天下百姓都知道。"

刘邦又低声说:"那三位可知陈胜、吴广在大泽乡揭竿而起,率众起事首先反秦,现已攻破十几座城池?"

曹参点点头:"吾等略知一二。"

刘邦顿了顿,环顾众人:"如今二世暴政,烽火四起,民怨沸腾,吾等何不趁此时机干番大事!"

萧何立刻响应:"对! 贤弟之言有理,我看这秦王朝气数已尽,普天愁怨,遍地哀鸿,我等不能再为这秦王朝卖命了。"

曹参也赞同道:"这个无道的昏君,只知剥削百姓,哪有治国之术。我看就依刘邦兄之言,我等何不干番轰轰烈烈的大事?"

萧何见大家思想一致,就转向刘邦问道:"依刘贤弟之意……"

刘邦马上说:"顺从民心,奋举义旗,推翻暴秦,重建太平。"

三人赞同道:"此言有理! 我们立刻准备。"

刘邦望着萧何,恳切地说:"萧何兄,你是县衙中的刀笔吏,你看怎样才能率众起事?"

萧何起身离桌案在屋内踱步沉思片刻,他来到窗前向街道望去,见一队队一行行被秦军官兵抓来的青年壮士,脚戴铁链一步步向西而行,官兵不时扬鞭抽打壮士,催促壮士赶路,壮士们个个伤痕累累,愤怒地望着扬鞭的官兵艰难地前行,萧何离窗来到桌前,对刘邦说:"贤弟要想率众起义,可以这样行事。"他想了一个好办法,那就是最近朝廷降旨下来,要各郡县再速遣青年壮士去咸阳修建阿房宫,沛县马上也要送 100 多名壮士去咸阳。因此他想和曹参全力向县令推荐刘邦,让刘邦押送壮士到咸阳城,途中向壮士们施以恩惠,好聚众起义,然后再想办法里应外合,先拿下沛城。

萧何说出这一计策,立刻得到众人赞同,刘邦连连竖拇指,对萧何钦佩不已。

在萧何的努力下,沛县县令终于答应让刘邦押送100多名壮丁去咸阳。

沛县丰乡西面的大泽道上,刘邦押着壮丁慢慢地行走着。太阳西下,人人都口干舌燥疲惫不堪。刘邦抬头瞧见路旁有一小亭,亭内有人卖酒,刘邦上前叫道:"小二,买几坛酒来。"

小二连忙搬出几坛酒来,刘邦又让他拿来碗。

刘邦对众壮士说:"大伙行路一天,天已渐暗,在此歇息片刻,饮点水酒,解解饥渴。"

众壮士闻声纷纷上前,争抢着酒碗喝,刘邦搬了一坛酒自斟自饮。

直喝到夜幕降临多时,刘邦假装喝醉,大声说道:"众位弟兄,你们到了咸阳,必充苦役,不被打死也得累死;而且现在看来我们半月里难到咸阳了,这秦法规定,若误日期到达统统要被砍头。你等去是死,回去也是死,不如我将你们放跑,给大家一条生路,各自去逃生吧!"

众人巴不得这样,听了刘邦的话,真是感激涕零,感谢不已。刘邦替他们一一解去绑绳,挥手让他们离开。大家恐怕刘邦因此获罪,便问刘邦:"公不忍我等送死,慨然释放,此恩此德,誓不忘怀,可是公将如何回去交差?这会祸及九族的呀!"

刘邦苦笑道:"唉!你们都去了,我也只好远离此地去逃生,难道还能回去寻死不成?"

其中有一叫周勃的壮汉说道:"我等全是善良百姓,只因交不起朝廷苛税,才被抓来服役。既然刘公如此仗义,我等怎么弃你不管,而且我等走后,万一被官兵抓住,也难免一死,不如我等跟随刘公,听刘公号令,反了朝廷,占山为王!"

众人齐声道:"对!我们愿意随刘公共同推翻朝廷。"

刘邦看到萧何教给他的计谋成功了。他非常激动:"好!既然大伙如此看得起我刘邦,那咱们就反叛朝廷,从此在一起同甘苦,共患难!"

众壮士振臂高呼:"愿听刘大哥号令!"

沛县令得知刘邦率众造反,气得吹胡子瞪眼,立刻派人把刘邦的妻子吕雉抓进县衙,本要严刑拷打,幸好萧何用计,说可以用吕雉作诱饵,引刘邦上钩,方保吕雉平安无事。

这时,陈胜、吴广领导的义军势如破竹,连破县城,据报已破沛之邻县蕲县,沛县令吓得如热锅上的蚂蚁,不知所措,连忙派人叫来了萧何、曹参询问。

萧何和曹参心照不宣地互相一笑,萧何上前一步:"大人若依在下两件事,我保证沛城无事!"

县令夫人只怕义军攻进沛城,全家大小性命丢失,于是着急地说:"哎呀!还不快讲!不要说两件,就是百件,老爷也会依你!"

萧何微微一笑:"果真如此?"

县令忙说:"本大人决不食言!"

萧何这才不慌不忙地说:"第一快把刘邦的妻子从牢中放出,第二赦罪召还刘邦。"县令异常惊讶:"萧何,你这是什么用意?"

萧何笑着说:"在下听说刘邦已聚集数千人盘踞芒砀山,此人虽然也已起义,但只是占山为王,并不曾攻州克县,且他非常有义气,如果赦免他的罪过,他必感激图报。因此老爷派人赦罪召回刘邦帮助我们守城,这沛城岂能丢失!"

县令夫人高兴地拍手称赞:"对!对!老爷你还犹豫什么,还不快派人放了刘邦妻儿,赦罪速召刘邦等人守城!"

县令如梦初醒,火速派人放了吕雉。他发愁心忧派谁去才能召还刘邦,只见曹参沉思片刻说:"在下认识一人,他妻乃吕雉之妹,他和刘邦乃连襟,此人素有膂力,以屠狗为业,姓樊名哙,让他前往定无一失!"

县令大喜,点点头应许了。

萧何、曹参二人相视一笑,计谋再次成功了。

刘邦见到樊哙带去的萧何的亲笔书信,得知萧何又定下妙计,时机已到,可以攻取沛城了,他持剑率众直奔沛城。行至中途,忽见萧何、曹参慌慌张张狼狈不堪迎来,刘邦惊愕地迎上前去:"萧何兄你们怎么来了?"

萧何气喘吁吁:"贤弟,大事不好了。我等请县令召公,原本想依计占领沛城,没想到那狗官经他人点化,已识破我二人之计,于是下令闭守城门,正要诛杀我二人,亏得夏侯贤弟告知,我二人才逃出城来。"

刘邦听后很是着急:"这……岂不是前功尽弃?"

萧何说:"城中百姓对县令也非常憎恨,我们可以先投书函给众百姓,让他们杀死县令,免受秦毒。只是该如何投书呢?"

刘邦说:"这有何难?请君马上写一书函,我自有办法投入。"

萧何听后,急忙提笔在手,草就一书,上写:"天下苦秦久矣,今沛县父老,虽为沛令守城,然诸侯并起,势必屠沛。为诸父老计,不若共诛沛令,改择子弟可立者以应诸侯,则家室可以保全!不然,父子俱屠无幸也。"

刘邦看后,连声说好,便将书加封,自带弓箭,至城下喊守卒道:"尔等不要徒劳无功,请速看我书,便可保住全城生命。"说罢,用箭将书信射入城上。城上守卒,见箭上有书信,取过一阅,却是语语有理,便下城同诸父老计权。众父老一齐赞成,竟率子弟们攻入县署,把县令杀死,然后大开城门,欢迎刘邦、萧何及众义军入城。

刘邦召集人们开会,讨论今后将如何发展。萧何对众人说:"狗官已被杀,这沛城不能一日无主,刘公有才有德,可为沛令,不知众父老意下如何?"

众人齐声称赞,称刘邦为沛公。

刘邦推辞一番,见众人意已决,便假装感激地望着众人说:"既然大家如此信任我刘邦,我就担起此任。从今日起正式举旗反秦,除暴虐,平民怨,将士同心,推翻暴秦,共建大业!"

众人振臂高呼:"将士同心,推翻暴秦,共建太平!"

然后,刘邦又授萧何为丞,曹参为中涓,樊哙为舍人,夏侯婴为太仆,并商议联合诸侯,准备迎击秦兵。从此,刘邦才正式开始了反秦起义的步伐。

刘邦沛县起义,萧何实为首谋。"沛中之变"及多次险情,均是由于萧何的果断决策才转危为安的,没有萧何的大力相助,刘邦起兵是不可能获得成功的。

力劝刘邦　屈居汉中

起义不久,刘邦攻杀泗川守壮,令雍齿守丰。秦二世二年(公元前208年)十二月,魏遣周市说雍齿降,雍齿叛归魏。刘邦引兵攻雍齿,不胜,欲借秦嘉兵,故率众从秦嘉。是时秦将章邯已屠相,至砀东,秦嘉率刘邦与秦军战于萧西,不利。二月,攻取砀,得兵六千,进而攻拔下邑。四月,项梁攻杀秦嘉,驻薛。刘邦率百余骑投奔,项梁益刘邦兵卒五千,五大夫将十人。刘邦还军攻丰,雍齿败,走魏。七月,章邯围田荣于东阿,刘邦从项梁救田荣,大破章邯军。八月,刘邦与项羽西至雍丘,大败秦军,杀三川守李由。九月,楚怀王拜刘邦为砀郡长,封武安侯。

二世三年(公元前207年),楚怀王遣将攻关中,并与诸将约:"先入定关中者王之。"项羽因怨恨秦杀项梁,积极请战,要求率兵攻关中。楚怀王嫌项羽剽悍残暴,不准。别遣刘邦收陈胜、项梁散卒,西攻关中。刘邦自砀出发,于咸阳、杠里两败秦军,至昌邑遇彭越,共攻秦军。战不利。还军栗,夺取楚怀王将刚武侯军,得四千余人,西走高阳。郦食其献策,说刘邦攻取陈留,得秦积粟。刘邦纳其言。遣其弟郦商攻开封,城坚不拔,乃西攻白马、曲遇,大破秦将杨熊。杨熊走荥阳。二世遣使斩之。

刘邦攻南阳,南阳守齮败走宛城。刘邦欲越宛城,直取关中。张良谏曰:"沛公虽欲急入关,秦兵尚众,距险。今不下宛,宛从后击,强秦在前,此危道也。"刘邦遂连夜引兵还,围攻宛城。宛守齮欲自杀,舍人陈恢逾城谏刘邦收降齮,否则以宛郡县城之坚,"足下尽日止攻,士死伤者必多。引兵去,宛必随足下后。足下前失咸阳之约,后又有强宛之患。为足下计,莫若约降,封其守,因使止守,引其甲卒与之西。诸城未下者闻声争开门而待,足下通行无所累。"齮降,封为殷侯。陈恢献策有功,封千户。于是刘邦引兵而西,"无不下者"。刘邦遣魏人宁昌使秦,未还,章邯已降项羽。赵高杀二世,遣使于刘邦,欲约分关中,刘邦不许。秦子婴杀赵高后,遣将守峣关。刘邦遣郦食其、陆贾说秦守将以利害。秦将欲从,刘邦乘其懈怠,绕峣关,逾蒉山,大破秦军于蓝田南,又破秦军于蓝田北,秦军彻底瓦解。汉元年(公元前206年)十月,刘邦至霸上,秦王子婴降于轵道旁。秦亡。刘邦进入咸阳。

刘邦进入咸阳以后,接受樊哙、张良的劝告,把秦朝府库封存起来,还军霸上。萧何于是尽收秦丞相御史府律令图书。

秦制,丞相佐助天子,处理国家大事。御史大夫相当于副丞相,对外监督各郡御史,对内接受公卿奏事,按章举劾。除军权外,丞相、御史大夫几乎总揽一切朝政。御史大夫的属官御史中丞掌管图籍秘书。萧何为吏多年,他当然知道这是个要害部门。刘邦入咸阳时,诸将多争抢金帛财物,萧何却抢先进入秦丞相御史府,把律令图书收藏起来,使刘邦对于天下的关塞险要、户口多寡、强弱形势、风俗民情等都能了若指掌。后来,在楚汉相争中刘邦能料敌制胜,这是一个非常重要的有利条件。当时入关诸侯,项羽拥兵四十万,号称百万,刘邦十万,号称二十万,强弱之势明若观火,而老谋深算的萧何,这时已经在为下一步刘邦与项羽争夺天下做了准备。

按照当初和项羽的约定,谁先入咸阳即为王,这样刘邦按理应称王。然而自恃兵多将广的项羽根本不把先前的约定当回事,他屡次以武力威胁刘邦退出咸阳,由他称王,并设鸿门宴欲除去刘邦,除掉这一心头之患。在这种危急的形势下,张良、萧何认真地分析了当时两军的实力,认为不可与项羽发生正面冲突,以免发生不幸。当务之急是先保存实力,日后待时机成熟后再与项羽争一高下。

刘邦表面上对项羽言听计从,使项羽消除了杀害刘邦的念头,他只想封刘邦到外地去,离开关中。项羽的丞相范增得知后对项羽说:"你不杀刘邦,实在是一大错误。今天又要加害他,这样更是留下遗患了。"

项羽说:"他未尝有罪,无故杀他,必致人心不服。"

范增见无法说服项羽，只好说："既然如此，不如加封他为蜀王，蜀地甚险，易入难出。再封秦之降将章邯、司马欣、董翳三人分王关中，阻住蜀道，以阻刘邦。"

项羽非常满意，于是便封刘邦为蜀王。

刘邦得知后非常愤怒："项羽无礼，竟敢背约，我愿与他决一死战。"樊哙、周勃等人也都摩拳擦掌，想去厮杀。唯独萧何进谏道："此计万万不可，蜀地虽险，总可求生，不至速死。"

刘邦说："难道去攻项羽，便至速死吗？"

萧何说："敌众我寡，百战百败，怎能不死？汤武臣服于纣，无非因时机未至，不得不委曲求全。今诚能先据蜀地，爱民礼贤，养精蓄锐，然后还定三秦，进图天下，也未为迟。"

刘邦听了，怒气稍减，转而问张良。张良也同意萧何的说法，只是提议贿赂项伯，使他转达项羽，求其分封汉中地，因为汉中离关中较近，日后工作打算。

项羽十分爽快地改封刘邦为汉王，令其火速离开关中，赴汉中为王。刘邦当了汉王，即请萧何为相。

正在这时，张良却因家中有事要暂时离别。临别前，刘邦、萧何、张良等人眼含热泪，依依不舍。

张良拉着刘邦和萧何的手说："你们没感到日后要想统一天下，军营中还缺少什么？"

刘邦沉思片刻摇摇头："军营之中不缺什么，文有你及萧何，武有曹参、樊哙和周勃，粮草马匹兵器样样都有。"

张良恳切地向刘邦建议要招一位文武全才的大将军："我虽能出谋划策，可手无缚鸡之力不会带兵，萧何克有政务之才，也不会带兵，曹参、樊哙虽勇猛过人，但只是一介武夫，很难统领百万兵将，况且也无人能敌过项羽，大王日后如何与项羽争夺天下？大王要想夺取天下，身旁非得有一名文武全才之人佐助，方能统兵与楚争雄，以至日后统一天下。"

"言之有理！"萧何听罢点头称是。

张良紧握住萧何的手："望萧兄好好辅助大王，日后军中急需文纳贤士，如能觅得一二栋梁之材，便兴汉灭楚有望了。"

萧何说："贤弟放心！我一定尽自己全力，为大王招贤纳士，振兴汉军。"

张良走后，出谋划策的重担落到萧何一人身上，他再次向刘邦分析形势，劝刘邦快速奔赴汉中："臣已查明，汉中乃是块盆地，北瞰关中，南蔽巴蜀，东抵襄邓，西控秦陇，此地正好屯兵养马，积草囤粮，养精蓄锐，日后好重返关中，以成大业。"

刘邦听从了萧何的计策，率兵从褒斜道进入汉中，并烧了栈道。这样既可防备诸侯出其不意的袭击，又可表示绝无东归之意，使项羽更加对刘邦不提防。

刘邦兵抵南郑，休兵养士，操练部队。萧何向刘邦建议可以一边操练人马，一边开仓放粮，赈救饥民。于是偏远的南郑城顿时热闹起来，车水马龙，人来人往，一派繁华景象。

月下追韩信　慧眼识俊才

萧何对待有才之士，十分爱惜，最能代表其爱才荐贤的莫如月下追韩信这段故事了。

　　韩信，彭越，英布，是佐刘邦争天下的三员主要将领。

　　韩信，淮阴（今江苏淮阴市东南）人。年少时，家贫。父母早亡。母死，无钱埋葬，"然乃行营高敞地，令其旁可置万家"。

　　贫困的韩信，既不得推举为吏，又无钱经商，只好流浪求食，经常遭到白眼。他常到下乡南昌亭长家吃饭。时间长了，亭长妻深感厌恶，便提前吃饭，使韩信来了吃不到饭。

　　韩信到城下钓鱼，有一些老母在那里漂絮。其中一位老母，见他常饿肚子，便把自己的饭分给他吃，一连数十日。韩信感激地说："吾必有以重报母。"老母愤怒地说："大丈夫不能自食，吾哀王孙而进食，岂望报乎！"淮阴屠户少年，见韩信身材高大，好带刀剑，却到处乞食，便当众侮辱他说："信能死，刺我。不能死，出我袴下。"围观者起哄，等待韩信的选择。他强忍着耻辱，"俛出袴下，蒲伏。一市人皆笑信，以为怯"。

　　项梁率起义军渡淮后，韩信杖剑往从之，居戏下。但是，一直无声无名。项梁战死后，项羽拜韩信为郎中。此后，他多次献策，谋划大计，然终不为项羽所用。他决定另谋出路，便投奔刘邦，刘邦拜他为连敖。有一次，他犯法当斩，俯身就刑，一抬头正好见到刘邦的部将滕公，韩信说："汉王不是想得天下吗？为什么要斩壮士！"滕公见他出言豪壮，身材魁梧，救了他，与他一谈，才知道他果然不同寻常，非常高兴，便推荐给刘邦。刘邦任命韩信为治粟都尉，但仍然不肯重用。

　　萧何曾与韩信几次长谈，十分器重他的才干。当时，中途逃亡的将尉已经有几十人，韩信估计萧何已经向刘邦推荐过他，却仍然不被重用，便决定离去。萧何听说韩信不辞而别，来不及向刘邦打个招呼，就急急忙忙亲自追去。

　　萧何快马加鞭，趁着朦胧的月色，在褒斜道猛追韩信。一直到褒河畔，才得赶上。韩信对萧何说："本想在汉军中干一番事业，辅佐汉王统一天下，可汉王不肯用我，视我有如草芥一般。丞相几次秉公推荐，汉王只是不听，反疑丞相有私。我韩信既读诗书，又习武艺，却徒怀壮志，报国无门，所以决心离汉，从此弃甲归田，永不从戎。"

　　萧何说："伍子胥当年七荐孙武，孙武方被重用。我推荐你，不过才三次罢了！请您不必犹疑，可随我速回军营，倘大王这次仍不能重用您，我陪同您一起弃甲归田！"

　　萧何说服了韩信，二人便乘马归营。

　　有人报告刘邦说："萧丞相跑了。"刘邦大发雷霆，慌得不知如何是好，就好像失去了左右手似的。过了一两天，萧何来见刘邦，刘邦又喜又怒地骂道："你是不是也想跑？"萧何说："我不敢跑，我是去追跑的人。"刘邦问他："你追谁？"萧何答道："追韩信。"刘邦又骂开了，说："跑掉的将尉已经几十个了，你都没有去追，你说追韩信，这是假话。"萧何说："那些人都算不了什么，至于韩信，可是个难得的栋梁之材。大王如果只想当个汉中王，没有韩信也罢；如果想得天下，没有韩信恐怕不行。愿大王自己做主。"刘邦说："我当然想打出去，怎么能老闷在这里呢？"萧何说："大王若决定出汉中，能重用韩信，韩信自会留下；如果不用他，他终究会离开的。"刘邦说："我听你的，拜他为将军。"萧何说："拜个将军留不住他。"刘邦说："拜他为大将。"萧何说："很好。"于是刘邦准备拜韩信为大将。萧何又对刘邦说："大王对部下一向不大礼貌,你今天要召韩信来拜大将就像叫唤个小孩子来一样。这样随随便便,是留不住韩信的。大王若决定拜大将,就要选吉日,作斋戒,设坛场,礼仪完备,这才像个样子。"刘邦答应照办。

登坛拜将时,刘邦说:"丞相数言将军,将军何以教寡人计策?"韩信反问说:大王东向争天下,对手是不是项王? 刘邦答:"是。"又问:"大王自己感觉勇悍仁强,与项王谁强?"刘邦答:"不如项王。"刘邦既已承认不如对手,韩信便提出从强者手中夺天下的计策。他分析说:"项王喑恶叱咤,千人皆废",然而他不能任用贤将,所以是匹夫之勇。项王待人"恭敬慈爱",说话和气,然而有功当封爵者,"印刓弊,忍不能予",所以是妇人之仁。项王虽然称霸天下,然而他残暴好杀,分封不公,天下多怨,百姓不亲附,所以虽有霸王之名,实际上已失天下人之心。基于上述分析,韩信得出"其强易弱"的结论。他进一步说:大王如能反其道行之,"任天下武勇,何所不诛? 以天下城邑封功臣,何所不服? 以义兵从思东归之士,何所不散?"况且,关中父兄怨恨三秦王。而大王自入关中,秋毫无犯,除秦苛法,与民约法三章,关中百姓皆拥戴大王,盼望大王王关中。"今大王举而东,三秦可传檄而定也。"韩信的一席话,使刘邦深感得韩信之晚。韩信对项羽的透彻分析,增强了刘邦争夺天下的信心,遂听信计,部署诸将所击。

韩信拜将后,就向刘邦献计,先定三秦(关中),后图项羽,刘邦大喜。于是刘邦根据韩信的建议,调兵遣将,留下萧何征收巴蜀租税供应军食,准备杀出汉中。

留守关中 功居第一

公元前206年五月,刘邦引兵从故道(今陕西凤县东北)出袭雍(今陕西宝鸡),雍王章邯被汉军打败,刘邦进入咸阳。当时田荣已自立为齐王,彭越也在梁地反叛项羽,项羽正要北击田荣,所以无暇西顾。张良又致书项羽说:"汉王只想得到关中,如约即止,不敢再向东进。"项羽信以为真,便无意西向,刘邦遂得逐步平定关中。

这时几经战事,关中已残破不堪,秦都咸阳被项羽放火烧了三个月,已成为一片瓦砾,于是刘邦徙都栎阳(今陕西富平东南)。刘邦重入关中后,萧何采取措施,协助刘邦收拾关中的残破局面。一方面重新建立已经溃散的统治秩序,另一方面施恩惠以收拢人心。属于前一方面的措施有申法令,令民除秦社稷,立汉社稷,治宫室、县邑等等。属于后一方面的措施有开放故秦的皇家苑囿园池,令民耕种,赐民爵,免租税等等。又推举年龄在五十以上,有德行,能做表率的人,任命为三老,每乡一人;选乡三老一人为县三老,佐助县令,教化民众,免去徭戍,岁末赐予酒肉。

公元前205年(汉二年)三月,刘邦为义帝(楚怀王曾被诸侯共尊为义帝,后来为项羽所杀)发表,袒(脱去衣袖,为当时致哀的一种礼仪)而大哭,哀临三日,并派使者遍告诸侯,声讨项羽。四月,刘邦向东伐楚,进至外黄(今河南兰考东南),这时,彭越率领三万人归服刘邦,刘邦于是进入彭城,把项羽的后宫美人及府库财物全部夺得,大摆酒宴庆贺。项羽得讯后,率领精兵三万人从齐地南下,与汉军大战于彭城灵璧(今安徽濉溪西)东睢水帝,大破汉军,杀伤无数,睢水为之不流。楚军围刘邦三重,适逢西北风大起,拔树毁屋,砂石蔽天,楚军大乱,刘邦方得带着数十骑逃去。

五月，刘邦退回荥阳(今河南荥阳)，这时关中丁壮多数已被征发，萧何便调发老弱及不到服役年龄的少年到荥阳增援，韩信也收兵与刘邦会师，刘邦得重整旗鼓。接着与楚军大战于荥阳南，双方相持不下。这时刘邦把关中事务全部托付给萧何，萧何镇抚关中，征发兵卒，运送粮草，供应汉军，并常常便宜行事，事后方奏报刘邦。在此期间还有一段小故事。

公元前204年(汉三年)，当楚汉两军在荥阳南相持不下时，刘邦几次三番地派专使慰问萧何，问寒问暖，使萧何深感不安。有一个鲍生看出刘邦的意图，知道萧何很忧虑，就向萧何进言说："汉王出征在外，却接连不断地派人慰劳丞相，这是对丞相起了疑心。为丞相着想，不如多多派遣丞相的子弟族人到汉王军前效劳，汉王才会消除对丞相的疑心。"萧何听从了他的计策，刘邦果然大喜。

楚汉在荥阳相持两年多。这中间刘邦曾几次狼狈逃奔，只是得到萧何从关中调发的兵卒作补充，汉军才重新振作起来，楚军也始终不能越过荥阳。到公元前203年(汉四年)八月，韩信已经破赵入齐，占领了齐地，并向楚地进攻，彭越也在梁地困扰项羽的后方，绝其粮道。项羽自知援绝粮尽，于是决定与刘邦讲和，约定以鸿沟(约从今河南郑州市北经过开封至淮阳以南)为界，中分天下；鸿沟以西属汉，以东归楚。九月，项羽罢兵东归，刘邦也打算返回关中。这时，张良、陈平进谏说："现在汉已占有天下大半，诸侯皆附，项羽兵疲食尽，这正是灭亡他的时机。如不乘机进取，就会养虎遗患。"刘邦采纳了。第二年十月，刘邦追项羽至阳夏(今河南太康)南。十二月，围项羽于垓下(今安徽灵璧东南)，项羽夜闻四面楚歌，知道汉军已经占领了楚地，便率领数百骑南逃。韩信立即命灌婴率5000骑兵紧紧追击，一定要将楚军彻底歼灭。

公元前202年，楚汉战争结束。楚汉相争，长达五年，萧何治理关中井井有条。汉得三秦后，未及巩固，便出征关东。在刘邦多次失军之众，溃不成军时，萧何总是以关中的人力、物力输往前线，使刘邦重整旗鼓，继续作战。

公元前202年五月，刘邦在洛阳南宫置酒，大宴群臣。刘邦说："列侯、诸将，都不必讳言，有话直说，我问问你们：我为什么能够夺取天下？项羽又为什么会失掉天下？"高起、王陵回答道："陛下待人轻慢、任性，项羽待人仁慈、恭敬。但陛下使人攻城略地，有功者赏，有能者用，能够和他们共享尊荣富贵。项羽嫉贤妒能，有功者往往被害，有能者常常受猜疑，打了胜仗不能计功行赏，夺取了地盘又舍不得分封，因而失败。"刘邦说："你们只知其一，不知其二。运筹策于帷帐之中，决胜负于千里之外，我不如子房(张良)；镇国家，抚百姓，供军需，给军食，我不如萧何；指挥百万大军，战必胜，攻必取，我不如韩信。这三人都是人中豪杰，我能用他们，所以我能够得天下。项羽只有一个范增还不能重用，因此最后败在我手中。"

在上面这段对答中，刘邦把张良、萧何、朝信并列为佐助他得天下的三名人杰，认为他们是最得力的有功之臣。另外还有个有趣的功人与功狗的故事。

在杀掉项羽平定天下以后，刘邦论功行封时，由于群臣争功，所以一年多也定不下来。刘邦最后定萧何为首功，封他为酂侯，食邑很多。功臣们都愤愤不平地说："我们披坚执锐，四处征伐，多的身经百余战，少的也打过几十仗，攻城得地，大大小小都有个数目。萧何从来没经过汗马之劳，只不过做些发议论、理文墨的事情，毫无战功，为什么封邑反而比我们多？"刘邦问："你们知道打猎吗？"功臣们回答说："知道。"刘邦又问："知道猎狗吗？"功臣们答道："知道。"刘邦对他们说："打猎的时候,追杀野兽的是狗,而指示行踪、放狗追兽的是人。你们能够追得野兽,是功狗,至于萧何,他是放狗追兽的功人。况且你们只是一个人追随我,多的也不过带两三个家里人,而萧何的宗族几十人都在军前效劳。这些功劳怎么能抹杀呢?"大家都无言可答,不敢再说。

诸侯受封完毕,接着是排位次,功臣们都说:"平阳侯曹参身受战创七十处,攻城略地,功劳最多,应排第一。"刘邦已经压过大家一次,多封了萧何,对排位次的事不好再多说,但他认为萧何应排第一。这时关内侯鄂君进言说:"大家的议论不对。曹参虽然有攻城野战之功,但只是攻战中的一时之事。楚汉相争五年,陛下好几次全军溃败,只身逃脱,全靠萧何从关中派出军队来补充。有时就是没有陛下的命令,萧何一次也派遣几万人,正好补充了陛下的急需。楚汉在荥阳间相持数年,军粮毫无积存,全靠萧何转漕关中,供给军食,军队才不致匮乏。陛下几次败退,失掉山东,全靠萧何保全关中,陛下才能重新振作。这些都是创立汉家天下的万世之功。就是少掉百把个像曹参这样的战将,对汉朝得天下也不会有什么损害。怎么能把这种一时之功列在万世之功的前面呢? 萧何应排第一,曹参在后。"鄂君的这番议论,正中刘邦下怀,于是把萧何排为第一,准许他剑履上殿,入朝后不用跪拜。刘邦又说:"我听说进贤者受上赏,萧何功劳虽高,但也要靠鄂君的议论才得以辨明。"于是封鄂君为安平侯。当日,遍封萧何子弟十余人,都各有食邑,并加封萧何二千户,以报答刘邦去咸阳服役时萧何多送的二百钱。

成也萧何　败也萧何

刘邦打败项羽之后,异姓王尚有七人。这些异姓王中,有些曾是立有大功的,如垓下之战,刘邦主要就是借助了韩信、彭越和英布的力量。特别是拥有全齐之地的韩信,当时掌握着左右天下之权,归汉则汉胜,与楚则楚强。项羽亡后,这些据地称雄的异姓王对汉朝是个很大的威胁。因此刘邦在位时完成的一件大事就是逐步消灭了各地的异姓王,最后只剩下一个无足轻重的长沙王吴芮。

刘邦消灭异姓王,首先拿韩信开刀。

刘邦刚即位不久,不免心中高兴,坐在金殿之上笑问众大臣:"朕何故得天下? 项羽何故失天下?"

群臣面面相觑,唯有樊哙冲破沉默,挺身出班道:"陛下,为臣以为陛下所以能得天下,主要是使人攻城略地,能论功封赏,人人效命。项羽妒贤嫉能,多疑好猜,罚赏不明,因此失天下。"

刘邦额许:"你只知其一,不知其二,得失原因须从用人说起。运筹帷幄,决胜千里,朕不如张良。镇国家抚百姓,运饷至军,朕不如萧何。统率百万将士,战必胜,攻必取,朕不如韩信。这三人系当今三杰,朕能委以重任,善以调用,故得天下,而项羽只一范增,尚不能用,怪不得为朕所灭。"

群臣听罢心中豁然开朗,十分敬佩齐声高呼:"陛下圣明! 祝陛下万寿无疆!"

刘邦扫视韩信微笑道:"韩爱卿听封!"

韩信赶忙出班下跪。

"韩卿为汉室立下十大功劳,朕赐你有特赦大权,见天、见地、见兵器三不死。"

"谢陛下隆恩!"韩信感动得热泪盈眶。

可是，韩信沉浸在喜悦之中还未回过神来，又听刘邦说道："如今天下已定，四方太平，不再劳师征战，应该休兵息民故请韩卿交还军符、帅印。"

韩信禁不住一沉，没想到刘邦要削夺他的兵权了。还未等韩信回答，刘邦又说道："韩卿生长楚地，习楚风俗民情。因此改封楚王，镇守淮北，荣归故里，衣锦还乡，定都下邳，择日起程上任。"

韩信心中十分愤懑，但是他又无法抗争，只好领旨谢恩。

从这时起，刘邦对韩信的权力之大就很是不安心了，他先是削夺其军权，后还嫌不够，又把他由齐地贬到楚地为王，远离京城，减少威胁。

张良曾向韩信进言："自古帝王家，只能共患难，不能同富贵，金钱、功名地位乃是虚有之物，不可贪也。"韩信很感激张良的劝诫，决心返归楚地，不再为名利而伤神了。

此时的萧何已是高官厚禄，一人之下万人之上的相国了，尽管他对韩信的事也非常倾心，但又不好开罪刘邦，好在韩信还仍然被封为王，所以他也就得过且过，并未去为韩信的事向刘邦争取一二，只是加紧汉室建都的准备工作。

这天，刘邦召来萧何："朕已决定移都关中，你速去栎阳城准备吧，择日迁都。"

萧何忙说："启禀陛下，秦关雄固，建都最佳，不过自项羽入关，秦宫统被烧毁只剩残缺。栎阳城虽好，但城池太小不利长期定都，臣已见咸阳东有一兴乐宫尚且完好，臣召天下工匠扩建一新。此地建都最佳。陛下先移居栎阳城中，待臣修好此宫，再从栎阳迁居此宫，不知陛下意下如何？"

刘邦闻听大喜："还是萧卿想的周全，就依卿言，兴乐宫乃秦宫名，我看就改名长乐宫吧。另外在长乐宫旁添修一座未央宫，供皇后及其他娘娘居住，两宫添筑城墙才像一座皇城！"

萧何赶忙领旨照办。

就在萧何忙于建造宫殿之机，有人密告刘邦，说韩信自恃功高，目无陛下，并且私藏朝廷重犯钟离昧，蓄谋造反。刘邦一听，火冒三丈，他听从了陈平之计，借巡狩之机将韩信诱捕。

韩信在狱中念念不忘萧何，时刻关心着萧何的身体安康。得知萧何连续几月都不在府中，日夜操劳修建长乐宫，他不忍心再牵连他老人家，宁愿一死了之。

幸亏张良、夏侯婴等人说情，晓以利害，韩信才得以生还，但是被革去王位，降封淮阴侯。

尽管刘邦放了韩信，但文武双全的韩信终究是刘邦的一块心病，他最放心不下的人就是韩信。后来陈豨反叛，刘邦亲自领兵出征，坚决不用韩信，并将朝中之事委托给萧何和吕后。临走之前，刘邦再三叮嘱吕后："我走之后你要多多留心韩信，此人文武全才，朝中无人能比，三军上下多他的属下，他若有变，这京城恐难保住。因此望你多加提防，万不可掉以轻心。"

吕后原就不是平常妇人，她正想乘机揽权，做些震天动地的事业，使人畏服。因此她对刘邦说："陛下只管放心，谁若存有异心，妾只要抓到一点蛛丝马迹，定严惩不贷！"

刘邦走后不久，吕后收买的韩信府中的舍人栾就来汇报说："韩信与叛贼陈豨在渭水河岸密谋多时，已有密约，他们想里应外合，韩信趁机破狱释囚，进袭太子和娘娘……"

吕后听后决意要立刻消灭韩信。于是她召集其兄妹及情夫审食其策谋，最后订下一条妙计：谎称刘邦已诛灭陈豨，令朝臣前来祝贺。并让萧何去请韩信前来，因为萧何曾对韩信有知遇之恩，所以韩信必定会听萧何的话，等韩信踏进宫门便将其拿下处死。

于是吕后亲自去萧何府上，假惺惺地关心萧何的身体健康，言谈中逐渐地流露出她的本意来："明日庆贺大捷，满朝大臣都去，这淮阴侯怕有数月没来上朝吧？我还真有些惦念于他。"

萧何："淮阴侯是有数月没去上朝了，不过他身体欠安，有病在身不去上朝乃是陛下恩准的。"

吕后微微一笑："是吗？不过病虽有点，主要怕是心情不舒畅吧！"

萧何叹了口气："唉！都是钟离昧一事，他被株连降封为侯，因此心里有点……"

吕后顾尔一笑："实际上陛下对韩信还是很信任器重的。陛下离京之时，曾对我讲韩信乃文武全才，是汉室一栋梁也！我想他们君臣互相解除猜忌，消除隔阂，君臣和睦，百姓安乐，日后定会出现太平盛世。"

萧何听罢这一席话，顿时容光焕发，激动地说："对！娘娘不愧为贤明皇后，所言使萧何也茅塞顿开。君臣齐心，天下太平。微臣一定去淮阴侯府好好劝劝，让韩信等陛下凯旋回京后，当面向陛下致歉赔礼！使他们君臣和睦团结。"

吕后额许："明日宫中庆贺平叛告捷，他若能来那该多好，将相同来宣读贺词，让天下百姓、文武百官都知道这件事，他们肯定会拍手称赞。"

萧何激动地说："请娘娘放心，明日庆贺，臣一定让韩信随我一同前往。"

吕后见计策大功告成，心里暗暗高兴。

萧何送走娘娘，回到厅堂，夫人望着萧何说道："相爷，你不觉得吕娘娘今日亲临府门有点蹊跷？"萧何不以为然地说："这……这有何奇怪，她亲踏府门探望为臣，这是娘娘对微臣的关心。""妾看并非如此。"夫人淡淡一笑，"娘娘一贯心胸狭窄，心黑手辣，做事专横，她让相爷请韩信入宫一同参加庆贺，这会不会另有文章？"萧何激动得热泪盈眶，深情地说："夫人大有长进啊！吾何曾不知娘娘此人，可是这圣命难违呀！皇上已将大权交于她掌管，吾怎敢抗命不遵？""依我看明日你就不要去请淮阴侯。"夫人担心地说道："妾怕娘娘想借相爷之手，图奸邪之谋。""唉！"萧何长叹一声，"夫人，娘娘专权你不是不知，我若抗命不遵，萧府将有灭门之灾，做臣的只能宁可君负臣，不能臣负君。""那明日非请韩信一同前往进宫庆贺不可了？"夫人担心地问道。萧何点点头："如果娘娘并无歹意，是真为皇上平叛告捷，宴请群臣进宫庆贺，而韩信没去庆贺，一来老夫有负圣命，二来使娘娘与韩信之间又加深一层怨恨猜忌，日后皇上回京知道此事，势必对韩信不利，吾身为相国，怎能不为君臣和睦着想。"夫人忧虑地说："嗯！去请韩信不好，不请也不好，还真让人为难！"萧何倒背双手，在厅内踱步沉思片刻："依老夫之见，臣不能负君，明日还得相邀韩信一同进宫，即便娘娘另有图谋治罪于他，可韩信为汉室立下十大功劳，而且自从钟离昧之事以后，韩信深居简出，并无差错过失。当年皇上曾亲口赐赏他三不死，有皇上金口玉言许诺，娘娘她又能奈何怎样！况且满朝大臣在场，她敢违抗皇上诺言行事？"夫人听罢满意地点点头。

翌日清晨，萧何穿着一新，亲去韩信府邸邀请。韩信多日没去上朝，也没多问朝中大事,昨日突收宫中一份请柬,说皇上平叛告捷,明日宫中大殿宴请群臣共庆大捷,请大将韩信前来恭贺,韩信内心十分高兴,庆幸皇上平了叛贼,从此天下太平,他本想今日前往,可转念一想自己多月不去上朝,皇上与娘娘与他都有隔阂,万一娘娘使诈,自己不慎再顶撞娘娘,岂不冒犯娘娘犯下大罪,因此他又不想前往。正在踌躇之时恰巧萧何满面春风地前来邀请,他碍于情面,不好推辞,便与妻子瑞娘告别前往宫中。瑞娘见韩信多年都闷闷不乐,今日高兴要随丞相去宫中,她也没好阻拦。因为有恩相陪伴,韩信决不会再闯祸端。因此,她给丈夫换了新衣,夫妇二人微笑告别。

未央宫前,张灯结彩,锣鼓喧天,一班内侍伫立两旁,一班宫女在乐声中载歌载舞,朝臣们都陆续进入未央宫大殿。在宫门前大道上,萧何与韩信并肩而行,俩人谈笑风生。韩信手里拿着贺词,萧何满面春风地说道:"贤弟可曾记得登坛拜将时的情景?"韩信感慨道:"何止记得,历历在目,想起往事感到时光真快,汉已立国10年有余,你我都显老了。""贤弟正年富力强,怎么说老了?这汉室繁荣昌盛今后还靠你们,我已年迈体衰该退居临下了。"萧何若有所思道。"这汉室江山,少我韩信可以,没有丞相可不行!"萧何被说得乐呵呵地:"贤弟一席勉励之言,好似萧何年轻许多。"二人都乐得哈哈大笑,谈笑风生携手走入大殿。

大殿内,15岁的太子刘盈与吕后高坐在龙椅上,见萧何、韩信二人走进来,吕后猛然一拍龙椅厉声呵道:"来人!将叛贼韩信拿下!"

埋伏在两旁的侍卫蜂拥而上,韩信猝不及防,被绳捆索绑。此时韩信才如梦初醒怒声问道:"娘娘,臣身犯何罪?"

吕后冷笑一声:"狂徒韩信,自诩天下英雄,竟敢与陈豨合谋反叛,今被人告,汝有何话可说?"

萧何大为惊讶,莫名其妙地:"娘娘!不是让韩将军与本相前来贺喜的吗?怎么……"

吕后手一挥:"萧丞相你先站立一旁。"萧何只好退在一旁。

吕后一拍龙椅:"你这反贼,陛下已将陈豨捉拿,陈豨已供认不讳,你还不将你密谋反叛的事从实招来?"

韩信仰天大笑,这笑声在大殿震荡、回旋……他怒吼道:"这全是阴谋、阴谋……"

萧何觉得自己果然被吕后利用了,深感愧对韩信,忙跪下向吕后求情。可是未等他开口,只见吕后已下令将韩信推出宫外斩首。

韩信怒喝吕后:"你这狠毒的恶妇!我韩信为汉立下十大功劳,陛下赐我三不死,见天不死,见地不死,见兵器不死,看你有何办法杀我?"

吕后冷笑一声:"好!今日就不违背圣上许诺,来人!将韩信推入殿旁钟室,门窗遮蔽,不让他见到天日,地上铺上地毯,不让他踏着地,不要拿兵器,用菜刀将他斩首。"

萧何没想到吕后竟想这般狠毒之招。料知韩信大祸将至,不顾一切地伏在地上声泪俱下:"娘娘手下留情,不可错杀大将,待陛下回来后再做定夺不迟。"

这时的吕后哪理会这些,她根本不理睬萧何,将手一挥,只见刽子手将韩信推进钟室,用菜刀将韩信活活砍死。

萧何见韩信顷刻间被害死,大吼一声,气昏在地。

狠毒的吕后,不但害死了韩信,而且还下令围剿侯府,诛灭韩信三族,一个活口也未留下,真是惨不忍睹。

韩信死后,萧何非常悲伤,他曾亲自到韩信坟头祭奠悼唁,老泪纵横。他深感愧疚和自责,虽然他没有如后人所说的那样与吕后设计害死韩信,可是他明知韩信入宫会凶多吉少,还是抱着侥幸的心理力劝韩信入宫。当然这也与他的私欲相关,他怕开罪吕后和刘邦,给自己惹来麻烦,于是不敢违背吕后的旨意,而去让韩信铤而走险。因此萧何觉得是自己害了韩信,他不该领韩信进宫。这正是成也萧何,败也萧何!当初月下追韩信、推荐韩信登坛拜将的是萧何,今日带韩信去未央宫被问斩的也是萧何。

君疑臣　力保身

公元前196年(汉十一年)秋,淮南王英布谋反,刘邦亲征,萧何辅助太子刘盈留守关中,刘邦反复派遣使臣探问萧何的动静。萧何因为刘邦率军在外,又像上次陈豨谋反时那样,捐献家财,并努力安抚关中百姓。这时相府的一个幕僚提醒萧何说:"相国快要遭灭族之祸了。你身为相国,功列第一,名位之盛,不是已经到了极点了吗?况且你初入关中就深得民心,至今已经十来年了,你常常安抚关中,关中百姓都拥护你。现在皇上所以反复派遣使臣问相国起居,就是害怕你借关中民望而有所行动。相国何不贱价强买民间田宅,故意招民怨恨,这样皇上对你才会放心。"于是萧何照着他说的办法做了起来,刘邦知道后很高兴。

刘邦平定了英布、回师长安时,沿途不断有老百姓拦路告状,说萧相国强夺、贱买民间田宅,价值数千万。刘邦回长安以后,萧何入见,刘邦带点嘲笑的表情问道:"相国为什么与民争利!"说着就把状子全给了他,并说:"请相国自便吧。"萧何乘机请求说:"长安地窄,上林苑(皇家猎苑,在今陕西鄠邑区一带)中有许多空荒地,最好准许百姓开垦,收了庄稼留下禾秆照样可以供养禽兽。"刘邦乘机发作,大怒道:"相国收了商人多少贿赂,来为他们要我的上林苑!"马上下令把萧何押入廷尉狱中,并加上脚镣手铐。过了几天,卫尉王某问刘邦说:"相国犯了什么大罪,陛下突然把他抓了起来?"刘邦说:"我听说李斯做秦相时,有善归主,有恶自负。如今萧相国受商人贿赂要我的上林苑,他想讨好百姓,自己得个好声名,所以我要治他的罪。"王卫尉说:"相国有便民之事上奏,这是他应尽的责任,陛下有什么根据怀疑萧相国接受了贿赂呢?楚汉相争时,陈豨、英布反时,陛下领兵在外,萧相国镇守关中,他若想取得关中,不过举手投足之劳。那时萧相国不为自己谋利,难道今天还会贪得商人的一点贿赂吗?况且秦朝之所以灭亡,就是因为不知道自己有什么过错。这样看来,李斯为其主分过,又何足效法?陛下怀疑萧相国有二心,恐怕是没有仔细考虑吧。"刘邦听后虽不高兴,但当天就传旨赦免了萧何。这时,萧何已经年老,又一向恭谨。他入谢刘邦时,光着脚,跌跌晃晃,一副狼狈相。拜谢过了,刘邦说:"相国休息去吧。相国为民请苑,我不许,我是桀、纣那样的坏皇帝,相国是贤相。我故意把你关起来,好让百姓知道我的过失。"

刘邦的这番辩解,虽然言不由衷,但对萧何的公正廉洁终于还是承认了。

萧何在处理和刘邦的关系上,历来十分机警且顾全大局,每次当刘邦对他有疑忌的时候,他都能十分得体地消除刘邦对他的疑忌,使自己始终能和刘邦一心一意，共同把西汉国家治理好，这一点实在是难能可贵的。这说明萧何不仅能顺应潮流，不断跟随时代前进，而且他自始至终兢兢业业，不跋扈矜功，不凭势向主上讨价还价，而是以国家和人民利益为重，激流勇进，为巩固新王朝的事业鞠躬尽瘁。

公元前195年，汉高祖刘邦病逝。萧何不顾身体衰老，毅然辅佐太子刘盈登上帝位，是为汉惠帝。惠帝二年（公元前193年），年迈的萧何，由于长期过度操劳，终于卧病不起。病危之际，惠帝亲临病榻前探望萧何，趁机询问即将辞世的相国以后事："您百年之后，有谁可以代您为相？"

萧何回答说："知臣莫若君。"

惠帝猛记起高祖遗嘱，便问道："曹参可好吗？"

萧何在病床上，挣扎着向惠帝叩首道："陛下所见甚是，陛下得以曹参为相，我萧何虽死，也无遗恨了！"

这番话证明，萧何对曹参的代己为相抱有多么诚恳的赞许和期望。

萧何与曹参虽曾同为沛吏，有过良好的交情。后来在创建汉业中，又是功业卓著的辅弼之臣。但在建汉后封赏之时，两人却相处得不太融洽。据《史记·曹相国世家》记载，曹参攻城野战之功甚多，而封赏每居萧何之下，因此与萧何未免有了隔阂，或许还发生过不小的冲突吧。但萧何素知曹参贤能，于病体垂危之际，还举荐这位与己"有隙"的同僚为相，甚至为此而向惠帝顿首，称之为"死无遗恨"。从中可以看出萧何的胸怀是何等的宽广啊！表现了一代名相宽宏大量、一切以大局为重的风度。

萧何生年不详，死于汉惠帝二年，大约活了60多岁。纵观萧何辅佐刘邦平治天下的经历，我们可以发现萧何是一位非凡的名相。他廉洁自律，持身治国，一丝不苟。他头脑清楚，能预见天下变化之机兆；慧眼识才，有奋身荐举世间奇才之热忱；甘于寂寞，以兢兢业业的工作支撑大局；忍辱负重，敢为百姓之利舍身请命。

唐朝史评家司马贞在《史记索隐》中，曾称赞西汉名相萧何说："萧何为吏，文而无害，及佐兴王，举宗从沛。关中既守，转输是赖，汉军屡疲，秦兵必会。约法可久，收图可大，指兽发踪，其功实最。"这几句话，可以说概括地总结了萧何的一生。

萧规曹随　天下美谈

萧何为了西汉王朝的稳定，可以说是呕心沥血，以致后代有"萧规曹随"的赞誉。其中"曹"是指曹参。

曹参，字敬伯，沛（今江苏沛县）人，秦时为沛狱掾。秦二世元年（公元前209年），陈胜、吴广起义，沛县吏民响应，曹参等拥立刘邦为沛公，曹参被推为中涓。曹参经历的战事甚多，难以详举。

刘邦初起，曹参将兵击胡陵、方与、薛等地，破秦监平及章邯之军，杀三川守李由。曹参晋爵为执帛，号建成君，迁为戚县公。此为曹参战争生涯的第一阶段。

楚怀王封刘邦为砀郡长，曹参随刘邦进兵关中，击成武、杠里、开封等地，破秦东郡尉王离、赵贲、杨熊之军，虏南阳守齮及司马、御史各一人，至咸阳，灭秦。

刘邦为汉王，封曹参为建成侯，至汉中，晋升为将军。曹参随汉王还定三秦，击下辩、故道、雍等地。汉王彭成败后，王武、程处、柱天候等反汉，曹参一一击破之，然后归荥阳。此为曹参战争生涯第三阶段。

汉三年(公元前204年),汉王拜曹参为假左丞相,屯兵关中。月余,魏王豹反汉。曹参随韩信渡河击魏,大破魏军,虏魏王豹,尽得魏地。乘胜击代,杀其相国夏说。韩信东击赵,曹参留代地清扫残敌,杀代戚将军于邬城。韩信已破赵,汉王拜韩信为相国,曹参为右丞相,东击齐。齐地已定,韩信将兵诣垓下会战,曹参留齐,击未服者,此为曹参战争生涯第四阶段。

曹参戎马一生,"身被七十创,攻城略地,功最多。""凡下二国,县一百二十二;得王二人,相三人,将军六人,大莫敖、郡守、司马、侯、御史各一人。"《史》《汉》对曹参的战功记述颇多,但未记任何作战方略,与两书对韩信战事的写法截然不同。这说明曹参虽然战功卓著,但缺乏谋略。刘邦把他的战绩比作"狗功",话虽粗野,却有一定道理。曹参独自作战很少,随刘邦、韩信一同战斗居多,即战争之谋略多出他人。

后来萧何死后,曹参为汉相国,仍以治齐之术治汉,施政办事,一遵萧何约束,无所变更。郡国吏,选用重厚长者,对华而不实、欲务声名者,概不录用。人有小过,曹参加以掩饰,相府相安无事。曹参日夜饮酒,不治事。吏及宾客见此情景,皆想劝他。曹参知其意,凡来者乃以酒堵其嘴。复欲言者,曹参复予之酒,直至大醉而去,终不得言。不久,吏多仿效曹参,日夜饮酒高歌。从官对此很反感,但无可奈何。他们借相舍后园与吏舍挨着的条件,请曹参游后园,让他听到醉吏的狂叫,想乘机请求他惩治那些人。曹参非但不惩治醉吏,反而"取酒张坐饮,亦歌呼,与相应和"。

惠帝见曹参整日无所事事,以为是欺负他年轻。曹参的儿子窋为中大夫,惠帝令窋规劝其父。曹窋谏曹参。曹参大怒,打曹窋二百大板。上朝时,惠帝责问曹参为什么打曹窋,曹参不直接回答,他脱帽谢曰:"陛下自察圣武孰与高帝?"上曰:"朕乃安敢望先帝乎!"曰:"陛下观臣能孰与萧何贤?"上曰:"君似不及也。"参曰:"陛下言之是也。且高帝与萧何定天下,法令既明。今陛下垂拱,参等守职,遵而勿失,不亦可乎?"惠帝曰:"善!君休矣。"曹参与惠帝的对话,实际是关于汉初统治政策的争论。由于汉一改秦代的"政苛刑惨""赋敛重数",在"无为"思想指导下,推行约法省禁、轻徭薄赋政策,所以收到了"天下俱称其美"的社会效果。

汉代元勋　名及后世

萧何素来谨慎,又多权谋。他在秦汉之交纷纭复杂的动乱中乘机而起,后来虽然身居高位,历事二主,终得善始善终。在他声势煊赫之时,他购置田产都选在穷乡僻壤,不做高堂大屋。他说:"子孙后代如果贤惠,可以学我的节俭;如果不争气,也不至于被权势之家夺走。"这个例子说明他考虑身后事时仍然表现得十分谨慎而又经过深思熟虑。

萧何在秦时只是一个普通的刀笔小吏,以后辅助刘邦建立汉朝,功列第一,终于成就了一番事业。晚于萧何几十年的司马迁写《史记》时,专门做《萧相国世家》,记述了萧何一生的事迹,并称他为"功冠群臣,声施后世"。当时萧何已经被看作是汉朝的开国元勋。到西汉末年,汉成帝时议论续封功臣的后代,其余的都已经不再追恤,独独续封了萧何的后代。这是西汉一朝对萧何功绩的评价与追念。

萧何是我国历史上一位应该肯定的政治家。他帮助刘邦完成统一事业,对我国历史的发展起了积极的作用。在他执政期间开始实现的与民休息,也有利于当时社会经济的恢复和发展。这就是我们今天对他的评价。

陈平：奇谋善变　不下三杰

【人物档案】

姓名：陈平
别名：陈丞相
生卒：？～前178年
朝代：汉朝
职务：丞相、谋士
谥号：献侯
主要成就：六出奇计，协助刘邦统一天下与周勃平定诸吕，迎立刘恒为帝。

【枭雄本色】

陈平，秦末汉初谋略家，始投魏王咎，继属楚王项羽，后离楚归汉，佐汉王刘邦一匡天下，终成汉室名相。汉初三杰，韩信受谤，被擒于云梦泽，死于钟室；萧何遭馋，曾械于牢狱；张良惧祸，托言闲游。陈平却能久居相位，且得善终，足见他官场权谋之老到，远在"三杰"之上。

陈平

陈平之人多奇事：年轻俊美，偏纳他人之遗孀，为当时笑谈，难怪后人为之加了"盗嫂"之名！六出奇计佐汉，助高祖解白登围，又平定叛乱，使大汉江山天牢地固。

陈平之人善谋身：高祖欲杀"连襟"樊哙，一边是真命天子，一边是皇亲国戚，陈平夹在中间受难，便对灵哭奏，解吕后构陷之心，王陈并相，结交周勃，终于翦灭吕后势力，得了善终！

【风云叱咤】

违俗择婚　宰肉言志

陈平（？～公元前178年），阳武（治所在今河南原阳东南）户牖乡（在今河南兰考东北）人。少时家贫，与兄嫂同产，仅有薄田三十亩。他酷爱读书，专心研习黄老学说,探求治世之术。其兄陈伯宽厚仁慈,靠他埋头耕耘,供养陈平在外游学。

按着秦时法律习俗,家贫者难以被推择为吏。因此,陈平长年碌碌,也没有寻到可意的职事。嫂嫂见他游手度日,难免心生嫉恨。一次,有人问道:"陈平生在贫寒人家,怎么长得这样魁梧?"嫂嫂在一旁冷言冷语地挖苦道:"他也不过是装了一肚子秕糠罢了!有这样的小叔子,倒不如没有好。"只因这件事,陈伯竟把妻子休掉。

光阴荏苒,陈平早已到了婚娶年龄。可是,富人家的女子不肯嫁给这个穷书生,穷人家的女子他又看不上,终落得高不成、低不就,迟迟未得合适的姻缘。

户牖乡有个富户名叫张负,他的孙女曾五次出嫁,都不幸死了丈夫。人们都说她妨丈夫,再也无人敢来求婚。陈平一心只想找个臂助,去干一番事业,竟破除忌讳,把阴阳生剋等等妄说置之不顾。于是,他暗打主意要娶张负的孙女。正巧,邑中有大丧,陈平知张负主持其事,自己也去殷勤帮忙。张负喜陈平体貌奇伟,做事精明,从此和他有了交往,偶尔还到他家中走走。陈平家居陋巷,背靠邑中围墙搭起一座斗室,徒有屋壁三面,而且是有门无窗;门口悬挂一领破苇席,用以遮风避寒。张负却是个有心人,偏在不显眼的地方,看出了不平常的迹象:陈平门外,似有长者往来的车辙、马迹,由此推知他不是个寻常人物。张负回到家中,便对儿子张仲说:"我想把孙女许配给陈平。"张仲愕然望着父亲,问道:"陈平那样贫穷,一向又不耕田、管家,全县人都耻笑他的所作所为,您为何偏把闺女许给他?"张负说:"陈平如此奇伟壮美,岂能长久贫穷!"最后,还是张负做主,把孙女嫁给陈平,又借给他许多钱米,做迎娶之资;另送给他不少酒肉,做待客之用。孙女临嫁,张负还告诫说:"你不要因他贫穷而侍夫不恭,失掉妇道;待他兄嫂要像对待父母一样。"其实,不用祖父谆谆教诲,孙女早已变得十分温存,贤惠。大凡青年女子遭遇丧偶之祸,柔软的心灵便刻下深深的伤痕。一旦继嫁,竟把男人看得十分珍重,担心他冷热失调,更怕他多病多灾。何况此女五次丧夫,更是难得陈平这样的美男子。从此,陈平外得富翁舅,家有贤内助,致使"资用益饶(费用更加充裕),游道日广(谋事的道路越走越宽)"。

家庭是社会活动的休整所。坏家庭摧毁过不少人才,好家庭却是许多英雄建功立业的基本后盾。陈不正是看到了人生的这一重要环节,才决计娶个富家孤孀,这就是其智之所在。

凡要成长为一个杰出人物,既需要有志向、有胆识,又需要脚踏实地向前迈进。在陈平的步履中,人们既可听到不同凡响的声音,又可以看到他的坚实足迹。

一次,陈平在里中主持祭社神,分肉甚均。为此,父老们纷纷赞扬他说:"善哉,陈孺子为宰(陈后生主持分肉,做得真好啊)!"陈平却喟然长叹道:"使平得宰天下(假让陈平得以主宰天下),亦如是肉(也像分肉这样公道)。"年纪轻轻的陈平,已看到世间不均、不平,立志要为天下均平。

良臣择主　归汉助刘

秦二世三年(前208年)六月,次年六月,魏王咎与秦将章邯战于临济(今河南封丘东)。就在这时,陈平约会几个少年,前去投奔魏王咎,被授任为太仆,替魏王执掌乘舆和马政。之后,陈平曾献策于魏王,不仅未被采纳,反而遭人谗毁,受到疑忌。他知魏王咎难成大事，便毅然出走，另谋高就。

不久，魏王全军惨败，周市为秦军所杀，魏王咎自焚而死。

秦二世三年（前207年）冬，项羽率兵来到黄河之滨，准备北渡反击秦军，解赵王歇巨鹿之围。陈平慕名投到项羽麾下，参加了著名的巨鹿大战，并随项羽破秦入关。只因项羽缺乏知人之明，使陈平难得有重大建树，虽被授位为爵卿，却是徒有虚名，并无实权。

汉二年（前205年）春，殷王司马卬背楚降汉。项羽大怒，封陈平为信武君，使之率兵进击殷王，收降司马卬。项王因功拜陈平为都尉，赐金二十镒。三月，刘邦再度攻取殷王领地，虏司马卬。项羽恼恨司马卬反复无常，以致迁怒于陈平，要尽斩昔日参加定殷的将士。陈平一则惧诛，二则料知项羽无道乏能，终难辅之共建大业。于是，他封金挂印，仗剑而逃，再去寻求施展抱负新的道路。

陈平两次出逃，三次择主而仕，又是其大智使然。倘与同时代的著名谋臣范增相较，便可显然看出他的高明。范增情知项羽不可为，却疏于变通，结果落得身死名裂。陈平见可仕则仕，见不可仕则去，终于能立身扬名。

陈平逃至黄河，恰遇一叶扁舟，便急忙登船求渡。舟公见陈平仪表非凡，又单身独行，知是私逃的将官，疑他腰间必定挟有重金、宝器，顿生图财害命的念头。船到中流，陈平察觉舟公目动言肆，神色异常，料他居心叵测，可能要做黑道上的买卖。一丝惊恐掠过之后，陈平立刻想出一条应急的计谋：他把衣服脱下，往船板上用力一甩，然后裸着上身来帮舟公划船。舟公看他腰间别无一物，衣服落船也无硬物撞击之声，知是行囊空空，遂打消相害之意。一场凶险，竟被他轻而易举地化解了。

陈平久闻汉王刘邦知人善任，便于汉二年三月，到修武降汉。经汉将魏无知推荐，当天面见刘邦。两人纵论天下大事，言语十分投机。刘邦大喜，破例擢任陈平为都尉，留在身边做参乘，并命他监护三军将校。

汉军诸将见状哗然，纷纷对刘邦说："大王得一楚军逃兵，还不知他品行才能高低，便与他同车共载，又使他监护军中长者，未免过分抬举！"刘邦不仅不为闲言所动，反而根据陈平才干，又升任为副将。大将周勃、灌婴心中不满，渐渐放出许多流言："陈平外表美如冠玉，内心未必净。听说，他在家时曾盗其嫂（与嫂子私通）。出仕之后，先投魏王咎，混得无法容身，只好逃亡归楚。在楚也不中用，这才投奔汉王。如今大王封他尊官，让他监护诸将，凡送给他金子多的人，便分派个好缺；否则，便安排些坏差使。陈平实是个反复无常的乱臣，请大王要当心访察他。"

刘邦经不住众人再三诋毁陈平，便心生疑团，并严词责备魏无知。

其实，盗嫂一说，事属无稽；昧金一案，也是子虚。观陈平早年胸怀大志，"分肉甚均"；后辞项羽，封金挂印，囊空如洗，决不像是个贪财之辈。可是，变起仓促，不容魏无知就事论事，剖析明白。他根据刘邦这个特殊对象——豁达大度、不拘小节，又根据当时的特殊形势——正是求贤若渴、争夺人才的时节，做了一个特殊的问答，也是一个富有哲理的回答：

"臣所言者，能也（是指才能）；陛下所问着，行也（是指品行）。今有尾生、孝已之行，而无益处于胜负之数，陛下何暇用之乎？楚汉相拒，臣进奇谋之士，顾其计诚足以利国家不耳（单看他的计谋是否真正有利于国家）。且盗嫂受金又何足疑乎？"

细品这段话,可见魏无知实为"有知"。他既有知人之明,能够发现、荐引陈平这样的稀世奇才,又有审势之智,强调乱世用贤重于用德。正因他能抛开末节,而从关键处展开谏争,所以能够打动刘邦。

刘邦召陈平而问道:"先生仕魏不终,仕楚又去,如今又与我共事,难道不令人疑心你的信义吗?"陈平侃侃而论,借机对刘、项的用人路线作了深刻分析。

"臣事魏王,魏王不能用臣(之)说,故去事项王。项王不信人,其所任爱,非诸项即妻之昆弟(非项氏家族,便是妻子的兄弟),虽有奇士不能用。臣居楚闻汉王之能用人,故归大王。裸身来,不受金(应指接受刘邦所赐之金)无以为资。诚臣计划有可采者,愿大王用之;使(假使)无可用者,大王所赐金具在,请封输官,得请骸骨(请送还我的身子骨,我自行辞归)。"

寥寥数语,说破了各方的政治优劣。它不仅是一篇绝妙的政论文字,而且是一个高超的晋身法术。话中既然贬斥项羽用人唯亲、褒扬刘邦用人唯贤,便迫使刘邦顺着高竿往上爬,以重用陈平来博得英明令主的美称。这种一箭双雕的进谏艺术,正是谋臣的惯技。无怪刘邦听完,当即起身答谢,厚赐陈平金银,并擢升为护军中尉,专门监督诸将。从此,将士再也不敢妄言陈平之短。

六出奇计　世莫能闻

司马迁《史记·陈丞相世家》中,说刘邦"用其奇计谋,卒反楚。"但又说:"凡六出奇计,奇计或颇秘,世莫能闻也。"

那么,所谓"六出奇计"到底是指哪六件奇计呢?

捐金行反间,废功臣钟离昧,一也;

嫁祸于人,逼死谋臣范增,二也;

瞒天过海,解荥阳之围,三也;

封韩信,借刀杀人,四也;

请君入瓮,韩信云楚就擒,五也;

献美女图像,解白登之围,六也。

废功臣钟离昧

汉三年(前204年)四月,楚汉战争到了最激烈的时刻。项羽围刘邦于荥阳约一年之久,断绝了汉军外援和粮草通道。刘邦十分忧虑,欲割让荥阳以东与楚媾和。项羽恼恨刘邦先前趁火打劫,直捣楚军老巢彭城,必欲置之死地而后快,岂肯丢下可即之功,在他孤城之下订盟?

眼望前程茫茫,刘邦心绪低沉地对陈平说:"天下纷纷扰扰。何时可得安宁?"

陈平心知已到展示奇才的时候,便从容对答说:"项王为人恭敬仁爱,守节之士、好礼之徒多追随他左右;然而,每至赏赐功臣,却又吝啬爵位和封邑,因此士人便不愿依附于他。汉王简嫚无礼,品行清廉之士不愿屈节投顺;然而,大王能慷慨厚赐功臣,因此,士人中的亡命之徒、嗜利之辈却乐为之用。如果诚能去其两短,袭其两长,天下可在屈指、挥臂之间顷刻安定。"

乍听到此话中的尖刻字眼,刘邦不免有面红耳热之感。但他更关心如何"去其两短,袭(用)其两长",定天下,成一统。怎奈陈平却将话锋急转,接着说:"然而,大王秉性轻嫚,动辄辱人,又怎能集项王之长,得廉节之士呢?"刘邦心里一冷,露出失望的神色。忽见陈平又现出热心肠,为之献策说:"我想现今有几个可以乱楚的人,那就是项王的骨鲠老臣亚父范增、钟离昧、龙且、周殷等。大王如能舍得几万金,可纵反间计,离间其君臣,使之上下疑心。项王本来猜忌信谗,必然引起内讧和残杀。到那时,我军乘机反攻,势必破楚。"

陈平这篇跌宕起伏的话语,无疑经过长时间煞费心机的揣摩。它于曲折之中,直接道破了楚汉双方的得失:其一,从阶级构成来看,楚军中颇多有身份、重名节的社会上层势力,因此难免守旧和腐朽气息。而汉军的中间则是大量的中下层士人。他们虽被偏见视为"亡命""无耻",却无疑是一批有血有肉的、富有进取精神的人物。其二,从策略思想来看,项羽吝啬本无实际价格的爵邑,妄图独揽天下土地分配之权,实为欲谋私而无方。刘邦以天下土地恩赐天下士人,用本无价值的爵位换得将士以血汗相报,获慷慨之美名,成私家之事业,可谓取天下有道。

如此犀利的话,只有思想敏锐且有斗胆地陈平才能说得出。对此逆耳之言,也只有具备远见卓识而且恢廓大度的刘邦才能听得进,难得这样的一君一臣,才能同心协力地实施一项重大的反间计划。刘邦慨然付出四万金,交与陈平,恣其所为,不问出入。

陈平用重金收买楚军中的将士,使之散布流言:"钟离昧等人身为楚王大将,功劳卓著,却不能裂地封王,因此欲与汉军联合,同灭项氏,分王其地。"

项羽有勇无谋,素好猜忌,一闻讹传,便信以为真,竟把钟离昧等视等贰臣,不加责任。只对范增信任依旧。

霸王疏远了钟离昧等,却对荥阳的攻势丝毫也没有放松,仍然挥军把荥阳城围得水泄不通。但汉军坚壁固垒,楚军终不能越雷池一步,因此项羽心下十分焦急。

陈平抓住良机,又向刘邦献计道:"项羽攻城不下,正好派人去向他诈降。他必然答应,遣人来讨论条件,到时我们便以恶作剧戏弄来使,借此来离间范增,等到项羽军心浮动时再行突围。"

"他要是不接受和谈呢?"

张良插话道:"项羽断然不会亲临汉营和谈,但我们只要能吸引他的臣下来到这里,事情就好说了,我们可先差数人去楚营求和,项羽刚而不韧,连日攻城不下,正在急躁,见有汉使前来求和,一定会派人前来汉营协商。"

刘邦心领神会,遂命陈平、张良按计而行。

离间范增　削弱项羽

却说良、平派使者往楚营游说,无非是厚礼美言说刘邦不敢与楚王分庭抗礼,愿各守封疆,共保富贵,划荥阳以东为楚界,荥阳以西为汉界。

项羽考虑到刘邦势力日大,韩信又善于用兵,继续打下去,亦不知鹿死谁手,不如趁早讲和,休养生息,等待时机,卷土重来,便招范增前来商量。范增分析道:

"这是刘邦的缓兵之计。和谈不是本意。把战局拖住,坐等韩信的救兵。今日正可猛攻快打,把刘邦消灭在这里,再去对付韩信。"

项羽徘徊起来。汉使认定是范增从中作梗,乃对项羽说:

"陛下自应圣裁。左右的话,怕有私弊。因为战胜也好,战败也好,别人一样可以不当楚官当汉官,但陛下将怎样处理自己?况且汉王尚未势穷力尽,韩信的几十万大军很快就会到来,内外夹攻,陛下师疲粮尽,那时欲罢不得,欲进不能,不是懊悔莫及吗?依臣鄙见,倒不如及时讲和,化干戈为玉帛,这样,不独汉王感恩戴德,老百姓也会赞颂陛下的仁义呢!臣虽身在汉营,仍是天下一介贱民,望陛下三思,为天下着想,不要被左右暗中出卖了!"

汉使的话落地有声。项羽一时难以回答,便道:"你先回营,我即派人入城讲和。"

陈平心花怒放,暗想,贼亚父,你的死期到了!

项羽不听范增的规劝,派虞子期等人为和谈大使进入荥阳城。刘邦谎称夜饮大醉,命陈平前来接应,陈平故意怠慢虞子期,并把一封假的范增与刘邦私通的信故意让虞子期偷走。

虞子期回营后,不胜愤怒,把自己所受的怠慢,在项王面前渲染了一番,然后将从密室里偷出来的匿名信呈给项羽。

项羽看罢密信,勃然大怒,招来范增大骂:"老匹夫居然起心要出卖我,今天绝不饶你!"

范增丈二和尚摸不着头脑。他深知霸王素来尊敬他,但今天却这么待他,分明早已不信任自己了,便对项羽说:"天下大局已经定了,愿大王好自为之。"

项王一向薄情寡义,一气之下,令其退归乡里。

范增解甲归田,一路上怨愤不已,叹气道:"刘邦是个假仁假义、刁钻刻薄的小人,一个亭长怎么能做君王?霸王可是个既能干又豪爽的英雄,将门之子,确实有君王气魄,只可惜……"

范增边走边想,边想边气。一路上,吃不下,睡不好,犹如风前残烛,奄奄一息。将至彭城,恰巧背上生了一个毒瘤,凄凄惨惨,冷冷清清的合上了眼。这一年,范增七十又五。

范增死后,项羽幡然悔悟,大喊上当,但悔之晚矣。他一面派人到彭城,用厚礼安葬范增,一面命各部将拼死进攻荥阳。

韩信救兵迟迟不到,荥阳朝不保夕。张良、陈平决定:先救刘邦出城,入关收集散兵,留御使大夫周苛、魏豹、枞公死守荥阳,再会同韩信部队三路围攻项羽。

设巧计荥阳突围

陈平与张良商议后,对汉王说:"请大王速写一封投降信给霸王,约霸王在东门相见。霸王定会把他的大军部署在东门,我再想办法把西、北、南各门卫士引到东门口来,大王就可以从西门冲出去了。"

汉王说:"请你安排吧!"

不一会儿,陈平领着一位貌似汉王的将军来见汉王。这就是不惜性命来保汉王的纪信。纪将军说:"现在敌人四面围城,大王无法坚持下去了,我愿装扮成大王的样子出去投降,吸引敌人把兵力集中围住东门,大王就可趁机从西门突围。"

汉王说:"不可,不可!纵令我逃出去了,将军岂不是要遭毒手吗?"

纪信说:"父亲有难,做儿子的应当替父亲死;大王有难,做臣下的就应当替大王死!"

汉王道:"我刘邦大业未成,将军还没有得过什么好处,你替我慷慨赴死,我倒偷偷地溜了,怎么对得起你呢?还是请陈平再想办法吧!"

陈平说:"这已是没有办法的办法了!"

纪信抢着说:"现在火烧眉睫,要是大王不让我去,荥阳城攻破后,大家也是同归于尽;还不如舍了我一个人,既保全了大王,将士们也有了生路。"

汉王皱下眉头,下不了决心。纪信猛然拔出宝剑,说:"大王如果不同意,就让我先死在您的面前!"说着就要自刎。

汉王赶忙拦住,说:"将军的心可以感天地、泣鬼神。我知道将军还有母亲和夫人、儿女。将军的母亲就是我刘邦的母亲,将军的夫人就是我刘邦的嫂子,将军的儿女就是我刘邦的儿女,请将军放心吧。"纪信磕头谢恩,刘邦热泪直流……

翌日,天还没亮,汉军便开了东门。陈平差遣 2000 妇女,鱼贯地从东门出去。楚军闻讯围了上来,可是一看这些手无寸铁的妇女,谁也不好意思刁难,只好闪开一条道来。南、西、北门的楚兵听说东门外全是美人儿,唯恐落后地涌向东门。忽然,有人大喊:"汉王来了!"果然"汉王"坐着车,由仪仗队开道,缓缓地走出东门。"汉王"走进楚营,霸王才发现坐车出来的不是汉王,气得暴跳如雷,下令将士们把这个假汉王连车一块烧了。

汉王乘着东门乱,冲出西门,带着陈平、张良、樊哙杀出一条血路,逃之夭夭……

力劝刘邦　封韩信王

韩信"收赵兵未发者"及刘邦挑选剩下的士卒,东进击齐。乘齐守备懈怠,韩信一举破齐历下军,夺取齐都临菑。齐王田广逃到高密,求楚救援。项羽派龙且为将,率领号称 20 万的楚军,赶来救援齐王。楚军和齐王田广的军队联合起来,准备和韩信的军队决战。在战斗打响前,有人对龙且说:"汉军远道奔袭而来,急于战斗,不可与这种军队交锋。齐楚联军在自己的国土上作战,容易败散。不如深沟高垒,不与汉军交锋。让齐王派出他的使者,到齐国的各个城池去,号召人们抵抗汉军。齐地的人们知道他们的王还在,又有楚军的支援,必然会抵抗汉军。汉军远离后方 2000 多里,齐地人们都抵抗它,打击它,它就不可能获得粮食给养,我们就可以不战而降服汉军。"这本是一条克敌制胜的万全之策,可龙且听后却不以为然。他说:"我知道韩信的为人,很容易对付他。况且我是奉命来援救齐国的,不经过战斗就将韩信降服,那我还有什么功劳?现在我在战场上打败韩信,凭我的这项战功,就可以得到齐国的一半作为我的封地。我为什么要停止战斗呢?"于是他挥师与韩信的军队决战。

双方的军队隔着潍水,摆好了决战的阵势。韩信命令他的部下,于夜里准备好 1 万多条袋子,里面装满了泥沙,在潍水的上流筑起一道拦河的堤坝。第二天早晨,韩信率领一半军队,渡过河来攻击龙且的军队,又假装失败往回撤退。龙且见了,不知是计,高兴地说:"我就知道韩信是个胆小鬼!"于是他下令渡河追击韩信。韩信立即命令将上游的堤坝决开,顿时,大水滚滚而来,龙且的军队大部分被大水拦在对岸,龙且率领着一小部分军队渡过了潍水追击韩信。韩信指挥全军大反攻,还在对岸的大部分军队，眼睁睁地看着龙且被杀，军队被消灭，他们也都一哄而散，齐王田广也逃往城阳。韩信乘胜追击，直到城阳，迫使田广和溃散的楚军投降。韩信的部将灌婴，追击齐将田光至博阳（今山东省泰安市南），并将其击败，俘虏了田光。田横以为田广已死，就自立为齐王，率军进攻灌婴，被灌婴在嬴县（今山东省莱芜市北）打败，只好带着残兵败将去投奔彭越。以后，韩信的部将曹参，又在胶东攻杀了齐将田既，灌婴在千乘（今山东省高青县东北）攻杀了齐将田吸。到汉王四年（公元前203年），韩信终于降服了齐国全境。

韩信派使者向刘邦报告，并在报告中对刘邦说："齐国是个狡诈多变、反复无常的国家，南边又和楚相邻，如果不立一个代理的王镇抚，就不能保证局势的安定。我请求允许我为假理齐王。"

当时，刘邦正被项羽围困在荥阳一线，韩信的使者到来后，向他呈上了报告，刘邦看后不禁大怒，开口就骂韩信："我被困在这里，正日日夜夜盼望着他来帮助，想不到他却要自立为王！"张良、陈平这时正好在刘邦身边，立刻踢了刘邦一脚，并附着刘邦的耳朵悄声说："现在我们正处在困境中，怎么能阻止韩信为王呢？不如顺水推舟，立他为王，好好地对待他，让他保卫好齐国。否则，会激起他的反叛。"

刘邦经过他们的提醒，马上改变了态度，当着韩信使者的面，骂起韩信来："大丈夫既然立下了攻灭诸侯的大功，就该当一个正式的王，为什么要当个代理的王呢？"于是刘邦派张良为代表，立韩信为齐王。

当时韩信确有举足轻重之势，佐汉则汉胜，归楚则楚胜，如果背汉自立，汉势孤单，也会为楚所灭。幸亏当时有陈平临机蹑足，示意刘邦封韩信为王，使韩信感恩戴德，无论谁来劝说，也不忍背汉，并最终引大军击楚，与刘邦合力围困项羽于垓下，使不可一世的西楚霸王演出"霸王别姬"之后自刎于乌江。

计擒韩信

公元前202年初，刘邦改封韩信为楚王，定都下邳；封彭越为梁王，定都定陶。

二月，刘邦即皇帝位，建立汉朝。五月，刘邦在洛阳南宫设宴贺功，并跟群臣讨论楚败汉胜的原因。刘邦问道："我为什么能夺取天下，项羽为什么会失去天下？"有人说："陛下能跟天下同利，谁能攻城夺地，您就封他为王。项羽却残害功臣，猜疑贤者，所以会失掉天下。"刘邦说："你们只知其一，不知其二。要说运筹策帷幄之中，决胜负千里之外，我不如张良；治理国家，安抚百姓，筹备粮饷，支援前方，我不如萧何；率领百万大军，战必胜，攻必克，我不如韩信。这三个人，都是当代的豪杰，我能任用他们，这就是我夺取天下的原因。项羽连一个范增都不能用，这就是他失败的关键。"

由此可见，在刘邦心目中，韩信是帮助刘邦打败项羽，夺取天下，建立汉朝的武力功臣。他的功劳，可以跟智囊张良、丞相萧何媲美。如果没有韩信攻城略地，南征北战，连破四国，把项羽主力围困在垓下，刘邦要打败项羽，是很不容易的。

公元前202年（汉五年）五月，韩信便前往封地，回到自己的国都下邳。他首先找到了当年经常给他饭吃的那位漂母，赏给她一千金，报答她的恩情；又找到下乡南昌亭长，赏给他一百钱，对他说："你是个小人。做好事应该做到底，你却有始无终。"接着又把当年叫他钻裤裆的那位无赖少年，封为楚国的中尉，并把他介绍给诸将说:"这是位壮士。当初他侮辱我时,难道我不能把他杀掉吗?我没有杀他,是因为没有什么理由;当时我忍耐过去,才会有今天的成功。"

韩信青年时无依无靠,流落街头,受尽了苦难和冷遇,长期郁郁不得志,但是,当他回到下邳时,每次巡行县邑,都陈兵出入,守卫森严,威风凛凛。项羽有个部将,名叫钟离眛,一向跟韩信要好。项羽在乌江自杀以后,他投奔了韩信。刘邦对钟离眛恨得要死,听说他逃到了楚国,便命令韩信逮捕钟离眛,韩信没有理睬。

公元前201年(汉六年)十月,有人给刘邦上书,告发韩信谋反。刘邦问诸将怎么办,诸将齐声答道:"赶快发兵,把这小子坑掉算了。"刘邦以为不妥,沉默良久,又问陈平。陈平说:"有人告韩信谋反这件事,韩信知道吗?"刘邦答:"不知道。"陈平又问:"陛下的兵精,还是楚国的兵精?"刘邦回答:"楚国的兵精。"陈平又问:"在陛下看来,各位将领的才能有没有超过韩信的?"刘邦回答:"没人比得上他。"陈平接着说:"现在我们兵精不如楚国,将才不如韩信,如果举兵攻之,就等于迫使他跟我们决战,这是多么危险呀!"刘邦急了,连忙向陈平讨办法。于是,陈平向刘邦献了伪游云梦、实击韩信的计划。

不久,刘邦派人去通知各诸侯国,说他要到云梦泽游猎,并顺便在陈地跟诸侯相会。陈在楚国的西边,韩信如果到那里去拜见刘邦,刘邦不必大动干戈,就可以轻而易举地把他擒住。

韩信听说刘邦要到云梦游猎,心里忐忑不安,不知如何是好。当刘邦快到楚国时,韩信想发兵反抗,可是又一想,自己并没有什么罪过,何必谋反呢?他想去谒见刘邦,又怕束手就擒。这时有人向他建议说:"如果斩了钟离眛,把他的头献给刘邦,刘邦一定会高兴。这场灾祸就可以避免了。"韩信没有办法,只好同意了。

于是,韩信去找钟离眛商量此事,钟离眛对韩信说:"汉之所以没来进攻楚国,是因为我在您这里,如果您把我杀掉去向朝廷献媚,那么我今天死,明天就该您上断头台了。"说罢,他大骂韩信不讲信义,然后就自杀了。

十二月,刘邦到陈地大会诸侯,韩信带着钟离眛的人头去拜见刘邦。刘邦见韩信到来,就命令卫士把他捆起来,装到一辆车上,这时韩信才恍然大悟,感叹道:"果然像人们常说的那样;狡兔死,走狗烹;高鸟尽,良弓藏;敌国破,谋臣亡。现在天下已定,我韩信确实该死。"刘邦说:"有人告你谋反!"说罢,就给韩信带上刑具,把他带到洛阳。到洛阳以后,刘邦又宽恕了韩信,把他降为淮阴侯。从此以后,韩信才知道刘邦忌恨他的才能,便借口有病,既不愿意朝见刘邦,也不肯跟刘邦出去游猎,成天心怀怨愤,闷闷不乐也难再有什么作为了。

白登解围

秦王朝时期,蒙恬率30万大军北击匈奴,收复河套地区黄河以南的土地,并修筑万里长城防御匈奴南下入寇。秦末农民大起义以来,中原地区战乱连年,原秦朝流放到边地的戍守人员相继离开边境,于是匈奴的势力逐渐南下,渡过黄河,来到南岸与秦王朝以前的中国边塞为界。当汉军与楚军于荥阳相持不下的时候,匈奴族却在首领冒顿单于的率领下,统一了北方草原大地,设官分职,势力逐渐强大,拥有能够弯弓射箭的战士30多万人。

汉高帝建国后,将韩王信迁徙到代国,建都于马邑。匈奴大军包围马邑,韩王信因受到汉王朝怀疑,害怕遭到诛杀,率众于马邑投降匈奴。

韩王信投降匈奴,匈奴对汉王朝的实情多所了解,因而率大军南越句注山,向太原郡进发,抵达晋阳城下。汉高帝亲自率大军迎击,正赶上天降大雪,士卒冻掉手指的十有二三。于是冒顿单于假装败走,引诱汉兵。汉军果然中计。冒顿将精兵隐蔽起来,把老弱残兵暴露在外,于是32万汉军乘胜追击。高帝骑马首先到达平城,而汉军由于多是步兵,大队人马尚未赶到。这时,冒顿单于下令10万精锐骑兵突然出击,将汉高帝重重包围于白登。高帝被包围七天七夜,汉军内外不能互相接济军粮,七日不得食。匈奴的骑兵,西方皆骑白马,东方皆骑青马,北方皆骑黑马,南方皆骑红马,士气高涨。

时值严寒,雨雪通宵。高祖和将士们冻得瑟瑟发抖,手脚俱僵。

被围3日后,粮食紧缺。饥寒交迫,汉军危在旦夕。

到第七日,陈平妙计忽生,高祖赶忙照办。

司马迁在《史记·陈丞相世家》里写到此处,只说:"帝用陈平奇计,使单于阏氏,围以得开。"究竟是什么奇计? 司马迁只道:"其计秘,世莫能闻。"桓谭在《新论》中披露了下面的消息:

原来,冒顿新得阏氏(单于皇后),十分宠爱,朝夕不离。此次驻营山下,屡与阏氏并马出入,浅笑低语,情意甚笃。陈平想到冒顿虽能出奇制胜,也不免为妇人女子所愚,百炼钢化作绕指柔,不妨从阏氏身上入手。于是派遣使臣,乘雾下山。

阏氏见汉使来,悄悄走出帐外,策退左右,召见汉使。汉使献上汉地金珠,并说是汉帝送给阏氏的,并取出图画一幅,说是汉帝请阏氏转给单于。阏氏到底是女流之辈,见到光闪闪的黄金、亮晃晃的珍珠,目眩心迷,便收下了。展开图画,只见绘着一个美人儿,不仅羡妒起来,便问:"这幅美人图,有何用处?"

汉使假装一副虔诚的样子,答道:"汉帝被单于所围,极愿罢兵言好。故把金珠奉送阏氏,求阏氏代为乞情。又恐单于不允,愿将中国第一美人,献给单于。因美人不在军中,故先把画像呈上。"

阏氏愠怒道:"这却不必,拿回去吧。"

汉使道:"汉帝也觉得把美人献给单于,怕夺了阏氏之爱,但逼不得已,只好如此了。若阏氏能解白登之围,自然不献美人,情愿给阏氏多送金珠。"

阏氏道:"请返报汉帝,敬请安心好了。"说毕,将图画交还汉使。汉使称谢而去。

阏氏暗想,若汉帝不能突围,就要献上美人,我就要被冷落。便对单于道:"军中得到消息,汉军几十万大军,前来救援,明日便可赶到。"单于问:"有这等事吗?"

阏氏道:"两主不应相困。今汉帝被困于山上,汉人怎肯甘休? 自然会效死相救的。纵使你杀败汉人,取得汉地,也恐水土不服,不能久居。倘若灭不了汉帝,救兵一到,里应外合,我们便不能共享安乐了。"说到这里,阏氏便挥泪如雨,呜咽不能成声。

单于道:"那该怎么办呢?"

阏氏道:"汉帝被困7日,军中并不惶惧,想是神灵相助,虽危以安。你何必违天行事? 不如放他出围,免生后患。"

单于半信半疑,但恐惹得阏氏不高兴,只好作罢,便于次日,传令将围兵撤走。

也许因为陈平此计,使阏氏担心汉朝美女夺己之宠,力劝冒顿单于解围,放走高帝,用的是美人计,不太光彩,有失中国的体面,故而司马迁作《史记》时才秘而不宣。

对灵哭奏　巧谋自身

汉初三杰,都曾不安于位:韩信受谤,被擒于云梦;萧何遭馋,被械于狱中;张良惧祸,托言辟谷从赤松子(传说中仙人)游。然而陈平一生一直受到信任,并且青云直上,位居丞相,令后人羡慕不已。

陈平出计擒韩信后,被封为护佑乡侯。但他居安思危,推辞着说:"这不是我的功劳。"高帝说:"我用你的计谋,才能克敌制胜,这不是你的功劳是谁的?"陈平说:"若不是魏无知的推荐,我哪里能为陛下所用呢?"高祖说:"像你这样的人,可说是不忘本啊!"于是厚赏魏无知。

白登解围后,高祖回师,路过曲逆(今河南省顺平县东南)。登上城楼,四面一望,见城里有许多高大的房屋,感叹道:"这个县真不错。我走遍天下,要数这儿和洛阳最好。"他回头问当地长官:"曲逆县有多少户口?"长官答道:"秦朝时有3万多户,以后连年打仗,死的死,逃的逃,现只剩了5000户了。"高帝念陈平白登救难之恩,就把5000户的曲逆县封给陈平,改护佑侯为曲逆侯。汉初被封县侯的功臣,所食户数多少不同,但多到食户一县的,仅有陈平一人,由此可见刘邦对陈平宠爱之至。

刘邦晚年,西汉中央政权内部潜伏着一股暗流,外戚吕氏倚靠皇后吕雉,力图取代开国老臣,控制军政大权。值此,最为棘手的是既泼辣又精明的吕后。

吕后,名雉,刘邦的妻子,在刘邦称帝后为皇后。生有一男一女,男名盈,是后来的汉惠帝,女是鲁元公主。刘邦为汉王时得定陶戚姬,很喜欢她,生赵王如意。戚夫人常在刘邦身边,而吕后年长,常留守,不常见到刘邦。但吕后干预汉初的政治,是在政治上有影响的人物。

吕后为人,刚毅残忍,佐刘邦定天下,"所诛大臣,多吕后力"。杀韩信、彭越,都是吕后的主意。刘邦对韩信虽有疑忌,但不一定要杀他。韩信死后,刘邦"且喜且怜之"。喜是喜其死,怜是不忍其死。彭越已得到刘邦的赦免,吕后却特别跟刘邦说,彭越必不可留。这两位大臣不只被杀,而且被夷三族。

在刘邦病危时,吕后考虑到未来的丞相人选,询问刘邦的意旨。吕后问:"陛下百岁后,萧相国即死,令谁代之?"刘邦说"曹参可。"吕后问其次。刘邦说:"王陵可。然陵少戆,陈平可以辅之。陈平智有余,然难以独任。周勃厚重少文。然安刘氏者,必勃也,可令为太尉。"吕后更问其次。刘邦说:"此后亦非尔所知也。"刘邦死后,相位的人事安排,基本上是按刘邦所说去办的。这表明吕后对这事的关心,是很有现实意义的。

吕后内靠颇有心计的宠臣申食其参与谋划,赞襄政务;外则与骁将樊哙等人结成裙带关系,又把吕氏兄弟子侄安插到各个要害部位。在此情况下,有心人首先要考虑如何在盘根错节的关系网中存在下来,然后才能施加自己的政治影响,力挽时局。

内忧未除,外患又起。汉高祖十二年(前195年),燕王卢绾谋反。二月,刘邦命樊哙率兵前去平叛。出师不久,有人就在刘邦面前谈论樊哙过恶。刘邦闻言大怒,说道:"樊哙见我病重,想来是盼我速死!"他决意临阵换将,可又担心樊哙手操军权,或生不测。最后,还是采用陈平的计策:以陈平名义前往樊哙军中传诏,车中暗载大将周勃,待驰至军中,宣旨立斩樊哙,使周勃夺印代将。

陈平、周勃遵命而发,途中边行边细心合计。自然是陈平智多一筹,建议说:"樊哙是皇帝故交,功多劳重,况且又是吕后之妹吕媭的丈夫,可谓即亲且贵。帝因一时愤怒,便要杀他;一旦气消,或许后悔。兼之吕后、吕媭从旁掇弄,难免归罪于你我二人。你我不如拿住樊哙,绑赴朝廷,或杀或免,听凭皇上自己处置。"周勃重厚老成,依议而行。

将到樊哙军前,陈平命人筑起一台,作为传旨的所在,另外派人持节去召樊哙。樊哙仅知文官陈平前来,只当是传达寻常敕令,并无多虑,立即独自直来接诏。不料,台后蓦然转出武将周勃,当即将樊哙拿下,钉入囚车。周勃立即赶到中军大帐,宣旨代将,另由陈平押解囚车,返回京师长安。

陈平行至中途,突然获悉刘邦病故。他料定朝中必由吕后主持政事,使局势变得更加险恶。唯一可恃的是,幸亏先前未斩樊哙,还可向吕氏曲意交代。即使如此,也怕夜长梦多,务必在朝中忙于治丧的时候,将自己剖白干净,否则,恐遭吕氏暗算。想到这里,他让囚车照常行驶,自己则抢先策马驰往长安。

还未到长安,就遇见使者传诏,命他与灌婴一同屯戍荥阳。陈平想到前事未及说明,再远离朝堂,怎不忧谗畏讥!于是,他心生一计,立刻跌跌撞撞地跑入宫中,跪倒在汉高祖柩前,放声悲号,且哭且诉,大意是说:先帝命我就地斩决樊哙,我未敢轻处大臣,现已将樊哙解押回京。这分明是说给活人,向吕后表功。吕后、吕媭得知樊哙未死,立即放下心来。又见陈平涕泪横流,忠君情义溢于言表,顿生哀怜之心。吕后说:"卿且节哀,外出就职罢了!"陈平自度一介文臣,身处外地,能有多大作为?他便再三请求留在京师,宿卫宫廷。吕后推辞不过,便任命他为郎中令,并负责教诲、辅佐新即位的汉惠帝。

不久,樊哙解至长安,立即赦免,官爵如旧。

陈平因在惠帝左右,当然消息灵通。他又时时接近吕太后,留心察看朝中动向,着意防范政敌构陷。因此,吕媭屡屡进谗加害陈平,都不能如愿。陈平在两种势力的明争暗斗中存身下来,并潜心构制日后的行动计划。

翦灭吕氏　巩固汉室

高后八年(前180年)七月,汉廷中的铁腕人物吕太后病死。中央政权的重心立即倾移,平衡失控,外戚吕氏同刘氏宗室以及政府官僚之间的矛盾达到不可调和的地步。各方剑拔弩张,一场厮杀迫在眉睫。这场斗争,就其实质而论,只不过是统治阶级内部的权力再分配。但是,通观中国封建社会的历史,外戚、宦官一般代表剥削阶级中最腐朽的势力,两者是封建专制制度滋养起来的一对毒瘤。相对而言,官僚地主则比他们清廉,且有政治远见。在这次斗争中,政府官僚同刘氏宗室结成联盟,共同对付外戚诸吕。

当年八月,斗争到了最紧要关头。丞相陈平与太尉周勃详审时势,全面权衡朝中人物,酌定了一条计策。当时,曲周侯郦商老病在家,其子郦寄与赵王吕禄交谊甚厚。据此,陈平、周勃速派心腹劫持郦商,以此要挟郦寄去计赚权臣吕禄,劝他将兵权交予太尉周勃,快到自己的封国就任。吕禄身为上将军,受吕太后委任主持北军,驻防未央宫(皇宫),掌握中央的骨干军事力量。但此人无勇无谋。他见刘氏诸王和灌婴等将争欲发兵讨伐诸吕,便轻信郦寄,自解上将军印,把北军交予周勃。

九月,周勃入主北军。此时,军心倾向刘氏。周勃当即行令军中:"为吕氏者,右袒;为刘氏者,左袒!"如此一呼,军中皆左袒,愿为刘氏效命。这样,一将一相顺利地把持了北军,控制住封建政府的中枢——未央宫。为击败吕氏打开了最关键的一环。

中央军的另一支骨干力量是南军,受相国吕产节制。吕产不知北军变故,欲入未央宫,约会吕禄共同发难,捕杀刘氏宗室和朝臣。陈平侦知吕产阴谋,速召刘氏宗室中反对诸吕最坚定又最勇武的朱虚侯刘章,命他佐助周勃,监守北军军门;还转告卫尉(未央宫门侍卫长),设法阻止吕产入宫。刘章见吕产在宫门外徘徊,乘机袭杀这个茕茕孑立的独夫。随后,分头捕斩吕禄、吕通等人,将吕氏一族诛杀殆尽。

同年后九月,群臣拥立刘邦长子、代王刘恒即位,是为汉文帝。刘、吕之争,以吕氏势力的彻底崩溃而告终。从此,西汉转入大治时期。

汉文帝即位后,仍以陈平为右丞相。陈平却借口有病,不肯上朝。文帝深感奇怪,叩问其故。陈平诚心请求说:"高帝时,周勃功不如臣;及至诛灭诸吕,臣功又不如周勃。我愿将右丞相之位让与周勃。"文帝嘉他谦让,又喜周勃老成,便以周勃为右丞相,位次第一;迁陈平为左丞相,位次第二。又恩赐陈平千金,加封三千户封邑。

汉文帝自登基以后,明习国事,亲理万机。一次临朝,他问右丞相周勃:"天下一年决狱多少?"周勃回答:"不知。"又问:"天下一年钱谷出入多少?"周勃还是摇头,不知其数。他自愧不能应对,顿时汗流浃背,狼狈不堪。

文帝心中不乐,转脸再问左丞相陈平。陈平不假思索地答道:"各有主事的官员。"文帝说:"谁主其事?"陈平答:"陛下要知决狱之事,请问廷尉;要知钱谷之事,请问治粟内史。"文帝听后更为不满,略带愠怒地说:"既然各有主事之官,要你丞相何用?"陈平俯首谢过,然后朗朗回答:"主臣(负责督率群臣,一说为惶恐之辞)!陛下不知其驽下(不嫌老臣我低劣无能),使待罪(供职)宰相。宰相者,上佐天子理阴阳,顺四时,下育万物之宜,外镇抚四夷诸侯,内亲附百姓,使卿大夫各得任其职焉。"陈平此对,不仅表明他富有机智,擅长辞令,更说明他掌握了从政的要领——总理大政,把握关键,对当政者具有极大教益。文帝听后,连声称赞。

周勃满面羞惭,退朝后埋怨陈平:"您事前怎不教我应对之辞?"陈平笑道:"君居其位,怎能不知其任? 假如皇帝问长安有多少个盗贼,您也硬要答出个确切数字吗?"周勃无言以对,自知其能远远不如陈平。

汉文帝元年(前179年)八月,周勃称病辞相,由陈平独任丞相。他在位一年,病重。

汉文帝二年(前178年)十月,陈平死,谥为"献侯"。

当初,陈平有言:"我多阴谋,是道家之所禁。吾世即废(一旦被废掉爵位),亦已矣(就完了),终不能复起。"这话颇具因果报应的情调。盖棺而论,陈平既是中国古代少有的智士,也不愧为封建社会的贤相。司马迁在《史记·太史公自序》中,对他的功绩作了高度评价,说是:"六奇既用,诸侯宾从于汉;吕氏之事,平为本谋,终安宗庙,定社稷。"此评是比较允当的。

诸葛亮:羽扇纶巾　神机妙算

【人物档案】

姓名:诸葛亮
生卒:181 年~234 年
字号:字孔明,号卧龙
籍贯:琅琊阳都(今山东临沂市沂南县)人
爵位:武乡侯
祖上:诸葛丰(汉朝司隶校尉)
父亲:诸葛珪(东汉末年泰山郡丞)
母亲:章氏
叔父:诸葛玄
配偶:黄月英
朝代:三国蜀国
职务:丞相、益州牧、司隶校尉。
主要成就:隆中决策,协助刘备夺取荆益和建立蜀汉,安定南中,五次北伐。
陵寝:陕西省汉中市勉县城外的定军山

诸葛亮

【梟雄本色】

　　诸葛亮其人,古今中外,闻名遐迩。诸葛亮其名,简直就是民族智慧的化身,鞠躬尽瘁的典范。

　　他是军事战略家,一生戎马倥偬,却运筹帷幄,决胜千里。他神机妙算,奇策泉涌,智谋纵横,出神入化。如隆中妙对,巧借东风,赤壁之战,巧取四郡,奇袭荆州,六出祁山,七擒孟获等脍炙人口的故事,无不闪耀其智慧的光芒。

　　他又是安邦定国的政治家,作为一代名相,他奉行法制,助刘备安抚百姓,示仪轨,约官职,从权制,开诚心,布公道,德威并举,儒法并用,为蜀汉政权的建立和巩固做出了不朽的贡献。

【风云叱咤】

躬耕南阳　隐居待时

　　诸葛亮生于汉灵帝光和四年(公元 181 年),卒于公元 234 年,字孔明,人称卧龙,东汉末年徐州琅琊郡阳都县(在今山东沂南县)人,是三国时期著名的政治家、军事家和外交家。诸葛氏是当时琅琊郡的望族，诸葛亮的先祖诸葛丰曾在西汉元帝时做过司隶校尉，即守卫京师的长官。诸葛亮的父亲诸葛圭，字君贡，东汉末年做过泰山郡丞之职。诸葛亮早年丧父，与弟弟诸葛均一起跟随叔父诸葛玄到豫章赴任。不久，东汉朝廷派朱皓取代了诸葛玄的职务，诸葛玄就去投奔老朋友荆州牧刘表。十五岁的诸葛亮也一同随叔父前往。

建安二年(公元197年)，诸葛玄病逝。诸葛亮和弟妹失去了生活依靠，并且他看到刘表昏庸无能，难以成就一代霸业，于是便结庐于襄阳城西二十里的隆中山中，隐居乡间耕种，维持生计。建安四年(公元199年)，19岁的诸葛亮与友人徐庶等从师于水镜先生司马徽。

由于诸葛亮机智聪明，从小就显现出与众不同的品格，在民间还流传着有关诸葛亮求学的许多小故事呢。其中一则就是诸葛亮"喂鸡求学"的故事：相传诸葛亮小的时候，从师于水镜先生。水镜先生隐居在襄阳城南水镜庄，他在这里办了一个学堂，专门教授兵法及天文地理知识，共收了十多个弟子。水镜先生家里养了一只花颈公鸡。这只公鸡每天一到晌午就啼叫三声，水镜先生听到鸡叫声就下课放学。诸葛亮从小非常好学，听水镜先生讲兵法、阵法和天文地理的时候非常入迷。可每当他听得津津有味时，那只公鸡就啼叫起来，使得诸葛亮非常不耐烦。于是他就想了一个法子。他在裤子上悄悄地缝了一个口袋，每天上学的时候，就抓几把小米放在其中。当晌午快要到的时候，他就偷偷地朝窗外撒一把小米。公鸡看有小米可以吃，就顾不上啼叫，连忙啄食起来。刚刚啄完，诸葛亮就又撒一把，这样直到把口袋里面的小米撒光。等公鸡吃完口袋里的小米再叫时，水镜先生已多讲了一个时辰的课了。这样师娘天天饿着肚皮等水镜先生上完课吃饭，时间长了免不了要抱怨几句："怎么要讲到这么晚，晌午过了，也不知道饿！"水镜先生说："你没听见公鸡才叫唤。"师娘是聪明人，决心打探一下其中的奥妙。第二天快到晌午的时候，她悄悄地来到了院子里，只见那只花颈公鸡刚要伸长脖子叫唤，就有人从书房窗口撒出一把小米。她走上前，把事情看了个仔细，又悄悄地回家了。这天水镜先生回来，刚一进门就喊肚子饿。招呼师娘盛饭。师娘等他吃完饭后，才笑着把刚才看到的事情，一五一十地告诉了水镜先生，且说道："没想到你这个当先生的还不如小诸葛呢。"水镜先生听后一愣，又哈哈大笑起来，心想诸葛亮喂鸡求学，真是聪明过人，将来必定是盖世奇才。于是就把他平生的本事都传授给诸葛亮，最终使得诸葛亮成为一代俊杰。

诸葛亮除了自幼就显露出超于常人的聪明才智外，从少年时代就显现出志向远大，以天下为己任的宏伟目标。诸葛亮在隆中隐居的十年中，广交江南名士，如结交了庞德公、庞统、黄承彦、石广元、崔州平、徐庶等名士。他的智谋也为大家所公认，他密切注意时局的发展，对天下形势了如指掌。所以诸葛亮与庞统并称为"卧龙""凤雏"。当时的名士司马徽对他俩推崇备至，曾赞叹道："卧龙、凤雏，两人得一，可安天下。"此外，诸葛亮还十分注意观察和分析当时的社会，积累了很多丰富的治国用兵的知识，这些都为他以后出山辅佐刘备，为刘备建立汉室家业打下了坚实的理论基础。

三顾茅庐　隆中对策

　　建安十二年(公元207年)，诸葛亮27岁。这时的诸葛亮博览群书，广交密友，精研兵法，静观时势却没有出山的意向，看来只等遇到明主了。当时东汉末年的局势是，曹操的势力最大，他通过"挟天子以令诸侯"的手段，控制了东汉王朝。而在当时的军阀混战中，刘备集团的力量相对较薄弱，又没有稳定的根据地，刘备率领的队伍一直处于颠沛流离的境地。他曾经一度寄居大军阀曹操、袁绍、刘表之下。但是曹、刘二人相比，曹操以权谋、奸诈和残暴闻名。所以其为人多被天下的很多名士所不齿。但刘备却不同，他乃汉景帝之子中山靖王刘胜的后代，且为人品质纯良，品格高尚，爱民爱才、宽厚仁义且待人公正真诚，处处显现出汉家风范，所以所到之处均深受礼遇和尊敬。在他的身边网罗了一大批得力之才。这些都是诸葛亮心目中所仰慕的明主风范，所以，一旦被明主选中，便披肝沥胆，死而后已。

　　古代的臣子和国君之间最看重的就是知遇之恩，在刘备和诸葛亮共谋大业的二十余年中，给后人留下了很多感人的故事。其中，"三顾茅庐"的故事是大家最耳熟能详的了。

　　话说建安十二年，汉宗室刘备在屡遭挫折之后，在谋士徐庶的指点下，听说在隆中隐居的诸葛亮很有学识，又有才能，就带领关羽和张飞带着礼物到隆中卧龙岗去请诸葛亮出山，协助他共谋大业。恰巧诸葛亮这天不在，出外云游去了，刘备只得失望地转回去。不久，刘备估计诸葛亮该回来了，又和关羽、张飞二人冒着大风雪第二次去请诸葛亮出山。不料这一次，诸葛亮又出外闲游去了。张飞本不愿意再来，见诸葛亮不在家，就催着要回去。刘备只得留下一封书信，表达了自己对诸葛亮的倾慕之情，力邀他一同和自己共谋天下事，恢复汉室宗业。过了一些时候，刘备准备再去请诸葛亮。关羽劝刘备道："这个诸葛亮也许就徒有一个虚名，未必有真才实学，不要去了吧。"张飞却说，让他一个人去叫，如果诸葛亮不来，拿绳子也要把他捆来。刘备狠狠地把张飞责备了一顿，又和他俩第三次拜访诸葛亮。到时，诸葛亮正在草堂中睡觉，刘备不敢惊动他，张飞又生气了，吵吵嚷嚷着放把火把他烧出来算了，刘备又狠狠地斥责了张飞一顿，就这样三人一直在门外等候，直到诸葛亮自己醒来，刘备才和诸葛亮彼此坐下谈话。在两人的谈话中，刘备向诸葛亮请教统一天下的大计，诸葛亮精辟地分析了当时的形势，提出了要取得军事上的主动权，首先要夺取荆州和益州作为根据地，结束刘备当时颠沛流离、四处依附别人的处境，对内要改革政治，对外联合孙权，南抚夷越，西和诸戎，等待时机，两路出兵北伐，从而统一全国的战略思想，这次谈话就是著名的《隆中对》。刘备听了诸葛亮这一番精辟透彻的分析，思想豁然开朗，对诸葛亮是佩服得五体投地，高兴地说："我今天得到了先生您，真好比鱼得到了水啊。"刘备觉得诸葛亮人才难得，于是恳切地请诸葛亮出山，帮助他完成兴复汉室的大业。诸葛亮见到刘备一心一意想为国家做事，而且诚恳地请他帮助，为报答刘备的知遇之恩，遂"出山"辅助。从此，诸葛亮登上了政治舞台。

联孙抗曹　三足鼎立

　　诸葛亮出山后,通过对当时形势的分析,做出一个重要的决定,即"联孙抗曹",紧接着,一场轰轰烈烈的赤壁之战展现出诸葛亮超群的军事才能。

　　建安十三年(公元 208 年),曹操废除"三公",自任丞相,加强专制体制,集军政大权于一身,然后亲率大军,自江陵沿江东下,到赤壁(今湖北嘉鱼)东北,开始了征伐南北、统一中国的行动。曹操的军队当时约有二十万人,却号称八十万人,气势汹汹,阵势上真是吓人。在这种局面下,江东的孙权政权是乱作一团,朝廷之上有主战的,有主降的,所以孙权本人也是摇摆在抗曹和降曹之间,难以抉择,经过谋臣鲁肃的建议,孙权有意联合刘备对付曹操。这时诸葛亮也与刘备商量着联孙抗曹的事宜,但苦于没有一个穿针引线的人。当诸葛亮在分析了江东当时的处境和可能采取的对策之后,料定孙权方面会派人前来试探。果然,孙权的智囊鲁肃不久来到刘备的营地,从而成为诸葛亮开展一场出色外交谈判的起点。

　　诸葛亮听说江东来人拜访,胸有成竹地说:"大事就要解决了!"接着十分慎重地叮嘱刘备,凡来人提及与曹操作战的问题,都推给他诸葛亮回答。当然,身为军师的诸葛亮自有打算,他不仅要从与来人对形势的谈话中捕捉相关信息,而且还打算通过倾心交谈彼此结交朋友。结果,直率的鲁肃经过诸葛亮的争取,透露出江东投降倾向与抗曹势力的现状和作为决策者的孙权目前害怕曹操兵多将广、不敢决策抗曹的心态,并且自告奋勇,愿意充当诸葛亮出使江东鼓动抗曹的引荐人。后来的情况证明,在江东谈判中,鲁肃确实起到了穿针引线和弥合裂缝的作用,给予诸葛亮很大的支持。来到江东之后,诸葛亮在见到孙权之前,首先遭遇到的是一批力主降曹、胆怯自私的文官。如张昭等人,虽然他们对最后的决策不能起决定作用,但是他们的言论严重影响着孙权抗曹的决心,诸葛亮采用了快刀斩乱麻的果断手法,对各种不利于孙刘联兵抗曹的言论,一驳到底,不拖泥带水。这就是被后人屡屡称道的"舌战群儒"的典故。

　　很快,诸葛亮与孙权直接会谈。他看到孙权气势威武、仪表堂堂,立即判断对手有很强的自尊,只有采取激将法才可以达到劝说他联刘抗曹的目的。对待这位江东的最高权威人物,诸葛亮看准他当时在战与降之间举棋不定的矛盾心态,不但把曹操的实力格外加码地描述了一番,而且用反语建议他如果不能早下抗曹决心,不如干脆投降。孙权不甘屈辱,立即回敬一句:"如果是像你说的那样,那么请问你的主公刘备为什么不投降曹操呢?"这正是诸葛亮所期待的结果,于是诸葛亮赶紧抓住这个话茬,毫不犹豫地抛出一枚令对方自尊心难以承受的重磅炸弹:"想当年,齐国的壮士田横仍然能够信奉节义而不愿意投降受到侮辱,更何况我们的主公刘备呢,刘备乃是大汉王室的后裔,英才盖世,天下的众人没有不倾心仰慕的,假若和曹操抗衡,最后失败了,那也是上天的安排,自己怎么能轻易地屈服于旁人呢?"这个激将法真的是非常有效,既是对孙权的强大刺激,也是对孙权的有力鞭策,当然还表明刘备一方对抗曹的坚定态度。此时,被触犯了尊严的孙权面子上挂不住了,非常生气,站起身来,回到了后堂。在鲁肃的斡旋下,诸葛亮与孙权的谈判迅速恢复,并且很快实现妥协,事实证明了这个激将法的有效威力。十分清楚,诸葛亮是怀着破釜沉舟的心情向孙权展开强大攻势的,这完全符合当时形势对双方的要求。

同时也再次证明了诸葛亮的料事如神和足智多谋。这种激将法,诸葛亮使用的是得心应手,正如他后来用《铜雀台赋》激怒周瑜一样,都取得了别人意想不到的正面效果,在与周瑜的会见中,诸葛亮将善于拨弄对手弱点的战术发挥到了极致。周瑜是对孙权决策影响最大的人物,一旦抗曹开始,他必然也是主帅,诸葛亮必须调动起他的强烈抗曹愿望。于是利用曹植《铜雀台赋》中"揽'二乔'于东南兮,乐朝夕之与共"的句子,谎称曹操借开战之名,想夺取孙策遗孀大乔和周瑜妻子小乔。自尊心极强的周瑜,哪里受得了这样的刺激,立刻勃然大怒,也不在诸葛亮面前摆架子了,马上表明了自己决心抗曹的意愿,至此,诸葛亮圆满完成了此次出使江东的重要任务。

战争最讲究的是天时和地利,历史上曾有很多以少胜多的例子均占天时。其实,当时的实际情况对刘备、孙权联军是有利的。虽然曹军人数占优势,但曹军远来疲惫,并有一个致命的弱点就是北方的士兵不习水战,经过2小时的战斗,孙刘联军获胜。曹操把军队退至乌林(今湖北嘉鱼西,在长江北岸),与对方隔江对峙。由于曹操的士兵多为北方人,不习水性,很多人在摇摆的战船上又吐又拉,于是曹操命人把船用大铁锁都拴在一起,这样很牢固。谁知道对岸的孙刘联军正密切注视着曹军的行动,周瑜部将黄盖见曹军连接船舰,大为高兴。他急忙向周瑜报告道:"两军相持,贵在出奇制胜,如今曹军锁牢船舰,急切难以解开,正值秋冬季节,天气寒冷干燥,若放上一把火,足令他无可逃遁,水军可一举全歼了,请快下令进攻吧!"周瑜答道:"我也正准备采取火攻,真是不谋而合。只是如何放火,能把曹军的战船烧个干干净净,还需仔细斟酌。"于是两人仔细商量起来,过了一会儿,两人竟乐得哈哈大笑起来。

赤壁大战的成功,这里还要不得不提到诸葛亮的神机妙算的典故。诸葛亮善观天象,当时孙刘联军已经做好迎战的准备,但是要用火攻必须要借助风的配合,所谓风借火势,会越烧越猛,诸葛亮观察天象,算得准确的时间和风向,这才有了历史上"乌林大火映赤壁"的战争场面。话说,赤壁之战的晚上,周瑜用黄盖诈降计,派黄盖率小型战船10艘,上面满装柴草,再用膏油灌注,谎称投降,向北岸的曹营驶去。距离曹营两里时,黄盖命各船一起点火,借助风势,直扑曹操水军的船只。风猛火烈,曹军战船被火烧着,因为战船都被铁锁相连,一时间难以解脱,火焰借助风势,随即蔓延到北岸营寨。这时周瑜率领大队水军乘势从南岸发起进攻,曹军船只全部被烧,士兵伤亡惨重。曹操率领军队从华容道(今湖北监利西北)陆路败归江陵。赤壁大战最终以曹操失败而告终。经过这场恶战,天下形成了三足鼎立的局势。

白帝托孤　君主诚信

赤壁之战后,刘备在诸葛亮的帮助下又占领了荆州,不久又进兵益州,夺取汉中,建立了横跨荆益两州的政权。但建安二十四年,刘备的一员猛将,他的结拜兄弟关羽败走麦城,被孙权的士兵所俘,不幸战死,荆州被孙权夺取,刘备大怒,于称帝后决定伐吴为死去的关羽报仇。位居丞相之职的诸葛亮劝道:"能否暂时先维持吴、蜀联盟,安定蜀国内部、积蓄力量,待羽翼更丰满些再说。现在曹魏的势力一天比一天强盛,是我们当前主要的敌人,我们现在贸然出兵,难道要让他坐山观虎斗吗?"大将赵云也附和诸葛亮说:"现在攻打荆州一事显得有些仓促,现曹丕称帝,废汉立魏,是叛臣贼子所做的事情,我们应当先讨伐曹魏,广结民心,方能壮大力量,那时再灭孙权也不迟啊。否则,岂不让曹丕坐收渔翁之利啊!"但刘备一心要为关羽报仇,对诸葛亮和赵云的话一点也听不进去,只是反问道:"那报仇的事要等到什么时候啊?"赵云却不顾刘备听不听得进,仍继续劝说道:"我总觉得国贼是曹操父子,而不是孙权。若能先灭曹魏,东吴则自然臣服,故应顺应天下人心,若与孙吴开战,那么局势就不好开解了。"尽管诸葛亮和赵云百般劝解,刘备执意不听,坚持要和孙权开战,并且当时朝中大臣中也有不少人和刘备一样,主张与孙权交战。刘备见不少人支持,更觉得非出战不可了。刘备留诸葛亮守成都,自己率领大军,并通知镇守阆中(今四川阆中市)的张飞,一起伐吴。张飞接到指示,一想到马上就可以给关羽复仇了,十分激动,立即准备出发,在准备的过程中,只要看到部下动作稍微慢一点的,便重重责罚,施以鞭打,使得将士们很有怨言。张飞也不顾这些挨打的士兵的想法,自己出了气,喝足了酒,就回到府中倒头就睡。张飞手下有两个将军,一个叫张达,一个叫范疆,因为一点小事,受到张飞的鞭打,所以怀恨在心,见张飞醉得不省人事,便悄悄溜进厅堂,将张飞杀了,然后割下他的头颅,顺流东下,投奔孙权去了。张飞营中的都督发现主帅被人暗杀,急忙上表刘备,刘备闻讯,简直呆了,刘备手下将士也被这一系列的事情激怒了,呼喊着要替关、张二将军复仇。

但是刘备的行军似乎并不顺利,由于刘备报仇心切,一路杀来锐不可当,孙权派出陆逊为都督,陆逊见到刘备来势凶猛,知道刘备犯了兵家的大忌,于是决定避其锋芒,坚守不战,待蜀军疲惫,乘虚而入,结果夷陵一役杀得刘备损兵折将,几乎全军覆没,刘备又气又急,愤怒和后悔,再加上旅途劳顿,很短的时间就觉得支持不住,恍恍惚惚栽倒在地,从此一病不起,而且日见沉重。刘备知道自己将不久于人世,急命赵云派人去成都把诸葛亮请来,以便安排后事。接着就上演了历史上一幕非常经典的场面"白帝托孤"。这场托孤,表现了君臣两人的深厚情谊,也衬托出诸葛亮的高风亮节。

蜀建兴元年(公元223年),刘备病重,召诸葛亮嘱咐临终事宜。诸葛亮闻听此消息大惊,连忙昼夜兼程,赶到白帝城,在永安宫见到刘备。君臣相会,尚未开言,便已泪流满面,刘备挣扎病体,握着诸葛亮的手说:"我后悔没有听丞相与赵将军的话,以致今天大败,如今又将不久于人世,恐怕再难以振作,大汉江山,就全靠您的支撑了。"说到这里,接着又说:"先生的才能远胜于曹丕十倍,必能安国振邦,终定天下。若我的儿子刘禅有资质,您就全力辅佐他;如若不才,您可自为成都之主。"诸葛亮听到这里,再也忍不住了,流着泪说:"臣当效忠主上,竭尽毕生精力,辅佐幼主,至死不渝!"刘备听完,也是深为感动,终于放下心来,一会儿又昏迷过去,没过几天,便撒手归天,死时63岁。

这场托孤场面,也被后代的史学家们广为传颂,之后诸葛亮竭尽全力辅佐刘禅的所作所为也表现出诸葛亮确实是一个值得依托的可靠之人,不愧为一代帝师。

率军南征　七擒孟获

刘备死后,刘禅在成都继承了帝位,改元建兴,这年他才17岁。刘禅自幼长在宫中,一切都靠诸葛亮的管教。诸葛亮受封为武乡侯、领益州牧,不管事情大小,均由他一人操劳。这时南中诸郡首领，见朝廷沮丧、新主初立，便纷纷叛乱。但当时西蜀的实力比不上曹魏和孙吴，所以诸葛亮制定了先暂时休养生息的政策再谋出兵的缓兵之计，在诸葛亮的主持下，蜀汉政权本着"东联孙权，北拒曹魏"的总方针行事，获得了一段休养生息、恢复发展的时机，又逐步强大起来。蜀建兴三年（公元225年）春，诸葛亮趁曹丕攻打东吴大败而归，一时不可能西征蜀汉，而西蜀和孙吴又日近亲善之际，决定亲率军队，开始往南中平定叛乱，以求得内部的长治久安。

马谡给诸葛亮提出了"攻心战"的主意，诸葛亮深表赞同，于是在历史上对这段征讨南中的战役概括为一段"七擒孟获"的典故。

诸葛亮平定南中叛乱，一路上进展得十分顺利，如今只剩下最后一块硬骨头，那就是逃到建宁的孟获。孟获是当时的大姓首领，掌握着家族势力，为人性格豪爽且足智多谋，颇受当地土人的拥戴，非常不好对付。如今孟获虽说逃到建宁，又被蜀军层层包围，处境非常不妙，可他却不管这些，仍然顽强抵抗着。诸葛亮明白，要消灭孟获这股反抗势力并非难事，但要实现南中的长治久安却不是一件容易的事情。他想起出征前马谡的建议，决定这次作战要攻心为主，使对方真心诚意地降服自己，这样才能收到一举两得的功效。

诸葛亮既然决定收服孟获，让他输得心服口服，就采取围而不打的战法。孟获在建宁城已经做好了守城死战的准备，可诸葛亮就是不发动进攻，使他满腹狐疑，不知道诸葛亮究竟要用哪种方法，天天早晚上城观察蜀军的动静。过了几天，他发现围城的蜀军开始松懈，就决定冒险突围，南返家乡。怎料这正好中了诸葛亮的妙计，原来诸葛亮早已经派人在城门口挖好了陷阱，专等心急的孟获等人自投罗网呢。当孟获等人刚出城门，就落入了陷马坑中；这时不知从哪里冒出了好多蜀兵，将他们团团围住，孟获见城破人掳，大叫"中计"，蜀军可不管他服不服气，立即将他押到诸葛亮的帐中。诸葛亮并没有难为孟获，而是非常热情地对待他，且竭力劝他归降，并保证他和他的人马以及财产的安全。但孟获也是一个大丈夫，非常不服气诸葛亮的诱敌之计，说要和诸葛亮再决一胜负，诸葛亮正有此意，于是决定放了孟获。前前后后，一共七次抓住孟获，又七次放了他。在第七次，孟获终于臣服了，他深为诸葛亮的大度和足智多谋折服，痛哭流涕表示真心降服，他说："丞相神威，我孟获以后再也不谋反了！"诸葛亮知道他这次确实出于诚意，非常高兴，热情招待了他和他的手下，并任命孟获为御史中丞，让他管理南方各部族事务，自己则带着人马返回成都。孟获见诸葛亮对他是如此信任，竟然不留一兵一卒，更是感动，从此便忠心耿耿，臣服蜀汉，再也不想着反叛了。

蜀军中有些将领见诸葛亮如此处置，有些不放心，便劝说道："如果南中再叛乱，您将如何处置呢？是否在南中再留些军队呢，或是增派一员大将驻守在此地，这样才可放心啊。"诸葛亮说："咱们要是往南中派驻军队，显然是对孟获等人不放心，他们必定要产生疑心，并不是上策；不如以诚待之，我相信孟获不会再叛乱了。"诸葛亮回到成都，南中一直平安无事，还岁岁向蜀国朝贡，蜀国从此越发巩固，还得到了南中少数民族送来的兵员以及战马、耕牛等军用物资。诸葛亮也让人给孟获部族送些粮食、药物，作为奖励。

这样，汉族与各少数民族有了经常交流的机会，封闭的南中得以较快发展，老百姓的日子过好了，他们更加拥护蜀汉政权；蜀汉朝廷也就得以集中力量去对付北方的强敌曹魏政权了。

上表出师　情真意切

　　蜀建兴五年(227年)，经过几年来休养生息政策的实行，诸葛亮看到当时的局势暂时得到稳定，是出兵北伐、讨伐曹魏的时机了。在出征之前，诸葛亮上疏于刘禅，这就是历史上著名的《出师表》，在《出师表》中，诸葛亮表达了自己感激于先主刘备对自己的知遇之恩，现在出兵北伐，兴复汉室，也是为了实现先帝未完成的遗愿。并且在该《出师表》中，诸葛亮表达了在出师北伐之前，对国家内政放心不下而向后主刘禅提出的建议和劝告，表达了诸葛亮诚心辅助幼主的忠心。

　　表，是我国古代一种特殊的文体，一般内容是议论和叙事，往往带有抒情色彩，是古代奏议的一种。我国古代著名的文艺理论家刘勰在其著作《文心雕龙》中谈到表的作用时说，"表"是臣子针对国家大事来给国君提建议的，表现了臣子对君主的忠诚的感情态度。考虑到表的这个作用，所以说，尽管不同表的具体内容是不一样的，但都离不开抒情手法的使用，因此，"动之以情"可以说是这种文体的一个基本特征。但是表的抒情方式和其他一般的抒情文还有一个显著的不同，那就是表不是简单的借景抒情或寓情于景，而是叙事和议论相结合，在记叙和议论中抒情。当表的作者对某件事情有所触动而向国君陈情的时候，他必须要鲜明地表明自己的立场和态度，他的爱憎、悲喜等种种感情就必然会流露在字里行间中。所以说，在这种文体中，叙述事件是"实"，而表达感情是"虚"，只有虚实结合，才能取得好的效果。

　　这篇千古流传的《出师表》不同于一般的请求出兵的奏章。这篇奏章一方面说明了此次出师北伐的目的和任务，一方面劝勉幼主刘禅要亲近贤臣，疏远小人，执法严明和广开言路，以保证北伐的成功，从而兴隆蜀汉，彻底完成刘备"兴复汉室"的遗愿，表现出诸葛亮励精图治、鞠躬尽瘁的忠贞气节。总的看来，大致有这样三层意思。

　　第一层意思，这部分是诸葛亮在开始北伐前对后主刘禅的启发和进谏。开篇以追念先帝功业的话语领起——"先帝创业未半而中道崩殂"，这种开头能起到振聋发聩的作用，一方面告诫刘禅不要荒废了其父刘备留下来的基业，一方面也能激发起刘禅思念先父、继承其父遗志的感情。继而以政治家的眼光指出当前的形势并不是很乐观，目前天下三分，鼎足而立，自身的蜀汉国家很小，且实力也很弱，真是到了"危急存亡的"关头了。在这种危急的情势下，接着肯定了国家上下臣子的忠心耿耿和勤心辅政，所以国家大发展要依靠这些人，一定会有恢复汉室的希望的。在这种前提下，诸葛亮提出了"广开言路"这个建议。这是对后主刘禅提出的建议，也是诸葛亮在治理蜀汉国家时所采取的安定后方的有力措施。因为只有广开言路，才能发扬光大先帝刘备的事业，才能使更多的志士仁人纷纷提出自己宝贵的建设意见。接着劝谏刘禅千万不要"妄自菲薄"，这样只会阻塞有识之士进谏的道路。

　　第二层继续进谏，诸葛亮希望后主刘禅能够"执法公平、亲贤远佞"。因为当时刘禅宠信宦官黄皓，诸葛亮担心后主年轻懦弱，在小人的唆使下分不清是非曲直，所以很担心在自己离开后，后主偏听偏信，使自己亲手制定的法令遭到破坏，所以他特别向后主指出：宫中的事情和府中的事情要视为一体，不要有所偏私。为此，诸葛亮还向刘禅举荐了郭攸之、费祎和董允等人，称赞他们善良诚实，忠心耿耿，希望刘禅在自己出征后，以后宫中的事情不管大小，都要和他们商量。而军营中的事情，要多问问公正贤良的将军向宠。接着，诸葛亮语重心长通过列举前后汉兴亡的历史教训来向刘禅说明亲贤远佞的利弊，希望刘禅能够看到这些前车之鉴，充分信任朝中的一批忠贞贤良的大臣，只有这样，汉室才有兴隆的那一天。这一层意思借古鉴今，成败并举，虽然是对后主刘禅的教诲，但丝毫没有生硬之感，说理委婉深曲，用语非常谨慎谦恭，在劝导刘禅的同时，也没有失掉臣下尊上的分寸。同时这一层意思，也充分表明了诸葛亮一贯的严明赏罚，亲贤远佞的主张。

第三部分，诸葛亮由人到己，文章写得慷慨深沉，动人心魄。先是追忆了自己身世，再回顾了先帝对自己的"三顾"之情，这次"三顾茅庐"，使自己由一介布衣一跃成为重臣，这段叙述看似和上面的进谏没有任何关系，但是其实二者有着内在的联系。正是有了自己和先帝的这段知遇之恩，才能不忘先帝的遗愿甘心辅佐幼主刘禅恢复汉室基业。接着叙述自己跟随先帝转战南北二十一年，这段叙述是为了进一步激励刘禅要了解其父创业的艰难，不要半途而废。最后，说明正是有了这一段知遇之恩，且自己在白帝城受到刘备临终的重托之后，在粮草准备充足之际，才决定出征，进行北伐。

统观全篇，第一层的进谏，是为了保证有出师的条件，中间叙事，是说明自身已经具备了出师的条件，至此双线归一，提出可以出师北伐了。

诸葛亮的这篇《出师表》，表现了他对汉室的忠心耿耿，可昭日月。同时在这道表章中也可看出他对北伐事业的鞠躬尽瘁，对刘禅的用心良苦，并且，这篇奏章写得情深意切，再次显现出诸葛亮和刘备之间深厚的感情，也透露出诸葛亮确实是为了蜀汉天下尽忠全力。

七次北伐　鞠躬尽瘁

第一次北伐，公元228年1月，诸葛亮率领十万蜀军发动了对曹魏的战争。此次战争，诸葛亮的战略目标非常明确：就是先攻占距魏国较远的陇右地区，扩大自己的地盘，再以陇右为根据地，配合汉中两面夹击关中地区，最后争取联合吴国夹击魏国，最后消灭魏国，与吴国平分天下，最终力图完全统一天下。但战争一开始，蜀军就受到曹魏的顽强阻击，魏国派出了曹真和张郃等大将。

对于此次北伐的失利，后来许多专家分析，应该是诸葛亮的指挥失误和用人不当。首先是诸葛亮对敌我双方的实力判断错误，高估了蜀军的攻城和山地防御能力，低估了魏军的快速进攻和突击能力。兵书上说"知己知彼，百战不殆"，从这一点上来说，诸葛亮犯了兵家大忌。其次，诸葛亮在关键时刻分兵作战，导致最终被魏军各个击破。本来如果是对双方的实力判断准确，那么分兵作战未尝不可，但是由于判断失误，低估了魏军的实力，导致了让对方攻到了自己的软肋。最后，作战过于谨慎，诸葛亮率领的中军距离交战前线太远。使后备力量不能及时投入增援，也是导致这次北伐失利的关键因素之一。

再来说用人不当。在这次北伐中，诸葛亮重用了马谡，导致街亭失守，造成战争形势的逆转，最终导致了诸葛亮第一次北伐的失败。其实早在蜀主刘备在白帝城临终托孤之时，就曾告诫过诸葛亮说："马谡此人，常言过其实，不可大用，对于此人你一定要认真考察。"但由于诸葛亮对马谡的才学非常赏识，尤其是在平定南中、收服孟获的过程中，马谡提出了"攻心战"的策略，诸葛亮更是对马谡厚爱有加。所以，在这次北伐该选派谁当先锋军的讨论中，诸葛亮力排众议，推举马谡当先锋，马谡也是立了军令状。但由于马谡的疏忽大意，丢失了重要战略要地——街亭，导致了这次北伐的失利。对这段历史，后世学者和文人也极力渲染，留下了历史上经典的一个镜头"诸葛亮挥泪斩马谡"。

话说诸葛亮的北伐战争开始，突然袭击祁山，守在祁山的魏军抵挡不了，纷纷败退。魏国朝廷文武官员听到蜀汉大举进攻，都吓得没了主意。刚刚即位的魏明帝曹睿还比较镇静，立刻派张郃带领五万人马赶到祁山去抵抗。看到这个阵势，诸葛亮决定派出一支人马去占领街亭(今甘肃庄浪东南)作为作战的据点。在派人时，诸葛亮没有选派身边的那些身经百战的老将，如魏延、吴懿等，而是偏偏看中了参军马谡。委派马谡为先锋，王平做副将。

再说，马谡和王平带领人马到了街亭，此时张郃率领魏军也正从东面杀过来。马谡观察了地形后，对副将王平说："这一带地形险要，街亭旁正好有座山，若在山上安营扎寨，布置埋伏，魏军一来，我们居高临下，定能一举将他们击破。"但王平提醒他说："我们在出征前，丞相曾嘱咐过，作战要求稳，一定要当道扎寨、坚守城池、稳扎营垒。在山上扎营实在有点冒险。"但马谡根本不听王平的劝告，自恃熟读兵法，坚持要在山上扎营。王平见马谡一意孤行，无奈之下，就央求马谡拨给他一千人马，让他在山下临近的地方扎下军营，彼此之间好有照应。过了一段时间，魏将张郃率领魏军也赶到了街亭，看到马谡在山上安营扎寨，却放弃了山下现成的优势位置，心中不禁暗暗高兴，马上吩咐手下将士，在山下筑好营垒，把马谡扎营的那座山团团包围起来。战争开始了，马谡几次命令兵士冲下山去，但由于张郃坚守住营垒，蜀军没法攻破，只好一次次都被逼退了回来。接着魏军又切断了山上的水源，又沿着山放起了火，这下蜀军可先乱了起来。就在此时，张郃看准时机，发起总攻。蜀军兵士纷纷逃散，马谡也控制不住战争的局势了，最后，只好自己弃军逃跑，主帅一跑，下面的兵士更是无心恋战，也都四散奔逃。山下的王平带领一千人马，看到这个样子，得知马谡已经兵败，立刻想出个解救的办法，让手下的兵士们拼命打鼓，装出进攻的样子，张郃怀疑蜀军设有埋伏，不敢逼近他们。王平借此机会整理好队伍，不慌不忙地向后撤退，不但一兵一卒都没有损失，还收容了马谡手下的败退下来的不少散兵。此次战役，街亭失守，蜀军不但失去了重要的据点，还在此次战役中丧失了不少人马。街亭一战的失利，把诸葛亮的北伐大计给整个儿打乱了，蜀军被迫无奈退回汉中，损失惨重。

诸葛亮回到汉中，经过详细调查战争失利的情况，知道街亭失守完全是由于马谡的刚愎自用，违反了他的作战部署。马谡也承认了他的过错。因为马谡在出征前曾立下了军令状，所以诸葛亮按照军法，把马谡投入监狱，定了死罪。这时军中有许多人来为马谡求情，劝说诸葛亮，此时正是蜀中用人之际，不要轻易杀掉主将。诸葛亮也是左右为难，但是为了严肃军纪，诸葛亮还是痛下狠心，挥泪斩马谡。这段历史还被后世的很多剧作家搬上了舞台。仔细分析，诸葛亮的这个"挥泪"也包含了很多的因素。其中既有对街亭这个战略要地丢失的痛心，也有为即将杀掉马谡这员爱将的痛惜，更多的也是对自己用人不当的追悔莫及。尤其是想到当初主公刘备曾经叮嘱过自己在用马谡时，一定要慎重，自己却没有听从。所以说，诸葛亮的第一次北伐以失败而告终,战争形势的逆转在于马谡的刚愎自用,但诸葛亮在用人上暴露出来的问题也对此次北伐失利负有不可推卸的责任。战后,诸葛亮反思失败的原因,认为是自己用人不当,才造成失败的结果,得出结论,作战取胜的关键不在士兵数量的多寡,而将帅是否得力,即正确的指挥才是取胜的关键。因此,他做出重要决定,减兵省将,并承担了这次失败的罪责,上表成都,自贬三等。因此,在很长的一段时间,诸葛亮总结失败的教训,埋头操练兵马、研究战术,计划重整军威,再伐曹魏。

同年十二月,诸葛亮得到消息说,魏军曹休攻吴,被吴国的大都督陆逊大破于石亭(今安徽潜山县东北),兵败。张郃东下救援,关中虚弱。乘此时机,诸葛亮急忙率领数万军士进行第二次北伐,还沿着上次出兵的路线,出散关(今陕西宝鸡市西南),围攻陈仓(今宝鸡市东)。不料遭到魏将郝昭的抵抗。这次的战役打得非常激烈。史书上记载"诸葛亮先让郝昭的同乡靳详来到陈仓城外劝郝昭投降,但遭到郝昭的严词拒绝。接着,诸葛亮又根据敌对双方的实力分析,判定自己拥兵数万,而陈仓城内郝昭的军队才有数千人,而且估计魏国的援军也不会很快到达,于是决定强攻。派赵云架起云梯和冲车即刻攻城。但是上面早有准备的郝昭命人用火箭猛射蜀兵的云梯,结果点燃了梯子,一时间梯毁人亡。又用绳子拴上巨大的石磨向下猛砸诸葛亮的冲车,很快,用于攻城的冲车都被砸折了。接着诸葛亮又命士兵担来很多泥土填满围绕城墙的护城河,打算直接爬过城去,这个计划又被郝昭发现了,他就命令士兵在城墙里又砌起一座城墙。一计不成,诸葛亮又生一计,打算挖地道,钻过去,郝昭发现后,在城里也挖起地道,又一次阻截了诸葛亮的进攻。"双方相持了有二十多天,蜀军粮草没有了,诸葛亮只好退兵。

在此后的六年当中,诸葛亮又先后五次进行北伐,但都由于缺乏粮草而宣告北伐失败。

蜀建兴十二年(公元234年),诸葛亮由于连年的军旅劳顿,积劳成疾,在第七次北伐的过程中病逝于五丈原。

巨星陨落　光照万代

蜀建兴十二年(公元234年)秋天,诸葛亮终于因为心力交瘁,积劳成疾,病逝于五丈原的军营之中。诸葛亮的去世,犹如巨星的陨落,他的死给蜀国带来的损失是巨大的。在他去世后短短三十年,蜀国就灭亡了。所以在蜀汉衰落的期间,人们更加追怀他们的诸葛丞相。于是,在诸葛亮死后,蜀国管辖下的许多地方纷纷给朝廷上书要求给诸葛亮建立祠庙。终于在蜀景耀六年(公元263年)春,在汉中地区靠近诸葛亮坟墓的地方修建了祭祀诸葛亮庙堂。据史书记载,具有讽刺意味的是,这座纪念诸葛亮的祠庙刚刚建成,魏国的大将军钟会就统兵征蜀,敌国的统帅钟会还亲自到该庙中祭奠。就在这一年冬天,蜀汉就灭亡了。这怎能不让后人感慨万千。

蜀汉灭亡之后,诸葛亮的名声反而越来越大,身价也随着人们的敬仰而日显增高。西晋的君主司马昭在灭掉蜀汉后,马上叫手下的将领们学习诸葛亮的兵法。从晋代推崇诸葛亮开始,后世的统治者都开始给诸葛亮升官晋爵,来表示对其的尊崇和敬仰。如唐代封诸葛亮为武灵王,明代朱元璋给其赐庙加号,并钦定"帝王庙"，到了清代，这股风气更加浓郁，很多的地方都重新修整了纪念诸葛亮的祠堂。康熙和乾隆帝更是撰文来表达对诸葛亮的赞叹。由于最高统治者的倡导，文人们更是争相为其著书立说，一时间，歌颂诸葛亮的文集层出不穷。

　　现在在四川成都的南郊，有著名的武侯祠，这是国内纪念蜀汉丞相诸葛亮的主要胜迹。这座祠堂始建于西晋末年，到唐代已具规模，占地56亩，也是成都市主要的旅游景点。最初与刘备的昭烈庙相邻，明初的时候，武侯祠并入昭烈庙，形成了我们现在所看到的武侯祠君臣合庙。清康熙十一年（1672年）重建，对其进行了进一步的修缮。距今已有1600多年的历史。此处庄严肃穆，松柏青青，唐朝大诗人杜甫游览过武侯祠后，曾赋诗道："丞相祠堂何处寻，锦官城外柏森森"。字里行间流露出对诸葛亮的怀念和敬仰之情。写到这里，我不禁想到，若是诸葛亮在天之灵看到人间的这一幕，他的魂魄肯定会在这里停留片刻，也许会再一次重温当年和先帝刘备携手重整汉室家业的壮举。

　　千百年过去了，诸葛亮对后世的影响是深远的。他的智慧、才能和与刘备之间的那段深厚的君臣情谊一直被人们传颂。而诸葛亮也不愧为一代帝师，他的名字永垂史册。

谢安:东山再起 应变不惊

谢 安

姓名:谢安
别名:谢太傅、谢文靖、谢东山。
生卒:320年~385年
字号:字安石,号东山。
朝代:东晋
祖籍:陈郡阳夏(今中国河南省太康县)
职务:太保、都督十五州军事、假黄钺等
谥号:文靖
主要成就:挫败桓温篡位之意,存续晋室,淝水之战时作为东晋方决策者赢得战争胜利。

【枭雄本色】

谢安是我国东晋的政治家、军事家,陈郡阳夏人。谢安出身名门,自小就聪慧过人,思维极为敏捷。他20岁时就能撰词赋诗,与人高谈阔论无所不知,而且还擅长行书,为当时很多名士所推崇。他特别喜欢读书,不愿出来做官,曾经隐居会稽东山,以山水、文籍自娱,可是他胸怀韬略,留心当朝时政,当时人都称他为诸葛孔明,也都希望他能出来主持政局。朝廷曾多次征召,可是都被他以各种理由拒绝。

公元360年,谢安终于出来担任司马一职,并在公元373年以自己的沉着冷静阻止了桓温篡权的阴谋。在公元383年,符坚率领百万大军意图吞灭东晋,谢安以征讨大都督的身份负责此次军事行动,结果东晋以8万人的军队打败了秦王符坚率领的100万大军,由此创造了我国历史上以少胜多,以弱胜强的光辉战例。它奠定了南朝200多年安定和平的政治局面。后来有人写诗推崇他,"高卧东山四十年,一堂丝竹败符坚。至今墩下萧箭雨,犹唱当时奈何件。"

谢安到了晚年,会稽王司马道子逐渐专权,自此朝政一落千丈。此时,谢安主动要求出镇广陵,以避开矛盾。孝武帝太元十年(公元385年),谢安去世,享年66岁。谢安一生留下了许多著述,其中最重要的有《谢安集》10卷、《孝经注》等。他的书法艺术隶、行、草、正极佳,后世人给予了非常高的评价。

儒士风流　声名不凡

　　谢安是陈郡阳夏人，谢氏在当时很有声望。谢安的曾祖谢缵在曹魏时担任长安典农中郎将。祖父谢衡是西晋有名的儒学家，"博物多闻"，"以儒素显"，在朝中曾担任过博士祭酒、太子少傅、散骑常侍一类的文官。父亲谢裒，在永嘉之乱时携带全家南渡，在东晋朝廷中担任过侍中、吏部尚书等要职。谢安出身于这样的名门世家，自幼就受到家庭的影响，因此在德行、学问、风度等方面都有良好的修养。

谢安

　　在他四岁那年，谯郡的名士桓彝见到了他，不由大为赞赏，说："此儿看上去风神秀彻，将来的修为一定不减当年的王东海（即王承，东晋初年的名士）。"谢安深受晋代玄学的影响。所谓的玄学，就是指老庄哲学。谢安在年轻的时候也爱谈玄。在他20岁的时候，他跑到当时的名士王蒙那里去谈玄。一谈就是大半天。当他走后，王蒙的儿子王修就问王蒙："父亲对那人好像很敬重啊。"王蒙说："他是来势不善，竟把我给逼得无路可走。"当朝的宰相王导对谢安也非常器重。所以，谢安在青少年时代，就在当时的上层社会中享有较高的声望了。当时社会上的那些名流人士如刘真长、王羲之、支遁等人都对谢安有很高的评价。所以，当时社会上的人们就把谢安看作是可以安民救世的人物。可是谢安早年无意于仕途，所以尽管朝廷公府几次召他到朝堂上做官，都被他以身体不好这样的借口给推辞了。

　　谢安在会稽的东山居住时，总是跟王羲之、支遁、许询等名士儒流一同游山玩水，吟诗咏文，极尽雅兴，过着逸士一般的悠闲快活的日子。只是到了咸康年间，因为受到扬州刺史庾冰的逼迫，只得出任庾冰的僚属，可是也只呆了一个月的时间，他便又辞职回家。后来吏部尚书范汪提名要谢安担任吏部郎之职，谢安马上写信给予回绝。这时御史中丞周闵就向朝廷奏说谢安被召几次，总是不来上任，应该对其禁锢终身，意思就是再不准他出仕，当然朝廷只不过是用这个禁令来吓吓他，并没有真的实行。可是谢安对朝廷这样的禁令毫不介意，反而乐得更加纵情于山水间。他经常跑到临安山中的石屋里去静坐，有时候就登到高处，望着远方，不由大发感叹："我和古代的伯夷先生有什么差别呢？"谢安很注意培养自己以静制动的精神，他常能以出奇的冷静态度来对待变化莫测的客观世界。有一天，他和孙绰等人乘船到海上去游玩。可是突然刮起了大风，当时是波涛汹涌，那船好像要翻了似的。船上的人无不变色，可是唯独谢安神情自若，稳坐不动。船上的水手以为谢安很乐意这样，还是继续向前驶。可是当风刮得越来越紧时，船比刚才颠簸得更加厉害了。谢安才不紧不慢地说："我看情况不大好，我们还是回去吧！"这时，水手才转过舵来，向岸边划去。正是谢安这种从容娴雅、遇事沉着冷静的性格，才使他处理了许多复杂的事件，取得了事业上的成功。

谢安的堂兄谢尚担任豫州刺史，都督豫、冀、幽、并四州军事，握有相当大的军政大权。到了升平元年，谢尚死去，谢安的哥哥谢奕便接任了谢尚的官职。转过年来，谢奕也死去了，其职就由谢安的弟弟谢万来接任。由此可见谢氏一门，屡出显官，可说是豪门富贵了，可是唯独谢安一人非常低调，也甘于隐退。谢安的妻子是名士刘惔的妹妹，也可称得上是名门闺秀，她当时就问谢安为何不做官，谢安很轻蔑地说："恐怕到时还是难免要出来的。"谢安每次外出游玩，总有妓女相伴，司马昱（后即位为简文帝）当时在朝担任宰相，听到这事后，就对人说："谢安既然肯和人一起同乐，也不会不和人同忧的，所以召他，他一定会出来的。"果不出其所料，谢安其实在心里对国家大事还是十分关注的，他对当朝的政局自有他明智的见解。就在他隐居期间，也总是协助他的兄弟料理一下政务。当他的弟弟谢万担任吴兴郡太守时，谢安也随之来到任上。谢万有贪睡的毛病，谢安有时就来到他的床前，用手叩打屏风，发出的声音就会把谢万从睡梦中弄醒，让他赶紧起来打理事务。

升平三年，谢万奉朝廷之命率军征讨前燕，这时谢安也随军北上。谢万也非常喜欢谈玄，他在军营里常是以吟啸为事，根本就不去管理军务。而且谢万为人态度傲慢，谢安便对他加以劝说："你身为统军元帅，一军之长，应关心手下的将领，这样一来，才会使得大家齐心协力，似你这样傲慢待人，如何能成大事呢？"谢万听不进这话，口中反而总是称诸将为"劲卒"，他手下的人对他的这种态度都很不满。谢安在心里自然为弟弟感到着急，为了化解他和部将之间的矛盾，他就亲自登门拜访谢万的那些部将，对他们十分和蔼谦逊，因此深得人们的拥戴。后来在行军的过程中，谢万听说敌人向这边来了，吓得拍马就逃，结果使得大军不战而溃。当时，他手下的人想乘机起事，可是后来念及到谢安的缘故才作罢。自此之后，谢安的名声就更大了。后来朝廷追查战事失利的责任，罢免了谢万的官职。谢万被废黜以后，谢氏家族的威望受到很大的影响。当时就在士大夫中间流传着这样的一句话："谢安不出来做官，叫那些百姓怎么办？"谢安到了四十多岁的时候才重新出来做官。因为谢安曾经长期隐居在东山，所以人们就把他重新出来做官这件事称为"东山再起"。

出山从仕　应变不惊

自从谢万兵败被朝廷革职以来，谢氏兄弟中再没有人担任高官，为了避免门户中衰，谢安决定出仕。升平四年八月，谢安受征西大将军桓温的邀请，出来担任司马，这年谢安正好41岁。桓温能得到谢安作为他的僚属，感到十分高兴，所以他无论见到谁都说："你们可曾见过我的僚属中这样有才能的人？"谢安虽然官职不高，可是却很有威望。他曾经将自己的几十个门生推荐给田曹中郎将赵悦子录用，赵悦子将此事上报了桓温，桓温告诉让他只录用一半，可是赵悦子却认为当年谢安还在东山的时候，官府的名流曾屡次对他进行催逼，唯恐他不关心当朝及天下的政局人事，今天他向自己荐人举士，哪里有不用的道理。当时他就全部给予录用。尽管桓温对谢安特别尊敬和优待，可是谢安对桓温并没有什么好感，后来，他趁着弟弟谢万病逝的时机，辞去司马的职务。可是时间不长，朝廷又让他担任吴兴太守，接着又把他调到京城里担任侍中，并逐渐迁至吏部尚书，中护军。

就在这时，朝廷里发生了一件惊天动地的大事：桓温带兵正向都城赶来。原来，在孝武帝宁康元年（公元373年）2月，简文帝司马昱去世，他在遗诏里要桓温来入朝辅政。可是桓温却原以为简文帝临死的时候，一定会禅位给自己，让自己当皇帝的，即使当不了皇帝，那至少也要像西周的周公那样，当一个摄政王，可是却没想到他只是让自己做一个诸葛亮，因此桓温非常气愤。因为早在简文帝时，桓温掌握着军政大权时，便觊觎帝位，图谋不轨，可是因为谢安、王坦之从中巧妙机智地斡旋，未能得逞。简文帝死后，谢安又趁桓温不在建康之际，拥立司马曜为皇帝。桓温对此更是怀恨在心，所以这次他率领大队人马赶到建康，并指名要谢安和王坦之到新亭迎候，这不啻是一场"鸿门宴"啊。此时的孝武帝才只有10岁，朝廷里面最有声望的大臣就属谢安和王坦之两个人。谢安担任吏部尚书，王坦之是侍中。就在年初的时候，朝廷曾几次下诏，要桓温入朝来辅佐小皇帝，可是桓温对此未加理睬。可是现在，桓温却突然带领人马向京城赶来。一时之间，各种流言四起，有人说桓温此次入京，不是来废幼主，就是来诛王、谢二人。就在此时，宫廷发出诏命，要谢安和王坦之一起到新亭去迎接桓温的到来。王坦之接到诏书后心里非常恐惧，于是他就去找谢安商量，可是谢安却神色镇定，一如往日，他淡淡地说："晋朝的存亡，就在我们这一举了，害怕是没有用处的，到时只有见机行事了！"

桓温此次是有备而来，他也确实有夺位做皇帝之意，当听说王坦之和谢安要来之后，便埋伏好了刀斧手，准备到时就把二人给干掉。当王坦之和谢安见到桓温的时候，王坦之马上就汗流浃背，慌乱中竟把笏板都拿倒了。可是谢安却神情自若，从容就座。他刚一坐下，脸色就严肃下来，对桓温说，我听说大将的职责就是守护四方，如今您却带领重兵，一副剑拔弩张如临大敌的样子，却不知是为何？桓温被问得张口结舌，无言以对，只好当即撤下了埋伏好的兵丁。同时又自我解嘲地说，我是为了自卫才如此的。说时桓温不由面红耳赤起来。桓温见谢安如此沉着镇静，不免被慑服，这时，谢安才和桓温共同举杯。

恰好就在这时，忽然一阵风吹来，风卷幕帐，顿时露出了藏在帐后偷听的桓温的谋士郗超，谢安认识他，不由微微一笑说："郗生真可谓是入幕之宾啊。"这一句话令郗超羞愧满面，尴尬至极。桓温知道在道义上是压不倒谢安的，用武力也不能使他屈服，因为谢安代表着支持晋室的一批世家大族，所以不能贸然下手行功，此时他只得强按怒火与王坦之和谢安握手言和。由此，晋室凭借着谢安的机智勇敢得以维持下去。他们饮酒谈话，直到夜深。王坦之跟谢安原本是齐名，可是自从经过这次事件以后，世人们看出了两人的相差之处。至于桓温，他来时是气势汹汹，但此次他因慑于谢安等人坚决抵制，只好到先帝山陵祭祀了一通，仍旧带兵回到他镇守地姑熟去了。此事过去没多长时间，桓温得了重病，这时他派人要挟朝廷赐给他九锡。可是谢安却故意找借口加以拖延，他说表文措辞有毛病，需加以修改，如此反反复复，一直等了十多天，这时桓温再难以坚持下去，终于病死，九锡之命也就由此撤销了。

桓温虽然死了，可是桓氏的势力仍然非常强盛。他的弟弟侄儿等人仍然操纵着许多的军事重镇。谢安为了避免朝政大权落入桓氏的手中，就让崇德褚太后出来，进行临朝听政。褚太后是谢安堂姐的女儿，所以她的临朝无疑对谢安是极为有利的。没过多长时间，谢安便被升为尚书仆射，领吏部，加后将军。到了宁康二年，中书令王坦之出任徐、兖二州刺史，谢安由此又兼统中书省，于是他成为实际的决策者。到了太元元年，谢安又进位为中书监、录尚书事。377 年，朝廷又加封他为司徒，可是谢安谦让不拜，复加侍中，都督杨、徐、兖、豫、青五州军事。

在此期间，谢安临危不乱，他以静制动，以和治乱，由此处理了朝野上下许多复杂的人事关系，使得东晋王朝的政局也相对比较稳定。谢安虽然出将入相，可是仍然以风流儒雅的名士而自居，因此在世人中有着极大的影响。有一天，他的一个同乡自任上被免职回来，顺便来到谢安府上。谢安便问他这次回家盘资是否充足。这个乡人说自己穷得很，眼下只有 5 万把蒲扇而已。于是谢安就拿了一把来使用，无论他走到哪里，都要带着这把蒲扇。京城中的那些士庶见到了，无不竞相跟着模仿，都争着买蒲扇，一时间蒲扇的价格猛然大涨，这个乡人趁机竟狠赚了一把。谢安本来患有鼻炎，所以在吟诗的时候，鼻音特别重，可是就是这也引来许多士人进行模仿，为了能够模仿出他的声音，竟然捂着鼻子来进行吟诵。

当时，北边的前秦苻坚势力逐渐强大起来，经常出兵骚扰东晋的边境。东晋朝廷希望能够找到一个能文能武的将军去防守边境。谢安这时就把自己的侄儿谢玄推荐给孝武帝。于是孝武帝就把谢玄封为将军，派他去镇守广陵，并掌管着江北的诸路人马。谢玄也是个颇有才干的军事人才。他来到广陵以后，马上招兵买马，扩大武装力量。当时，有一批自北方逃难来到东晋的人，他们都纷纷应征。这中间有一名叫刘牢之的彭城人。自幼就练得一身好武艺，打起仗来也特别勇猛。谢玄很赏识他，让他带领一支精锐的人马，并由他担任参军之职。这支人马经过谢玄和刘牢之的严格训练，成为成了能打硬仗的军队。因为这支军队驻扎在被称为"北府"的京口，因此这支军队就被称为"北府兵"。

公元 383 年 8 月，秦王苻坚亲自率领着号称百万的大军攻打东晋，分水陆两军向江南逼近。陆军自长安出发，因为人数众多，所以向南的大路上一直是烟尘滚滚，队伍浩浩荡荡，差不多有近千里长。走了一个月的时间，苻坚的主力部队才到达项城。与此同时，自益州出发的水军也沿江顺流东下，从东到西的战线竟达一万多里。苻坚当时曾夸下了海口说：以吾之众，投鞭于江，足断其流。这个消息很快就传到了晋都建康，这一下，晋孝武帝和京城的那些文武朝臣都慌了。他们首先被前秦的这种气势给吓住了。晋朝军民更是人心惶惶，坐卧不安，他们都不愿让江南的大好土地落入到前秦的手里，人们此时不由得都把盼望的目光集中到了宰相谢安身上，希望他拿出个好主意来抵抗前秦的入侵。谢安受朝廷之命，担当起了抵抗外敌的重任。

虽然前秦人数众多，可是谢安并不慌张，他依然神态自若，并决定由自己坐镇建康，派他的弟弟谢石担任征讨大都督，谢玄担任前锋都督，带领着仅有八万人的军队前往江北去抗击秦兵，然后又派将军胡彬带领着水军五千到寿阳，配合作战。当时，谢玄手下的北府兵尽管勇猛，可兵力却远不如前秦，前秦的军队比东晋多十倍，谢玄心里难免有点紧张。所以，他在出发之前特地来到谢安那里，虽说是来告别，可主要还是来请示一下这个仗应该怎么去打。他见到谢安，发现他并不紧张，就像平日里一样，极是轻淡地回答说："我都已经安排好了。"谢玄当时心里就想，谢安肯定要对自己嘱咐一些什么话。可是好长时间过去了，也没见到谢安有这意思。谢玄只得返回了家里，到了家里，他心里总是有些不大踏实。

隔了有一天的工夫，他忍不住了，于是又请他的朋友张玄到谢安那里，托他向谢安探问一下，对此次应战有什么样的计划。可是谢安看到张玄，也跟往日一样，和他有说有笑，就是不谈什么军事问题，而且还邀请张玄陪他下围棋，张玄是个下棋的好手。平日里跟谢安下棋时，总是他赢的次数多。可是今天，张玄却没有心思下棋，只是勉强应付，结果可想而知。等棋下完之后，谢安又请大伙儿来到附近的山上观赏景色，如此整整游玩了一天，一直到了天黑才返回家里。

运筹帷幄　淝水大捷

就在这天晚上，谢安把谢石、谢玄等将领都召集到自己家中，并把每个人的任务都交代得很清楚。大家看到谢安布置得井井有条，神态也镇定自若，增强了信心，个个都高兴地返回军营去了。在荆州的桓冲听到军情形势危急，于是就专门拨出三千名精兵赶到建康来保卫京城。谢安对派过来的将士说："我已经在这儿安排好了。你们不必为此担心，还是赶快回去加强西面的防守吧！"这些将士回到荆州，把谢安的话如实地告诉了桓冲，桓冲却仍旧非常担心京城的安危。他对手下的将士说："谢公的气度真是叫人钦佩，可有一样就是不懂得打仗。眼看着敌人就要杀到了，他还如往日那样悠闲自在。如此少的兵力，况且派去指挥作战的又是一些没有战斗经验的年轻人。我看这次我们肯定要遭难了。"

谢安帖

虽然有很多人都在担心，可是谢安还是按照自己的计划实施。他派出将领胡彬，率领着水军沿着淮河一直向寿阳方向进发。在半路，他就已得到消息，说是寿阳已经被前秦的先锋部队苻融给攻破了。如此一来，胡彬也只得退到硖石，命令军队扎下大营，然后就等待谢石和谢玄的大军会师。前秦的苻融占领了寿阳以后，派他手下大将梁成率领五万人马攻取洛涧，意在截断胡彬水军的后路。如此一来，晋军就被围困了起来，军中的口粮一天比一天的少下去，情况真是万分危急。万般无奈之下，胡彬派出手下的兵士偷偷送信给谢石告急，信中之意是说：现在敌人来势非常猛，我军的粮食快要吃完了，恐怕没办法跟大军会合了。这送信的晋兵在偷越秦军阵地的时候被秦兵发现，立即给捉住了。于是这封告急信就落到了苻融的手里，苻融又马上派人到项城把这一情况告诉了苻坚。苻坚自出兵以来，一连得到秦军前锋的数次捷报，于是就更加骄傲起来。他把主力大军留在了项城，而自己则亲率八千名骑兵来到寿阳，他真恨不得一口气就把晋军给吞掉。

符坚到了寿阳以后,就和符融一起商量,一致认为晋军不堪一击,索性他们就派了一个使者来到了晋军大营,劝晋军投降。而那个被派出的使者不是别人,正是前几年在襄阳曾经坚决抵抗过秦军、结果被秦军俘虏去的朱序。朱序被俘之后,尽管被符坚给收用,在秦国担任尚书之职,可是他的心里还是向着晋朝。他到了晋营里面见了谢石、谢玄,就如同见到了亲人一样,特别高兴,他非但没有按照符坚的嘱咐对晋军进行劝降,反过来还向谢石提供了秦军的情报。他说:"这次符坚为攻打晋国,发动了百万人马,如果等到他们全部会集,晋军根本无法抵挡。所以应趁着现在他们人马还没到齐的时候,发起进攻,把他们的前锋打败,使他们的士气受挫,这样一来,秦军就很容易被击溃了。"

朱序走了之后,谢石经过再三的考虑,认为寿阳的秦军兵力还是很强。没有完全制胜的把握,所以他决定还是坚守为好。可是谢安的儿子谢琰却劝说谢石赶紧听朱序的话,尽快出兵攻秦。谢石、谢玄经过一番商议,又仔细地分析了一下形势,于是就派北府兵的名将刘牢之率领五千精兵,首先对洛涧的秦军发动了袭击。北府兵果然名不虚传,兵士们个个都勇猛非凡,这支军队就如同插了翅的猛虎一样,强行渡过洛涧。守在洛涧的秦军根本就不是北府兵的对手,抵挡了一阵,很快就败了阵来,在混战当中,连秦将梁成都被晋军给斩杀了。秦兵为了各自活命,都争先恐后地渡淮河逃亡,其中一大部分的士兵掉在水里面给淹死了。洛涧之战,晋军大获全胜,由此大大地鼓舞了晋军的士气。此后,谢石、谢玄命令刘牢之继续援救硖石,同时亲自指挥着大军,乘胜追击,一直追到了淝水东岸,这才止住,然后把人马驻扎在八公山边,跟驻扎在寿阳的秦军隔岸对峙。

符坚自派出朱序去劝降之后,不由洋洋得意,他在城中就一直等待着晋军投降的消息,可就在这时,有探马来报,洛涧已经被晋军占领,这个消息就像给符坚头上打了一闷棍,他终于有点沉不住气了。他在符融的陪同下,亲自来到了寿阳城楼,往淝水对岸看去,只见对岸的晋军,那一座座的营帐排列得极是整齐,手持刀枪的晋兵在来往地穿梭巡逻,阵容显得严整而又威武。他禁不住又往远处望去,只见对面的八

谢玄

公山上,隐约地也不知道有多少晋兵在那里驻扎。其实,八公山上根本就没有晋兵,只不过符坚心虚眼花,他把八公山上的草木都当作是晋兵了。符坚心里边确实有点害怕了,他对身旁的符融说:"没想到敌人如此强大,怎么说他们弱呢?"于是,符坚传下命令,让秦兵严密防守,不得有丝毫懈怠。

晋军因为无法渡过淝水,谢石、谢玄感到非常着急。如果时间如此拖延下去,只怕秦军会陆续到齐,对晋军造成极大的不利。谢玄想了个主意,他派人给符坚送去了一封信,信上的意思是说:你们秦军深入晋国,如今在淝水边摆下阵势,如此按

兵不动，这像是打仗的样子吗？如果你们要真想打仗的话，那就把阵地稍稍往后撤一点，腾出一块地方做战场，让我军渡过淝水，咱们双方较量一番，这才算得上是有胆量。符坚心想，如果自己不答应后撤的话，那不就是承认我们害怕晋军了吗？于是，他马上召集了秦军将领来开会，他说："敌人要我们让出一块地方做战场，我们就答应他们。等他们渡河快要上岸的时候，我们就派骑兵冲过去，保管就把他们一下消灭掉。"谢石、谢玄得到了符坚答应后撤的回信后，迅速地整顿好了人马，准备渡河向敌人进攻。到了约定渡河的时刻，符坚一声令下，符融就指挥着秦军向后撤。他们原本撤出一个阵地后，马上回过头来向上岸的晋军发动总攻。可是符坚没料到秦兵多数人厌恶战争，还有的害怕晋军，所以一听到后撤的命令，什么也不顾了，撒腿往前跑，再也不想停下脚步。谢玄趁机率领八千多骑兵。飞快地渡过了淝水，向秦军发动了猛攻。

就在这时候，在秦军阵中的朱序也趁机大喊起来："秦兵打败了！秦兵打败了！"后面的兵士也不知道前面发生的情况，只看到前面的秦军往后跑，于是也就转过身跟着边叫边跑。符融见状不好，立即气急败坏地挥舞着剑，想要压住阵脚，可是这兵就如同潮水般地往后涌来，哪里还压得住。就在这时，一群乱兵冲了过来，把符融的战马给冲倒了。符融挣扎身子想要站起来，可晋兵已经由后面赶了上来，符融顿时被乱刀砍死。主将一死，秦兵更如同脱缰的奔马一样，跑得更快了。这时，观阵的符坚看到这种情况，情知不妙，他也顾不得许多了，骑着马没命地逃跑起来。谁知就在此时，空中有一支流箭飞来，正射中他的肩膀。因为保命要紧，所以符坚也顾不得疼痛，继续催马狂奔，一直逃到淮北才停歇下来喘口气。

晋军乘势由后追击，秦兵只知没命地溃逃，由于人多，相互之间挤的挤、踩的踩，如此一来，又死了许多兵士，尸体满山遍野都是。那些逃跑的兵士，路上听到风声和空中的鹤鸣声，也当作了东晋追兵的喊杀声，吓得不敢稍有停留。谢石、谢玄把寿阳收复了，马上派人把这大好的消息送往建康。

均衡势力　知雄守雌

经过这一场大战，强大的前秦元气大伤。符坚逃到洛阳之后，收拾一下自己的那些残兵败将，结果竟只剩下十几万人。这也给了一直想背叛前秦的鲜卑族的慕容垂和羌族的姚苌以可乘之机，他们纷纷从前秦分了出来，各自建立起了新的国家——后燕和后秦。

淝水之战过后，谢安趁着前秦崩溃之机，派谢玄收复了黄河流域大片失地。太元九年二月，荆、江二州缺任刺史，因谢玄新立大功，所以朝廷上下都认为应把这两个重要军职授给谢玄。可是谢安感到谢氏家族功名太盛，此战之后，谢石进位担任尚书令，太元九年谢安又进位太保，如果谢玄再出任西线的重镇，如此一来，谢家真成为那种揽尽全国军政大权之势了，这样很容易成为众矢之的。同时谢安还担心朝中尚有一定势力的桓氏如果一旦失去了重要官职，会怨恨谢家而起是非。所以，就把荆州授予了桓冲的侄儿桓石民，任命石民的弟弟桓石虔为豫州刺史，桓冲的孙子桓伊则为江州刺史。

谢安很是谨慎，他十分注意维持各大族之间的势力平衡，既不使其过分削弱，也不让其过分膨胀，即使对谢氏家族，也同样如此。所以在谢安当政期间，当时的朝政还算比较稳定，国力发展也较迅速，南北对峙的格局，也正是在此时形成的。尽管谢安小心处事，可他名高权重，还是难免会引起一些人的妒忌。谢安的女婿王国宝，是王坦之的儿子，此人不学无术，因此谢安对他十分讨厌，只让他担任尚书郎。可是王国宝却自以为出身名门，理应担任重要官职，所以他不愿担任尚书郎，于是辞官不干，并由此积怨于谢安。王国宝的堂妹是司马道子的王妃，所以，王国宝就巴结司马道子，让他在皇帝面前离间谢安。因为司马道子总是有意无意地说些谢安的不是，由此使得孝武帝对谢安也逐渐地不信任了，反而越来越宠信司马道子了。本来，自从淝水之战以后，因为谢安的功名较之以前大盛，所以孝武帝在心里面难免有所忌惮，再加上道子的离间，于是更对谢安疏远起来。就在九年三月，他又升谢安为太保，这样就进一步将他给架空了。九年九月，谢安上书皇上，请求率兵进行北伐，孝武帝于是就加授谢安为大都督，总督扬、徐、江、荆、司、豫、兖、青、冀、幽、并、梁、益、雍、凉十五州诸军事，另加黄钺。谢安一方面对司马道子进行回避，不跟他发生抗衡，同时又设法夺回军政大权，用来维持自己家族的势力。

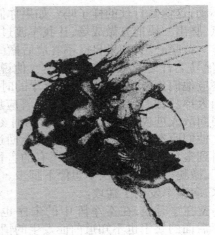

符坚

太元十年，前秦的国内发生了叛乱，苻坚向东晋求援。谢安正想法要避开司马道子，所以趁此机请求亲自率兵前去救应。他率兵来到广陵的步丘，修建城堡让兵将居住，并命名为"新城"。谢安到了晚年可说是功成业就，名盖天下了，但是每当他回忆起自己年轻时代隐居东山的悠闲生活，仍是充满无限的思念。更何况此时遭到司马道子的排斥，于是更加有隐退之意。他在新城造船凿舟，为航海出行大作准备，一旦找到适当的时机，便想沿着长江下三吴，告老回归家乡，再去过那山水悠闲的生活。可是他没想到自己在这一年的七月就身染重病，于是他只得上书朝廷，请求回京。在临走之际，他对北伐之事做了一番部署，命令龙骧将军朱序在洛阳驻扎；前锋都督谢玄驻扎在彭沛，由此形成互为犄角之势，等到来年汛期水涨，东西两路同时渡江北伐。他把这些事部置完毕，然后才和儿子谢琰一起回到了建康，向朝廷上书请求退去职位。就在八月廿二日，谢安在建康病逝，终年六十六岁。朝廷以隆重的仪式追悼谢安，孝武帝亲自来到灵堂，同时追赠太傅，谥文靖。到了十月，追封其为庐陵郡公。谢安有两个儿子，长子谢瑶，袭封爵位，官至琅琊王，壮年就丧亡。次子谢琰，颇有大将之才，自跟随谢安从政以来，官至卫将军、徐州刺史、假节，后来在孙恩之乱中被人杀害了。

王猛:出将入相 皇帝名师

中华传世藏书

王 猛

【人物档案】

姓名:王猛
别名:王景略、武侯、王公。
字号:字景略
生卒:325 年~375 年
籍贯:青州北海郡剧县(今山东寿光市东南)
朝代:前秦
职务:丞相、大将军、冀州牧、尚书令、中书监。
谥号:武(一说武襄)
主要成就:平定李俨,灭前燕,平定五公之乱,富国强兵。

【枭雄本色】

天下大事,智勇者谋之。居官从政者,必然才干过人,能称将称相的则智慧一定不同于常人。但是,只有深知通权达变的人,才能长期谋其政,尽其慧,在官场中如鱼得水,官居高位。在《中国通史》第四卷第 423 页中,著名历史学家范文澜认为,符坚"最亲信的辅臣王猛,在将相群中也是第一流的。"而台湾史学家柏杨先生给了王猛超越诸葛亮第一人的美称。柏杨先生在《现代语文版资治通鉴》中如此评论:"王猛先生是中国最伟大的政治家之一,在他之前有诸葛亮。在他之后有王安石。诸葛亮先生欠缺军事上的成就,王安石欠缺强大的支持力量。所以王猛先生得以施展才华,把一团乱糟糟的流氓大地痞,土豪恶霸,硬是拧成一个整体,不但国泰,而且民安。距今虽已一千余年,但仍使我们对那个辉煌的年代难以忘怀。可惜王猛先生早逝。假如上苍延长他十年二十年寿命,他的才能会进一步施展,对后世的影响会更大。"

出为名将入为相,武略文韬世无双;
治乱堪与管仲比,争伐足令孔明羞;
十分天下收其九,五族胡汉融唯一;
只因辅佐符天王,正史诋毁不流芳。

中华枭雄大传 宰相权臣卷

王猛何许人也

王猛,字景略,明帝太宁三年(325年)生于青州北海郡剧县(今山东寿光东南),十六国时期的前秦大臣,杰出的政治家,军事家,他出生于中国历史上最动乱的时期,司马氏各藩王之间连年血战导致西晋边远地区的少数民族开始进军中原,也就是后来所说的"五胡乱中原"。王猛的家乡是暴君羯人石勒所建立的后赵。所谓"自古英雄出少年,从来纨绔少伟男",王猛幼年时便随家人辗转流离,到处躲避战乱,最后只得定居魏郡(在今河南北部和河北南部)。

战争不断,自然迁徙不定,也就留不下什么财产,王猛成年后,家里一贫如洗,只好靠卖簸箕为生,很是艰辛不易。有一天他到洛阳去卖簸箕,碰到一个要出高价买簸箕的人,但是他又说自己没有带钱,不过家离这里不远,于是要求王猛跟他一起回家去取钱。王猛只是一个卖簸箕的,虽然胸怀大志,却还是需要这笔生意来养家糊口的啊。况且这生意根本也挣不了多少钱,于是他决定实在不应该放弃这个难得的买主,就跟着这个人回家取钱。也没觉得走了多远,却走进一座深山里。那个人领他去见一个老人,这个老人须发皓然,正襟危坐在一张胡床上,两旁有十几个侍者。王猛觉得很奇怪,于是上前拜见,老者大惊,说:"王公你怎么能拜我呢?"于是派人给了他十倍的价钱,并把他送出山去。王猛出了山,不禁回头一看,却发现这居然是中岳嵩山。

正如张良遇到黄石公一样奇特而又令人不敢置信,王猛遇到的这位老人虽然没有给他什么兵书战策或是良言警句,却也坚定了自己一定会出人头地,为国家做出一番大事业的信念。

要辅佐君主,做好皇帝的大臣或是"老师",就要有很高的品质修养。据《晋书·王猛载记》记载,王猛长大以后"瑰姿俊伟,博学好兵书,谨重严毅,气度雄远,细事不干其虑,自大参其神契,略不与交通,是以浮华之人咸轻而笑之,猛悠然自得,不一屑怀。"也就是说,王猛不仅长得身材高大,面目英俊,而且博学多才,喜欢读兵书,性格谨慎稳重,而且志向十分远大,他对生活的细微小事从不放在心中,凡是不能和他在心灵上产生共鸣的人他根本不屑一顾。一副傲世绝俗的形象。

自古才子多自负。王猛自恃博学,当时的浮华之人都笑他"痴人",都不大理他,王猛对此也毫不在乎,他坚信自己一定能够遇到值得自己辅佐的君主。但是千里马常有,而伯乐不常有。他四处访求,却一无所遇,当时有一名官僚很赏识他,请他做自己的助手,王猛理都不理。因为知音难觅,一直也找不到自己需要的人,虽然怀着辅佐君主的志愿,却遇不到真正的伯乐,便跑到华阳山隐居起来,静待时局的变迁。

名师从何说起

当时东晋偏安江南,所说的中原地区就是北方,却被几个少数民族所建立的政权激烈争夺着,一时之间政局变幻,城头易帜。穆帝永和五年(349年),后赵主——有名的暴君石虎死了,他的子孙为争夺王位而不顾手足之情互相残杀,直杀得"横尸相枕,流血成渠"。一年里面,帝位竟然换了三次,大将冉闵乘机攻入邺城(今河北临漳西南),在穆帝永和六年(350年)把石虎的子孙一一灭绝,灭赵建魏,建国没有两年便被从东北扑进华北的鲜卑慕容氏的前燕政权灭掉,邺城落入燕帝慕容俊之手,而关中等地各族豪强则纷纷割据,北方到处都是称王的人。天下一时分崩离析,战火不断。

在这个时候,乱世中出了氐族首领苻洪,氐族属于西戎族,原居今甘肃东南,东汉末年内迁关中地带,与汉人杂居,逐渐"汉化"。苻氏一家分天下,世世代代都是氐族酋长,石虎强徙苻洪及其部众十万至邺城以南。冉闵称帝后不久,苻洪自立为王,但是又被部将毒死了。苻洪的儿子苻健遵遗命率领众人西归,在穆帝永和七年(351年)占领关中,建都长安(今陕西西安市西北),称天王单于,国号秦(史称前秦),第二年称帝,势力逐渐强大起来。永和十年(354年)二月,东晋征西大将军桓温进军到长安城东的灞上(今陕西西安市东北),长安城外的三辅郡县纷纷投降桓温。关中的老百姓都牵牛担酒欢迎东晋军。老人们都流着热泪说道:"没有想到今天能看到你们的到来啊!"(《晋书·桓温传》)顺阳太守薛珍力劝桓温进军长安,桓温没有同意,在灞上停留了下来,贻误了战机。王猛得知这个消息以后,就穿着粗布的短衣,来到桓温大营求见。桓温想试试王猛的学识才能,算是来一场"面试",于是就请王猛谈谈天下大势。王猛不慌不忙,有条不紊地把南北双方的政治军事形势分析得一清二楚,见解也十分精辟,桓温听了不禁暗暗佩服。王猛一边滔滔不绝,一边把手伸进衣襟里摸虱子(文言是"扪虱")。桓温左右的兵士们见了差一点笑出声来。但是王猛依然旁若无人,照样跟桓温谈得起劲。

桓温倒是很赞赏他这种见解,脱口问道:"我奉了天子的命令,统率十万精兵仗义讨伐逆贼,为老百姓除害,但是关中豪杰为什么就没有到我这里来效命的呢?"王猛淡淡一笑直言不讳地回答:"您不远千里,长途跋涉,深入敌人腹地,但是长安近在咫尺,而您却不渡过灞水把它拿下,大家都不知道您的心思,所以没有来愿意见您啊!"桓温的心思是什么呢?他盘算的是:自己收复关中,只能得个虚名,而夺取的地盘也只能落于朝廷。与其消耗实力,失去和朝廷较量的优势,为他人作嫁衣裳,还不如保存实力而不去与敌人干戈相接呢。王猛语含双关的话触及了他的心病。他默然,无言以对,同时越发意识到面前这位扪虱寒士的不同凡响。过了好久,桓温才抬起头来慢慢说道:"江东没有一个人可以比得上你的才干啊!"

桓温从远处而来,军饷紧缺,原打算就地筹集军备以做长久之计,不料秦军割尽麦苗,彻底断绝了粮草来源。十万大军没有粮食吃,自然无法停留,桓温只好撤军回到江南,他很赏识王猛的才干,赐给他华丽的马车,封他为高官督护,邀请他一起回到东晋故里。王猛是汉人,自然希望能在自己民族的政权里做事,尽管他知道桓温只是一世奸雄,并不是他期望地想要辅佐的人,但还是心动了。王猛回到华山向自己的老师请教,询问老师的意见。老师说:"君与桓温岂并世哉!在此自可富贵,何为远乎?"也就是说,桓温必然会要篡晋的,你能和这样的人共事吗?能为他尽忠吗?你留在这里就可以享有富贵了,何必到那么远的地方呢?王猛于是听从了老师的话,拒绝了桓温,继续在山中隐居。

皇帝的"老师"看起来风光,这位学生的背景却十分显赫。永和十一年(355年),苻健死了,他的儿子苻生继位。苻生生性残忍,继位以后更是残暴无道,峻刑极严，恣意屠杀大臣，上台没有两年，就已经把前秦拖到了崩溃的边缘，苻健的弟弟苻雄的儿子苻坚则雄才大略，而且朋党很多，一时聚集了的很多支持者，薛瓒、权翼见朝政混乱，危机四伏，国中一时无主，便在5月建议苻坚起来推翻苻生的腐朽统治。二人说："现在的君主昏庸暴虐，天下分崩离析一时大乱，但是国家不能一天没有国君啊，实行仁道得人心的人才能得到天下。这可是上天的旨意啊。能当君主的责任重大，怎么能让其他人夺取呢？我们都希望您能像汤、武王一样夺取天下，以抚顺民心啊！"苻坚听了这话很高兴，也坚定了信念，让薛瓒、权翼二人为他出谋划策，苻坚胸怀大志，做事也很有一套。又密诏尚书吕婆楼商议大事，吕婆楼慧眼识英雄，于是趁势向苻坚推荐王猛。

苻坚对王猛一见如故，甚至都有相逢恨晚的感觉，两个人谈起历史上兴亡的大事，见解竟然完全吻合。据《晋书·王猛载记》记载，二人说起兴亡的事情件件都很契合。苻坚很高兴，认为就像是刘备找到了孔明一样。可见苻坚有多么器重王猛啊。苻坚即位以后，自称大秦天王。任命王猛为中书侍郎，成了他最亲信的大臣。一年里王猛竟然被连续提升了五次，真可谓平步青云，权力大得谁也不能比得上他。当时有个左仆射叫李威的人知道王猛很有才能，所以常常劝告苻坚要对王猛予以重任，苻坚便对王猛说："你看李公多么了解你啊，就像鲍叔牙和管仲一样。"王猛听了苻坚的话很是感动，于是，从此以后对待李威就像对待自己的兄长一样。

苻坚即位当政以后，虽然采取了一些措施用来缓和阶级矛盾，也算是有一些效果的，但是在前秦社会中，氏族贵族豪强飞扬跋扈，从上到下形成了一股强大的社会势力。当时的始平县的氏族豪强，大多是跟随苻洪白手起家在枋头起义的旧人，他们自恃有功，倚老卖老，横行乡里，鱼肉百姓，真是无法无天，老百姓们对此叫苦不迭，苻坚趁着这机会就让王猛去地方锻炼锻炼，也正好去治理这个地方，于是就下令让他出守始平。

王猛有苻坚作为后盾，自然底气十足，他一下车，就明法峻刑，澄察善恶，严令打击豪强。一上台不久，就找了个机会鞭杀了一名作恶多端的豪门权贵，借以杀一儆百，这下可惹翻了氏族豪强，他们联名上书诬告王猛滥杀无辜百姓，想趁机把王猛弄下台，除掉这个眼中钉，肉中刺。当地的上司自然与这些氏族豪强沆瀣一气，偏袒氏族豪强，将王猛押解还京，押送到长安的监狱中。

苻坚听了这件事大惊不已，亲自过问此事，并去狱中看望和责备王猛："当官理政要把仁义道德放在首位，你怎么可以一上任就杀人呢！"王猛从容不迫干脆地说："要依靠礼德治理国家才能把国家治理好，而如果是治理乱世呢？就要依靠刑法了啊，我一心只想为陛下铲除奸暴不法之徒，现在只是杀掉一个官吏，还有上千上万个奸吏扰乱社会治安而逍遥法外呢，如果陛下认为我不能消灭奸吏，安定社会治安，我甘愿受罚，如果陛下说我太残酷，我实在不敢接受啊。"苻坚顿时如醍醐灌顶，醒悟过来，原来一味实行德政是根本行不通的啊，他一下子认定王猛是治理乱世的干才，于是向在场的文武大臣说："王猛果然是我的管仲、子产一类的人物啊！"于是不再追究王猛的责任，当即赦免王猛，并对他信任有加，王猛杀一儆百的举动果然起到了作用，豪强贵族再也不敢为非作歹，于是社会安定下来，风气也一下子好转了。

公元359年8月，苻坚任命王猛为尚书左丞、咸阳内史，京兆尹。没多久，又被封为吏部尚书，太子詹事，又升迁为尚书左仆射，辅国将军，司隶校尉，加骑都尉，居中宿尉。当时的王猛才三十六岁，却得到了苻坚的重任，这当然引起了元老显贵的嫉恨。

尚书仇腾、丞相长史席宝多次诋毁王猛，苻坚知道了，大怒，一气之下罢黜席宝为甘松护军，有些氏族对于"汉化"政策很是不满。大功臣、大贵族官僚樊世，是跟随苻健入定关中的氏族豪帅，他居功自傲，当众侮辱王猛说："我们与先帝共创事业，打天下，现在却没有掌握实权，你不就是一个平民么，也没有立下什么汗马功劳，凭什么就坐享其成呢！真是我们耕种你食用果实！"王猛不客气地回驳说："哼，让你去耕种还是便宜了你，还想让你当屠夫做厨子呢！"樊世听了勃然大怒，说："姓王的，走着瞧，我要是不把你的脑袋割下来挂在长安城门上，我就不活在世上了！"苻坚听说了以后气急败坏，转而安慰王猛说："总有一天我要处死这个老家伙替你出气！这样别的人也就不敢再对你无礼了！如果放任樊世这样的人跋扈不杀，朝纲就无法整治啊！"一会儿，樊世入朝奏事，听见苻坚问王猛："我想让杨壁娶公主为妻，这个杨壁是什么人呢？"樊世一听，大喊："杨壁是我的女婿，婚期早就定下来了，陛下您怎么能让他娶公主呢！"王猛斥责樊世说："陛下享有天下的定夺权，而你居然敢跟陛下竞婚，怎么能行呢！"樊世暴跳如雷，与王猛当场吵起来，站起来就要打王猛，侍卫赶忙制止，樊世于是破口大骂，闹得优雅尽失，不成体统，苻坚忍无可忍，下令将樊世拉出去斩首，这时，氏族的贵族闹得更凶了，都联合起来恶语攻击王猛，苻坚气急无比，也不顾帝王的尊严了，对这些人是骂不绝口，又把所有的肇事者都鞭打了一顿。权翼后来跟苻坚说："陛下您豁达大度，善于领导英豪，神武卓越，人人都说您有汉高祖的风度，但是陛下要时刻慎言，不可以冲动啊！"苻坚笑着说："这次的事情是我的不对啊！"从这以后，朝野中的权贵们都大受震惊，对王猛也开始毕恭毕敬起来。

苻坚爱才心切，还是觉得对王猛的器重不够，升平三年（359 年）8 月，苻坚又迁升王猛为尚书令，太子太傅，加散骑常侍。王猛心知有愧，也觉得苻坚对自己期望过高，同时也认为自己的仕途过于平顺，也没有立过什么大功，自认为有些过分，所以多次觐见苻坚请求辞官，但是苻坚还是固执己见，没想到后来苻坚又加封他为司徒，录尚书事。王猛自认为没有什么功绩，不能胜任，不同意上任。苻坚也是个很有意思的君主，王猛越推辞官位，他竟然一次赐给他美妾五人，上等女妓十二人，中等三十八人，马百匹，车十乘。王猛更加认为自己才能不够，立即上奏坚决不接受。

三年八月，苻坚又封王猛为侍中中书令，统领京兆尹。当时氏族权贵大都聚居在京兆，很不好治理，当地的权贵仗势欺人，特进强德是苻健的妻弟，依仗自己是皇亲国戚，经常酗酒滋事，为非作歹，光天化日之下置王法于不顾抢掠别人的财货子女。老百姓敢怒而不敢言。有一天当王猛上任以后，正好碰见强德在大街上胡闹，王猛当即决定逮捕强德，斩首示众，陈尸街头。强太后听说以后，十分着急生气，赶紧找苻坚求情，苻坚无奈之下只得亲自下诏赦免强德。并下令派人赶到刑场放人。谁知道这个时候王猛已料到事情的发展，早已把强德斩首了。

当地有位御史中丞清廉刚直，耿直不挠，和王猛同心协力，惩治豪强。全面查处扰民乱政的权贵，短短的几个月之内，就接连诛杀了二十多个不法贵戚豪强，于是当地的所有的官僚都安分了很多。百官都震肃，从此以后豪强贵戚都特别老实守法了，社会风气大为好转。以至于当时的社会出现了路不拾遗，夜不闭户的良好秩序，老百姓都拍手叫好，大大加强了前秦的中央集权。苻坚看在眼里，喜在心头，感慨地说："我今天才知道天下有法的好处啊！"

十月，苻坚又一次给王猛升官晋爵，王猛谦让，还推荐散骑常侍、杨评公苻融、光禄、散骑西河任群、处士京兆朱彤五个人，让他们一起来辅佐苻坚，代替他的职位,但是苻坚依旧不同意,另给苻融等人安排了其他职位。

兴宁三年(365年)七月,匈奴右贤王曹毂、左贤王刘卫辰背叛秦朝,曹毂率领部众两万人进攻杏城(今陕西黄陵西南),而鲜卑部落首领乌延也起兵与匈奴相呼应。天下大乱,苻坚怎能坐视不管呢?于是亲自率领大军讨伐他们,肉搏杀场。并且让王猛和卫大将军李威留在宫中辅佐太子苻宏留守长安保存实力,可见苻坚对王猛和李威的器重和信任。这时,王猛也没有辜负苻坚的信任,在惩恶除奸的同时,也发现了很多人才,在灭掉燕国以后,他举荐了房默、房旷、崔逞、韩胤、田勰等一批关东名士担任朝官或是郡县官长。特别是梁琛,当时的燕与秦结好,总是相互派使者往来,燕国的散骑侍郎太原郝晷和梁琛先后到了秦国,郝晷和王猛早就认识了,王猛就向他询问燕国的事,郝晷知道燕国就快要灭亡了,于是暗中就对王猛说了不少情况,而梁琛则说了一些秦国的弊端。秦国灭掉燕国以后,梁琛仍然对燕国没有丧失信心,于是王猛就受他之托,请求苻坚让梁琛当主簿。

苻融为人聪敏明慧,文武出众,见识远大,曾经因为一件小事做错了而局促不安,王猛大度地宽恕了他,再也没有提起这件事,而且对他的信任只增不减,依然对他器重。

王猛在治国施政方面也是一位很好的老师,帮助苻坚创立了举荐赏罚制度和官吏考核新标准,前秦的法治良好和这些措施的施行有很大的关系。在培养人才方面,他大兴教育,为了促进社会生产的发展,又采取了一系列措施兴修水利,奖励农桑,着重发展农业,努力发展社会生产。在处理民族关系上,也做出了很大贡献,为中华民族的大融合勾画了蓝图。在王猛的主持干预下,革新措施带来了一派崭新气象。据历史记载,“当时秦境安定清平,国富民足,从长安至诸州,皆夹路树树槐柳,二十里一亭,四十里一驿,旅行者取给于途,工商贩于道。百姓歌之曰:‘长安大街,夹树杨槐,下走朱轮,上有鸾栖。英彦云集,诲我萌黎。’”(《晋书·苻坚载记》)至少可以相信这是魏晋以来难得的清明政治了。

在政治上,王猛一系列的改革措施使前秦政治清明,成为当时最繁荣的国家,而在军事上,王猛多次率军出征,也毫不逊色,为前秦统一北方立下了汗马功劳。

太和元年七月,王猛率将军杨安、杨武及将军姚苌等2万人进攻东晋荆州南乡郡。晋荆州刺史桓豁请兵救援。八月,进驻新野(今河南新野南)。秦军见形势不利于作战,于是就赶紧将东晋汉水以北的万余户人民掳掠走撤退了。当时,割据陇西(今甘肃陇县西南)的李俨举郡投降前秦,不久后又和前凉相勾结。太和元年(366年)十二月,羌人剑岐略阳(今甘肃泰秦安东南)的4000户人背叛前秦,向李俨称臣,李俨于是和前秦、前凉断绝关系。

太和二年(367年)二月,王猛带领陇西太守姜衡、南安太守郡羌、姚苌将军等率兵1.7万人讨伐敛岐。三月,前凉主将张天锡也派遣前将军杨通出兵金城(今甘肃兰州西北),征东将军常据出兵左南(今青海民和西北),游击将军张统出兵白土(今青海化隆回族自治县东南),张天锡亲自率领步骑三万屯驻仓松(今甘肃武威南),讨伐李俨。羌人敛岐不战而降,王猛于是轻松攻下洛阳。四月,张天锡率领步骑三万人攻下李俨大厦(治今甘肃临洮西北),武始二郡。常据又在葵古(今甘肃永清境)打败李俨部众,张天锡进屯左南。李俨见状畏惧了,带领军队退回到桴罕(今甘肃临洮西南),派侄子李纯向前秦谢罪,并请求支援。苻坚派前秦将军杨安、建威将军王抚率领2万骑兵,与王猛会合,救援李俨。随后王猛带领军队大破前凉军,俘斩1.7万余人,和张天锡在枹罕城下相持,但是王猛审时度势,并利用手段俘获李俨,苻坚随即封李俨为光禄勋,赏赐他爵归安侯。又命令力忠将军彭越为平南将军、凉州刺史、镇守枹罕。

五月,前燕太宰慕容恪去世,苻坚听说以后,野心又一次占了上风,于是就有了图燕之志。正当苻坚为伐燕全面做好准备时,出现了一件意想不到的事。

早在兴宁二年(364年)七月,秦汝南公苻腾谋反,被发现后派兵镇压并诛杀。这个苻腾是苻生的弟弟。当时苻生的弟弟苻腾还有晋公柳五个人一心谋反,王猛发现了就立刻劝诫苻坚说:"陛下,这五个人要是不赶紧赶尽杀绝,就一定会后患无穷啊!"岂料苻坚并没有接受王猛的忠告。在兴宁三年(365年)九月,在苻坚于朔方安抚匈奴归降的时候,征北将军、淮南公苻幼双于十月率众乘虚而入偷袭长安,但是被李威大将军及时击斩。当时的征东大将军、并州牧、晋公苻柳和征西大将军、秦州刺史、赵公苻双都和他同伙。但是苻坚念及血缘,认为苻双是他的同胞兄弟,苻柳又是明皇帝苻健的爱子,怎么能将他们灭绝呢?上天都难容啊。于是就把这件事情搁置了起来再也不过问。

放虎归山终将酿成大祸。后来苻柳、苻双又与镇东将军、洛州刺史、魏公苻庾、安西将军、雍州刺史、燕公苻氏谋反,镇东将军府主簿南安人姚眺劝诫苻庾不要挑起灾难,不然总有一天会惹上杀身之祸,但是权力诱惑实在太大,苻庾坚决不从,苻坚知道以后,宣诏苻柳等来长安。

因为苻坚的心慈手软,姑息放纵,终于在十一月,苻柳据蒲扳(今山西永济西南蒲州镇),苻双据上邽(今甘肃天水西南),苻庾据陕城(今河南三门峡西),苻武据安定(今甘肃泾川北)。同时举兵起义,都把矛头指向苻坚,一时间苻坚才知道自己的过错,他对众人说:"我对他们这些人的恩德已经都到了什么地步了!他们怎么还会造反呢!"苻柳众人依然拥兵自守。后来,战势越来越不利于前秦,前秦感到很害怕,派重兵防守陕城以西的重镇华阳(今陕西华阳东南)。前燕魏尹范阳王慕容德请求发兵攻打前秦,很多燕国人也请求救援陕城,攻下关中,但是最终燕国也没有出兵,也使前秦躲过此劫,王猛再一次立下战功,打破陕城,俘获苻庾,送至长安,攻克上邽,斩苻柳及其妻子。至此,苻氏的内乱被平息。

慕容恪病死之后,前秦、东晋都企图乘机占有,但是前秦却因萧墙之祸无暇外顾。而东晋则于太和四年四月,由桓温亲自率领五万步骑从姑熟(今安徽当涂)出发开始北伐,东晋的节节胜利,使慕容统治集团十分恐惧,派慕容垂代替慕容臧为南讨大都督,率征南将军慕容德等五万步骑抵御桓温,答应割地,让虎牢(今河南穹阳西北汜水镇)以西的土地给秦作为条件,苻坚这时召集大臣商议,大家都认为:"当初东晋桓温伐我们前秦的时候,到了灞上,燕国都没有来救援,而且燕国也从来不对我们称藩,现在我们也没有必要救援他们啊!"但是王猛并不同意他们的意见,他认为:"燕国如果被东晋灭掉以后,桓温赢得山东,进屯洛邑,收复大部分地区,陛下的事业就付之东流了啊。现在我们不如与燕国一起对抗桓温,等到桓温撤退,燕国也已经大受损失,然后我们就乘机占领燕国,这不是很好吗?"苻坚听从了王猛的意见,八月,派苟池将军和洛州刺史邓羌率领2万步骑救援前燕,这时桓温在枋头徘徊不进,静待燕国的变化,打算坐获全胜,但是前燕慕容垂英勇善战,使晋军大受挫败,而且晋军水运断绝,军饷欠缺,又给东晋一沉重打击。九月,桓温作战接连失利,又听说前秦救援就要到达,一气之下下令焚烧战船,丢下辎重、铠甲,率军从陆路撤回,但是在撤回的路上也难逃前燕慕容垂的截击,又损失了三万人。十月,桓温才狼狈地逃回淮南,这时,前燕虽然战胜,但是国内的危机却大大加深了,战乱给人民带来的灾难愈加严重,这时,苻坚的计谋达到了,但是愿望一直没有完全实现,主要因为国内总是战乱频繁,虽然现在已经基本稳定,剩下的就只有一个问题了,那就是对前燕的慕容垂的威名十分忌惮,但是没有想到,慕容垂被妒忌已久的太傅谋杀未遂,又是与太后勾结的,一时间走投无路,带着子侄投靠前秦,苻坚见状大喜,亲自到郊外去迎接,情不自禁地拉着他的手说:"你真是天生的贤良将才啊,如果有了你的帮助,我们一定会共创大业的,如果我得到了天下,我一定会还你本邦,世代封为幽州,让你虽然离国但是不失为臣子之孝,虽然归于我国却仍然不失忠诚的美名啊,这不是很好吗?"慕容垂十分感动,感慨万分地说:"我是流亡在外的罪臣,陛下不论我的罪,已经是我的幸运了,也是我国最高的荣尚了,我也不敢奢望了啊!"苻坚素来爱惜良才,对待慕容垂也是恩尚有加,赏赐巨万,当慕容垂每次觐见时,对他的意见都很重视。

苻坚的这些做法却引来了王猛的忧虑,他对苻坚说:"慕容垂是前燕的国戚,雄霸天下,明慧达敏,很多士卒都对他感恩戴德,他的才略、权智无人能敌,而且他的子侄都很有才干,都是杰出的人才,这些人都不容易驯服,可谓是蛟龙猛兽之类,依我的愚见,还是把他们除掉吧!"苻坚却反驳说:"我因为一向招揽人才,建世代功德,现在人们都知道我对他们是宽厚以待的,现在你又让我杀掉他们,天下的人们会怎么说我呢!"

这时前燕纲颓纪紊,日益腐败,等到桓温攻打前燕结束以后,又没有遵守诺言履行割地给前秦,前秦于是因为这个事情为借口,大动干戈,让王猛统帅军队攻打前燕,而且还令慕容垂的长子慕容令为参军,担当向军,这时,王猛心生一计,打算设一个圈套来考验慕容垂,于是在出发前,王猛去拜会慕容垂,慕容垂为他饯行,王猛表现出一副依依不舍的神态,叹息道:"今日一别,不知什么时候才能相见啊,你能赠我一件东西,让我在思念你的时候睹物思人吗?"慕容垂深受感动,于是解下佩刀赠予王猛,十二月,秦军攻下洛阳,太和元年正月,前燕洛阳守将洛州刺史慕容筑因为援军总也不来,很是害怕和担心,于是就投降了。当梁成再一次进攻穷阳的时候,一下子歼灭燕军三千余人,使慕容臧退军到新乐(今河南新乡市),王猛攻下洛阳以后,买通了慕容垂的心腹金熙,让他把佩刀带给慕容令,又让他捎去一封信,装着偷偷摸摸的样子,假传慕容垂的口信说:"我们父子逃往到这里,是来逃难的,现在王猛对我们深恶痛绝,而秦王虽然外表宽厚和善,但是他的真实想法我们却无法猜透,大丈夫想逃难都不行,会被天下人耻笑的,我听说东晋现在好了很多呢,我们不如去那里吧,我现在已经动身了。你也赶快出发吧!"慕容令仔细思索,觉得实在有些可疑,犹豫不定,不过当金熙把父亲随身的佩刀拿出来以后,又不得不相信,于是假装出外打猎,投奔前燕石门守将慕容臧。王猛见状,立刻上书弹劾慕容令叛逃,慕容垂害怕,迫不得已骑马逃跑,却在蓝田被苻坚派来的骑兵追获。

但是苻坚却没有丝毫责备慕容垂的意思,反而安慰他说:"你的国家分裂无奈委身去我国。贤子不忘本,怀念本国。这是父子之间都无法达到的境界啊。你怎么这么害怕呢!"于是把官位还给他,依旧如初。史学家司马光在评论此事时,对王猛的这种行为极为不满。一代英臣竟然如此狭隘,但是为了国家的长远利益,从以后的事情来看,也算是为难他了。

十一月，前燕已经像釜中之鱼，完全失去了抵抗能力。王猛在准备攻城的同时，命令邓羌率军攻信都(今河北冀州市)以牵制北部前燕军，十一月初七，前秦军进入燕国，邺城失陷以后，各州郡牧守先后投降，前燕就此灭亡。这场战争，在战略上符坚掌握战机，能够在前燕国矛盾加剧的情况下发动进攻；在指导战争时，有攻击重点，各个击破，攻其不备，直捣腹心，是获胜的基本原因。而王猛这位智勇双全的谋士，采取政治攻心与武力打击相结合，以及地道攻城，迂回夜袭等战法，创造了以少胜多的著名战例。符坚进入邺宫，接管了前燕的户籍和账册，根据这些资料，前秦得到了一百五十七郡，一千五百七十九个县，二百四十五万八千多户。共有九百九十八万多人。前秦灭掉前燕之后，符坚为加强对关东地区的统治，任命王猛为使节，都督关东六州诸军事，车骑大将军，开府仪国三司，冀州牧，让他镇守邺城。晋爵清河郡侯，将慕容宫中的物品全部赐给王猛。并听任他在六州范围内便宜行事。郡守、县令也由他自行选任，只需在事后向吏部通报即可。

当初王猛大败张天锡时，曾得获甲士五千人，秦建元七年(371年)派人将他们送回，并捎去王猛给张天锡的一封信，信中精辟地分析了天下大势和凉国的危险处境，力劝他归降。张天锡心里本来已经很恐惧，又见秦军确实所向无敌，难以击破，于是向前秦称藩。符坚大喜，立刻封张天锡为使持节，散骑常侍，都督河右诸军事，骠骑大将军，开府仪国三司，凉州刺史，两域都护，西宁公。秦建元八年(372年)六月，符坚让符融接替镇守邺城，而把王猛调回京师，委任为丞相、中书监、尚书令、太子太傅、司隶校尉，授予王猛一切军国大事的裁定之权。王猛感恩戴德，刚明清肃，善恶分明，才尽其用，官称其职，劝课农桑，训练军队，井井有条，气象一新，前秦逐渐呈现了国富兵强的新局面。

贤人逝去　淝水南流

王猛虽正值壮年，但由于事必躬亲，积劳成疾，终于在建元十一年(375年)六月病倒了。符坚心急如焚，亲自到南郊、宗庙、社稷坛为王猛祈祷，并派侍臣遍祷于祖国各地名山大川，不敢落下一处。又派人到处寻找奇药为他治病，但是王猛的病情依然没有起色，符坚看这一招并不管用，便下令在境内大赦，除了反叛、杀父母、祖父母这些诛死罪以下全部赦免。王猛听说以后，自知不久后就会溘然长逝，于是向符坚上疏说："想不到陛下您会这么做，真是自从开天辟地以来绝对没有的事，这让我既感激又不安啊！臣听说报答恩德最好的办法是进言直谏，请让我谨以垂危之命敬献遗诚。陛下的威名震慑八方的荒远之地，声望德化也光照六合之内，平定燕国定蜀，如拾草芥。然而素来都是有个好的开始却未必能落得个好的结果。所以，古来明君圣王都深知创业守成的不容易，都很战战兢兢，如临深渊。恳望陛下要以他们为榜样，则是天下的大幸啊！"符坚看到王猛所上的表，万分悲恸，左右侍臣都为之感动。

这年七月，王猛病危，符坚听说后大惊，赶紧亲自赶到王猛家中探望，并询问后事，王猛睁开双眼，弥留之际，望着符坚说："晋朝虽然僻处江南，却是华夏正统想承继的，而且全国上下一片安和。臣只希望，在臣死之后，陛下千万不要灭掉晋朝。而鲜卑，西羌降服贵族心不死，是我国的仇敌，迟早要成为祸害，应尽快逐渐斩除他们，以除后患，利国利民。"说完便停止了呼吸。时年51岁。符坚悲痛不已，入殓的时候，苻坚再三瞻看他的遗容，前后三次去哭灵。他对太子苻宏说："老天爷是不想让我统一天下呀，怎么这样快就夺取了我的'子房'啊？"苻家按照汉朝大将军霍光的葬礼仪式，隆重地安葬了王猛，并追谥王猛"威武侯"。朝野上下苍哭野祭三日，也如同诸葛亮死时一样。

诸葛亮死前表奏后主刘禅："成都有桑八百株，薄田五十顷，子孙衣食，自有余饶。"其余的别无所求，而王猛临死的时候，嘱咐儿子，"以二十头牛，耕田务农，"其余一无所求，比诸葛亮还要节俭。苻坚常把自己与王猛的关系比刘备与诸葛亮的关系，但刘备比孔明年长二十岁，而苻坚却比王猛小十三岁，尽管限于君臣名分，苻坚却把王猛当作兄长敬重，双方感情极为深厚。王猛死时年仅五十一岁，而苻坚只有三十八岁，三十而立的他，却失去了这位兄长、师长以及最得力的助手。苻坚陷于极度悲痛之中，无法自拔，经常泣不成声，潸然泪下，不到半年便须发斑白了，苻坚恪尊王猛的遗教，兢兢业业地处理国家大事，时刻保持着冷静的头脑和理性的分析。他气度宏大，敢于用人，在中国历代帝王中实属罕见。据史书上的记载，可以说对他是盛赞有加，称其为一代英主。而且在这半年中，他着重抓了扩大儒学教育和关心民间疾苦的两件大事，并且都大有成效，其后，苻坚迅速灭掉前凉和氐国，完全实现了北方的统一，东夷、西域六十二国和西南夷都遣使前来朝贡，原属东晋的南乡、襄阳等郡也都被其夺下来。至此，前秦臻于极盛。

但是苻坚也许是太想统一天下，成就千古伟业了，他对大臣们解释说："只有扩充土地，增加人民，才能对得起人民啊。"于是在王猛死后八年，也就是建元十九年（383年），把王猛的遗教置之脑后，不顾大臣们的一致反对，悍然调集九十余万大军进攻东晋，结果在淝水（在今安徽境内）之战中一败涂地，将他和王猛辛辛苦苦打下的基业全部葬送，而王猛叮嘱再三要苻坚除掉的鲜卑、羌族上层阴谋分子，例如慕容垂、慕容冲、姚苌之流，因为没有被除掉从而留下后患，终于在这时举兵造反，纷纷割据自立，把前秦的一统江山搅得七零八落。到了建元二十一年，苻坚被姚苌杀害了，年仅四十八岁，又过了九年，前秦也终于灭亡。大分裂的局面一直延续到元嘉十六年（439年），北魏统一北方才告一段落。

苻坚在淝水之战后，虽常常想起王猛的遗嘱，可惜为时已晚。但王猛可以力除贪官污吏，先斩后奏，眼睁睁地看着这些可成为后患的鲜卑、羌族降虏却无能为力，也是十分令人不解。苻坚的失败或许不仅在于灭晋，而更多地在于慕容垂、慕容冲、姚苌的内部分裂，有人说不遗贼虏于君父，王猛谓愧对此言，岂仅是苻坚的错误呢？

王猛，是唯一可以和诸葛亮相比的人。二人都处于一个大分裂的时代，都可谓乱世出英杰。而且二者同样都隐居民间，静待时机等候出山，从而出将入相，位极人臣。在与君主的关系上，二人都同样受到主上的绝对信任，君臣亲如一体。

王猛确实像诸葛亮一样是最出色的政治家和军事家，二人都为国家立下了大功，但是他也和诸葛亮一样，事必躬亲，却没有培养出能够继承事业的人才，只得落得个悲惨的结局，诸葛亮和王猛辅佐的朝廷在他们死后都迅速地衰败下去，一定不只因为君主的过错，更是在于内部原因吧。两个人虽不是一个时代，经历却惊人地相似，真可谓千古一叹！

年轻气盛、易于冲动的苻坚没有了王猛的谆谆教诲，犯下了那么大的错误，致使王猛在九泉之下都难以瞑目吧。历史不能重写，我们只有吸取教训，让历史不再重演！

魏徵:直言进谏 帝王明镜

【人物档案】

姓名:魏徵
生卒:580 年~643 年
籍贯:钜鹿郡(一说在今河北省巨鹿县,一说在今河北省馆陶县)人
字号:字玄成
朝代:唐朝
职务:侍中、太子太师等。
主要成就:劝降李勣,安抚河北,规劝唐太宗,推行王道,勘定古籍。

【枭雄本色】

魏 徵

一提起魏徵,很多人想到更多的是他敢于触龙颜的勇气,是他忠言直谏的坦诚,是他关心民生的责任。魏徵确实是中国古代历史上少有的硬骨头。众所周知,在封建社会,皇帝拥有至高无上的权力,俗话说"伴君如伴虎",像魏徵这样敢于在皇帝面前直陈他的错误,而又不惹怒皇帝的人很少。史学家一方面在赞叹像唐太宗这样的皇帝从谏如流的同时,一方面也给予魏徵更多的笔墨。写到这里,想起一段非常经典的话,可以是对唐太宗和魏徵君臣两人关系的生动概括。

魏徵逝世后,唐太宗曾在魏徵像前说:"用铜做镜子,可以正衣冠;用历史作镜子,可以知兴衰;用人作镜子,可以了解得失。今天魏徵去世了,我失去了一面镜子啊!"唐太宗把魏徵看作是了解自己得失的一面镜子,这既是对他们君臣关系的生动概括,也是对魏徵一生忠言直谏的公正评价。

【风云叱咤】

少有大志 投笔从戎

魏徵,字玄成,生于北周静帝大象二年(580 年),巨鹿下曲阳(今河北晋州市)人,后来迁居到相州内黄(今河南内黄县)。魏徵出身于书香门第,他的先祖魏无知在汉初的时候曾被封为高良侯,他的父亲魏长贤曾任北齐著作郎,为人正直,博学多才,但在那个昏君当道的年代,这样的人常为当权者不容。在魏徵很小的时候,

他的父亲就去世了。因为父亲的早逝，所以魏徵自小的家境并不是很好。但他从小就聪颖好学、爱憎分明、少有大志，希望以后能做出一番轰轰烈烈的大事业。

隋朝末年，天下大乱，农民起义军的革命风暴一举推翻了无道昏庸的隋炀帝。此时的魏徵在这乱世中也拿不定主意，不知该何去何从，于是就出家当了道士。其实，这未尝不是一个静观其变的好办法。道观中，是个相对安静的地方，可以看清天下的形势再作计划。果然不久，魏徵的朋友元宝藏，请他出山，一起参加反隋的义军。元宝藏是隋朝武阳郡的郡丞，看到天下大乱，也就起兵反隋，组建起自己的一支义军。元宝藏让魏徵在军中担任了典书记一职，让他负责掌管军中的文书。当时天下反隋的义军很多，如在北方有李密领导的一支最大的农民起义军——瓦岗军。李密出身于大贵族家庭，他的父亲李宽是一代名将，因功勋卓著曾被封为柱国公。李密平日最爱读《史记》《汉书》等，性格豪爽，喜爱结交天下的贤士。隋末昏君当道，他因不满隋朝的统治而参加了反隋的斗争。

炀帝大业十三年(617年)，李密率领瓦岗军大破兴洛(今河南巩义市)粮仓，救济灾民。军队迅速发展，一时间威震中原。元宝藏见李密领导的义军声威浩大，就主动写信给李密，想加强彼此的关系。当李密看到元宝藏写来的信件时，连声称赞，认为写此信的人绝对不是等闲之辈，于是派人打听得知，是元宝藏的典书记魏徵写来的。于是他就把魏徵请来，让他来掌管军中的文书。

魏徵成了李密的部下后，向李密献过十条计策。但是当时瓦岗军在李密的领导下，正所向披靡地向前发展，所谓风头正健，哪里听得进魏徵的建议。瓦岗军继续前进，相继又攻下了洛口仓、回洛仓和黎阳仓(在今河南浚县西南)。义军所到之处，都会给当地的百姓发放粮食，天下的百姓无不拍手称快，欢迎义军的到来。由于有了人民的支持，李密带领的瓦岗军继续向前挺进。

公元618年，李密带领的瓦岗军来到了洛阳城外，将洛阳城团团包围起来。当时洛阳城中的守城将领是隋朝大将王世充。王世充看到李密带领的军队来势汹汹，连忙加强城防、调兵遣将，决定和对方决一死战。在双方决战之前，李密召集各位高级将领开会，研究下一步的对策。当时魏徵只是一名掌管文书的小官，人微言轻，根本没有资格参加会议。但他通过对当时局势和敌我双方情况的分析得出结论，这次进攻洛阳城的战役非常重要，它的成败直接关系到瓦岗军的前途命运。于是他找到了李密的长史说："李密虽然在前几次大的战役中都获胜了，但人员伤亡很大，且钱粮也不是很充足。从这两个方面看，我们都不能和王世充硬碰硬。现在最好的对策就是和他打持久战，这样，对方粮食没了，就会守不下去城了，那时城中必定大乱，这样王世充就会撤兵，我们再从后面乘胜追击，必定会取得胜利。"魏徵分析得头头是道，但对方看到魏徵在军中没有什么地位，哪里把他这样的小官的话放在心上。讥笑他道："你这不过是老生常谈罢了。"魏徵见自己的意见不被采纳，掉头就走了。

类似魏徵这样的建议，李密部下的一个将领裴仁基在讨论会上也提出了。他主张乘王世充出兵东下，洛阳空虚的时候，在兵分两路拦截王世充东进的同时，派骑兵进攻洛阳，迫使王世充回兵支援，这样使他首尾难顾，必然能大获全胜。但是李密很多其他的部下，如单雄信等，轻敌麻痹，要求速战。李密同意了他们的速战要求，亲率大军驻扎在偃师城北，列营却不设垒，准备快速结束战斗。结果正如魏徵所料的那样，在王世充的火攻与偷袭下，瓦岗军全军溃败。

瓦岗军失败后，在将士溃散、振兴无望的情况下，李密迫不得已率残余队伍去长安投奔了李渊。魏徵跟李密一同前往。李渊是隋朝的太原留守，当时天下大乱，谁不想在乱世中分得一杯羹呢？于是在他儿子李世民的帮助下，在太原起兵，不久就占领了长安，改国号为唐。魏徵跟随李密投靠李渊后，也就成了李渊的部下。但是不久，李密因不受重视，借出外执行任务的机会又打出了反唐的旗号，结果被唐剿灭。可想而知，魏徵曾经是李密的旧部下，在这种情势下，他的处境就更是恶劣了。为了改变这种现状，更是为了取得李渊的信任，魏徵自告奋勇，愿出使太行山以东地区，收降当时据守在黎阳（今河南浚县东北）的实力较大的瓦岗军的残余部队。

李渊为了更快地统一全国，当然对魏徵的这个提议非常赞同，于是就任命魏徵为秘书丞（管理国家档案图书的官），去完成这个任务。当时驻守在黎阳的是徐世勣，他和魏徵都曾是李密的部下，所以两人当然是老相识了。当魏徵到了黎阳之后，就给徐世勣写了一封信，信上说："自隋末天下大乱以来，群雄逐鹿中原，一时间有势力的队伍数不胜数。想当初，李密率瓦岗军起兵反对隋朝的时候，号令一出，天下云集响应，很短的时间内几乎控制了隋朝的半个天下。结果后来，被王世充战败，元气大伤，只好投靠了李渊。现在瓦岗军的主力已经不复存在，您可以倚靠的根基都不存在了，当务之急，您不该看清形势，重新选择吗？再说现在李渊占据关中宝地，历来此地都是兵家取胜之地，如汉高祖刘邦等，再加上李渊的部队兵强马壮，得天下只是早晚的事了。再来说说您的处境，您现在所占据的黎阳，是取天下者必争之地，您现在应早些认清形势，做出打算，如若不这样，您将会后悔莫及啊。"徐世勣看了魏徵的信，觉得很有道理，又听说李密已经被杀，就决定率部投降李渊。就这样，魏徵没费一兵一卒圆满地完成了此次出行的任务。接着不久魏徵又去魏州劝说自己的老朋友元宝藏，劝他一起也归顺了李渊。

武德二年（619年）十月，正当魏徵在黎阳为李渊奔走游说的时候，河北的农民起义军首领窦建德领兵南下，攻占了黎阳，当时魏徵还在黎阳，没来得及离开，于是成了窦建德的俘虏。窦建德是个在农民起义军中逐渐成长起来的农民领袖。起义后，因为英勇善战，而且在战争中能和士兵同甘共苦，所以得到了起义将士的一致拥护，势力逐渐壮大。并在乐寿（今河北献县）自称长乐王，建立了帝制，国号是"夏"。魏徵被俘后，窦建德早已听说过魏徵的盛名，就任命他为自己夏国的起居舍人（负责记录皇帝言行的官）。武德三年（620年）七月，窦建德和李世民在虎牢关展开了一场恶战。但是窦建德骄傲自大，根本不听取部下正确的意见，与李世民军队在虎牢关采取正面决战的行动，以十万之众对抗李世民的数千骑兵，结果被李世民的骑兵击溃，窦建德本人也被俘获。魏徵乘乱又逃回了关中，回到了长安。

回顾魏徵从隋末加入朋友元宝藏的义军到后来投奔李密的瓦岗军，后又在窦建德的河北起义军呆了一年多的时间，魏徵前后共度过了大约四年的军旅生涯。尤其是后两次在农民起义军中的两年多的活动中，使他对下层民众的要求、疾苦和社会状况都有了更深刻的了解。这段时间虽然不是很长，但对他今后一生的政治思想的形成，都产生了重要的影响。

四易其主　择木而栖

魏徵回到长安后，因为又当了一段农民起义军窦建德的部下，所以当然就更不受重视了。这时李渊的太子李建成看中了魏徵的才学，把他招为自己的幕僚，封了他个太子洗马的职位。这是太子东宫主管经籍图书的一个小官，没有什么实权可言。但是太子是未来皇位的继承人，一旦即位称帝，那东宫的官吏们就都可以沾上光了。所以魏徵对李建成的知遇之恩还是非常感激的。因为是在自己最不得意的时候受到了太子的提拔，认为这次是找到了赏识自己的明主，决心一定要为太子尽忠尽力。

这时宫中为争夺皇位，太子李建成和弟弟李世民之间的斗争已经日趋公开化。魏徵很为太子李建成的地位担忧。因为李建成虽然是李渊的长子，是名正言顺的皇位继承人，但多年深居宫中，帮助其父李渊料理宫中的事务，在反隋的斗争中，从来没有带兵打过仗。而他的弟弟李世民则不同，可谓是马上的将军，从李渊在太原起兵反隋的那一天开始，就率军东征西讨，立下了赫赫战功，在朝中的大臣和将士中享有极高的声望。两者相比，虽然李建成贵为太子，但在朝中的实际地位并不稳固，根本的原因就是李建成没有军功。

于是，在这种情势下，魏徵就给李建成出了巩固地位的一个主意。因为当时正好窦建德的旧部刘黑闼，又在河北一带收复了窦建德的一些散兵游勇，打起了反唐的旗帜。魏徵认为，这正是太子李建成借此立功提高自己威望的大好时机。于是，他向李建成建议说："现在您的弟弟李世民的军功最大，在朝中的威望也最高。而您长年在宫中协助您的父亲处理政事，没有李世民那样显赫的战功，若是您日后称帝，恐怕难以服众。现在窦建德的旧部刘黑闼又纠集了一些残兵败将起兵反唐，他的人数不到一万，且粮草又不充足。虽然他现在收复了窦建德之前占领的一些旧地，但是不堪一击。这是一次非常好的机会，您应该向您的父王请战，去打这一仗，千万不要错过这个好机会啊！"李建成接受了魏徵的建议，向父亲李渊请战，得到准许后，亲自带兵去攻打刘黑闼。在战斗过程中，李建成又接受了魏徵的攻心战术，宣布只惩治首犯，别的人只要投降，一律不再追究。刘黑闼的部队本来就是一个杂牌军，听到这样的话，军心涣散，哪还有什么战斗力。很快，刘黑闼的部队就瓦解了。随后，李建成又听从魏徵的建议，在河北一带安插了自己的亲信，收买了当地的豪强，使他们成为自己日后争权的外援。至此，魏徵的建议取得了圆满的成果。

不久，皇位争权的斗争日趋白热化。三皇子李元吉公开支持太子李建成，两人结成了统一战线，共同对抗李世民。他们彼此之间的矛盾越来越激烈。此时的形势正好比是箭在弦上，一触即发。魏徵也感觉到了太子李建成处境的危险。他多次劝说李建成先下手除掉李世民，这样可保证自己的皇权稳固。但是李建成生性优柔寡断，又碍于兄弟情面，始终没有付诸行动。

高祖武德九年（626年）六月四日，李世民先下手为强，发动了玄武门之变，杀死了太子李建成和支持他的弟弟齐王李元吉，取得了太子的地位。这次宫廷政变对魏徵无疑是一次沉重的打击。

李世民久闻魏徵的大名，知道他经常给李建成出谋划策，而自己也差点被他暗算，于是马上召见他，质问他："你挑拨离间我们兄弟之间的关系，你可知罪？"在这样的危急关头，答错一句话都有可能招来杀身之祸。但已把生死置之度外的魏徵面无惧色，坦然地回答道："如果当初太子李建成听了我的话，又怎么能有今天这样的下场呢？人都是各为其主，我既然忠于我的主人李建成，请问，这有什么过错吗？春秋战国时期的管仲不是还曾射中小白（齐桓公）的带钩吗？"魏徵回答得不卑不亢，句句有理，义正词严，反倒使李世民无法反驳。李世民平素就很钦佩魏徵的才华，现在见他如此率直，引用了管仲辅佐齐桓公称霸的典故，于是马上转变了态度，非但没有处置他，反而任命他为管事主簿（掌管太子文书的官吏）。即位之后，又立即提升魏徵为谏议大夫，专门负责给皇帝提意见。这样，魏徵又踏上了跟随李世民的政治道路。

回顾魏徵这一段坎坷的人生道路，四易其主的政治选择，这其中充满了多少辛酸和无奈。有人曾对魏徵这一段的经历嗤之以鼻，认为他在政治上不能从一而终，但仔细分析，魏徵每一次的选择后，不管当初是自愿的还是被迫，都能忠心耿耿的辅佐他所跟随的主公。这说明魏徵不同于那些在政治上见风使舵的小人，而是一个真性情的人。比如，魏徵在跟随李渊后，得知李密被杀，不避李密曾经反叛李渊，自己参加这样的活动可能会受到牵连的嫌疑，亲自参加了安葬李密的仪式，而且为李密撰写了《唐故邢国公李密墓志铭》，字里行间表现出无限的赤诚之心。又如，玄武门之变，魏徵跟随李世民后，还请求李世民的恩准，厚葬了太子李建成。俗话说得好：良禽择木而栖，人选明主而从。历史并不会因为这些小节而消减了一个人的功绩，客观地来看，魏徵和李世民这一对君臣的组合，用我们今天的话来说，真是黄金搭档，开创出了中国历史上最辉煌的一页——贞观之治。

小试牛刀　得到信任

玄武门兵变后三个月，李渊宣告退位，做起了太上皇。武德九年（公元626年），李世民即位，为唐太宗。李世民上台后，就提拔魏徵担任了谏议大夫一职，这是一个专门向皇帝提意见的官。这个官可不好当，俗话说"伴君如伴虎"，遇到明君还好，若是遇到昏君，谏议大夫的头往往是很难保住的。看来，李世民是非常看重魏徵的，并且李世民是一个年轻的君主，正如他自己常说的，自己是一个马上皇帝，过去常年在外征战，会打天下，但对于治理天下却没有一点经验，所以他也迫切需要一个内行人在国家事务的各个方面能够对他提出监督和忠告。

因为魏徵本来并不是唐太宗的亲信，开始时唐太宗对他还存有戒心。但此后魏徵做了一系列的事情，终于打消了唐太宗对他的疑虑。首先是魏徵帮助李世民巩固了刚成立政权之后颇为不稳的局势。因为当时太子李建成虽然被杀，但他和李元吉在各地的追随者还很多，李世民对此采取了镇压的办法，所以一时间弄得人人自危，为了保全性命，都在商量着找准时机谋反的事情。看到这种情况，魏徵向唐太宗建议道："在这种形势下，您应该不计前嫌，因为这些人群龙无首，也难以形成什么大的气候，您不如对他们网开一面，这样就能把叛乱扼杀在萌芽中了。"唐太宗认为魏徵的话很有道理，就下令对李建成和李元吉的旧部下，一律赦免，不再追究过去的事。并且派魏徵作为特使，到河北一带去安抚李建成和李元吉的旧部。

魏徵临出发的时候，唐太宗授命他可以遇到问题随机应变，自行处理，不用随时向自己汇报，给了魏徵很大的权力。魏徵就带上人，去河北一带执行任务。当到了磁州（今河北磁县）的时候，遇到两辆驶去长安的囚车，看到车中锁着的两个人是李建成的护卫将军李志安和李元吉的护军李思行。原来这两个人自从玄武门兵变后，乘乱从长安逃到了河北，被逮捕准备送到长安治罪的。魏徵看到这种情景，计上心头，就同他的副使李相客商量说："在我们动身出发前，皇上已经下了诏令，对李建成和李元吉的旧部一律赦免，不再追究他们的过错。如果现在又要把李志安和李思行两人押送到长安治他们的罪，那么其他人谁还再相信皇帝的诏令呢，又怎么能安心归顺呢？现在我们虽然是带着皇帝赦免的诏令去招安李建成和李元吉的余部，又有谁会相信呢？我们不如把他们俩放了，不再问罪，让别人都看到我们的诚意，让他们亲身感受到朝廷的宽大政策，在这种情势下，其他人也就会归降了。古的时候，大夫出使，虽然君主不在身边，但只要这件事是对国家有利的，就可以自己做主。况且，我们在出发的时候，皇上给了我们见机行事的权力，我们应该把握机会，妥善处理突发的状况啊！"李相客很同意魏徵的说法，就立即下令释放了李思行等人，并把这件事情汇报给唐太宗，太宗认为他们做得很对。就这样，在唐太宗的大力支持下，魏徵很圆满地完成了安抚河北的任务，稳定了当时的局势，为初唐政治、经济的发展奠定了良好的基础，同时因为这件事处理得很妥当，魏徵更加得到了唐太宗的器重。

俗话说得好"树大招风"，由于魏徵越来越受到唐太宗的信任，朝中的一些别有用心的人非常嫉妒魏徵所得到的恩宠，于是他们开始在唐太宗面前散布魏徵的坏话，说魏徵纵容自己的亲戚为非作歹，应该严惩他。唐太宗并没有偏听偏信，而是委派御史大夫温彦博去查处这件事情。因为这些纯属是诬告，所以根本就查不到任何的真凭实据。但是温彦博仍然向太宗报告说："虽然没有查到任何的证据，但是魏徵作为国家的大臣，就是因为平时不能处处检点自己，避讳嫌疑，所以才受到了别人的诽谤。所以说，他虽然没有包庇自己的亲戚做坏事，但也应该受到责备。"唐太宗认为这种说法也有道理，于是就派温彦博向魏徵提出警告，告诫他要为人处事注意谨慎、检点些，避免招致无谓的言论。

魏徵对此当然非常不满，第二天他就跑去对唐太宗说："我听说过这样一句话，君臣只有彼此以诚相待，才能共同把国家治理好。所以说如果做臣子的置国家大事于不顾，平时只是一味地考虑检点自己行为，避讳嫌疑，讨得君主的欢心，朝中上下如果都这样，国家怎么可能振兴呢？"唐太宗听了，恍然大悟，认为先前支持温彦博的意见不是很妥当，连忙说："你说得很对，我做错了！"魏徵看到唐太宗意识到自己的错误了，当然不会放过任何一个进谏的机会，他又接着说："您希望我做一个良臣，还是希望我做一个忠臣呢？"唐太宗对这样的提问觉得很纳闷，不解地问道："这二者有什么区别吗？"魏徵回答说："良臣辅佐君王，美名传万代，君主也会得到极高的声誉，可谓子孙相传，流芳百世，如周公辅佐成王就是明证；但忠臣辅佐君主，因为直言劝谏，得罪君主被杀身亡，君主也将得到一个昏庸的恶名，国破家灭后，自己只是得到了一个空名。如比干忠言直谏，被商纣王挖心惨死。这就是良臣和忠臣的不同。我希望您能让我做良臣，而不是成为一个忠臣。"魏徵的这番话，掷地有声，表明了自己的政治立场和一心辅政的决心，也进一步消除唐太宗对自己的猜疑，唐太宗终于被魏徵的话打动了，连连称赞魏徵的话很对，并因此赏赐给他绢五百匹。从此，这对彼此信任的君臣开创出初唐的一片大好盛世。

直言进谏　一代诤臣

　　魏徵的直言进谏在当时是非常著名的，据《贞观政要》记载统计，从贞观初年到十七年魏徵病故为止，魏徵曾经五十次向太宗面陈谏议，向太宗呈送奏疏十一件，一生的谏诤多达数十余万言。其次数之多，言辞之激切，态度之坚定，都是其他大臣所难以企及的。这其中涉及政治、经济、赏罚、刑法、对外关系，乃至皇帝私生活等诸多方面。魏徵的进谏一般都能得到唐太宗的鼓励和支持，所以达到了知无不言的程度。正是由于魏徵仕途坎坷，且阅历丰富，对社会问题有着敏锐的洞察力，因而也就造就了他的经国治世之才，且他的为人耿直不阿，遇事无所屈挠，在皇帝面前也敢于说真话，所以对于魏徵的直言进谏，唐太宗曾褒奖他说："爱卿所进谏的事务，多达二百余事，要不是精诚为国，又怎么能做到呢？"不久，迁魏徵任尚书左丞。贞观三年（629 年）加封魏徵为秘书监参知国政，晋封郑国公。这都说明唐太宗对魏徵的进谏是欢迎的。

　　所以说，后世人对这段"魏徵直言敢谏，唐太宗虚心纳谏"的史实极为推崇。正是魏徵坚守为臣之道，从容陈词，数十年如一日的直言劝谏，才使唐太宗在当时百废待兴的基础上开创出良好的政治局面。我们分别从几个方面举几个实例。

　　1、政治上，立场坚定，如果是对的，就一定坚持到底。

　　如武德九年（公元 626 年）十二月，唐太宗刚刚登上皇位不久，为了扩大兵源，颁下诏令，在民间征召十六岁以上的健壮男子入伍。但是魏徵极力反对，因为当时唐朝的法令规定，十八岁的男子才开始服兵役。太宗看到魏徵违抗自己的命令，十分生气，责问魏徵为什么不服从自己的旨意。魏徵说："放干水池去捕鱼，虽然今年得到了鱼，但是明年就再也不能捕到鱼了；烧毁森林去捕野兽，虽然今年捕到了野兽，但是明年就再也不能捕到野兽了。军队的质量不在士兵数量的多少，而在训练质量的高低，如果训练得法，士兵可以以一当十，您又何必为了充数，而把不够年龄的人也拉来当兵呢？您这样做的后果只是会失信于民，您想一下，您刚即位不久，正是需要依靠人民力量的时候，您若一意孤行，以后陛下再发布法令，又有谁会服从您呢？"唐太宗听了很不高兴，反问道："我有什么失信于天下的事？"魏徵举了很多的例子，说明唐太宗即位之后已经办了不少失信于民的事了。终于，在魏徵摆事实、讲道理的苦口劝说下，唐太宗意识到自己这样做的严重性。于是他取消了这个决定，并对魏徵说："我原来以为你总是太顽固，总是说些让朕下不来台的话，但是今天朕听了你的话，觉得很有道理。确实，国家如果政令前后不一，就会使百姓不知所从，那么治理好国家就成了一句空话。"于是立即下令停止征召不满十八岁的男子，并赏赐给魏徵金瓮一口，以示奖励。

　　2、经济上，节约开支，深切关心下层人民疾苦。

　　魏徵在经济上采取的安民政策，主张与民休息。他认为隋朝之所以很快就灭亡了，根本原因是它扰民太多，初唐虽然不如隋朝那样富裕，但社会却很安定，就是与民休息的结果。所以，当唐太宗要花费很多的金钱修建新的宫殿的时候，魏徵上书反对说："人民之所以反对隋炀帝的统治，推翻了隋朝，就是因为这个皇帝整天想着的是如何满足自己的享乐，驱赶天下的百姓为他去修建很多的宫殿台榭，使得大家无法活下去，就共同反对他。现在现有的宫殿亭台，已经足够居住了。如果您没有忘记隋朝灭亡的教训，就应当把大的宫殿毁掉，搬到小的宫殿里去住，这是最好的办法。但如果您舍不得毁掉这些宫殿，就应该住在现有的宫殿里，不要再役使人民去修建什么新的宫殿。如果您一意孤行，不想到天下百姓生活的艰难，不满足旧的宫殿，在此基础上又要扩建新的宫殿，只是追求华丽和享乐，这就会增加百姓的劳役负担，这样做的后果只会重蹈隋朝灭亡的覆辙。"唐太宗听了，很受触动，于是就停止了新宫殿的修建，而是把修建宫殿的材料送到那些遭受到水灾的地方，帮助受灾的农民修建了住房。这些都反映了魏徵的民本思想，确实，只有在经济上真正关心人民，经济繁荣，国家富强，政治才能稳定。

3、赏罚上，要公私分明，才能维护法律的尊严。

魏徵经常说："当给人奖赏的时候，不要忘记那些被疏远的人；当处罚别人的时候，也要做到不包庇与自己很亲的人。在执行赏罚的时候，要以公平为规矩，以仁义为准绳，这样才能让人心服口服。"贞观初年，濮州刺史庞相寿，因为贪污被人告发，要求立刻返还赃款，还因此被解除了刺史的职务。但庞相寿曾经是原来唐太宗秦王府的人，所以他就向唐太宗求情，希望能原谅他。唐太宗很念旧情，派人转告他说："你是我的老部下了，你的为人我很清楚，贪污大概是因为穷的原因吧。现在我再送给你一百匹绢，也恢复你刺史的职位，以后注意不要再贪污了。"从唐太宗的这种处事办法来看，没有做到公私分明，显然是不顾法律而徇私情，这样做的后果是不利于国家法律的顺利执行。魏徵知道这个情况后，就上书反对说："庞相寿因为是您过去的老部下，他犯了贪污罪不但能够逃脱惩罚，而且还得到很多的封赏，这样做是很不合情理的。您过去秦王府的部下很多，如果他们都以此来贪赃枉法，胡作非为，社会任这种情势发展下去，只会使廉洁的官吏感到害怕，造成恶劣的影响。"魏徵分析得头头是道，唐太宗不得不改变了对庞相寿的处理。总之，通过这件事情，表现出魏徵在对待赏罚问题上的态度是，实事求是、公正严明。又如贞观七年（633年）魏徵出任侍中一职时，尚书省积压了一批很长时间都没有得到解决的案件，因为办案的人员意见不统一，所以案件一直都没有处理。唐太宗非常信任魏徵，认为魏徵办事一直以公平著称，就让他去解决这个问题。虽然魏徵对法律常识并不是很熟悉，但是他在审理案件的时候能从案情的事实出发，实事求是地去断案，如果事实不足的就不再追究，予以结案。因为他处理事情根据事实，所以每一个案件都能得到妥善处理，最后结果使大家都很满意。这说明，魏徵办事情没有私心，在执行赏罚的时候能维护法律的尊严，甚至连皇帝的面子也不给，是个很正直的人。

4、刑法上，主张仁义治国，反对严刑峻法。

贞观初年，有人向唐太宗建议，新政权刚刚建立，许多地方叛乱频仍，应该用严刑峻法来治理天下。但魏徵认为不妥，他认为治理好国家不能单单依靠严峻的法律，应该更多的是依靠仁义的力量。因为严峻的刑法只能解决一时的问题，不是长治久安的办法。正如大禹治水一样，不能靠堵，应该是疏导，既要用仁义的方法来教化人民，以此来赢得人心。当然，魏徵反对严刑峻法，并不是抛弃法律，而是主张要正确合理地运用法律。那么如何才算是正确地使用法律呢？魏徵认为，国家的法律是公法，天下的人都要遵守，就是皇帝和皇室的宗亲犯法也不能例外，正所谓"王子犯法，与庶民同罪"。他曾多次向唐太宗进谏，国家一旦制定出了法律，就要依法办事，决不能因为自己是皇帝，就能够随意改动法律，用个人的意愿来代替法律,如果这样的话,法律就失去了公正性,那还有谁会去遵守它呢?

但是唐太宗虽然可以算得上是个明君,但终究不是一个完人。他经常容易感情激动,而根据喜怒哀乐来处罚某个人或是赏赐某个人。他也知道自己这种一时的感情冲动可能造成的严重后果,所以他也是常常嘱咐臣子们要经常不断给他提出来。例如有一次他任命瀛洲刺史卢祖尚改任交州都督,卢祖尚开始同意了,但后来因为某些原因反悔了,就借口自己身体不适向太宗提出不愿意去赴任,太宗多次动员他,卢祖尚仍然不肯。太宗一气之下就把他杀了。太宗过后也很后悔,认为处罚得太重了,没有按法律办事,不符合建国初制定的仁义治国的政策。于是在一次朝会上,当他和大臣们在议论北齐皇帝高洋的时候,魏徵借议论高洋的机会向唐太宗进谏:"北齐的皇帝高洋虽然很残暴,但是当他和别人讨论问题时,即使是部下,也还是能听从他们的意见,这就是高洋的长处。"于是也给了唐太宗一个悔过的机会,太宗乘机说:"卢祖尚坚决不服从朕的调遣,虽然是他的不对,但也罪不至死,我一时生气而杀了他,看来连高洋都不如了。以后任何人要被处以死刑的话,都要多审理几次,朕再审核才可定夺。"这也就是我们常说的死刑复奏制度,指已判决死刑的案件,在执行前再奏请皇帝核准的制度。这种制度开始于隋朝,但是在隋炀帝时未能实施,在初唐,得到唐太宗的改革,由此看来,死刑复奏制度在中国古代确实起到了少杀、慎杀的作用。这也和魏徵的直言劝谏分不开,这些都表明了魏徵反对严刑峻法的一贯主张。

5、对外关系上,妥善处理,不轻易用兵。

魏徵经历了隋朝末年的动乱,深切认识到隋朝灭亡的原因,其中很重要的一条就是隋炀帝多次发动对外战争。隋炀帝曾三次对高丽用兵,动用和耗费了大量的人力、物力和财力,给天下百姓造成了深重的灾难,也招致了人民的暴动,最后被人民所推翻。这个教训对于唐太宗和魏徵等人,都是非常深刻的。在贞观初年,一个新的王朝刚刚建立,正处于内忧外患之中,这个时候如果在对外关系上处理不当,就可能使已经十分衰败的国内经济,遭受到更大的破坏。所以,在对外关系上,魏徵等人一直坚持的原则是"中国既安,四夷自服",说的是,要务求自己国家的内部安定团结,只有本国强大了,周边的国家才能臣服来朝。所以在这个原则指导下,魏徵向太宗进谏,要妥善处理与周边各国的关系,提倡相互间在经济和文化等方面的交流,正确化解彼此之间的矛盾,不要轻易动用武力。在一些具体事件的处理上,魏徵也一直是秉承这样的原则。如在对外交往中,有一次当唐太宗派去西突厥立乙毗沙钵罗为可汗的使者还没有回来,就又派出了进行马匹交易的使者,魏徵认为这样做有点重利轻义,好像唐朝把马匹交易看得比立可汗还要重要,这样虽然在贸易上获利了,但却已经失去了道义。魏徵主张在处理对外关系时,一定要讲德、重义,不要一味追求利益。唐太宗意识到了自己的错误,马上召回了进行马匹交易的使者。

6、皇帝私生活上,让唐太宗时刻牢记前朝灭亡的教训,约束自己的行为。

唐太宗经常对自己身边的人说:"人们如果想要看到自己的容貌,必须要借助于明亮的镜子;君王要了解自己的过失,必须依靠直言的谏臣。"所以在皇帝的私生活这个方面,魏徵也常常对唐太宗的一些不当的行为当面指出批评,并力劝他改正,唐太宗对他颇为敬畏,虽然当时可能有些恼怒,但在魏徵充分的说理下,都能心服口服,最后接受魏徵的谏言。

如贞观二年(628年),魏徵当时担任秘书监,并参掌朝政。不久,长孙皇后听说有一位姓郑的官员家里有一位年仅十六七岁的女儿,才貌双全,京城之内,再也找不出第二个那样出众的女子。就把这个消息告诉了太宗,请求将其纳入宫中。唐太宗就下诏将这一女子聘为妃子。但是这件事被魏徵知道了,本来这事属于皇帝的私生活,魏徵作为一个朝廷命官,做好自己本职工作就可以,完全可以无须过问,但是魏徵听说这位女子已经许配给城中的一个姓陆的人家,便立即入宫向太宗进谏:"陛下您现在是天下百姓的父母,应当抚爱百姓,为他们的忧愁而忧愁,为他们的快乐而感到快乐。当您居住在华丽的宫室台榭之中,就应该想到的是天下的百姓是否都有房子住;当您品尝着人间的山珍海味时,您应该想到的是天下的百姓是否还在忍饥受冻;当您后宫的嫔妃围绕在您身边的时候,您也要想到百姓家是否享有夫妻间的欢乐呢。现在姓郑的官员家的那个女孩子听说早已经许配给陆家了,陛下您没有详细的查问,就要把那个女子纳入宫中,如果这件事情传出去,这难道符合您作为天下百姓父母的身份吗?"太宗听到了这样的话,非常吃惊,马上表示对此事情确实没有调查清楚,深表内疚,决定立刻收回成命。但是房玄龄等人却认为魏徵所说的郑家女孩许配其他人家的事情是假的,力劝太宗不要更改诏令。这时,陆家的人也赶忙派人递上表章,说明自己和郑家以前虽然有一些钱财上的往来,但并没有儿女定亲的事情。唐太宗此时不知该听谁的了,就召来魏徵询问。魏徵直截了当地说:"陆家现在之所以否认这件事情,是畏惧皇上您的权势,他们害怕您日后会借口这件事情来加害他们家,所以不敢承认。这里面的原因明眼人一看便知,所以他们会这样说就不足为怪了。"太宗听后,恍然大悟,便驳回了房玄龄等人的上书,坚决地收回了诏令。

又如贞观六年,经过一段时间与民休息政策的实行,生产恢复了,经济形势明显好转,这时有的大臣就认为天下太平,鼓励唐太宗去泰山封禅,借以炫耀皇上的功德和彰显国家的富强。但是只有魏徵反对,唐太宗大惑不解,也对魏徵的劝阻行为有些恼火,就质问魏徵:"你不主张朕到泰山去进行封禅,是不是认为我的功劳不够高,德行不够普泽天下,国家不够安定,周边的外族不够臣服,天下的百姓不够安居乐业吗?"魏徵对这样的责问,一点也不胆怯,回答说:"陛下您的功劳虽然很大,但是天下的百姓受到的益处还不是很多。自从隋末天下大乱,到现在天下损失的户口也没有完全恢复,国库还很空虚,这个时候您驾车冬巡,随从一定过万,这样浩浩荡荡的人马,要受到沿途官员的接待,开支一定很巨大,这样所经之处的百姓在经过战乱之后,哪里承受得了。况且您到泰山举行封禅仪式,必然会有很多国家都会来此聚集,远方来的国君也一定会有随从人马。但是陛下您现在看看如今的中原一带,饱经战乱,人烟稀少,灌木丛生,那些万国的使者和远方的君主看到我大唐帝国如此虚弱,能不产生轻视的心吗?如果您对他们的赏赐不周,就不会满足这些远人的欲望;如果您为此减免百姓的赋役,也无法减轻人民的痛苦。所以,请您设想一下,这样一件只是为了赚得虚名却要深受其害的事情,您为什么要去做呢?"唐太宗听了魏徵的话,觉得有道理,就决定不去封禅了。

从这两件事上,可以看出唐太宗是非常看重魏徵的谏言的。正是因为魏徵能够屡次犯颜直谏,即使太宗在大怒的时候,只要是对的,他也敢坚持自己的道理,厉言劝谏,从不退让,所以,唐太宗有时也会对他产生敬畏之心。史书上记载了这样一件事情,有一次,唐太宗想要去秦岭山中打猎取乐,行装都已准备好了,但却迟迟没有动身。后来，魏徵偶尔问到了这件事情，太宗笑着说："我当初是准备去了，但是害怕你又要直言进谏，所以很快又打消了这个念头。"还有一次，太宗得到了一只上好的鹞鹰，正把它放在自己的肩膀上，开心地把玩，很是得意。但当他看见魏徵远远地向他走来时，便赶紧把鸟藏在怀中。魏徵假装没有看见，故意在禀告事情的时候拖延时间，太宗也不敢把那只鹞鹰拿出来，最后，致使鹞鹰闷死在怀中。

但并不是每一次进谏，唐太宗都能欣然接受，有的时候，唐太宗会被魏徵批驳得很恼火，觉得面子上过不去，十分痛恨魏徵。有一次，唐太宗心血来潮，带着一大群身边的随从，想要到郊外去狩猎，正要出宫门时，迎面遇上了进宫的魏徵。魏徵看到大队人马，不知道太宗要去哪。待问明情况后，当即对唐太宗进言道："现在正值仲春时节，万物复苏，正是草木生长，飞禽走兽们哺育幼崽的时候，这个时候不适宜去狩猎。请您还是返回去吧。"唐太宗当时玩兴正浓，听了魏徵的话，好似当头被浇了一头冷水，兴致大减，心想：我是一个拥有天下的堂堂大唐天子，整日操劳国事，偶尔闲暇的时候出去消遣一次，就是打一些哺幼的禽兽又怎么样呢？所以，根本就不把魏徵的话放在心上。唐太宗命令魏徵给自己闪到一边，自己仍然坚持出游，但魏徵很顽固，就是不肯妥协，站在路中央挡住唐太宗的去路，坚决不让唐太宗带人去出游。唐太宗气愤至极，下马气冲冲地返回宫中。

唐太宗回到了宫中，见到了长孙皇后，对刚才发生的事情仍然非常生气，嘴里念念不休。长孙皇后很纳闷，不知道发生了什么事情，唐太宗就把魏徵不让他出游的事告诉了长孙皇后，并且嘟囔着说："魏徵这个老顽固，朕日后一定要杀掉，才能一泄朕的心头之恨！"长孙皇后听到这里，眉头一皱，计上心来。她悄悄地回到内室穿戴上正规场合才穿的礼服，然后庄重地来到唐太宗面前，向太宗施行大礼，口中直称："恭祝陛下，贺喜陛下！"长孙皇后的这个举动让唐太宗很是惊奇，也不知道她葫芦里究竟卖的是什么药，因而吃惊地问道："皇后什么事情要这样隆重呢？"长孙皇后一本正经地回答说："依臣妾所见，现在魏徵敢于在陛下面前这样仗理直言，从中可以看出您是一个圣明的君主。所以，我要恭喜您啊。"唐太宗听了一愣，转念一想皇后说得很有道理，于是就平息了怒气，原谅了魏徵。此事过后，长孙皇后还私下里赏赐给了魏徵很多的东西，赞赏了他的所作所为。

从以上列举的事例中可以看出，魏徵性格耿直的一面，不畏权势，敢于在皇帝面前说出自己真实的想法，不顾及皇帝的面子，忠言直谏，完全是从国家的大局出发，考虑的是天下百姓的利益，在很多的事情上能给唐太宗很好的指导，成为唐太宗治理天下不可或缺的良师。

以史为镜　编纂史书

中国自古就有盛世修史的传统，主要的原因就是想要当朝的统治者通过研究古今的历史，从中找出治理天下的经验。唐太宗历经隋朝的战乱，亲眼目睹隋朝灭亡的历史过程，所以在建国伊始，非常重视总结历史经验和教训，在太宗的支持和推动下，魏徵也以总结历史教训为目的，特别是总结隋亡的教训为出发点，参加进行了一些史书的编纂工作。其实，唐朝从唐高祖李渊开始，就很注意对前朝历史的编纂工作了。所以早在武德四年（621年），当时全国还没有统一，令狐德棻向高祖建议："近代没有正史可言，梁、陈、齐三代的史书尚且可以有据可循，但是到了北周、隋朝，史实多有失传。现在因为前后相隔的年代还不是很久远，所以在编写史书的时候还是有所根据的，但是如果在经过几次改朝换代后，史实很有可能就湮灭了。不好再恢复和整理。陛下您现在所从事改朝换代的大业，尤其应该为前代修史，这样您的功绩才可能更好地流传下去。"李渊接受了令狐德棻的建议，下诏撰修梁、陈、齐、周、隋、魏六朝的历史，但是因为当时修史的条件还不具备，所以没有能在武德年间完成。唐太宗即位后，贞观三年（公元 629 年），重新对修史进行了部署，除《魏书》不再重新修订外，其他五朝史重修。传令下去，一开始由尚书左仆射房玄龄总监各位修史的官员，但因房玄龄是宰相，事情较多，没有更多的时间过问修史的事，所以唐太宗后来又任命魏徵为实际的总监。后来历史上对魏徵修史的成就有个定位，评价他是中国历史上监修正史最多的史学家。

魏徵编纂《隋书》目的非常明确，就是能让唐太宗以及后世的帝王能够"以古为镜，可以知兴替"，通过隋朝的灭亡来提醒唐太宗吸取教训，励精图治，为新朝的建立提供可资借鉴的经验。魏徵更是明确地提出"取鉴于亡国"的编书原则，要从前代的"危""乱""亡"的教训中求得本朝"安""治""存"。一组反义词，透露出魏徵是一位关心国家兴亡的忠臣。

因为隋代是个短命的王朝，只经历了两代帝王，所以还没有来得及完成修史的工作。魏徵在主修《隋书》前，已有王劭写的《隋史》十八卷和王胄的《大业起居注》，但王劭的书没有一定的体例，编排散乱，再加上王胄的《起居注》又在隋末战火中散失很多，所以不够完整，因此可供魏徵参考使用的资料并不多。但因为两个朝代相隔的时间不是很久远，魏徵就经常到民间去亲自访问那些隋朝的遗老，去收集在民间散落的一些纪录当时史实的只言片语。如孙思邈对以往的历史很了解，对很多事还记得很清楚，魏徵就曾几次拜访他，从他那里得到很多第一手的宝贵材料。此外，他还很重视私人家传的收集和研究工作，从中也弥补了官撰史书的不足。

我们常说，文如其人，《隋书》的主编魏徵为人耿直，个性刚正不阿，所以他所主编的这部史书，较少曲笔。如魏徵评价隋文帝时，说文帝性格刻薄专断，平时不喜欢读诗书，懂得道理很少。又说隋炀帝懂得处处掩饰自己，博得父王的欢心，但品质恶劣，最后杀父淫母，剿灭自己同胞骨肉，残害忠良，犯下了滔天罪行。这些情况，魏徵并没有因为这两个人是至高无上的帝王就有所回避，而是照实写来，不加隐讳。其次，《隋书》中的序和论，齐、梁、陈书中的总论，都是魏徵亲自撰写的。这些短论都是总结和评论历史得失的精辟语言，集中反映了魏徵的民本思想，魏徵重视人民群众在历史中的作用，以进步的眼光看待历史，就能比较深刻地揭示出历代王朝特别是隋亡的政治和经济原因，这些都是很有价值的历史论述。最后，《隋书》中保存了大量的政治、经济以及科技文化的原始资料。总之，《隋书》五十五卷在"二十四史"中是比较好的一部断代史。

贞观十年（公元 636 年）正月，历经七年，五部史书同时修成，由房玄龄和魏徵共同署名，上呈给唐太宗。唐太宗对他们能在这么短的时间内，完成对五个朝代历史的编纂工作，十分满意，对参与编书的人员都有嘉奖。魏徵因为担任总监，所以得到的赏赐特别丰厚，唐太宗又加封他为光禄大夫，晋爵郑国公。

居安思危　戒骄戒躁

唐建立后,经过一段时间的发展,国家安定,人民乐业,唐太宗开始逐渐流露出居功自傲的苗头。魏徵看到这个情况,就借着和唐太宗等人讨论创业与守业之难时说:"历史上的任何一个帝王刚建立一个新的王朝的时候,都能赢得百姓们拥戴,所以创业相对容易。但是当创立政权时间一长,由于当权者骄傲自大,百姓想要安静过日子,国家却使他们的徭役不断,这时百姓又受到新的压迫,于是,国家又将衰败下去,又会有新的祸患产生。从这个角度讲,还是守业更难一些。"虽然这里,魏徵对出生入死的创业之难轻描淡写,但分析守成之难却是一针见血的。

魏徵针对这种情况,进一步提出,要守成帝业,使国家能够长治久安,最重要的就是做到居安思危。贞观五年,当太宗与群臣闲谈时说到,现在国内相安无事,周边的外族纷纷来臣服大唐,但自己仍然是非常谨慎,害怕不能把这个局势保持下去。但是魏徵却又开始唱反调,说:"看到现在国内外一片升平的景象,我并不认为这是您的喜事。我认为,您能在安定的环境中经常警惕祸患来临,这才是真正值得可喜的事情。"魏徵分析得非常对,因为历史上有很多这样的典故,许多帝王都是居安忘危,沉浸在成功中,所以才导致了亡国的后果。魏徵能够在一片平和中看到危险的存在,显现出魏徵政治眼光的敏锐。

因为抱定了居安思危的思想,所以魏徵特别留意观察太宗在政治上和思想上的变化,及时提醒他注意。我们都知道《诗经》上有这样一句话"靡不有初,鲜克有终",说的是,做人、做事、做官没有人不是好好地开始的,但很少有人能够好好地坚持到结束,这表明了很多人做事情常常虎头蛇尾、半途而废。魏徵作为皇帝身边的大臣,是太宗最信任的官员之一,最担心的就是太宗不能把辛苦开创的大唐基业坚持下去。所以,在很多的场合中,魏徵总是给太宗毫不客气地提醒。

如贞观六年(公元 632 年),太宗询问左右的大臣近来政事如何时,魏徵坦言,如今的政事不如贞观之初了。唐太宗让魏徵说明原因,魏徵说:"在贞观之初,陛下您能做到凡事节俭,虚心向属下纳谏。但是现在进谏的人好像是比以前少了。"太宗听了心悦诚服,表示惭愧。

贞观十一年(637 年)五月,魏徵呈上《谏太宗十思疏》,说:"您现在对待政事的态度不如您当初开创基业时积极奋进了,您现在听到意见后改正错误的次数也少于过去了,而且您对下属的责罚明显增多,您也越来越威严,总是爱发怒了。您知道这是为什么吗? 这是因为您以前总是为不知该如何治理好国家而感到忧愁,所以您总是抱着虚心学习的态度;但现在您看到天下太平,所以您的关注点转变了,当然态度也就跟着变了。"接着,魏徵列举了很多太宗勉强从谏的事例,说明现在很多状况都与贞观之初太宗从谏如流的作风大不一样了。对于魏徵这样的当面批评,太宗非但没有生气,而是表扬他:"这样的话也就是你魏徵敢说罢了。"后人评价说,魏徵基本实现了他写这篇奏疏的初衷,遏制了唐太宗骄傲自满情绪的滋长。这足以说明魏徵对唐太宗李世民的影响力。

贞观十三年(公元 639 年)五月,魏徵再一次全面、系统地总结了政事不如贞观之初的事实,上奏太宗,这就是著名的《十渐不克终疏》。上文的《谏太宗十思疏》和这篇《十渐不克终疏》被历代史家赞颂为"千古金鉴"和"万世师表"。

疏文批评了唐太宗日渐增长的骄满的情绪，辞强理直，淋漓尽致。魏徵在疏中列举了太宗搜寻良马和珍宝、劳役百姓、亲近小人、疏远君子、崇尚奢靡、濒于打猎游乐、对周边国家无事兴兵、使百姓疲于徭役等不克终十渐，再次提醒太宗要善始善终。唐太宗看了奏疏后，欣然接纳，感慨地对魏徵说："我现在知道自己错了，我要改正，一定会听从你说的正确的道理，如果知错不改的话，我还有什么面目见你呢？我要把你的奏疏写在屏风上，以便我早晚都能看得到。我还要把它抄写给史官，使后世的人都明白君臣相处的道理，了解到你的一片苦心。"并赏赐给魏徵黄金十斤，宫中良马二匹。后人于是就把写有这份奏章的屏风称作"戒奢屏"。

积劳成疾　与世长辞

贞观十七年（公元 643 年）正月，魏徵因为常年的辛苦，终于染病，卧床不起。唐太宗亲自下手谕慰问，并说："几天没有得到你的监督，朕又犯了一些新的错误。今天本想亲自去你的处所探望你，但是害怕增加你的劳顿。你要是对朕有了什么好的建议，可以给朕捎个口信带进宫。"魏徵病榻之上，不顾疾病缠身，又给太宗提了一些意见，对太宗近来言行不一的做法提出了批评。太宗对魏徵带病还关心着国家的大业非常感动。这时，唐太宗知道魏徵平素为官清正，生活简朴，家里连正厅也没有，就停止了给自己正在修建的一座便殿，把建筑材料拨给魏徵，用五天的工夫就给魏徵修起了正厅。建成之后，又根据魏徵的喜好，赐给他白色的屏风和被褥、几、杖等家里常用的器物。但魏徵的病始终没有起色，唐太宗就不断地派人给他送药品和食物，并派专人到他家守护，随时把病情报告给自己。

后来，唐太宗还亲自两次到魏徵家探望。第二次还带上了太子和衡山公主，魏徵看到唐太宗亲自来看他，勉强在床上披着朝服，强拖着病体拜见了太宗。唐太宗悲伤地安慰他好好养病，流着眼泪问他还有什么要求。魏徵说："我不发愁别的小事，只是担忧国家的兴亡啊！"唐太宗看到魏徵都病成这个样子了，还关心着国家大事，鼻子一酸，又流下泪来，这时唐太宗拉着衡山公主对魏徵说："你再勉强看一眼你的新儿媳吧！"可是，魏徵这时已经没有答谢之力了。当天夜里，唐太宗梦见了魏徵，神色与平时一样，太宗不觉从梦中惊醒。可是第二天早晨，魏徵就与世长辞了，终年六十四岁。唐太宗亲自到魏徵家里吊唁，哭得非常悲伤。为了表示哀悼，唐太宗命令罢朝五天，并命令文武百官都去参加魏徵的丧仪。还赠魏徵为司空、相州都督，陪葬在昭陵。唐太宗对魏徵这样高的礼遇，表达出二人不同寻常的感情。但是，在临发丧的时候，魏徵的妻子裴氏照魏徵的凤愿，上书给唐太宗："魏徵生前素来节俭，现在按一品官的礼节安葬他，仪仗这么隆重，恐怕不合他的心意。"唐太宗同意了，于是改用白木制的车子和白布缝的车帷来送葬。唐太宗悲痛之余，登上御苑中的西楼，望着魏徵的灵柩西去，放声痛哭。太宗还亲自为魏徵撰写了碑文，表达了对魏徵的思念之情。

魏徵死后，唐太宗每次想到魏徵都非常伤心，经常对大臣们说："人们用铜做镜子，可以端正衣冠；用历史作镜子，可以知道历史的兴衰；用人来做镜子，可以了解自己的得失。今天魏徵死了，朕失去了一面镜子啊！"唐太宗把魏徵看作是了解自己得失的最好的一面镜子，所以他认为魏徵的死对他是一个很大的损失。确实如此，从魏徵跟随太宗的那一天起，就担任起辅佐太宗的重任，可以说是太宗的良师，更是诤友，所以唐太宗对魏徵的这一评价，应当说是相当公正的。

后来，唐太宗在论定功臣的时候，还在凌烟阁内让人画了魏徵等二十四个功臣的肖像，给了魏徵很高的待遇。有一次，唐太宗又来到凌烟阁，望着魏徵的画像思绪万千，于是吟诗道："劲条逢霜摧美质，台星失位夭良臣。唯当掩泣云台上，空对余形无复人。"字里行间流露出对魏徵的怀念。

但是，唐太宗对魏徵的这种特殊礼遇，引起了某些人的妒忌，他们就想方设法编造出各种流言蜚语，贬低魏徵，试图挑拨唐太宗和魏徵的关系。当时经魏徵举荐入相的杜正伦、侯君集两人因为牵连到太子承乾事件，一个被流放，一个下狱被杀。这时有人借机攻击，说魏徵推荐他们二人，是因为魏徵和他们结为朋党，并不是因为这两个人有真才实学，魏徵这样做纯粹是为了牟取私利。又有人说魏徵曾经将先前进谏唐太宗的奏章抄录给史官褚遂良，是为了使自己名扬千古，但却宣扬了君主的错误。太宗信以为真，很不满意，终止了衡山公主与魏徵的儿子魏叔玉的婚事，还下令毁掉了自己给魏徵写的碑文。自此，魏徵的家族也开始衰败下来。直到贞观十九年（公元 645 年），太宗御驾亲征攻打高丽，由于受到强烈的抵抗，且气候突然转冷，粮草供应不上，唐太宗被迫率军撤回，这次战役，唐军惨败，战士死伤数千人，战马损失十分之七八。唐太宗在回朝的路上，非常悔恨这次行动，这时他突然想起了魏徵，不禁慨然叹息说："要是魏徵还活着，他一定会竭力劝阻朕的。朕也就不会有这次失败了。"于是，他马上命人以少宰的礼节去祭祀魏徵的坟墓，又重新立起先前推倒的纪念碑。

综观魏徵的一生，仕途坎坷，起起落落，在四易其主的过程中终于遇到了他的知遇之主——唐太宗李世民。两人精诚合作，一个忠言直谏，一个虚心纳谏，开创出唐朝辉煌的贞观之治的局面。虽然，魏徵和唐太宗之间也产生过摩擦和误会，但总的说来是合作得比较好的君臣典型，所以唐太宗也一直把魏徵当作恩师来看待，听从魏徵的教诲，在魏徵的生前和身后都给了他很高的礼遇，虽然中间出现了一些波折，但从结果看还是好的。从两人多年的合作中，表现出了二人超越君臣的特殊的感情，对此，后人也给予了很高的评价。

房玄龄:忠诚谦和　雄才大略

【人物档案】

姓名:房玄龄

别名:房梁公、房太尉。生卒:579年~648年

字号:字玄龄(另说"字乔")

朝代:唐朝

职务:中书令、尚书左仆射、司空等。

籍贯:齐州临淄(今山东淄博东北,一说今山东章丘)人。

谥号:文昭

主要成就:凌烟阁二十四功臣之一,厘订典制。

房玄龄

【枭雄本色】

在中国封建社会,整个国家的命运是掌握在皇帝的手中的,但"人非圣贤,孰能无过",皇帝并不是完美的人,甚至还有一些是昏庸愚昧的国君。所以就必须有一些人要承担"佐君主、成大业"的重任。这个人主要是帮助国君治理国家,这就要求他不仅要有高深的学识能运筹帷幄之中,决胜千里之外,而且要有高尚的人格,忠于自己的国君,尽心尽力为国家和人民谋求发展。在我国历史上就曾经涌现出过许多优秀的"名臣",与杜如晦并称为"房谋杜断"的名相房玄龄就是其中之一。他是唐太宗的得力助手,不仅出谋划策帮助唐太宗打下了江山,而且为"贞观之治"盛事的出现立下了汗马功劳。他在人格上更是一个杰出的榜样,无论是对君主的忠诚——尽心竭力,还是对父母的孝顺——诚心之至,都为后人做出了一个表率。

【风云叱咤】

少年有为　帝师之才

房玄龄(579年~648年),字乔,生于北周宣帝大成元八年(579年),原为齐州

临淄(今山东淄博东)人。房玄龄出生在书香门第,曾祖和祖父都分别为北魏、北齐的朝廷献过力。而其父房彦谦则是魏、齐间山东著名学者,房玄龄的父亲在学术上有自己的一套见解,而且经常与当时有名的学者进行交流,所结交的朋友也都是"一时知名雅澹之士"。如当时的著名学者王邵、李纲、柳或等。其中隋代著名文学家薛道衡,也是其父的一位至交。薛道衡因敬重房彦谦的为人和做学问的精神,经常和他一起讨论问题,两人结下了深刻的友谊。每次薛道衡出差经过房彦谦的住处,都会留住数日,与之一起探讨问题、谈诗作辞,总是十分愉快,临走时依依惜别,甚至两人都会涕泪相送,相约下次再见。房玄龄的父亲不仅在学术上成就丰厚,而且在政治上也有自己独到的想法,他曾连任北齐和隋朝的中级地方官吏,尽管对官场的斗争厌倦,但迫于隋王朝的压力不得不接受任命,虽然做官非他的本意,但他依然有自己的原则,为官期间一直善待百姓,实行善政,希望可以造福百姓,为百姓多谋求利益,以致被当地人民"号为慈父";其父刚正不阿,决不奉承权贵,对那些对国家人民不利的事情直言不讳。曾经尖锐地向当时权重一时的宰相高颖和负责宫廷建筑的张衡提出:对吏治要严于管理;对"穷极侈丽"的建筑,要立刻停止。房彦谦对政治有很强的敏感,很早就预感到了隋朝的覆灭。他曾经对朋友说:隋炀帝生性多忌刻,不愿听取别人的意见,而且施行的是苛刻残酷的政策。不要看现在天下平静安宁,日后必会出现亡国的危机。

这就是房玄龄成长的环境,在这样儒雅的环境里,房玄龄从小就耳濡目染,潜移默化中继承了其父的许多优良作风,而且自幼其父就对其进行严格的教育。年纪轻轻的他就已经写得一手好字。不仅字写得好,而且房玄龄还广泛地阅读书籍,精通儒家经书,并且写得一手好文章。写文章一向都是信手拈来,洋洋洒洒几万字,在当时被人们誉为少年全才。而且少年的房玄龄就已显露出了他强烈的政治敏感。房玄龄少年时隋朝还处在安康的局面里,国家还很兴旺。从表面上看天下安康,百姓安居乐业,并没有危及国家的安全,大家都认为国家可以将这种安康的局面持续下去做到"国祚方永"。但青年的房玄龄却早就意识到了统治者的昏庸无能,并预言了隋朝的覆灭。在房玄龄青年时也就是在隋朝末年,房玄龄和父亲来到了当时的京城,当时的京城四处一派繁华昌盛的景象,百姓们也都认为国家很强大、昌盛,生活很安详平和。然而年纪尚轻的房玄龄却对其父说:"现在的隋朝本来就没有做出公德来,只不过欺骗百姓,现在又在皇位方面互相倾夺(指隋炀帝与其兄杨勇、弟杨谅之间争夺皇位),贵族们只注重在生活奢侈上攀比。这样的王朝终归要矛盾百出,内部争权夺利,最终会走向灭亡之路。而且这种局面马上就会来到了。"从言语中我们就能看出,房玄龄透过了当时的太平盛世看到了统治者的昏庸,看到了国家潜藏的危机。但其父听到房玄龄的话还是十分吃惊,一来害怕不谙世事的儿子口出狂言,惹祸上身。二来是不曾想房玄龄小小年纪竟然能有如此眼界,不禁在心中暗暗为房玄龄观察时事之精微而感到惊喜。年少的房玄龄不仅表现出了惊人的才华,而且为人的品格也已经很优秀了,从对其父的孝顺上就可见一斑。房玄龄和其父从京城回来不久,其父就患了重病。在其父患病的十余月,房玄龄寸步不离地守在父亲床边,将自己所有的精力都用在照顾父亲的饮食起居和用药上,甚至在这期间房玄龄都未曾脱过衣服,但却从未听他说过一声累或抱怨过任何一句话。但孝不敌病,其父的病情还是一日一日地加深,没有丝毫减轻的征兆,最后其父终因不治,撒手而去。房玄龄极度伤心,几天几夜不食不眠。从中可以看到他的孝心。他不仅对自己的亲生父母行孝道,而且他对继母也是如此,史称对继母

"恭谨过人",继母病了,请医生过来为其诊治,每次迎接大夫房玄龄都垂泪哭泣,到后来继母病死,房玄龄更是伤心不已,到了不思饮食、骨瘦如柴的程度。房玄龄这样的人品和学识在当时就为人们所赏识和赞美。主管人事的隋朝吏部侍郎高孝基对人评价他说:"我看人多了,从来未见到这样的年轻人,他将来一定会成为了不起的人。"

走上仕途　投明弃暗

带着众人的赞誉,房玄龄十八岁时,被本州推举为进士,朝廷授予羽骑尉(羽骑尉,是校尉名,隋唐时增设该官职)的官职。虽然被朝廷任命,但房玄龄早就看到了其中的弊端。所以炀帝大业十三年(617年),李渊在太原起兵,李世民被派到渭北攻打隋军。房玄龄早就听说李世民骁勇善战,自小便文韬武略样样精通,而且喜欢有学识的人才。早就厌倦了隋王朝的房玄龄,认为这是一个脱离隋王朝的好时机。这时正任为隋隰城(今山西汾阳)尉的房玄龄,终于"杖策谒于军门",毅然脱离了隋王朝。当时李世民"徇兵渭北",主要指泾阳(今陕西泾阳)、云阳(今陕西三原西)、武功(今陕西武功西北)一带,这一地区离隰城距离约有七八百里之遥。房玄龄是徒步追寻李世民的,为了能够加入他的军队付出了相当大的辛苦。终于在李世民攻占渭水北边的土地时,房玄龄到军门求见,向李世民毛遂自荐。李世民与房玄龄一见如故,双方都感觉像是遇见了知己。而且当时著名的文学家温彦博也在李世民的旗下,他对房玄龄的才华早有耳闻,所以也向李世民大力推荐他,最终李世民让他代理渭北道行军记室参军。一员猛将,如果遇到了赏识自己的主人,又有让自己施展才华的战场,当然会全力以赴、用尽心力地打拼。

正如房玄龄所预言的,由于隋末炀帝的苛酷暴政,压榨百姓供己享乐,使得民不聊生,怨声载道。李世民不忍心看见百姓身处痛苦中,于是力劝李渊起兵推翻暴政,最后终于在儿子——建成、李世民的协助下灭了隋朝。炀帝大业十四年(618年)五月李渊在长安灭隋建立了新朝代,国号唐。李世民被封为秦王,房玄龄就开始了在秦王府对李世民的十年辅佐。

秦府十年　助主称帝

房玄龄自从开始跟随李世民,就开始将自己所有的心思放在了辅佐李世民上。很快他的才能就展露了出来,他时时处处都以自己的团队利益为重,比其他的文臣武将思想更为深刻,更有着政治眼光,看得远、想得全面。比如,在李世民攻打隋朝建立唐朝的战争中,每打胜一处,众人都只想着要分金银财宝,无人考虑被俘人员的去留,更没人去想在其中选拔人才以备以后治国之用。唯独房玄龄考虑到了这一点。他考虑要将其中的谋臣猛将召集在李世民的旗下,共谋发展。所以房玄龄在这一过程中,有意结交了许多有才能的谋臣猛将为友,结成了一派很大的势力。这就等于为李世民招贤纳士、搜罗人才。而与房玄龄齐名的杜如晦,就是由房玄龄发现并努力保护其留下的,最终成为股肱之臣。

杜如晦,字克明,京兆杜陵人。其祖父杜果官至隋朝工部尚书,其父杜咤为隋朝昌州长史。杜如晦与房玄龄一样出自书香门第,自幼聪慧,喜好文学历史,也是一个很有见解的人才。隋炀帝大业年间曾作为一个小官的候补官员,但不久也就辞官回乡了。李世民平定京城时,发现了他的才华,引为秦王府兵曹参军。但唐建国之后李建成看到秦王李世民府中聚集了太多优秀的人才,怕日后其中有人会对他自己不利,就假借各种原因,将秦王手下的许多人才调离秦府,而杜如晦也是其中之一。就在这时房玄龄对李世民讲:"府僚去者虽多,不足惜也。杜如晦聪明识达,王佐之才。大王您如果想经营天下,非此人不可!"房玄龄虽未明确要李世民将杜如晦留下,但向李世民讲出了杜如晦的重要。李世民这才意识到问题的严重,感激地对房玄龄说:"你不说,我几乎失去了这个人才",于是忙把已经调离的杜如晦追回,召回之后李世民立即开始重用杜如晦,将其作为自己的心腹谋臣。而杜如晦也的确不负众望,在日后辅佐李世民的过程中,屡建奇功。包括:在平定薛仁果、刘武周、王世充、窦建德的战争过程中,杜如晦作为李世民高参,对军旅戎事剖断如流,深为时人敬服。在"玄武门"之变中杜如晦虽然被外调,但悄悄潜回秦府帮助秦王出谋划策与房玄龄功德相当。

在随同秦王李世民扫平割据的过程中,房玄龄一路上还注意收集隋朝留下来的书籍和典章,为日后治国时做参考。《旧唐书·太宗纪》曰:李世民攻下王世充、段达等盘踞的洛阳,房玄龄当即想到要把隋王朝留下的图籍保存起来,以备将来治国之用。

随着李渊称帝,李世民被封为秦王,房玄龄升任为秦王府记室,被封为临淄侯。这样一来房玄龄的工作就越来越繁重了,而且由于他谨慎的工作作风,加之他对秦府事务最为了解,所以事无巨细,他都要管,尤其是军事和政治文书,最后都要他圈定。但房玄龄依然将政务处理得有条不紊,其中更有不少出色之处。如:一些军事文书和上奏给唐高祖的重要文件,房玄龄都是即兴完成的,但文章一点也不粗糙,相反文采优美,条理清楚,堪称佳作。史称他"在秦府十余年,掌典管记,每军书表奏,驻马立成,文约理瞻,初无稿草"。这样的能力就是房玄龄在随秦王南征北战中练就的。

唐王朝建立以后,由于次子李世民在与隋军的战争中,表现出色,李渊给予了李世民很多特殊的权力,包括:加号为"天策上将",李世民的"天策府"可以自署官吏。这些权力使"天策府"实际上独立形成了一个"王国"。这样一来被册封为太子但一直嫉妒弟弟战功和地位的李建成和皇弟李元吉(李渊四子)对李世民的势力产生了很大的疑虑,再加上李渊的后宫嫔妃因索要金银珠宝不遂而对李世民产生了愤恨,李世民在李渊那里的信任程度也开始下降。同时李世民也不断在朝廷内扩大自己的势力,笼络人心,这就更加剧了最高统治集团之间出现了争权夺利的斗争,主要表现为李世民与李建成的皇位之争。而一次李世民应太子之邀去其住处饮酒,饮酒完毕李世民回到"天策府"忽然感到心中一阵暴痛,然后就吐血数升。这一事件犹如惊雷,使整个秦府顿时感到了恐慌,同时大家感到直接冲突是不可避免的了。这也最终使皇位之争的事情发展到剑拔弩张的地步。李世民恢复之后就开始积极召集谋士们准备对策。

在这场皇室斗争中,作为秦王的心腹,房玄龄起到了关键的谋划作用。但实际上房玄龄在跟随秦王李世民征战多年中,早就发现李世民是一个宽厚仁爱,重视人才,任人唯贤的皇子,认为他有足够的能力一统天下,发展唐朝,为百姓谋福。只做一个亲王实在是太可惜了!而且在高祖武德四年,他曾和秦王一起拜访过一位叫王远知的道士,道士就对李世民说:"方作太平天子,愿自惜也。"更加深了房玄龄帮助李世民取得天下的决心。现在太子李建成和李世民之间终于爆发了冲突,这正是一个助主称帝的好时机。

房玄龄立刻找到李世民的妻兄长孙无忌商量说："现在嫌隙已成,直接冲突一触即发了,而这次冲突一定会影响到国家的统治。"他建议"遵周公之事,外宁华夏,内安亲社",意思是效仿周公除掉管叔、蔡叔以此来使周室安定,除掉李建成和李元吉的势力,来稳定刚刚建立的唐朝统治。只有这样才可以使天下安定,使皇室争斗平静下来。长孙无忌把房玄龄的策划转告给李世民,李世民表示同意并召见了房玄龄,深入谋划这场皇室变革。这样一来房玄龄、杜如晦、高士廉,以及大将侯君集、尉迟敬德就形成了秦王府政变策划的核心。皇宫之中无秘密,况且太子李建成早就有除掉李世民的想法,所以当他听说了以房玄龄为首的秦王府的密谋,也开始了自己的活动,太子李建城一直视房玄龄、杜如晦二人为眼中钉肉中刺,早就想将两人驱除出宫廷,于是李建城在唐高祖面前歪曲事实,将两人的成绩说成失误,却没有想到的是唐高祖居然偏听偏信,把房玄龄和杜如晦驱斥出秦王府。斗争越来越紧张,秦王府的两员大将居然被逐出宫,争斗已经到了不得不发生的程度,所以房玄龄日夜劝说李世民先行下手,说:"事情已经十分紧迫了。为了保住江山,应决心大义灭亲。如果再当机不断,只能被动挨打了!李建成一旦占据主动,我们的行动就会落空了。"李世民觉得毕竟是手足兄弟,但形势已经不容他选择了。终于下了决心,而且房玄龄、杜如晦也乔装成道士潜回秦府,同众谋士一同详细做好最后的计划,最终定于公元626年的6月4日起事。史称"玄武门之变"。政变当日,李世民杀死了李建成,大将尉迟敬德杀死了李元吉。不久,唐高祖李渊自动退位,让位给李世民,改元贞观。"玄武门之变"最后以李世民提前继位结束。至此房玄龄完成了助主称帝的大业。

李世民继位后成为唐太宗,太宗鉴于自己的谋臣将士功劳很大,开始对各大臣论功行赏,太宗认为房玄龄、杜如晦、长孙无忌、尉迟敬德和侯君集应当论功第一,命房玄龄晋爵为邢国公。而太宗叔父淮安王李神通却认为,政变时是他率兵先到现场的,而房玄龄、杜如晦只不过是在幕后动动笔墨,在评功之时房杜等人排第一,他心中不服。太宗反驳说:"起义刚刚开始的时候,每个人心里都有自己的想法。您虽然率兵前来作战,那也是因为惧怕因此会株连九族被杀掉,而且从未亲自上阵打过仗。与窦建德交手,您还曾全军陷没;后来刘黑闼起兵,您又望风败逃。如今论功行赏,房玄龄等人运筹帷幄,帮助我安定国家,这样的功劳和汉朝萧何相同,虽然他没有上战场杀敌,但无他的计谋,今天的胜利又是从何而来呢?当然应该评为首功。叔父您为国家至亲,我并不吝惜封赏您,但不能因咱们之间的私情就将功臣的成绩给淹没了呀!"一席话之后,李神通无言以对。公元630年,即唐太宗登基的第四年,房玄龄任尚书左仆射,行宰相之职。

辅佐太宗　成就霸业

自李世民继位之后,房玄龄一直承担着辅佐李世民的重任,直到病故。可以说房玄龄把自己的一生都奉献给了唐朝初期的建设。在这将近二十年的时间里,房玄龄一直兢兢业业,丝毫不敢懈怠地履行着自己的使命,他的贡献为"贞观之治"盛世的出现奠定了重要的基础。在此期间,房玄龄主要有以下的贡献。

首先,因为唐朝初年的时候,官僚机构极其臃肿,有了事情到官府里面都是互相推诿,官员的人数特别巨大。在李渊打天下的过程中,急切需要人员补充到队伍中来，在向关中进军的过程中，民间年纪在七十岁以上的，就任命一个官职给他，而并没有具体的让他们要做的事情。其余的才智杰出的人员，根据他的才能授以相应的官职，草草的询问他一下所擅长的能力，马上就授予他官职，一天就能任命官员将近千余人。所任命的官员们，都来不及拿上授官时发给的文书凭证，就各自拿着李渊给他们写的官名就走了。这些原因，直接造成了贞观初年，唐朝的中央管理机构的臃肿，官员人数的极其膨胀，而且所用到的官员的品质、能力也是良莠不齐。

房玄龄根据唐太宗"要把国家治理好，最根本的就在于用人要谨慎。根据才能大小授予官职，一定要减少官员人数"的原则，开始对中央机构进行了大刀阔斧的改革调整，对所有中央官员重新进行了考核。依据考核的成绩，再从中筛选优秀者，留在朝廷继续效力。最终把朝廷文武官员减少到六百四十三人。这个数字跟隋朝朝廷官员二千五百八十一人相比，减少了整整四分之三。在这项动作极大的政治改革过程中，触及了许多人的切身利益。但由于房玄龄的工作周密稳妥，大得人心，顺利地完成了这项艰巨的任务，没有引起任何局势的动荡和不安，并且在大臣中树立了自己的威信。

其次，在隋朝末期，朝廷中官员消极待命，办事推诿，而且在房玄龄缩减官吏之前，唐初政府机构臃肿。这些都造成了官员们办公效率低下的现状。为了整顿这一现象，房玄龄开始了对整个中央管理机构内部纪律进一步的改革。主要是为各项官吏管理制定了相应的制度和法规，保证了各个官员在他所任的职位提高效率。如《唐律·职制》其中包括，明确对很多违反朝廷管理的行为提出了严格的惩罚措施。如：各级主管一旦擅自增加自己一级的官员，依数量而定，给以惩罚，超编一人杖责一百大板，超编三人以上再加一百大板，超编十人将会处以徒刑两年。为了防止官员出现在其位不谋其政的现象，房玄龄在《职官法》《考法》中还对各级行政机构的职责进行了细化，明确了每一个职位的责任所在，并且对官员的考核做出了详细的规定。而且严格了各级官员的轮流值班，每日执勤的制度，要对执行情况做出考核，如果没有达到考核标准将会受到惩罚，《唐律·职制》中规定："各级官吏每日出勤要进行"点检"如果点名不到，一点笞十；各级官吏必须值班或轮流值宿，如果应该值班没有值班或者应该值宿没有值宿的各笞二十"。对官员执行公务出现错误，办事拖拉，也做出了极其严格的惩罚规定。房玄龄用这些相关的措施、制度和法律约束了官员超编，使贞观年间机构精简，官员办事效率很高，政府官员各个精于自己的职责，廉洁奉公。

房玄龄不仅对中央管理机构内部纪律进行了进一步的改革，而且对整个国家的法律也做了相关调整。隋朝法律苛刻使老百姓民不聊生，所以在高祖李渊起兵之时，就宣称要制定宽大的法令，这也吸引了许多深受隋法令折磨的老百姓参加唐军。唐太宗即位后继承了高祖对于法令"宽平"的原则，让房玄龄负责修改法令制定并在《贞观律》于贞观十一年昭告天下。《贞观律》中充分体现了唐太宗宽仁慎刑的思想，将过去兄弟之中有一人造反，株连九族的刑法减轻到祖孙兄弟有关联者都被发配的程度。房玄龄和魏徵都赞成用宽平的法令治国，而不是用严厉的法令来威慑人民。在这种思想下，制定的法令有效地缓解了阶级矛盾，稳定了唐初的社会局面。而且由于《贞观律》制定得比较系统，且便于实施，所以成了以后各个朝代立法的典范。为我国封建刑法的制定展开了崭新的一页。

第三，一个国家需要有众多优秀的人才来支撑，才可能一直保持自己的强大和昌盛，所以朝廷选拔人才，运用人才是非常重要的一关。房玄龄有自己的用人策略，为唐玄宗招揽了大批的人才，而且知人善任，总能将人才放在他应该在的位置上。

房玄龄经常细心地观察周围的人，只要发现有很好的才能的人，就一定会给唐太宗推荐。例如：唐太宗的太子晋王李治（即后来的唐高宗）宫中，有一位负责太子宫的保卫工作的李大亮，这个人为人耿直，有汉朝忠臣王陵、周勃的气节，并且极其有才华，可以承担起重大的职责。房玄龄发现以后，就直接向唐太宗推荐这个人。后来李大亮凭借着自己出色的才干，赢得了唐太宗的信任。被任命为房玄龄的副手，和房玄龄一起在宰相府工作。

房玄龄善于发现别人的长处，并且依据他的特长来安排他的职位，并给予他最大的支持。比如：李靖、李绩骁勇善战，在军事上有杰出的才能，就让他们去带兵作战，给予他们兵员上的支持，日后确实看到成绩。魏徵、王珪忠直敢谏，就将他们安排到唐太宗身边去做官员，随时可以提醒唐太宗不要犯错误；戴胄公正不阿，就让他去做执法官，这样可以让法政严明，给执法官们树立一个好的典范。这样的用人方式，带来了很好的效果。这些人为贞观之治都竭尽才华，大放异彩。

房玄龄善于与人配合。一方面，可以为自己的工作找出不足，另一方面可以展现出其他人的长处。其中与房玄龄配合得最好的要数前文中所说的房玄龄努力保荐在唐太宗身边的杜如晦了。杜如晦的长处是善于判断，有人评价杜如晦是：当时国家事情虽然非常多，但杜如晦能够对每一件事情都剖析得非常清楚，当时的文武大臣深为折服。房玄龄深深地知道杜如晦的长处，所以常常是房玄龄和唐太宗做好事情的谋划，然后等待杜如晦对此做出相应的判断，房玄龄说：没有杜如晦商定，政事就无法确定下来。但等杜如晦来后，杜如晦的方案往往都能和房玄龄的主张相互默契。所以史学家就评论说："房玄龄知道杜如晦能够决断大事，杜如晦知道房玄龄擅长考虑非常好的计谋。"他们相辅相成，留下了"房谋杜断"千古美誉。

房玄龄善于发现人才，而且对人才的要求也是很严格的，绝不允许一个不合格的人才被安排到朝廷中来。在贞观盛世时，尽管朝廷中人才众多，但每一个都是房玄龄精心挑选后安排到宫中的。房玄龄在挑选人才上，坚持宁缺毋滥的观点。朝廷有关部门缺乏人员时，如果一时找不到十分适合的人才，房玄龄宁可空着这个职位，自己来做这个工作，也不会让一个不合适的人来做这个工作。虽然，身为宰相的房玄龄本身已经是公务缠身，但因为他对人的严格，他宁可让自己再多承担一份工作，也不会将国家的关键工作放在没有责任心的人手中的。例如根据史料记载，在唐朝的一个时期，朝廷中管理财政收入和支出的部门缺少一个合适的人选，房玄龄在几经思考，发现暂时没有一个特别合适的人员可以担当此位置后，就让这个职位空缺，自己帮助管理。这样的做法遭到了众多官员的讥讽。他们认为房玄龄是不舍得将自己手中的权力放开，想做一个集权者。而房玄龄宁可受到大家的讥讽、嘲笑，也决不轻易地将一个不合适的人放到这个职位上。这就更好地体现了房玄龄的用心良苦，和他的用人的政策。

最后，房玄龄对"贞观之治"还有一项较大贡献，那就是对历史和经籍图书进行了整理。由于唐太宗李世民是一个重视历史的皇帝，他有一句名言是："把铜片当作镜子，可以帮助人来整理衣装；用古代的历史经验为借鉴，可以让人明白历史是如何更替的；用别人的行为作为镜子，可以看到自己的优点与不足。"因此，唐太宗一直重视记录历史。而且重视人才的唐太宗，从其还是秦王时身边就开始云集着才子，号曰"秦府十八学士"，而房玄龄为十八学士之首，所以修订史书的重任自然就落到了房玄龄身上。从贞观三年（629年）起，房玄龄遵从唐太宗的指示着手对两晋、北齐、北周和梁、陈、隋六朝史进行编纂。房玄龄是齐、周、梁、陈、隋五朝史的总监，是《晋书》的监修。五朝史修成于贞观十年（636年），《晋书》最后完稿于贞观二十年（646年）。同时从贞观三年（629年）起，房玄龄开始对唐国史和实录进行编纂和修订。在对唐国史进行编写的时候，房玄龄坚持忠于事实的写作手法，将历史上发生的事情，按照他原来的面目进行写作，不夸张好事，也不掩盖坏事，更不会因为皇帝的喜好而改变历史。

其中《贞观政要》就记载了这样一个故事：贞观十四年（640年），唐太宗要想看一看修的国史，房玄龄与魏徵不许唐太宗看。于是唐太宗就问："为什么自古以来当代国家的历史，都不许当时的帝王亲自过目？"房玄龄回答说："国家的历史都是按照历史上发生的事情的实际情况来写的，其中当然会涉及皇上所做过的好的事情和不好的事情，自然不能给皇上看。"唐太宗解释说："我没有干涉的意思，我想看一看国史，主要是想借鉴一下过去的经验与教训，以免以后再犯同样的错误，我并没有想影响史书的编写。"听了唐太宗的解释，房玄龄和魏徵才同意唐太宗看当朝的国史。可见，房玄龄对史书编纂的严肃态度。房玄龄不仅编订了史书，而且为适应科举制度的变革和唐太宗的要求，组织众儒对《五经》进行了讨论，最终校刊了统一的《五经定本》。

以上这些就是房玄龄在朝廷效命期间，为国家所做的主要贡献，这些贡献为"贞观之治"的出现奠定了十分重要的基础。房玄龄也是为国家鞠躬尽瘁，死而后已了。

房玄龄到病故之前，一直尽职尽责地担当着宰相一职，多次想要向皇上辞官，但皇上因为对他的信任，一直不允许他告老还乡。太宗说："国家长期任用你，一旦突然没有贤良的宰相，就像一个人失去两手。你如果精力还不衰弱，就不要这样辞让。等到自己感到确实衰老无力的时候，再向我奏明吧。"晚年房玄龄由于议政操劳国事，真的体弱多病了。但太宗真的离不开如此良相，于是准许他卧床在家里处理政务，后来房玄龄的病情加重了，连在家中处理政务也做不到了，唐太宗听到这个消息，心里十分着急，命令将房玄龄的轿子一直抬进玉华殿来，与太宗相见，结果君臣两人一见，情如潮涌，相对涕流不止。唐太宗实在放心不下房玄龄的病情，于是将其留在了宫中，安置于偏殿，命令御医进行诊治，御膳进行伺候。并找专人负责向太宗通报房玄龄的病情，太宗听到房玄龄病情有所好转，心情喜悦，但如果听说病情恶化，则哀叹不已，戚容愁苦。在房玄龄病情恶化后，太宗更是无时无刻不惦记房玄龄的情况，竟命令将帝居玉华殿与偏殿之间的宫墙统统凿开，连成一庭，以便随时可以向太宗报告房玄龄的病情。但尽管太宗对房玄龄无微不至地进行照顾，无奈情不敌病，太宗的照顾并没能留下房玄龄，不久，一代贤相房玄龄在玉华殿病故，享年69岁。

忠诚谦和　雄才大略

我们刚刚回顾了一下房玄龄光辉、辛劳的一生。那么究竟是什么原因使得房玄龄能终生稳居相位，做出如此有成就的事业呢？追根究源是因为房玄龄具有崇高的人格和高深的学识。那么我们就从他的处世之方和他的治国之方上来分析他的思想吧：

首先是他的处世之方，身处在宰相职位上，房玄龄能够一直得到皇上的信任，在群臣中树立极高的威信，是因为他忠于皇上、忠于国家，为人谦和的处事原则。

身为宰相，这个职位有它的特殊性，因为在宰相之下是群臣是天下百姓，而在宰相之上就是一国之君。在下群臣都会注意到你的一举一动；在上，皇上是决定宰相生死的唯一人物。所以处理好上下级之间的关系，对于宰相来说就非常重要。而房玄龄凭借自己忠诚谦和的个性，很好地平衡了这一关系。皇上是宰相之上的唯一一人，宰相的命运是由皇上来决定的。如果身为宰相，过度地表现自己，必然会引来皇帝的猜疑，认为宰相要夺权篡位，从而引出杀身之祸；当然，身在相位，却拿不出相应的作为，也是很难让皇帝信服的。所以既要展示出自己的才能，又要取信于皇上。这就需要两者兼顾。既要让皇上知道自己的本领，又要让他放心，身为一朝之相不会对皇上构成威胁。房玄龄一直以一颗忠诚的心对待皇帝，皇帝自然非常信服他。曾有小人诬告他谋反，太宗根本不予理睬。相反房玄龄屡次上书辞官，唐太宗都婉言相留。

当然唐太宗对房玄龄的信任也不是凭空而来的，是从房玄龄的人格品行中看到的。房玄龄虽不如魏徵敢于直言进谏，但他觉得皇帝言行上有不当之处时，还是会在唐太宗面前直言不讳地说出自己的看法。

例如贞观十七年（643年）唐太宗突然问周围的大臣们：自古至今，得天下以后的皇帝们，当子孙们开始执政的时候，多数就开始天下大乱了，这是为什么？房玄龄在一边就回答道：那是因为开国之君是在沙场上赢得国家的，但赢得国家后年轻的国君是生长在平安的环境里的，在深宫之内享受着荣华富贵，又没有机会接触深宫以外的世界，体会不到人民的疾苦，自然久而久之，就丢弃了原来的治国方针。房玄龄说这句话的用意在于警戒唐太宗不能够过分溺爱子孙，要给他们以适当的锻炼，避免因子孙荒淫无度而误国。

又如：从贞观十六年（642年）开始，到贞观二十二年，唐太宗对高丽发动了多次战争，这一战争不仅给国家带来了很大的负担，给人民生活带来很多的灾难，对国家军事力量的消耗更是严重，其中在贞观十九年一次战役，仅战马就死掉了十之七八，可见这场战争给国家带来的损失。

贞观二十二年（648年），房玄龄已经重病缠身，但当他听到唐太宗打算再次东征的消息时，他对儿子说："如今国家刚刚稳定下来，各项事业都在顺利地进行。应该注意国家的发展，而不要把精力放在讨伐东边的高丽国这件事上。那是劳民伤财，对国家有百害而无一利的事情。这个事情将要成为国家的最大的祸患。皇帝含怒下了决心，下面的臣子们都因惧怕皇帝而不敢进言，我如果知道却不说，我就会含恨入土，死不瞑目的。"于是在唐太宗出征前，他仍然不顾重病，抱病写了《谏伐高丽表》，文章言辞恳切，将讨伐高丽国的弊端一一写出，劝皇上不要因为一时之气，不顾百姓安危而出兵征讨高丽国，这样做只会失去民心的。此表写得十分诚挚恳切，使唐太宗看后十分感动，叹息道："房玄龄病危疲乏到这种程度，还一心忧虑着我们的国家，为国家操劳，能够做到这点，实在是太难得了。"

由此可见房玄龄对皇上的一片忠心，有如此忠臣唐太宗又怎会怀疑他会背叛自己呢。

而且房玄龄还十分注意自己的劝谏方式，不会全面否定皇上的意思，但会巧妙地表达自己的思想。如：贞观二十一年（647年）唐太宗准备要任命李纬为民部尚书，派人去征求房玄龄的意见，房玄龄没有表示明确的态度，但是却说："李纬长得是一副好胡子呀",唐太宗与房玄龄相处甚长,自然明白房玄龄说此人没有什么真才实学,于是便不再提拔此官员。房玄龄并没有当面否定唐太宗要提拔李纬的想法,而是在话语中巧妙地带出了自己的想法。既说出了自己的想法,又没有在颜面上对皇帝造成影响。

对上房玄龄将忠诚放在了第一位,对下房玄龄为处理好将相大臣同僚之间的关系将谦和放在了第一位。房玄龄与杜如晦之间的深刻友情,是历朝历代大臣之间难得的。两人身为左、右仆射,正如前面所说的两人配合得极好,太宗每次同玄龄谋事,玄龄一定说:"非如晦不能决定。"等到如晦来了,用的仍是玄龄的计策。玄龄善谋,如晦能断,两者合起来,即为完璧,每算不失。虽然因杜如晦病逝两人只在一起合作了两年的时间,但是两人却一起为唐朝共同制定了许多典章制度,而且在杜如晦去世后,房玄龄也一直坚持执行两人一起制定的制度,并对其进行了发展。在历史上人们将两人誉为"房杜",实为胜过"萧曹"的千古名相。房玄龄对待其他大臣也是一样的谦和,绝不居功自傲,总是给予其他人以最大的支持。《通鉴》载,肃宗时修过国史的柳芳说:房玄龄辅佐太宗平定天下,一生三十二年都奉献在宰相这个职位上,称得上是天下贤相。但他的成绩却从未见他炫耀。太宗平定国家动乱,而房玄龄、杜如晦不讲自己的功劳。魏徵、王珪善于向皇上谏诤言,所以房玄龄、杜如晦就让他们充分发挥自己的才能。曹、卫善于作战带兵,房玄龄、杜如晦就帮助他们发挥所长。这个品评将房玄龄谦和大度的精神充分表现了出来。其中说房玄龄从不炫耀自己的成就一句,最为贴切,表明房玄龄功劳极高,但事事谦退。和是谦的前提,只有这样的精神才可以使权臣信服,树立自己的威信。

其次是房玄龄的治国之方。用雄才大略来形容房玄龄的才能一点也不为过。从他一生所做的功绩中我们可以看到:第一,房玄龄十分重视人才,而且有着自己独特的选才方式,他不拘一格,不在乎人才的出身,能够看到别人身上的长处。这一套用人方式,在当时是十分可取的。第二,房玄龄注重以法令治国,同时他又注意使法令宽平,不让百姓受苦,鼓励那些应该奖赏的,惩罚那些有错误的,但最主要是让他们认识到错误,改正错误。第三,房玄龄对历史的严肃态度,绝不因为皇帝的意思而改变历史的本来面貌。最后,房玄龄能准确地看到事情发展的方向,因此他对事情总能有一个明确的估计。作为宰相主要是辅佐天子做好两件事,一是理阴阳,二是善用人,这两点在房玄龄身上都有充分的体现,可见房玄龄的才能之高,是真正将自己的思想融会在治国方针中,将整颗心都放在了国事之上。

谦和与大略,既是才能,更是气度,这就是房玄龄终身稳居相位的秘诀。

回顾了房玄龄的一生,总结了房玄龄思想,我们可以发现,一个真正贤良宰相不仅要有高深的学识和思想,而且要有崇高的人格,才能胜任宰相这一职位。房玄龄用自己一生的忠诚、辛劳换得了唐太宗的信赖,为唐朝的昌盛奠定了重要基础,为人民谋取了幸福。虽然一生操劳,但却名垂千古。

狄仁杰：刚直敢言　知人善荐

狄仁杰

【人物档案】

姓名：狄仁杰

别名：狄梁公、狄国老。生卒：630年~700年

籍贯：唐代并州太原（今山西太原南郊区）人

字号：字怀英

朝代：唐朝

职务：内史、司空（赠）。

谥号：武则天赠文昌右丞，谥曰文惠。唐中宗追赠司空。唐睿宗封之为梁国公。

主要成就：劝立李氏，延续唐朝社稷.

【枭雄本色】

生活在武则天时代的狄仁杰，是一位为大众所熟知的传奇人物。在人民心目中，他是一位"东方的福尔摩斯"，是一位护国良相，以断案如神、办案公正而著称。时至今日，以他的事迹为题材的影视作品——《神探狄仁杰》《护国良相狄仁杰》又连续热播。在武则天的心目中，狄仁杰是令人尊敬的"国老"，许多国家大事武则天总是听从他的建议，有时甚至允许他当庭争辩，只要他说得有道理，武则天就放弃自己的打算，从不计较狄仁杰的"顶撞"。武则天比狄仁杰稍长，但她不称呼狄仁杰的名字而尊称他为"国老"，还不让他下跪，说："看到您下跪，我的腰就疼。"不止如此，有一次狄仁杰的坐骑惊了，武则天就让太子跑过去牵住缰绳，让狄仁杰平安下马。

贵为天子的武则天对狄仁杰如此器重，其礼遇俨然是帝师。考察历史，实际上武则天也真正将狄仁杰当作了老师。那狄仁杰又是怎样的一个人呢？综合史料，我们可以看到狄仁杰的大略：

他为人刚正，敢于直言；有知人之明，向武则天推荐了不少贤才；他勤政惠民，提出了一系列有利于国计民生的措施；他足智多谋，不仅机智地躲过迫害，还能够委婉地劝谏，使帝王乐于接受他的建议。他生活在唐代政治经济繁荣时期，辅佐过高宗、武则天两位皇帝，尤其在武则天时期，他的作用是重大而特殊的，可以说是武则天的一位良师，但又在复辟唐室的过程中起着重要的作用。

为人刚正　敢于直言

狄仁杰被武则天所赏识，其主要原因之一就是他的刚正。

狄仁杰，字怀英，并州太原（今山西太原）人，唐太宗贞观四年（630年），他出生在一个官宦之家。他的六代祖狄湛，东魏时做过"帐内都督"，封临邑子。祖父狄孝绪，唐太宗时做过尚书左丞，封临颍男。父亲狄知逊曾任越州刺史。狄氏家族，在门阀体系中，地位不算高。狄仁杰幼年刻苦攻读，以明经举，从此进入仕途。唐高宗仪凤元年（676年），狄仁杰四十七岁时，升任为大理丞，负责审判案件。没多久，又被任命为侍御史，负责审讯案件，纠劾百官。武则天垂拱二年（686年），狄仁杰出任宁州（今甘肃宁县、正宁一带）刺史。天授二年（691年），被任命为地官（户部）侍郎，同凤阁（中书省）鸾台（门下省）平章事，开始了第一次宰相生涯。神功元年（697年），狄仁杰被加封为银青光禄大夫，兼纳言，第二次担任宰相。狄仁杰还担任过彭泽令，幽州都督，河北道元帅，内史（中书令）之职。

狄仁杰在小时候就表现出与众不同之处，他小时候读书很刻苦。一次，发生了案件，官府派人来调查此事，其他人都去凑热闹，唯独狄仁杰专心读书，不闻不问。官吏问他为何不主动上前搭话，他说自己正在与书中的圣人对话，哪里顾得上呢。后来狄仁杰考取的明经科是当时很难通过的一个途径。这与他认真读书的态度是分不开的。

狄仁杰的认真态度在为官时没有丝毫的变化。早在唐太宗统治时期，狄仁杰就以为人刚正，敢于直接进言而闻名。武则天尊重狄仁杰，在处理国家大事时常以狄仁杰之意为是，正是看重了狄仁杰的这种态度。

狄仁杰是一个为了维护国家制度的尊严敢于向皇帝提出反对意见的人。仪凤元年（676年），左威卫大将军权善才和左监门中郎将范怀义误砍了种植在昭陵的一棵柏树，论罪应当除去官吏名籍。唐高宗听说后勃然大怒，下令将权、范两人处死。当时的大理丞（负责审判案件的官员）狄仁杰认为高宗这样做事是很不妥当的，就上奏说权善才、范怀义论罪不当死。唐高宗正在气头上，疾言厉色地说："权善才他们砍了皇陵的树，这是置我于不孝之地，我一定要杀掉他们！"

俗话说伴君如伴虎，何况在皇帝的气头上，这是最容易招致杀身之祸的。但狄仁杰面对愤怒的高宗，没有丝毫的惧怕，他神色不变，据法说理："冒犯皇帝的威严，直言规劝，自古以来就认为很难做到。我以为遇到桀、纣这样的暴君困难，遇到尧、舜这样的仁君则容易。现在依照法律不该处死的人，陛下却特意下旨杀他，说明朝廷的法律不能取信于人，人们将何所适从？现在因为砍掉了一棵柏树就杀死两位将军，后代会认为陛下是怎么样的君主？我之所以不执行处死他们的命令，是恐怕使陛下陷于无道的处境。"听到狄仁杰的劝谏后，高宗的怒气逐渐消解了，同意权善才、范怀义被除去名籍，流放岭南。狄仁杰不卑不亢的态度以及坚持以事实论罪的做法，让朝廷认为他是一个人才。几天以后，他就被提升为侍御史，侍御史的职责是审讯案件,监督弹劾百官。任职期间,狄仁杰恪尽职守,坚决按国家的制度办事,对一些巧媚逢迎,恃宠怙权的权要进行了弹劾。调露元年(679年),司农卿韦弘机为了博取高宗的欢心,营建了宿羽、高山、上阳等宫殿,宫殿的规模颇为壮丽。其中上阳宫临洛水而建,有一条绵延达一里长的长廊。宫殿落成后,唐高宗十分满意,很快住了进去。狄仁杰对韦弘机这种为了取悦皇帝而不顾国家与百姓利益的小人深恶痛绝,便上奏章弹劾他引导皇帝追求奢华的生活。高宗知道了狄仁杰的用心,就照章办事,把韦弘机免职了。狄仁杰不但自己不取悦皇帝,更不允许其他大臣阿谀逢迎以损害国家的利益。他的刚正不阿在当时是人尽皆知。

左司郎中王本立仗着高宗的恩宠任意行事,大臣们有所顾忌都畏他三分。唯独狄仁杰没有私心,以国家的利益为重,毫不留情地揭露王本立为非作歹的罪行,请求朝廷把他交付法司。唐高宗想宽容包庇王本立,暗示狄仁杰高抬贵手,不要弹劾他。狄仁杰以身护法,直言:"国家虽然缺乏英才,但绝不缺少本立这类人!陛下为何因为怜惜一个罪人来损害王法的威严。您如果一定要赦免王本立,就请您把我流放到荒无人烟的地方,以让后世的忠贞之臣作为鉴戒!"高宗看到狄仁杰如此坚定,就打消了赦免王本立的念头,将他交付法司,按罪论处。从此以后,朝廷的制度有了威严,谁也不敢任意妄行了,都照章办事。这都是狄仁杰为人刚正,敢于直言,勇于维护国家制度的功劳。狄仁杰的刚直很为高宗欣赏。唐高宗曾赞叹狄仁杰是"真正的大丈夫"!

狄仁杰担任过宁州刺史。右台监察御史晋陵人郭翰巡察陇右地区,所到之地多有所揭发弹劾。郭翰进入宁州境内后,发现这里情况完全不同。宁州的老百姓都争着歌颂狄仁杰的美德。狄仁杰在朝廷做官时,敢于违背皇帝的意愿,维护国家制度的尊严;在地方做官时,为官清廉,执法不阿,是老百姓心目中的好官员。

狄仁杰的刚正有时也会使自己处于不利的地位。他任豫州刺史的时候,张光辅的部队驻扎在那里。他的部下依仗平叛越王李贞有功于朝廷,多次向狄仁杰勒索。狄仁杰不予理睬。张光辅大怒,威胁狄仁杰:"你们敢轻视我们全军将士!"狄仁杰面不改色,针锋相对:"河南作乱的只有一个越王李贞,现在一个李贞死了,出现了一万个李贞!"张光辅责问这话是什么意思,狄仁杰说:"您统兵三十万,所要杀的只限于越王李贞。城中人听说官军到来,越城出来投降的人很多,四面都踩踏成道路了,您放纵军士凶暴地抢掠,杀掉已经投降的人用以报功,流血染红郊野,这不是一万个李贞又是什么!我恨不能得到天子的尚方斩马剑加在您的脖子上,我视死如归,绝不后悔!"张光辅被说得哑口无言,无法反驳,就上奏说狄仁杰不恭顺。狄仁杰因此而被降职。

但狄仁杰以国事为重,刚正不阿的品行,始终为人赏识。到了武则天时代,狄仁杰受到了重用。武则天乐于听取这位地位等同于老师后来被尊称为"国老"的人的意见,即便是被要求当面改正错误。在旁人看来,这位帝师很少顾忌"学生"的威严,只以"国家的利益"为标准。但开明的学生最欣赏的就是这点,史书记载,当则天皇帝与狄仁杰就政事意见相对时,常常是"学生""屈意从之"。

久视元年(700年)的夏季,武则天到三阳宫避暑,有一个胡僧邀请她观看安葬舍利(佛骨),奉佛教为国教的武则天答应了。狄仁杰认为这是一件劳民伤财的事,便坚决反对。他跪在武则天的马前拦奏道:"佛是外族供奉的神灵,没有资格让吾皇参拜。"武则天认为狄仁杰说得很对,并不怪罪,中途而返。

武则天要建造一尊大佛像,让全国的和尚尼姑每人每天捐出一文钱来,以促成其事。狄仁杰上疏谏阻:"当今的佛教寺院,在建筑规模上已经超过皇帝的宫殿。营建这些寺院无法借助鬼神之助,只能依靠百姓出力。物资不会从天而降,终究来自地里,不靠损害百姓,那么又怎能得到这些东西呢?游方和尚都依托佛法,贻误百姓,他们动不动就在里巷修建经坊,连市场里也盖起佛寺。佛教教化诱导众生所急需之物,被看成比官府征收赋税还急迫,僧尼作法事所需物品,也被看成比皇帝的敕令还紧急。梁武帝、简文帝父子对佛寺的施舍无限,等到三淮、五岭叛乱迭起的时候,大街上鳞次栉比的寺院佛塔,无法挽救身危国亡之祸;到处都是和尚尼姑,又哪里有勤王救主之师!陛下即使收齐了僧侣所捐助的资金,但这笔钱还不够建造佛像所需费用的百分之一。再说佛像庞大,不能露居旷野,即使修建一座百层高的殿堂,还担心不能将它完全遮盖,况且其他堂前廊屋,也不能一点都不建啊!如来佛创立佛教,以大慈大悲为宗旨,哪里要劳民伤财,以设置浮华无实用的装饰。近年来水旱灾害时有发生,边境又不安宁,如果为修建大佛像而耗费国库资财,又用尽民力,那么万一哪一个地区有灾难,陛下将用什么去救援呢?"武则天明白狄仁杰的用意,就说:"您劝导我行善,我又怎么能违背您的意愿呢?"于是停止了修建大佛像的工程。

甚至连一些"小事",只要狄仁杰看到眼里,认为对国家有利,就上奏武则天。一次,太学生王循之上表,请假回家;太后批准了他。狄仁杰认为这样做不符合处理国事的程序,就上奏给武则天:"我听说做君主的只有生杀的大权不交给别人,其余的权力都归有关部门。所以左、右丞不办理徒刑以下的刑罚;左、右相只裁决流放以上的刑罚,因为地位逐渐尊贵的缘故。学生请假,是国子监丞、主簿管的事,如果天子为这种事发布敕令,则天下的事要发布多少敕令才能处理完!一定要不违反人们的意愿,请全面为他们建立制度就可以了。"武则天认为这个意见好,高兴地接纳了。

在当时,武则天对狄仁杰的信赖是群臣莫及的。因为武则天知道这位老师做任何事都是以国家的利益为出发点,所以从不因为老师触犯龙颜而怪罪于他。

勤政惠民　才能出众

狄仁杰"国老"的地位不只因为他为人刚正,没有私心,他出色的政治才能,也是武则天以之为"师"的主要原因。

狄仁杰担任过许多重要的官职。他在任职期间恪尽职守,采取了许多利民的措施;他经常上书劝谏,希望朝廷能够安抚百姓,保持国家的稳定,促进国家的发展。

狄仁杰为官兢兢业业,任大理丞时,一年中判决了大量的积压案件,涉及人数达1.7万,所任之处没因为冤枉而上诉的人,一时名声大振,成为朝野推崇备至的断案如神、摘奸除恶的清官。

狄仁杰做一方百姓的父母官时,更是爱民。他做彭泽令的时候,看到百姓没有粮食吃,就上疏要求朝廷发散赈济,免除租赋,救民于饥馑之中。

万岁通天元年(696年)十月,契丹攻陷了冀州(今河北临漳)。为了稳定局势,武则天起用狄仁杰为与冀州相邻的魏州(今河北大名一带)刺史。前任刺史独孤思庄畏惧契丹突然到来,不顾百姓的生活,驱赶他们入城修筑工事。狄仁杰到职后,让百姓们返田耕作。他还安慰百姓说:"敌人距离还远,用不着这样!万一敌人来,我自有办法抵挡他们。"百姓很高兴,安心耕种。契丹看到这个情景,认为魏州城不可攻打,就带兵回去了。百姓感念狄仁杰的恩德,就立碑歌颂他。

狄仁杰的社会声望不断提高,武则天为了表彰他的功绩,赐给他紫袍、龟带,并亲自在紫袍上写了"敷政术,守清勤,升显位,励相臣"十二个金字。神功元年(697年)十月,狄仁杰被武则天召回朝中,恢复了宰相职务,成为辅佐武则天掌握国家大权的左右手。此时,狄仁杰已年老体衰,力不从心。但他深感个人责任的重大,仍然尽心竭力,关心社会命运和国家前途,提出一些有益于社会和国家的建议或措施,在以后几年国家的社会政治生活中发挥了巨大的作用。

狄仁杰主张实行宽政,主要表现在以下几件事情上。

武则天垂拱二年(686年),狄仁杰出任宁州(今甘肃宁县、正宁一带)刺史。那时宁州是各民族杂居地。狄仁杰不主张对少数民族实行严酷的统治。他注意妥善处理少数民族与汉族的关系,"抚和戎夏,内外相安,人得安心",保证国家的安定。当地人因此为他刻碑颂德。在任江南巡抚使之职时,他针对当时吴、楚多淫词的弊俗,奏请焚毁祠庙1700余所,只留下夏禹、吴太伯、季札、伍员四座祠庙,减轻了江南人民的负担。任宰相时,他曾劝谏武则天不要修造浮屠大像,以免劳民伤财。

垂拱四年(688年),亳州刺史琅琊王李冲起兵反对武则天当政,豫州刺史越王李贞起兵响应,武则天平定了这次宗室叛乱后,派狄仁杰出任豫州刺史。

当时正惩治越王李贞的党羽,要判罪的有六七百家,籍没官府充当奴婢的有五千人,司刑寺催促豫州执行判决。狄仁杰深知大多数黎民百姓都是被迫在越王军中服役的,给太后上密奏说:"他们都是受连累的,我想明白上奏,似乎是在为叛逆的人申辩;知而不言,又恐怕有悖于陛下仁爱怜悯的本意。"太后因此特意赦免他们,都流放丰州。当他们路过宁州时,宁州父老迎接慰劳说:"是我们的狄使君救活你们的吧?"这些人互相搀扶着在宁州百姓当年为狄仁杰立的功德碑下痛哭,斋戒三天后才继续往前走。狄仁杰上疏请求从轻处理叛军,安抚了百姓,稳定了豫州的局势。这次他没采用直谏的方式却很容易地解决了问题,可以看出他在处理政事上的机敏。

圣历元年(698年)秋,突厥南下骚扰河北。狄仁杰出任河北道安抚大使。战乱后民生凋敝,狄仁杰采取措施来安抚百姓:一方面上疏请求赦免河北诸州,不再追究责任以打消百姓的顾虑,让被突厥驱逼行役的无辜百姓乐于回乡生产,恢复正常的生产生活;第二,赈济贫民,稳定人心。另外,他特别规定严禁部下侵扰百姓,犯者必斩。

这样很快地恢复了河北的安定,百姓们又过上了安居乐业的生活。这与河内王武懿宗动辄对被迫跟从契丹而后又回来的百姓活活剖腹取胆的残暴做法形成了鲜明的对比。百姓都痛骂武懿宗,而感激狄仁杰。

另外,狄仁杰的突出才能还表现在处理少数民族关系的策略上。他积极主张安抚,反对代之以残暴的统治。他甚至主张少数民族自治,国家只要派兵监守即可。虽然没被采纳,但有识之士认为狄仁杰的办法是正确的。今天看来,狄仁杰的远见卓识也是一般人无法相比的。

狄仁杰是一个德才兼备的人。他任并州法曹时,为照顾同事郑崇质,请求调往边远地区。他的上司听说后惭愧不已,就向他学习,与同事解除了隔阂,更好地为国家做事。他胸怀坦荡豁达,当有机会知道何人过去诬陷他的时候,他采取回避的态度,对他人的不义也不耿耿于怀。

知人之明　举贤之能

狄仁杰很有知人之明,也常以举贤为意。一次,武则天让他举荐一名将相之才,狄仁杰向她推举了荆州长史张柬之。武则天将张柬之提升为洛州司马。过了几天,又让狄仁杰举荐将相之才,狄仁杰曰:"前几天我向您推荐了张柬之,现在还没被任用呢。"武则天说已经将他提升了。狄仁杰说:"臣向您推荐的人可以做宰相,而不是司马也。"由于狄仁杰的大力举荐,张柬之被武则天任命为秋官侍郎,又过了一个时期,升位宰相。后来,在狄仁杰死后的神龙元年(705年),张柬之趁武则天病重,拥戴唐中宗复位,为匡复唐室做出了巨大的贡献。狄仁杰还先后举荐了桓彦范、敬晖、窦怀贞、姚崇等数十位忠贞廉洁、精明干练的官员,他们被武则天委以重任之后,政风为之一变,朝中出现了一种刚正之气。

以后,他们都成为唐代中兴名臣。对于少数民族将领,狄仁杰也能举贤荐能。契丹猛将李楷固曾经屡次率兵打败武周军队,后兵败来降,有关部门主张处斩之。狄仁杰认为李楷固有骁将之才,若恕其死罪,必能感恩效节。他的亲属友好都劝他不要这样做,狄仁杰说:"如果有利于国家,难道还要为自己打算!"则天皇帝采纳了他的意见,赦免了他们。他又请求授给他们官职,则天皇帝任命李楷固为左玉钤卫将军,骆务整为右武威卫将军,派他们领兵进击契丹余党,结果将契丹全部平定。于是奏请授其官爵,委以专征,武则天接受了他的建议。果然,李楷固等率军讨伐契丹余众,凯旋而归,武则天设宴庆功,举杯对狄仁杰说"公之功也"。狄仁杰回答说:"此次平定契丹余党乃是由于陛下的声威以及将帅竭忠尽力所致,我又有什么功劳呢?"坚决推辞,不接受赏赐。

有人对狄仁杰说:"治理天下的贤能之臣,都出自您门下。"狄仁杰回答说:"举荐贤才是为国家着想,并不是为我个人打算。"

狄仁杰举贤是为国家着想,所以他能举贤不避亲。武则天命令宰相各荐举尚书郎一人。狄仁杰就荐举自己的儿子司府丞狄光嗣,任命他为地官员外郎,后来他很胜任这个职务,武则天很满意,高兴地说:"你可以继承古代荐举自己儿子的祁奚了。"

足智多谋　随机应变

狄仁杰被历代政治家、史学家称为再造唐室之功的忠臣义士。能够劝谏武则天打消立武姓太子的主意,应该归功于狄仁杰敏锐的政治头脑和机智的行事方法。

圣历元年(698年),武承嗣、武三思谋求充当太子,多次指使人对武则天说:

"自古以来的天子没有以外姓人为继承人的。"武则天犹豫不决。

狄仁杰常从容不迫地对太后说："太宗文皇帝不避风雨，冒着刀枪箭镞，平定天下，传给子孙。高宗大帝将两个儿子托付陛下。陛下现在却想将国家移交给外姓，这不是不符合上天的意思吗？而且姑侄与母子相比谁更亲？陛下立儿子为太子，则千秋万岁之后，配祭太庙，代代相承，没有穷尽；立侄儿为太子，则未听说过侄儿当了天子而合祭姑姑于太庙的。"太后不客气地说："这是朕家里的事，你不要参与。"狄仁杰抓住了这句不合理的话，反驳道："君王是以四海为家，四海之内，谁不是臣妾，什么事不是陛下家里的事！君主是元首，臣下为四肢，意思是一个整体，何况我凑数任宰相，哪能不参与呢？"他又劝武则天召回庐陵王。王方庆、王及善也劝说武则天。武则天心里稍微醒悟。

有一天，武则天又对狄仁杰说："我梦见大鹦鹉两翼都折断，这是什么意思？"狄仁杰马上意识到了武则天立武姓太子的决心产生了动摇，就借机为她"解梦"："武是陛下的姓，两翼是两个儿子。陛下起用两个儿子，则两翼便振作起来了。"武则天听后便打消了立武承嗣、武三思为太子的意思。

由于狄仁杰的坚决态度以及机敏的策略，武则天感悟，亲自迎接庐陵王李显回宫，立为皇嗣，唐祚得以维系。分析当时的形势，恢复唐室应是保证国家稳定发展的唯一途径，所以狄仁杰的真正目的还是为国家着想。

狄仁杰的足智多谋，随机应变使他能够迅速地摆脱危机，在虎口下成功逃生。

左台中丞来俊臣罗织罪名告发同平章事任知古、狄仁杰、裴行本、司礼卿崔宣礼、前文昌左丞卢献、御史中丞魏元忠、潞州刺史李嗣真谋反。在这以前，来俊臣曾奏请武则天下命令：一经审问即承认谋反的人可以减免死罪。等到任知古等入狱，来俊臣便用这道命令引诱他们认罪。狄仁杰早就知道来俊臣心狠手辣，心想：我们这几个人都是清白无辜的，却被来俊臣诬陷。来俊臣是太后面前的红人，现在自己是没有机会澄清罪名了。如果不先隐忍认罪，保住性命，肯定就会遭到来俊臣的毒害，那样可就永无申冤昭雪之日了！他随机应变，一反常态，马上承认自己的罪行："大周改朝换代，万物更新，唐朝旧臣，甘愿听任诛戮。谋反是事实！"来俊臣没想到狄仁杰这么快就承认了，心想以后就可以以此为借口将他杀死了，于是便对他略有宽容。

狄仁杰已承认谋反，有关部门只等待判罪执行刑罚，不再严加防备。狄仁杰便从被子上撕下一块帛布，将自己的冤屈写在上面，偷偷塞在棉衣里面，对王德寿说："天气热了，请将棉衣交给我家里人撤去丝绵。"王德寿对他没有任何防范，就痛快地同意了。

狄仁杰的儿子狄光远得到帛书，拿着去说有紧急情况要报告，得到了武则天的召见。武则天看了帛书，质问来俊臣，来俊臣诡辩说："狄仁杰等入狱后，我未曾剥夺他们的头巾和腰带，生活很安适，假如没有事实，怎么肯承认谋反！"武则天就派通事舍人周琳前往查看，弄清事情的真相。

来俊臣临时发给狄仁杰等人头巾和腰带，让他们排列站立在西边让周琳验看；周琳不敢向西看，只是面向东边唯唯诺诺而已。来俊臣又伪造狄仁杰等的谢死罪表，让周琳上奏武则天。

来俊臣想一手遮天扫除异己，但也有人不怕他，想方设法让武则天知道事情的真相。乐思晦的儿子未满十岁，被籍没入司农寺为奴，要求上告特别情况，获得了召见。武则天问他有什么情况，他回答说："我父亲已经死了，家也没有了，只可惜陛下的刑法被来俊臣这些无耻之徒所玩弄，陛下如果不相信我说的话，请选择朝臣中忠诚清廉、陛下一贯信任的人，提出他们谋反的罪状交给来俊臣，他们没有不承认谋反的。"武则天听后明白了一半，就召见狄仁杰，问道："你承认谋反，为什么？"狄仁杰这时才说出了自己的心里话："不承认，便已经死于严刑拷打了。"太后说："为何作谢死罪表？"狄仁杰立即回答说："没有。"武则天出示所上的奏表，才知道是伪造的，于是释免这七个家族。

狄仁杰及时应变，才保全了自己和其他人。以后，武承嗣想根除后患，多次奏请武则天诛杀狄仁杰，都没能得逞。

纵观狄仁杰的一生，他以国家的利益作为行事的原则，努力辅佐高宗与武则天两朝皇帝；他心系民生，主张实行宽政，是百姓歌颂的好官。尤其是武则天称帝前后，政治斗争复杂，朝野官吏明哲保身者多；敢于负责、提出自己政见者少，能够刚正不阿、不为私谋者更少。狄仁杰就是这少数人中最突出的一个，他也因此赢得了武则天的信任与敬重。

武则天乐于听取狄仁杰的建议，称狄仁杰为"国老"，把他当老师一样看待；狄仁杰尽心尽力，帮武则天处理好政事。他确实是女皇武则天的好助手呀！

杨国忠:盛世奸相　玩火自焚

杨国忠

【人物档案】

姓名:杨国忠
本名:杨钊
生卒:？~756 年
籍贯:河中府永乐县(今山西省永济市)人
朝代:唐朝
职务:司空、右相。
主要成就:官至右丞相,掌握朝政大权。

【枭雄本色】

　　杨国忠,为杨贵妃堂兄,因杨贵妃得宠而入朝为官,李林甫死后拜为右宰相,封魏国公,独揽朝政大权。

　　杨国忠本是一位无赖之徒,入朝之初与李林甫臭味相投,狼狈为奸,后又相互争斗,代李林甫为相,一时权倾天下。杨国忠自己无能,当然容不得能人入朝。他广收贿赂,纳一批贪劣者入朝,致使朝纲败坏,愚者当道,他与安禄山争宠,加速了安史之乱的爆发,也把自己逼向了黄泉路,应验了"玩火者自焚"的古谚。

【风云叱咤】

乡村无赖汉的变迁

　　杨国忠,原名杨钊(？~756 年),与杨贵妃是从祖兄妹关系,亲戚关系疏远,不是直系。杨钊的祖、父辈都定居于蒲州永乐(今山西芮城)。父亲杨珣,曾任宣州司士参军,家中生活穷苦。母亲张氏,是武则天宠爱的面首张易之的妹妹。杨钊从小品行不端,不学无术,行为放荡,吃喝嫖赌,为族人乡里所不齿。少年时代特有的生活经历造就了他精明机灵的特性。

　　三十岁时,杨钊在家乡混不下去,就发愤从军,到蜀郡当屯田兵,因成绩优异本应该提职。益州长史张宥不喜欢他的为人,就借故先打了他一顿,然后任命他当新都尉。任期满后,杨钊更加穷困,无以为生。蜀中有个叫鲜于仲通的富豪,看他相貌堂堂,言词机敏,就在经济上给予资助。这一时期杨钊和堂叔父杨玄琰家有一些来往。杨玄琰死时,他去帮助料理丧事。不料一来二往,竟和从妹(后来的虢国夫人）发生了不正当的关系。当时杨玉环已随叔父去了河南,和这位堂兄并不相识。

后来杨钊在成都赌博,输了个精光,便逃往关中,当了几天扶风尉。因为不称心,又回到四川,依附于鲜于仲通门下。娶四川的娟妓裴柔为妻,养了几个儿子,生活贫苦,潦倒不堪。

杨玉环被册封为贵妃的消息传到四川后,剑南节度使章仇兼琼打听到杨贵妃出生于蜀,就想方设法派人到长安与她家结交,以寻求政治上的靠山。鲜于仲通和章仇兼琼有很深的交情,就把杨钊推荐给他。章仇兼琼见杨钊精明机灵,能言善辩,非常高兴,委任他为"推官"。以上贡"春绨"为名,前往京城长安打点关系。

公元745年十月,杨钊抵达长安。他挨个拜访杨氏诸兄妹,分别送上精美的蜀货,并说:"这是章仇公送的。"于是,得了人家好处的杨氏诸兄妹常在唐玄宗面前夸奖章仇兼琼,博得了玄宗对他的好感;并把杨钊引见给玄宗,说他精通"樗蒲"(一种赌博游戏)。唐玄宗得知杨钊是贵妃的亲属,就把他留在京师充职,允许他可随供奉官出入禁中,不久又任命他做金吾兵曹参军。这虽说是个闲职,但给杨钊日后升官发财创造了条件和机会。

杨钊在长安站稳脚跟以后,利用自己与杨氏姐妹的关系,巧为钻营。一方面,他经由虢国夫人为媒介,接近杨贵妃,小心侍奉唐玄宗,竭力讨他欢心;另一方面,杨钊千方百计巴结权臣。有一次,杨钊参加内宫宴会,做"樗蒲"游戏时,负责计数。他记录得又详细,又精确,唐玄宗看到后戏称他是个"好度支郎中"。度支郎中是户部负责统计核算财赋收支的官吏。唐玄宗这样说,无非是借此夸奖杨钊的算机精明。但杨氏姐妹抓住玄宗的那句话不放,多次提及让杨钊担任此职。唐玄宗顺水推舟,命他在御史中丞王铁手下做判官。

天宝时期,权相李林甫陷害太子李亨,利用杨钊是皇亲国戚,得玄宗宠爱而敢在他面前进言,竭力拉拢到自己麾下。杨钊乘机投靠,作为自己向上爬的机会,因而伙同杨慎矜、吉温等人充当爪牙,积极参与迫害太子李亨势力的各种行动。他们在京师另设立推院,屡兴大狱,把太子的许多党羽除去。李林甫先是提拔杨钊当监察御史,后又提拔做检校度支员外郎,兼侍御史等。杨钊又善于揣摩玄宗的心思而投其所好,以聚敛有功,很快升为度支郎中。天宝七载(748年)六月,又升迁为给事中,兼御史中丞,专判度支事,成为很有影响的重臣。

天宝八载(749年)二月,为了显示天下殷富的景象,唐玄宗率领百官参观左藏,特赐杨钊紫衣金鱼袋,以表彰他的聚敛之功。次年,杨钊兼任兵部侍郎。同年十月,唐玄宗根据杨钊的请求,为张易之兄弟平反。为了表示忠心,杨钊说自己的名字带有"金"和"刀"两字,大不吉利,请唐玄宗另赐一名。唐玄宗便赐其名为"国忠"。在唐玄宗看来,杨钊是"忠"于"国"的,可以委以重任。

短短几年中,杨国忠从一个小小的判官,一跃成为仅次于宰相李林甫与御史大夫王铁的重臣,可谓官运亨通。诚然,杨国忠是依靠杨贵妃的裙带关系而步入仕途的,但究其飞黄腾达的根本原因,还在于天宝时期经济形势发展的需要和他本人善于敛财的本领。如果只靠裙带关系而没有一定的才能,以及过人的精明,他是不会爬得这么快的。

先狼狈为奸 后取而代之

随着杨国忠政治地位的不断提高,他与长期操纵军国大权的宰相李林甫之间的矛盾日益尖锐起来。他们都是腐朽贵族、官僚统治集团的代表。他们之间的差别仅在于，李林甫代表旧贵族官僚的利益，杨国忠则代表新贵族的利益。一个在竭力维护既得利益，另一个则想方设法扩大自己的权力。在玩弄权术方面，杨国忠比起李林甫，可谓道高一尺，魔高一丈，有过之而无不及。

李林甫善于献媚取宠，妒贤嫉能，口蜜腹剑，阴险专横。他从开元二十二年（734年）五月开始任宰相，前后长达十几年。面对这样一个政敌，杨国忠自有主张。他首先收买了李林甫的心腹酷吏吉温，采纳了吉温提出的剪除李林甫党羽的建议，先打击李林甫的亲信党羽。天宝八载（749年），刑部尚书、京兆尹萧炅因贪赃犯罪被贬为汝阴太守。天宝九载（750年），御史大夫宋浑也以同样的罪名被流放潮阳。这都是杨国忠向唐玄宗密报并建议处治的。眼看着自己的亲信被贬被流放，李林甫对杨国忠恨得咬牙切齿，却也无可奈何。

天宝十一载（752年）二月，李林甫鉴于质量差劣的恶钱泛滥，奏请禁用。因为当时商业迅速发展，货币需求量大增，官铸铜钱不足以流通，市面上就出现了大量私钱。恶钱即成本较低、铸造不精的私钱。在商业繁荣的江淮地区，私钱铸造业尤为发达，贵戚官僚和巨商们为了牟取暴利，都携带着良钱到江滩地区，用一比五的兑换率换取恶钱，然后运回京城放到市场上流通，以致长安恶钱泛滥成灾。李林甫从官府拿出粟帛及库钱数十万缗，在长安东西两市回收恶钱，对有恶钱却不交出来的人依法处置。然恶钱早已流入市场，渗透较深，即刻禁止，谈何容易。奸商巨贾们怕自己的利益受到损害，对李林甫的举措很是不满，抵触情绪很大。杨国忠抓住这一机会，在唐玄宗面前恶意攻击李林甫。唐玄宗听信一面之词，在不明原委的情况下，下令废除禁令，改命为只要不是铅、锡所铸和有穿穴的旧钱，都可继续使用。这使李林甫几乎下不了台，只得仓促收场。

同年四月，杨国忠又向王鉷开刀。王鉷任户部侍郎、御史大夫、京兆尹，兼领二十余使，深受玄宗宠信。其弟王銲（户部郎中）与邢縡勾结，阴谋叛乱。事情败露后，杨国忠控告王鉷与叛乱有牵连，想借此除掉王鉷。王鉷既是杨国忠的绊脚石，又是李林甫的眼中钉，除掉王鉷，本也是李林甫的心愿。但李林甫看出杨国忠别有用心，除掉王鉷后下一个目标就是他李林甫了，如果能继续保留王鉷任职，对杨国忠是一大牵制，所以他就设法替王鉷说情。唐玄宗念王鉷久任要职，理财有"功"，疑心王鉷与叛乱无关。王銲与王鉷是同父异母兄弟，王銲妒忌王鉷富贵，故意坑害王鉷也未可知。唐玄宗想宽恕王銲之罪不加按问，但却要王鉷先奏请罪，然后再赦免。因此秘密下令让杨国忠将此意告知王鉷。杨国忠为除去眼中钉，故意不把玄宗的本意告诉王鉷，劝王鉷万万不可认罪，结果激怒了唐玄宗。玄宗便下令由陈希烈与杨国忠一道审理这一案件。最后，王鉷、王銲兄弟俩皆被定为造反的罪名处死。杨国忠则捞取了梦寐以求的政治资本，凡是王鉷担任的要职，全部由他兼任。从此，李林甫视杨国忠为仇敌，两人的矛盾日益尖锐和表面化。

王鉷事件之前，还发生了朔方节度副使、奉信王李献忠叛唐事件。李献忠原是突厥部首领，名阿布思。他率众造反，抢夺唐军府库中的财物兵器，叛归漠北，唐玄宗大为恼火。当时朔方节度使恰由李林甫兼领。发生了如此大的事件，李林甫难逃其责只好引咎辞去节度使一职，并推荐由安思顺接任。杨国忠岂肯错过这个扩大自己势力的大好机会？他买通陈希烈和哥舒翰，共同弹劾李林甫。哥舒翰是曾为王忠嗣辩白诬陷而不怕被处死的突骑施蕃将，后接替王忠嗣任陇右节度使。手下拥有十几万重兵。他公开与安禄山为敌，长期与安思顺不和。而李林甫又陷害过王忠嗣,哥舒翰早就对他不满。因此,哥舒翰站在杨国忠一边。在处理这件事上,唐玄宗很冷静,他没有对李林甫指责定罪,而是采取了慎重宽大的态度,但明显开始疏远李林甫了。

天宝十一载(752年)十月,李林甫重病在身,杨国忠赶到昭应私第,探视李林甫,在病榻前跪拜问候。李林甫知道自己将不久于人世,大势已去,百感交集,泪流满面地对杨国忠说:"我活不了几天了,宰相之位非你莫属,国家大事就由你去辛劳吧!"杨国忠见李林甫说穿了自己的心事,满脸是汗,谢不敢当。曾不可一世,威风八面的李林甫就这样告别了人世。

天宝十二载(753年)正月,杨国忠指使人诬告李林甫生前曾与蕃将阿布思约以父子相称,企图谋反。唐玄宗因为李林甫已死,对此事没有细察,命令立案侦查。李林甫的女婿杨齐宣害怕受牵连,就作假证说岳父确有此事。当时,李林甫的灵柩刚从临潼运回长安,还没有埋葬。唐玄宗遂于二月下诏削去李林甫官爵,指责他外表廉慎,内怀凶险,图谋不轨,简直就是奸恶之徒。又派人打开棺材,拿走李林甫嘴里含着的宝珠,剥去身上的紫衣金鱼袋,把大棺换成小棺,按庶人礼埋葬。其子孙有做官的皆除名,流放岭南及黔中,只准许携带随身所需衣粮,其余资产全部没收。五十多名近亲和同党被株连。这样,李林甫残余势力几乎被消灭殆尽。而右相杨国忠和左相陈希烈,因追查李林甫有功,被赐爵魏国公和许国公。专权长达十一年之久的李林甫终于被杨国忠所取代,而且死后也没落个好下场。

祸国专权　排斥异己

杨国忠掌权以后,所执行的政策措施和李林甫大同小异,有不少政策继续沿用下来。他更加专横、更加腐朽。自我标榜"以天下为己任",志大才疏。在朝廷上,恃宠无所顾忌,公卿以下,他都随便指使,大臣们都很忌惮他。就连左相老臣陈希烈也畏其权宠,凡事都看杨国忠脸色行事,不敢稍有异议。天宝十三载(754年),杨国忠干脆把他排挤出相位;同时看准文部侍郎韦见素软弱可欺,易于控制,建议唐玄宗任命韦见素为宰相。韦见素任宰相以后,基本上不敢议论朝政,只是明哲保身。这跟八年前李林甫建议任用陈希烈为宰相如出一辙。杨国忠还在地方上到处安插亲信党羽,如派司勋员外郎崔圆任剑南留后,实际行使节度使职权,以协助他管理西南各地;又任投靠他的魏郡太守吉温为御史大夫,担任京畿、关内采访等差使,帮助他控制京畿地区,形成了进退可据的势力网。

按照老规矩,宰相上朝堂处理军国大事,要自早期至午后六刻(约下午二时多)方能回家接待四方来客和其他人士。李林甫借口天下太平无事不用按旧例办事,上午已巳时(上午十一点)即回家。杨国忠完全继承了这一做法,甚至回去得更早。处理政务,个人说了算,对国事极端轻率。

在选拔人才方面,杨国忠任人唯亲,完全以自己的好恶为标准。他提出:"文部选官时,要以资历而不是才能为标准,凡有空缺,按资历高低授官。这样做,是为了笼络人心。一批因各种原因不能晋升而久久担任原职者,按照杨国忠的建议都铨选上了,他们喜出望外,对杨国忠感恩在心。

杨国忠的私生活更是纸醉金迷,腐朽堕落。初入京师时,他就常住在堂妹兼旧情人虢国夫人家里。虢国夫人是个寡妇,兄妹俩就公开在一起鬼混。后来杨国忠在长安修建了两处私宅,其中一处在宣阳坊,虢国夫人的府第在宣阳坊的左边,杨国忠的府第紧挨着宣阳坊的南边。两宅相通,往来方便,从此昼会夜集,没有礼度。有时两人坐车并辔入朝,甚至还在马车上公开调情嬉闹,招摇过市。杜甫诗《丽人行》中"杨花雪落覆白萍,青鸟飞去衔红巾"句就是暗指杨氏兄妹的越礼行为。

杨国忠曾对人说:"我家本来穷困潦倒,能混到今天这个样子,全托贵妃的福。好日子也不知能过到哪天,不如及早行乐,过一天算一天。"他是靠杨贵妃的关系发迹的,无德少能,没干过什么好事,恐怕最终也不会有什么好结果。所以干脆今朝有酒今朝醉,尽情享受,而不去考虑以后。

杨国忠身兼剑南节度使,节制西南军政。云南少数民族的首领受封为云南王,因为不堪官府的欺凌,举兵反抗。官军剑南出兵,失利大败。这事使杨国忠丢了面子,还因此受到李林甫的攻击。他决心要在边境打个胜仗,挽回自己的面子。

在吃败仗后,杨又征调十万大军再战。当时,朝廷兵员缺乏,粮草不足,新入伍的军士均为强逼而来,这样组成的军队当然没有战斗力。杨国忠不顾这些,一味贪功,在京城催逼进军。

云南王采取坚守不出的战略,官军长途跋涉,来到南方,立即陷入困境。士兵缺粮饥饿,军中疾病流行,未开战就死亡很多。杨国忠不管官兵死活,一味派人督战,结果一战大败,主帅被俘,全军覆没。此后,在他的策划下,两次用兵,损失了二十万人,致使大唐的军力受到极大损失。

天宝十二年、十三年,关中灾情严重,先是暴雨成灾,地里的庄稼不是被冲走,就是淹没;以后又是大旱,三个月没一滴雨,旱灾又引起了蝗虫,关中大地几乎绝收。深居宫中的玄宗也对此也很忧虑,问杨国忠查问灾情。杨国忠早有准备。他的原则只要让皇上心里高兴,不问政事,自己好胡作非为就行。他拿出几穗禾苗,向玄宗说:"皇上圣明,感动天地,这水旱虫灾未伤农作,看这些谷穗长得多好!"在旁的大臣们个个吃惊,灾害已如此严重,还要隐瞒,而且没有一点救灾的措施,让老百姓怎么过?大唐的江山如何保?大臣们慑于杨国忠的淫威,谁也不敢向皇上反映受灾实况,因为他们知道,前不久扶风太守房琯上奏折报灾,奏被杨国忠扣压,房琯还因此受到惩罚。

总之,杨国忠攫取相位以后,颐指气使,不可一世,朝中几乎无人可以与他分庭抗礼,只有安禄山一人扶摇直上,对他构成了一定的威胁。杨安二人的争宠与较量,激化了整个唐廷的政治矛盾。

杨安争宠　安禄山叛乱

杨国忠与安禄山都是天宝年间发迹的,同样受唐玄宗的宠遇。但从时间上来看,杨国忠发迹的起步,要比安禄山晚得多。安禄山早在天宝元年(742年)正月即升任平卢节度使,杨国忠迟至天宝七载(748年)才开始升官为给事中,兼御史中丞,专判度支事,以后所受的恩宠越来越多。肥胖的安禄山上下宫殿的石阶时,身为御史中丞的杨国忠还亲自搀扶过他。虽然杨国忠极力讨好安禄山,可安禄山从骨子里看不起杨国忠。

李林甫在相位时,安禄山常具戒心。因为李林甫能揣知他的心事,动不动先说出来,使安禄山非常叹服。也使他不敢轻举妄动,安禄山对别的公卿十分傲慢,唯独惧怕李林甫。每次去见他,都吓得出一身冷汗,即使是隆冬也不例外。李林甫老谋深算,并不想得罪安禄山。他对安禄山施展两手政策,恩威并施,有时把安禄山请到中书厅,用好话安抚他,还亲手脱下自己的披袍给安禄山披上。安禄山受宠若惊,满怀感激,亲热地把李林甫叫作十郎(李林甫排行第十)。安禄山若在范阳,亲信刘骆谷每从长安来,他都要问:"十郎说什么了?"如果听到赞扬他的话,安禄山就兴高采烈;如果听到李林甫说:"你回去告诉安大人,叫他谨慎点!"安禄山马上吓得脸色都变了,惊呼:"啊呀,我命不长了。"安禄山基本上还是依附李林甫的。边境重用蕃将,是李林甫提出的。加上李林甫长时期把持朝政,以其威望与铁腕手段,尚能控制全国局势,自然也能控制像安禄山这样的蕃将。

李林甫死后,形势发生了根本性的变化。天宝十二载(753年)初,别具用心的杨国忠制造了所谓李林甫与阿布思勾结叛乱的案件,那个诬告者就是安禄山。杨国忠意在拉拢安禄山,进一步排斥异己,使自己的专权地位免受威胁;安禄山接受杨国忠的建议,也有自己的打算。他完全是为了打击阿布思,壮大实力,为自己日后的叛乱做准备。同年五月,阿布思为回纥所破,安禄山招降了他的部落,从此兵精将广,天下莫及。

杨国忠虽然取代李林甫为相,但他充其量只能算是一个平庸的封建官僚政客,资历、威望、能力均很有限,所以安禄山根本瞧不起他,不想和他平起平坐,同享富贵。眼看着安禄山宠遇日增,势力日益壮大,拉拢不成,又无力制服,杨国忠只好在清除李林甫的残余势力之后,向唐玄宗多次说安禄山有造反的迹象,想借唐玄宗之手除掉安禄山,唐玄宗并不这么看。他长期宠信安禄山,认为这是将相不和,二人争宠,所以没有放在心上。杨国忠一计不成,又想一着。他奏请唐玄宗让陇右节度使哥舒翰兼任河西节度使。哥舒翰一向与安禄山、安思顺不和,杨国忠提拔哥舒翰的目的是想利用他们之间的矛盾,厚结哥舒翰,增强其实力,以共同对付安禄山。这种的雕虫小技,安禄山焉能看不出来。杨国忠与安禄山之间的矛盾很快尖锐起来。

天宝十二载(753年)冬,杨国忠随从唐玄宗住在华清宫,又提到安禄山面有反相,以后肯定会造反,还对唐玄宗说:"陛下如果不信我的话,可以试着召安禄山进京,他肯定不会来。"唐玄宗也想看看安禄山是否真的忠心于己,就召安禄山第二年正月来朝。天宝十三载(754年)正月,安禄山将计就计,奉命来朝,杨国忠顿时不知如何收场。安禄山一到华清宫,立即恶人先告状向唐玄宗哭诉:"我本是胡人,受陛下这样宠爱,杨国忠嫉妒我,我说不定哪天会被他害死!陛下可要替我做主哇!"唐玄宗只得好言劝慰,赏赐他许多东西。杨国忠的嫉妒与谋害是真;而安禄山那副诚恳感恩的样子却是假。此时,安禄山谋反的条件尚未完全成熟,他还不想过早地暴露自己的野心。另一方面,安禄山自信利用唐玄宗过于宠爱自己这一弱点,只要见机行事,估计不会出什么乱子,何况杨国忠等并无证据证明自己蓄意叛乱,所以他敢只身来朝。结果使唐玄宗更加信任安禄山,杨国忠的话反被当作嫉妒之语。当时太子李亨根据自己的观察也预言安禄山将叛乱,但玄宗根本听不进去。

唐玄宗想给安禄山加官同平章事(即宰相),叫太常卿张增起草好了制书。杨国忠大力反对,说:"安禄山虽然有军功,但是一字不识,哪能担当宰相,如果发下制书,恐怕四夷会轻视朝廷。"唐玄宗觉得在理,只好作罢,任命安禄山为左仆射,赐他一个儿子三品官、一个儿子四品官。安禄山请求兼领闲厩、郡牧两职,唐玄宗准奏;安禄山又请求让吉温兼武部侍郎,充闲厩副使,唐玄宗也没拒绝。从此吉温投入安禄山的怀抱,杨国忠却对吉温恨之入骨。

同年二月,安禄山对唐玄宗说:"我部下将士讨伐奚、契丹、九姓、同罗等,建立了汗马功劳,请求陛下不拘常格,破例加赏,叫人写好告身(委任状)让我回去发给他们。"唐玄宗仍然对安禄山深信不疑,就任命他的部下五百多人当将军,两千多人当中郎将! 安禄山以此来收买人心,为叛乱做准备。

同年三月,安禄山向唐玄宗提出要回范阳。唐玄宗亲自脱御衣赐给他,意在用特殊恩宠的办法笼络住他。安禄山生怕杨国忠让唐玄宗把他留下,也怕遭杨国忠暗算,匆匆忙忙出了潼关,然后乘船沿河东下,日夜兼程,直奔老巢范阳。

安禄山离开京城时,唐玄宗派高力士在长安城东边的长乐坡给他设宴送行。高力士回来复命,玄宗问他:"安禄山高兴吗?"高力士摇头说:"看他闷闷不乐的样子,一定是知道原来想让他当宰相,后来又改变了。"拟封安禄山宰相一事本来十分机密,知情人不多。唐玄宗问杨国忠,杨国忠想了一下,说:"这件事情一定是草拟诏敕的太常卿张垍泄漏出去的。"唐玄宗很生气,贬黜了张垍及其兄弟。

天宝十三载(754年)八月,左相陈希烈因与杨国忠不和,怕遭他陷害,上表辞职。唐玄宗开始想让武部侍郎吉温接任。吉温作为安禄山的得力助手,唐玄宗是了解的。杨国忠自从安禄山荐他为闲厩、群牧副使之后,看清了吉温随风倒的真面目,故极力反对。结果,换了文部侍郎韦见素,任其为武部尚书、同平章事。因为韦见素性情温和,易于控制,所以杨国忠乐意支持他为相。天宝十三载年末,杨国忠先指使人告发河东太守兼本道采访使韦陟贪污,让御史查问此事。韦陟贿赂吉温,请吉温再求安禄山救自己。杨国忠早料到韦陟会走这一步,预先派人监视了韦陟的一举一动,很快抓住了吉温的把柄,将他贬为澧阳长史,清除了安禄山安插在朝廷中的重要党羽。安禄山得知这一情况后,直接上书唐玄宗,为吉温讼冤。唐玄宗也搞不清谁对谁错,姑且置之一旁,此事不了了之。

天宝十四载(755年)正月初九日,杨国忠告吉温贪赃七千匹及强夺士女子为妾等罪状,将他杖死于狱中。吉温之死,大大激怒了远在范阳的安禄山。

安禄山从长安回到范阳以后,决定发动叛乱,于是进入紧急部署阶段。

做好充分准备后,安禄山调集主力队伍,正式发动了叛乱。天宝十四载(755年)十一月初八,安禄山自己的队伍和同罗、奚、契丹、室韦等部族兵全部调集,共十五万人,号称二十万。初九早晨,安禄山在蓟城南举行盛大的阅兵式,打出讨伐杨国忠的旗号,引兵南下。

此时,唐玄宗和杨贵妃等正在华清宫里寻欢作乐,一派歌舞升平的景象。由于叛军行动诡秘,河北方面没有传来一点消息。十一月初十,叛军将领何千年等在太原劫走了副留守杨光翙。太原火速向长安报告安禄山起兵造反。唐玄宗竟然认为情报是伪造的,根本不相信安禄山会这么快就发动叛乱。但紧接着,东受降城(今内蒙古托克托南黄河东北岸)也送来告急情报。直到安禄山起兵反叛的第七天,即十一月十五日(庚午),朝廷内外、长安百姓都知道了范阳起兵的消息,唐玄宗这才确信安禄山真的叛乱了。他立刻召见宰相杨国忠,商讨如何制服安禄山。杨国忠洋洋自得,因为这证明了他有先见之明,狂妄地说:"如今真正想反叛的只有安禄山一个人,将士们都是被逼迫造反的。不出十天半个月,安禄山的首级一定会被送来。"昏庸糊涂的唐玄宗当然希望叛乱早日结束,所以也同意杨国忠的分析。大臣们听了杨国忠的话,都相顾失色。很显然,君臣们都不知道范阳起兵的具体情况,连"以讨杨国忠为名"都不知道。否则,杨国忠绝对不敢神气活现地说大话。因为猜不着安禄山进军的具体路线,唐玄宗作了两方面的防御:派遣特进毕思琛赴东京洛阳,金吾将军程千里到河东,各自就地招募数万名士兵,以拒叛军。

十六日（辛未），唐玄宗在华清宫召见安西节度使封常清，商讨应敌对策。封常清见唐玄宗一副忧愁的样子，夸口说："安禄山率领十万凶徒，直犯中原。因为长期太平，老百姓没有见过战争，所以都听到风声就害怕逆贼了。请派我走马到东京，开府库，募骁勇，挑马鞭渡黄河，很快就能把逆贼的首级拿来挂在宫门下！"唐玄宗听了很高兴，马上任命封常清为范阳、平卢节度使。封常清当天就乘驿赴东京洛阳，在当地招募士兵，作守御准备。

十一月二十一日（丙子），安禄山攻陷博陵、正在挥师南下，河北战报逐渐传来，唐玄宗惊慌失措，急急返回长安兴庆宫，重新进行军事部署：以朔方右厢兵马使、九原太守郭子仪为朔方节度使；右羽林大将军王承业为太原尹；新置河南节度使，领陈留等十三郡，由卫尉卿张介然担任；以原先赴河南的程千量为潞州长史。凡是叛军要进攻的诸郡，都设置了防御使。

安禄山有备而战，而且速战速决，所过州县，望风披靡。唐玄宗设置的防线，根本挡不住叛军的袭击。河南的几道防线顷刻瓦解，陈留、洛阳与陕郡相继被占领，唐王朝军队明显不是叛军的对手。

随着战局的急转直下，唐玄宗懊丧不已。还是在安禄山叛军攻陷陈留郡的第三天（十二月壬辰初八日），唐玄宗就打算御驾亲征，下诏令朔方、河西、陇右各节度使带领他们的人马，除留守边镇城堡的兵员外，在二十日之内，全部赶赴京师汇集。十二月二十七日（辛丑），唐玄宗重议亲征之事，下制由皇太子李亨监国。他对杨国忠说："朕在位五十年，早已感到力不从心。去年秋天就想把皇位传给太子，却遇上灾年；我不想把自己的灾难留给子孙，打算往后推推再说。没想到逆贼举兵叛乱，我应该亲征，让太子监国。平乱之后，我就可传位太子，高枕无忧了。"对于杨国忠来说，太子监国比叛军作乱更可怕。因为他一向压制太子李亨及其党羽，唐玄宗如果真传位给太子，杨氏一族岂不失势，自己还能有好果子吃？回到府第，杨国忠急忙找韩国夫人、虢国夫人商量，对她们说："太子平时仇恨我们家专横时间长了，他若继承皇位，我和姐妹们的性命就危险了！"说完他们抱头痛哭。韩国夫人、虢国夫人立刻到兴庆宫找杨贵妃。希望她能阻止此事，为了外戚家族的利益，也为了自己的地位和利益，杨贵妃跪在唐玄宗面前，苦苦请求收回成命。唐玄宗已是七十一岁高龄的老人了，亲征的决心本来就不很大，爱妃一求情，只好作罢。在当时国家安全受到严重威胁的情况下，唐玄宗对杨贵妃一味迁就、让步，听凭杨氏兄妹的摆布，这就使朝廷上下对杨国忠、杨贵妃更加怨恨，太子李亨与杨国忠之间的矛盾更为激化。

洛阳、陕郡被占领之后，战场形势发生了微妙的变化。天宝十五载（756年）六月以前，近半年里，唐军开始和叛军处于暂时对峙局面。天宝十五载正月初一，安禄山在洛阳登上皇帝宝座，自称"雄武皇帝"，国号"大燕"，改元"圣武"。这就暴露了他反叛的真正目的是要做皇帝。实现了个人的政治野心，安禄山在思想上开始懈怠，整日深居于雄伟宫阙，尽情享乐，往昔勇猛进击的锐气逐渐消失。属下将士也都忙于烧杀掠夺，把获得的子女、金帛、宝货统统运往范阳，内部争斗也随之出现。从战略形势上看，安禄山已由进攻转入防守，集中精力巩固河南、河北地区，只派小股力量抄掠潼关。这就使唐廷获得喘息的机会，以加强东线的防御力量。

为己之利　潼关失守

安禄山刚起兵造反时，朝廷上下，包括唐玄宗、杨国忠对叛军的实力估计严重不足。大将封常清也认为安禄山是狂悖之徒，过不了几天就会拿到他的人头。盲目轻敌，导致了战场上的严重失利，东都洛阳等一大片地区被叛军占领。惨败之后，封常清的头脑清醒了。他感到有责任向唐玄宗报告叛军的真实情况，纠正盲目轻敌的思想。所以，他既没有战死沙场以尽忠，也没有逃匿罪责，而是先回陕郡，劝高仙芝退守潼关。且多次派人到朝廷送奏表，谁知玄宗连看都不看。封常清又亲自赴长安，求见唐玄宗，以便当面奏明。走到渭南时，唐玄宗下敕令要他返回潼关，削去他的官爵，以"白衣"身份效劳于高仙芝麾下。封常清深知唐玄宗不会宽恕自己，就写下遗表，表达了自己的一片忠心。

几乎同时，由于高仙芝在陕郡不出战而退守潼关，就为监军边令诚提供了诬陷的口实。他人朝奏事，大谈前线惨败情状，把战败的原因归结于封常清畏敌，高仙芝只知逃跑及盗减军士钱粮，却只字不提他们杀死的敌人之多可以阻塞道路以及拼命坚守潼关的事实。唐玄宗对上述情况根本不加核实，大怒，命令边令诚前往潼关，处斩了高仙芝和封常清。高仙芝、封常清被杀，使潼关唐军的士气大大受挫。唐玄宗没有纠正对形势的错误估计，一意孤行，结果使唐军失去了扭转整个战局的良机，如果能扼守住潼关，保持对峙局面，时间长了自会对叛军不利。

高仙芝、封常清被杀，军中已无主帅，朝中一时无良将可派。几乎是在别无选择的情况下，唐玄宗决定选用已在家中瘫痪卧床十月之久的哥舒翰。因为一来，哥舒翰是河西、陇右节度使，兼领西北两大军镇，威名显赫；虽然瘫痪，出谋划策还是可以的。其次，他跟安禄山、安思顺兄弟有宿怨。

约在十二月二十三日，长安八万余兵齐集完毕，由皇太子先锋兵马元帅哥舒翰率领开赴潼关迎敌。唐玄宗在兴庆宫勤政楼为他送别，百官到郊外钱行。

到达潼关后，哥舒翰整顿军队，增强了部队的战斗力，并继续采取只守不出的战略方针。正月十一日，安禄山派遣儿子安庆绪攻打潼关，哥舒翰将来敌打退，但没有轻敌而出关追击。敌将崔乾事占驻军陕城，田乾真进兵关下，或骚扰，或挑衅，哥舒翰不予理睬，更不出关作战。安禄山为此苦恼以至忧惧，寝食不安，一筹莫展。

就在两军紧张对垒时，朝廷内部的政治斗争进一步尖锐起来，起因是杨国忠。因为安禄山起兵叛舌，打的是诛杀杨国忠的旗号，朝廷上下都认为这是杨国忠骄纵所招致的，无不对他恨之入骨。这使得杨国忠很惧怕。

对于唐玄宗决定由哥舒翰以皇太子先锋元帅的名义守关，杨国忠和杨贵妃是没有异议的。杨国忠虽然与哥舒翰谈不上有什么深厚的交情，但他们之间至少没有多少矛盾，何况哥舒翰又是一个瘫痪的人。从现在史料看，杨国忠开始是支持哥舒翰守潼关而不出战的应敌之策的。但后来情况发生了变化。天宝十五载（756年）正月初十，唐玄宗加哥舒翰左仆射、同平章事两职，以示荣宠。这本来是为笼络哥舒翰，激励他更好地坚守潼关，保证京师长安的安全。但杨国忠却认为，一个边镇军帅的加官入相，对自己的权势、地位不能不是一个威胁。

三月丙辰日这天，哥舒翰向唐玄宗奏报，说在潼关抓住了安禄山的奸细，从他身上搜出安禄山给安思顺的密信，因而指控安思顺勾结叛军，并历数其七大罪状。结果，安思顺在长安被诛，家属迁谪岭南。原来，哥舒翰过去跟安思顺有怨仇，故意叫人伪造了安禄山给安思顺的书信。唐玄宗希望哥舒翰能够早日打败叛军，对他宠信有加，不加思索地除掉了安思顺。这件事对杨国忠刺激很大。史称：杨国忠没能救下安思顺，自此开始对哥舒翰心存畏惧。杨国忠与安思顺之间有什么关系，史不可考。但却表明杨国忠开始猜忌并害怕哥舒翰了。

哥舒翰与杨国忠之间矛盾的升级，加上杨国忠在朝野丧失人心，导致了一些潼关守将回兵讨诛杨国忠的倾向。守将王思礼曾秘密向哥舒翰建议，要他向唐玄宗上表请求诛杀杨国忠，以谢天下，哥舒翰迟疑不决。王思礼又请命率三十骑到长安，将杨国忠劫至潼关诛杀。哥舒翰认为这样做风险太大，如果事情败露就会背上叛臣贼子的罪名，所以没有同意。

对于自己的危险处境，杨国忠敏感地觉察到了。有人对他说："如今朝廷的重兵都掌握在哥舒翰手里，他若倒戈向西杀来，宰相大人岂不是很危险吗？"杨国忠听后大吃一惊。如果真的出现这种情况，那比安禄山叛军入关还可怕，自己的生命定然难保。所以，他奏请唐玄宗选监牧小儿三千人在禁苑中训练，命剑南军将李福德、刘光庭等统帅；又招募万人驻扎在灞上，由心腹杜乾运率领。名义上是防御安禄山叛军，实际上是对付哥舒翰倒戈向西讨伐他。哥舒翰也意识到杨国忠想加害自己。于是在六月初一，设计斩了杜乾运。这一下，杨国忠见自己意图被识破，更害怕了，竭力把哥舒翰往死路上推。

恰在此时，郭子仪、李光弼部在河北告捷，叛军军心动摇。加之潼关久攻不下，安禄山终日惶惶不安，打算放弃洛阳，退兵回范阳老巢。整个战略形势对唐军十分有利。由于求胜心切，判断失误，唐玄宗下令哥舒翰率军出关作战，尽快攻下陕郡，收复东都洛阳。哥舒翰据理争辩，坚持守关。远在河北的郭子仪、李光弼也根据当时形势陈述利害，上奏书说："若潼关出师，有战必败。关城不守，京室有变，天下之乱，何可平之。"就在这出不出潼关的关系整个战局成败的决定性时刻，宰相杨国忠在唐玄宗跟前的言论，起了极坏的作用。他只盘算着如何防备哥舒翰的威胁，唯恐哥舒翰不出关，对自己将不利，而不考虑国家安危，所以屡次向唐玄宗进言，说什么叛军毫无戒备，哥舒翰老是逗留在潼关，会坐失战机等等。在杨国忠的一再鼓吹下，唐玄宗下定决心，接二连三地派宦官催促哥舒翰率军出关。哥舒翰无可奈何，知道出关必败，前功尽弃，不禁抚膺恸哭，不得已而引军出关。

六月四日，哥舒翰率大军东出潼关。七日，在河南灵宝县西原，遇上敌将崔乾祐的军队。叛军早有准备，占据险要位置对付唐军。唐军南迫峭山，北临黄河，布阵于七十里长的隘道上，地势极其不利。八日，哥舒翰令王思礼等以精兵五万居前，庞忠等率众十万继之，哥舒翰本人率三万人登上黄河北岸高地瞭望，鸣鼓助威。崔乾祐把唐军引到埋伏圈里，一声令下，居高抛下木、石，唐军死伤无数。哥舒翰见势不好，下令突围。其时已过中午，忽起东风，崔乾祐占十多辆装满干草的车挡住唐军的去路，纵火焚烧。烟雾中，官军混乱不堪，自相残杀。日暮时分，叛军精骑自南山绕至唐军背后，突然袭击。官军因惊骇而乱了首尾，于是大败。黄河北岸的三万官军，见大势不好，也不战而逃。哥舒翰只带领数百骑，由河东县首山西渡黄河入关。

六月九日，崔乾祐乘胜攻下潼关。

潼关失守，战略形势急转直下。对峙局面消失。正在河南彷徨中的安禄山，获得向关中发展的机会；而河北"渔阳路绝"的局面也迅速发生变化。关中、京师面临着被攻破的危险，唐军大势已去。

恶贯满盈　奸臣丧命

潼关失守,对唐玄宗是一个巨大的打击,由于惧怕安禄山攻进长安,他产生了逃跑的念头。

六月十日,唐玄宗在兴庆宫,召见宰相杨国忠,紧急商议。杨国忠第一个提出让唐玄宗移驾入蜀,打算向四川方向逃跑。唐玄宗早已心慌意乱,也没有别的高招,只好同意。安禄山起兵叛乱,打的是诛杀杨国忠的旗号,对此,杨国忠不能不考虑自己的退路。杨国忠发迹于四川,又曾身领剑南节度使之职,在四川有相当的势力。如果唐玄宗逃往蜀中,对巩固他的地位十分有利,甚至可以"挟天子以令天下"。而不必整日担心被诛杀。所以他赶紧派心腹崔园前往四川增修城池,建置馆宇,储备什器以供急需。四川物产富饶,周围有崇山险关可据,对于惊弓之鸟的唐玄宗而言,也是一个比较安全可靠的去处。

六月十一日,杨国忠召集百官,涕泪交零,要大家献策救急。大臣张均等百余人唯唯诺诺,提不出什么建议。只有监察御史高适主张应立即招募兵马,设法阻挡叛军进攻。杨国忠叹道:"唉,叛军已经入关,恐怕来不及了。"进而开脱自己的罪责,说:"有人报告安禄山谋反已经有十年了,但皇上就是不信。今天的事情,不是宰相的过失!"最后,大家也没有取得一致的意见。当天,官吏、百姓都惊慌失措,人心不安,长安城内一片凄凉冷清景象。罢朝后,杨国忠急忙回去叫韩国夫人、虢国夫人赶往兴庆宫,劝说唐玄宗赶快移驾入蜀。

为了掩人耳目,唐玄宗于六月十二日亲自登临勤政楼。上朝的大臣寥寥无几,朝堂上冷冷清清。唐玄宗宣称要领兵"亲征",任命京兆尹魏方进做御史大夫兼置顿使;京兆少尹崔光远升任京兆尹,担任西京留守;命太监边令诚掌管宫闱钥匙。并谎称敛南节度大使颍王李璬将赴镇上任,令岭南道作迎接的准备。就在当天,唐玄宗从兴庆宫搬到未央宫。晚上,特命龙武大将军陈玄礼整顿禁军,赏给他们许多钱帛,挑选了良马九百余匹,以供保驾之用。

六月十三日(乙未)早上,唐玄宗和杨贵妃姐妹、皇太子、亲王、妃嫔、皇孙、杨国忠、韦见素、高力士、魏方进、陈玄礼以及亲近宦官、宫人等,悄悄地离开未央宫,西出延秋门,向咸阳方向逃去。其他皇亲国戚、王公大臣,都被丢在京城,丝毫不知情。行至左藏库时,杨国忠建议派人焚烧,唐玄宗伤感地说:"叛贼抢不到这些东西,必定要搜刮百姓们。不如留给他们,不要再给我的子民们加重负担了。"

天亮时分,唐玄宗带领的逃亡队伍匆匆过了渭水上的便桥。杨国忠一过桥就下令毁桥断路,唐玄宗知道后,气愤地说:"百姓们也要避贼求生,为什么要断绝他们的生路呢!"特别命令高力士留下,监督着把火扑灭,然后再赶路。

上午,许多大臣依旧到兴庆宫上朝参拜。到宫门前,只看见三卫的立仗(仪仗队)还整齐地排列着,漏声依稀。等到宫门打开,宫人们乱哄哄地跑出来,说是玄宗皇帝不见了。顿时,宫中哗然,长安城大乱。由于不知道皇帝到哪里逃难去了,长安的王公、百官及百姓乱哄哄地往各处逃窜。有人趁火打劫,争入宫内及王公宅第搜取金银,有人甚至骑驴上殿,焚烧左藏大库。崔光远、边令诚带领人救火,又招募人代理府、县官分别维持秩序,杀了十来个闹事的人,才稍稍安定下来。崔光远派他的儿子去迎接叛军,边令诚也把宫门钥匙献给了叛军。

唐玄宗一行人马到达咸阳县东数里之外的望贤宫。以前派来负责安排的宦官王洛卿和咸阳县令都已逃跑，没有人出来接待。直到中午，还没有饭吃，饥肠辘辘，加上烈日炎炎，这些养尊处优惯了的人尝到了从未吃过的苦头。唐玄宗又气又恼，回想自己的大半生，百感交集，忽然产生轻生的念头，一头撞向一棵大树。恰好高力士赶过来，牢牢抱住他的双脚，呜咽着劝说，唐玄宗这才作罢。这时，杨国忠从市场回来，从衣袖里拿出买来的胡饼给唐玄宗充饥。老百姓也有来看热闹的，唐玄宗问他们："你们有饭吃吗？不管好不好，拿来就行！"一会儿，百姓就拿了掺杂着麦豆的粗饭过来。没有盛饭的碗，也没有筷子，妃嫔、皇子、皇孙们也不摆架子了，都用手捧着吃。饥不择食，大家都觉得饭香甜可口。风卷残云，狼吞虎咽，一扫而光。目睹这一情景，唐玄宗不禁掩面而泣。一位名叫郭从谨的老人上前说道："安禄山包藏祸心，已经不止一天了。也有人进宫报告他阴谋造反，陛下都把他们杀了，使得他的奸计能够得逞，招致陛下流亡。所以先王重用忠臣良相来使自己耳聪目明。我还记得宋璟担任宰相的时候，经常直言讲谏，因此天下太平。从那以后，朝臣都不敢犯颜直谏，而是靠阿谀奉承来保全自己的乌纱帽，所以宫门外的事情，陛下都被蒙在鼓里，百姓们早就料到会有今天了，但宫廷警卫森严，我们根本进不去，无法表达自己的忠心。如果事情不达到这种地步，我哪能见到陛下，和陛下说起这些事情呢！"唐玄宗深受感动，一再安慰他，老人摇头叹息着走开了。过了一会儿，尚食官送来御膳，唐玄宗叫跟随的官员先吃，然后他再吃，并传令禁军士卒分散到各个村落去找吃的。

然后，大队人马继续前行。约莫夜半时分，到达金城（今陕西兴平）。随从队伍里很多人都不知什么时候已经逃走了，连内侍监袁思艺也不知去向。当地县令、百姓早已逃往他乡。好在百姓的饮食器皿都留了下来，大家好歹还能填饱肚子。晚上睡觉时，驿中馆舍没有灯烛，只得抛弃贵贱长幼之别，混住下来。唐玄宗与六宫、皇子也是靠着月光进入户庭，勉强度过了一夜。

十四日（丙申）中午，队伍行至兴平县西郊的马嵬驿。随从护驾的禁军将士疲惫不堪，再加上饥饿难耐，遂萌生出强烈的不满和愤怒情绪。禁军首领龙武大将军陈玄礼，早就看不惯骄横自恣的杨国忠，因为他的专权乱政，君臣们播迁流离，落到如此地步，所以早就想诛杀杨国忠。陈玄礼召集众将领，慷慨激昂地说："如今天下分崩离析，皇上出逃在外，难道不是由于杨国忠盘剥百姓、朝野怨愤所造成的吗？如果咱们不除掉他向天下谢罪，怎能平四海之愤呢？"大家反应非常强烈，异口同声地答道："我们早就想这样干了。事情如果成功，就是死也心甘情愿！"恰在此时，有二十多个吐蕃使者，因饿了好几天没东西吃，正围住杨国忠的坐骑诉苦。杨国忠还没有来得及答话，愤怒的禁军将士们大声叫喊："杨国忠与吐蕃谋反！"有人一箭射中杨国忠的马鞍，杨国忠从马背上滚落下来，窜进马嵬驿西门内，军士们蜂拥而入，将杨国忠乱刀砍死，并用枪挑着他的脑袋挂在驿门外示众。大家还觉得不足以泄恨，随后又杀了杨国忠的儿子户部侍郎杨暄及韩国夫人等。当时杨暄听说兵变，吓得从马上掉下来，被将士们射中一百多箭，成了一个肉刺猬，御史大夫魏方进责备大家说："你们怎么敢杀宰相！"大家又把他杀了。韦见素听说兵变，走出来观看究竟。将士们杀红了眼乱杀乱打，打破了他的脑袋，鲜血流了一地。有人认得他，赶快大喊："不要伤害韦相公！"将士们一听是贤相韦见素，马上住手，把他从地上扶起来，他才捡回一条老命。

杨国忠被杀时，唐玄宗正在驿亭里休息，听到外面的喧哗声，就询问出了什么事。左右告诉他杨国忠已被军士以谋反罪名杀死。唐玄宗当然不相信杨国忠会反，作为一个老谋深算的政治家，他深知问题的严重性。"祸由杨国忠"的舆论他早

中華梟雄大傳

宰相权臣卷

有耳闻了,所以没有责备冲动的军士,而是挂着拐杖走出驿门,慰劳将士,要军士们收兵归队。不料军士不应,依然围着驿亭不肯退去。唐玄宗就派高力士去宣问。有人回答说:"贼根还在,大家很担心,哪里能散去呢?请陛下明断!"暗示要除掉杨贵妃。陈玄礼干脆单刀直入:"杨国忠谋反,贵妃不宜供奉,请陛下忍痛割爱,将其正法,以绝后患。"唐玄宗听罢,就像当头挨了一棒。贵妃十七年来宠逾六宫,在生活上、精神上早成了自己甘愿生死与共的伴侣。而今国破家亡,弃京西逃,一国之君的尊严早丧失殆尽,也就不说了,难道连一个爱妃都不能保全?但如果不答应,军士不退,后果难以预料,又当如何是好。思虑片刻,唐玄宗讷讷地说:"我自己会处理的!"说完转身回到驿站门内。唐玄宗不忍回行宫去见杨贵妃,就走进驿门旁的一条小巷,垂着头靠在拐杖上,默默无言地站了很长时间,头昏脑涨,一筹莫展。

高力士把这一切全看在眼里。在他看来,杨贵妃只是一介女子,不该为杨国忠的误国而受牵连。他是唐玄宗的忠实奴仆,一心为玄宗排忧解难。当初百般侍候杨贵妃,目的是为了取悦唐玄宗,如今为了唐玄宗性命无忧,只好委屈杨贵妃了。所以高力士说:"贵妃确实无罪,但是将士们已经杀了她的堂兄杨国忠,而贵妃仍在陛下身边,他们哪里会不担忧!请陛下仔细考虑一下,只要将士安,陛下也就安了。"

唐玄宗万般无奈,也只好答应了将士们的要求。他痛苦地与杨贵妃作了最后诀别。"君王掩面救不得,回看血泪相和流。"是白居易对这一生离死别场面的生动描绘,杨贵妃泣涕呜咽,语不胜情,对唐玄宗说:"请陛下多加保重!妾的确辜负国恩,死也不恨!只求让妾死在佛的面前!"唐玄宗不忍回头,低声哽咽着说:"愿爱妃善地投生!"遂命高力士带去处置。高力士把杨贵妃领到佛堂前的梨树下,叫两名身强力壮的小宦官用罗巾勒死她。杨贵妃当时年仅三十八岁。据说,当时恰有进贡南方荔枝的快骑到达。唐玄宗睹物思人,叹息流泪,命高力士拿去祭贵妃。

杨贵妃一死,陈玄礼放下兵器,向唐玄宗请罪,六军将士暂告平息。

受马嵬之变株连而死的,还有杨国忠的其他家人与亲属。杨国忠被杀时,他的妻子裴柔、幼子杨晞,及虢国夫人、儿子裴徽和一女,已先行至陈仓(今陕西宝鸡市),遭到陈仓县令薛景仙的追捕。他们逃进竹林,虢国夫人看官军追了上来,无路可逃先拔剑杀死裴徽,又把女儿刺死。裴柔喊道:"娘子为什么不给我方便!"虢国夫人于是又把她和她的女儿杀了。杨晞跑得虽快,但还是被官军追上一刀杀死。虢国夫人自刎未成,被捕进了监狱。她并不知道发生兵变,问狱吏:"这些人是官兵?还是强盗呢?"狱吏诙谐地答道:"都是!"虢国夫人一听这话,血卡喉咙,一命归西!薛景仙命令把杨家这些人胡乱埋在东城外十几步道北的杨树下。杨国忠的二儿子杨昢,被安禄山叛军杀死;三儿子杨晓,逃到汉中郡后,被汉中王李瑀打死。杨国忠的心腹翰林学士张渐、窦华和吏部郎中郑昂,后来都被朝廷处斩。另一个亲信中书舍人宋昱,舍不得丢下家产,偷偷回到长安,也被乱兵杀死。

关于马嵬事变的真正主谋历来众说纷纭,反对杨国忠,固然有太子集团和宦官势力,同时还有广大军士与百姓,它的历史意义已经超越了封建统治者内部的权力之争。

纵观天宝之乱,前十一年是李林甫专权,后三年为右相杨国忠执政。李林甫位居相位十九年(从开元二十二年开始算起),为天宝之乱种下祸患;而到了杨国忠为相时,天宝之乱终于爆发。杨国忠缺德少才,不择手段地攫取相位,飞扬跋扈,党同伐异祸国殃民,骄奢腐朽,这样的人是没有好结果的,不论他曾经如何显赫,不可一世,是非成败自有后人评说。

李泌:历事四朝 功不可没

【人物档案】

姓名:李泌
生卒:722 年~789 年
字号:字长源
朝代:唐朝
职务:中书侍郎、同平章事等。
评价:以一身系天下之安危
主要成就:历仕四朝,参与平定安史之乱,计困吐蕃,辅佐德宗。

【枭雄本色】

李泌是唐朝中期的一位特殊人物,他历事玄宗、肃宗、代宗、德宗四朝,又是肃宗、代宗和德宗的顾问。在安史之乱以及以后的动荡年代里,他深谋远虑,全局在胸,自觉地避开祸端。他为国家解决财政困难、安定边缘地区做了大量工作,保证了唐王朝的稳定和发展,是一位杰出的谋略家。

李泌

【风云叱咤】

少有凌云志 相知皆重臣

李泌,字长源,西魏柱国李弼的六世孙,先世为辽东襄平(今辽宁辽阳)人,后迁居京兆(今陕西西安),父李承休,官居吴房令。

李泌自幼聪明好学,悟性很高,是比较罕见的一位早熟的孩子,故而深为亲友们所器重。

在唐玄宗李隆基开元十六年(728 年)的八月十五"中秋节"时,玄宗在勤政楼设"大酺"宴群臣,命令教坊、梨园的艺伎们表演歌舞、杂技,以助酒兴。晚间,玄宗又命令宫中人在楼下布置一个高高的讲台,悉召对佛教、道教和儒教有研究的学者,登台讲述自己的观点,相互问难答辩,以争高下,并想从中选拔人才。

李泌的姑姑有一子名员俶,年仅九岁,聪慧异常,他苦苦恳求母亲给他备制了儒服,也来参加这次盛会。他在晚间登上高高的讲台,侃侃而谈,"词辩注射,坐人皆屈"(《新唐书·李泌传》)。玄宗见他小小的年纪,竟有这样的胆量、辩才,能折服许多人,非常惊奇,便命令太监宣召他到楼上。玄宗详细问了员俶的情况,得悉他是员半干的后人,不禁感慨道:"半干的孙子,理应如此!"稍停了片刻,又含笑问员俶道:"小娃娃,你还有如此聪明的小友吗?"

员俶闻言,沉吟片刻,跪奏道:

"臣舅父家有个小儿名唤顺,年仅七岁,做诗文敏捷,聪慧过人。"

玄宗闻知后甚喜,甚奇,急于要见人,便忙问员俶,其舅父现住在何处,顺儿外貌何样。问明情况后,玄宗派遣中人(宦官)骑马去召李泌,并让中人悄悄潜入,将李泌抱之入宫,不要使其家里人发觉。中人按玄宗旨令,设法将李泌抱出家门,送入内廷。这时,玄宗正与大臣张说观棋。员俶和刘晏也在玄宗的身旁。玄宗见到李泌后,端详许久,含笑令张说赋诗考验一下李泌的文才,并令其以"方圆动静"为命题。

张说见状应声说道:

"方如棋局,圆如棋子。

动如棋生,静如棋死。"

张说见李泌太小了,仅是七岁小儿,恐怕他不能理解其中含义,就有意引导他道:

"你可以意虚作,不必更实道出棋字来。"

李泌仰头看了看张说,额首笑道:

"随意而作,这就比较容易了。"

玄宗见这个小儿答对如此从容,便微笑道:

"这个小孩精神全大于身。"

李泌略一沉吟,便脱口诵道:

"方如行义,圆如用智。

动如逞才,静如遂意。"

张说见李泌如此幼小,却有惊人之奇才,深感其异,忙向玄宗贺喜道:

"天降此儿,真乃是圣代的嘉瑞呵!"

玄宗素爱奇才,见此异童,大为欢悦,他伸手从中人手中将李泌抱在怀中,注视良久,用手轻轻地抚着李泌的头发,竟爱不释手。玄宗又命中人取出甘鲜果品,让李泌尽情品尝。

然后,命中人抱李泌至忠王院居住,一连住了两个多月,才让他回家。忠王院是太子李亨的住地,"安史之乱"后,李亨即位,即是历史上的唐肃宗,足见玄宗对李泌十分器重,愿其日后为李亨之重臣。玄宗恩赐李泌衣物及彩丝品数十件,并令中人代其晓谕其家人道:

"李泌年龄太小,恐怕过早封其官职,于儿有损,所以才未封。此儿乃国家之重器,日后必有大成,望你们关心、爱护他。"

自从李泌受到玄宗的恩宠后,张说也特地遣人邀请李泌至家中小住,并让自己的儿子张均、张垍、张坄和李泌成为最好的朋友。

李泌年龄不足十岁,就与皇太子忠王李亨及朝中大臣张说、张九龄、贺知章、张庭珪、韦虚心等人成为知心朋友、忘年之交。他与神童刘晏也成为孩童小友。他与刘晏、员俶之间经常往来,互相影响,俱有所长。

张说初识李泌时,他身为玄宗的老师,又多次为丞相,且以诗文名重公卿,是身份、地位很高的上层大人物,而李泌不过是吴房令的小儿子,年仅七岁。张说却能放下宰辅架子,对李泌非常赏识、爱惜,可谓识人之深。玄宗见李泌后,原想象对待刘晏一样封他官职的,张说却加以阻拦,他认为李泌年龄太小了,过早封官,对李泌日后成长不利,恐其早熟易折,希望在李泌成为大器时再封。张说本人久居官场,屡经升迁、贬斥,深知宦海沉浮之况,故从深心爱惜李泌这难得的人才,期望他能健康成长,成为国家栋梁之材。张说待人、处事、伸缩之术,无疑对少年时代的李泌产生一定的影响,并在某种程度上影响了他日后从政的道路。

张九龄初识李泌时,李泌仅是七岁的小童,而他已是国家重臣。他非常"奖爱"李泌,常常引至自己的卧室。张九龄与严挺之、肖诚友善,挺之为人刚直不阿,他憎恶肖诚曲意讨好皇帝、贵戚、重臣,多次劝张九龄不要与这种人过从太密。一次,张九龄引李泌至家中小住时,忽然想起严挺之与肖诚,不禁叹道:

"严挺之为人太刚直了,有时让人不能接受,还是肖诚软美可喜。"

李泌正好在张九龄身旁,见张九龄要命手下人去召肖诚,便遽然站起,直言叹道:

"您出身于布衣百姓,以坚持直道为官处事,才逐渐升为宰相的,怎么会忽然喜欢软美取媚之人呢?"

张九龄闻言一惊,立即肃然,郑重向李泌表示感谢,从此称呼李泌为"小友",彼此成为忘年之交。后来,张九龄被李林甫所陷,贬为荆州长史,邀请李泌至郡中居住,就于东都肄业。

李泌虽少年聪颖,胸有大志,又交结王公大臣,深得玄宗喜爱,而他在仕途上却并不顺利,心中悒郁不快,遂赋《长歌行》喟然叹道:

天覆吾,地载吾,
天地生吾有意无?
不然绝粒升天衢,
不然鸣珂游帝都,
焉能不贵复不去,
空作昂藏一丈夫。
一丈夫兮一丈夫,
平生志气是良图,
请君看取百年事,
业就扁舟泛五湖。

此诗写成后,由于它文字生动、通俗,反映了广大知识分子的际遇,有普遍性,所以很快便在社会上流传,受到不少人的赞赏。张九龄深知李泌的气度、志向,爱惜他的才能,又深知官场中之沉浮,就私下里劝诫他道:

"过早就得到美名,必然会遇到坎坷、折磨。应该擅自韬晦,这才能尽善尽美。藏器于身,这是古人所重视的,况且你还是个孩童?以后作诗,应该注重欣赏风景,歌咏古代贤士,千万不要宣扬自己,惹祸烧身。"

李泌闻言顿时醒悟,他深深地感谢这位长厚者的情谊,不禁流下两行热泪。从此之后,李泌再写诗文,就"不复自言"襟抱了。张九龄见李泌小小年纪竟深明事理,从善如流,认为他前途不可限量,为他高兴。

147

李泌是个在历史上际遇很奇特的人,他出身于小官吏的家庭,却由于一次很偶然的、历史上罕见的机会,年仅七岁的小孩子,竟能入深宫见到皇帝,受到宰相的考试,并被皇帝抱在怀里,还在皇宫和忠王院(太子府)居住两月有余。从此这个奇怪的、聪颖的小孩子,竟与太子论布衣之交,与宰相、大臣结成忘年之交,成为封建社会最上层的人物。他不仅在忠王院住过,还在宁王府和张说、张九龄的宰相府随意进入和居住,唐玄宗的妹妹玉真公主比李泌年龄大二、三十岁,却称呼李泌为"弟",特别加以"敬异"(《邺侯外传》)。由于这种极特别的际遇,造就了极奇特的人才,使李泌的一生走了一条罕见的政治之路,或出仕之路。这是历史对他的厚爱,也是历史对他的特殊考验,也可以说是空前绝后的考验,在神秘之中带有悲喜剧的气氛。

本欲冲天举　事违栖山林

李泌本有匡世济时之志,王佐之才,想较早走上仕途,干一番事业。凭着他幼年就得到玄宗宠爱,又结交的是王公大臣,按理说应该较早施展自己的政治才干,在仕途上一帆风顺,可实际上却不然。他并不像自己童年时就相识的小友刘晏那样较早就出仕朝廷,却一直闲散在家中,徒有虚名。为了散心,他接受了刚刚贬职罢相,出任荆州长史的张九龄之盛情邀请,在荆州住了较长一段时间,并在东都完成了自己的学业。

李泌为人聪颖、博学,早年就喜欢老庄之学,后来又潜心研究《易经》,受到古代方士、道家的影响,非常羡慕神仙的生活,也希望能寻找到"不死术",能超然物外,遨游于天地宇宙之间,充分地展示自我,凌驾于万物之上。再加上他在政治上的失意、伤感、激愤,遂告别了老友张九龄,往游于嵩山、华山、终南山,希望遇见古代的神仙,从此远离红尘、苦海,到清静的世界去生活。

李泌入嵩山寻仙修道、探奇访胜,主要栖身于中岳庙和白鹤观。中岳庙位于登封县城东太室南麓黄盖峰下,是唐玄宗开元年间改建的,规模很大,有各种殿宇、碑楼数百间,庙内古柏参天,石板砌路。宽阔的庭院,大片的草地,衬托着前后相连新修的亭台、楼阁、碑楼,令人耳目为之一新,心旷神怡。中岳庙中轴线的东、西两边,设置有六宫:东路自南向北为行宫、神州宫、小楼宫,西路是太尉官、火神宫、祖师宫。李泌因名噪京师,又得张九龄的引荐,庙中主持待之如上宾,住在小楼宫。白鹤观位于太室山顶峻极峰,附近有登仙台、万岁亭、封禅坛、峻极禅院等建筑。白鹤观乃唐初所建的道观,为玄门之所,含羽化登仙之意,正合李泌对神仙说之热望,此处虽较中岳庙食、住条件稍差些,李泌也常常来此小住几日,既可以观景,又可与观中道士探讨玄门真谛。李泌有时也在太室山上的各处穴洞寻奇,希望能在这些古代方士、道士、隐士居住过的古洞中发现奇方、异宝,解开他对"神仙不死术"之谜惑。李泌也喜欢游览古迹,他有时来到辕关,这是太室山与少室山相连的山冈,嵩山交通要塞。相传是远古时代大禹王开凿的山口,治理洪水的地方。李泌从夏禹王的伟绩,联想到李唐王朝的危机,使他的心头出现一层暗影,有一种不祥的预感。

李泌有王佐之才,素以周公自任,他每入周公祠,站在无影台前,见"零落空阶,莓苔被砌"的萧条荒凉景况,仰望着台座北面刻着一副对联:

道通天地有形外，
石蕴阴阳无影中。

抚今怀古，异常悲凉，有时会流下两行清泪。他觉得自己带着盛夏的记忆走入荒凉的季节，而自己独自探索的竟是一条迷离的道路。他能成为古代的周公吗？能匡世济时一展襟抱吗？也许在前面并没有什么在遥遥期待着他，但他却仍愿冒着风险，带着渴望，独自在深山庙观中认真学习古代政治、军事、经济、文化知识，不断充实自己，准备着出山。

李泌在嵩山并没有什么奇遇、奇获，但在《邺侯外传》中却说他遇见了"神仙桓真人、羡门子、安期先生降之，羽车幢节，流云神光，照灼山谷，将曙乃去"。临分手时，诸仙人传授李泌"长生、羽化、服饵之道"，并一再告诫他，"太上有法旨，因为国运中危，朝廷多艰难，应该以文武之道来佐佑人主，功及生灵，然后才能登真脱屣。"从此以后，李泌经常"绝粒咽气，修黄光谷神之要"。李泌本就对中国古代除病、养生之法有一定的了解，入嵩山后朝夕与玄门中人相处，对这些气功疗法有了比较深刻的认识，遂开始依法修炼，终生实践。

李泌此番入嵩山并非一意潜修玄门之道，他博览诸家之书来丰富自己，同时也是一种韬晦之计。他主要隐居于嵩山，后来又游学到衡山。

李泌入衡山后，住在黄庭观，这是一座道教著名的庙宇，与李泌终年修道有缘。李泌热衷于道教，除了作为一种韬晦手段外，也与李唐王朝的政治有关。李泌有时也到福严寺小住，在那里读一些释门的译经。

李泌离开南岳衡山黄庭观、般若寺，向自己的老师玄门高隐张先生和释门异僧懒残大师辞行，便去京师长安附近的终南山游历，大概他想离当时的政治中心近一些，以冀征召，想通过终南捷径入仕李唐王朝。

李泌在终南山隐居了一段时间，与唐玄宗李隆基的兄妹宁王和玉真公主交往日深。但遗憾的是，玄宗并未下旨征召他入京。李泌在山中久住而无路入仕，心情十分苦恼，他当时年轻，终于耐不住长久的寂寞，遂决意回京师谋求政治上的出路。

李泌回到京师后，住在自己的旧宅，感慨颇多。他受宁王的邀请，到宁王府小住过数日，与玉真公主更经常探讨玄门真义。宁王与玉真公主对李泌接触日深，更了解了他的知识和才能，对他特别尊敬和亲热。李泌有时兴奋起来，常常"赋诗"，并"播于王公乐章"。

回京后，李泌过了一段混迹于上层社会的无聊生活。在天宝十年（751年），李泌二十九岁时，他毛遂自荐，"诣阙献《复明堂九鼎议》"，玄宗李隆基回忆起李泌幼年时聪颖过人的情景，心中甚喜，便召他到内廷来讲解老子《道德经》一书。李泌早年就研读老、庄之学，又经过在嵩山、衡山、终南山多年潜修玄释二门之经典著作，并得到玄门高隐张先生的教诲，对老子《道德经》一书理解甚深，讲授有法，深受玄宗李隆基的赞许，便让他"待诏翰林，仍供奉东宫"。李泌还应制作《皇唐圣祚文》，可惜没有流传下来。唐肃宗李亨，这时为东宫太子，又与李泌早就相识、相知，于是太子、诸王子皆与李泌结为布衣之交，这对李泌今后的发展，打开了一条颇为宽广的仕途之路，使他有了许多"贵人"做"护法"者，可以在任何险境中得以逢生。这种极为有利，也极为特殊的情况，在古代许许多多政治家中是极为罕见的，得天独厚的。

李泌深得太子李亨及诸王子的尊重与赞赏，李亨称之为"先生"，并多次上书，

请玄宗委以重任,这必然会引起权臣杨国忠的忌恨,视为政敌。李泌有一次在参加王公大臣们的宴会时,酒后即席赋诗道:

　　"青青东门柳,
　　岁宴必憔悴。"

其意未必含有讥讽杨国忠之意,但杨国忠恨他不投在自己门下,讨好太子李亨,仗着自己是玄宗李隆基宠妃杨玉环的族兄,便入宫面见玄宗,说李泌作《感遇诗》,谤议时政,并对他进行人身攻击。玄宗听罢杨国忠口述李泌的诗文,起初并不在意,还含笑向杨国忠反问道:

　　"如果说赋柳是讥刺卿家,那么凡是在诗文中赋李者,岂不都是在讽刺朕了吗?怎能如此联想呢?"

但是,杨国忠并不肯罢休,继续"构而陷之",玄宗禁不住杨国忠的一再构陷,又为了照顾到杨氏姐妹的情面,遂不得已下诏,将李泌斥置蕲春郡安置。蕲春在湖北长江以北,罗田、黄冈以东地区,在唐代是比较偏远之地。李泌求仕的路是不平坦的,刚刚有些得意,便被贬斥出京,到江北偏僻之地了。

在唐玄宗天宝十二年(753年),即李泌贬出京师不足一年,他的母亲周氏病故了,李泌奔丧归家,并辞去在湖北蕲春郡的官事。太子李亨及诸王,因素与李泌有交情,皆遣使前来李府吊祭,一时轰动了京城。

李泌恐再次招祸,在长安居住了一段时间,便只身离去,隐居于河南颍阳郊外鬼谷。有时也住在嵩山中岳庙、白鹤观等旧游之地。他在寂寞、凄苦中等待时机,二次出山,大展宏图。

就在李泌退隐于颍阳鬼谷和嵩山古刹、道观这二、三年内,历史发生了急遽的变化,李唐王朝由盛转衰,终于发生了"安史之乱",给国家和人民带来了极大的灾难。但这次社会大动荡却给李泌个人的政治活动提供了千载难逢的机遇,使他的才能得到比较充分的发挥,正所谓"疾风知劲草,国乱显忠臣"了。

居功不傲隐深山

安史之乱爆发,东都洛阳、西京长安相继沦陷,玄宗出逃,行至马嵬驿,随行将士杀死奸相杨国忠。玄宗逃到成都,留下太子李亨讨伐安禄山。李亨逃至灵武,即皇帝位,是为肃宗,尊玄宗为太上皇。

肃宗即位后,身边文武大臣不满三十,没有一个匡时救国的人才。肃宗想到李泌能当大任,于是派人召李泌来到灵武。不久,名将郭子仪率精兵五万来到灵武。一文一武,成为肃宗的得力助手。肃宗授李泌为右相,李泌固辞不受,愿以宾友相待,肃宗只得依从。肃宗对李泌亲如师友,出则并马而行,寝则对床而眠,跟他太子时一样,事无巨细他都征询李泌的意见。肃宗对李泌言无不从,李泌实际上是朝政的决策人。

李泌建议,以肃宗长子广平王为天下兵马大元帅,统率诸将东征安禄山。肃宗为李泌特设元帅府行军长史官衔,命李泌随军而行,并赐紫袍一件。李泌只得受命而行。他对肃宗说:不出二年,就可消灭贼寇。因为安禄山这些人把掠夺的子女财宝,尽运归老巢范阳(北京大兴区),他们没有占有四海的打算,跟随安禄山反叛的,也只有史思明、安守忠、田乾真、张忠志、阿史那承庆几个骁将,中原人不过高尚等几个人，其余都是胁从。

他为唐肃宗制定了消灭叛军的作战计划。第一步，令李光弼自太原出井陉，郭子仪自冯翊入河东，使安禄山部将史思明、张忠志不敢离范阳、常山，安守忠、田乾忠不敢离长安，随从安禄山守洛阳的就只剩下一个阿史那承庆。李肃领兵驻扶风，与郭文仪、李光弼两军分次出击，叛军来救头，就击其尾；叛军来救尾，就击其头。让叛军在范阳至长安数千里的战线上，颈首失尾，疲于奔命。唐军则以逸待劳，叛军来了不和它交锋，走了就乘机追击，不攻叛军城池，不断叛军归路。总之，目的是消灭敌人的有生力量，拖垮叛军。第二步，命建宁王、肃宗的次子李伐为范阳节度使，率军沿边境进攻范阳之北，命李光弼进攻范阳之南，南北夹击，攻取范阳，使叛军想退而退不得，想留而留不得，使叛军进退两难。再命大军四面围攻，一举歼灭。这个计划是完全正确，而且可行的。但唐肃宗急功近利，没有实施这一计划的决心。

至德二年（757年），安禄山集团内部发生内讧，安禄山被儿子安庆绪杀死，史思明占据范阳而不听安庆绪调遣。这对实施李泌的计划十分有利。这时，肃宗已进驻凤翔，陇右、安西、西域的兵已经调到，李泌请按计划用兵，派安西、西域兵顺边境进攻范阳。唐肃宗却急于收复两京，享受做皇帝的尊严。他说："现在正该进取两京，引兵攻洛阳，不是绕得太远了吗？"李泌说："今以此众直取两京，必得之。然贼必再加强，我必又困，非久安之策。"李泌进一步阐述了进攻范阳的道理，官军的主要力量是西北守边兵和少数民族人，他们不习惯关东的炎热暑气，如进攻两京，敌人收其余众，集中于巢穴。天热之时，官军必畏暑思归，留也留不住。叛军在老巢休整后，必然重来夺取，战争也就无休无止了。不若先取范阳，"叛军无所归，根本永绝关"。

肃宗听不进李泌的正确主张。把郭子仪从河东调到凤翔，任命他为天下兵马副元帅，率军进取长安，但进军不利，唐军数次战败。至德二年九月，郭子仪建议借用善战的回纥兵，肃宗同意后，回纥怀仁可汗派其子叶护率精兵四千来到凤翔。肃宗为早日攻取长安，许以"克城之日，土地、士庶归唐，金帛、子女皆归回纥"。这时，李泌已被撇在一边。由元帅李傲、副元帅郭子仪率朔方等镇兵及回纥、西域之众十五万人，从凤翔出发，进取长安，大破敌军。叛将安守忠、田乾真率败兵逃出潼关，唐军进入长安，接着，又攻取了洛阳。

唐肃宗虽然收复了东西两京，但并没有根本上消灭叛军。安庆绪逃亡河北，占据邺郡，拥兵六万。肃宗派郭子仪、李光弼进攻安庆绪，又派宦官鱼朝恩为观军宣慰处置使，宦官实际上成了大军的统帅。官军和叛军在邺城激战，史思明从范阳发兵十三万，支援安庆绪，结果官军大败，史思明杀了安庆绪，自立为大燕皇帝。叛军的复起，是肃宗不采纳李泌作战计划的结果。

肃宗收复长安后，召李泌入见。李泌请求离去，说自己有"五不可留"："臣遇陛下太早，陛下任臣太重，宠臣太深，臣功太高，迹太奇，此其所以不可留也。"还说："陛下不听臣去，是杀臣也。"唐肃宗说："我与你同忧患多年，现在正好同娱乐，你怎么说要走呢！"再三挽留，李泌坚持离去，最后肃宗从其所请。至德二年十月，李泌离开朝廷到衡山隐居，肃宗命郡县为李泌建造住宅，并按三品俸给予照顾。

李泌的离开朝廷，实际上是为了避免杀身之祸。他看到由于自己深受肃宗优宠，正受到权臣崔圆、宦官李辅国的忌恨，有杀身之祸，就无意功名，隐居山中。

重新出山遭人忌

宝应元年(762年),肃宗去世。广平王李俶(后改为李豫)即位,是为代宗。大历三年(768年),派人去衡山召李泌来京师。代宗对李泌礼遇有加,赐金印紫绶,在蓬莱殿侧为之作书院,军国大事均与之商议。代宗意欲拜李泌为相,李泌还是固辞不受。李泌是道士,不食酒肉、不娶妻,讲神仙、怪异,以世外人自居。代宗要他做世俗人,食酒肉、娶妻子、受禄位,李泌不肯受命。代宗最后强迫李泌娶卢氏女为妻,并赐第光福里。李泌受代宗的优宠,引起了宰相元载的不满。元载于大历五年(770年)除掉了专横的宦官鱼朝恩,于是代宗对他特别宠信,元载也就更加骄横,弄权舞弊,无恶不作。他为除掉李泌,竟说李泌"与鱼朝恩亲善,宜知其谋"。代宗没有听信他的谗言,反而说:"朝恩之诛,泌亦预谋,卿勿以为疑。"但元载及其党羽继续攻击李泌。代宗对元载的作为开始反感和厌恶,他对李泌说:"元载不容你,朕把你藏起来,待我除掉元载后,再请你回来。"于是拜李泌为江西判官,成为江西观察使魏少游的助手。

大历十二年(777年),唐代宗杀元载,籍没其家,单胡椒就有八百石,其他财产就可想而知。代宗召李泌入京。一见面就谈起元载的事。代宗说:"好不容易,八年才杀这个贼,几乎不能与你见面。"李泌说,臣下有罪,早就该处置,何必容忍太过。

元载是死了,但用人问题上的斗争不会结束。李泌杰出的才能又为宰相常衮所忌。常衮建议代宗派李泌出任州刺史,使其懂得人间的利弊,然后再到朝廷做官。代宗没有听从他的意见。后来,沣州刺史缺,又借口李泌善于治理,派为沣州刺史,又改任杭州刺史,所任均有政绩。

担任宰相政绩显

大历十四年(779年)五月,代宗病逝,太子李适接位,是为德宗。德宗当太子时,在长安西郊的道教静修胜地当过李泌的学生,受过李泌的影响。德宗即位后,安史之乱虽已结束,但藩镇的叛乱,一天天地加强,先是成德、淄青、魏博、山南东道节度使联合反抗中央,形成四镇之乱,接着又发生了淮西之乱。淮西节度使李希烈于建中三年(782年),自称天下都元帅,出兵对抗中央,气焰嚣张。德宗诏泾原节度使姚令言率兵驰援支援襄阳。谁知到了京城,部队发生兵变,占领了皇宫,哄抢了皇家私库,拥戴原泾原节度使朱泚为帝,朱泚自称大秦皇帝,德宗逃往奉天(今陕西乾县),幸好朔方节度使李怀光领兵击败朱泚,才解了奉天之忧。李怀光恃功逼走奸相卢杞,最后却与朱泚勾结反抗朝廷。兴元元年(784年)名将李晟收复长安,朱泚逃亡被杀,德宗才回到长安。

正是在这样纷乱的情况下,德宗在长安召见杭州刺史李泌,任李泌为左散骑常侍,日值中书省,随时候对。李泌以其卓越的才智和很强的办事能力,为德宗处理了一件件军国大事。先前,德宗讨伐朱泚时,曾向吐蕃求援,答应成功后将安西、北庭两镇送给吐蕾,长安攻下后,德宗要实践诺言,李泌以为不可,他提出安西、北庭控制着西域五十七国和十姓突厥,有分吐蕃之势,使之不能并兵东侵,如将两镇给予吐蕃，则关中就危险了。况且，吐蕃援兵当时观望不前，并无功绩可言。朝臣们都赞同李泌的意见，德宗才没有将两镇给予吐蕃。

贞元元年（785年）七月，陈虢都兵马使达奚抱晖杀死节度使张劝，代理军务。德宗十分担忧。他派李泌为陈虢观察使，前往处理。德宗派神策军护送上任，李泌以为不可，说："陕城三面悬绝，攻之未可，臣请以单骑入之。"德宗说："朕方大用卿，宁失陕州，不可失卿。"李泌坚持独往，说："今事变之初，众心未定，故可出其不意，夺其奸谋。"李泌请与唐将马燧同行。临行前，通过陕州进奏官传话："朝廷正督运江淮米以赈济陈虢，若抱晖有功，则赐旌节"，消除了敌对情绪。李泌入陕州时，称抱晖保城有功，还对其部将进行安抚。李泌到陕州之前，德宗曾将参加叛乱的七十五人名单授泌，要求他诛杀。李泌不得已，只将五人送往京师，恳请赦免，其他人一概不问，抱晖逃往他乡，这样就避免了一场叛乱。

贞元三年（787年）六月，李泌任中书侍郎、同中书门下平章事，做了宰相。李泌担任宰相后，第一件事是劝说德宗勿猜忌武将，加害功臣。名将李晟、马燧，对国家有大功。李泌对德宗说，如果陛下加害他们，则宿卫之士，方镇之臣，必然愤怒而不安，内外之变必然再起。他当着马燧、李晟的面，对德宗说："臣愿陛下勿以二臣功大而忌之，二臣勿以位高而自疑"。德宗对李泌的劝说，深有所悟，从而避免了一次朝廷危机。

李泌为宰相，不仅保护功臣武将，也重视中央政府和地方政府的政权建设。德宗要宰相分工："凡军旅粮储事，卿主之；吏、礼委张延赏，刑法委柳浑"。李泌表示反对，说："宰相之职，不可分也"，"若各有所主，是乃有司，非宰相也。"德宗听从了他的意见。

在地方建设上，李泌反对大减州县官的做法。德宗认为，现在户口比太平盛世减少三分之二，官员也应相应减少。李泌却认为，户口虽减少，事情却比太平盛世增加十倍。李泌请求德宗视实际情况而定，德宗采纳了这些意见。

李泌在保证漕运畅通、增加国家财政收入方面，也做了不少工作。他为了减少国家开支，改革了西域人留京的供给制度，每年为国家节省开支五十万缗。

在用人问题上，李泌更是直谏敢谏。德宗怀疑太子有异谋，想要废弃他，另立侄儿为太子。李泌认为不可。他提醒德宗，"自古父子相疑未有不亡国覆家者"。德宗反问："贞观、开元皆易太子，何故不亡？"李泌解释说，贞观时太子李承乾因谋反，太宗乃废弃。开元时，武惠妃陷害太子瑛有异谋，太子被杀，天下怨愤，此乃百代之戒，不足效法！李泌以家族担保太子无事，但德宗就是听不进去。他叫李泌不要干涉他的家事。李泌却说："天子以四海为家。臣今独任宰相之重，四海之内，一物之失，责归于臣。况坐视太子冤横而不言，臣罪大矣！"不久，德宗终于醒悟过来，对李泌说："非卿切言，朕今日悔无及矣！"太子的地位保住了，李泌也更加受到宠信。

贞元四年（788年）二月，李泌自陈衰老，多次请求辞职，德宗均未允许。贞元五年（789年），李泌病重，推荐御史中丞兼户部侍郎窦参、太常卿董晋为相，三月，与世长辞，终年六十八岁。

赵普：宦海沉浮　论语治国

【人物档案】

姓名：赵普

别名：赵则平、赵书记、赵学究、赵中令、赵忠献、赵韩王。

字号：字则平

生卒：922年~992年

籍贯：幽州蓟县人，后徙居河南洛阳。

朝代：宋朝

职务：太子少保、太师、尚书令（赠）等。

封号：魏国公

谥号：忠献

主要成就：策划发动陈桥驿兵变，协助赵匡胤建立北宋，参与制定"先南后北、先易后难"的统一策略，主持完善宋初制度。

赵　普

【枭雄本色】

在北宋初期政坛上，有一个声名并非显赫的宰相。虽然他并不是经常出现在前台，而只是辅助君王在幕后出谋划策。然而，他所参与制订的重大方针政策，却一直影响着宋朝三百年的政治制度，关系到国运民命的重大问题。这位就是宋代开国宰相赵普。

赵普读书少，但多智谋。先后为永兴军（治今陕西西安）节度使从事，滁州、渭州（治今甘肃平凉）军事判官，同州（治今陕西大荔）、宋州（治今河南商丘市南）节度使赵匡胤推官、掌书记。

后周显德七年（960年）正月，赵普与赵匡义发动陈桥兵变，以黄袍加之于赵匡胤之身，辅其推翻后周，建立大宋王朝（北宋），赵普被受封为右谏议大夫，担任枢密直学士。这一年四月，后周昭义节度使李筠反宋，赵普建议宋太祖亲自出征。宋师凯旋还师后，升他为民部侍郎、枢密副使。后宋太祖按照赵普计策，在建隆二年（961年）"杯酒释兵权"，削夺朝中诸大将的兵权；建隆四年（963年），加强中央集权；乾德三年（965年），实行削弱地方财权的政策；乾德五年（967年），加强中央禁军建设措施；开宝二年（969年），逐步削夺节度使兵权；最后终于统一全国，统一的策略基本为先南后北。乾德二年（964年），赵普任门下侍郎、平章事、集贤殿大学士，负宰相责任。乾德五年（967年）春，赵普加职右仆射兼门下侍郎，同中书门下平章事、昭文馆大学士，成为名副其实的宰相。太平兴国二年（977年）三月，赵普升任太子少保，继迁太子太保。太平兴国六年（981年）九月，赵普升为司徒、梁国公，二度入相。太平兴国七年（982年），宋太宗依照赵普计策，不再传位给其皇弟赵延美。太平兴国八年（983年）十月，赵普再一次被免相职，担任武胜军（治今河南邓州市）节度、检校太尉兼侍中。雍熙三年（986年）春，宋太宗伐辽后久未班师，赵普上奏力谏收兵息战。雍熙四年（987年），赵普为山南东道（治今湖北襄樊）节度，改封许国公。端拱元年（988年），赵普被册封为太保兼侍中，三度出任宰相。赵普整顿吏治，惩治不法官吏，可谓忠心耿耿。宋太宗按赵普的建议，对党项人采取一些相应的政策。淳化元年（990年），赵普因为病情三次上表辞相职，宋太宗不准，任普为西京留守、河南尹、依前守太保兼中书令。淳化三年（992年）春，赵普又三次上表，恳求辞归故里，宋太宗又不准，拜普为太师，封魏国公，赐予宰相俸禄。同年七月，赵普卒。太宗听说之后为之震悼，废朝五日，赠普尚书令，追封真定王，赐谥"忠献"，亲自做撰并书写八分字神道碑赐之。咸平元年（998年），追封赵普为韩王。第二年，又诏普配飨太祖庙。可以说赵普一生真可谓功高盖世，几度宦海沉浮。

【风云叱咤】

结交太祖　初试锋芒

　　赵普青少年时期也曾经读书识字，但科举之途无甚希望，于是步父、祖后尘投兖州、镇为僚属。后周初年，赵普罢陇州巡官，初到京城，看到鲁公（范质）的驷殿之后，感叹道："似此大官修个甚福来得到此。"王勋说他即日便可富贵，更强似鲁公，不足叹羡，后来果真如王勋所说。根据王勋所说赵普以后接替范质的相位，也就是后周广顺元年（951年）六月范质任宰相以后，赵普初任陇州巡官当在后汉时候。显德元年（954年）七月，刘词担任永兴军节度使、行京兆尹，赵普被任命为从事，和楚昭辅、王仁赡同事。第二年十二月刘词死后，虽然刘词在遗表中向朝廷举荐赵普，但却没有被朝廷任用，此后便在滁州教蒙童为生。显德三年，后周世宗柴荣攻打南唐淮南的时候，赵普在村中教学，多智谋，村民有纠纷的时候，多找他处理此类事情。这次世宗亲自出征，除了王朴、韩通等留守东京外，文武大臣们都从征，宰相范质也在从征之列，后来周世宗用兵淮上，周太祖攻破滁州后，宰相范质奏请赵普为军事判官，作为州的幕职官。

　　赵普与赵匡胤的初次相见是在滁州，当时赵普为郡之参佐，断事敏捷，案件无差错，赵太祖听说他的名声后召见他并与之彻夜深谈，并且从此之后很器重他。赵匡胤初识赵普是微服私访赵普于村中私塾，从此二人结识。赵匡胤的父亲赵弘殷当时也领兵在淮南作战，不料在滁州生病，赵普不仅日夜侍奉，而且与赵匡胤父子攀附为同宗。不久，后周退兵，滁州又归于南唐，赵普被调任为渭州（今甘肃平凉）军事判官。同年，赵匡胤升任为殿前都指挥使，随后又兼领匡国军节（同州，今陕西大荔）节度使，任命赵普为节度推官，赵普从此投入赵匡胤的幕府。显德四年，赵匡胤改领义成军(滑州,今河南滑县东)节度使,第二年又改领忠武军(许州,今许昌)节度使,此后赵普一直留在赵匡胤的幕府。原来属于刘词的幕僚楚昭辅、王仁赡也先后投奔入赵匡胤幕府,后来都成为赵匡胤的心腹。显德六年六月,赵匡胤升任为殿前都点检。同月,周世宗死,这样年仅7岁的柴宗训即位,为赵匡胤篡夺帝位提供了契机。七月,赵匡胤改领归德军节度使,赵普升为节度掌书记。从此为二人的政治合作奠定了坚实的基础,也开始了赵普富于传奇的政治生涯。并且成为中国封建王朝改朝换代的又一次历史契机,他的几度宦海沉浮也慢慢拉开了帷幕。

辅佐太祖　陈桥兵变

赵普虽然读书不多,但自幼学习吏事。跟随太祖之后与赵匡胤同为后周世宗柴荣部下。话说二人相识之后,显德六年(959年),后周世宗去世后,由其遗孀辅佐幼主宗训即位。当时赵匡胤执掌护卫皇帝的禁军,担任殿前都检点的要职,这一权力非同小可,而且为以后赵匡胤发动兵变奠定了基础。建隆元年(960年)春,赵匡胤放出谣言说契丹勾结北汉入侵。后周宰相范质仓促之间派赵匡胤率军北征,可谓正中其下怀。当人马行至开封东北四十里的要道陈桥驿时,将士托故不向前行,把赵匡胤灌醉,而赵匡胤也颇有些半推半就,将士然后以杏黄龙袍加于其身,按照律法披龙袍即谋叛,赵匡胤似乎在既成事实面前,假惺惺地从后周幼主恭帝手里接过所谓的"禅位"书而正式当了皇帝,建立了大宋王朝。

历来关于太祖即位众说纷纭,这段历史虽然也留有蛛丝马迹,但许多历史学家认为赵匡胤即位是被迫的,按他的仁爱本性是决不会从寡妇孤儿手中夺取政权的。这段历史公案我们暂且不论。但是是谁煽动部将为谋富贵而拥立新主呢?为什么留京守卫之殿前都指挥使石守信和都虞候王审琦都愿意拥立赵匡胤为君主呢?为什么兵变前赵匡胤之弟赵匡义与掌书记赵普早已知道实情而不禀报呢?兵变之时为何又由他们枕戈待旦守护黄袍加身的赵匡胤呢?难道这一切仅仅是巧合吗?穿越历史的长河我们来探询这些谜团,拨开层层迷雾,似乎这些情况都不言而喻,赵普于其中起了智囊军师的特殊作用,而且似乎也做了太祖皇帝心中想做而又不便明言的事情。这些事情是舞枪弄棒、崇尚武力的将领,包括其胞弟赵匡义在内都难以考虑周全的。所以在此次兵变当中,按所起的实际作用来说,这位从滁州战役时就与赵匡胤合作的赵普,建立了特殊的功勋,这一点是毫无疑问的。

孰料在论功行赏时,除了一批原来地位重要的拥戴赵匡胤的将领比如石守信、高怀德等大将得到晋升要职以外,而赵普仅得了个右谏议大夫、充枢密直学士的一般官职。这一切似乎对建立特殊功勋的赵普颇为不公平。其实政治权术在此发挥了特殊的功效。实际上工于心计的赵匡胤在初得政权之后,一切尚未稳定,同时也考虑到赵匡胤幕僚们原来的官职太低,所以他不得不继续重用后周宰执范质、王溥以及魏仁甫为相,吴廷祚为枢密使,借此维系旧官员之心,而不至于削弱刚刚接管的国家机器。这一点上,作为与太祖有特殊交情的赵普是有所体谅的。所以他照旧要为新王朝的稳固效犬马之劳。在随后升迁的幕僚中,位列第二的赵普为右谏议大夫、枢密直学士,参与掌握枢密院的军事大权。同年五月,从征平定潞州李筠。八月,即升为兵部侍郎、枢密副使,在赵匡胤幕僚中第一个升为两府大臣。从此次事件我们也可以看出赵普作为一个政治家、大谋略家的胸怀和远见卓识。自此以后太祖也更为器重他，成为大宋股肱之臣，并且屡建奇功。

平定二李　屡建奇功

面对刚刚建立的新政权，此时的大宋王朝犹如一艘刚刚起航尚在颠簸的航船。后周的旧臣中大多数人则俯首称臣，服务于新政权。但也有不少与太祖一样的野心家，不甘心任新朝统治者摆布，尤其是有一批曾经和宋太祖一样手握兵权的武将们。在周世宗去世后，心怀篡位野心的将领又何止赵匡胤一个人？只不过是赵匡胤在赵普等要臣的辅佐下捷足先登而已，使其他野心家失去机会。面对诱人的皇位有谁能不动心呢？新王朝的建立并没有打消他们的贪念，他们仍在期待着合适的时机去实现自己的帝王梦想，而手握重权的李筠和李重进便是其中代表。

宋太祖赵匡胤代周以后面临的国内形势，依然是唐末五代十国以来的武臣专权的局面。原来后周时候的义成军节度使李筠，本来就是个野心勃勃的武将，对皇位觊觎已久。他为人骄横跋扈，连周世宗都不放在眼里。后来赵匡胤建立大宋王朝之后他不甘心以臣子自居于人下，拒绝太祖皇帝授予他的兼中书令的高官厚禄，竟下令将太祖派来的使者拒之门外。后来经过他的幕僚反复劝说，他勉强接待了使者，不料却在招待使者的宴席上挂起周太祖的遗像放声痛哭，以此来表示对宋太祖的强烈不满和反抗。后来此事被当时北汉的国主刘钧知道后，便答应帮助李筠起兵反宋。但此时李筠的长子李守节考虑当时的各方面因素坚决不同意父亲的做法，但李筠是一个很自负的人，而且此时野心也极度膨胀。赵普得知李氏父子意见不一，便极力劝说太祖任命李守节为皇城使，以此来刺探李筠的意图。而这正中李筠下怀，他也趁机派儿子入京，以便窥伺朝中意图。在李守节入宫后，太祖一见他的面开口便叫他为太子，这一叫不要紧，把李守节惊得魂飞魄散，连连叩头表示愿意效忠于新君。

太祖见初步意图达到后，便让李守节回去劝李筠打消造反的念头，谁知李筠不听儿子反复劝说，终于在建隆元年（960年）四月正式起兵。最终李守节也未能劝阻其父亲的这一自毁行动。似乎后来发生的一切均在意料之中，随后李筠暗地勾结北汉的刘钧起兵反抗宋朝。此时大宋王朝的政权尚未完全稳定，赵普看到形势十分危急，极力劝说太祖亲征并随同其前往。李筠这个人素来狂妄无谋，他没有采纳其幕僚们的一些正确建议，竟率军直捣汴京。太祖派大将石守信、高怀德、慕容延钊和王全斌等人率军平定叛乱。而此时，曾经答应出兵相助的北汉刘钧却坐山观虎斗，竟按兵不动，静待事态发展。随后宋朝大将石守信在两军的初次交锋中大败李筠，自此大大挫伤了他的锐气。同时，太祖又率军亲征，接下来李筠连遭失败，无奈退入泽州城。在随后的战役中太祖亲自指挥各军攻城，泽州城破，李筠投火自焚，其子李守节以潞州投降宋朝，李筠之乱自此被平定。赵匡胤、赵普君臣二人又联手上演了一出平定叛乱的好戏。

话说当李筠反宋之时，南方的李重进听说之后欣喜若狂，连忙派其幕僚翟守珣连夜前往李筠营中联络南北夹攻之事。岂料翟守珣却弃暗投明直奔汴京，将李重进的计划详细告知了太祖。当时由于急于应付李筠反叛之事，赵普建议为避免分散兵力南北作战，让翟守珣回去设法拖延李重进起兵的时间。翟守珣回去后如此这般一说，极力诋毁李筠，说他不足与共谋大事，劝阻李重进千万不要轻举妄动。

而志大才疏的李重进果然中计，没有及时起兵，以至于错失了起兵良机。

太祖依照赵普的计策，在李筠之乱平定后，太祖便全力对付李重进，假意改授他为平卢节度使，驻守青州。不出赵匡胤、赵普君臣所料，李重进果然拒绝离开扬州，重蹈李筠覆辙，赵普是一个思虑相当缜密的人，他考虑到原后周的将士在攻打后周的贵戚时可能会有所顾虑，所以再次力劝太祖亲自带兵前往。依赵普建议，太祖于十一月亲征扬州，初战告捷，李重进全家自焚而死。这场叛乱不过50天便被平定，李重进兵败后自杀身亡，其同党多被太祖处死。在这次捷战中赵普再一次显示了其智囊作用。为初生的大宋王朝立下了汗马功劳。

二李叛乱的平定，从实际的作用来讲，不仅仅是震慑了后周的旧臣，其意义更重要的是警告那些武将们必须服从于新的政权，切勿拥兵自重。赵普的计策也起到了一些效果。太祖本身是靠篡位夺取政权的，五代十国那种朝为同朝之臣，暮有君臣之分，武将们将弑主篡位视同家常便饭的阴影时刻萦绕在太祖的心头。这一切均使太祖寝食难安，二李的相继叛乱无疑证实了太祖的猜忌，更使初登皇位的太祖将拥有重兵的武将们视为最大的隐患，遂找心腹智囊赵普来商议此事。经过一番审时度势之后善于权谋的赵普认为国家正处于建立初期，天下尚未完全统一，而进行统一全国和巩固边关这一切都需要武将们领兵征战。出于这方面的考虑，赵普建议太祖先按兵不动，等时机成熟之后再从长计议。二李叛乱的平定，从献策亲征之意义上来说，赵普之功显著。遂迁以兵部侍郎、枢密副使之职。这一次平定叛乱同时也为接下来的杯酒释兵权奠定了基础。

加强君权　杯酒释兵

在我国封建时代，不少新王朝在稳定政权之后便有杀功臣、夺兵权之事的频繁发生，历史又一次在宋朝重新上演，从政治的角度来讲这一切均是出于巩固君权的需要。与历史上其他君王相比，好在赵匡胤深知自己是部将拥立自己才可以登上王位，所以于情于理似乎他都不能采取武力解决的办法。而赵普也以此为虑，一再以石守信等掌握重军为忧，并一再劝说太祖，石守信等人皆非大将之才，万一他的部下也来个黄袍加身，历史重演那情况就不妙了。

赵普提出了一套"稍夺其权、制其钱粮、收其精兵"的方针。赵匡胤是何等人也，听其一番话之后马上就制定出一整套加强君权、牵制和削弱各方权力的政策。首要的任务当然是要削弱武将握有重权的问题。于是在某日下晚朝之后，赵匡胤假意留下石守信等武将，叙叙兄弟情谊。在似乎有点醉意的时候，趁此向部下吐露做皇帝的苦处，日不能安，夜不能寐，以防政治变乱，还说不及你们做臣下的高枕无忧，乐得逍遥自在。石守信等人虽然说是一介武夫，但是经过这么多年的政坛的风风雨雨，也体会到了太祖话里的弦外之音，接着当石守信等人表示愿意忠心耿耿誓死效忠时，太祖又假意说道，假如你们的部下为了谋富贵而起兵怎么办呢？又不无感慨地说人生在世追求的不过是金钱、田宅，为子孙后代积下不动之产业；人的一生弹指一挥间本应该多置歌妓美女饮酒作乐以终天年。我与你们本为兄弟，如果给你们优厚的待遇，大家回家颐养天年，彼此之间没有猜忌，这样不是很好嘛？太祖这一番看似语重心长的话意思大家都听明白了，不识时务只能是死路一条。于是，第二天大家纷纷辞去军职，交出兵权，到地方做节度使去了，这样自己也图个清静自在吧。可以这样说,至此为止压在太祖心头的一块重石终于落地了。赵普献策之功自然是不能抹杀的。这便是历史上有名的"杯酒释兵权"的历史故事。所以,在建隆三年(962年),太祖晋升赵普为枢密使、检校太保。赵普深知巩固君权才刚刚开始,而他为太祖建功立业、为自己谋取富贵的前途同样也是无量的。

"杯酒释兵权"只是解决兵权的第一步。中唐以来藩镇割据的隐患和边将握有重权的问题,仍是摆在赵匡胤面前的当务之急。而最为关键的是把赵普的这十二字方针策略精神渗透到朝廷与地方的官职设置当中去,以改变地方权力结构中的独立性,使之必须依附君权而运行。在赵普的一手操纵下,这套地方与中央相互牵制的职权体系终于制订出来了。具体来讲,这就是中央设副相、枢密使副与三司计相(三司是宋代财政机关,计相为最高财政长官)以分宰相之权,收相互牵制之功效。枢密使直属皇帝指挥,而禁军之侍卫和殿前都指挥负责训练与护卫皇帝。乾德元年(963年),太祖启用赵普的计谋,罢免了王彦超等地方节度使,以及逐渐削数十位异姓王的权力,安排其他虚职,另外以文臣取代武将官职,这样的后果就是武将逐渐失去了弄权的政治基础,另一方面,更为重要的是收天下骁勇之兵和荒年招募精壮之丁为禁军,于是天下精兵皆归中央枢密院指挥。地方虽然无精兵强将,但地方军事力量的结合则仍可制约中央禁军。这就形成了这样一种格局:避免中央精悍而地方薄弱,同时朝廷内外中央地方上下相互制约。并且委任文人当通判,重要文件需要各方面会签。总之形成一种重文轻武各方面相互牵制的局面。这样产生的后果就是进一步避免了再一次发生叛乱的可能,但同时带来的隐患也是不言而喻的,即在很大程度上削弱了各方面的职能,也为宋王朝以后的积贫积弱埋下了祸根。

制其钱粮,是指限制节度使的财政粮饷权限的一种办法。规定地方钱粮大部分输送给中央,设转运使负责其事。此举影响甚大,一百年以后,王安石变法以图整军理财而财税增多,与此不无关系。至此为止,节度使的问题业已解决。

总之,赵普提出的这套方针策略,从实际功效来讲确实在宋初起到了加强中央君主集权的作用,造成了宋王朝在军、政、财、文等各权力机构彼此分立,相互牵制,有效地防止了藩镇割据与地方各自为政的重要作用。同时更为重要的是改变了五代十国时期以来武将专权手握兵权,政变更迭频繁的局面,从有利的一方面来讲使宋朝成为一个高度集中统一的国家。但是从另一方面考虑的话,这套方针反过来又成为宋朝长期以来存在的养无用之冗兵、冗官而经费负担沉重的弊端,导致自我削弱各种权力结构之有效职能,从而走向了"积贫""积弱"之境的最重要原因。从长远角度来讲赵普可能在这方面失之偏颇。因为赵普的策略只是从防止兵变、防止藩镇之割据、防官员之跋扈的角度出发,而主要不是去有效提高国力、军力、政权与财政的效力。这也解释了北宋徒有军队一百二十万,官员二万余人,国库之钱财成堆,却在北宋与南宋的三百年统治时期,一直对外屈服于辽、夏、金等少数民族政权,以至于堂堂宋王朝从此以后频频签订不平等条约,长期处于一种屈辱的历史境遇当中。与先前的唐王朝不可同日而语;对内不能消除朝廷上层官员作乱于上、而民变于下,正是宋王朝处于深重的统治危机的一个真正的也是最主要的原因。

乾德二年(964年),赵匡胤感觉中央与地方政权既然已经稳定,时机基本成熟,接着就罢免其旧臣范质、王溥、魏仁浦三相,同时任命赵普为门下侍郎、平章事,实际上是宰相职位,赵普身感皇恩浩荡,于是更加尽心尽职。而且二人结下了远远超出了君臣的情谊。历史上传说某晚宋太祖与弟赵匡义雪夜访赵普,在这样一个寒冷的夜晚,赵普亲自烧炭烤肉,君臣兄弟间饮酒促膝长谈,其间皇帝呼赵普的妻子为大嫂,君臣之间的交谈甚为投机,谈话的中心是商量用兵北汉的问题,在酒席间的这番谈话确定了所谓后来战略中"先南后北"的方针。关于先南后北决策其核心是从契丹人手中收回石敬瑭所割让的幽云十六州的国土问题。至于北汉的统一则是小事一桩。其实事实上,在后周、宋初时江南之南唐和吴越两国早已不断输送大宗财富给后周与北宋政权。他的第一目的是想赎买回幽云十六州,然而北宋终结之时,实际上并未全力以赴收回失地,后来熙宁时期的北宋朝廷反而割让七百里疆域用以和辽和好。然而不管怎样,赵普在宋初统一中央政权的作用上是功不可没的,他的历史功绩是谁都无法抹杀的。

忠于职守　抗颜直谏

　　前面说到了乾德二年(964年)正月,范质、王溥、魏仁浦同日被罢相后,学识不多的赵普,显然在事前并不了解新宰相的任命制度,因而没有能够在罢免旧相前,向宋太祖提出合适的建议,以至于后来在建国的第五年,出现了任命赵普为新宰相的时候,任命书没有在任宰相签署的尴尬场面。最后无奈之下宋太祖只好委派其皇弟使相赵光义行使这一职权。这是自唐中叶设使相以来,使相行使宰相职权唯一的一次。这在历史上也留下了一段小的插曲。

　　赵普在入相之后,忠于职守,对宋太祖忠贞不贰。赵普作为朝廷重臣起到了举荐贤良的作用。在史书的记载当中,说有当用者,赵普推荐其为官,第一次上奏如果朝廷不用,那么赵普会二奏、三奏,直至太祖准奏。如果有立功应该升迁的人,太祖不同意升迁的话,赵普会为其极力请愿,直至宋太祖答应为止。

　　根据史书记载:赵普年轻时熟悉吏事,但没有多少学问,等日后在宋朝做了宰相朝廷重臣之后,太祖经常劝他用心读书,于是赵普在晚年的时候经常手不释卷,每次回到家后,就关起门来开箱取书,整天地认真阅读。等以后处理国家政务的时候,得心应手。世人均以为赵普经纶满腹,从书本上学到了治国方略。结果等他去世后,他的家里人打开箱子一看,原来只有《论语》二十篇。后人戏称他半部论语治天下。

　　赵普的性格沉稳有城府,所以太祖对他很是倚重。虽然赵普这个人为人很爱嫉妒别人,但他确实能够以天下为己任,为朝廷举荐了不少贤能之士。宋朝初年,当时当宰相的高官大多心胸狭窄排挤异党,而且因循守旧。可是赵普在这方面却刚毅果断,明断是非。朝廷重臣中无人能与他相比。一次有一名大臣本来应当升官,可是太祖一向讨厌他的为人,坚决不答应升他的官。赵普坚决地为他请命。当时太祖很生气,发怒说道:"我就是不给他升官,你能怎么说?"作为君王,太祖坚持自己的意见。殊不知作为臣子的赵普更为坚持己见,并且回答说:"刑罪是用来惩治罪恶的,赏赐是用来酬谢有功之人的,这是古往今来共同的道理。况且刑赏是天下的刑赏,不是陛下个人的刑赏,怎能凭自己的喜怒而独断专行呢?"太祖十分生气,起身就走。当时许多人暗暗为赵普捏把冷汗。猜想赵普也应该是一个识时务的人,毕竟龙颜大怒可能随时都会有掉脑袋的危险。历史上此类事情也屡见不鲜。谁曾想到赵普也紧跟在他身后,过了很长时间就是不离去,反复向太祖推荐此人,最终得到了太祖的认可。从这个角度来讲，赵普不失为一介贤臣。可任何人身上都有相互矛盾的方面，而赵普也不例外。

矛盾人格　朝中争宠

赵普在升任宰相之后，虽说尽心辅佐太祖，但史书记载后来赵普这个人"独断政事"。太祖怕他独揽政权，所以想起用薛居正、吕馀庆等人为相，但是赵普讨厌这二人与自己同朝为宰相，所以竭力想排挤他们。只是劝说太祖让他们参知国家政治大事的讨论，而没有决定权。将参知政事作为副相的官衔一事，后来到了咸平二年（999 年）的时候还受到了宰相李沆在《重修太祖实录》中的批评。认为此实在不符合大宋的朝廷用人制度。赵普虽然学术水平不高，却很有权术，对可能对他相位造成威胁的官员，不仅排挤打击，甚至进行诬蔑陷害。这次他不仅阻挡了薛居正、吕馀庆进入宰相的行列，而且改变了隋唐以来只设宰相，不设副相的制度。因为创设的副相即（参知政事），"不宣制、不押班、不知印、不升政事堂"，所以所谓的参知政事实际上只是处于宰相助手的地位，不能参与重大决策的决定。换句话来讲，这个职位只是一个摆设，真正的大权还是掌握在赵普的手中。再后来宋太祖原想起用资历和学识远比赵普高的窦仪做宰相，但赵普猜忌窦仪这个人性格为人刚直，极力排挤了窦仪。其后宋太祖又想起用冯瓒为宰相，后来赵普就一再设计陷害冯瓒，必欲把他置之死地。后来终于将冯瓒流放登州沙门岛即（今山东长岛）。把身边这些绊脚石一一清理掉之后，赵普从此就开始了日益擅权的统治。根据一些史书记载，赵普曾经在视事阁的坐屏后放置了二个大瓮，凡是可能对他造成威胁，或者是他不中意的人，赵普就命人把之必投入此瓮中，接着束以乱麻而加以焚烧，所以世人多有抱怨。在开宝六年（973 年）六月，有人告政事堂官员受贿作弊，而这些人均都得到当朝宰相赵普的庇护。当时宋太祖很是生气，在派人核实情况之后，决定将参知政事吕馀庆、薛居正升政事堂，与宰相赵普同议政事，目的是为了对赵普的权力有所限制。同年八月，赵普被罢相后以"使相"之职出任为河阳（孟州，今河南）三城节度使。至此为止，赵普的仕途出现了第一次的转折和危机，后来发生的一系列事件使他逐渐地失去了太祖的信任和重用。

受贿事败　逐渐失宠

于乾德五年（967 年）春，赵普的仕途似乎出现了一点转机，他又得到太祖授予他的右仆射和昭文殿大学士的职位与荣誉。可是却在开宝六年（973 年）春，赵普身体有些不适，出于君臣之谊的考虑，宋太祖亲自去看望病中的赵普。当太祖走到赵普家的时候，突然发现他家廊下堆有海货十瓶。太祖命人打开一看，结果发现全是小颗粒的瓜子黄金。无奈之下赵普只好坦白说明，这是吴越王钱镠送来的。宋太祖不动声色地说道，钱镠大概是认为国家大事全由你决断，所以送金子要讨好你吧。赵普一听此话大惊失色，也意识到了问题的严重性。太祖是何等人也，这句话可谓意味深长，别有一番滋味蕴涵在里面。太祖虽然口中说受之无妨，但在实际上却触及了自己独揽大权和皇权尊严的要害问题。作为一个封建王朝的最高统治者，赵匡胤从他夺取帝位的第一天开始是决不允许他的臣下来愚弄他，或者暗中夺取他的权力的,赵普跟随太祖这么多年,却在此时犯了这个致命的错误。当时的不动声色并不代表永远的放纵。赵普聪明一世糊涂一时,可能他也有些恃宠而骄,再者赵普多年为官也在无形当中树立了不少政敌。这一切均成为他仕途上的障碍。随后有人密告太祖说赵普屡次违反禁令,无及时收手,使他的政治生涯开始走下坡路,也为他以后的发展埋下了隐患。也该着赵普倒霉,接着在这个紧要关口又有官员冒充赵普的名义经商等问题。随着调查的深入,太祖又发现赵普的儿子赵承宗竟然违反宰辅大臣间不得通婚的禁令,娶枢密使李崇矩的女儿为妻,在太祖看来这有架空皇权的危险,所以立即命令其分开。赵普本人也因专权、贪财为很多大臣所嫉恨,并被人抓住把柄。宋太祖龙颜大怒,随后设副相与赵普分掌权力,并监督相权,等于说太祖已经开始对赵普不太信任了,不久之后贬赵普为河阳三城节度使,最终赵普被罢相。但赵普也非等闲之辈,在以后的日子里他等待着东山再起的机会,并且坚信这一天迟早都会到来。太宗的即位再一次给赵普提供了升迁的良机。

烛影斧声　金匮之谜

开宝九年(976年)十月,宋太祖驾崩,其弟赵光义(避匡字讳)即位,历史上称为宋太宗。关于这段弟继兄位的历史遗案,一直流传有"烛影斧声"的传说。后来大宋的王禹偁在《建隆遗事》中有这样的记载:相传赵匡胤在去世前一日,派人急召时任宰相赵普、卢多逊入宫,在病床前接见两人,太祖深知自己时日不多,让二人用笔墨纸砚记下自己的临终遗言。并且把一些国家大事委任给二人。嘱咐他们日后切记切实按照他的话来做,否则他死都无法瞑目。

赵普、卢多逊二人不敢怠慢,连忙依照太祖的话一一记下。但是太祖让他们记下的这些事情大多都是济世安民的治国之事,最后竟然无一言涉及传位人选。子嗣的问题是国家的大事,于是赵普等人呜咽流涕地表示,这些大事他们一定谨遵圣谕而施行,但是二人提醒太祖还有一件要事尚未处理。赵匡胤于是询问何事,赵普便回答说国家储嗣未定,陛下万一有不测,那诸王当中到底该立何人为继承者?赵匡胤回答可立晋王(指赵光义)为皇位的继承者。出于各种因素的考虑,赵普劝谏太祖说建立大宋王朝创业艰难,而今终于天下升平,理应由太子即位。不应考虑其弟赵光义,因为一旦这样,很可能会后患无穷,到时候恐怕事情都无法挽回。

可是太祖却提起早在太祖建隆二年之时,皇太后杜氏病危,曾召入赵匡胤,太后问赵匡胤这宋朝的天下是怎么得来的,赵匡胤则回答说是靠祖宗和太后的功德。而皇太后则认为是因为柴氏孤儿寡母执政的缘故。如果当时后周立的是一位年长的君主,那太祖就不会轻易得到后周的天下。太后让太祖在你百年之后把皇位传给其弟赵光义(赵匡义),然后赵光义再传给赵廷美,廷美再传给太祖的儿子赵德昭。如果太祖按照太后的意旨去做那北宋就不会有年幼的君主,那是大宋天下的大福了。赵匡胤表示一定不违反母亲的指教,并让赵普当场记下这些话,作为誓书,藏于一金匣子里。这便是历史上所谓的金匮之盟。后来太祖让赵普二人把这些在病危之际所说的话记录下来,他接着拿出宫中珠玉金器分赐给赵普和卢多逊,最后让他俩各自回家了。殊不料于次日赵匡胤却在长庆殿中去世。据说后来赵光义在即位后听说赵普和卢多逊有这样的建议,太宗甚为怨恨,其后果是卢多逊遭贬,据史书记载赵普当时只是因为用女色取悦于太宗才得以获免。

关于太祖之死，历史上众说纷纭。宋代有个叫文莹的山林老僧写了一本书，名字叫《湘山野录》，在其中记载了赵匡胤之死，说赵匡胤在晚年的时候听信了一个术士的话，知道自己气数将尽，便召赵匡义入宫安排后事。据说当时赵匡胤患病在身，他把宦官和宫人赶得远远的，自己和赵匡义对酌饮酒。书中说当太祖、太宗二人在饮酒之时，宫人只是远远地望着烛光之下，赵匡义时时避席而走，似乎有激动之状，又像是似乎推辞不受的样子，后来又见赵匡胤拿玉斧砍在雪地之上，大声对赵匡义说："好做，好做。"最后，赵匡胤入内就寝，当夜留赵匡义在宫内住宿。宫人说在太宗走了之后赵匡胤鼾声如雷，可是当天还未明的时候，太祖却悄无声息了，待到内侍入内查看的时候，只见赵匡胤早已死去多时了。至于具体的死因在这本书当中也闪烁其词。

还有的传说赵匡胤在世的时候十分宠爱在攻破后蜀得来的原后蜀主的花蕊夫人费氏。据说在赵匡胤死前的那天晚上，赵匡胤急召赵匡义进宫问事，并让太宗留在宫中与自己议事，谁料赵匡义见哥哥睡熟之后，突然色心大起，就乘机调戏花蕊夫人，恰恰在这个时候赵匡胤被惊醒，太祖一怒之下就用玉斧砍赵匡义，赵匡义慌忙躲闪。正在这个时候，皇后和太子闻声赶到，而此时赵匡胤已气息奄奄，紧接着第二天清晨就去世了。至于太祖真正的死因就不得而知了。

而关于赵匡义随后的即位，也是众说纷纭。有人说他在灵前即位，也有人说赵匡胤病危之时，曾派宦官王继隆召他的儿子秦王赵德芬来见他，可王继隆却跑到了开封府，找来了赵匡义，如此这般一说，还说此时正是大好的时机。后来皇后见王继隆回来便讯问她的儿子赵德芬是否已经来了。可王继隆却禀告说晋王（赵匡义）来了。当时赵匡胤和皇后都大吃一惊，心知情况有变。但当时太祖已经明白一切均已无法挽回了。好在当时太宗并未对他们母子下手。当时赵匡义还假惺惺地安慰皇后说："共保富贵，不必担忧。"后来太祖驾崩之后，她们母子二人只好暂居人下了，但是最终太祖之子也未能摆脱悲惨的境遇，当然这是后话了。

赵光义在即位之后，于太平兴国四年御驾亲征北汉，在高粱河之役当中宋师惨败于契丹，宋太宗一度失踪，于是军中传言有谋立太祖之子德昭之说，后来太宗冲出重围回到军营之后，始终耿耿于怀。赵德昭偏偏不识时务，恰恰在此时又为北征将士请赏，本来太宗就对他心存不满和猜忌，这样一来更加遭太宗的厌恶和排挤。后来赵德昭感觉自己郁郁不得志，再加上各种各样复杂的原因而最终自杀了。

宋太祖父子之死，当然正中太宗的下怀，可以说为他以后稳坐江山扫清了障碍。而这件事情最为直接的后果是引起军营中宋太宗异母弟赵廷美的悲愤自危。在这里面确实也包含了一些兔死狐悲的意味。后来朝中有一些善于察言观色的人体会到了太宗难以明说的深层次的意思，接着便有人诬告赵廷美有不轨之谋而一一受到了封赏，赵廷美则被贬往洛阳。而这种情况对于郁郁不得志的赵普是有所触动的。于是他向宋太宗密陈，昭宪皇太后遗书由自己书写，命太祖传位给太宗，然后让太宗传位于廷美、廷美再传位于太祖之子赵德昭。但赵普又没有把意思仅仅停留在这个层面，而是接着劝说太宗应该吸取太祖传弟不传子的历史教训。而后他又乘机进言说贬往洛阳的赵廷美毫无悔改之意，不能使之居于洛阳。后来没过多久，赵普就查到了卢多逊和廷美有交往的把柄。趁此机会赵普毫不客气地捅给皇帝，说卢多逊盼太宗早日驾崩，这样就好尽力侍奉赵廷美，赵廷美为了嘉奖他的忠心，还送卢多逊弓箭等作为犒赏。听了赵普此番陈述之后太宗大怒，随后趁机借题发挥，严惩卢多逊及其同党。大臣王溥等74人联名上奏卢多逊及赵廷美怨恨太宗，且言语大逆不道。卢多逊后被削夺官爵，其同党不少被处死；赵廷美则被勒归私第，其儿女不再用皇室称谓。

赵普借卢多逊和秦王案，既打击了政敌卢多逊，同时又讨好了太宗，真可谓一箭双雕。再一次显示了赵普的心计和谋略。但是赵廷美的悲惨命运似乎还远远没到头。赵普更进一步，为了讨好太宗他挑唆开封知府李符落井下石，让李符上言说赵廷美不思悔过，反而对太宗多有怨恨。于是，赵廷美被降为涪陵县公，安置到房州。此后太宗和赵普还不罢休，命人严加监管。赵廷美郁闷难平，两年后便死在房州，年仅38岁。顺便提及的是，李符这个小人并没有得到什么好处。老谋深算的赵普怕他泄露秘密，后来找了一个别的借口，把他调到另外一个地方做了一个小官。在这里又一次上演了一出历史上常演常新的手足相残的人间悲剧。而赵普在其中所扮演的历史角色更是难以给他一个合适的历史定位。赵普对太宗这番密陈传达了三个层次的意思，第一，证明了太宗继承太祖之位是合乎太后的遗旨；第二，表明自己拥护太宗传位给儿子而不应该传给弟弟；第三，为太宗清除赵廷美继位之威胁。这几点就使赵普与宋太宗结成了特殊的一种相互利用的关系，从而立即获得司徒兼侍中的职位，两度任相。在面对权力与欲望的时候，赵普可能早已把他和太祖当年兄弟般的情谊抛之脑后了。而他此举带来的又一个后果则是赵廷美以三十八岁盛年而夭折，宋太宗长子赵元佐因为替赵廷美申不平而发狂成终身致疾。从这里，可以看到赵普失宠于宋太祖，而又得宠于宋太宗，在两度任相、东山再起的历程中，扮演了一个什么样的角色！而赵普在所谓的"金匮之盟"的传说当中则为赵匡义继承皇位作了"合理"的注解，而且把子承父业变成兄终弟及的转化说成是维持赵宋王朝的要求。但宋人并不相信这一传说，在迷离的斧声烛影中，宋太宗赵匡义即位遂成了个千古之谜。其实，从常理我们可以推断，如果太祖赵匡胤真的想传位给弟弟赵光义，在当时完全可以光明正大地公布于朝廷之上，这样也应该不会有任何阻碍，太宗何必把事情搞得这样神神秘秘的呢？话又说回来，假如"金匮之盟"早已订好，何必非要等到赵匡义即位五六年后才弄出来。由此可见，赵匡义夺了哥哥的位子之后，即便不是蓄谋将其害死，那也是趁他生病之时伺机篡位，只是以后觉得这样名不正言不顺，只好出此下策，由赵普来导演出一场所谓的"金匮之盟"的闹剧。可能连他们自己都觉得这件事没有任何的说服力，本来想掩天下人的耳目，殊不料成为掩耳盗铃的再次演绎罢了。所以只有通过不断地迫害他的侄子和弟弟来进一步掩盖他的罪行，唯一的区别就是没有搞得鲜血淋淋地罢了。

在后来的统治中，不管太宗如何在文治武功上谋求超越太祖的地位，但其实终太宗一朝，却始终无法摆脱太祖带给他的阴影。在太宗继位的过程当中走过了一段充满风波曲折的历程。在此过程中，太宗逼死了自己的弟弟和侄儿，他自己也没料到还逼疯了长子，其间的无奈、痛苦也许他再也不愿重新体会一次。也许当太宗坐在至高无上的皇位之上，居高临下地俯视天下时，其内心的孤独和凄凉也许只有自己才可以悄然吞下。在此期间所付出的代价也是相当沉重的。

而赵普又在太宗定储一事中扮演了极为特殊和重要的角色。据史书记载太宗曾以传国之事询问赵普的意见。其实只是想让赵普替自己把想说的话说出来而已。赵普这个人一生读书当然不多，但唯好读《论语》，并能从这一本书当中学到一些治国之道。据说他曾对太宗说："臣平生所知，诚不出此（指《论语》）。昔以其半辅太祖定天下，今欲以其半辅陛下致太平。"因此在宋历史当中他以"以半部《论语》治天下"而闻名于世。

太平兴国八年（983年）十月，赵普因故罢相，被贬为武胜军节度使，具体原因虽然不明，但我们从常理来判断，赵普一定有什么短处而不得不贬谪。或者也许又是当年太祖杯酒释兵权的翻版。只是赵普做梦都想不到这种事情会降临到自己的身上，不可不说是一种莫大的讽刺。其实从他的政治阅历来讲，他应该早想到最高统治者怎么会让一个功高盖世的人永远留在自己身边呢？雍熙三年（986年），宋太宗为有战事而亲征幽蓟，战事进退维艰。此时赵普看到又是表忠的好机会而提出"兵久生变"，要求班师。宋太宗为嘉奖他，而在次年嘉封赵普为山南东道节度使，改封梁国公为许国公。

一生忠献　谁人评说

淳化三年（992年），赵普三次上表以年老多病，请求告老还乡。太宗下诏挽留，并加封太师衔、封魏国公，享受宰相待遇。是年七月，赵普走完了生命的历程，终年七十一岁。宋太宗派朝廷要官治丧，追赠尚书令，追封真定王，谥号"忠献"。

赵普一生在政治舞台上活动了五十多年，一生当中，曾经辅佐了两代君王。是大宋王朝的开国宰相，为宋朝的统一和稳定立下了汗马功劳。其历史功绩一定会镌刻史册。而他确实是一个有一定远见的历史人物。但在后来的政治活动中，尤其在太宗即位之后，我们在上文提到的他所参与的金匮之谜以及对赵廷美等人的政治迫害，尤其为后世文人所不齿。再扩大一个层面来讲，他在太祖即位之后所提出的一系列方针政策，对以后宋王朝的积贫积弱是负有不可推卸历史的责任。作为一代名相，他胸中缺少学问，而以所谓半部《论语》治天下，这当然妨碍他做出更积极的贡献。这一点我们不能不为之而感到惋惜和感慨。

寇准:欲得天下好　莫如召寇老

姓名:寇准
别名:寇准、寇老西。
生卒:961 年~1023 年
籍贯:华州下邽(今陕西渭南)人
字号:字平仲
朝代:宋朝
职务:同知枢密院事、参知政事、枢密使、同平章事。
封号:莱国公
谥号:忠愍
主要成就:澶渊退辽,开发雷州,诗词创作。
墓葬:陕西渭南市临渭区官底镇左家村南一里许

寇 准

【枭雄本色】

　　寇准,北宋宰相。太平兴国进士,景德元年拜相。时值辽兵来攻,寇准力排众议,力主抵抗,促使真宗前往澶州督战,与辽订"澶渊之盟",后王钦若拿"澶渊之盟"倾陷寇准,被罢相。天禧四年丁谓与刘皇后力谮寇准,又被贬至雷州,一代直臣"寇老西"郁郁而死。

　　寇准居官清廉,为世代楷模。他终生不蓄钱财,家中无歌妓,"有官居鼎鼎,无宅起楼台",是时人对他的形容。

【风云叱咤】

好一个少年进士

　　寇准(961 年~1023 年),字平仲,华州邽下人(今陕西渭南)人。祖先曾居太原太谷(今山西太谷)昌平乡,后移居冯翊(今陕西大荔),最后迁至下邽。

　　太平兴国五年(公元 980 年)四月,春日融融,微风拂拂,桃花、李花,满山遍野。在这明媚的春光里,十九岁的寇准英姿飒爽,骑着一匹枣红色的骏马,穿过绿浪起伏的田野,登上野花盛开的山坡,涉过波光闪闪的河流,来到了北宋的京都汴梁。

　　寇准通过考试,和李沆、王旦、张泳同榜中进士甲科。人们称同榜的进士为"同年"。这四位"同年"又是录取进士中的"名进士",受到礼部官员的交口称赞。同辈们对他们的渊博学识和高超的文才也都十分钦佩。他们几人都取得了参加太宗皇帝殿试的资格。

太宗皇帝穿着崭新的龙袍,戴着皇冠,喜气洋洋地坐在那里。

寇准走到前面,按照朝见皇帝的礼节,跪拜于地。

太宗皇帝目视寇准,说道:"平身。"

寇准连忙起身道:"谢主隆恩。"

寇准红润的脸膛微微昂起,宽大的前额闪光发亮,忠厚中显出刚毅、坚定、智慧和倔强的神采。

太宗皇帝审对过李沆之后,龙颜大悦。再一见寇准,气宇轩昂,举止端庄,不由心中暗暗夸赞:"好一个俊美飒爽的少年进士!"

太宗皇帝开始审对:

"怎样才能成为一个好的国君呢?"

"如果国君用'德'治理天下,那么国君就像一颗明亮的北斗星,他的臣民就像其他星星那样环绕拱卫着他。如果国君暴虐无道,则忠臣不敢提意见,智士不敢出主意,那就不能治理好国家。"

"怎样使国家富强?"

"奖励耕织,减轻赋税,减轻刑罚。"

"如何择官?"

"废除旧的制度,敬重贤人,任用有才能的人。"

"如何施法?"

"犯了罪的都要处罚,即使是亲近大臣也要治罪;做了好事就要奖励,即使是老百姓也不能例外。"

"你读过《孙子》吗?用兵怎样取胜?"

"读过。孙子说,知彼知己,百战不殆;不知彼而知己,一胜一负;不知彼,不知己,每战必殆。"

"怎样用兵才称得上高明?"

"不战而使敌人屈服,是用兵中最高明的。"

太宗皇帝见寇准对答如流,说理精辟,笑着不住地点头,当场授予寇准大理寺评事,实任大名府成安县知县。

寇准任成安知县期间,严格按照国家规定征收赋税和徭役,禁止巧立名目加额摊派,大大减轻了人民的负担。每当收税和征役时,他不许衙役横行乡里,欺压百姓,而在县衙前张贴布告,上边写清应征对象的姓名、住址。百姓见此,便主动前来缴税和服役。

寇准还奖励耕织,鼓励垦荒,致使成安县境田野悉辟,百姓安居,受到人民交口称颂。由于他政绩卓越,数年间屡屡升迁。

挽衣留谏

宋太宗在位之际,时常诏命群臣直言进谏。一次,寇准上朝,恰逢众官建言与契丹议和。他听过之后,当即提出异议:契丹屡屡犯我边疆,只应加派劲兵驻守,不可与之议和。他亟陈利害，说得十分在理。因此，寇准受到太宗赏识，旋即被擢升为枢密院直学士。

宋太宗在处理重大问题时，常常征求寇准的意见，他也常能直言往诉。一次，寇准奏事，因言语不和，惹得太宗发怒，起身就要退朝；寇准却上前挽住衣角，让太宗坐下，继续劝谏，直至事决之后才罢。太宗息怒后，细思寇准忠直举止，甚是嘉许。说道："朕得寇准，犹如唐太宗得魏徵。"

淳化二年(991年)春天，天大旱，又闹蝗虫灾害，百姓生活日益困苦。一些官吏乘机敲诈勒索，贪赃枉法，比蝗虫还要厉害十倍。朝廷内外虽然表面上风平浪静，但内里却隐藏着矛盾和危机。

有一次，太宗皇帝召集亲近大臣，议论施政的得失。太宗皇帝问：

"今年年景不好，是不是因为雨水不调，天气太旱，蝗灾太重？"

"是，天太旱，蝗灾太重。"几个大臣应声回答。

寇准低头不语。

"朕临御九年，边疆无事，四方也还算太平吧？"

"太平，太平。"一些大臣又随声附和着。

寇准仍是低头不语。

太宗皇帝见寇准不说话，意识到他有不同见解，微笑着问道：

"寇爱卿，朕有失误的地方吗？"

"《洪范》上说，在天和人之间，它的反应象形与影，音与响一样。大旱的征验，大概是刑罚有不公平的地方吧！"寇准想乘机把刑罚不平的事奏明圣上。太宗一听，怒容满面，起身退朝。

过了一会，太宗稍有气消，便又召见寇准。寇准说：

"圣上总是劝臣要敢于直言，为什么真的一听见直言，就发怒呢？那今后谁还敢直言劝谏？您说是'天灾'，谁还敢说不是天灾呢？您说'太平'，谁还敢说不太平呢？"

太宗皇帝猛然省悟道："哎！朕不如唐太宗啊！寇爱卿的话提醒了我。"接着又对寇准说，"有什么不公平的事，说与朕听！"

"希望把二府长官召来，我再说。"

太宗皇帝立即下令召来二府长官。

寇准用严厉的目光注视着二府长官说："不久以前，祖吉、王淮都枉法受贿。祖吉赃少，竟然被判处死刑；而王淮虽然盗窃国家资财到千万，但因为是参知政事王沔的弟弟，却只受杖刑，照样做他的官。这不是执法不平是什么呢？"

太宗皇帝微怒，用手指指着王沔问：

"有这样的事吗？"

王沔惶恐地跪倒在地，面如土色，连连叩头谢罪，口中不住地说：

"臣有罪，臣有罪！"'

太宗皇帝大怒，鄙夷地看了王沔一眼，质问道：

"你是否受贿，如实招来！"

"臣受贿，罪该万死。"

"贪赃枉法，不是朝内为官的材料。罢去贼臣官职，削职为民，永远不得进朝！拿王淮重新问罪！"

王沔跪在地上,听到要削职为民,吓得浑身哆嗦,一把鼻子一把眼泪地乞求道:"望陛下开恩,臣愿为圣上效死。"

"既然愿意效死,为何违犯朝纲?"

王沔不敢再求太宗皇帝,想乞求寇准说句好话,因而转身向寇准施礼道:"望寇大人开恩!"

寇准冷笑一声,不语。

太宗皇帝大喝一声:"滚出朝廷!"

王沔离开朝廷,不几日,胡须鬓发皆白。回到家中,突然得病而死。

朝内朝外得知此事,对寇准甚为钦佩。国内贪赃枉法之徒,多少有所收敛。

从此,太宗皇帝更加重用寇准。又任命寇准为左谏议大夫,枢密副使,后又改任同知院事。

以后又有几次,在殿中启奏事情,言语不和,太宗皇帝发怒起身要走,寇准总是拉住皇帝的衣服,让皇帝息怒再坐下来,待事情决定后,方才退朝。

太宗皇帝冷静下来,赞许寇准说:"真是一个难得的人才啊!朕得到寇准,好像唐太宗得到魏徵一样。"并把用通天犀制作的两条玉带赐给寇准一条。

"万岁"惹祸 遭贬青州

淳化二年(991年)九月,寇准任同知枢密院事。其间他与知院(枢密院最高长官)张逊不和。

淳化三年(992年)夏末,寇准与同僚温仲舒并马出郊,行到途中,一个疯子突然来到二人马前,倒头便拜,口中狂呼"万岁"。寇准对细枝末节一向粗疏,未曾把乡野偶遇放在心上。

不料,此事被张逊察知,便唆使心腹王宾向宋太宗汇报,并借机添油加醋,肆意攻击寇准心存非分之想。

宋太宗一看奏章,龙颜大怒,立即传讯寇准,斥责他居心叵测。

面对飞来的横祸,寇准挺身直辩。说道:"这是有人故意陷害。试想,狂徒跪在臣与温大人两者之间,为什么张逊却指令王宾独奏寇准有罪?"张逊让王宾详析其罪;寇准便让温仲舒作证洗冤。双方在朝廷上互揭隐私,相持不下,真如唇枪舌剑,辞色甚厉。

太宗心恨双方有失大臣体统,一怒之下,把张逊贬为右领军卫将军,而贬寇准为青州(今山东益州)知州。

此后,宋太宗每每想起寇准的逆耳忠言,常追忆不已。但出于皇帝至尊至上的虚荣心,又不便承认先前错贬大臣。一次,太宗双关地问:"寇准在青州过得快乐吗?"君侧小人明白这是有意召回寇准,便不怀好意地说:"青州是个富庶地方,寇准为一州之长,生活怎能不快乐呢?"过了几天,太宗再次这样询问左右。有人乘机进谗:"听说寇准天天喝得大醉。陛下如此想念寇准,不知寇准是否想念陛下!"

太宗逐渐心灰意冷,默默不语。

巧计劝驾亲征

至道三年(997年),宋太宗病死,太子赵恒即位,是为宋真宗。

宋真宗即位以来,久欲拜寇准为相,但又担忧他性情刚直,难以担当此任。

景德元年(1004年)七月,宰相李沆病逝,宋真宗任命毕士安为参知政事。毕士安进朝谢恩,真宗说:"切勿早谢,还将拜你为相。卿看谁可与你同做宰辅?"

毕士安答道:"寇准忠诚可嘉,资历深厚,善断大事,臣不如他。"

真宗说:"朕听说他刚愎自用。"

毕士安说:"寇准忘身为国,坚持正义,打击邪恶。因此,一些庸夫俗子嫉善如仇。当今,天下百姓是蒙圣恩,安居乐业,但北部边境常受辽兵骚扰,危害深重,现在正是起用寇准的时候。"

真宗道:"卿言正合朕意。当借爱卿德,以补正他的不足。"

是年八月,真宗帝便命寇准与毕士安同为相位,二人志同道合。

寇准刚正不阿、疾恶如仇,屡受奸佞小人弹劾陷,因赖毕士安辨析,才是以免受真宗疑忌。

景德元年九月,辽兵入侵宋朝北部边境,放纵游骑在深县、祁县一带抢掠,作战稍有不利,便引兵退走,还佯装出漫无斗志的样子,借以引诱宋军。

寇准知道这一军情后,当即上奏:"这是敌兵大举入侵前的惯用伎俩。请加紧练兵点将,简选骁勇,增派精锐部队把过关隘要地,防备辽兵入侵。"

宋真宗采纳了寇准的建议,派遣杨延昭、杨嗣等将,分别把守边关要塞,严密注视敌人。

同年十一月,辽兵果然大举南侵。辽国萧太后、辽圣宗亲统大将萧达揽,领兵二十万,进犯贝、魏诸地,包围了瀛洲,兵锋直抵黄河北岸的澶州。

敌兵步步深入,朝野十分震动。边关告急文书,有时一夕五至。在群情惶恐之时,寇准却显示出了杰出政治家难能可贵的镇定风度。他将告急文书搁置在一边,照旧饮酒谈笑。

丞相临危不惧、泰然自若的神态,必能感染一部分臣民。但也有一部分胆小的臣僚惊慌失措,忙把告急文书转奏给宋真宗。

宋真宗乍闻军情,不禁大惊失色,匆忙召问寇准。寇准却故意漫不经心地说:"陛下欲了此患,只需五日便可。"真宗请道其详,寇准因请御驾亲赴澶州。

朝中群臣听到此议,个个心惊胆寒,纷纷要求退朝回家。寇准严词制止,命令大家恭候皇上起驾。

真宗进退两难,便欲退回后宫,从缓计议。寇准上前阻住,劝谏道:"倘若陛下入宫,则群臣不得见君,必然惶恐无主,那就要贻误军国大事。恳请陛下立即起驾,以安人心。"毕士安从旁附议,力主真宗身赴前敌。

于是,真宗打算亲征,便召集群臣商讨进兵方略。参知政事王钦若是江南人,主张皇帝南避金陵;大臣陈尧叟是四川人,请求御驾西幸成都。真宗本就疑虑重重,再听到这两种意见,不免动摇起来。

寇准知是王、陈二人扰乱视听,厉声责问:"谁为陛下划此南迁之策,就有可杀之罪。当今皇上英武非凡,武将与文臣又能同心协力,若大驾亲征,敌寇必然自遁。

如其不然，还可以出奇计挫败辽兵阴谋，坚守城池使敌师老费财。彼劳我逸，利弊迥别，我可稳操胜券。为何要抛弃宗庙社稷，流亡到偏远的楚、蜀二地呢？如果那样，所在人心动摇，辽兵乘虚而入，大宋江山岂能复保？"

宋真宗听到寇准言之有理，便决心御驾亲征。

这时，亟须选派要员出镇河北大名。寇准深知王钦若多智谋、擅权变，唯恐他留在朝中，再次阻止北上成议，便举荐他出任此职。王宗若无力申诉，只好勉强就任，这就为主战势力搬开了一块绊脚石。

景德元年十二月，宋真宗挥军北上。行至中途，又有人旧话重提，议论起南幸金陵之事，真宗再生彷徨，召来寇准商议行止。寇准说："目前，陛下只可进尺，不可退寸。河北军民日夜盼望銮驾到来，士气倍增；若回辇数步，则万众士气瓦解，敌乘其后，恐怕金陵也保不住了。"君臣仍惴惴不安，难以起驾。

寇准见此情景，心生一计，匆忙走出，找到殿前都指挥使高琼，问道："太尉深受国恩，今日何以报效国家？"

高琼慷慨回答："高琼为一武夫，但愿以死殉国。"寇准甚喜，对高琼面授机宜，然后转身去见真宗。高琼随后而入，立于庭下。

寇准大声对真宗说："陛下对我的话不以为然，何不听听武官高琼的意见？"

高琼立即上前奏道："寇宰相之言确是良谋。目前敌师锋芒受挫，我军士气正旺。陛下正应亲征督战，以期促成大功。"

宋真宗见一将一相均持此议，这才安下心来。寇准趁势建言："机不可失，宜速起驾！"高琼当即指挥卫士护驾前行，来到黄河南岸的澶州南城。

这时，辽兵声势不减。群臣请真宗暂驻于此，观察敌情，然后决定进止。寇准力排众议，执意对真宗说："陛下不过河，则人心越发不安。若不前进威慑敌兵，煞煞辽寇气焰，我军很难取胜。况且，杨延昭、杨嗣、王超诸将已经率领劲兵分屯中山等地；李继隆、石保吉诸将排开大阵迎击辽军，掣其左右肘；四方各镇赴援的将领也纷纷赶来勤王；陛下此行万无一失，为何裹足不前呢？"宋真宗听罢军情，才决定渡河北进。

宋真宗驾抵澶州北城，并登上城楼检阅河北军民。远近将士和百姓望见御盖麾旗，争相踊跃欢欣，声闻数十里。辽兵见此情势，相对错愕，以致扰乱了队列。

宋真宗将军事大权悉委寇准。寇准受命专决，号令严明，士气激昂。一天，辽军数千名骑兵攻近北城，宋真宗亲自登城督战，杀死、俘获敌兵大半，余众仓皇逃窜。

晚上，宋真宗回到行宫歇息，留下寇准在城头监守。夜间，真宗思虑辽国兵临城下，辗转反侧不能入眠，暗地里派侍从察看寇准的动静。却见寇准正与翰林学士杨亿饮酒、下棋，还不时谈笑、歌吟，有时竟至狂呼大吼。真宗听说寇准旁若无事，立刻放下心来，暗自说道："寇准如此坦然，我又有何忧！"这才安然入睡。

其时，寇准面对内忧外患，未尝不是心焦如焚。但作为国家柱石，唯其如此，才能稳定军心、民心。这正是他的心机所在。

宋、辽对峙多日，辽军见宋军无懈可击。辽兵孤军深入，最利速战速决，最忌旷日持久。辽军急于求成，其统帅萧达揽到阵前督察军情，被北宋大将李继隆部下的威虎军首领张环用床子弩射死。萧达揽是辽国的顺国王，一向机智勇猛，所率将士皆为精兵锐卒，每次出战多充先锋，屡建奇功。萧达揽一死，辽军士气低落，宋军更受鼓舞,双方战局发生了逆转。

澶渊之盟

这时的形势是:辽军虽然号称二十万,但却是孤军深入,供给线长,粮饷不继,只得靠劫掠附近的村庄来供给,这就更激起了人民的愤慨。辽军虽然抵达澶州,但所过城市,只攻下两城,其余都在宋军的坚守中;这些地方的宋朝守军,都保持着战斗力,他们随时可以出击,截断辽军的归路。在首次接战中,辽的主帅被射死,士气大为低落。而这时集结在澶州附近的宋军,却有数十万,士气旺盛,供给充足,更有广大人民的支持。这样的军事形势,对谁有利,本来是一目了然的。辽统治者当然明白这一点,他们这时实际上已经停止了进攻,陷入进退两难的境地。

但是宋真宗却始终不敢积极主战。差不多当他从汴京出发的同时,宋朝的议和使节也被派往辽军军营。这人名叫曹利用,是一个职位很低的官员。在宋、辽对垒的过程中,曹利用总是来往于两军之间。辽圣宗也通过头一年被俘的宋将王继忠,和曹利用联系。

宋真宗的条件是,只要辽国退军,不向宋朝廷提出领土要求,就答应每年出很多银、绢给辽国。和议在两军相持中进行,最后达成了协议,剩下的唯一问题,只是每年送银绢的数量。曹利用向真宗讨个数目,真宗说:"必不得已,虽是百万,也可答应。"

曹利用从真宗的行宫中出来,寇准把他叫了去,对他说:"虽有皇帝的意旨,但是你去交涉,答应给辽方的不得超过三十万。超过三十万,你就不必再来见我,那时我要砍你的头!"寇准始终是反对和议的,但在封建社会中,皇帝握有最高的权力,真宗已经决定用金钱来贿赂辽国撤军,他当然只得服从。而且当时已有人说寇准的坏话,说他握有兵权,想利用这一时机,来提高自己的地位。寇准在这班人的毁谤之下,被迫放弃了主战的主张。

这样,在十二月中旬,和议终于最后达成协议,由宋朝每年送给辽银十万两,绢二十万匹;辽军从宋境内撤回;辽国皇帝向宋朝皇帝称兄,两国间保持和平局面。

这次辽国的军事进攻所以被阻止,主要是宋朝一些爱国将士和广大人民的功绩。他们的努力,不但有效地阻击住敌人,而且为反攻创造了极其有利的条件。但是为什么在有利条件下,宋朝政府却反而和对方订立屈辱的和约呢?

宋朝统治者从它的开国皇帝宋太祖起,就缺乏收复燕云十六州失地的决心。而且宋太祖和他的后继者,鉴于唐末五代各地军阀的强大,中央权力名存实亡,又看到历代封建王朝,大多在农民起义的浪潮中覆亡,因此,宋朝的基本国策,一开始就采取加强中央集权,加强对内控制,对西夏和辽等则始终是妥协、退让。这种政策,当时人叫它做"守内虚外"。宋太祖每灭亡一个地方割据政权,就把那里括取来的金银财货,分一部分藏入专库,不许动用。他对大臣们说:"等库内积存到三、五百万,我就可以用这笔钱向契丹赎还燕云故土。"又说:"我用二十匹绢买一个契丹人的脑袋。契丹的精兵不过十万,这不过费我二百万匹绢,契丹人也就完蛋了。"

根据上面所说的情况,再加上宋太宗时对辽用兵的失败,宋朝廷内早已滋长着失败妥协的情绪。宋真宗即使在形势对宋军有利时,也不敢相信是否真能打败辽国军队。而且,他还害怕在战争中,像寇准、高琼等大臣一旦掌握军权,要威胁他的统治权。他宁可加重对人民的剥削,用金钱来贿赂辽人,也不敢轻试锋芒。结果,竟在胜利的情况下订立了屈辱的条约。宋代最高统治者的屈辱行动,使中原地区的劳动人民每年增添了巨额的负担。

小人陷害　宰相遭贬

澶渊之盟之后,宋辽息兵,两国边境比较和平。为此,宋真宗对寇准更加器重,倚之处理朝中大政。寇准身处顺境,也不免自鸣得意,忽视了宦途中的坎坷。从此,他在上层集团的斗争中,接连走着下坡路。

寇准辅政,一向赏罚严明。他既喜举贤任能,破格任用,又喜惩治邪恶,罢黜庸吏。对此,忠直贤良者自然是拍手称好,而奸佞之徒却对他有切骨之恨。

一次任命官员,僚属拿着官吏名册,拟依次晋升。寇准却说:"宰相的职责,在于提拔忠良贤才,罢黜奸佞不肖之徒,如果按名册先后用人,一个小小官吏即可办到,还要我宰相做什么?"

由于寇准从政有方,至景德二年(1005年),宋真宗又给他加官中书侍郎兼工部尚书。

王钦若等佞臣自从劝帝南避金陵遭到寇斥责之后,一直怀恨在心。如今见寇准权重朝班,更是忌恨不已,时刻伺机倾陷寇准。

景德三年(1006年)的一天,真宗皇帝会见文武百官。朝毕,寇准先退朝,真宗皇帝注目送寇准远去。

王钦若在旁边看在眼里,嫉妒之心油然而生。他趁寇准不在,巧进谗言:

"陛下如此尊敬寇准,是因为他有保卫国家的功劳吗?"

真宗皇帝点头道:"正是。"

王钦若这时奸笑一声,恶狠狠地说:

"澶渊之战,陛下不认为是耻辱,反倒以为寇准有保全国家的功绩!"

真宗皇帝惊愕地睁大了双眼,迷惑不解地问道:"澶渊之战,谁不知道都是寇准的功劳,你为何说出这种话来?"

王钦若摇摇头说:"恕臣直言,敌人逼近城下而订立盟约,这在《春秋》上都认为是羞耻的事。澶渊之盟正是敌人逼近城下而订立的盟约。陛下以皇帝的尊严,竟然订下城下之盟,世上还有什么比这更大的耻辱呢?"

真宗皇帝一听,立刻变了脸色,显出愤怒的样子。

王钦若摸不清真宗皇帝的心思,心突突地跳着,脑门上直冒虚汗。他试探着又说:

"陛下听说过赌博的事吗? 当赌徒将要输光的时候,就把他所有的钱都拿出来做赌注,企图最后得胜,这就叫作'孤注一掷'。这完全是一种冒险行为。在澶渊之战中,寇准像即将输光的赌徒,他拿陛下当作'孤注'。寇准对待陛下这样无礼,难道不是有罪的行为吗?"

真宗皇帝猛听此言,霍地从座位上站立起来,双眼直视着王钦若说:

"爱卿说下去,说下去! 不然朕还被蒙在鼓里呢!"

王钦若听了此话,松了一口气,脸上露出得意的神色,继续挑拨说:

"寇准现在倚仗着陛下的宠爱,肆意提拔跟他亲近的人,根本不按陛下的旧例行事。他常常封官许愿，使人感谢他的私恩。当今朝廷大臣已有三分之二归附寇准了。这对陛下来说，不是也太危险了吗？所以臣才冒着生命危险，向陛下说明寇准的所作所为。臣就是死了，也甘心情愿。"

王钦若为了打动真宗皇帝，说完竟痛哭流涕，装出一副为了拯救皇帝的危难，他王钦若死不足惜的样子。

昏庸的真宗皇帝就这样听信了王钦若的谗言，与寇准渐渐地疏远了。到了第二年，竟罢免了寇准的宰相职务，降寇准为刑部尚书，调任陕州知州，由王旦接任宰相职务。

当初寇准官拜宰相之时，好友张咏正远在成都，任益州知州。张咏耳闻寇准相，喜对属吏说："寇公奇才，惜学术不足。"

乃至寇准罢相，调任陕州，恰逢张咏自成都回京，路过此地。他乡遇故交，且系生平知音，寇准免不了隆重接待，盛情款待。两人促膝长谈，倾诉怀抱。临别时，寇准远送至郊外，虚心向张咏求教说："自此一别，不知后会之期，张公有何高见，望不吝赐教。"

张咏徐徐地说："《汉书·霍光传》不可不读。"寇准不明其意，回府后急忙翻阅该传。篇末，作者班固对霍光作了几句评语，其中有"不学无术"四字。寇准读至此处，会心一笑说："这就是张公教我的话。"

后来，寇准又改任户部尚书，兼知天雄军，镇守河北大名。天雄军地近宋朝北疆，寇准自然而然身兼守土抗辽之责。

其间，萧太后派遣使臣路过此处。辽使见到寇准，情知朝廷忠奸不辨，使贤臣蒙屈遭贬，却有意挑动说："相公德高望重，为何不在中书省做官，却到天雄军来呢？"

寇准听到此言，百感交集。但是，忠君爱国之情却萦绕于怀，始终不渝。他机智、巧妙地应答道："如今朝廷无事，无须我居中任职。皇上以为天雄军系北门锁钥，非我执掌不可。"这话说得十分得体，简直无懈可击。

力斗"五鬼"帮　违心进"天书"

自从景德三年(1006年)寇准罢相之后，宋真宗任命王旦为宰相，王钦若、陈尧叟参知枢密院事。

此时，宋真宗登基多年，皇位稳固，又值天下太平，内外相安。抚今怀古，有识之士反觉不安起来。因为，在中国漫长的封建社会里，每遇太平盛世，总不免庸人自扰，闹出许多亲痛仇快、天怒人怨的事体来。并且，此时的封建社会，已经步入垂暮之关键，北宋政局不仅无复汉、唐蒸蒸日上的气象，而且显现出江河日下的征兆。再看朝中大臣，唯独王旦较有声望，能够奉公遵法，大度容事。但他过度矜持，缺乏向邪恶势力做斗争的气魄和胆识。其他如王钦若、陈尧叟之辈，向来老奸巨猾，治国无方，惑主有术。另有一班佞臣与之配合，营私舞弊，无所不为。

大中祥符七年(1014年)六月，枢密使王钦若、陈尧叟终因罪恶昭彰被罢官。宰相王旦趁机引荐寇准，把他调进京师，委任为枢密使。

寇准秉性刚直，疾恶如仇。往年，他与"五鬼"之首王钦若结为政敌，如今又与五鬼之一、新任三司林特势成水火，处处顶撞。那时，林特正蒙厚宠，主管征收河北地区的绢帛，催逼甚急。寇准却暗助转运使李士衡，从中阻挠，并且扬言：当初曾进河北贡绢五万匹，而三司不必，致使国用匮乏。他们还请求惩治三司长官及其属吏。

是时，京师每年所需绢多达百万匹，寇准仅能征收五万，怎能满足朝廷的骄奢淫逸。宋真宗心中愤懑，对王旦说："寇准刚忿性情，仍如往时。"王旦不敢违抗圣意，只得批评说："寇准好人怀惠（希望别人怀念自己的恩德），又欲人畏威（又喜欢别人畏服自己的声威），皆大臣所避（这都是做大臣者应当避免的弱点），而准乃为己任（寇准却认为这是应该的），此其短也。"

王旦所说寇准之短，确不为诬。刚正偏激、疾恶如仇，绝不应是做宰相的气量。仅就气量宽宏来说，王旦却具备宰相气度。他不仅能容纳寇准平日的挑剔、顶撞而且竭力保护这个刚正、贤能的同年。他曾多次向真宗赞扬寇准，说他"对陛下无隐私，益见其忠直"。尽管如此，僵局仍无法挽回。因为世间最无容量的便是专制帝王。

大中祥符八年（1015年）四月，寇准终于又被罢相，左迁为武胜军节度使。

天禧元年（1017年），宰相王旦病笃。宋真宗将王旦抬入宫中，征询日后的施政纲领，其中问道："爱卿病情万一不测，朕将天下委托于谁呢？"王旦费力地举起笏板，奏道："以臣之见，皆不如寇准贤能。"真宗说："寇准性刚褊，请再思其余。"王旦摇头说："他人可否，臣实不知。"这实则是说，宰相一任，非寇准莫属。

当年七月，王旦因病辞世；八月，进王钦若为相。

天禧三年（1019年）三月，巡检朱能与内侍周怀政通谋，伪造"天书"，置于长安西南的乾祐山。当时，寇准已调往此地，任永兴军长官。宋真宗欲得"天书"，可又受到孙奭等人的谏阻，极言其虚妄无稽。值此，有人主计说："开始最不信天书的是寇准，如让寇准进献天书，官民才能信服。"于是，真宗命周怀政晓谕寇准。

原来，寇准实不愿做这荒诞不经的事情，后经其婿王曙从中怂恿，方才勉为其难。当时，有个门生鉴于朝中群小盘结，人情险恶，况且寇准又过于刚正不阿，日后终难自脱官场横祸，遂向前献策说："寇公行至中途，假托有病，上书坚决请求补为外官，此为上策；倘若入见，立即揭发天书之诈，尚可保全平生正直之名，此为中策；如果再进中书省为相，是为最下策。"寇准身处名利之间，也难以自拔。何况，作为一个政治家，当政弄权，犹如将军驰马挥戈，雄鹰在空中展翅翱翔，乐在其中。但最终谋错一筹，违心地到朝中从事奉承之能事。

宋真宗见寇准入献"天书"，自然大喜过望，亲自将他迎入禁中。六月，王钦若有罪，免相，遂以寇准为宰相，兼任吏部尚书。

进献"天书"是寇准一生最大的失策。此事大大降低了他的声望，使之从此陷入难以自明的是非漩涡之中。当时，陕州有个著名隐士、诗人魏野，曾就进呈天书一封，写诗讽刺寇准。寇准对此追悔莫及，曾写律诗《赠魏野处士》，表达了自己复杂的感触。其诗说：

人闻名利走尘埃，惟子高闲晦盛才。
歆枕夜风喧薜荔，闭门春雨长莓苔。
诗题远岫经年得，僧恋幽轩继日来。
却恐明君征隐逸，溪云难得共徘徊。

诗中，寇准敢以"名利"二字自责，足见其坦荡的胸怀。

引狼入室　举荐小人丁谓

寇准为宰相，非常珍爱和器重有才华的人。开始，他对三司使丁谓的才华很是赞赏。

丁谓，字谓之，苏州人。他机敏过人，足智多谋。上千字的文章，看一遍就能背诵。他任三司使时，案子上堆积的文书又多又杂，一般官吏难以解决的文书和事情，丁谓一句话就能解决。丁谓能言善辩，尤其喜欢作诗。至于绘画、下棋、音律没有不精通的。每到闲暇时，召集亲朋好友相会，把琴、棋、书、画全陈列出来，各自根据自己的爱好，或弹琴，或下棋，或赋诗，或绘画，技艺之高，没有人能超出丁谓的。

早先，在李沆做宰相的时候，寇准就举荐过丁谓。

寇准对李沆说："丁谓才华出众，可以重用！"

李沆深沉地微笑着说："丁谓虽然有才华，但他为人狡猾、奸诈。他多阿谀谄媚之态，少忠厚朴实之德，不可重用！"

"丁谓既然才华出众，怎么能让他居于别人之下呢？"

"路遥识马力，日久见人心。总有一天你会认识他的！"

寇准因为尊重李沆，不好意思再争论下去。但他仍摇头不已，对李沆的话不以为然。

因为得到了寇准的称赞和推荐，丁谓的名声和地位很快就显赫起来了。后来，丁谓竟升官至参知政事，共同参与朝廷大事。起初，丁谓对寇准的提拔和重用十分感激，对寇准常常满脸赔笑，曲意逢迎。这并没有引起寇准的注意。有一次文武大臣在中书省会宴，丁谓的过分行为使寇准改变了对于他的看法。

这一天，文武大臣欢聚一堂，轻鼓细乐，杯来盏去，寇准心情畅快，开怀痛饮。但酒喝多了，一不小心，羹汤流洒了一胡须，逗引得众官员哄堂大笑。

此时，只有丁谓不笑，他从座位上站起来，恭恭敬敬地走到了寇准的身旁，慢慢地用自己紫色的新袍替寇准擦拭胡须。顿时，众官员一愣，欢笑声突然中断，堂内鸦雀无声，个个面面相觑。寇准的酒一下子醒了一半，下意识地看了丁谓一眼，只见丁谓奴颜婢膝地站在自己的面前。

众官员知道寇准平素最讨厌阿谀奉承之辈，常常斥责这种人为"小人"。今天众官员倒要看看寇准怎样对待向他献殷勤的"小人"了。

在众目睽睽之下，丁谓十分尴尬，恨不得有个地洞钻进去才好。他多么希望寇准说两句话，给他圆圆脸面。

寇准是个不讲情面的人。此时，他讥讽地对丁谓说："你现在是堂堂的参政大人，国家的重臣，怎么竟给我擦起胡子来了呢！"

一番话臊得丁谓满脸通红，呆若木鸡。从此，他对寇准怀恨在心，结下冤仇。

天禧四年（1020 年）六月，真宗皇帝得了风瘫，自己怀疑难以治好了，心情愁闷。

真宗皇帝不能起床，常常躺在辅佐皇太子大臣周怀政的大腿上商量国家大事，有传位给皇太子之心。周怀政是东宫要臣，真宗皇帝很信任他。周怀政便把真宗皇帝的心意告知了寇准。

自从真宗皇帝染病在身，许多国家大事都由皇后刘氏主持裁决。丁谓趁机依附于皇后,出谋策划,权势很大。因为皇太子不是刘皇后亲生儿子,所以皇后和丁谓都不愿让皇太子继位。

有一次,真宗皇帝召见寇准,和他商量立皇太子之事。

寇准说:"立皇太子名正言顺,是万民所期待的大事情。愿圣上思念祖上之德,以社稷为重,把皇位传于太子。选择正直、有能力的大臣辅佐他。不要信用丁谓、钱惟演这些阿谀奉迎之辈。他们以奸邪乱朝政,宋朝的江山可能葬送在他们手里。"

真宗皇帝听了寇准的话,点头称是。得到了真宗皇帝的允许,寇准立即密令杨亿起草诏书,立太子主持国家大事。杨亿怕事情泄露出去,夜深,辞去左右,亲自燃灯,书写完毕,中外不知。

丁谓狡诈,看寇准常与真宗皇帝密谋,惧怕寇准出主意立皇太子,夺了皇后和自己的权势。于是,绞尽脑汁地探听寇准行踪。丁谓深知寇准喜欢饮酒的弱点,为了刺探寇准的计谋,便邀请寇准赴宴。寇准推迟不过,只得勉强入席。两人面和心不和,各自怀着戒心,一杯杯地喝闷酒。酒过五巡,寇准须髯飘洒,满脸通红。丁谓看了一眼寇准,觉得寇准威风凛凛,既有关公之貌,又有孔明之谋,自己绝对不是他的对手。但是,强烈的权势欲使得丁谓恩将仇报,与寇准势不两立。

丁谓见寇准面带醉意,便装出诚恳的样子,试探着说:"当今圣上染病在身,大事多由皇后做主,皇太子尚且年幼……"

寇准此时微醉,而且几天来一直运筹着立皇太子之事,经不起丁谓的引诱,乘着酒兴,没容丁谓把话说完,便泄露出了心中的秘密:

"皇太子虽然年幼,但传位太子是名正言顺的大事,一符众望,二顺民意。这是古今常制,是天经地义的。还要选择刚正、忠直的大臣辅佐,安能用奸诈小人……"寇准说到这里,猛然意识到失言了,悔恨莫及。起身告辞,不欢而散。

丁谓听寇准一说,吓出了一身冷汗,他预感到自己的权势有丧失的危险。于是,对寇准更加怀恨在心,极尽诬蔑、诽谤之能事。一次,丁谓在真宗皇帝面前谗言:"听人说,寇准想趁陛下有病之机,借立皇太子为名,行夺朝廷大权之实。望陛下不要上寇准的当!"

真宗皇帝一听,果然大怒。一时竟忘记了立皇太子是自己与寇准商定的事,昏庸无道地罢免了寇准的宰相职务,降为太子太傅。

寇准被贬的消息震惊了朝廷内外,京师的人们为寇准鸣不平,在私下纷纷议论:"欲得天下宁,当拔眼中钉;欲得天下好,莫如召寇老。"寇老就是寇准。

从此,周怀政既为国担忧,也为自己的命运担心。心想,与其等待受株连,还不如先下手为强,为国除奸,为民除害。于是策划尊真宗皇帝为太上皇,立皇太子为皇帝,废皇后,杀丁谓,把寇准仍旧召回当宰相。

周怀政万万没有想到,这个计划让客省使杨崇勋得知。他把这事告诉了丁谓。

丁谓得知消息后吓得面如土色,胆战心惊。当天夜晚,月色朦胧,丁谓换上便衣,乘妇人车,带着杨崇勋诡秘地去找曹利用商议对策。深夜,把这个消息又告诉了皇后,皇后顿时浑身发抖,恨得咬牙切齿,决意要杀周怀政。

第二天,真宗皇帝辞退左右,悠闲地慢步于宫内后花园。

周怀政看到真宗皇帝独自一人,秘密地在怀内藏刀一把,走到真宗皇帝面前,跪倒在地,流着眼泪说:

"臣前些时说起社稷大计,陛下已经同意。现在时间已经过去一月有余,怎么还没有裁决? 莫非有什么怀疑,请允许臣剖心以表明忠心。"说着,从怀中取出藏刀,划其胸,血流淋漓,跌倒在地。

真宗皇帝大惊,突然瘫病重犯,不能动弹。左右闻知而来,搀扶真宗皇帝回宫。

皇后见此情景,立即下手。命令捆绑周怀政入狱。之后,命徽北院使曹玮审讯周怀政。周怀政被逼无奈,一一招认。不几日,载赴城西普安佛寺斩首。

事过之后,皇后更加信宠丁谓,再贬寇准为太常卿(掌宗庙祭祀之官职)。

此时,真宗皇帝病疾甚重,不能视事。丁谓与皇后密谋,伪造圣旨,要把寇准贬至遥远的小州。

中书省官员李迪与寇准相交甚厚,对贬谪寇准极为不满。他得知要贬寇准到边远小州的消息后,当面质问丁谓道:"圣旨向来无'远'字,贬寇准边远小州,从何而来?"

丁谓恼羞成怒,便诬陷李迪"犯互相依附罪",贬李迪为衡州团练副使。

丁谓诬陷寇准"犯与怀政勾结罪",并把罪名宣布于朝廷内外,企图搞臭寇准。在起草责罚寇准的文书时,丁谓嫌所用词句不严厉,就以自己的意思亲自改定。如"当坏人干犯政纪的时候,正是真宗皇帝开始患病不能参与政事的时候,圣上遭受这样的震惊和打击,病情更加恶化……"等等,以此来加重对寇准的处置。他们决定把寇准贬到道州。

欲得天下好　莫如召寇老

年逾花甲的寇准,身处偏僻荒远的异乡,一旦回首往昔,身世之感,忧愤之情,不时地撞击着他的心扉。他曾赋《感兴》诗一首,道出了自己的心绪:

忆昔金门初射策,一日声华喧九陌。
少年得志出风尘,自为青云无所隔。
主上抡才登桂堂,神京进秩奔殊方。
墨绶铜章竟何用,巴云瘴雨徒荒凉。
有时扼腕生忧端,儒书读尽犹饥寒。
丈夫意气到如此,搔首空歌行路难。

回想昔日金榜题名、踌躇满志,更加重了如今满目苍凉和忧思满怀的悲凉。此情此景,怎不令他扼腕生愤,大声疾呼地控诉宦途的艰难及险恶!

自古庙堂之上虽然不辨忠奸,而江湖人间却能公正评判是非曲直。

却说丁谓自从排挤走李迪一班清廉大臣,又将寇准远流于绝地,之后更是横行无忌,为所欲为。于是,京师官民憎恶丁谓,怀念寇准,编了几句顺口歌谣:"欲得天下宁,当拔眼中钉;欲得天下好,莫如召寇老。""钉"丁谓之姓的谐音,寇老即是对寇准的敬称。

千夫所指,无疾而死。寇准再贬雷州不到半载,身为万众眼中之钉的丁谓也获罪被贬。

乾兴元年六月,丁谓因伙同内侍雷允恭擅自改动建造皇帝陵墓的计划,获罪免官。不久,又查出他勾结女道士刘德妙欺君罔上,语涉妖诞。两罪并罚,遂贬他为崖州(今海南岛)司户参军。

丁谓到崖州贬所，中途必经雷州。寇准闻讯，遣人携带一只蒸羊，送到雷州边境，交于丁谓，一则表达自己的胸怀，另外也有拒之于门外的意思。丁谓远窜南国，举目无亲。值此长途跋涉、心力交瘁之际，原想在雷州小憩几日。寇准的家僮获悉此意，争欲杀死此贼。寇准不愿以私仇坏国法，便将家僮、衙役全部关在府内，使之尽情饮宴、赌博。

丁谓察知这般情况，只得惊惶就道。

宋仁宗天圣元年（1023 年），寇准贫病交加，卧倒在病榻之上。此时，他曾用《病中书》为题，再写一首描写志行和遭遇的律诗：

　　多病将经年，逢迎故不能。

　　书惟看药录，客只待医僧。

　　壮志销如雪，幽怀冷似冰。

　　郡斋风雨后，无睡对寒灯。

他的品操和情怀如旧，可是心已经冷了！

该年九月，享年六十三岁的寇准，终于走完荆棘丛生、蜿蜒坎坷的人生之路，与世长辞了！

死后，才接到宋仁宗任命寇准为衡州司马的诏书。其妻宋氏请求归葬西京洛阳，仁宗准奏。

寇准的灵车北归，取道公安（今湖北公安）等县。沿途官民设祭哭拜，路旁遍插竹枝，其上悬挂纸钱等祭品。一月之后，枯竹生笋。人们议论纷纷，这是寇公的高风亮节感化所致。因此，路人争为修祠立庙，年年岁岁，按时祭奠。雷州所修庙宇称"竹林寇公祠"，道州还建起寇公楼。

寇准谢世十一年，即明道二年（1033 年），宋仁宗恢复寇准"太子太傅""莱国公"官爵，赠官中书令，谥号"忠愍"。

皇佑四年（1049 年），宋仁宗又令翰林学士孙抃为寇准撰《莱国寇忠愍公旌忠之碑》的碑文，宋仁宗御笔为碑首篆书"旌忠"二字，以示嘉奖。

寇准不仅是一位功业卓著的政治家，也是一位才华横溢的诗人，现有《寇忠愍公诗集》留世。

蔡京:乱政专权　误国害民

【人物档案】

姓名:蔡京
生卒:1047 年~1126 年
籍贯:兴化军仙游县慈孝里赤岭
(福建省莆田市仙游县枫亭镇东宅村)
人
字号:元常
朝代:北宋
职务:太师、宰相。
主要作品:《草堂诗题记》、《节夫
帖》、《宫使帖》。
评价:六贼之首

蔡　京

【枭雄本色】

　　蔡京有才无德,乱政专权长达二十年之久。他打击迫害以司马光为首的反对派,被卷入这次政治漩涡之中达 309 人之多。同时鼓吹"丰亨豫大",引导宋徽宗尽情享乐,大兴土木,国库财富耗费似流水,致使东南地区许多人倾家荡产,他的胡作非为把北宋拖到了灭亡的边缘。

　　蔡京为官期间贪赃枉法,大肆搜刮民脂民膏,最后在南逃时,家中的金银珠宝装了满满一大船。途中为防不测,还将四十担金银珠宝放在浙江的一个族人家里。然而,多行不义必自毙,最终落得个死后没有棺材的可耻下场。

【风云叱咤】

见风使舵　投机钻营

　　公元 1047 年,兴化仙游(今属福建)的蔡準家,生下一个男婴,夫妇很是高兴,孩子的降生,为家里带来了无穷的欢乐,父亲给他取名为蔡京。转眼间蔡京已由一个男婴长成了顽童,该入学发蒙了,蔡準便将他送入学馆。蔡京天资聪颖,过目不忘,不但跟随先生熟读经书,而且练就了一手好书法。学馆里的先生在教授文经时,对于时文中的《岳阳楼记》推崇备至,要求学生把它背诵下来。蔡京在先生的要求下，咿咿呀呀地将《岳阳楼记》背诵得滚瓜烂熟。但他日后的所作所为，实在愧对儿时认真背诵的"先天下之忧而忧，后天下之乐而乐"。

公元1070年，这时，蔡京已二十四岁，他和弟弟蔡卞一起来到京城汴京（今河南开封），参加了朝廷举办的科举考试，结果，蔡京、蔡卞兄弟中了同榜进士，蔡京的名次比弟弟靠前，为甲科第九名，兄弟俩科甲及第，真可谓光宗耀祖，全家真是扬眉吐气。

按宋朝的规定，对进士授官，官职低一点的可授县尉、主簿，高一点的可授县令。蔡京被派往钱塘（今浙江钱塘）任县尉，蔡卞被派往江阴（今江苏江阴）任主簿，兄弟二人洒泪而别，走马上任去了。

蔡京官拜起居郎不久，朝廷便命他到辽国出使。蔡京也算不辱使命，回朝之后，就被拜为中书舍人。这样一来，蔡京兄弟二人同掌中书舍人一职，荣耀一时。

蔡京的字在朝廷中是写得最好的，这也给他带来了升迁的机会，很快便被拜为龙图阁侍制、知开封府。就在蔡京青云直上之际，元丰八年（1085年）三月，宋神宗病死，其子赵煦继位，这就是宋哲宗。由于哲宗继位时还不到十岁，宋神宗之母高氏便以太皇太后的身份垂帘听政。高氏反对变法，所以她垂帘听政之后，立即重新启用守旧派大臣，任命守旧派领袖司马光为宰相，并把变法派纷纷逐出朝廷。变法派的失势，使蔡京不免惊慌起来，唯恐自己费尽心机得来的高官厚禄化为乌有，于是不失时机地摇身一变，又成了守旧派。

司马光上台之后，要求在五天之内废除募役法，重新实行原来的差役法。当时，朝廷内外议论纷纷，都认为不可能实现。但蔡京认为这是他讨守旧派欢心的一次好机会，岂能放过？于是蔡京不遗余力地在开封府境内推行差役法，将新法中的募役法全部废除，并亲自到政事堂对司马光说："在下已经按照您的意思，全部实行差役法。"司马光听后，非常高兴地称赞蔡京说："如果人人都像你那样奉法而行，那天下的事情有什么办不成的呢？"司马光的夸奖使蔡京受宠若惊，心中满以为这下可以保住自己从变法派那里得到的高官厚禄了。但好景不长，台院、谏院便弹劾蔡京说："蔡京心术不端，想破坏差役法，应当罢黜。"就这样，蔡京被排斥出中央政府，出知成德军（今河北正定）。这是蔡京入仕以来，第一次尝到贬官的苦涩滋味，心中怏怏不乐。但坏运气又跟踪而至，他到成德军不久，又接到朝廷改派他为瀛洲（今河北河间）知州的命令。

蔡京自从任瀛洲知州以后，日子有了转机。闲暇之时，蔡京一边写字作画，一边琢磨晋升的机会。在瀛州，蔡京只字不提变法之事，别人如果敢谈起"变法"二字，他便大加斥责，甚至于陷害。时间一长，守旧派中的一些大臣认为蔡京可以任用，将他升迁为成都府（今四川成都）知府。但对于蔡京是否可用，守旧派内部也有不同意见。在范祖禹的竭力反对下，蔡京的成都知府一职随即被免去，改任江淮荆浙发运使。蔡京听说是范祖禹坏了他的好事，心中十分怨恨。此后，蔡京一直在地方上做官，始终受守旧派的排挤，郁郁不得志。

宋哲宗元祐八年（1093年），太皇太后高氏死去，宋哲宗亲政。由于宋哲宗年幼继位，守旧派都看高氏的脸色行事，把小皇帝哲宗根本不放在眼里。有时甚至连宋哲宗说话，守旧派大臣也置之不理。随着年龄的增长，宋哲宗越来越不满守旧派大臣目中无君的傲慢态度。高氏一死，守旧派失去了靠山。宋哲宗便把那些对自己不恭敬顺从的守旧派大臣一一逐出朝廷，把原来遭受排挤的变法派召回朝廷，并表示要"绍述先圣（即宋神宗）"，恢复变法，因而改元"绍圣"。蔡京由于在熙宁变法时投靠变法派，后来又屡受守旧派的排斥，自然也在被召之列，回朝后官拜户部尚书。

蔡京自从熙宁三年（1070年）做官以来，在变法派与守旧派之间投机钻营，练就了一套欺下媚上的本领，成了一个混迹官场的钻营老手。虽然蔡京已身居翰林学士，但他仍不满足，又想捞个副宰相当当。知枢密院事曾布对蔡京嫉妒不已，非常害怕他官居自己之上，便乘机上奏哲宗说："蔡卞已经是副宰相了，兄弟不可以同升。"于是，宋哲宗便拜蔡京为北门承旨，仍兼任翰林学士等职。

蔡京对曾布的做法非常憎恨，但他并不放弃要做副相的野心，乘机发挥自己能写善画的特长，将其作为自己晋升的资本。按宋朝惯例，翰林学士要给皇帝、皇后等人献词，蔡京为了献媚于哲宗与皇后，特意撰写了四首，其中一句深得哲宗欣赏，那就是："三十六宫人第一，玉楼深处梦熊罴。"蔡京知道后非常高兴，又画了两个扇面，作为凉扇进献给哲宗和皇后。宋哲宗夸奖蔡京说："蔡爱卿书法，天下第一。"这句话，使蔡京兴奋得彻夜不眠，以为自己升官的机会又要到了。

但是，章惇、蔡京的所作所为，不得人心，朝野上下互相谈论他们的恶行，有人甚至借童谣发泄心中对他们的愤恨。当时广为流传的一首童谣说："大惇小惇，入地无门；大蔡小蔡，还他命债。"台、谏两院大臣便借此弹劾蔡京，吓得蔡京提心吊胆。由于后宫对蔡京多有美誉，宋哲宗并没有罢黜蔡京，使这位钻营老手又侥幸成了漏网之鱼。从此，蔡京在朝廷之中地位日益巩固，他对权力的渴求也越来越强烈，其奸诈狡猾的本性也逐渐原形毕露。

阿谀奉承　位极人臣

元符三年（1100年），亲政刚刚六年的宋哲宗病死。由于宗哲宗无子，在皇位继承问题上，章惇与曾布持有不同意见。当神宗的皇后向氏主持讨论皇位继承人时，章惇厉声说道："按礼仪和律令，应该立大行皇帝同母弟简王。"

向氏不同意，便说："老身无子，各王都是神宗庶子。"

章惇说："按礼仪，庶出则应该立年龄最大的为皇帝，以按年长则应该立申王。"

向氏也不同意，找了个借口说："申王有病，不可立。"

其实皇太后向氏想立端王赵佶，章惇则认为端王赵佶轻佻不似人君，因为二人意见不合，所以章惇所提人选均被向氏一口回绝。

向氏否决申王之后，章惇还想说什么，这时，知枢密院事曾布乘机发难，呵斥章惇说："章惇，听太后处理这事，你不用多说话！"

皇太后向氏见曾布站在自己一边，便声色俱厉地说："老身以为，端王聪颖过人，应该继承皇位。"皇太后懿旨一下，其余大臣不再反对，章惇也没有办法。就这样，端王赵佶登上了皇位，他就是历史上有名的昏君——宋徽宗。

皇太后向氏是个守旧派，政治野心很大。宋徽宗继位之后，向氏模仿太皇太后高氏的做法，和宋徽宗一起处理朝中政事。章惇由于反对徽宗继位，没过多久就被罢去宰相。在向氏的要求之下，宋徽宗召回了一批被贬官的守旧派大臣，让他们担任要职，并任命守旧派大臣韩琦之子韩忠彦为门下侍郎，不久把他升为右相。在韩忠彦的活动之下，司马光、刘挚等人都恢复了官爵，守旧派势力又开始得势。

守旧派的再次抬头，对于蔡京来说，无疑是一次考验。由于他曾依附章惇，徽宗即位不久，就把他从翰林学士降为端明殿学士和龙图阁学士，这仅是两个虚衔，一点实权也没有。不久，宋徽宗又下诏，让蔡京以端明殿学士的身份，出任太原（今山西太原）知府。这时，皇太后向氏发下话来，说："让蔡京修完国史，再行赴任。"蔡京虽然暂时留在了京城，但往日的威风一扫而尽。谏官陈瑾乘机弹劾蔡京，说他与内侍太监来往密切，徽宗大怒，贬蔡京为江宁（今江苏南京）知府。蔡京心中懊恼不已，在京城拖延了数月不去赴任。

御史陈次升、龚夬、陈师锡等人，由于憎恨蔡京的为人，便联合弹劾，在奏折中说："蔡京被贬，很不高兴，拖延时间不赴任，这是抗旨不遵，请陛下定夺。"对于蔡京来说，真是一波未平，一波又起。徽宗得知蔡京没有去江宁赴任，当下龙颜大怒，便下诏说："追夺蔡京官职，让他到洞霄宫做提举。"

蔡京接到圣旨，惊惧得说不出话，再也不敢在京城停留，连夜南下，去任洞霄宫提举。洞霄宫是位于杭州的一处离宫，蔡京到此后伤感不已，犹如一个被打入冷宫的妃子，但他却还抱有一丝希望等待着出头之日。

蔡京被逐出京城不久，朝中形势发生了变化，皇太后向氏归政，宋徽宗全面亲政。宋徽宗为了调和变法派和守旧派之间的矛盾，便任命韩忠彦为左相，并将拥戴自己继位的曾布拜为右相，两派并用，并且改年号为"建中靖国"，表示要大正至公，消除朋党之争，平息两派之间的互相打击报复。实际上，变法派和守旧派之间积怨已深，根本不可能调和。就在曾布任右相不久，便和韩忠彦产生了权力之争。曾布为了获取更大的权力，便又向宋徽宗建议"绍述先圣"，鼓动宋徽宗排斥守旧派。蔡京闻知朝中形势的变化，心中窃喜，觉得自己回朝有望了。

宋徽宗是中国历史上有名的风流天子和昏君，喜欢吟诗作赋，且以书画见长，宋代人就评说他文采风流胜过李后主百倍。宋徽宗在玩乐方面有莫大的兴趣，声、色、书、画、奇花异石、飞禽走兽，乃至于蹴鞠游戏、谐谑浪语等等，无不喜好。凡是能投其所好的人，不论朝中大臣、宫廷显宦，还是市井流浪之人，都会得到提拔。宋徽宗亲政之后，便在杭州设立明金局，专门负责搜罗民间书画和奇巧之物，宦官童贯以供奉官的身份主持明金局，经常留居杭州。

蔡京为了能够重返朝廷，竭力讨好童贯，每当童贯来到杭州，便陪他日夜玩乐，并将自己画的屏风、扇面和写的条幅奉送给童贯，让他献给徽宗。童贯对蔡京的字画非常欣赏，便每天派使者送一幅到京城，并附上一些吹捧之词，使得宋徽宗龙颜大悦，对蔡京赞赏不已。蔡京为了进一步取得宋徽宗的欢心，便投其所好日夜不停地书写、作画，真可谓用心良苦。

就在蔡京巴结童贯，以字画讨取宋徽宗欢心的时候，朝廷中的权力之争日益激烈。曾布为了打击韩忠彦，想让蔡京入朝，以助自己一臂之力。当时恰逢宋哲宗的皇后为了排遣空虚寂寞，一时竟迷恋上道士作法。于是，太常博士范致虚把他的至交、道士徐神翁推荐给哲宗的皇后，这样一来，徐神翁便可以经常出入后宫。范致虚又按照曾布的意思，让徐神翁借作法之机，在后宫为蔡京多说好话，并散布非蔡京为相不足以有所作为的言论，徐神翁全部照办。过了不久，后宫嫔妃乃至于宫女，都在宋徽宗面前夸赞蔡京。宫中宦官则在童贯的影响下，也纷纷说蔡京的好话。宋徽宗在嫔妃、宦官的言语蛊惑下，再加上他又非常赏识蔡京的字画，于是，决定重新起用蔡京，让蔡京任定州（今河北定县）知州。

崇宁元年(1102年),蔡京又改任大名府(今河北大名)知府。这时,曾布与韩忠彦的权力之争正闹得不可开交。宋徽宗则在曾布"绍述先圣"的鼓动之下,开始考虑重新实行熙宁政事。

起居舍人邓洵武是曾布一派的,极力劝说徽宗"绍述先圣",他煽动说:"陛下乃神宗之子,现任左相韩忠彦乃韩琦之子,神宗实行熙宁新法,韩琦表示反对。今韩忠彦变更神宗之法,是忠彦为人臣尚能绍述其父之志,陛下为天子反不能绍述先圣吗?要想继承先圣遗志行事,没有蔡京万万不行。"他还画了一幅《爱莫能助之画》呈给徽宗,一再表示满朝文武大臣均欲祸乱朝政而不欲绍述先圣,非以蔡京为相不可。

在曾布和邓洵武等人的煽动下,宋徽宗也改变以调和变法派和守旧派的做法,把年号改为"崇宁",表示要追崇熙宁新法,并于崇宁元年五月罢免了韩忠彦左相一职。曾布将韩忠彦排斥出朝廷,目的在于独揽朝政,不料,宋徽宗也把蔡京召回,并拜为尚书左丞。蔡京在曾布的眼里,不过是驱逐韩忠彦的一个棋子,达到目的后就没了利用价值,却料不到弄假成真,反而引狼入室。曾布与蔡京实质上只是暂时的盟友,他们一旦失去共同的敌人,争权夺利在所难免。

蔡京几经起落,又比曾布狡猾无耻,所以他一到朝廷,就投徽宗所好,经常进奉自己的字画博取徽宗喜欢。蔡京绝不满足于尚书左丞,他有更大的野心,眼睛早就盯住了宰相的宝座。

崇宁元年七月,宋徽宗下诏拜蔡京为右相。下诏之日,宋徽宗在延和殿宴请蔡京,并亲切地说:"自先圣神宗创法立制以来,先帝哲宗继承先圣新法,中间发生了两次变更,国事至今未定。朕欲绍述父兄之志,扬我大宋国威,蔡爱卿有何良策?"

蔡京见宋徽宗如此看重自己,受宠若惊。听见徽宗问自己,便赶忙起身离席,跪在一旁,磕起头来,口中说道:"谢陛下知遇之恩,臣愿尽死效力。"宋徽宗听他说得诚恳,心中欢喜,更加看重蔡京。

崇宁二年(1103年)正月,蔡京被宋徽宗拜为左相,成为真正的位极人臣的显赫人物。但是,对于北宋王朝来说,却进入到历史上最为黑暗腐朽的时期,亡国的阴影正在来临。

元祐党争　残害忠良

蔡京从一个屡遭谪贬的一般官吏,一跃而位极人臣,他的心中止不住的得意。但是,作为一个心存奸巧的人,他的政治野心是没有止境的。蔡京当政不久,又一次野心勃勃地向权力发起挑战。

蔡京上奏宋徽宗说:"陛下欲继承父兄之志,臣恳请按照熙宁制度,设立都省讲议司,以完成陛下心愿。"

蔡京这一建议,是想为自己捞取更多的政治资本。在宋神宗熙宁年间,为了适应变法的需要,特意设置了"制置三司条例司"这一新机构,专门主持变法事宜,有很大的权限甚至于凌驾于宰相之上。蔡京奏请设立的"都省讲议司"与"制置三司条例司"权力相当。他提出这个建议,是为了获取更大的权力,可是,宋徽宗并没有看穿蔡京的险恶用心,看了奏折,反而夸奖蔡京是"王安石再世"!于是,宋徽宗下诏设立"都省讲议司",并让蔡京负责这方面的事务。

设立“都省讲议司”之后，蔡京便将心腹吴居厚、王汉之等人安插进来，彻底把持了朝政。从此，朝中官吏的任免、国家财政的收支以及宗室事务，都先由“都省讲议司”决定，然后奏请宋徽宗批准了事。除此之外，蔡京还以“都省讲议司”作为幌子，声称不但要恢复熙宁之法，而且还要将宋神宗想改变但还未来得及实施的事情也预以实施。结果，熙宁新法被蔡京弄得面目全非，正如后人所评说的那样：“名为遵用熙宁新法，却未有一事合乎新法。”实际上，所谓新法，对于蔡京来说，只不过借以利用的一种手段而已，他的骨子里充满邪恶和阴谋。

屯里员外郎孙馨是蔡京的好友，他对蔡京很了解。有一次，孙馨对蔡京说：“蔡相公，你的确是大富大贵之人，然而你的德行比不上你的才华，恐怕会贻误天下。”

蔡京却不以为然地说：“我现在被圣上重用，贵为宰相，愿公助我！”

孙馨见蔡京不把自己的劝告放在心上，叹了口气，怀着良好的愿望说：“相公如果确实能谨守祖宗之法，以正确的言论辅佐人主，让文武百官崇尚节俭，绝口不提兵战之事，那将是大宋王朝的幸运。”

蔡京对于孙馨的直言并不生气，却再也不言语什么，二人便不欢而散。

大权在握的蔡京，一直对守旧派大臣怀恨在心，虽然反对王安石变法的守旧派当时大部分已经死去。果如孙馨所言，蔡京有才无德，他将自己手中的权力当作利剑，斩向守旧派，欲置之死地而后快。早在崇宁元年九月，蔡京拜右相还不到两个月，便上奏徽宗说：“陛下，司马光等人破坏先圣之法，应该把他们视为奸党，夺其官爵，方才符合陛下绍述先圣之法。”

在蔡京的游说之下，宋徽宗下诏说：“将元祐年间守旧派及议论过激之人，列籍呈上。”

于是，别有用心的蔡京将文彦博、司马光等二十二人，苏轼等三十五人，秦观等四十八人，武臣王献可等四人，总共一百零九位大臣以他们的所谓罪状一一列出并呈报宋徽宗，上奏说：“请陛下御书刻石，以示后人。”

书法颇有造诣的宋徽宗欣然提笔，写下了“元祐党籍碑”五个大字，让石匠刻好之后立于文德殿端礼门。

蔡京又暗示同僚上奏宋徽宗说：“近来臣等出京城到州府境内，在陈州（今河南淮阳）有士人问及端礼门石刻元祐奸党姓名，他们的姓名虽已颁行天下，但天下士人却未尽知。近在畿内尚且如此，更不要说边远之地了！乞降睿旨，以御书奸党姓名刻石于路府州军，示天下之人。”

宋徽宗允准了这个奏议，但自己没有再以御笔书写，而让蔡京代笔，命令地方官府按照这个刻石立碑。

早在宋哲宗元符末年，曾发生了一次日食现象，当时朝中的官员见天出异象，都认为是变法所致。时隔数年，蔡京旧事重提，竟牵连了五百多人，并奏请宋徽宗将这些人列为“邪类”，将他们降官作为责罚。

崇宁三年（1104 年），蔡京上奏宋徽宗重新将元祐党人以及后来所定的邪类，合为一籍，认定三百零九人为“党人”，第二次刻石立于朝堂东壁，并下令让蔡京书写一遍，在地方官府刻石立碑。蔡京写好之后，上奏道：“臣奉陛下诏书，书写元祐奸党姓名。陛下御书刻石，已立于朝堂东壁，永为万世子孙之戒。又诏臣书之，将以颁之天下。臣为扬陛下美意，仰承陛下绍述先圣之志，谨书元祐奸党姓名，同文本一起奏于陛下，恳请陛下阅之。”

宋徽宗对蔡京的书法赞不绝口，并把它颁行天下。宋徽宗与蔡京的做法，引起当时许多有良知的人士的反对。

在当时的永兴军（今陕西西安），官府请一个叫安民的石匠去刻字，他推辞说："草民是愚昧之人，本不知立碑之意。但像司马相公这样的人，天下人都说他正直，现在却说他是奸邪之辈，草民不忍刻他名字。"永兴军的官员听后大怒，想定他的罪，安民哭泣着请求："官府的差使，草民不敢再推辞，只请求在碑石之末不刻写草民贱名，草民恐留骂名于后世。"永兴军的官员听了安民的请求，见他也有些骨气，只好答应了他的请求。

前后两次刊石立碑，把守旧派整得很惨，蔡京内心总算有点好过了。但蔡京并未就此罢手，为了彻底在舆论上消除守旧派的影响，蔡京上奏宋徽宗说："陛下，奸党之中，诗文流传民间者不在少数，臣怕这些诗文会对百姓产生坏影响，于绍述先圣不利。"

宋徽宗觉得有理，立即下诏说："为正天下视听，将苏洵、苏轼、苏辙、黄庭坚、张耒、晁补之、秦观、马涓等人的文集，以及范祖禹《唐》鉴、范镇《东斋记事》、刘攽《诗话》、文莹《湘山野录》等书籍的刻版，悉行焚毁。"幸亏有一些诗文在民间保留了下来，否则，今天的人们，恐怕难以再去吟诵苏轼的"大江东去，浪淘尽，千古风流人物"这样震撼人心的词句了！

蔡京打击报复守旧派的同时，对变法派内的一些人也进行迫害，以显示他的不可一世。王安石的学生陆佃，以及变法派人物李清臣等人，因得罪了蔡京，竟也被打入"元祐党籍"，备受摧折。

章惇曾反对宋徽宗继承皇位，蔡京为讨得宋徽宗的欢心，便上奏说："陛下，章惇是奸邪之辈，目中无君，不恭不敬，请陛下把他一列为奸党。"宋徽宗没有明确表态。于是，蔡京便自作主张，将章惇当作党人对待，连其子孙也受到牵连。

自蔡京拜相以来，受到其排挤迫害的朝中大臣，几乎超过一千，其中主要是宋哲宗元祐年间的守旧派。"元祐党籍"成了蔡京党同伐异，排挤打击政敌的一把利剑。在蔡京的专权下，宋徽宗的朝堂上充满了奸邪之臣，朝政日益腐败下去。

"丰亨豫大" 行贪财祸国

北宋王朝经过宋神宗熙宁变法以后，国库钱粮充盈，表面上呈现出一派太平盛世的景象。宋徽宗为此而沾沾自喜，认为这是自己的功劳。蔡京摸透了宋徽宗的心理，便挖空心思去满足宋徽宗的一切嗜好。君臣二人臭味相投，过起纸醉金迷的生活来。

蔡京将《周易》中的"丰亨，王假之"和"有大而能谦必豫"借用过来，提出所谓"丰亨豫大"的说法，以娱悦宋徽宗。有一次，宋徽宗宴请群臣，将玉盏、玉卮摆在宴席上，让大臣们欣赏，并说："朕想用这些东西已经很久了，唯恐人们以为太过奢华，只好把它们藏到府库，今日用它们宴请诸位爱卿，不知是不是有些奢侈？"

蔡京赶忙说："陛下，臣以前出使辽国，曾见辽国君臣所用玉盘、玉盏，都是石敬瑭之物。辽人把它们拿出来向臣炫耀，说本朝没有这些东西。现在看到陛下用这些东西，臣很高兴。再者，玉器可以延年益寿，于礼无妨。"

宋徽宗说："先帝哲宗曾修建了一个小台，才不过数尺高，上书者便接踵而至，认为过于奢华。朕畏人言,若人言一兴,那么朕就是有一百张嘴也说不清了。"

蔡京替宋徽宗辩解道:"事若合于礼,人言不足畏也。再者,天下者陛下之天下,陛下就是拿天下所有东西来享用,有何不可?区区玉器,何足道哉!"

听了蔡京的诱惑之词,宋徽宗觉得像是吃了一颗顺心丸,当下龙颜大悦,说:"蔡爱卿之言极是,朕心中无愧矣。"

蔡京乘着酒兴,又见宋徽宗在兴头上,便把自己附会的"丰亨豫大"提法向宋徽宗阐释了一遍,他说:"陛下,天下承平日久,府库充盈,此所谓丰也。而今,宫室制度狭小,与陛下的君德隆盛和国家的富足,很不相称。以臣之见,应铸九鼎建明堂修方泽,立道观,作乐备礼,制定命宝,广建宫室,此所谓大也。天下既已丰亨,就应该豫大,陛下则应享天下之奉,于礼于仪,都是说得过去的。"

宋徽宗听了蔡京的牵强附会之奇谈,不但不以为怪,反而大加赞赏,并且下诏一一照办。宋徽宗下令仿夏、周制度,用铜二十二万斤,铸成显示皇恩浩荡的九鼎,至于九鼎的安放之处,蔡京上奏说:"启奏陛下,应于中太一宫之南建九殿以奉安九鼎,大殿四周筑以墙垣,上施城垛,名之曰九成宫。"

宋徽宗准奏。蔡京便劳师动众,在很短的时间之内修成了九成宫。至于怎样安放九鼎,蔡京引经据典,上奏宋徽宗说:"九成宫之中,有大殿九间。中间安放之鼎,曰帝鼐,其色黄,为大祠之用,祭以土王之日,祭祀之币色尚黄。北方安放之鼎,曰宝鼎,其色黑,祭以冬至日,祭祀之币色尚黑。东北安放之鼎,曰牡鼎,其色青,祭以立春日,祭祀之币色尚黑。东方安放之鼎,曰苍鼎,其色碧,祭以春分日,祭祀之币色尚青。东南安放之鼎,曰风鼎,其色绿,祭以立夏日,祭祀之币色尚绯。南方安放之鼎,曰彤鼎,其色紫,祭以夏至日,祭祀之币色尚绯。西南安放之鼎,曰皂鼎,其色黑,祭以立秋日,祭祀之币色尚日。西方安放之鼎,曰晶鼎,其色赤,祭以秋分日,祭祀之币色尚白。西北安放之鼎,曰魁鼎,其色白,祭以立冬日,祭祀之币色尚黑。"

九鼎成后,宋徽宗又任命蔡京为明堂使,主持修建明堂。蔡京为了使自己的"丰亨豫大"的提法进一步得到实施,下令搜刮各地的名贵木材运到京城,每天动用劳工上万人,目的仅仅是为了修建一座用来祭祀的明堂。

为了尽情享受,早在崇宁元年,宋徽宗就在杭州设立造作局,制造各种精美的工艺品,供朝廷享用。蔡京为了满足宋徽宗对花石的特别嗜好,就对自己在钱塘时认识的大商人朱冲之子朱勔说:"当今圣上对花石情有独钟,你可以给令尊写信,让他悄悄搜集浙江一带的奇花异石,进奉朝廷,圣上定会龙颜大悦,还发愁不能富贵吗?"

朱勔按照蔡京的意思,向宋徽宗进献了一些奇花异石,徽宗果然大喜。为了得到更多的花石,宋徽宗于崇宁四年(1105年)在苏州设立应奉局,专门负责搜刮江南的奇花异石。蔡京提议以朱勔为应奉局提举。朱勔施展自己的聚敛本领,把江南士庶之家可供玩赏的一花一石,均攫为皇宫中的玩好。当时,从江南搜刮来的奇花异石,都是通过大运河和汴河用船运送到京城,每十船编为一纲,称为"花石纲"。

奇花异石越来越多地运到京城,宫廷之中已无法容纳,蔡京便乘机上奏说:"启奏陛下,江南花石,日积月累,宫室制度已嫌狭小,难以容纳,应该另建新宫,以安放花石。"在蔡京的鼓动下,宋徽宗下诏在宫城之北兴建延福宫,让宦官童贯等五人主持这件事。这五个宦官在各自主持的区域之中竞相比赛谁修得最豪华壮丽,把延福宫修建得富丽堂皇。不仅殿阁亭台鳞次栉比,凿池为海,疏泉为湖,而且还修建了鹤庄、鹿砦、文禽、奇兽、孔翠诸栅，豢养各种奇兽珍禽，至于那些用嘉木名花及怪石堆砌而成的假山，更是数不胜数。

政和七年（1117年），宋徽宗又下诏修建万岁山，后改名为艮岳。模仿杭州的凤凰山的山势，由人工用土堆筑而成，山峰高九十尺，周围十余里，所用山石都是从各地运来的。山上建有亭台楼阁，奢丽到了极点。这一切，无一不是蔡京诱导的结果。

在蔡京"丰亨豫大"提法的影响之下，上自徽宗，下至各级官吏，纷纷仿效，竞相奢靡，"熙宁变法"积聚起来的财富被消耗得一干二净。于是，蔡京伙同宋徽宗把"熙宁变法"中的理财措施，作为榨取民脂民膏的手段，对人民残酷地剥削压榨。不堪忍受沉重的负担，便编出歌谣来咒骂蔡京等人，其中广为流传的一首歌谣是："打破筒（指童贯），泼了菜（指蔡京），便是人间好世界。"

三起三落　终被儿算

蔡京自任左相以后，独揽朝政达二十余年。这期间，蔡京虽然显赫一时，但也免不了有凤凰落架，虎落平阳的时候。每当蔡京被罢去相位时，朝中大臣便群起而攻之，老百姓更是欢天喜地，犹如逢年过节一般。而蔡京却并不是一蹶不振之人，每每罢相之后，就伺机而进，以求复出，他的一生中共有三次宦海沉浮。

早在崇宁三年（1104年）五月，宋徽宗为了显示对蔡京的垂青，便封其为嘉国公，并以左相身份兼任司空之位，权倾一时。但好景不长，就在蔡京志得意满之时，崇宁五年（1106年）五月，天上出现了彗星。在中国古代的封建社会里，由于受天人感应思想的影响，将彗星的出现视为不祥之兆，常把它与皇帝的死亡、政事的失误等扯在一起。为了驱除彗星带来的厄运，常常以罢免朝中显宦的官爵、广开言路等手段求得心理上的安慰。作为统治者的宋徽宗，也是采用这种手法，他下诏广开言路，允许臣民直言不讳地评论朝中政事。

这时，朝野之中受到蔡京排斥迫害的大臣，纷纷上书，谈论蔡京的奸诈恶毒。宋徽宗为了上顺天意，下应民心，便于彗星现象发生不久，罢免了蔡京的相位，贬为开府仪同三司、中太一宫使，允许他留居京城，这是蔡京第一次罢去相位。

听到蔡京被罢去相位的消息，朝野上下无不拍手称快。当时有个太学生借用苏东坡《满庭芳》中的几句词讽刺蔡京说："光芒万丈长，司空见惯，应谓寻常。"并加了一句说："传语儋崖父老，只候蔡元长。"儋崖，指海南岛，苏东坡曾经被贬到那里做官，那个太学生是希望宋徽宗也将蔡京贬往海南岛。

被罢去左相职权的蔡京，心中懊丧不已，虽然被允许留居京城，但这对于一个热衷于功名利禄的人来说，并不会起到多大的安慰效果。在蔡京的眼里权势比他的命根子还重要，丧失了权力，蔡京觉得生不如死。就在蔡京痛苦万分之际，有一个故人来探望蔡京。二人一见面，蔡京便无比伤感地拉着那个故人的手，向他诉说心中的苦闷，说到伤心之处，竟然落下泪来，振振有词地赌咒发誓说："我若有负于国家，就让我的三个儿子都没有前程！"

堂堂大宋王朝的一国之相，其言其语与市井无赖何异？如果将蔡京的誓言，与范仲淹无论是在朝在野都以忧国忧民为己任相比较，真是云泥之别！其人格高下立辨！就是这样一个无耻的奸恶之徒，竟然对范仲淹的言论不屑一顾，用自己漂亮的书体,在范仲淹的文集上批道:"仲淹之言何足道哉!"几个大字,其不以天下为己任,由此可见一斑。

当时人辛辣地讽刺了蔡京的眼泪和誓言,他们说:"两行珠泪下,三个凤毛灾。"真是一语中的,把蔡京的丑恶形象刻画得入木三分。

蔡京在党羽们的活动下,终于在大观元年(1107年)正月,在罢相不到一年之后,又一次被拜为左相,而且改封爵位魏国公。蔡京恢复相位之后,又开始竭力打击政敌,并将自己的亲信纷纷提拔。

但好景不长,到了大观三年(1109年)十一月,宋徽宗下诏改封蔡京为楚国公,再次撤去他的宰相一职,提举编修《哲宗实录》,这是蔡京第二次罢相。

政和二年(1112年)二月,宋徽宗又想重新起用蔡京,下诏说:"蔡京两居相位,辅朕数年,首倡绍述,勤于政事,降秩居外,已有三年。况元丰时的勋臣,今存者无几,理应优待,可特复为太师,仍封爵楚国公,赐第京师。"于是,蔡京被召回朝廷,重新把持朝政。

蔡京回朝后,便将弹劾自己的大臣先后贬官,受牵连者达三十余人,他的政敌几乎被排挤一空。而他自己呢,以太师身份总领三省之事,比以前更加肆无忌惮。为了迎合宋徽宗,蔡京还玩起了改革官制的花样。在蔡京的蛊惑之下,宋徽宗下诏:"更开封府守臣为尹、牧,府置六曹,县设六案。朝中之官,太师、太傅、太保为古代的三公,今为三师,古无此称,应依三代之法以三公为真相之职。更左相为太宰,右相为少宰,罢尚书令及文武勋官,而以太尉统领天下兵马。"

宣和二年(1120年),蔡京第三次被撤去宰相职位,守太师,在京城居住。

蔡京有六个儿子,其中蔡攸、蔡儵、蔡翛都是大学士,而蔡攸尤得宋徽宗赏识。有一次,蔡攸在宫中陪宋徽宗宴请群臣,宋徽宗一时兴起,对蔡攸说:"朕有一上联,请蔡爱卿对下联。"蔡攸赶忙说道:"请陛下赐联。"

宋徽宗信口说道:"相公公相子。"

蔡攸才高八斗,当即对道:"人主主人翁。"

宋徽宗哈哈大笑,赏赐给蔡攸一杯御酒。其他大臣也纷纷附和,交口称赞上联出得好,下联对得妙。宋徽宗见状来了兴致,连命蔡攸饮了几大杯酒,喝得蔡攸当时就晕头转向,跌倒在地。蔡攸摇摇晃晃爬起来对宋徽宗说:"陛下,臣鼠量已穷,以致委顿,愿陛下怜悯为臣。"

宋徽宗笑着说:"假如爱卿醉死了,朕又灌杀一司马光矣!"

还有一次,蔡攸陪侍宋徽宗祭祀上天,徽宗突然装神弄鬼,说他看到天上有楼台殿阁,蔡攸为讨好宋徽宗便煞有介事地说:"陛下,臣觉得那楼台殿阁距地只有数十丈,那里面还有道流童子隐约出现。"

后来,蔡攸经常出入后宫,他为献媚于宋徽宗,竟然在后宫学着小丑的样子,身穿短衫短裤,涂抹青红之色,满口市井淫浪之语,丝毫不知羞耻,比其父蔡京有过之而无不及。宋徽宗对于蔡攸的所作所为,却很喜欢,就连蔡攸的老婆宋氏也成了后宫的常客,荣宠超过了他的父亲蔡京。

宣和六年(1125年),蔡京第三次出任宰相后不久,与他的儿子蔡攸发生了矛盾。蔡攸在一些轻薄浪子的挑唆下,与其父蔡京分庭抗礼,并自立门户,父子二人成了大仇人。蔡攸对于弟弟蔡翛更是恨之入骨,时常寻机陷害他。

蔡翛让自己的门人编写了一部《西清诗话》,里面载有苏轼、黄庭坚等元僚党人的言论,蔡攸便支使自己的亲信进行弹劾。蔡攸觉着仅仅这么做不够解气,便亲自上书,要求宋徽宗杀蔡絛以正视听。

宋徽宗于心不忍:"太师年纪大了,朕不忍让他老来伤子。"就将蔡絛罢官了事。

接着,蔡攸又与白时中、李邦彦相互勾结,陷害其父蔡京。蔡攸来到父亲家里,见父亲正与客人谈话,便假托有事,让客人回避。父子二人坐定之后,蔡攸假惺惺地问道:"父亲大人身体可好?"

蔡京答道:"好。"

蔡攸装着不放心地说:"父亲大人,让儿子为你把把脉。"说罢,不等同意,就抓住他的手腕切起脉来,弄得蔡京很恼火。

蔡攸把完脉,叹了口气说:"父亲大人,你的脉势较缓,体中恐已生了疾病。"

蔡京不高兴地说:"一派胡言,我身体一向很好,根本没有什么疾病。"

蔡攸也不多说,起身道:"父亲大人,朝中还有公事等着要办,儿不敢久留,就此告辞。"说罢,匆匆离去。

蔡攸走后,那个客人不解地说:"公子为什么要这么做呢?"

蔡京这时已明白了蔡攸的用意,长叹一声,对客人说:"你不会理解的,这小子想以我有病为由让我让出相位。"

蔡京老奸巨猾,见蔡攸如此相逼,便上奏要求面圣。不料,当蔡京来到后宫之时,宋徽宗与童贯、蔡攸在饮酒作乐,弄得蔡京一时不知说什么好。本来,蔡京来后宫是要告蔡攸的状的,到了这步田地只好改口说道:"陛下,京衰老目盲,应该退出辅政之位。不忍突然离去的原因,是因为圣上之恩尚未报答,二公也是知道一些的。"宋徽宗、童贯见蔡京也呼其子蔡攸为"公",不禁相视大笑。此事后来传扬开来,竟成为当时人茶余饭后的笑谈。

几天后,宋徽宗下诏令蔡京上章谢事,蔡京内心实在不想离开相位。蔡京万般无奈,上章谢事,从此结束了自己的官宦生涯。蔡京,耍尽阴谋,使尽奸术,最后竟然栽在儿子蔡攸的手上,这也算是历史和蔡京开的一个玩笑。

一代权奸　下场可耻

就在宋徽宗统治集团的内部争斗愈演愈烈时,新兴的金王朝已做好南下准备,宣和七年(1125年)十月,余太宗吴乞买兵分两路向南推进,北宋的末日来临了。东路军由右副元帅斡离不率领进攻燕山;西路军则由左副元帅粘罕率领进攻太原。当金兵南侵的急报传到开封时,宋徽宗还以为郭药师守着燕山可挡住金兵,根本不做任何防御准备。直至金兵从河北长驱南下,宋徽宗这才惊慌失措,急忙把京城的全部禁军交给宦官梁方平,让他屯兵黎阳(今河南浚县),守卫黄河北岸。同时,宋徽宗匆匆忙忙传位给太子赵桓(即宋钦宗),自己却带着宠臣童贯、蔡攸等人,惶惶如丧家之犬沿汴河逃往南方。

蔡京在家闻知宋徽宗南逃的消息,知道情况不妙,也和家人一起逃往南方。蔡京逃离京城时,把他平日所积金银珠宝用船运走,装了满满一大船,全是搜刮来的民脂民膏。为了防备盗匪抢夺,奸猾的蔡京还将其中的四十担金银珠宝寄放到浙江海盐的族人家中,临死还放不下这些财物。

宋钦宗靖康元年(1126年),金兵逼近京城开封,钦宗吓得惊慌失措,也准备南逃。这时，地位不高的李纲挺身而出，组织开封军民抗金。李纲、大学生陈东等人纷纷上书，要求宋钦宗治蔡京、王黼、童贯、梁师成、李彦、朱勔六人之罪。陈东说："蔡京等六人实为六贼，六贼异名而同罪，请陛下处死他们，传首四方，以谢天下。"

宋钦宗为形势所迫，只好将王黼、梁师成、李彦斩首，蔡京、童贯、朱勔贬官流放。但朝中大臣认为宋钦宗惩罚的不够彻底，继续揭发童贯、朱勔以及蔡京父子的罪恶，宋钦宗万般无奈，派监察御史到流放地斩了童贯、朱勔、蔡攸、蔡絛。蔡京则被贬为崇信、庆远军节度副使，韶州（今广东韶关）安置。

当时，蔡京已经逃到亳州（今安徽亳县），他身边还带着三个宠姬，一个叫慕容，一个为邢氏，另一个为武氏。就在宋钦宗下诏流放蔡京之时，开封城被金兵团团围住，他们指名索要蔡京的三个宠姬，钦宗便下诏派人到亳州领人。蔡京与三个宠姬洒泪而别后，便如丧家之犬，带着家人前往流放地韶州。一路上，人们听说蔡京来了，卖饮食的商贩都不肯将食物卖给他，甚至有人拦住蔡京大骂，什么难听的话都说得出来。蔡京所过州县，官吏纷纷驱逐，不准他行走大道，弄得蔡京老泪泉涌，疲劳不堪，饥饿难耐，成了真正的丧家之犬。对此情景，蔡京仰天长叹道："京失人心，何至于此！"

后来，蔡京到了潭州（今湖南长沙），却无处安歇，只好住在城南的东明寺内，那时蔡京正好八十岁，他却自称八十一岁。已是风烛残年的蔡京，回想起往日的威势豪华，又看看眼下的凄凉无助，不由感慨万千，写了一生中最后一首词。词云：

八十一年住世，四千里外无家。如今流落向天涯，梦到瑶池阙下。

玉殿五回命相，彤庭几度宣麻。止因贪恋此荣华，便有如今事也。

将自己一生的宦海沉浮用寥寥几笔勾勒出来，似乎感到后悔，但已经晚了。没过几天，蔡京便一命归西。

蔡京这个一代大奸有才无德，乱政专权达二十余年，鼓吹"丰亨豫大"，耗竭国库资财，他的胡作非为把北宋拖到了灭亡的边缘。

秦桧:通敌卖国 残害忠良

秦 桧

姓名:秦桧

别名:秦太师、秦相。生卒:1090年~1155年

籍贯:江宁(今江苏南京)人

字号:字会之

朝代:南宋

职务:右仆射同平章事等

谥号:忠献→谬丑

主要作品:《北征纪实》

主要成就:绍兴和议

评价:主和派、投降派的代表人物,中国历史上著名的奸臣。

【枭雄本色】

秦桧被人从古骂到今,一是害人太多,二是甘为金贼,三是私惠亲旧贪得无厌。杀一岳飞,失了整个天下之人心。秦桧做了金贼,却能哄得高宗对己大肆赞叹:"又得一佳士也"。背信弃义,终取范宗尹而代之,"右相"欣然到手,利用张浚、赵鼎之争趁机作乱,又得左相,张赵均被排斥,二人方悟,晚矣!

秦桧之奸,非同一般,"金人"之"间"也。阻挠抗金,倡议和,屡施手段破坏北伐,废岳飞十年之功,替高宗行儿皇之拜,"玩"得可谓游刃有余。

秦桧之阴,尽显其于政治清洗之中,赵鼎、王庶、李光、胡铨、张浚被其整得实在可怜,党祸、文祸、言祸令人胆战心惊,"阴险如崖阱,深阻竟莫测"也!

秦桧其人可谓厚颜,掩盖罪恶,为己立碑树传,使得"文丐竞奔",天下顿时"乌烟瘴气"。秦桧"屡罢屡相",专国十有八年,其做官权谋之独道,可识一斑。

【风云叱咤】

"秦长脚"步步高升

秦桧(1090~1155年),字会之,江宁(今江苏南京)人。他出生于一个中小地主家庭,父亲曾做过一些地方的县令,这在宋朝统治阶级中只能算是一个小官。

秦桧生活在这样的家庭环境,是不可能马上飞黄腾达的。但秦桧天资聪明且阴险狡诈,他幼年读书时发生的一件小事很能说明问题。一天,教书先生在讲台前正抑扬顿挫地讲着"之乎者也"时,突然下面传来刺耳的鸟叫声。先生感到十分奇怪,忙问:"怎么回事?"同学齐朝秦桧望去。原来,秦桧在听课时不知不觉地走了神,为窗外树枝上几只嬉闹的小鸟所吸引,忍不住学起鸟叫来了。秦桧面对先生的发问,居然脸不红、心不跳地回答,说是旁边的同学发出的声音。为了证明刚才的行为不是自己所为,他居然一字不错地将刚才先生讲的课文内容背了出来。由此他得到了先生的表扬,旁边的同学却遭到了斥责。秦桧后来又拜汪伯彦(南宋著名奸相)为师,从他那里进一步学到了一套玩弄权术、耍弄阴谋诡计的本领。以后他在太学读书的时候,更是两面三刀,阴一套,阳一套。他表面上很容易为大家做事,显得很是仗义,但一旦发生了什么事情感到对自己不利时,总是以恶人先告状的方法,来推卸自己的责任。同学们为此给他起了个"秦长脚"的绰号,来讥刺他是个善于打小报告的小人。

由于秦桧的家庭并不显赫,因此他曾做过乡村教师。但他对这个职业很不满意,心中一直抱怨祖上为何不积阴德,不让自己成为官宦子弟。为此,他牢骚满腹,说"若有水田三百亩,不再做那'猢狲王'"。表面看来他要求不高,似乎只要几百亩好田,不再做"孩子王"就满足了。其实,他是在叹息自己命运不济,没有升官发财的机会,可以说,青年时代的秦桧是不得志的,他是在抱怨、焦虑和寻求混入官场的机会中度过的。

相传,秦桧生来就有一副奸人之相:"眼有夜光","常嚼齿动腮,谓之马唉(即马咀嚼之貌)。相者谓得此相者可以杀人"。据说,有一天,他睡于窗下,一位异人看到秦桧后对一群太学生说:"他日此人祸国害民,天下同受其祸,诸君亦有死其手者。"听者莫不惊骇!

其实,秦桧并非生来即为卖国贼,最初,他也曾主张抗金,反对割让大片土地给金国。宋徽宗政和五年,秦桧二十五岁,进士及第,从此步入仕途。先补为密州教授,深得知州翟汝文的器重。以翟汝文与安抚使张叔夜的推荐,应制举,中词学兼茂科,以翰林学士吴幵荐,入为太学正。大约在此期间,娶了在神宗朝做过宰相的王珪(禹玉)孙女为妻,岳父名仲山,官也做得不小。王家是一个豪门大族,在官场很有势力。王珪有女嫁郑居中,郑居中是颇得徽宗宠幸的郑后从兄,政和中官至太宰,二子修年、亿年皆至从官。秦桧攀上了这个高门,无疑对他此后的仕途通达起着很重要的作用。而且秦桧自小"天资"狡诈,又从汪伯彦那里学得一套玩弄权术的本领,竭尽投机钻营之能事,察言观色,见风使舵,千方百计讨得上司欢心和信任,不到几年,便青云直上,窃取了礼部侍郎的高位。

"汉奸"回国窃相位

靖康六年(1126年),金人大举南侵,秦桧被俘押送到了金国。秦桧虽作为俘虏到达了金国,但受到了其他俘虏所不能得到的待遇。徽宗、钦宗及其他皇族大臣都受到了金兵的凌辱折磨。燕王赵俣因绝食而死在路上,金兵用马槽收敛他的尸体,埋葬时两只脚还露在外面。原来位极至尊的徽宗、钦宗二帝,被金封为"昏德公""重昏侯",还让他俩穿着孝服去跪拜金太祖庙,对他们百般凌辱。最后将他俩流放到人迹罕至的荒野地区,并派兵严加看管。由于天寒地冻,两帝只能躲进废弃的枯井中御寒。而秦桧由于在此前致信粘罕，向金献媚，金看到他还有利用价值，为了让这条走狗死心塌地为自己效力，非但没流放他，反而还对他大肆笼络一番。在粘罕的引荐下，金太宗召见了秦桧，把他赐给左监军挞懒任用。兀术还专门设宴招待秦桧，并请一些达官贵人的爱妃小妾为他侍酒。秦桧受宠若惊卑躬屈膝地投靠了金国，积极为金国出谋划策，成了赵宋王朝的叛逆。

正当汴京陷落后，徽宗、钦宗二帝及皇族大臣等3000多人被金兵押着北上时，徽宗的第九个儿子赵构于宣和九年五月在南京（今河南商丘）即了皇位，这就是南宋开国皇帝宋高宗。赵构临坛加冕时，想到徽、钦二帝及皇族大臣3000多人的境况，不由扑簌簌地掉下眼泪，向北遥拜了几下，接着诏封群臣。那个甘愿认贼作父、卖国求荣、充当金的儿皇帝的张邦昌，由于人民的强烈反对和内部众叛亲离，无奈只好削去当了几十天的帝位，前来拜贺。南宋王朝由此建立。

赵构称帝的消息传到金朝。宋徽宗听后非常高兴。尽管他仍没有放弃原来的投降主张，但由于忍受不了痛苦的俘虏生活，希望赵构能够北伐救他出火海。所以，他以赵构登位作为向金乞和、讨价还价的资本，请秦桧代笔写了一封求和信给粘罕。秦桧不负金国对他的"恩惠"，利用这个机会，再次表明自己心向金国的态度。他在信中特别以五代时契丹的耶律德光为例，说他攻入汴京灭掉后晋后，将石氏宗室全部北迁，可结果契丹自己反而守不住中原地区，最后让刘知远得去，建立了后汉。因此，秦桧提醒金国统治者注意吸取历史上的这个教训。他建议说，最好的办法是让赵宋政权继续存在下去，金国可派一名自己信任而南宋朝廷又不知底细的宋廷被俘官员，带着徽宗的亲笔信南下劝说高宗及以后的皇帝都向金称臣纳贡，这样金就能牢牢地控制中原地区。他表示自己愿意担负这一使命。金统治者这时急于用武力消灭南宋政权，故拒绝了徽宗求和信的要求。但对执笔人秦桧大为满意，认为他的确为金着想。粘罕专门设宴招待秦桧，夸奖他对金的一片忠心，并赏赐了大量的金银财物。金此时已将秦桧视为心腹，并考虑如果要派内奸的话，秦桧是最好的人选。

新建立的南宋王朝，实质是腐朽的北宋政权的延续。别看赵构登基时哭得那么伤心，可他和他父兄一样，天生一副软骨头。他在做皇帝前，曾到金营做过人质，亲眼看到金国统治者的野蛮暴虐，如今又看到徽宗、钦宗被俘后过着屈辱的生活，许多皇室人员纷纷被金人折磨而死。他想起这些，不寒而栗，患上了严重的"恐金病"。宋高宗此时根本无意组织抗金斗争，收复失地，害怕这会再次招惹金国举兵南下，自己落个徽宗、钦宗的同样命运。他只想偏安一地，保持自己皇位即可。因此，他一开始就竭力排斥主战派李纲等人，任用奸相黄潜善、汪伯彦等，为向金国表示自己无意与之抗争，还撤除了黄河沿岸一带的防务，解散各地抗金义军，以此来换取金人的欢心，希望通过鉴定一纸和约，来保住半壁江山。金统治者看到了南宋王朝的软弱，给它造成了可乘之机。建炎元年冬，金军兵分三路向南宋发动了进攻。宋高宗畏敌如虎，根本不组织抵抗，只是一心乞和。但尽管宋高宗在乞和信中摇尾乞怜，一再表示自己愿意削去帝位，向金称臣，只想保住一个金朝属国的地位，而金统治者根本不予理睬。三年里，金兵接连南下，并从黄河流域一直烧杀抢掠到长江流域。宋高宗吓得惊慌失措，一路从河南商丘逃到扬州、镇江，再逃到杭州，甚至最后乘船逃到了海上避难。南宋小朝廷成了个逃难的朝廷。与高宗形成鲜明对比的是中原人民纷纷抗金，其中著名的有王彦领导的八字军、老将宗泽等，由于他们的抵抗,才打退了金军的进犯。南宋王朝总算保住了东南一隅。宋高宗也从海上上岸,重新回到杭州,并将杭州正式定为都城。

南宋爱国军民抗金斗争的事实使金统治者认识到,单凭军事力量是不可能征服南宋的,应施加手段:高谈和议使南宋君臣麻痹大意,从而将其攻灭。所以他们决定派内奸打进南宋王朝,从内部来瓦解。这个身负重任的内奸一方面要绝对忠实于金国,能完全按照金统治者的意志办事,另一方面又要回到南宋政权后站得住脚,能获取宋君信任,掌握大权,能够真正起到内奸的作用。最后,他们认为秦桧是最合适的人选,一则秦桧被俘后的所作所为,表明他已俯首听命于金国;二则秦桧过去曾给金国上书要求保存赵宋政权,在南宋朝野留下了"忠义"的名声,能掩盖他内奸的面目,南归后在朝廷中也能够站得住脚。而秦桧自投靠金国后,一直希望能为主子效犬马之劳,当他接到充当内奸的使命时,自然喜出望外,十分乐意。

为了不引起南宋政权的怀疑,金国为秦桧南归做了一番精心的筹划。这年十月,秦桧夫妇带了几个随从乘船从楚州来到南宋边城涟水。他们在城周转悠时,被守城的巡逻兵抓住,怀疑是金派来的奸细就要杀他。秦桧慌忙大声分辩:"不要杀我! 不要杀我! 我是前朝御史中丞秦桧,被金兵掳到北边,今天我是杀死了看押的金兵,抢了一条小船才逃出来的。"南宋守将听后将信将疑,考虑到秦桧是宋钦宗时的御史中丞,可能了解徽、钦二帝被俘的情况,担心杀了他,朝廷追究起来自己担当不起,于是将秦桧押送临安交给朝廷处理。

秦桧自称是"东监己者奔舟来归",便按照自己预先想好的话,描述他怎么历尽艰险逃回国内,完全如真的一般。但仍有许多人表示怀疑,甚觉此事蹊跷。秦桧和许多大臣一同被俘拘禁,别人未归,为何单单他自己能够回来? 从燕山到楚州(江苏淮安)2800里,如此漫长的地带岂能无金人盘查防守? 而且又怎能携家带口逾河越海而未被发觉呢? 可是,一向与秦桧关系亲密的宰相范宗尹、同知枢密院事李回却竭力加以回护,向高宗担保秦桧忠诚可靠,绝无异志。其实宋高宗几年来被金兵打得如丧家之犬,失魂落魄,得了严重的"恐金病"。他得知被金俘虏了4年的秦桧回来了,心想他熟悉金内部情况,或许对自己乞和有用,于是,不顾群臣的怀疑,立即召见了他。秦桧一见高宗就无所顾忌地提出"如欲天下无事,南自南,北自北"的主张,要高宗放弃抗金,议和投降,并当面呈上了自己准备好的给金将挞懒的求和书。君臣二人不谋而合。

这次会见,给高宗留下极好的印象。第二天范宗尹进呈秦桧代拟的向金人乞和的国书,高宗非常高兴地说:"桧朴忠过人,朕得之喜而不寐。盖闻二帝母后消息,而又得一佳士也。古者交兵,使在其中,第难作国书,姑令刘光世作私书与。"当即任命秦桧为礼部尚书,护送秦桧的王安道、冯由义都授给了官职,连操舟的孙静也补为承信郎。但是秦桧没有答应任礼部尚书,因为礼部的职事是掌礼仪、祭享、贡举的,事少权轻,有违秦桧的初衷,他心里当然不高兴。过了三天,传言金人"游骑至江上",人心惶惧,朝议遣散百官。秦桧突然提出不愿就职礼部,说自己"新自敌中脱身归来,理宜投闲",请许"依旧守本官致仕"。这既是一种试探,也是一种要挟。高宗大概也摸透了他的心思,有诏"不允"。秦桧也心领神会,便做起了礼部尚书。并且宋高宗对秦桧也采取了保护措施,特地下诏大肆夸奖秦桧的忠勇,并严禁朝中群臣议论、怀疑秦桧。为了表示对秦桧的信任,三个月以后,高宗又把他提升为参知政事(副宰相),对他宠爱无比。

绍兴元年八月宋高宗任秦桧为右仆射同中书门下平章事(右宰相),兼知枢密院事,将军政大权全交给了他。

潮起潮又落——第一次被罢相

秦桧在第一场权力斗争中获胜。接着,秦桧便利用手中执掌的大权,一步步地实现他的卖国阴谋,完成其主子交给他的全部使命。

秦桧的对敌妙策一出笼,倒确实震动了天下,当时朝野上下纷纷表示反对。许多大臣接连上书高宗,谴责秦桧的妙策实质是主张解除南宋王朝武装,甘愿接受金国统治和奴役的亡国奸计。南宋军民也异口同声地表示:绝不接受。一时群情激昂,反对的声浪汇成声讨秦桧的怒涛。高宗害怕激起民变,危及自己的统治,所以也转而抱怨起秦桧来了。

秦桧一当上宰相,为了达到自己专权的目的,竭力网罗亲随,培植自己的势力,他在朝廷各重要机构都安插有自己的亲信党羽,还想方设法将左相吕颐浩排挤出朝廷。秦桧的策略是从提倡洛学入手,援引一批有声望的学者,以为己用。当时,在士大夫间几乎都把靖康之祸归过于王安石变法,所以在学术思想上贬斥王安石,推崇周敦颐、程颢、程颐三人。宋高宗多次下诏追褒元祐诸臣,录用其后人。秦桧升任右仆射的第二天,即绍兴元年八月二十四日,朝廷即下诏追赠张舜民为宝文阁直学士,程颐、任伯雨并直龙图阁。秦桧原本没有什么固定的学术思想,什么对他有利他就崇奉什么。现在看到高宗是这般态度,而且在崇尚周、程理学的士大夫中确有许多声望很高的学者,从这里入手,对上可以迎合皇帝,对下可以收揽人心。

后来秦桧分别推荐胡安国为中书舍人兼侍讲,荐程瑀为太常少卿,任朱震为司勋员外郎。这些人也确买帮了秦桧不少忙。胡安国曾问人才于程颐的入门弟子游酢,游酢说秦桧是当今之大材,是荀文若一类的人物。为此,胡安国游扬于士大夫间,力言秦桧贤于张浚诸人。胡安国在入朝之前,因吴敏、向子态罢黜一事,致书吕颐浩,指责吕颐浩是公报私仇,并说"宰相时来则为,不可擅为己有;人才亦各自负,不可盖以己长"。这在客观上也起着抑吕扬秦的作用。吕颐浩一心兴师北伐,并没有想到有人会暗中排挤他。绍兴二年三月,襄阳镇抚使桑仲遣人来朝,表示"愿宣力取京师(指旧京开封),乞朝廷出师淮南,以为声援"。吕颐浩非常高兴,大议出师,委桑仲兼神武左副军统制,自请督师北向。并认为,现在金人和伪齐会兵窥测川陕,如果战事爆发,从这边进攻京师,一定可以牵制陕西之敌;若能逐出伪齐刘豫,陕西之敌一定震恐,再令韩世忠领兵入关,就可一举消灭入侵之敌。秦桧便趁机向宋高宗出谋,建议把大部分军权交给吕颐浩。这样吕颐浩虽然军权在握,但此项决定一做出,即意味着这位首相不得再过问朝廷的日常政务了,而这正是秦桧求之不得的事。

对秦桧所为,高宗有所察觉,看到自己的专制地位受到影响,就对秦桧产生了一些反感,加上许多官员又纷纷指责秦桧的专横霸道,于是更加深了他对秦桧的不满。而秦桧却不加收敛,依然我行我素。

然而,一年下来,秦桧除办了些簿书狱讼、官吏差除、土木营缮等皮毛小事外,便是不遗余力地独断专行,任人唯亲,排斥异己。朝官士人对秦桧种种行径大为不满,纷纷向高宗指责秦桧。秦桧的处境已经不妙,但就在此时,金兵又再次南犯。

其实金统治者虽已派秦桧为内奸对南宋诱降，但仍没有放弃用武力消灭南宋政权的行动。它鉴于前几次金兵深入东南，每次都遭到南宋军民的痛击，所以这次采取"先事陕西"的战略，企图占领陕西，由陕入川，再顺长江东下，占领江南。绍兴元年金统帅宗弼率军向陕西发动进攻，但遭到了南宋将领吴玠等人的坚决抵抗而败归。这使高宗对秦桧十分恼怒，认为他没有能够像自己原来所期望的那样，迅速地达成和议。

鉴于以上种种原因，宋高宗出于自身的利害关系，终于在绍兴二年八月，下诏免去了秦桧的宰相职务。

趁火扇风　乱中取胜复相位

秦桧罢相后，朱胜非进为右相，他是凭借吕颐浩之力入相的，凡事附和吕颐浩，绝不擅自做主，至此南宋军政大权唯在吕颐浩一人之手。

秦桧虽去，宋高宗乞和投降的意图始终未变。而秦桧罢政之后，人虽赋闲，贼心不死，时刻图谋东山再起。

事实上，宋高宗也从来没有间断过乞和的活动。绍兴四年，他又派魏良臣、王绘等人前往金营挞懒处求和。临行前，他还特别嘱咐他们说，这次你们前去不要在言语上与金人计较，态度要诚恳，只要金人答应议和，不必考虑金银财物，一切我自有准备。魏、王等人到达金营，见到挞懒后便按照高宗的旨意，向金人奴颜婢膝，甚至连宋也不敢称，而只是称江南，以此表明南宋愿意作为金国附庸的和谈诚意。可挞懒不说同不同意和议，只是一再追问：秦桧现在情况可好？为什么要罢免他的相位？最后，金人还是拒绝南宋和议的要求，并向魏良臣、王绘暗示，真正要议和，非得重新任用秦桧。否则，宋金和谈就休想成功。

魏、王两人回到临安，立即向宋高宗汇报了和谈情况并转达了挞懒等人的意思。高宗对此非常重视，考虑到秦桧深受金统治者的信赖，又与金军统帅挞懒的关系非同一般，看来要实现议和，非秦桧不能。因此，高宗立即起用秦桧，任命他做资政殿学士。

秦桧对小小的资政殿学士一职根本不放在眼里，他的目标是重新登上宰相宝座。他心里盘算，自己过去主要是因为主张议和、反对抗金的事情做得太露骨了，必须吸取教训，采用比较隐蔽的手法，来迷惑宋高宗和朝廷群臣，不能操之过急。于是，他常常附和主战派，积极地与他们一起讨论抗金斗争，甚至慷慨激昂地大骂金贼。同时，他迎合高宗决心议和的心理，上书建议：利用被俘的金人，让他们写信给金统治者，讲明南宋朝廷决意议和的意向。为了取得高宗的信任，他还唆使他的一些亲信在高宗面前为他说好话，表忠心。经过一段时间，秦桧果然赢得了部分朝臣的好感，宋高宗也对他越来越器重，不断提升他的官职，绍兴七年，秦桧当上了枢密使。

正当秦桧苦心钻营，四处活动时，金国内部发生的一件事情，使他轻而易举地重新登上了宰相宝座。

原来，在公元绍兴五年金太宗病死，熙宗即位后，金国内部发生了激烈的争权斗争，最后挞懒控制了朝政大权。挞懒针对刘豫伪齐政权既不能有效地攻打南宋政权，又不能镇压中原地区人民的抗金斗争，建议熙宗将它废黜，并提出不如暂时接受南宋议和要求，让它向金称臣纳贡，以平息与南宋的长期斗争，待到时机成熟时，再大举南下，攻灭南宋。此建议被金熙宗采纳。公元绍兴七年十一月，金废黜了刘豫。这年的年底，挞懒就让南宋使臣王伦回去传信给宋高宗，说明金国同意议和的条件。

王伦日夜兼程，赶到临安面见宋高宗，传达了金的意思。高宗本来一直为不能实现议和而日夜忧虑，他一听到王伦带来的这个"好消息"乐不自支，眉飞色舞地连连叫道："好！好！只要金国同意议和，其他一切都好办。"他进而想到秦桧和现在掌握金国实权的挞懒不是有着特殊的关系吗？以前挞懒就说过，要想议和必须重用秦桧，看来，如今要是重新提升秦桧为宰相，定能进一步讨得挞懒的欢心，和金国议和的把握就会更大。于是，在绍兴八年年初，宋高宗不顾大臣们的反对，重新任用秦桧为宰相。

可见，秦桧在当时很迷惑了一些人，赵鼎未始不是其中的一个。后来，赵鼎屡遭秦桧的打击和迫害，在一定意义上说，也是他自己酿下的苦酒。

下黑手除异己　代君跪拜金人

这次求和是在南宋有利的情况下提出的，所以朝野上下抗金的呼声很高，主战派与议和派斗争激烈。秦桧为了完成金人的使命，开始清除议和道路的障碍。他首先是瞅准了赵鼎。

从自赵鼎复相之后，对于抗金也"无所设施"。他把抗金的形势，比作人患了一场大病之后，身体虚弱，只宜"静以养之"。也就是说，抗金只能守，不能攻，如果要采取攻势，就"必伤元气"。在他为相时，金朝曾派使者来南宋议和，朝臣纷纷反对，对此高宗又非常恼火。当时赵鼎就向高宗献计说：陛下屈己求和，完全是为了梓宫及母后；群臣以愤懑之辞纷纷反对议和，也是为了爱君，不必加之以罪。请陛下好好地和臣下说明，讲和诚然不是美事，只因梓宫及母兄的缘故，才不得已而为之。群臣见到陛下这样孝诚，必然也就能够互相谅解。高宗果然采纳了他的意见，用封建伦理的孝、诚为理由，以压制反对求和的群议。赵鼎虽然主守，但是他支持了高宗的求和政策，因而也助长了投降派的投降活动。

虽然如此，但是赵鼎还是认为："假使金人与我河南之地，亦维严备江南。"他主张在议和时，也要加强防守，才能保住和巩固偏安的南宋政权。这和以秦桧为一方的投降派，仍然是有区别的。当时，高宗、秦桧要以厚礼接待金使，命宰执大臣和他们"议事于都堂"，可是金使乌陵思谋起要逞威风，"欲宰相就馆中议"。赵鼎坚决反对，乌陵思谋无奈，只好到都堂相见。相见时，乌陵思谋又想以"客礼见辅臣，鼎抑之，如见从官之礼"。这些，都是由于赵鼎能够坚持原则，才把金使的骄横气焰压了下去，迫使"思谋气稍夺"。再者，王伦要出使金朝，在临行前曾向赵鼎请示关于"议和后礼数"事，赵鼎认为：高宗登位已久，"君臣之分已定"，不能"更议礼数"。关于宋金议和的地界划分问题，前次乌陵思谋来见赵鼎时，曾蛮横地说："地不可求，听大金所与。"因此，赵鼎又指示王伦：应当依照钦宗时旧约，以旧河为界（黄河旧道自山东滨县南入海），不能以新河为界（黄河改道后，自江苏清河县入淮）。同时认为：上述这二件事最为要紧，如果金朝不答应，"此议当绝"。赵鼎能够坚持这些主张，可见他与高宗、秦桧的不惜屈膝称臣、不顾地界划分的乞和态度，是有明显的不同之处的。

正是由于赵鼎坚持了这些主张，使秦桧觉得不把他排挤出朝，对于他自己的投降活动始终是一个莫大的障碍。于是，秦桧就暗施诡计：一方面，他推荐肖振为侍御史。肖振一上台，就上奏章弹劾参知政事刘大中，说他"不以孝闻于中外，乞赐罢斥"。实际上，"其劾大中，盖以摇鼎也"。肖振弹劾刘大中后，又四处放出风声说："赵丞相不待论，当自为去就。"一时之间，议论纷纷。今天有人说：赵丞相要求辞职。明天又有人说：赵丞相已搬上船去了。其实，这些谣传，都是"秦桧之属，以此撼之"。另一方面，秦桧又施用两面派的手法，使高宗对赵鼎产生了恶感。原来，高宗有一个儿子，小时因病夭逝。金兵南侵，高宗败逃，在扬州因惊恐过度，丧失了生育能力。此后，他选了宋太祖七世孙赵伯琮、赵伯玖入宫抚养。伯琮先封为建国公，原想选他作为未来皇位的继承人，高宗命赵鼎"专任其事"。赵鼎曾请建资善堂（皇太子读书的地方），但后来赵鼎一度罢相，所有攻击他的人必"以资善为口实"。可是到赵鼎复相后，高宗又下御札要封伯玖为吴国公，当时宰执大臣商议，都认为不妥。赵鼎也认为：伯琮所封的建州，只不过是一郡之地，而伯玖所封的吴，却是一个大都会，"恐弟之封不宜压兄"。枢密副使王庶也认为："并后匹嫡，此不可行。"他们的用意，是要高宗取消这一决定。当时，赵鼎就对秦桧说：过去议论我的人，都以"资善"为借口，今天我为了避免嫌疑，"公专面纳此御笔如何"？秦桧装得非常正经的样子回答赵鼎说："公为首相，桧岂敢专？公欲纳之，桧当同敷奏。"于是，赵鼎就约定秦桧、刘大中一起将札子进呈，但到时秦桧却不肯参加。赵鼎又对秦桧说："札子还是共同呈上为好"，秦桧再次表示："公为首相，桧不敢专，明日进呈。"到第二天朝见高宗时，赵鼎先奏说：建国公虽然没有正式立为太子，可是天下都知道"陛下有子矣，今日礼数不得不异"。此时秦桧"无一语"。在高宗退朝群臣下殿时，枢密副使王庶对秦桧的奸诈行为就非常气愤，他对赵鼎说："公错了。"当时，秦桧因怕此会遭到群臣的非议，又有见不得人的阴谋，于是就说："桧明日留身敷奏。"但到次日单自朝见高宗时，他却说："赵鼎欲立皇太子。是待陛下无子也，宜俟亲子乃立。"阴险毒辣的秦桧，明知高宗丧失了生育能力，却故意说这些话来刺激高宗，使他迁怒于赵鼎。果然，赵鼎因此事"拂上意"，而"桧乘间挤鼎"。赵鼎被迫上奏章辞职。

绍兴八年十月，金国为迫使南宋屈服投降，派使者来临安议和。金使进入宋境后，就要求沿途州县像迎奉宋高宗诏书一样迎奉金帝诏书。这激起了沿途军民的极大愤怒，他们侧目怒视金使，上书高宗强烈要求取消和议，更有几个热血青年想乘天黑将金使杀死，只是由于官府的阻挠而没有成功。

金使到达临安后，气焰更加嚣张，坚持要册封宋高宗为帝。这就意味着高宗要跪拜在金使面前接受金主的册封。这一消息传开后，整个临安城都沸腾了起来！大家认为这是南宋政权的奇耻大辱，决不能接受，他们怒不可遏纷纷表示反对议和。朝中许多大臣也不甘受辱，纷纷辞职。而高宗本人不以为耻，他已下定决心，只要能达成和议，金国什么条件都可以接受。因此，他一方面连续下诏欺骗军民，同时威胁百姓不准聚众闹事。此时秦桧深知这一片反对声都是冲着自己而来的，怕高宗迫于舆论而最后变卦，于是就假惺惺提出要辞职，以要挟高宗。果然，高宗怒气冲冲又恬不知耻地对群臣说："当初我被金兵追杀时，也曾对敌跪拜过多次，但没有人来过问。而秦桧今天主张议和，你们却对他纷纷指责，逼得他现在竟要辞职。他走了虽无妨,但将来金人只会怪我,哪里怪得到他呢!"大臣们吓得都不敢吭声。秦桧的辞职诡计,果然生效。

可是,尽管宋高宗议和的态度非常坚决,真的要他当着满朝文武大臣跪在金使脚下接受册封,毕竟感到难堪。但如果不跪,和议又难以成功。怎么办?连诡计多端的秦桧一时也拿不出两全其美的办法。最后还是秦桧的一个亲信出了个鬼主意:向金使说明高宗正在为徽宗(此时已经在金国去世)守孝,所以不能行跪拜礼,可由宰相来代理。秦桧听后非常高兴,连忙禀告金使。金使也得知南宋军民反对议和的情况,怕把事情弄僵,便不再坚持原来的意见。于是,秦桧不仅导演了这场投降丑剧,而且也乐得充当这场丑剧的主演,代高宗拜倒在金使面前,接受主子的诏书。

绍兴九年初,南宋与金正式达成和议。其内容概括起来是:南宋向金称臣,每年向金国进贡白银25万两,绢25万匹;金国把徽宗的灵枢和韦太后归回南宋;金国把原来伪齐政权控制的地区归还南宋。

对于这样的丧权辱国条约,宋高宗、秦桧还郑重其事地当作一件特大喜事来庆祝。一方面为了安定民心,粉饰太平,颁布大赦令;另一方面要大臣们进表祝贺,并给予加官晋爵。

尽管宋高宗、秦桧毫无廉耻地为自己投降的"成功"大肆庆贺,但广大臣民对和议的实质早已一目了然,看到南宋政权实际上已成为第二个伪齐政权,等于亡国了。许多大臣纷纷上书反对和约,抨击秦桧。有的在上书中指出:秦桧当了宰相后,专干出卖国家利益以讨好金人的事,就像唐代的"口蜜腹剑奸相李林甫"。抗战派的将领们更是反对和约,他们在言论和行动上都进行了坚决抵制。岳飞在文武百官加官进禄时,被授予"开府义同三司"的尊贵爵号,但他坚决不接受这种可耻的"荣誉",并多次上书朝廷说:"今天的事情(指签订和约)是危险而不是平安,可忧虑而不可庆贺。应当加强防备,而不是论功行赏,被敌人耻笑。"无奈忠言逆耳,高宗哪里听得进去!而秦桧因岳飞多次反对议和,对他恨之入骨,看成是肉中刺,眼中钉,千方百计想除掉他。

残害忠良　酿千古冤案

秦桧一天不死便会害人一天。岳飞这位抗金英雄没有死在战场上,却死在了高宗、秦桧、万俟卨等小人之手!

岳飞字鹏举,河南汤阴人,早年参加过进攻辽燕京的战役。靖康元年,康王赵构(即后来的宋高宗)在相州建立大元帅府,武艺高强、素有报国之志的岳飞应募投军任小军官。不久,岳飞因上书要求抗金而获罪,被夺官回家。此后,岳飞又在河北招抚使张所部下任小军官,并随杜充守开封,从河北转战江南,在许多次抗金战斗中屡建战功。绍兴四年,岳飞升为独当一面的大将,并奉命向伪齐进攻,以收复襄阳等地,岳飞率军经过激烈的战斗,仅用两三个月的时间即按预定计划收复了六州失地,年仅32岁的岳飞因此获得了节度使之职,与韩世忠、刘光世、张俊并称为南宋初年四大名将,岳飞所部亦被称为"岳家军"。正当岳家军乘胜前进、横扫金兵之时,朝廷让秦桧任宰相进行卖国投降活动。消息传来,岳飞表示强烈反对。他立即上书给朝廷,说:"愿定谋于全胜,期收地于两河。唾手燕云,欲复仇而报国;誓心天地，尚令稽首以称藩。"秦桧读后大为恼怒。

宋金和约签订不到一年，金统治集团内部就发生了政变。主张对宋诱和的挞懒被杀，主战的兀术上台。绍兴十年，金兀术率大军直取河南、陕西。

金军的大举南侵，给宋高宗、秦桧等无疑是当头一棒。此时高宗显得十分尴尬，只能以"金人不知信守诺言"来为自己辩解。眼见自己小朝廷就要不保，同时也为朝野要求抗战的强大声势所迫，他不得不做出抗战的表示，正式下诏，组织抵抗。他下令兵分三路，以韩世忠守淮东；张俊守淮西；岳飞由襄阳北上，负责河南各州的收复和防御。他责令各路将士务必全力以赴，阻止兀术南下。

当时秦桧的处境更是十分狼狈。朝野上下，纷纷揭露、谴责他的卖国罪行。他犹如丧家之犬一般，惶惶不可终日，不时在宋高宗面前痛哭流涕，为自己议和失败辩解，求取宋高宗的同情。同时，也常以拥护抗战的面目出现，以换取人们对他的宽容。结果终究因宋高宗的信任和庇护，他仍然稳稳地坐在宰相的宝座之上。

兀术本来狂妄地认为南宋无能人，军备又十分空虚，可不费吹灰之力，一举扫平南宋。但在金兵攻占陕西和河南以后，继续南犯时却遇到了南宋军民的顽强抵抗，再难向前推进了。

当时南宋人民在国家民族生死存亡的关头，同仇敌忾，奋力抗战。各路抗金大军更是英勇作战，其中以岳飞率领的"岳家军"最为著名。岳家军是在抗金斗争中锻炼成长的一支军队，在岳飞的指挥下，纪律严明，作战勇敢，对百姓秋毫无犯，素有"冻死不拆屋，饿死不掳掠"之称。岳飞接受任务以后，率军先后攻克了颍昌、蔡州、郑州、洛阳等地，一路所向无敌，战无不胜，使金兵闻风丧胆，弃城而逃。绍兴十年秋天，岳飞率领五万轻骑兵进驻郾城，与金军主力相遇。金兀术深知岳飞的厉害，于是动用了他的王牌——拐子马。这拐子马高大强壮，全身披挂厚重铠甲，每三匹马用铁链连成一组，冲陷敌阵时威风凛凛，十分厉害。

这时，岳飞早已派人探知兀术的动静。他认真研究对策，以为拐子马虽然厉害，但有一个致命的弱点，就是一组三匹马必须进退如一，其中只要一匹马不协调，就无法行动，且它虽全身披甲，但马脚还是露在外面，只要设法剁其马脚，一匹倒地，就破了一组，一组失灵，就会连锁反应，造成马翻人倒、不战自乱的局面。主意一定，岳飞就命令军士，将刀斧绑在长竿上，并吩咐明日作战，无须骑马，只要步战，低头先砍马脚，马倒以后再砍金兵。第二天，双方对阵，兀术的拐子马整齐地排在大军前面，铠甲在日光下闪闪发光，非常威风。岳飞先发制人，不容兀术驱动拐子马，便指挥士兵杀向敌阵。岳飞一声令下，岳家军将士个个争先恐后，奋勇杀敌。岳飞的儿子岳云冲在最前面，手起刀落，已剁去拐子马的一只马脚，大家按照岳飞的吩咐，也都低头弯腰，挥动刀斧，专砍马脚，一时金军人仰马翻，乱作一团。顷刻间，兀术苦心经营的精锐骑兵，便被岳家摧毁。兀术这才真正领教到了岳飞的厉害，岳家军的勇猛，于是掉转马头，拍马而逃。金兵见主帅逃跑，军心大乱，也纷纷抱头逃窜。岳飞指挥军队，乘势追杀，一直追到了离金兵在中原的大本营开封只有四五十里的朱仙镇，准备与敌决一死战。

这一仗，岳飞指挥岳家军不仅打败了金兀术的精锐部队——拐子马，杀死了无数的金兵，更主要的是使金兵军心动摇，士无斗志。兀术马不停蹄，逃回开封，他哭丧着脸说："我自带兵以来，以拐子马冲锋陷阵，所向无敌。可现在完了，一切都完了！"金兵胆战心惊地龟缩在城中哀叹道："撼山易，撼岳家军难！"

在岳飞大败兀术主力的同时,南宋其他各路大军韩世忠、张俊部也进展顺利,收复了不少失地。与此同时,北方的人民也在金军背后有效地打击和牵制着敌人,并相约以"岳"字旗为号,等待岳家军渡过黄河配合进攻金军。不少金军将领见岳飞大军逼近开封,担心自己死无葬身之地,就投降了岳飞,甚至金军大将韩常也准备率五万骑兵前来投诚。兀术见大势已去,就命随军老小先行北渡河,自己也准备弃城逃跑。

在抗金形势大好的情况下,岳飞满怀豪情地对部下说:"直抵黄龙府,与诸君痛饮耳!"岳家将士个个摩拳擦掌,纷纷表示誓灭金贼,收复旧山河。但正当岳飞等准备夺回开封,渡过黄河去追杀金兵,收复失地的时候,宋高宗却下令要他撤兵回朝。宋高宗向来把抗金作为权宜之计,当着金兵南犯,对其统治构成直接威胁时,他就不得已而支持抗金,而当军民将士的浴血奋战维护了他的统治之后,他又担心抗金力量的壮大会使将领们功高盖主,尾大不掉,对他形成另一种威胁而时常加以限制。因此,高宗的羁勒政策更成了秦桧破坏抗金、迫害忠良的保护伞,随着抗金斗争的发展,秦桧的捣乱也就更为变本加厉、不择手段了。

原来秦桧深知,岳飞抗金的态度最坚决,不会轻易撤兵。于是,他想出这一条毒计,首先下令南宋其他各路大军都从前线撤回,然后以"岳飞孤军不可久留"为借口,竟让高宗一天之中连下十二道金牌(红漆木牌上写有金字,由皇帝直接发出,传达最紧急的军令,一天可送行五百里),要岳飞火速撤兵,违者以抗旨论处。

此计果然狠毒。岳飞见其他军队都已撤退,自己如不撤兵,就有被金兵包围的危险。再看那十二金牌,又是那么紧急,那么严厉,心想自己作为一个忠臣,圣旨不可违抗,看来不撤兵不行了。他心中又是伤心,又是气愤,只能仰天长叹一声:"臣十年之功,废于一旦!"无奈,岳飞只得含着眼泪下令班师回朝。

一听说岳飞要撤兵,当地老百姓拦住岳飞的马头大哭起来,说:"我们烧香磕头,运送粮草,迎接您的到来,这连敌人都知道。今天你一走,我们还有活路吗?"岳飞听了,也是热泪盈眶,但有什么办法呢?自己也不愿意走呀!他停下马,取出金牌给他们看,说:"朝廷有令,我不敢私自留在这里啊!"于是,百姓哭,士兵哭,岳飞也哭。为了百姓的安危,岳飞下令士兵保护当地百姓一起南撤。

再说兀术见岳飞军队兵临开封城下,就准备弃城逃跑。当他刚刚上马,忽然一个书生上前拉住了他的马缰,说道:"元帅可不要走,开封可以守住了,岳飞马上就会退兵。"兀术感到很奇怪,就问道:"岳飞拿五百骑兵就打败了我十万骑兵,城中百姓,也日夜盼望岳家军,这城怎么能守得住呢?"那书生狡黠地说道:"元帅您只知其一,不知其二。自古以来,哪有权臣在内而大将能立功于外的呢?依我看,岳飞虽打了胜仗,但不要说立功,恐怕连自身性命都难保"。兀术一听,感到书生说的有道理,就决定不撤兵了。他派人一打听,果然岳家军已经开始撤退了,便马上重新整理兵马,又向南杀去,结果把岳飞收复的郑州、蔡州、颍昌等大片土地又夺了回去。

岳飞十年的心血,白白地毁于一旦。南宋军民用鲜血和生命换来的北伐大好形势被宋高宗和秦桧葬送了。

岳飞回朝后,秦桧便用诡计削夺了他的兵权。绍兴十一年四月,秦桧、宋高宗与抗金将领韩世忠、岳飞共进宴会,酒过三巡之后,秦桧突然起立,大声宣布道:"秦某奉旨宣读陛下诏令:授张俊、韩世忠为枢密使,岳飞为枢密副使,免去各人原任宣抚使之职，三将原来所统之兵，一律交由朝廷指挥。"

所谓枢密正副使，是中央朝廷的正副军事长官，表面上看，这三个人从原来一路军队的统帅改任为朝廷的最高统帅，似乎是升了一级，但他们脱离了自己的军队，仿佛蛟龙离水一般，很难再发挥什么作用了，明眼人一看便明白，这是明里是升，暗里是降。

当年七月，大将张俊从楚州（江苏淮安）回到临安（杭州），和秦桧合谋排挤岳飞，公然造谣说：岳飞倡议放弃山阳（楚州）城，退保长江。秦桧当即抓住张俊的这个谣言，指使万俟卨上章弹劾岳飞。"愿效鹰犬"的万俟卨转脸就向高宗递上了弹劾章疏，大略谓："臣伏见：枢密副使岳飞，爵高禄厚，志满意得，平昔功名之念，日以颓惰。今春敌寇大入，疆场骚然，陛下趣飞进师，以为犄角，玺书络绎，使者相继于道，而乃稽违诏旨，不以时发，久之一至舒（安徽潜山）、蕲（湖北蕲春），匆卒复还。所幸兵力自能却贼，不然，则其败挠国事，可胜言哉！比与同列按兵淮上，公对将佐言山阳不可守，沮丧士气，动摇民心，远近闻之，无不失望。伏望免飞副枢职事，出之于外，以伸邦宪。"凭空捏造，颠倒黑白，把本来一直在抗金前线出生入死，身先士卒，浴血奋战的岳飞，说成是贪生怕死，违诏抗旨，畏缩不前的懦夫；无中生有地给向来力主抗金，反对退守的岳飞扣上公开散布失败论调、动摇军心的帽子；甚至不惜用极其卑劣的手法，大肆进行人身攻击，说岳飞专在功名利禄上用功夫，沦落到颓废堕落的地步。在万俟卨的鼓动下，秦桧的党羽闻风而起，交章相上，横加诋诬，终于逼使岳飞悲愤交加，请求辞职，当年八月，被罢去枢密副使。"俾就闲祠"去了。

但秦桧绝不会善罢甘休，他觉得单凭万俟卨等人诬告的几条罪状是远远不够的，只有再加罪名，才能杀人。于是，秦桧又以极其恶毒的手段，捏造了岳飞"谋反"的罪名。为罗织"谋杀飞"罪，他首先和张俊进行了策划。岳飞被罢支枢密副使后，到庐山闲居，鄂州军由都统制王贵和副都统制张宪率领。要给岳飞加上谋反的罪名，就必须在鄂州军中寻找告讦他的人；同时，通过这一罪恶阴谋，还能把岳家军搞垮。真是一举两得。于是，秦、张就定下"密诱飞部曲，以能告飞事者，宠以优赏"的毒计，诱人诬告岳飞。但"无人应"，阴谋未能得逞。于是，他们又心生一计，利用受过岳飞责罚的王贵，"诱贵告飞"。起初，王贵不肯苟从，说岳飞做大将，用人不能不有所赏罚，何况自己有过失，受责罚是应当的。如果这样就怨恨岳飞，也就怨不胜怨了。王贵不肯苟从，他们就以王贵家中的私事威胁他，结果"贵惧而从"。

除王贵外，秦桧还物色了在张宪部下任前军副统制的王浚。这个人过去在范琼手下当过刽子手，曾告讦其同伙呼千等人欲劫东平府，被提升为副都头，"自是以告讦为利"。他在军中的同伴，都鄙视他的为人，就给他起了一个绰号，叫"王鹘儿"，"王鹘儿者，击搏无义之称也。王鹘儿加入岳家军后多次受到岳飞制裁，便对岳飞、张宪怀恨在心。秦桧利用他的复仇心理，加以利用。

在秦桧的精心策划下，陷害岳飞"谋反"的行动开始了。王浚拿了捏造的状词到王贵那里告发张宪"谋反"，说岳飞的儿子岳云写给张宪一封信，让张宪在襄阳反叛朝廷，阴谋把岳飞的兵权重新夺回来。王贵马上将王浚的状纸交给张俊。接着，张俊让王贵设法将张宪骗到枢密院。张俊就在枢密院私设刑堂，对张宪进行严刑逼供。张俊拍案大叫道："张宪，从实招来！为什么要谋反？是不是岳飞指使你的？"张宪感到莫名其妙，只是大喊："冤枉！冤枉！"并说："什么谋反？我不知道你在说什么？"张俊脸涨得像猪肝一样，骂道："你还装糊涂，不是岳云给你写了一封信,要你在襄阳谋反,并要为岳飞夺回兵权吗?"张宪辩解道:"你说我与岳云有书信来往,那么证据呢?"张俊狰狞地笑道:"信不是在你手中吗? 还要狡辩。看来不动大刑,你是不会说实话的。"于是,他喝令手下:"大刑侍候!"可是张宪是个硬汉,尽管张俊动用了各种酷刑,把他打得死去活来,他还是坚贞不屈,一字不招,张俊无可奈何。

秦桧一伙又把岳云抓来,严刑逼供,但也是一无所获。

秦桧不死心,便让张俊伪造一份张宪的"供状",拿了去见宋高宗,对高宗说道:"现在张宪招供了,他承认和岳飞一起准备谋反。"由于谋杀岳飞也是高宗的本意,因此,他根本不管张宪的"供词"是真是假,便马上下令将岳飞逮捕归案。

当时岳飞罢职后闲居庐山。秦桧尽管对岳飞恨得要死,但这时还不敢公然逮捕他,怕引起激变,于是设计诱捕岳飞。他派曾和岳飞结拜过兄弟现已成为自己亲信的杨沂中,执行诱捕岳飞的使命。杨沂中到达庐山岳飞住处后,就用花言巧语欺骗岳飞说,为了张宪、岳云的一点小事,朝廷需要你前去对质一下。岳飞信以为真,随杨沂中来到了临安。

岳飞一到临安,便被秦桧拘捕,直接送到了大理寺审讯。岳飞愤怒地说:"我为国家出生入死,尽忠朝廷,你们为什么要逮捕我!"在大理寺狱中,他先后看见张宪、岳云两人都光着头,赤着脚,脖子上戴着枷锁,手脚上挂着镣铐,浑身上下,血迹斑斑,已被折磨得不成样子。岳飞一见这种惨况,不觉泪流满面,悲痛欲绝。他明白:秦桧这个奸贼要对自己下毒手了。

秦桧派亲信御史中丞何铸负责审讯岳飞。何铸一见岳飞,便大声责问道:"岳飞,老实交代,你为什么要造反?"岳飞气愤地说道:"我要造反? 简直一派胡言! 我对朝廷的一片忠心,天地可知! 日月可鉴!"说着,他猛地掀起衣服,背上露出岳母当年为他刺上的"尽忠报国"四个大字。何铸见后,不觉一惊,显得十分尴尬。他又仔细看了王浚和张俊的所谓张宪供词,觉得证据不足,无法构成"谋反"的罪名。何铸还算良心没有彻底泯灭,就不愿意再审理这个案件。他跑去向秦桧说:"岳飞谋反证据不足,罪名不能成立。"秦桧听后,很不高兴,说:"这是皇上的意思。"秦桧对何铸的行为很不满意,不久就找了个借口,将他排挤出了朝廷。

秦桧决不甘心就此罢休,又改命他的死党万俟卨亲自主持审理岳飞一案。万俟卨主持审讯时,情况就全然不一样了。万俟卨拿着王浚、张俊捏造的材料,大声斥责岳飞:"岳飞,皇上待你不薄,你不思报恩朝廷,为何要想谋反,从实招来!"岳飞听他这么一说,气得浑身发抖愤怒地高声叫道:"我可对天起誓,我岳飞绝对没有做什么对不起国家的事。你们是主持国家法纪的人,决不能陷害忠臣。如果你们冤枉我,我即使到阴曹地府也不会与你们罢休。"岳飞悲愤过极,身体不断摇晃,差点晕了过去。一个狱卒在旁边大声喝道:"岳飞,站好!"真是虎落平阳被犬欺,岳飞这个率领千军万马的统帅,这时却遭到了一个小小的狱卒的训斥。万俟卨见岳飞死不认罪,眼珠一转,又想出一条"罪状"。他奸笑了一声,说:"你既然说无心谋反,那么,你还记得,以前游天竺寺的时候,你在墙上写了'寒门何载富贵'(贫寒出身的人,哪里会有富贵可享)的话吗?"秦桧的一群走卒也跟着大喊大叫:"既然说出这样的话,不是说明要造反吗?"真是欲加之罪,何患无辞! 只要想说你造反,还不能牵强附会,生拉硬扯地找上几条"罪状"吗? 岳飞明白,对这些人还有什么道理可讲。他长叹了一声,高声叫道:"今天我落到了奸贼秦桧手中,还有什么话可说的?

可惜我一片'尽忠报国'之志，今天算是完了。"说完，他闭上眼睛，咬紧牙关，任凭狱卒怎样严刑拷打，再也不吭一声了。

岳飞被诬陷为"谋反"罪名，在朝廷内外掀起了轩然大波。许多官民纷纷上书为岳飞申冤、鸣不平。有个叫赵士褒的官员愿以全家百口来保岳飞无罪。剑州百姓刘允升也给高宗上书，替岳飞鸣冤。连审理过岳飞案子的李若朴、薛仁辅等人，都认为岳飞"谋反"罪名不成立，就算把岳飞所有的"罪状"加在一起，最多判二年徒刑。特别是抗金名将韩世忠（此时，他为了避免秦桧的诬陷，已辞去枢密使职务）更是气愤不过，直接跑去责问秦桧："你说岳飞谋反，有什么凭证？"秦桧张口结舌答不上来，半天才支支吾吾地说道："其事体莫须有（也许有）"。韩世忠愤愤不平，高声叫道："'莫须有'三字，怎能使天下人信服？"

秦桧也感到光凭捏造的几条"罪状"，没有真凭实据，恐怕难以构成岳飞"谋反"之罪名，将他置于死地。因此，秦桧又煞费苦心的罗列新的"罪状"。他派万俟卨带人抄岳飞的家，翻箱倒柜，想找到一点蛛丝马迹，可一无所获。秦桧仍不死心，于是又凭空捏造岳飞"罪状"：说岳飞32岁时，当上节度使后，曾得意地对部下说，32岁就做节度使，世上无人可比，只有宋太祖（即赵匡胤，北宋开国皇帝）才在同一岁数时做了节度使。把自己比作宋太祖，这不是要谋反篡位吗？又说，岳飞在郾城战役后，曾和部将张宪等人谈论道：国家大事将来会怎样呢？张宪回答道：这就全靠将军你啦！这不也说明岳飞和张宪密谋想造反吗？秦桧为了使这些"罪名"能够成立，专门悬赏诱招证人，可是除了王贵、王浚等几个肯出卖灵魂的卑鄙小人，谁都不愿出来作证。这样，岳飞"谋反"一案，一直拖了两个多月，还没有做出结论。

此时，金国见岳飞下了监狱，韩世忠罢了官，南宋朝政实际上已控制在秦桧一人手中，于是就答应了宋高宗、秦桧的议和要求。绍兴十年十一月，南宋和金正式签订和约。和约规定：宋、金两国东以淮水中游、西以大散关为界，中间的唐州、邓州割让给金国；宋朝皇帝向金国称臣；宋朝每年向金国进贡白银25万两、绢20万匹。南宋向金国既是割地、纳贡又是称臣，实际上成了金的附庸国，与亡国相差无几了。金兀术对已下狱的岳飞仍不放心，他一再催促秦桧赶快杀掉岳飞，以绝后患。

绍兴十二年一月二十八日，秦桧派万俟卨到大理寺将岳飞害死。当天晚上，万俟卨等人遵照秦桧的吩咐，最后一次提审了岳飞，逼他在他们炮制的一张供状上画押。岳飞知道这是自己最后的时刻了，他无限悲痛地向牢狱上方仰视了一下，便拿过笔来写了八个大字："天日昭昭！天日昭昭！"（老天明白）。万俟卨恶狠狠地瞪着岳飞，说："岳飞，你死到临头了，还要嘴硬。"说完，他吩咐狱卒将早已准备好的毒酒拿上来，想强行逼迫岳飞喝下，岳飞憎恶地推开狱卒，自己劈手夺过酒盅，从容喝下毒酒。不久毒发，岳飞怒睁双目，倒地身亡，年仅39岁。万俟卨和狱卒吓得瘫倒在地。接着，张宪、岳云也被斩首。

一代抗金英雄，就这样在高宗的默许下，被奸贼活活害死，真是一天下千古冤案。

制造党祸　打压政敌

物以类聚，人以群分。秦桧当权之时，肖小群丑得志，正人君子蒙尘。对于秦桧来说，则是顺我者昌，逆我者亡。和议达成之后，秦桧便着手清洗政敌。这次清洗进行了十年之多，主要手段是制造党祸、文祸和语祸。打击重点对象为赵鼎、王庶、李光、胡铨、张浚等人，凡稍有瓜葛，便认为是"邪党"，加以"讪谤朝政"、动摇国是""指斥乘舆""怨诽大臣"而加以打击，或罢官，或流之远方，家破人亡，妻离子散者不可胜记。

历史上的一切政客，要打击政敌，无论目的如何肮脏，总要寻找一个最冠冕堂皇的理由，而最好的罪名是"动摇国是"。"国是"者，基本国策也。动摇了基本国策，国家的安危就受到威胁。这可以表明指控者是站在国家立场上说话，居高临下，在气势上首先压倒对方。秦桧是深通此道的，他就是以"和议"为"国是"，把反对和议的人，一概斥为"邪党"而加以打击。

秦桧对李光也是恨之入骨。初次和议，遭到朝野的激烈反对，秦桧想利用李光的名望平息士大夫的议论，力荐李光为参知政事。后来秦桧要撤淮南守备，夺诸将兵权，李光反对，认为金人"狼子野心，和不可恃，备不可撤"；秦桧要任用其妻王氏的表兄郑亿年为资政殿学士，因郑亿年接受过张邦昌、刘豫的官职，李光当着高宗的面说秦桧欺君罔上，"盗弄国权，怀奸误国"。秦桧大怒，指使殿中侍御史何铸劾李光"狂悖失礼"。李光九次上章辞职，于绍兴九年十一月出知绍兴府，又改提举临安洞霄官，回绍兴府居住。

滕州的知州周谋是个无耻小人，对李光表面装着同情，又十分恭顺，引诱李光与之倡和诗歌，背后却把那些抨击和议、讽刺秦桧的篇什，献给秦桧。秦桧令御史中丞杨愿上章弹劾。老账新账一起算，罪名是"必欲动摇国论"。于是又于绍兴十四年十一月移李光于琼州（今海南省海口）安置。绍兴二十年又以私撰国史，与胡铨诗赋倡和，讥讪朝政罪，移昌化军（今海南新州），永不检举。

绍兴二十五年四月，台州知州出缺，州里一些士民到御史台举荐通判管镐出任。管镐是李光继室管氏之兄，秦桧的一些鹰犬很快就把这件事同尚在绍兴居住的李光儿子李孟津联系起来。侍御史董德元上章说："罪人李光之子名孟津者，其继母乃镐之妹，故鼓率士民，举镐为知州，镐纵而不禁。望将镐先次放罢，以破其奸计；并议孟津鼓唱之罪。"如果说管镐自己"鼓率士民"，他毕竟身在台州，还有这个条件；要说是李孟津，就是无中生有了。李孟津作为罪臣之子，父兄屡遭谴责，他怎么敢从绍兴跑到台州去"鼓率士民"？李光的罪名那样大，又有谁敢听信李孟津的"鼓唱"？无非捏造一个罪名，把李光一家赶尽杀绝罢了。就凭这个罪名，管镐落职放罢；李孟津令绍兴府羁管。至此，李光一家无一人幸免。李光之弟李宽在李光得罪之初，即被罗织罪名，除名勒停；长子孟博、中子孟醇随侍李光，死于贬所；仲子孟坚以李光作私史事下狱，除名编管峡州；孟津抵罪之后，田园居第，全部籍没入官，一家残破。

胡铨因强烈主张抗金，反对议和，甚至要求宋高宗斩秦桧的头以谢天下，因而得罪了秦桧，被贬到广州看管盐仓。但秦桧觉得对胡铨处理还是过轻，不足以起到"贬一儆百"，迫使高宗下诏，说胡铨上疏是以下犯上，扰乱朝政，告诫朝廷内外，不得效行。大臣陈刚中表示支持胡铨上书，秦桧大怒，把他发配到赣州安远县。安远县地处边远地区，条件极差，瘴气很盛，当地谚语说："龙南、安远，一去不转。"意思是说，到龙南、安远是一去不复返了，必然死在那里。陈刚中果然死在了安远。这样的例子不胜枚举。

对张浚,秦桧曾企图引为己用。绍兴九年复张浚为观文殿大学士,知福州兼福建安抚大使。十一年十一月,因与金人重开和议,秦桧希望有元老重臣的支持,便派工部员外郎盖谅以公务的名义到福州拜望张浚,暗示张浚,如果赞成和议,当引为枢密使。张浚断然拒绝,答书说:"敌不可纵,和不可成。"秦桧大为不满。张浚以母老力请奉祠,回到长沙奉母以居,表示不与秦桧合作共事。

绍兴十二年,韦太后南归,诸臣皆上贺札,张浚在札子中说:"与或为取,安必虑危。愿勤圣虑,终究远图。"当时秦桧正以和成而自鸣得意,张浚如此大唱反调,他岂肯甘休。御史中丞万俟卨闻风上章,诬陷张浚"卜宅逾侈,至拟五凤建楼"。据《名义考》说:梁太祖朱温"建五凤楼,去地百丈,高入天空,有五凤翘翼"。万俟卨说张浚模仿五凤楼建造住宅,意在指诬张浚有不臣之心,用心非常险恶。高宗可能有些不信,秦桧便奏令至京西、两湖有公务的屯田员外郎吴秉信顺便到长沙去"按验";暗地许诺吴秉信,如果案情能坐实,可与升官。吴秉信到长沙,造访了张浚,看到所居宅第非常一般,中产之家都能办到,便秘密告诉张浚,秦桧有加害之意。回到临安,他如实奏报朝廷,这个案子才不了了之。吴秉信因不愿按秦桧旨意去加害张浚,后被秦桧以他事罢斥。

绍兴十五四年四月,彗星出现。高宗有诏求言。张浚上书劝高宗不能再为秦桧所左右,秦桧当然不会容忍,便教使何若弹劾张浚,流放张浚至连州。

秦桧为了彻底地清除异己,消灭政敌,以绝后患,将自己的亲信党羽安插在台谏部门。当时,控制了台谏部门,就等于堵塞了言路。秦桧利用这些亲信,一方面对异己者随意妄加罪名,加以排斥。另一方面又经常为自己溢美,进一步讨取高宗的欢心,巩固自己的相位。一些趋炎附势之徒为了蝇头小利,纷纷投其门下,想方设法讨取奸相的欢心和器重。最典型的要算是四川宣抚使郑仲了。秦桧在自己的相府中修了一座格天阁,刚造好,郑仲就献上了一块精美的地毯,秦桧让人铺在房间里,居然长宽正好,一丝不差。原来郑仲预先获知了房间的大小尺寸,是有备而来的。秦桧非常高兴,大大夸奖了郑仲一番。

秦桧当宰相的18年间,不知有多少人遭到了他的打击和陷害。他把持朝政,任用奸佞小人,胡作非为,使南宋朝廷变得十分黑暗腐败。

贪得无厌　富过皇上

奸相秦桧利用职权广置家园,扩张产业,害国害民。高宗对他的赏赐就不计其数。单是皇帝赏赐的一项就相当可观。绍兴十五年赐甲第一区,宅基由秦桧自选,令临安府负责建造。在朝天门东,望仙桥附近有一片地方,"仰眺吴山,卓马立顾",望气者以为"有郁葱之符",秦桧请求在这里建造府第。临安知府张澄为了讨好秦桧,"穷土木之丽",因此也得到加官晋爵。这年四月,秦桧迁入新居,高宗命内侍供奉官王晋锡押教坊乐队为前导,护送所赐物事。计有银、绢、缗钱各一万,采千匹,金银器皿、锦绮帐帱六百八件,宫花千四百枝。十六年又在府第之东赐建秦氏家庙一堂五室,命礼器局专为秦氏家庙制造祭器。秦桧卒后,这座府第收归内府,高宗、孝宗两代皇帝退位都住在这里,先后更为德寿宫、重华宫,大体上就是这个规模,亦可想见其宏大壮丽的程度。更为特别的是,在赐秦桧居第之初,"两浙转运司置一局曰箔场,官吏甚众,专应付赐第事"。直到秦桧死去,这个"箔场"还保留着,"所费不可胜计"，实际上成了秦府的供应局。在这十余年间，秦熺"无一日不锻酒器，无一日不背（褙）书画碑刻"。

但是，秦桧并不以赏赐为满足，他还利用各种卑劣手段巧取豪夺。张俊的房地产日收二百贯，俊死后被秦桧夺为己有。至于秦家的田产，则不可胜计。由太府丞一直升到户部侍郎的徐宗说，就专为秦家经营田产，时人讥之为秦氏"庄客"。有一个叫龚釜的，职务是权监六部门，却以使臣的身份为秦家管理在平江、秀州的田产。这些田产都是强买百姓的。龚釜还同他的做溧阳县丞的哥哥龚鋆一起"遍诣田所相视，有瘠薄者，即追售田之人勒偿元值，民甚苦之。"还有一个叫余佐的，官职是湖州通判，实则与龚釜一样，为秦桧管理在湖州的田庄。

绍兴二十三年八月，高宗又将建康府一座面积一千余顷，每年可收三万石租的永丰圩赐给秦桧，并令江东转运司和建康府负责修葺，限于当年十二月完工。秦桧则假公济私，以修宣州、太平等地圩堤为名，将他的管家丁祀派任江东马步兵总管，驻扎建康，主持此事；又派司农丞兼权户部郎官钟世明和溧阳县丞龚鋆监督工役，在很短的时间内就修造一条周回一百八十里的长堤。龚鋆这人残毒酷虐，"役夫万计，人之死者甚众"。这些人依仗秦桧的权势，欺压百姓，如龚釜管庄时，对其所管的田都要逐块察看，发现有"瘠薄者，即追售田之人，勒偿无值，民甚苦之"。他们还"常骑巨牛，纵食人禾麦，民请不悛"。他们以刮削民脂民膏为能事，"岁斋租人诣秦府"，供秦桧一家过着穷奢极欲的糜烂生活。当时国家财用不足，而"秦氏之家，金珠充物"，"教坊所汰之人，埙皆养之于家，以奉歌酒之欢"。秦桧的家人"一二百钱物，方得过一日"，秦家一次宴会就用钱"数百千"，"一领汗衫，止得数日，即弃去"。

秦桧在任相期间，还依仗权势敲诈勒索，贪污舞弊，贿赂公行，横行霸道。

秦桧一向诡计多端，谋财有术。绍兴十年，他以宋金战争"预备犒赏"为名，要老百姓"计亩率钱，偏天下五等贫民，无得免者"。但钱银聚敛以后，"兵未尝举"，他就丧心病狂地把这些银钱都吞为己有，发了国难之财。

至于贪污受贿，更是花样百出。他每年生日，臣僚都要献金为他祝寿，"金玉劝盏，为不足道，至于搜尽世间之稀奇为侑"。有些官员想填补"监司帅守"之缺，他照例要索取珍宝，或行贿"数万贯，乃得差遣"。由于秦桧私自公开卖官鬻爵，贿赂公行，所以他的家门如市。"馈送四方，大帅、监司、郡守，馈送无虚日。"曹泳为了媚奉秦桧，"将官钱、官物，馈送桧之父子"，"于常例外，辄更增添，如买花石，献时新，搜求难得之货，不可缕数。"吕愿中为了升官，"强买部民玩好古器"献秦桧。荆湖南路转运判官，更是将"宝器奇玩，倾倒归于宰相秦桧之室"。总之，当时百官献给秦桧的"黄金白璧、明珠、大贝、象犀，锦绫奇怪之物，车连毂，舟衔尾，相属于水陆之道，昼夜不绝"，"外国珍宝，死犹及门"。

何仅如此而已！尤其是那些利欲熏心之徒，唯恐馈送黄金等物不足以欢秦桧之心，更是在献物上搜尽枯肠，大用功夫。右承议郎、知信州林机，更"为桧搜求水精（晶），民极以为扰"。方滋"帅广东，为蜡炬，以众香实其中，遣驶卒持谒相府"。后来，有一次秦桧宴客，就点燃此蜡，"异香满座"，"秦大喜，以为奉己之专也，待方益厚"。四川宣抚使郑仲在秦桧修秦相府格天阁完工时，献上"锦地衣一铺，秦命铺阁上，广袤无尺寸差"，也在四川当官的符行中。郑蔼对秦桧的"馈送不可计，虽空书，亦于书匣中用金狮二枚坐书。"似此之类的行贿，真是不胜枚举！

秦桧贪污舞弊，贿赂公行，其家"富敌于国"。秦府的府库财富超过了高宗的"左藏数倍"。凡宫廷所稀缺的物品，他家都尽有。有一次，高宗需要"白脑为药"，而内库欠缺，即"求之秦桧取一匣进之"。打开匣内一看，却有"书题名衔"，原来是个西经略使方滋送给秦桧的。此事连高宗都觉得惊讶，他感叹地说："御前未尝有如此白脑片子！"秦桧的妻子王氏经常入禁中，有一次显仁太后对她说："近日子鱼大者绝少"。王氏说："妾家有之，当以百尾进。"她回家把此事告诉了秦桧，"桧咎其失言"，即责怪王氏不该把真情禀告太后，万一高宗知道此情会怪罪于他。秦桧召集馆客商量对策，结果用青鱼百尾代替子鱼奉送进宫。显仁太后见时大笑王氏为村婆子，把青鱼当成了子鱼。其实，倒是她自己被老奸巨猾的秦桧蒙骗了。

树碑立传　欺世盗名

在人类历史上，对统治者歌功颂德的文字是屡见不鲜的。但按照各个民族和时代的政治伦理标准，无疑是有"圣功伟绩"，而值得称颂，但也有一些欺世盗名之徒，为己树传，妄图掩恶。

秦桧和一切欺世盗名者一样，一方面用强权钳制舆论；一方面用高尚的灵光包裹自己卑鄙的行为，把反面人物演成正面角色。这不仅是为了欺骗世人，也是为了欺骗自己，力图从"正面角色"中寻求一些虚假的精神慰藉，把一出历史闹剧演到终场。他肆无忌惮地出卖民族利益，却把自己装扮成一个伟大的爱国者；他丧心病狂地残害忠良，却把自己装扮成一个维护朝廷礼法的忠臣良相。

绍兴十九年九月，高宗可能是"恨无官可酬"，为了褒奖秦桧，下令绘制秦桧肖像，陈列功臣阁。像成，高宗又自作赞语云：

唯师益公，识量渊冲；尽辟异议，决策和戎；长乐温清，寰宇阜丰。其永相予，凌烟首功。

这段话的大意是，唯有你太师秦益公，才有这样的卓识远见和虚怀若谷的度量啊；敢于和善于排除各种不同的反对意见，毅然决然地定下同金人讲和的国策；从而使我长养太后，有机会尽人子之孝道（长乐，汉宫名，惠帝以居母后。这里指韦太后南归），使天下太平，呈现一派繁荣富强的景象。你是凌烟阁上的头号功臣，应当永远做我的宰相。这种评价当然是秦桧梦寐以求的。第一，承认他做终身宰相，把金人的"不许以无罪去首相"的精神贯彻进去；第二，昭示天下，抑制各种对和议的非议。

秦桧处心积虑要把自己装扮成一个再造宋室的"圣相"，竭力掩盖他导引高宗向金人屈膝投降，出卖民族利益的罪行，便采取种种手段，收买无耻文人为他歌功颂德，树碑立传。

绍兴十一年，通判程敦厚上书说，"夫大功非达权而不能济，大难非欲速而可以平。昔之执事者"，或"不恤其祸"，或"不量其力"，"今陛下除骄抗之害，而疆场肃，致安靖之福，而朝廷尊，制兵之命在我，而悉收其用，欲和之利在敌，而决保其成"，"则大功立矣"。程敦厚还写信给秦桧，赞扬他"见几似颜子，任重似伊尹"。结果立即升官。

绍兴十二年的进士殿试，除秦熺外，陈诚之在策论中强调"休兵息民为上策"，并劝"陛下任贤不二"，即专倚秦桧，杨邦弼也持同一腔调，"今日休兵息民之计，诚为得策","又得贤相,相与图治,中兴之功,日月可冀",结果分别得状元和第三名。自此以后,欲得金榜题名,就非附会降金政策,歌颂君相圣贤不可了。

有一个叫熊彦诗的,是王时雍的女婿。王时雍因在靖康中投靠金人,拥立张邦昌而获罪,熊彦受到株连,后投到赵鼎的门下,赵鼎被逐,他又受到牵连,坐废累年。大约是人穷志短,便干起了卖身投靠的营生。绍兴十二年九月,秦桧进为太师,熊彦诗上贺启,其中有一联说:"大风动地,不移存赵之心;白刃在前,独奋安刘之略。"前一句是指靖康二年二月,秦桧所上"请存赵氏"的议状,后一句巧妙地用了一个事典,把秦桧比作安刘氏天下的周勃、陈平,是说秦桧力主和议,保住了赵宋王朝的江山。"请存赵氏"是秦桧最值得夸耀的政治资本,曾经迷惑过许多人。现在面对着许多人指责他专权误国,出卖民族利益,特别需要对此事大书特书,以证明他竭力主张与金人和议是出于对赵宋王朝的忠诚。熊彦诗把这两件事用一个漂亮的联语概括在一起,使之互相印证,很有一些感染力。这正是秦桧所希望的。秦桧一喜之下,当年十二月,就把熊彦诗派到永州做知州。因为秦桧喜欢这一联语,后来不断被人引用。绍兴二十年五月,久雨初晴,秦桧的儿子秦熺奏称:"先期阴雨,是日云霞绚彩,晴日丽天,兹诚上穹垂祐,望宣付史馆。"高宗有旨给秦桧加恩,起居郎权直学士院王晔当制,在制词中引进了这一联语。过去是熊彦诗个人对秦桧的颂扬,现在就变成皇帝对宰相的评价,其分量大不相同。秦桧欣喜异常,第二年三月,即进王晔为礼部侍郎。

其他如进士施谔献《中兴颂》和《行都赋》各一首,《绍兴雅》十篇,宋高宗"诏永免文解"。大理少卿李如冈为秦桧写生日百韵诗,而超升吏部侍郎。前述的程敦厚又进献《绍兴圣德》诗,"极言和议之效",又向秦桧献诗称"诞生圣相扶王室",宋高宗将他升直徽猷阁。钱周材也因献《绍兴圣德》诗,宋高宗下令充集英殿修撰。

由于大量谀谀的诗文铺天盖地而来,连宋高宗和秦桧也有应接不暇之感。出售人格的商品在激烈竞争中不断降价,而献媚的水平又不断升级。前述曾淳诗中破例使用"圣相"一词,此后"凡献投书启者,以皋、夔、稷、契为不足",将他与古代辅弼的典范相比,已无法餍足,"比拟必曰元圣,或曰圣云"。"称之者以为圣人,尊之者以为恩父,凡投甌之章,造庭之策,不谋而合,归美一德元老"。"一德元老"来源于宋高宗为秦桧题写的"一德格天"阁名。

当日弄权谁敢指　　而今忆得姓依稀

秦桧两次窃据相位,前后任宰相达 19 年之久。他当政时期,积极充当金国的内奸,破坏抗金斗争,陷害忠良,滥杀无辜,扶植私党,独揽朝政,罪行累累。南宋军民无不切齿痛恨,人人欲杀之。功过昭彰,忠奸自判,无边的吹嘘掩盖不住滔天的罪戾,更泯灭不掉人民百姓对秦桧这个独夫民贼的憎恨。绍兴十二年正月,秦桧乘轿上朝之时,殿前司后军小校施全持斩马刀埋伏在望仙桥下准备刺杀秦桧,可惜只砍断了轿柱。施全被捕后,慷慨激昂地怒斥秦桧:"举国与金为仇,尔独欲事金,我所以欲杀尔也!"秦桧做贼心虚,此后每逢外出,必带 50 名武装士兵,执长梃以自卫。几年后,秦桧一病不起,自知活不长久了。他早就想让儿子秦熺接替自己的相位,以便在自己死后能继续执掌朝政,但一直没有如意。这时,他虽在病中,仍然亲自给宋高宗上了一道奏章,以年老体衰为由,恳求高宗准许秦熺代行使相权。但此时，宋高宗鉴于秦桧倚仗金人撑腰，完全独揽了朝政，天下州县所上的奏章，先送到尚书省，他要怎么办就怎么办，却很少送给自己，甚至他还控制了自己的起居生活，大臣怕他甚于自己。因而，宋高宗为了巩固自己的专制统治，巴不得他早点死去，故拒绝了秦桧的要求。但秦桧还不死心，在弥留之际，将自己的一批亲信召到床前，一面吩咐下人赠予每人大量黄金，一面流着眼泪说道："我待你们不薄吧。希望我死以后，你们能够保荐秦熺接为宰相。"由此可见，秦桧这个卖国贼至死野心丝毫未减。

这年十月二十二日，秦桧终于一命呜呼，结束了他罪恶累累的一生。

南宋的老百姓听到秦桧死去的消息后，个个拍手称快，有的还载歌载舞，像过新年一般进行庆贺。甚至连宋高宗也很高兴，他对大臣说："我现在用不着再在衣服里藏匕首了。"这时，许多大臣纷纷上书揭露秦桧的卖国罪行。宋高宗迫于朝野上下舆论的压力，也被迫恢复一些受到秦桧迫害的大臣的官职，并罢免了秦桧的一些亲信。可是高宗又担心主战派的力量抬头，否定和议，于是仍用主和派万俟卨为宰相，并一再下诏说明过去议和也是他的本意，现在不因秦桧之死而有所改变，而且为了表彰秦桧议和的"功劳"，还加封他为申王，谥号"忠献"，还想为他立碑刻字，歌颂一番，但终因秦桧做尽坏事，名声太臭，谁也不愿意执笔撰写碑文，以至于秦桧墓上，"丰碑屹立、不镌一字"。

后来，王氏死后，秦桧夫妇合葬在金陵（今南京）。由于他们夫妇两人出卖民族利益，陷害忠良，贪暴残忍，尽管生前篡改历史，乔装打扮，岂料，尸骨未寒，即遭世人唾弃。当地群众把粪便倒在墓上，称之为"秽冢"。甚至时过200多年后，人们对他们仍然余恨未消，后来有人把这个"秽冢"挖开，把秦桧和王氏两具肮脏的尸骨扒出来，扔到臭水沟里，发泄对奸贼的愤恨。

长期以来，民间还流传着这么一个故事。据说有一个叫秦润泉的人到杭州做抚台，他是秦桧的后代，觉得自己的祖先跪在岳飞墓前任人污辱，感到脸上无光。于是，他就派人偷偷地把秦桧铁像扔到了西湖里去了。第二天，人们一看秦桧铁像不见了，又见西湖水发臭，就告到抚台衙门，说不知道是谁把秦桧铁像扔到西湖里去了。秦润泉装着不知道，去西湖边一看，忽见秦桧铁像又浮上了水面，湖水也变成红色。秦润泉非常害怕，赶紧叫人把它打捞上来，又放回原处。后来，他应朋友之邀一起拜扫岳飞墓，他就在墓前吟了一句诗来自嘲："人自宋后少名桧，我到坟前愧姓秦。"

王安石：雄心难展　往事如烟

【人物档案】

姓名：王安石

生卒：1021 年～1086 年

籍贯：抚州临川（今江西省抚州市）人

字号：字介甫，晚号半山。

朝代：宋朝

职务：左仆射、观文殿大学士、司空等

→太傅（赠）。

封号：荆国公

谥号：文

主要成就：推行变法，改变北宋积贫、

积弱的局面，收复五州。

评价：中国十一世纪伟大的改革家（列

宁语）

王安石

【枭雄本色】

　　王安石，北宋神宗时名相。这位不甘寂寞的政治家，领导了一场轰烈而悲壮的熙宁变法，从此这位勇士独撑大旗步入历史的漩涡，成了历史上最受争议的人物。变法之前王安石被誉为"当世圣人"，变法后，司马光大骂其为欲谋朝篡位的大奸臣；后来的宋徽宗对王安石推崇备至，封其为"舒王"，并给予"配享"，而到了宋钦宗那里，王安石被取消了封号，罢了"配享"，竟成了北宋灭亡的魁首；吴澄颂其为"有至公至正之心"，而朱熹却斥之为心怀叵测、沽名钓誉的伪君子；陆九渊赞其为"洁白之操，寒于冰霜"，而杨慎将之数落成"古今第一小人"。真是抬之则升天，抑之则入地！不过历史是公正的，到了近代有人站出来为王安石大白沉冤，梁启超称他是"三代以下唯一的完人"，列宁赞之"中国十一世纪最伟大的改革家"。

　　作为文人的王安石，中国人妇孺皆知，而作为宰相的王安石，让一代又一代人争议不休，原因安在？

为民请命　宦海沉浮

宋天禧五年（1021年）十一月，在北宋临川军判官王益的官署的后院内，有一个小生命诞生了。当时，贺客盈门，人们都沉浸在添丁之喜的氛围中，没有谁会料到，就是这个男婴，在过了数十年后，会成为一位叱咤风云、左右着北宋朝政的显赫人物，这个刚刚出生的孩子，就是王安石。

临川的风景十分秀丽，气候宜人。王安石这位官宦子弟就是在这种环境中读书学习，开始接受儒家思想孔孟之道的熏陶。稍年长之后，他又博览诸子百家、医、农、艺、文等类的书籍，可是在他小小的心灵里，早已有了先入为主的修身、齐家、治国平天下的信念，这对他的影响是极其深远的，为他树立一种以天下为己任的投身实践的精神起到了极大作用。

天圣八年（1030年），王安石的父亲王益调任韶州，王安石也随父南下，由此使他进一步了解了各地的风土人情、民生状况，对社会问题的见识起到了重大影响。可是在岭南的居留也不过三年的时间，就又因为跟父亲守孝而重新回到了老家江西临川。在他16岁那年，王益被任命为江宁通判，于是他又随父亲来到了江宁，在江宁继续进学。

当时，王安石正在为自己的锦绣前程编织着金榜梦，父亲的官职在他眼里算不了什么。可是令王安石没有料到的是，人生道路上的第一次挫折已降临到他的面前，三年之后，父亲竟然病死在任上。而当时王安石才19岁。转眼间他由锦上添花的顺境转入到世态炎凉、人情冷暖的逆境。他把父亲葬在牛首山下，并结庐守孝，从此就以江宁为第二故乡。经历了三年布衣素食的困顿生活之后，他再也不能忍受了，于是他开始踏上往京师赶考的路程。

仁宗庆历二年（1042年），王安石到了汴梁应试，本来他可以名列进士第一名的。可是枢密使晏殊之婿杨察的弟弟杨绘也来应试，为了照顾杨绘，王安石只能名列第四名进士，而杨绘取得了头名状元。王安石很不满身为朝廷重臣的晏殊的这种做法，可是他还是考虑到小不忍，则乱大谋，于是便隐忍了下来。可是这件事对于触发他改革科举重在选拔真才实学的志向产生了重大影响。

依照宋代的制度，凡中选的进士马上就被任命为官员，于是，王安石就走马上任到了扬州知州韩琦的官署去当金书判官事，也就是负责审理案件的职司。

庆历四年（1044年），也就是王安石居官的第三年，他回到家乡。1045年他又来到京师听候新的任命。此时的王安石在京城所看到的依然是弊政处处，并非如范仲淹在《岳阳楼记》中所写的政通人和，百废待兴的样子。于是王安石对时政感到很是失望，他不想按照官场惯例在京谋求翰林院等接近中枢、易受赏识的官职，从而能得到较快升迁的机会，而是立志到地方上去进行考察时弊，以寻求改革之道，由此能够充实他的治国良策。

庆历七年（1047年），他再次离开了京师，风尘仆仆地来到东海之滨的鄞县充当知县。

王安石到了鄞县之后，正好遇到这里闹灾荒，而且情况还相当严重，百姓的生计十分困难。一种身为父母官的责任心驱使着他无暇休息，马上考察农田水利生产受到破坏的情况，并且向上级官员条陈东南百姓所受饥馑的状况，同时指出其原因就是官员豪绅平日里只知道鱼肉乡民，从来就不问民生疾苦，也不对生产问题加以关心造成的。由此，他想要改变这种县官脱离民生实际的弊病。为了实现自己的这一理想，他组织县吏并率先参加了生产和水利情况的考察队，经过十多天，他查访了万灵、育王山、东海滨、芦江、洪水湾、桃源、青道等十四乡，而后根据实际情况，着手兴修水利，大力改善交通状况，在这个过程中，他还动员百姓投入到水利工程的修治中，对川渠河港加以疏导，对堤坝坡堰加强修筑，蓄水泄洪都得以兼顾，以谋求能旱涝两利，从而大大地有利于农业生产的收益。如此一来，鄞县就被他治理得井井有条。每当遇到青黄不接的季节，穷人的口粮就接济不上，他就命令打开官仓，把粮食借给农民，到了秋收的时候，就要他们加上官定的利息进行偿还。这样一来，农民们就可以不再受大地主豪强的重利盘剥，日子明显比以前好过一些了。

在皇祐元年（1049 年），任期届满的王安石怀着依依惜别之情，离开了鄞县，再度来到了京师，准备迎接新的任务。次年夏天，他突然兴起"千里归来倦宦舟，欲求田宅预求邻。能将孝友传家业，乡邑如君有几人"的这种归耕退隐的情思，于是他解官回到了老家。到了皇祐三年（1051 年），王安石再次被任命为舒州通判。他能在 31 岁就获得与其父相媲美的职位，是因为他在鄞县政绩和朝中欧阳修、曾巩等人在皇上面前称道其贤的缘故。到了这年四月，两朝元老文彦博向朝廷举荐王安石，诏命其进京面试，以便能使之进入馆阁任职。这可是一次人生仕途跃进的有利机会。可是，王安石却以"祖母年老，先臣未葬，弟妹当嫁，家贫口重难住京师"等四个方面的理由而拒绝了应试。在皇祐六年（1054 年），他再次拒绝朝廷任命他为集贤校理，而回到老家临川。到了至和三年（1056 年）二月，朝廷再次下诏，任命王安石为开封群牧司判官。群牧司是全国马政的管理机构，可王安石对马政改革没多大兴趣，因此愿意签调外任。第二年，他被改任常州知州，到任之后，马上锐意改革。他亲自说服富绅出钱集资，为子孙万年计而开挖运河，兴修水利。当地富绅迫于太守督促，只好勉强掏出些钱，但在背后却向上级打报告，请求把王安石调走。所以，王安石在临被调走之际也不知内情，还在尽力督导水利。可是，王安石刚刚离开，水利工程马上就停了下来。

嘉祐三年（1058 年）三月，王安石自常州被调任典江东刑狱。这是个刑审、监察兼事劝农的职使，王安石主要的是关心民生经济。到了第二年，他上书皇帝"为民请命"，说茶叶专卖制度是和先王之法相违背的，对百姓的生计极为不利。指出那些以搜刮为能事的官员，会由一切细小的环节上来剥削百姓的钱财，而茶叶又是生活中的必需品。可是现在公家专卖的茶不能饮用，老百姓只得由私贩手中花高价买茶叶。就是因为这份奏章，茶叶专卖果然在东南被取消了。可是，在几年以后的熙宁变法中，王安石在制订均输、市易法的同时，却加强了对茶、盐的专卖制度，由此完全转到了替国家聚敛民财的立场上去了。

到了嘉祐四年（1059 年）四月，王安石被任命为直集贤院，这时的他已经 39岁，距离他自 22 岁时起担任地方官直到现在，已经历了十八个年头，至此他开始了京官生涯。

忧国忧民　推行新法

1059 年,他改任三司度支判官,这是个掌管财政与决算收支的要缺。王安石自进士及第以来,已经历了二十年的宦海沉浮了。在此期间,他积累了极为丰富的政治经验和社会阅历,现在他正想用在京任职来实现自己的政治抱负,可是要推行变法,就必须先要打动仁宗皇帝。到了嘉祐五年(1060 年)五月,王安石便向仁宗皇帝递上了一份万言书,在书中他对北宋中期的内外形势、问题以及改革方向、任务做了一个总的论析,其主要内容是:(1)朝廷正面临着内忧外患,财力正日益穷困、社会风气日坏、法度已不合先前三代之政,说明变法是事势所需;(2)庆历年间范仲淹主持的改革之所以未能成功,是因为人才不足,而真正能让皇帝感到信赖的几乎一个没有,在这里王安石含有毛遂自荐之意;(3)当务之急就是对于人才的培养,选择好对象,而且要有一整套的教养之道对其加以考察和赏罚;(4)根据国家的需要来培养文武兼能、德才兼备的专业人才;(5)善于治理财政,主要是能应通其变,治财一定要有正确方法;(6)当前朝政极为严重的问题就是从中枢到地方都被奸吏充斥,狼狈为奸、官官相护,导致贤德之人受到法律束缚,而那些不肖者却逍遥法外,似这种情形必须加以改变,而关键就在于能否得到优秀人才并放手使用。

王安石

应该说,万言书中的论析是相当深刻的。在王安石当时看来,曾经支持过范仲淹改革的仁宗皇帝,极有可能因为赏识自己的才能见识而支持自己进行变法。可是,他估算错了。对于已到暮年的仁宗来说,他已没有能力支持一场新的变法运动了。可是,王安石并不甘心失去仁宗的支持,他深知如果仁宗不给予支持,他是很难施展改革抱负的。因此,又给仁宗上书,指出当务之急就在于"大明法度""众建贤才",绝不能再因循苟安,对时局抱侥幸心理。王安石有这样的胆识和卓见,不愧是位忧国忧君的政治家。

王安石要求改革的呼声已引起士大夫的注目,并在社会上有所反响。他的名声也与日俱增,成为士大夫中要求改革的代表人物,大家也都把希望寄托在他身上。此时的王安石已经 41 岁了。

嘉祐八年(1063 年)三月,仁宗病逝,他的侄子赵曙继承了皇位,是为英宗。时间不长,朝臣中以是否拥护英宗尊其父为皇父的事情,而发生了所谓的"濮议之争",由此分成不同的派别,从而影响到了对熙宁变法的态度和王安石的处境。同年八月,王安石的母亲吴太夫人在京师病故,王安石于是辞官扶灵柩归葬于江宁。

到了治平四年(1067 年)正月,英宗病逝,太子赵顼即位,这就是宋神宗。宋神宗即位的时候是个 20 岁的青年,他很想有一番作为。他看到国家的这种不景气情况，便决定进行一番改革，可是在他周围的人，都是仁宗时期的老臣，就连富弼这样支持过新政的人，也都变得暮气沉沉了。宋神宗心里在想，如果要改革现状，就必须找个得力的助手。在宋神宗即位之前，在他身边就有个名叫韩维的官员，时常在神宗面前谈一些比较好的见解。神宗对他给予称赞，他说："这些意见都是我的好朋友王安石说的。"

尽管宋神宗没有见过王安石，可是已经对王安石有了一个好印象。如今他想找助手，自然而然地就想到了王安石，于是，马上下了一道命令，把正在江宁做官的王安石给调到了京城。王安石一到京城，就被宋神宗叫到宫里，跟他单独进行了一番谈话。神宗一见面就问他："你看要对国家加以治理，应该从哪儿着手才有利呢？"王安石非常镇静地回答说："应该先改革旧的法度，建立新的法制。"宋神宗点了点头，表示同意他的观点，随后要他回去写一份详细的改革意见。王安石回到家里以后，就在当天晚上写出了一份意见书，第二天就送给了神宗。宋神宗仔细地看了一遍，认为王安石提出的这些意见都非常合他的心意，因此对王安石就更加信任了。实际上，这是熙宁变法的总论纲和设计蓝图，对策是王安石要求神宗以尧、舜、文王、唐太宗为榜样，表示自己愿意像周公旦、魏徵一样来辅助明君开创大业和励精图治。这一道于无声处听惊雷的札子，深深地震动了居安不知危的神宗的心灵，由此坚定了这位年轻皇帝进行改革图新的信念，奠定了熙宁变法的思想基础，也奠定了王安石和宋神宗的君臣精诚合作推行变法的政治基础。

实施变法　几多波折

公元 1069 年，王安石被宋神宗提升为副宰相兼新建立的制定与实施新法的制置三司条例司的副主事，这标志着熙宁变法的开始。那个时候，朝廷里名义上有四名宰相，但是病的病，老的老。尽管也有不病不老的，可是一听到改革马上就叫苦连天。王安石心里清楚，跟这批人在一起是办不成什么大事的，所以经过宋神宗的批准，他选用了一批年轻的官员，由此他把变法的权抓到手里了。接下来，他就放开手脚大胆地进行改革了。此时，王安石已经日益深刻地感受到这场改革的重大意义，所以，他不能再瞻前顾后，走走停停，他现在已如过河的卒子，只有凭借计谋与胆略拼命向前了。

王安石在熙宁二年到熙宁九年的八年间，围绕富国强兵这一目标，陆续实行新法。这些新法包括：

一、均输法。自宋初以来，为了能供应京城皇室、百官、军队的消费，在东南六路设置了发运使，负责督运各地的"上供"物质。发运使只是照章办事，各路丰年物多价贱时不得多办，歉年物少价贵时却必须办足。货物运到凉城后往往因不合需要降价抛售，朝廷所需只得又另去搜括。这些做法使得富商大贾操纵物价，控制了市场，为囤积居奇提供了方便。自熙宁二年七月，颁行淮、浙、江、湖六路均输法规定：总管东南六路赋入的发运使，掌握六路的财赋情况，斟酌六路每年应该上供和京城每年所需要物资的品种、数额以及库存的情况。这项新法本意是在省劳费、去重敛、宽农民，既要保证朝廷所需物资的供给，又得减少政府的财政支出和百姓的负担。

二、市易法。这项法律颁行于熙宁五年(1072年)三月。其主要内容就是在京城设市易务(后改为市易司),以100万贯钱作本,负责平价收购商人滞售的货物,然后赊货给商贩进行贩卖,也向商贩发放贷款。商贩在赊货物及借款时,需以财产作抵押,以5人以上作为互保,每年纳息二分。市易法最初是在京师实行的,到了后来便逐步推行到其他较重要的商业城市了。

三、免行法。熙宁六年(1073年)七月正式颁布实行。开封各行商铺原来承担着供应官府所需物品的任务,经常被迫以高价收购货物供官。免行法中规定:各行商铺依据赢利的多寡应向市易务(司)交纳免行钱,不再轮流以实物或人力供应官府。在此以后,凡宫廷买卖物品,都需要通过杂卖场、杂买务,并设置市司负责估定物价。

四、青苗法。在熙宁二年九月颁行。在仁宗时,陕西转运使李参在当地百姓缺少粮钱时,让他们自己估计出当年的谷、麦产量,先向官府借些钱,等到谷熟了之后再还给官府。王安石据此经验,制定了青苗法。它规定把以往为备荒而设的常平仓、广惠仓的钱谷作为本钱。每年分为两期,即在需要播种和夏秋未熟的正月和五月,依照自愿的原则,由农民向官府借贷钱物,收成后加收利息。实行青苗法的目的,就在于使农民能在青黄不接的时候免受兼并势力的高利贷盘剥,由此使得官府获得一大笔"青苗息钱"的收入。

五、募役法。又称免役法。熙宁四年正月,此法先在开封府界试行,同年十月颁布,在全国范围内实施。此法规定:废除原来按户等轮流充当州、县差役的办法,改为由州县官府出钱雇人应役,各州县预计每年雇役所需经费,由民户按户等高下分摊。上三等户分八等交纳役钱,随着夏秋两税交纳,称为免役钱。原来不负担差役的官户、女户、寺观,要按同等户的半数交纳钱,称为助役钱。州县官府应依当地吏役事务的简繁,自行规定数额,以供当地费用;定额之外另加少量的钱缴纳,称为免役宽剩钱。由各地加以存留,以用来在荒年不征收役钱时雇役之用。此法的用意就是要使原来轮充职役的农村居民回乡务农,原来那些享有免役特权的人户只得交纳役钱,官府也由此增加了一宗收入。

六、方田均税法。熙宁五年八月司农寺制定《方田均税条约》和并颁行。此法分"方田"与"均税"两个部分。"方田"就是每年九月由县令负责对土地进行丈量,依照肥瘠分为五等,并登记在帐籍中。"均税"就是用"方田"的结果为依据均定税数。凡是有以诡名挟田,隐漏田税者,都要加以改正。这个法令主要是针对那些豪强隐漏田税、为增加政府的田赋收入而发布的。

七、农田水利法。此法于熙宁二年十一月颁布实行,该法奖励各地开垦荒田兴修水利,建立堤坝,修筑圩埠,由受益人户依照户等高下出资兴修。如果工程浩大,受利农户财力不足,可以向官府进行借贷"青苗钱",按照借青苗钱的办法分为两次或者三次归还官府,与此同时,对那些兴修水利有成绩的官吏给予升官奖励。凡是能提出对水利建设有益意见的人,无论其社会地位高低,均按照功利的大小给予酬奖。

八、将兵法。作为强兵的一项措施,王安石一方面对军队进行精简,淘汰老弱,合并军营;另一方面自熙宁七年始,在北方陆续分设100多将,每将设置正副将各1人,选派有武艺及有战斗经验的军官进行担任,专门负责本单位军队的训练事务,凡是实行了将兵法的地方，州县都不得干预军政。将兵法的实行，使得兵知其将，将练其兵，大大提高了军队的战斗力。

九、保甲法。此法就是政府把农民按住户组织起来，每十家为一保，五十家为一大保，十大保为一都保。家里有两个以上成年男子的，就要抽出一个来当保丁，以住户中最有财力和才能的人来担任保长、大保长和都保长，同保人户之间互相监察。在农闲时进行练兵，夜间轮差巡查维持治安。到了战时就编入军队打仗。推行此法的目的主要就是为了防范和镇压农民的反抗，以及节省军费开支。

宋代妇女襦裙

另外，还实行了改革科举制、整顿学校等措施。王安石变法以"富国强兵"为目标，自新法实施到新法为守旧派所废，其间共经历了将近十五年的光景。在这十五年当中，每项新法在推行过后，难免会产生或大或小的一些弊端，在这些弊端中，有的是由于变法派改变了自己的初衷，有的是因为执行新法过程中出现了偏差，可是基本上都收到了预期设想的效果，使得豪强兼并和高利贷者的活动受到了一定的限制，地主阶级的下层和自耕农民从事生产的条件获得了一定的保证。可是贫苦农民由新法中得到的好处还是很有限。尽管如此，王安石的变法总归是多少地缓和了当时的阶级矛盾，对宋王朝统治的巩固、增加国家的财政收入，都起了积极的作用。可是，与此同时，王安石变法也触犯了那些大地主的利益，有许多朝臣对此进行反对。

公元 1074 年，河北地区闹大旱灾，一连十个月没有下雨，农民由此断了粮食，便背井离乡，四处去逃荒。宋神宗正在为这事发愁，忽然有一个官员趁机把一幅"流民图"献给了宋神宗，说这旱灾完全是因为王安石变法所造成的，要求神宗把王安石撤职。宋神宗看了这幅流民图后，只是不时地长吁短叹，到了晚上也睡不着觉。神宗的祖母曹太后和母亲高太后也都在神宗面前哭哭啼啼，说这天下都是被王安石给搞乱的，逼迫神宗停止新法的施行。王安石也看出皇帝在施行新法上面不用心了，新法再也没法实行下去了，气愤之下，他便上交辞呈。宋神宗万般无奈，也只得让王安石离开东京一段时间，让他到江宁府去休养。转过年来，宋神宗又把王安石给召回了京城，官复宰相之职。

可是刚过了几个月的时间，又有一件事情发生了。有一天，空中出现了彗星。这本来是一种很正常的自然现象，可是被当时的一些人认为是不吉利的预兆。宋神宗一下子又慌了起来，问大臣们对朝政有什么意见。这时，一些保守派便又趁机对新法给予攻击。王安石竭力对新法进行辩护，可是宋神宗还是极为犹豫，显出心神不定的样子。王安石一看，自己的主张实在是没有办法再继续贯彻下去了。于是就在第三年(公元 1076 年)的春天，再度向皇上辞去宰相职位，仍旧回江宁府去了。

恩宠不断　往事如烟

王安石自归于江宁后，便在蒋山半坡修筑起了宅院，家居极其简陋，并自号曰"半山老人"，经常骑着一头毛驴出游。归隐的岁月，真是很难消磨，他或是在松石之畔信步走动，或是到茅舍寻访耕樵之人，或是到寺院里去听禅于寺院。

王安石不仅精神上压抑，退休生涯中的离愁别恨还来烦扰着他。有一次，他收到二女儿的省亲诗：西风不入小窗纱，秋气应怜我忆家。极目扛南千里恨，依前和泪看黄花。按理说，女儿的恋亲之情，会使王安石的铁石心肠化作片片的思女之泪，设法让身在凄凉痛苦中的女儿回到娘家来叙一叙天伦之乐。可是，王安石劝她还是在黄卷青灯之中了却尘缘：秋灯一点映笼纱，好读楞严莫忆家。能了诸缘如梦事，世间唯有妙莲花。原来，自己女儿所嫁之人正是丞相吴充之子，而吴充也刚刚在前年罢相。两个罢相之家如此进行亲密的往来，很容易遭到神宗的怀疑。这就是为什么王安石要使青春年华的女儿服从政治避嫌而了却尘缘的真正原因所在，由此也可见王安石那恩宠岁月的实况。

贝雕对吻（宋代）

晚年，使王安石最为快慰的一件事莫过于元丰七年（1084 年）七月，苏轼因到别处任官恰好路过江宁，便来看他。二人同游蒋山，诗酒往还，在民间留下了一段佳话。在关于变法的问题上，尽管苏轼是反对青苗、免役等诸法的。可那都已经是时过境迁了，而这两位文名冠盖当世的唐、宋八大文学家中的佼佼者，终于能够尽弃前嫌，握手言欢。苏轼在江宁流连了数日，留下了不少的佳作。这期间，王安石则作有"积李兮滴夜，崇桃兮炫昼"的警句，这是借李白《春夜宴桃李园》故事来抒发自己由宰相的高位，走到跟李白一样的坎坷道路上来的心情。通过这次交往，使王安石感到苏东坡的确是"不知更几百年，方有如此人物"的奇才。而这样的奇才偏偏在最讲"人才为先"的自己手里没能得到重用，此时自己已是下野之身，爱莫能助了。这种贻误人才的自省，使得他想到，在熙宁变法中的"台倾风久去，城踞虎争偏"的那种纷纭岁月，已如一股青烟般消逝了，而眼前的自己，无论有多少的遗憾，都已经到了真正彻底解脱的时候了。

在这一年的秋天，他两次向宗神请求，批准把自己筑于蒋山的半山居的园屋捐献给寺院，表面上是为了"永祝圣寿"。神宗皇帝答应了他的请求，御题为"报宁禅寺"。而"报宁"这个词的含意是十分微妙的，王安石是应报熙宁的知遇之恩呢？还是应报江宁百姓的哺育之恩呢？所以，到了后来，就又改为了"太平兴国寺"。王安石自己就在江宁城中租屋子居住，而当年宰相府的显赫是一点也看不到了。

元丰八年（1085 年）三月，宋神宗逝世，王安石专门写挽词悼念他。后来，哲宗继位，向太后垂帘听政，以司马光为首的守旧派掌握了政权，此前的新法便在元祐初期全部被废除了。元祐元年（1086年）三月，当王安石听到自己为上户谋、为富国谋的免役法也被废去的消息时，不由潸然泪下地说："此法不可罢！这是我和先帝花了两年的心血才定下来的呀，怎么也能罢了呢？"到了四月，这位曾风云一时，不可一世的改革家、文学家就怀着无限的忧哀和悲愤溘然长逝了，终年66岁。

耶律楚材:北国卧龙 一代名相

【人物档案】

姓名:耶律楚材

别名:耶律文正、吾图撒合里、长髯人。

生卒:1190 年~1244 年

籍贯:燕京(今北京)

字号:字晋卿,号玉泉老人,法号湛然居士。

朝代:元朝

职务:中书令

封号:广宁王

谥号:文正

主要成就:辅佐成吉思汗及其子孙

墓葬:玉泉以东的瓮山,即今北京颐和园的万寿山。

耶律楚材

【枭雄本色】

耶律楚材,辽皇族之后,元代开国大臣、名相。成吉思汗时,被召用,随后又扈主西征,观天象卜吉凶,力劝成吉思汗不要妄杀无辜,得成吉思汗信任,人称"神人",遂为成吉思汗的股肱大臣,尊崇至极。元太宗窝阔台时,耶律楚材有顾命之义,拥立之功,上谏针砭时弊的十八条,保证了江山的初步稳定。改革税制,让习惯于马上征战的蒙古人大开眼界,欣喜若狂。大力召用并培养"治天下匠"(指儒士),终使"武功"盛极的蒙古统治者收到"文治"之效。耶律楚材,其德其才可使许多中原名臣相形见绌,而与同时的南宋权臣相比,更无敌手!

【风云叱咤】

花甲六十得良种 他日必成栋梁才

耶律楚材(1190~1244),字晋卿,辽太祖阿保机长子东丹王突欲的八世孙。

耶律履善长占卜和相术,对已有的两个儿子耶律辩才、耶律善才没抱希望。他没想到,在六十岁时会由最后一位妻子杨氏生了一个儿子。这个孩子脑袋比一般孩子大，哭了几声便睁开眼睛，很好奇似的四下看着。耶律履异常兴奋，当即对家人说："这孩子是我们家的千里驹呀！将来必成大器。"此时他已看清，大金国是靠着昔日的余威在勉强支撑着，种种腐败的迹象日益显露，正如日薄西山，不会长久。他觉得这正好能使小儿在日后大展其才，建功立业，想到《左传》里"楚虽有材，晋时用之"的典故，便给这个孩子起了一个寓意深远的名字"楚材"，字"晋卿"。

在耶律楚材三岁时，耶律履谢世了，被谥为"文献"。耶律履为官清廉，又乐善好施，没有攒下殷实的家产，被赞誉为"文献阴功绝比伦，昆虫草木尽承恩"。耶律楚材长大后也曾作诗回忆："入仕三十年，庙堂为柱石，重义而疏财，后世遗清白"，"我考文献公，清白遗四壁。"

此后不久，耶律楚材被母亲杨夫人带回她广宁山（今辽宁省北镇市西部的医巫闾山）附近的龙岗老家。杨夫人出生在书香门第，自幼读书，很有文才，曾经作诗言志："挑灯教子哦新句，冷淡生涯乐有余。"这是一位既严又慈、识大体有远见的女性，二十三岁生下耶律楚材，从此便把全部心血和希望都放在了这个独生子身上。在广宁山龙岗，耶律楚材一住就是十五年，在杨夫人的精心抚养、教育下苗壮成长起来。他异常聪明，过目不忘，但在读书之初并不用功，很贪玩。母亲便给他讲人生之道，讲古人头悬梁、锥刺股的故事，而且陪着他攻读，每天都到深夜，从手把手教他写字，到一字字、一句句修改他的诗文，终于使他能自觉地刻苦用功。正是在母亲的殷殷教导之下，他通过博览群书积下满腹经纶，还旁通天文、地理、律历、术数及释老、医卜之说，年纪轻轻便成为名闻遐迩的博学才子……

耶律楚材成长在动乱世中。当时，整个中国正处在元朝大一统之前的列国纷争阶段，大金国最为强盛，占据中原，统治着北中国。但时过境迁，它的全盛时期已过，国势一年不如一年了。南宋王朝虽是偏于江左，但一刻也没忘记北上收复天地，不时地向北方挑战。立国甘宁陕的西夏，也对称霸中国怀有野心，乘机与南宋结交，在西北方向侵扰。真是诸强对峙，战事频生。此时，金国西北部的附庸蒙古族连年的征战，统一了蒙古。金章宗泰和六年（1206年）成为全蒙古的"汗"（皇帝），尊称成吉思汗，是为元太祖。这个新起的蒙古，更是野心勃勃，在北方不断地向金国发动进攻。金国对其咄咄逼人之势难于应付。

到了金章宗泰和六年（1206年），耶律楚材已经十七岁。他告别了广宁的众多好友，和母亲杨夫人回到燕京的家。

按照大金国定制，宰相之子可以赐补省掾（在朝廷各部门管理文书、处理日常事务的官吏），耶律楚材的两个兄长辩才、善才都是这么做官的。耶律楚材却不要这个特权，请求参加正规的进士科考。金章宗觉得这个制度不可改变但是对耶律楚材很感兴趣，特别下了一道敕令，召耶律楚材与十七名官宦子弟入殿。他亲自询问了几件疑难案件如何处置，只有耶律楚材对答如流，方法得当，当即让他做了户部掾吏，后来又正式任命他为开州（金改澶州所置）同知，协助知州处理各种事务。但由于他性格耿直，敢于坚持正义，疾恶如仇，不与那些贪赃枉法的朝廷、地方官同流合污，再加上章宗在死前杀了叔父、郑王完颜永蹈和赵王完颜永中，新即位的卫绍王完颜永济又是个软弱无能、十分昏庸的人，朝野更加混乱，使他更不能有所作为，心中很苦闷。这时，他的家庭生活也很不幸。他是在十八岁结婚的，妻子梁华在婚后不久便患上肝病，生下的女儿小玫也在六岁时染上急性肺病死了。

成吉思汗的蒙古军事政权确立后，靠着他强大的军事实力，开始向四邻征讨。

为了免于受到西夏的牵制,成吉思汗决定在攻金之前,先用兵西夏。1205～1209年间,成吉思汗对西夏攻伐三次,大大地削弱了西夏的力量,使之没有出外征战的能力了。接着,经过周密部署后,从1211年起,成吉思汗便大举进兵金国。已走下坡路却一意图谋压服南宋的金国,哪里是成吉思汗的对手,蒙军"所至都邑,皆一鼓而下""凡破九十余郡",直到兵邻金国中都燕京城下。

金宣宗贞祐二年(1214年),金主完颜永济为了躲避蒙军南下的胁迫,一面委送其女入蒙,以和亲争得金国喘息的时间。同时,决定把首都南迁至汴(今河南开封)。耶律楚材的全家随之南下,只有他本人被任命为左右司马员外郎,职掌尚书六部日常奏章,辅佐金国右丞相完颜承晖留守在中都燕京,时年二十四岁。

1215年,燕京陷落,耶律楚材同燕京广大人民一起,沦入蒙古军统治之下。这是他仕途上的第一个挫折,使他争取功名的雄心受到了极大的打击,也是他人生道路上的一个转折。于是他屏弃家务,杜绝交游,一心一意钻研起佛教来。他的老师万松老人是当时有名的禅宗僧人,兼通儒学和佛学。楚材不避寒暑,夜以继日地追随万松将近三年,儒学和佛学都有所长进。他把从家庭教育中接受来的儒家思想和从佛教中吸取的清心寡欲结合起来,形成了以儒治国、以佛治心的思想原则。这样,他就开始从消沉中解脱出来,立志以自己平生所学,贡献于国家。他写了一篇散文《贫乐庵记》表明辅佐像尧舜那样的君主,使匹夫匹妇都受到恩泽,是他的理想;以儒家思想为指导,治国安邦,是他刻意追求的政治目标。有了这样的理想与抱负,他便从最初的打击下振作起来,寻找实现理想的机会。

成吉思汗十三年(1218年),机会终于来到。成吉思汗既定燕地,他逐渐感到人才的重要,这时他听说耶律楚材是位难得的人才,而且又是被金国所灭、与金国有仇的原辽国宗室后裔,便遣人求之,问询治国大计。

听说耶律楚材到了,成吉思汗立即召见,见耶律楚材身高八尺,相貌英俊,特别是二尺多长的美髯在胸前飘摆,更显得风度翩翩,貌若神仙,不由又惊又喜,说:"你祖上建的大辽国被女真所灭,我已为你报了世仇!"

耶律楚材并没有对此表示丝毫感激,声音很洪亮:"在下的祖父、父亲已是女真之臣,本人也曾在金国为官,既然是臣子,怎能胸怀二志、仇视国君呢?"

立在两旁的成吉思汗诸子和众可卜温、那颜无不大惊,都将目光射向耶律楚材,担心他将被治罪。

成吉思汗却连声称赞:"你真是个忠诚、明理、可信任的人!"

耶律楚材道了声"大汗过奖",悬着的心落回原位。他所以这么回答,是因为听说过一件事:那是在成吉思汗被公推为汗的前一年,他的宿敌、曾被推为古儿汗的蒙古札答阑部部长札木合在失败后逃走,被其部下绑缚着献给了他。他说了声"谋害主子的人是不能留用的",将那些人当着札木合的面全部杀了。之后,他还因为札木合曾经是旧主并且帮助过自己,没有将札木合砍头而让其自尽——根据蒙古萨满教的观念:人的灵魂活在他的血液里,不流血灵魂仍然存在。

接着,耶律楚材便显示了数术奇才,说:"请大汗恕小民冒昧,在下适才以太乙数推之,大军将西行远征,不知确否?"

成吉思汗大惊。他率军来此的目的,并没有对别人说起。他盯了耶律楚材片刻,目光扫过两旁的人,说:"如果西征,将如何?"

耶律楚材说:"必将所向披靡,大胜而归。"

成吉思汗脸上又露出笑容,问:"将来,我的大蒙古国将如何?"

耶律楚材说:"必将取代南国金、宋,一统天下。大汗的子孙将为天下之主。"

成吉思汗放声大笑,忽然想到自己一项最为关心的事,问:"你再说说,我的寿命有多长?"

天啊! 耶律楚材暗叫一声,很快便有了主意,说:"还望大汗见谅! 寿命非比其他,小人断不敢如实道出。"

成吉思汗说:"这有什么? 有人算定了,我能活到九十九。"

耶律楚材说:"请恕在下直言! 那个人肯定并非真的通晓数术,不过是讨大汗欢心而已。"

立在两旁的人再一次大惊失色。

成吉思汗冷下脸,问:"何以见得?"

耶律楚材说:"正所谓天机不可泄露! 通晓数术的人都会知道,真实阳寿断不可告人。一旦告知,双方都将损寿二十年。"

成吉思汗"喔"了一声,点点头,略一思索,又说:"原来是这样! 那么,你且说说近的,比如……今天天气可有变化?"

耶律楚材说:"半个时辰后,将有狂风暴雨,请大汗传令绑牢营帐。"

成吉思汗顺着大帐开着的门看看风和日丽的外面,迟疑着说:"不会吧?"

其他可卜温、那颜面面相觑,窃窃私语,也都不相信。

然而,不久便起风了。风越来越大,将乌云从西南铺天盖地般推来。

半个时辰后,果然大雨滂沱。风的猛烈更是罕见,将好多营帐刮走。

成吉思汗和众将一样对耶律楚材从心里服气了,从此将他留在身边,任命他为汉文必阇赤。很快,耶律楚材的其他才干也展露出来。成吉思汗不再像对其他人那样直呼名字,而是亲切地称他为"吾图撒合里"。

扈从太祖西征

公元 1219 年,成吉思汗西征花剌子模(辖境在中亚阿姆河、锡尔河流一带),耶律楚材也随成吉思汗开始了他的戎马生涯。

成吉思汗对西方的征讨,早在 1204 年就开始了。那时主要是征服西辽国,1218 年,成吉思汗最终灭掉西辽,使之领地尽归了蒙古。在征西过程中,中亚大国花剌子模,曾与西辽结过盟,使蒙古与花剌子模两国结下冤恨。近来,花剌子模国王摩诃末又背信弃义,杀死了蒙古派出的使者和骆驼商队,两国又生新恨,这旧恨新仇加在一起,使成吉思汗发誓,非灭掉花剌子模国不可。

在西征开始的前一年春天,成吉思汗专程派人到燕京,召请耶律楚材随军西征。耶律楚材十分激动,认为这是对自己的一个锻炼机会。因此,他即刻收拾好琴剑书籍,慨然上路。从燕京到成吉思汗的军营,相距甚远,且路势险要。但所有这些,都未能阻止耶律楚材决心报答亲顾之恩、践平生壮志的宏心伟愿。他出居庸关,过雁北,穿阴山,越沙漠,经过一百余天的长途跋涉,最终如期到达了目的地。

那时的科学水平很低,人们对天文、历法、星象等方面知识了解很肤浅。包括成吉思汗在内的蒙古贵族都非常迷信,每一次用兵之前,都要由耶律楚材占卜吉凶。耶律楚材充分利用所掌握的律历星卜方技,帮助成吉思汗增强将士斗志,坚定胜利的信心。这次西征时值六月,在起兵祭旗这天一早下起小雨,而后转为大雪。好多人都怀疑这次出兵可能不利。耶律楚材却说:"隆冬之气,见于盛夏,是克敌制胜的吉兆。"成吉思汗便决定不改出征日期,以耶律楚材的话稳定住军心。第二年(1220年)冬,天空忽然响起雷声,耶律楚材说:"回回国主(即摩诃末)将死于野外。"不久,摩诃末果然死于海岛。成吉思汗十八年八月,天空出现一颗长长的彗星,耶律楚材说:"女真将更换国主。"这年年底,金宣宗完颜珣真的死了,哀宗完颜守绪即位。成吉思汗十五年,西域的历官说五月十五将出现月亏(即月蚀),耶律楚材说不会,届时果然没有出现。次年十月,耶律楚材说将有月蚀,西域人说不会有,到时候真的发生了,可见西域的历法不准。这时,耶律楚材以自己的律历知识对旧有的金朝《大明历》细加修订,著成《庚午元历》,请成吉思汗颁行。从此大蒙古国有了自己的历书,东西数万里,天象不差,对军事、生产、生活等各方面都大有益处。耶律楚材的许多预测被验证,使成吉思汗对他更加信任,多次称他为"神人"。

公元1222年,蒙古军占领了整个花刺子模和中亚。可谓兵锋西指,所向无敌。

此次西征大胜,成吉思汗认为与耶律楚材的卜吉有关。从此,凡他出战,总是必须有耶律楚材随侍身旁,预测吉凶成败,参赞军政大事。耶律楚材也正是利用这种机会,运用自己的文韬武略,发表自己的真知灼见。

成吉思汗这个十分骁勇的"一代天骄"面对西征的赫赫战果,自然是崇武轻文。耶律楚材也明白这一点,意欲以文治国,那就应该不失时机地利用每一个"舞文弄墨"的机会,向君主灌输创治天下,绝不可轻视文士作用的道理。西夏人常八斤因善造弓弩而受成吉思汗的重用,这更增添了这位武夫的自恃。他不把文臣放在眼里,常常当着耶律楚材的面嘲讽说:"国家正是用武之际,像你这样的儒者,到底有何用处?"耶律楚材当仁不让,针锋直指地回敬他:"制弓须用弓匠,制天下者岂不用制天下匠?"这机智的词锋,巧妙的辩难,引起了成吉思汗内心的深思,是啊,光靠武士虽然可以夺得天下,然而"制天下"时还真得"制天下匠"不可。成吉思汗内心折服。此后,他便常对其子窝阔台说:"此人(指楚材)是天赐我家,尔后军国庶政,当悉委他处置。"

在进军花刺子模国过程中,耶律楚材曾力主并负责在塔剌思城(在西辽都城虎思窝鲁朵西)屯田。这个地方是中西交通的要道,且土地肥饶,经济昌盛。这一恢复发展后方的社会经济之举,对于只知道打仗、掠夺财富的蒙古军事贵族来说,从军事活动转变到恢复发展社会经济,意义重大。蒙古军也正是以此为基础继续西进的。

公元1224年早春的一天,成吉思汗在转战中进了早已占领的铁门关(在今乌兹别克斯坦境内沙赫尔夏勃兹之南九十公里拜松山中的布兹加勒山口),忽然看到一只浑身长着绿毛、身形像鹿却生着马尾的怪兽。成吉思汗大惊,耶律楚材乘机劝道:"这是一种瑞兽,名唤'角端',本性好生而恶杀。如今它出现在此,定是我达达大军杀生太多,长生天以此示警。大汗乃天之长子,天下人都是大汗之子,该当施以爱心,全其性命。这便如长春真人(丘处机的号)所说的,一统天下'必在乎不嗜杀人',治理天下'以敬天爱民为本',长寿则以'以清心寡欲为要'。故而,在下敢请大汗回军,上承天意,下顺民心,岂不善哉?"成吉思汗听后连连点头,不久便下令停止西征,在一些重镇安排了达鲁花赤和留守的军兵,率领其他人东还本土。

1224年,成吉思汗仍取道原来的路线返回。在成吉思汗西征之前,曾向西夏征发军队帮助西征,西夏拒不出兵,成吉思汗当时无暇征伐西夏,发誓日后一定要给予惩戒。当西征归途中,又获悉西夏与金国缔结和约,无疑等于火上浇油,成吉思汗立即决定征讨西夏。1226年秋,成吉思汗开始了对西夏的征讨。蒙古军很快就攻克了甘州(张掖)、凉州(武威)、肃州(酒泉),当年冬天,攻克灵州(今宁夏灵武县)。灵州之战,西夏主力消耗殆尽,城陷后,西夏的首都中兴府已成了空架子。1227年6月,夏主请降,西夏至此灭之。在攻打灵州这个西夏的军事重镇时,破城之后,蒙军众将士,无不抢掠女子、财物,独有耶律楚材却取书数部,大黄药材数担。同僚们对他的行为甚是不解。不久,兵士们因历夏经冬,风餐露宿,多得疫病,幸得耶律楚材用大黄配制的药材救命,所活至万人。这件事再一次证明耶律楚材慧眼独具,见识广远。

智逼拖雷移权　扶窝阔台上台

成吉思汗二十二年(1227年)成吉思汗病逝。按照蒙古的惯例,成吉思汗的四子拖雷获得其父的直接领地,即斡难河及客鲁连河流域一带蒙古本部地方,并且代理国政,是为元睿宗。

到了1229年,睿宗拖雷已监国两年,依照成吉思汗的遗命,帝位应继传太祖三子窝阔台,但此时没有任何迹象表明拖雷将移权。作为一个有智谋的辅弼,耶律楚材清醒地认识到,汗位虚悬或错置,与国与民都不利。在最高权柄面前,古往今来,骨肉之间萁豆相煎之事并非罕见。除拖雷外,窝阔台还有个兄长察合台。此人向来性情缜密,为众人畏惧,也是汗位的有力竞争者。假若三人真的计较起来,彼此不让,结党营私,岂不断送了国运?所以,耶律楚材与窝阔台面议,商议尽快召开"库里尔泰会",决议汗位。窝阔台嗣位,早经成吉思汗亲口布告,为什么还要召开大会,经过公认呢?这是因为,成吉思汗曾有一条制立的法制:凡蒙古大汗,如当新旧交续之时,必须经王族诸将,及所属各部酋长,召开公会,议定之后,方可继登汗位。

是年秋天,成吉思汗本支亲王、亲族聚集克鲁伦河畔议定汗位的承继人。会议开了将近四十天,仍是议而未决。耶律楚材认为此事不可久拖了,便亲身力谏拖雷。

拖雷见到耶律楚材,冷冷地问:"你有什么话要说吗?请讲。"

耶律楚材缓缓迈着步子走近拖雷,低声说:"在下昨夜夜观星象,又以太乙数推之,结果相同,不敢不告诉也可可卜温。"

拖雷怔了一下,转过身:"你说吧!"

耶律楚材说:"明日为立新汗的最后吉期。错过明天,大蒙古国将会由大乱而一蹶不振,再不可能有新汗产生。"

拖雷大惊:"明天……只剩一天了?"

耶律楚材看着他用力点点头。

拖雷快速地来回踱着步。

耶律楚材说:"在下还有几句肺腑之言,不知当讲不当讲?"

拖雷蓦地站住,逼视着耶律楚材,悻悻地说:"父汗在世时曾经说过,你是天赐我家。我从来不曾薄待过你,为什么要和我分心呢?"

耶律楚材一笑："在下若真是长生天赐给大汗家中的,也将属于大汗整个家族,不会仅仅属于其中的某一位。"

拖雷指点着他咬牙切齿地低声说："可你在竭力推我三阿哈即汗位！是吧?"

耶律楚材挺了挺胸,低声平静地说："确实如此,因为窝阔台可卜温是大汗生前指定的即位人！大汗生前看重在下,有大恩于在下,在下必须肝脑涂地以报万一。现在,这里只有我们二人,便说开了吧！在下早已知道,也可可卜温存心即位。但这是违背大汗遗愿的！所以我不能因为你已在监国便见风使舵,做出违背大汗的事。"

拖雷逼视着耶律楚材恶狠狠地问："你可知道,这样做的结果?"

耶律楚材将着雪白的长胡子淡淡地说："一死而已,也好早日拜见大汗。然而,也可可卜温在百年之后,将如何面对父汗呢?"

拖雷眼睛瞪大了一下,转过脸去。

耶律楚材又说："大汗生前最喜爱的人便是也可可卜温,时时让你跟随在左右。在弟兄之中,数你最小,大汗却视你为最大,先是让人们称你'也可那颜',后来再称'也可可卜温'。"

拖雷的眼前闪过出以往和成吉思汗在一起的情景……

耶律楚材回忆道："还记得大汗在病危时,把也可可卜温、窝阔台可卜温、察合台可卜温、术赤可卜温的次子拔都可卜温等百余名子孙、大将、怯薛歹叫到床前,让每个人抽出一支箭来折,都折断了。接着,他又让大家各出一支箭,放在一起成为一束,再让你们分别折,结果至多能稍微折弯。这时,大汗说:'一支箭太脆弱了,一折便会断。可是当它成倍地增加,和别的箭形成一体时,便是大力士也将对它无可奈何。日后,你们兄弟能携手并肩,像一个人一样,即使遇到再强大的敌人也能战胜,否则各自为政,分崩离析,便将一败涂地。'之后,大汗又讲了多头蛇与独头蛇的故事,说的是在一个寒冷的夜晚,有一条生有九个脑袋的蛇被寒冷驱使爬向一个山洞,却有几个脑袋不肯进去,在洞外争吵、僵持着,结果都冻死在山洞外面。而另外的只有一个头的蛇,虽然身子很长,行动笨拙,却爬进洞里,抗住严寒活了下来……"

当时,父汗便想到了今天的情形? 拖雷暗问着,想到成吉思汗在咽气之前再次拉着他的手殷切叮嘱："拖雷,你……千万要记住:要……要……全力佐助……佐助你三阿哈……平定天下！你没能即汗位,是长生天的意思,谁也别怪。"

父汗！拖雷感到鼻子发酸,随即感觉出眼眶涌上泪水,忙极力控制,在心里暗叫着:怎么会是长生天的意思? 只怪你父汗……你对我一向那么好,为什么不把汗位交给我呢?

耶律楚材转回话题,加重了语气："也可可卜温很清楚,别的人也都明白,当初大汗确定窝阔台可卜温为即位人时,所说的再由忽里台最后确定,不过是要走个过场,以便他即位之后顺利施政。大汗没有选择也可可卜温即位,也是长生天的意思,是也可可卜温今生没有做大汗的命。这既怪不得大汗,也怪不得长生天。如果也可可卜温不顺从命运的安排,违背大汗之命而行,违背长生天意愿而行,结果……到了此刻,在下便不能不说了:那样非但要葬送大汗所建立的达达国,也将葬送也可可卜温自己。很快,也可可卜温便将死于非命！"

拖雷倏然转过身,紧闭着嘴,双眉紧皱,瞪大眼睛盯着耶律楚材。

耶律楚材煞有介事、字斟句酌地压低声音说："有一天机,在下宁可道出而折阳寿十年了:后天,也可可卜温将有血光之灾!"

拖雷神情更加惊恐:"后天? 吾图撒合里! 快给我个破解的法子!"

耶律楚材微微一笑:"无妨! 也可可卜温只要在后天一早用红布系腰,自寅时起跪拜长生天,到卯时结束,之后不出寝帐,即可无事。"

拖雷这才松了口气,向耶律楚材连连点头:"多谢吾图撒合里!"

耶律楚材又说:"也可可卜温! 现在是非常时刻,明日必须确定由谁来即汗位,否则大蒙古国将要灭亡。这大蒙古国,是大汗率领他的兄弟和你们弟兄多年浴血奋战打下来的,你能忍心看着它毁于一旦? 命里注定,你不可能登上汗位,便不该再勉强。大汗的在天之灵在看着你,看着你拥立窝阔台可卜温为汗! 大汗的天之灵在期待着,期待着窝阔台汗在也可可卜温和所有可卜温、那颜的拥戴下,挥铁骑南下,卷起漫天西风,横扫落叶一般,夺取金、宋两国,一统天下! 也可可卜温,请三思! 在下告辞。"

耶律楚材说着施一蒙古礼,转身走了出去。

拖雷望着耶律楚材的身影消失在门外,慢慢转过身,向里走了几步,颓然坐在虎皮椅上,呆呆看着身前的鹿椅。

第二天上午,拖雷继续主持忽里台。

"大家都知道,吾图撒合里是个神人。大汗生前多次这么叫他,因为他说过的话没有不应验的。"拖雷神情严肃,坐在大椅上侃侃而谈,"昨天,他对我说,今天是我们推立新汗的最后日期。错过今天这个吉日,大蒙古国将会由大乱而一蹶不振,再不可能有新汗产生。所以,我们今天一定要推举出新的大汗!"

会场静极了,所有人的目光都射向耶律楚材。

顿了一下,拖雷情绪明显激动,高声说:"在最后表决我们每个人拥立谁为大汗的意愿之前,我要以大汗赐给我的监国的身份说几句话。大蒙古国,是万能的长生天赐给我们圣明的大汗的,也是万能的长生天赐给我们在座的这些大汗的兄弟和大汗的子孙的! 我们无不希望我们的达达国能像铁铸的一般,能够千秋万代永远姓孛儿只斤。此后,我们就要去夺取金国、宋国的江山,这要求我们决不能彼此心存芥蒂,更不能内讧! 请大家牢牢记住:我们是亲人。我们是亲人啊! 为了拥立一位令我们每个人都满意的、公正的、像大汗那样英明的新汗,在这些天里我们耗费了大量精力。但这是应该的,是值得的,并不是为了自己一个人或自己的家人,而是为了我们的达达国! 无论谁最终即位为汗,都务必清楚这一点,都务必捐弃前嫌。你们说,是不是应该这样?"

好多人都叫了起来:"应该……"

窝阔台说:"也可可卜温说得对极了! 对我们在座的每个人来说,什么最重要? 是汗位吗? 不! 达达国才最重要! 没有了达达国,我们也就失去了一切,就要成为奴隶,就要任人宰割 到今天,我们用了三十五天的时间来推举新汗,用了三十五天的时间来品评、争论,正是为了达达国能够千秋万代而慎重再慎重,因为这位新汗对我们大蒙古国来说是至关重要的。正如也可可卜温说的那样,今天无论是谁最终即位为汗,他务必捐弃前嫌,他不能忘了我们是亲人! 如果他不能做到这一点,他就不配做我们的大汗,我们大家就该把他杀了!"

马上有很多人响应:"对! 那就把他杀了……"

拖雷将大手一摆，又说："还有，大家还记得吧？大汗在临去拜见长生天之前，对我们道出了今生的遗憾。"

众人顿时安静下来，眼前浮现出六盘山下清水的大帐里躺在床上的成吉思汗，耳边回响着他的声音："……我戎马数十载，叱咤风云，可以说不虚此生，但也有遗憾，便是没能……南灭金、宋，一统天下。金国……精兵皆在潼关，南有群山，北临黄河，难以遽然攻破。如果向宋借道，宋与金为世仇，必定应允，还可能……出兵相助，我军即可……下唐、邓二州，直指汴京。金都危急，必召……驻守潼关之军。然而，这支大军……急行千里，至汴京……已人困马乏，必将为我……以逸待劳的雄兵击溃。在破了金、宋之日，别忘了告慰我在天之灵！"

停了片刻，拖雷提高声音说："我提议，无论谁来即位为汗，他都要尽快完成大汗的遗愿，发兵南下攻金！"

一片呼叫声轰然而响："南下攻金——"

窝阔台目光一扫看到，就是支持自己的人们也在叫嚷着支持拖雷的提议。他心中一凉，暗说：拖雷你在此时说这个，是什么用意？想以此博得大家的拥立，或者在指点我为汗之后该做什么？

拖雷从椅子上站起身，向众人挥了挥手，脸上带着笑容响亮地说："我们都是大汗最信任的人，不是大汗的兄弟、大汗的子孙，便是大汗的部下，哪一个都十分忠诚大汗。那么，大汗在生前已为我们选定了接替他大汗之位的人，我们还迟疑什么？来呀！我最亲爱的三阿哈，我们最尊贵的新的大汗，请到前面来，坐在鹿椅上吧！"

除了耶律楚材，其他人都愣住了，包括窝阔台在内，都不敢相信地看着拖雷。

窝阔台最先反应过来，心中豁然开朗，嘴上却说："虽然大汗生前命我即位，但我上有兄长、叔父，特别是有你也可可卜温——我最亲爱的德乌，你是斡惕赤斤啊！按我们达达习俗，你有权力接管父汗的一切……"

察合台急了，上前拉住窝阔台的右手向前面拖去，一边走一边叫着："四德乌说了，谁也不能违背父汗的意愿。你就别再谦让了！"

窝阔台随着察合台向前走去，但还在挣着手："不、不……"

拖雷上前拉住窝阔台的左手，也向前拉去："三阿哈请就大位！"

所有人都站了起来，看着窝阔台和一左一右拉着他的拖雷、察合台。

窝阔台在三个人的推、拉之下坐在了鹿椅上，看上去似乎仍然不很情愿。从这一刻开始，他便成为大蒙古国的第二位皇帝，史称元太宗。

拖雷命人将以前自己坐的那把虎皮椅搬了出去，率先摘下帽子，把腰带解下搭在肩上。屋内的其他人，不论心里对元太宗即位是赞成还是反对，也都和拖雷同样脱下帽子，肩搭腰带，随着拖雷一声"礼——"，相继弯腰、跺脚、伏下上身，向元太宗施蒙古礼。

人们刚直起腰，察合台说："新的大汗已经产生。我有个提议！称我们的新汗为'合罕'，就是掌管所有的汗、全天下之主的意思。"

马上有人响应："好……"

耶律楚材说："合罕是长生天的骄子，在人间至高无上。南朝无论是女真还是汉人，从来都对皇帝最为尊崇，行稽首大礼。以后我们朝见合罕也要如此，以官爵高低为序排列，任何人不得僭越，而且要站立两厢，口称微臣，如何？"

在一片欢呼声中，由察合台带头，所有拥立元太宗的人都跪在了地上，学着耶律楚材的样子施稽首礼,包括哈撒儿在内。

拖雷看看那些支持自己的人,又看看窝阔台,也跪在地上稽首。

其他人也都相继跪下了,五体投地。会后,察合台颇有感触,对耶律楚材称赞道:"你真是国家的贤臣呵!"

上谏十八条　佐主治天下

蒙古帝国在成吉思汗时代,才进入奴隶制社会,窝阔台即位以后,其管理的领域,多为已经进入封建社会的北中国,所以,使这位少主在治理国家上显得力不从心,加上应兴应革的事太多,真是一时摸不到头脑。此时,全靠耶律楚材竭尽全力,定国策,立制度,出台了一系列当务之急的法令,加速了这一民族的封建化进程。

在颁发法令之前,首先规定了既往不咎的政策。对那些因法律不明,而误触禁网,按当时的老规矩必杀无疑的百姓们,不追究颁发政策前的法律责任,或给予从轻处置。这是抑制蒙古一向滥杀无辜,因获某种罪过而死者不计其数的经之有效的办法。同阁的一些臣僚嘲讽他,说此举实过迂阔。耶律楚材不为所动,力排众议,反复而耐心地把得民心者得天下的道理讲给太宗听,终得圣准。此项政策的实施,安定了人心。

一天,耶律上谏元太宗,侃侃而谈当务之急、针砭时弊的十八条政事。

这些采撷自中原的先进制度,列为蒙古国策的法令,可以说是历史性的决策,为后来正式确立的元代政治制度奠定了基础。这样,不仅遏制了军官的骄横不法,同时也打击了分裂割据的势力,保证了国家政治上的巩固和统一。此项法令,作为元朝的一项基本国策沿袭。

蒙古贵族崇尚武力,根本没有税制观念,他们看不到这样下去会兵强而国蹙。太宗即位时,元朝中央对黄河以北的农业区还没有实行有效的统治与管辖,他们也不曾从这里得到一斗米、一尺帛的税收。汉人和农业经济对国家究竟有什么用处,他们中的很多人还茫无所知。于是一部分守旧派贵族就提出:"得到汉人,也没什么用处。不如把他们杀掉,把农田空出来,让草木生长起来,用为牧场。"这是一种忽视农业,将农业和牧业对立起来的典型言论。如果照此办理,农业经济将遭到空前的破坏,人民将受到史无前例的浩劫,中国社会将出现前所未有的大倒退,蒙古贵族的统治也将无法维持。耶律楚材作为中原地主阶级的政治代表,蒙古统治者的忠臣谋士,又素怀"致主泽民"的政治抱负,在这样事关百万生灵和社稷存亡的重大问题面前,当然不能缄默。他挺身而出,针锋相对地提出:"有这样辽阔的土地,丰富的物产,需要什么都可以得到。只是没有治理好,怎么能说没有用呢?"他为太宗窝阔台算了一笔账,详细地说明,如果均定这个地区的地税,商税,盐、铁、酒等税,每年可以得到白银五十万两,帛八万匹,粮食四十万石。太宗将信将疑,他说:"若真像你说的那样,国家的开支就够用了。你先试试看吧。"于是按耶律楚材的意见,在燕京、宣德(今河北宣化)、西京(今山西大同)、太原、平阳(今山西临汾)、真定(今河北正定)、东平、北京(今内蒙古宁城)、平州(今河北卢龙)、济南等地设立十路征收课税所。各路课税所长官称课税使,都由耶律楚材从中原士人中挑选任用。同时制定了盐、酒、杂税和地税的数目,由各路课税使负责征收。这是元太宗二年(1230年)的事。

第二年八月，太宗驻跸云中（今山西大同），各路课税使把征收金帛和粮食的账簿呈到他的面前，同耶律楚材原定的数目完全相符。他看到了文臣治国的成绩，眼界大开，着实把楚材夸赞了一番，他说："你一直没有离开我，却把这么多金银绢帛和粮食征收上来。南国（指金朝）之臣还有像你这么能干的吗？"这时他才知道，除了用军事手段进行掠夺之外，还可以用行政手段索取汉地的财富。为了表示对楚材的慰劳和敬重，他亲自斟酒送到楚材面前。同时郑重地将中书省的大印交给他，让他处理日常政务。

窝阔台汗三年（1231年），蒙古始立中书省，以耶律楚材为中书令，为百官之长，次由粘合重山为左丞相、田镇海为右丞相。凡文书发到西域等地者，由田镇海签署；凡文书行于汉地者，由楚材主持。从此，事无巨细，窝阔台必与楚材商酌。

随着一系列法制的健全和实施，一些豪强贵族的权益受到侵害。他们对耶律楚材执行不阿亲贵极为愤恨，以至潜毁中伤。原燕蓟留后长官石抹咸得卜，因贪暴杀人曾被楚材弹劾，受到惩治，他旧怨新仇刻不能忍，便趁机在亲王中散布谗言："耶律中书令援用亲旧，必有二心，应奏知大汗，斩杀此人。"亲王遣使奏闻。窝阔台还算英明，经过多方勘问，察知其诬，于是深责亲王使者，然后遣送回邸。

其后，耶律楚材的僚属诉讼石抹咸得卜种种不法，窝阔台汗命楚材鞫审。凡属杰出的政治家均能虑及，作为一国首辅，倘对以往的恩恩怨怨牢记不忘，其出令执法必带感情色彩，就难免偏颇之误。因此，楚材奏道："此人倨傲，因此容易招谤。如今即将用兵南方，凡非急务，留待他日处置不晚。"窝阔台对楚材的宽宏大度很是赏识，私下对侍臣说："楚材不记私仇，真是宽厚长者，你辈应当效法他的为人。"

中廷贵臣可思不花奏请："征选民户采办金银，或发到西域种田、栽植葡萄。"窝阔台下令在西京宣德迁徙万余户，充当役夫。耶律楚材急忙谏阻说："先帝有遗嘱，此地人民生性质朴，无异于我族，一遇缓急，可资大用，不宜轻动。如今将征河南金国，请无残害人民，以充此役。"窝阔台从大处着眼，欣然准奏。

其实，耶律楚材不只是念念不忘伐灭金国这一战略大局，同时这也是他进谏的一种高超艺术。他善于把本与末有机地联系起来，使当国者既能重本，又不轻弃微末。伐金是蒙古君臣梦寐以求的大业，以此为谏，必然牵动大汗的勃勃雄心，因难依允所奏之事。

出谋灭金

起初，蒙古沿袭旧制，凡攻城邑，矢石一发，拒守者即为抗命，城陷之日，将城中兵民悉数屠杀。耶律楚材对此制之弊深有所感，知道肆杀会失去民心，杀降适足促其拒降。他拟伺机进谏，革除此弊。

窝阔台汗三年（1231年），蒙古军将要征略河南。耶律楚材为免屠杀无辜，建议将当地民众迁往山后之地开采金银，种植葡萄，既可贷其不死，又可增加国家收入。窝阔台依言而行。次年春，蒙军数路分扑金都汴京，窝阔台携耶律楚材等人亲自挥军南征。在将渡黄河时，诏令两岸逃难之民，降者免死。有人说："此辈急则降，缓则走，留着他们，徒以资敌，不可宽宥。"楚材不以为然，特请制作数百面旗帜，发给归降民众，作为通行的徽记，使之各回乡里。此举救活民众甚多，且能破除中原人民对蒙军的畏惧、仇视心理，为其顺利进军扫清了障碍。

窝阔台渡过黄河，占据郑州，遣将军速不台围攻汴京。金军用"震天雷""飞火枪"守御。"震天雷"是以铁罐盛满炸药，点火引爆，可穿透铁甲；"飞火枪"系以铁管注入火药，能烧伤十余步之敌。汴京攻守战历时十六昼夜，城内外死伤多达百万人。蒙军无速胜之法，金军无久守之志，双方于当年四月罢战议和。蒙军北退至河、洛，徐图破城之策。

窝阔台汗四年（1232年）十二月，蒙军思得良谋，遂派遣王檝赴南宋商议夹击金国。当时，南宋虽然朝有忠直之臣，野有效死之士，但最高决策者畏葸厌兵，甘心日夜苟安，执行着北宋以来"内紧外松"的旧章法，致使朝政极度腐败，国势日渐衰颓，上下难为一体，竟如一盘散沙。蒙古对南宋政局的昏暗、衰败心明如镜，早已有蓄谋。只是出于灭金需要，暂行笼络利用。南宋却对蒙古估计不足，况且也无应对时局的良策，只是面对残局，胡乱应酬。当久专朝政的南宋丞相史弥远之侄史嵩之披露蒙军遣使消息时，朝廷多以为不可借机报复金国宿仇。头脑清醒的大臣如赵范等人却不无忧虑，说道："宣和年间，宋金海上订盟，其约甚坚，终究取祸，不可不鉴。"

所谓"宣和之盟"，是指北宋徽宗宣和二年（1120年），宋命大臣赵良嗣北行，约会方兴未艾的金国，夹攻辽国，口头约定功成之后，宋朝收复燕蓟失地。结果五年之后辽亡；当年十月，金军背盟，南下侵宋，徽宗诚惶诚恐退位，其子钦宗即位；越一年，金人虏走徽、钦二帝，北宋灭亡。这可谓宋朝历史上的奇耻大辱。

时过仅百余年，应是殷鉴不远。连金哀宗完颜守绪也已洞察出蒙古野心，说道："蒙古灭国四十，遂及西夏；夏亡遂及于我；我亡，必及于宋。唇亡齿寒，自然之理。"可是，南宋君臣多已忘记前车之鉴，再次重蹈覆辙。当年十二月，宋理宗遣人报使订盟。蒙古许俟成功之后，可将黄河以南土地归宋。

蒙古得到南宋应援，当即再遣大将速不台围攻汴京。

次年（1233年）正月，金国将领崔立发动汴京政变。这又是来自敌人营垒内部的响应，城陷指日可待。值此时节，速不台奏请窝阔台："金人抗拒持久，我军将士多有伤亡，待城陷之日，宜尽行屠戮。"耶律楚材听到屠城计划，急忙驰骑赶来入奏："将士暴露于野数十年，所欲得者无非是土地、人民。得地而无民，又有何用！"这已点到关键之处，可窝阔台仍然犹疑不决。谋臣的智慧是多方面的，楚材见以公论尚不足使窝阔台速下决断，便施了个假私济公的手段，巧借私欲来打动大汗，说道："奇巧工匠、厚藏人家皆会萃于此地。一旦斩尽杀绝，大汗将一无所获。"窝阔台听了这一席话，被打动了，立刻准其所奏，下令只把金国皇族完颜氏杀掉，其余一律赦免。自此以后援为定例，遂废屠城之法。

四月，蒙军入汴京。当时为躲避战乱留居汴京者凡一百四十七万人，皆得保全性命。

六月，蒙军攻取洛阳，金哀宗完颜守绪走归蔡州（今河南省汝南）。

窝阔台汗六年（1234年）正月，金哀宗传位于宗室完颜承麟，是为金末帝。登基典礼刚刚完结，蒙、宋合兵攻入蔡州，完颜守绪自尽，完颜承麟为乱兵所杀，金国遂告灭亡。

河南初平，蒙军俘获甚多。还师之日，逃亡之人十有七八。窝阔台汗立下禁令：凡逃亡之民以及收留资助者，灭其全家，乡社连坐。于是，逃者不敢求舍，沿途不敢留宿，以致饿殍遍野。耶律楚材念及民情，又从容进谏："河南既平，民皆大汗赤子,又能逃到何方?为何因一俘囚,连坐而死数十百人?"窝阔台幡然悔悟,遂撤销此禁令。

金亡之后,西部秦、巩等二十余州久未能克。耶律楚材献计说:"往年蒙军获罪,多有逃往此地者。因恐新旧二罪并罚,故以死拒战。倘若许以不杀,将会不攻自灭。"窝阔台下诏赦免逃亡旧罪,又宣布废弃杀降之法,诸城接连请降。这可谓善战者以攻心为上。

放下马刀　以儒治国

文治与武治是打天下、治天下的相辅相成的两个方面,二者不可或缺。蒙古军弓劲马肥,兵强将勇,其武力之盛可谓无与伦比,疆域之大也是空前绝后的。但是要统治这么辽阔的国土,尤其是治理文明发达程度较高的中原和江淮地区,必须具备很有效的思想工具。时至十三世纪,每个卓越的政治思想家,在总结古今中西几千年的统治经验之后,容易看出,已有的三教九流诸种思想,各具特长,又各有所短。佛、道教义最善于麻醉,但失之消沉,难以引作主要统治工具;而儒家学说虽不免迂腐之气,但在久经沧桑之后,已融会各家的思想精华,不断注入新的血液,也不断改变着自己的存在形式。在当时,它仍为思想武库中最为精备的武器,是使封建王朝廷年益祚的治世妙方。尤其对统治以中原为中心的蒙古帝国,更是如此。历史的规律是不可逃避的,落后的民族以武力征服了先进的民族,却不免被先进民族的思想所征服,被这个民族所同化。对此,只有高明的思想家才能认识到。而博古通今的耶律楚材,比其他蒙古贵族有更清醒的认识。他认为:"穷理尽兴,莫尚佛法;济世安民,无如儒教。"简言之:"以佛治心,以儒治国",是最高明的做法。

早在第一次西征时,耶律楚材就已胸有成竹,对单纯的崇武思想予以批判,把儒者看作是最高级的工匠——"治天下匠",为蒙古人的政治思想统治奠定了理论基础。后来,蒙古军攻破金国许州(今河南许昌),俘金军资库使姚枢。铁木真因北廷罕有士大夫,加以重用。

窝阔台即位后,耶律楚材又参照中原礼教,制定了尊君抑臣的朝仪。他还对窝阔台说:"天下虽得之马上,而不可以马上治。"还经常宣扬"周孔之法"的妙用,并引荐了一批名儒到政府任职。

窝阔台汗五年(1233年)四月,蒙军开进金都汴京,金亡不远,中原已在掌握之中,而偏安江左的南宋也在其蓄谋已久的铁蹄征掠乏下。值此,力兴文教,崇奉儒术势在必得。

一天下午,有个陌生的青年人来到耶律楚材住的帐篷。他名叫元良,是金国最著名的大文豪元好问的家人,历尽波折,不辞迢迢数千里,给耶律楚材送来一封书信。这就是历史上著名的元好问《上耶律中书书》。

此刻,耶律楚材的心像一泓深潭忽然有巨石落下一样激动不已。元好问在信中不但向他推荐了数十位金国各地的儒家名士,更重要的是使他想到马上就该引来和重用这些人才,帮他筑就"大道"。朝中除了元太宗,只有粘合重山能全力支持他。这使他常有孤掌难鸣之感。另外,元好问还提醒了他:办学馆,讲习孔孟之道,从礼乐入手,改变蒙古族人的观念,才能真正重整纪纲。

元好问还特别向耶律楚材提供了一份五十四人的名单。耶律楚立即同意,使一批人才得以保存下来。

耶律楚材在报捷奏折上获悉已得到孔子五十一世孙孔元措,奏请元太宗批准,迅速派人动工筑孔庙、建林苑。在孔元措到来后,又经耶律楚材奏请,元太宗封孔元措为"衍圣公",给了林田庙地及役使的人。同时,耶律楚材给众儒生妥善安排了一应生活用品以及公务,其中的杨奂等人在中书省任必阇赤。

另外,还在燕京等地建立编修所、经籍所,从事文化教育活动,文教事业开始兴盛。

窝阔台汗八年(1236年),蒙军攻宋,杨惟中、姚枢随军参赞。攻陷德汉府(今湖北安陆)等地后,又得儒江汉先生赵复,携之北上燕京,聚徒讲授儒家经典。从此,北方始重经学。姚枢也得以初窥程、朱性理之书。

窝阔台汗九年(1237年),耶律楚材启奏:"制器必用良工,守成必用儒臣。儒臣之事业,非积数十年恐未易成。"窝阔台说:"果真如此,我可任儒者为官。"所以,楚材具体制定了校试办法,分为经义、辞赋、论三科,命宣课使刘中、杨奂等人到各路考试。还规定:儒者被俘为奴者,亦皆释放就试;倘有家主隐藏不放,处以机刑。这年一举得士子四千余人,其中四分之一是被赦免奴隶身份的儒者。

窝阔台汗十年(1238年),杨惟中从征蜀、汉等地搜集周、程、张、朱等书,回至燕京,创立太极书院,修筑周子祠(周敦颐祠堂),以赵复为师,讲授理学。

其后,儒生出身的太原路转运使吕振、副使刘子振因贪赃枉法获罪。窝阔台借此责备耶律楚材:"卿言孔子之教可行,儒者为好人,何故乃有此辈?"楚材回答得很得体:"君父教臣子,亦不欲令陷不义。三纲五常,圣人之名教,有国家者莫不由之,如天之有日月也。岂得缘(因)一夫之失,使万世常行之道独见废于我朝乎!"这段对话,反驳得有理有力:不能因为有逆子贰臣,就来否定君、父神圣,也不能因为有无耻之传,就来否定孔、孟之道。

经过耶律楚材首倡,并从正反两面反复规劝,儒学在蒙古上层政权中渐渐据有一席之地。后经学者杨惟中、姚枢等人悉心搜集理学书籍,罗致儒、释、道、医、卜等人才,终使"武功"极盛的蒙古统治者,又逐步收到"文治"之效。

儒家学派为权势者谋划了一整套统治术,权势者为"先圣先贤"封送了一顶顶华丽桂冠,并虔诚地顶礼膜拜。在已历上千年的封建时代,儒学成为华夏地区各色王朝的灵魂,成为汉和各少数民族统治者的命脉。耶律楚材为蒙古贵族夺取了儒学这面思想旗帜,毫无疑问是在汉人的心理、舆论方面抢占了重要地盘。这对于取得业已开始的蒙、宋战争的胜利,完善统一后的元朝国家机器,特别对于一向疏于文教的蒙古族历史的发展,均起到不可低估的作用。

整理赋税——理财家上演的绝活

耶律楚材不仅是一位卓著的政治家,而且是一位杰出的理财家。如同其政治、军事活动一样,他在经济活动中,亦处处贯穿着胜人一筹的谋略思想。

自成吉思汗之世以来,因西域战事未息,无暇拟定中原税制,官吏乘机暴敛,中饱私囊,资财多达万万,而国库却十分亏空。

窝阔台汗二年(1230年),近臣别迭等奏称:"汉人不事畜牧,无补于国,可一律逐走,空出其地以为牧场。"耶律楚材清楚,如今治理辽阔的多民族国家,必须改变偏重畜牧的思想。他针对蒙古贵族的短见和无知，反驳说："天下之广，四海之富，岂有无用之地，更无无用之民。他还根据汉族地区财力、税收的估计，极言征税之利："大汗南伐，军需应有所出。若能均定中原地税、商税和盐、酒、冶铁、山泽之利，每岁可得银五十万两、帛八万匹、粟四十余万石，足以供给军资，为何说汉人无补？"

这些诱惑力十足的数字，自然能打动窝阔台汗。他立命楚材试行征税制度。楚材奏请建置燕京等十路征收课税使，长官选用汉或女真中有才学的士人。如陈时可、赵昉等名儒，都被入选。而辅助征税者，多用楚材原先在中都时的旧部。

窝阔台汗三年（1231年）秋，十路征收课税使呈献征税簿籍和金、帛、谷物，陈满于云中行宫。窝阔台笑对楚材说："你不离我身左右，而能使国用充足。南国臣子，有能比得上卿的吗？"楚材幽默地说："南国之臣皆贤于我。我不才，方留燕，为大汗所用。"窝阔台嘉其谦虚，赐以美酒。

窝阔台汗六年（1234年）灭金之后，蒙古军臣讨论编制中原民户，以便征收赋税。大臣忽都虎等主张以丁为户。耶律楚材对此想得更为长远：丁系青、壮年，能四处游离，可居则居，不可居则逃。所以，他指出按丁立户之害："中原向无以丁收赋之法，一旦丁逃，则赋无所出，应当按户确定。"经过再三辩议，最终按楚材的想法实行。这样，用老、幼牵制青、壮，使初编制的户口比较安稳地存在下来。

往年，蒙古将相大臣每俘乎人户，往往寄留在自己所经营的州郡，作为私产。耶律楚材奏请检括全国户口，使之隶属郡县管理；停止以往实行的将土地、人民分给蒙古贵族之法，禁止贵族匿占民户，违令者杀。

窝阔台汗八年（1236年）秋，忽都虎献上各地户籍。窝阔台一时忘乎所以，竟许诺把部分州县赐给各亲王和功臣。耶律楚材对中国从战国、秦汉以来分封与郡县制的演变与斗争了解甚细，在关键时刻，坚持了进步历史观，言简意赅地陈述了分封之害："裂土分民，易生嫌隙。不如多以金帛赠予亲王功臣。"可是，窝阔台既已许诺，苦于不便反悔，楚材便为之想了个变通办法："受封州县的亲王和功臣，可像朝廷任命的州县官吏一样，照例征收贡献，岁终颁布收入金帛谷物数量，使之不得擅自课征。"

窝阔台按计而行，遂确定了财政税收办法及数额。

这样，蒙古在以畜牧业为主转向以农、牧各业并驾齐驱的经济轨道时，使税制初步健全，形成按户、地、丁三者并行科税的制度。

既定常税，朝臣多认为赋敛太轻。耶律楚材又引经据典，阐述轻徭薄赋的妙处。他说："初定法时虽然轻而有信，其后仍失之贪暴；若初定法时既已贪暴，其后则弊病更甚。"

耶律楚材还参与制定了手工业、商业和借贷等项制度。

当时，官府工匠制造器物，大量浪费，侵吞国家资材，十之八九化公为私。窝阔台汗八年（1236年），楚材下令进行普遍考核，对工料使用、制作时日及其报酬均作出具体规定，以为定制。

在商业、信贷方面，随着国家版图的日益扩充，西域等地商人甚为活跃，借贷之事逐渐盛行。州郡长官多借商人银钱以敷官用，利息连年积累，竟致数倍于本银，叫作"羊羔儿利"。至期无力偿还者，有的便典当妻子为奴。窝阔台汗九年（1237年），楚材规定，凡借贷者，以本息相等作为极限。民间负债而实无力偿还者，官府替其代偿。

这一年,楚材还奏请统一度量衡,确立钱钞通行之法,定均输之制。

窝阔台汗八年(1236年),于元奏请民间交易使用交钞(纸币)。耶律楚材考虑到宋、金两国的经验、教训,提议说:"金章宗时初行交钞,与铸钱同时通行。官府乐于发出交钞,而恶于收回,以至纸币贬值,持万贯钱仅能换得一张面饼。因此,民力困竭,国用匮乏。此事当引以为戒。现今印造交钞,应不过万锭。"

楚材从国计民生的大局着眼,可谓深思远虑矣!窝阔台依议,这一年,蒙古始行交钞。

由于庶政粗备,人民得以休养生息,经济随之复苏、发展。

"天赐我家" 尊宠至极

耶律楚材历仕成吉思汗、拖雷和窝阔台汗三朝,长达三十余年。君臣相得,是他得以施展盖世才华、实现政治抱负的前提。但是,之所以能够君臣相得,尽管不容忽视这几位蒙古君王的伟岸风度,更不应忽视耶律楚材的雄才大略和忠正廉直。两方面的结合,才奠定了良好的君臣关系。

在成吉思汗一世,耶律楚材是形影相随的股肱大臣,曾被视为"天赐我家",尊宠至极。

窝阔台汗一世,耶律楚材有顾命之义,拥立之功,为其屹立于王廷打下根基。但更重要的是他呕心沥血地为蒙古帝国谋策划,定制度,使这个新生的庞大政权得以雄踞。他披肝沥胆的忠正品质,又不能不使蒙古君臣肃然起敬。正是基于此,窝阔台汗把耶律楚材当作自己的偏得,国家的骄傲。早在他即位的第三年,就当面赞叹耶律楚材说:"南国之臣,复有如卿者乎?"窝阔台汗八年(1236年),即灭金后的第二年,蒙古诸亲王集会,大汗亲自给楚材奉觞赐酒,衷心地说:"我所以推诚任卿,因有先帝之命。非卿,则中原无今日。我所以能高枕无忧,实赖卿之力。"当时,正值西域诸国和南宋、高丽的使者前来通问,语多虚妄不实。窝阔台颇为得意地指着楚材对来使说:"你国有这样的人才吗?"来使皆回答:"没有。此人大概是神人。"窝阔台兴奋地说:"你们唯有此言不妄。我也猜想必无此人。"

正由于这样的知遇之恩,更由于耶律楚材的气质和胆识,使他能够在国家政治生活中发挥着极其重要的作用。

窝阔台汗八年,侍臣脱欢奏请:简选官室美女,充用后宫。窝阔台诏令依奏实行,耶律楚材却有意拖延不办。窝阔台十分恼叹,严词斥责楚材。楚材却乘机进谏说:"已选美女二十八人,足以备用,如再选美,臣恐扰民,正欲复奏。"窝阔台思考许久,点头答道:"此举可罢。"

不久,窝阔台又欲向全国征用母马。这样一来,蒙古族地区向来畜牧,倒无所谓;中原一带素事农桑,必须不弃农就牧,难免使农牧诸业失调。为此,耶律楚材规谏说:"田蚕之地,难以产马。如行此令,必然害民。"窝阔台又准其所奏。

对于耶律楚材的奏议,言听计从者不乏其例,而不听不从者也不胜枚举。遇到后者,他或者犯颜强诤,或者婉言巧谏。凡属国是,决不轻忽。

一次,两个道士互争尊长,各立门户,结党营私。其中一个门派勾结宫中宦官和通事大臣杨惟中,捕获并虐杀另一门派的道徒。耶律楚材严格执法,不避亲贵,竟把杨惟中也收捕讯问。宦官畏忌在心,反而诬告楚材擅捕大臣,又扯出另外一些违制之罪。窝阔台勃然大怒，竟把楚材囚系治罪。不久，窝阔台自悔失策，下令释放楚材。楚材拒不让松绑，并进言道："臣备位公辅，执掌国政，大汗初令囚系老臣，想来有可治之罪，应当明示百官，论述不赦之理。如今释臣，是我无罪，也应明示无罪之由，岂能轻易反复，视同儿戏。这样下去，国有大事，何以执行！"这真是临之以威，竟使朝中众臣相顾错愕。窝阔台竟也开明，只得认错，说道："朕虽为帝，难道就无过失之举吗？"然后，再三用温言慰劳。楚材趁此机会，陈奏时务十策：1.信赏罚；2.正名分；3.给俸禄；4.官（任用）功臣；5.考殿最（考查官吏优劣）；6.均科差（调整赋役）；7.选工匠；8.务农桑；9.定土贡；10.制漕（水）运。这十件政事因皆切中时务，准令悉数施行。

蒙古族饮酒之风甚盛，窝阔台更是嗜酒如命。登位之后，竟然天天与大臣畅饮，大醉勿休。耶律楚材屡谏，容窝台不听。后来，楚材拿着被酒浸泡腐蚀的酒器铁口，启奏说："酒能腐蚀铁器，何况五脏！"这则是动之于情，使窝阔台幡然悔悟。他对着近臣盛赞说："你们爱君忧国之心，有像'长髯人'的吗？"于是一方面赏赐楚材金帛，一方面下令近臣：每日只能进酒三盅。

长此以往，耶律楚材与窝阔台结下了不解之缘、腹心之情。一次，耶律楚材与诸亲王宴饮，醉卧车中。窝阔台看到后，亲赴楚材营帐，登车摇撼呼唤。楚材正沉沉熟睡，遇人打扰，禁不住心中烦闷，口中竟吐不逊之辞。待他睁开惺忪醉眼，见是大汗到来，惊得酒醒七分，翻身而起，叩拜谢罪。窝阔台说："卿有酒独醉，竟不与我同乐啊！"说完，长笑而去。楚材久经世事，洞晓古今，无疑想得极远极多。他来不及整理冠带便驰马赶赴行宫，再去陪伴虎虎生威的蒙古大汗，以图释嫌去疑。窝阔台为他重新置酒，君臣尽欢始散。

台星折　万民悲

窝阔台汗十三年（1241年）。在蒙军南进节节胜利的时刻，蒙古历史上的一代杰出帝王窝阔台突然卧病不起。

皇后精神恍惚，召问耶律楚材。楚材趁此机会，再次借天命以尽人事，抒发自己的政见，力促说："如今任使非人，卖官鬻爵，囚系无辜甚多。古人一言而善，荧惑退舍。请赦天下囚徒。"皇后一心要救治窝阔台，来不及再说什么。楚材却怕窝阔台日后后悔，又说："非君命不可。"一会儿，窝阔台稍稍苏醒，楚材同皇后一起入奏，请求赦免无辜罪人。事关为己祈福，窝阔台当即准奏。其时，他已口不能言，只得连连点头，表示首肯。楚材得时不怠，连夜去宣读赦书。

不久，窝阔台渐渐痊愈。这年冬天十一月四日，性喜田猎的窝阔台又要骑马负弓，驾鹰牵犬，出郊竞射，耶律楚材念及大汗年事已高，身体尚未恢复，更担心游猎无度会妨害政事，便借演论术数极言谏阻。左右侍臣却怂恿说："不骑射，无以为乐。"终于窝阔台连续疯狂驰骋五日，死于外地行宫。

当初，窝阔台留有遗诏，待他过世之后，以其孙失烈门（养子曲出之子）为嗣。如今窝阔台一死，第六后乃马真氏立召耶律楚材，征询汗位承继之事。楚材知有先帝遗命，说道："此非外姓之臣所应过问，自有先帝遗诏，望能遵嘱而行。"乃马真氏不从，竟然自己临朝称制。耶律楚材一时难以阻止，只得徐图良策。

乃马真后崇信奸邪，作威作福。回鹘巨商奥都刺合蛮用重贿买通乃马真后，得以专政用事,权倾朝野,廷臣畏惮此人,或缄默不语,或趋炎附势。

耶律楚材早在奥都剌合蛮承包课税时,就已预见到奸商干政的祸害,并曾拼死力阻。如今看到苦果酿成,五内俱焚,只好舍命面折廷争,言人所难言。善心的人亲见此状,均为他提心吊胆。可他只为国运着想,余皆置之度外。

作为一个忠正老臣,久见朝纲难申,未免忧思伤神。积年累月,耶律楚材终于忧愤成疾,于乃马真后三年(1244年)抱恨长逝,卒年五十五岁。

噩耗传出,全国震惊,好多地方绝音乐、罢市数日,特别是儒生们无不落泪,自发地进行祭祀,其中的曹之谦做了一首《中书耶律公挽词》:

> 忽报台星折,
> 仍结薤露新,
> 斯民感无极,
> 洒泪叫苍旻。

燕京报恩寺的万松老人闻讯,老泪纵横,一挥而就了挽联:

从源三载习佛理顺天由命高风亮节浩然正气充寰宇
湛然一生用儒学拓荒拯民极诤巧谏中流砥柱屹万年

至顺元年(公元1330年),元文宗图帖隆尔下诏,追赠耶律楚材为“经国议制寅亮佐运功臣、太师、上柱国,追封广宁王,谥‘文正’”,同时还追封其夫人苏子君为漆水国夫人。

严嵩：才高德薄　独揽朝政

中华传世藏书

【人物档案】

姓名：严嵩
别名：青词宰相
生卒：1480 年～1567 年
籍贯：袁州府分宜介桥村（今江西省分宜县）人
字号：字惟中，号介溪。
朝代：明朝
职务：内阁首辅、吏部尚书。
主要作品：《钤山堂集》40 卷
主要成就：就任内阁首辅、执掌国政近二十年。

【枭雄本色】

严嵩（1480～1567 年），字惟中，号介溪，又号勉庵，江西分宜人。明孝宗弘治十八年（1505 年）进士，当时被选为庶吉士，授予翰林院编修一职。不久，因为刘瑾专权，称病

严 嵩

隐居钤山，读书七年。明世宗嘉靖元年（1522 年），任南京翰林院侍读，掌管翰林院日常事务。四年，升任国子监祭酒。七年，奉命祭告显陵，因为善于揣摩上意，工于心计，博得明世宗朱厚熜的好感，被提升为南京礼部尚书。从此以后，他见风使舵，在"议礼"过程中，极力献媚讨好，进一步得到了赏识；一直伪装得谨慎谦恭，甘守清贫；残酷打击异己，先后害死夏言、沈炼、杨继盛等人；他大肆收受贿赂、巧取豪夺，以至于富可敌国。这样一个罄竹难书其罪的大奸臣，竟然屡屡升迁。先后加封少保、太子太保、礼部尚书、兼武英殿大学士、少傅、太子太师、少师，以至于要加封他为"上柱国"，荣耀程度达到了人臣之极。然而，作恶多端的严嵩最终没有逃脱悲惨的结局。嘉靖四十一年（1562 年）五月，世宗感到严嵩势力过大，纵容徐阶等人弹劾严嵩，邹应龙上奏严嵩的儿子通敌叛国，严嵩被勒令退休回家，他的儿子被斩。严嵩晚景凄凉，寄宿在坟墓间的破房子里，人人唾骂，贫病而死。

中華梟雄大傳
宰相权臣卷

出身寒门　少负才名

严嵩出生在江西分宜县的一个贫寒家庭。父亲严淮为了追求功名，多次参加科举考试，仅仅中了个秀才。后来，由于家庭条件太差，他只好放弃了自己的理想。明宪宗成化十六年（1480年），严嵩出生了。父亲把所有的希望都寄托在儿子身上，三岁就开始教他写字，五岁就开始教他作对子。严嵩生来聪明，没有让他的父亲失望，凡是教过以后的东西，都能过目不忘。父亲看到儿子这么聪明，心中非常欣慰，对他的教育也就更加尽心。在严嵩七岁的时候，父亲把他送到私塾里读书，从此，严嵩的学业更是一天比一天精进。

弘治十七年（1504年）的春节，严淮为了答谢老师对儿子的教育之恩，也是为了让老师更尽心一些，把老师请到了自己的家里，用自己平时节省下来的钱，置办了一桌酒菜，让自己的弟弟作陪。酒席宴前，严淮问起了小严嵩的学习情况，老师捋着胡须轻轻地点着头说："他聪明过人，在我的这些学生中，无人能比呀。他作的对子，有时候连老朽也不得不佩服啊！"严淮心里高兴，嘴上忙说："先生太高抬犬子了，他一个小孩子，哪里敢跟您相提并论啊。"老师说："不是老朽妄自菲薄，实在是后生可畏，不信我们把他叫出来，让他当场作对，你看如何？"严淮赶忙把儿子叫出来。小严嵩出来以后，彬彬有礼，一一见过师傅、父亲、叔父，然后垂手站立在一旁，等待问话。师傅和蔼地说："小小年纪，不要拘礼，今天我要出一个对联考考你，一来让你父亲看看你的学习结果，再就是助酒兴，你看怎么样？"小严嵩上前一步，一抱拳："请师傅出题。"师傅略一沉吟，缓缓念道："手抱屋柱团团转"，小严嵩毫不犹豫地对道："脚踏云梯步步高。"他的叔叔不知道侄子这样才思敏捷，有些惊诧，想故意难一难小严嵩，沉思良久，对孩子说："叔叔也有一联，你要对上来，叔叔愿自罚三杯。"小严嵩朗声说："请出上联。"叔叔故意以开玩笑的口吻说："七岁儿童未老先称阁老"，小严嵩从小跟叔叔玩，忽然想出了一个坏主意，想嘲笑一下自己的叔叔，于是就对道："三旬叔父无才却作秀才"，叔叔知道小侄子在嘲笑自己，也没有办法，只好自罚了三杯酒。

严嵩十五岁的时候参加了县试，主持县试的是当时的分宜县令莫立之。严嵩的八股文、试帖诗等考试项目都做得很好，不仅字写得漂亮，文笔也很优美，这引起了县令莫立之的注意。当他看完卷子以后，把他点为第一名，并且召见了他，告诉他说："我看你是个可以造就的人才，今后可要加倍努力，如果家里有什么困难，尽管对我说，我一定会尽力而为的。"有了县太爷的鼓励和帮助，严嵩学习更加刻苦。后来，他要进京赶考，家里实在没钱了，还真是县令给了他二十两银子，完成了他的心愿。

弘治十八年（1505年），严嵩不负众望，层层过关斩将，顺利通过了殿试，列二甲第二名，被赐予进士出身。因为才华出众，被选为庶吉士，入翰林院读书。当时他初露锋芒，受到当时文坛巨子的一致称赞，包括内阁大臣李东阳在内的大文学家都说："如今翰林院诸位名家，吟诗作赋，严嵩是最好的，将来必然领导文坛。"只不过到了后来，他没有把心思用在文章上，奸佞的恶名也掩盖了他这方面的美誉，以至于很少人知道罢了。

读书钤山　享誉文坛

严嵩心怀美好的憧憬在翰林院读书，本来想建功立业，有一番作为，谁知道到了这里以后才发现，远远没有想象得那么好。当时执政的明武宗昏庸无道，就知道吃喝玩乐，把朝政大事全交给大太监刘瑾处理。当时的刘瑾，任司礼太监，总管太监的各种事务，同时又担任东厂、西厂的提督，培植党羽，打击异己，派东厂西厂的特务监视朝中大臣，稍有不满，立刻陷害。轻的逐出朝廷，重的抄家灭门。由于历代首辅中江西人比较多，刘瑾特别指出，不能随便起用江西人。对于严嵩来讲，进身无路，弄不好还会招来灭顶之灾。本来也赶上这一段时间体弱多病，就干脆回老家吧。他熟读儒家经典，对妻子说："天下有道的时候，就应该出来为国效力；天下无道的时候，就应该归隐山林。"就这样，严嵩带着一家老小来到江西分宜老家。人们见严嵩回来了，都过来问个为什么，整天门庭若市。严嵩心里麻烦，只求静下心来读书，于是又搬到附近的钤山，找了一个僻静的地方，搭了几间简陋的房子，过起了读书耕种的生活。

在钤山隐居的时候，他过着平静清贫的生活。在他的诗中，我们看到了这样的句子："一官系籍逢多病，数口携家食旧贫"，"近知理俗事，学种南山田"，从中我们可以看出他以种田为主的贫病的生活境况。他写了不少诗文，其中大部分是咏物诗，写得典雅清新，文浅意深，受到当时文坛的一致赞誉。钱谦益在《列朝诗集严少师嵩》中说："少师（严嵩）刚刚步入文坛，就有很大的名声，现在辞官回到家乡，居住在钤山的东堂，读书隐居达七年之久，而又全心全意地结交文学之士，如杨慎等人，他们经常唱和往来，名满天下，而严嵩则领袖群伦，是众望所归。"说明了严嵩在当时文坛上占有重要的地位。

当时的严嵩，在文学和人品上还有一些值得称道的地方。据说李梦阳曾经拜访过他，赠诗说：

问奇颇类扬雄宅，
醒酒真轻李相庄。
喜即系舟临秀浦，
恨犹拄笏背钤岗。

严嵩也有和诗：

地僻柴门堪系马，
家贫蕉叶可供书。
莺花对酒三春暮，
风雅闻音百代余。

在钤山，他的生活有快乐，然而更多的还是壮志未酬的慨叹和建功立业的情怀。每当他烦恼的时候，他总是手持上朝时用的笏板，朝向京师的方向，喃喃自语："难道这就是我的命吗？为什么我不能一展我的抱负呢？"有的时候，他慷慨激昂，壮怀激烈，豪迈地说道："定数难移岂信然，但修人事可回天。"还是发奋图强，相信总会有一天，苍天不会辜负有心之人。他也希望当今皇上像古代的帝王舜一样贤德，他曾作诗说：

重华千载后，遗庙在南夷。
弦想熏风奏，庭思凤鸟仪。
断碑苔藓合，幽洞薜萝垂。
仿佛移山驾，乘云度九疑。

表达了对舜帝的崇敬和追思。远望群山的时候，就会想到王事边疆，他有诗道：

孤亭绝嶂倚南天，
碧树苍崖共莽然。
八桂云山供作赋，
群公尊俎共筹边。
严城鼓角传清曙，
落日帆樯出断烟。
王事未能穷胜揽，
北风摇桨下西川。

可以说，严嵩在钤山的这几年，时刻没有忘怀东山再起，时刻没有忘怀再返朝廷，建功立业，光宗耀祖，实现自己的人生理想。嘉靖元年，严嵩认为时机已经到了，于是就返回京城。

见风使舵　曲意逢迎

正德十六年（1521年），世宗即位几个月之后，严嵩升任南京翰林院侍读，管理翰林院中的日常事务。嘉靖四年（1525年），升任国子监祭酒，由南京调回到北京。到这时候为止，世宗对他还没有特别注意，当时的严嵩，已经耐不住清贫，思想开始发生了微妙的转变。他常说"禄不逮养，学未有成"之类的话，也就是嫌给的俸禄太少，不够养家糊口的。"学未有成"的言外之意，就是官做得不够大，没有达到自己的理想。严嵩在寂寞中等待着大显身手的时机。

嘉靖七年（1528年），严嵩任礼部右侍郎，奉世宗之命去湖广安陆（今湖北钟祥）监立显陵碑石，同时祭告显陵。还朝以后，严嵩上了两道奏疏。一道奏疏是关于河南灾区的情况，他说："河南灾区，连年大旱，颗粒无收。人们都吃麻叶树皮，一路上都是面黄肌瘦的饥民。卖食物的常被饥民抢去，即使卖了孩子，所得的钱往往不能吃饱一顿饭，人们常把小孩子丢弃在田野里。听说洛阳、陕州、灵宝等地方更厉害，达到了人吃人的地步，十天之内竟然上报冻死的有二千多人。"另一道奏疏叙述了在祭告显陵途中所见的祥瑞，他说："在枣阳这个地方，有一块巨大的白石，有一群鹳鸟围绕着它飞翔"，"把雕刻石碑物的剩余的东西，投入大河中，奇怪的是河水明显地涨得很高。"立碑的时候，"祥云朵朵，从四方集来，灵风阵阵，好像要下雨的样子"，最后他奏道："天降这样的祥瑞，是江山社稷永固的征兆，是万民即将降福的征兆，说明在显陵立碑是上天的旨意，请陛下刻石以表示纪念。"

在这次立碑祭告显陵的事件中，严嵩煞费心机，玩弄了两面派手法。他一面汇报灾情，显得忠心耿耿，关心人民的疾苦；一面汇报祥瑞，对皇上阿谀奉承。这两篇奏疏收到了良好的效果。关心民生疾苦，历代统治者都会提倡，这一点不会有错。汇报种种灵异的迹象，显然是捏造出来的，但是却迎合了世宗的需要。世宗急于确立自己的正统地位,最佳的途径就是谎称上天的旨意,世宗自己苦于没有办法,也不好意思安排大臣欺世盗名。现在,严嵩上奏祥瑞,对世宗来说,无疑是雪中送炭、正中下怀。对于前一道奏疏,世宗批示道:"河南既灾情严重,将这一年需要征收的赋税免去,等到第二年有了收成之后再征收。"对于第二道奏疏,世宗批示道:"现在严嵩的奏疏出自一片忠诚,实在不能泯灭这一片忠心,应该准奏,刻石以记祥瑞。"到这时,严嵩苦心炮制的两道奏疏终于起到了预期的效果,从此以后,他开始被世宗所欣赏,踏上了用尽心机、媚上欺下的仕进之路。

后来的几年里,严嵩连连升迁,先后改任户部、吏部侍郎。嘉靖十一年(1532年),升南京礼部尚书,两年后改任南京吏部尚书。又两年,严嵩到北京朝见世宗,被世宗留下,任礼部尚书兼翰林院学士。然而,最终决定严嵩命运、让他成为世宗心腹的还是他在"大札议"事件中的表现。

"大札议"事件是由于明朝皇权正统的转移而引发的一系列事件。正德十六年(1521年)三月十四日,武宗朱厚照病死,留下了大好江山,却没有留下子嗣继承。大臣们商议迎立兴献王的儿子朱厚熜即皇帝位。兴献王跟孝宗是兄弟,新即位的世宗朱厚熜即武宗。

嘉靖三年(1524年)九月,正式确定孝宗为"皇伯考",昭圣太后张氏为"皇伯母",称"兴献王"为恭穆献皇帝,尊称"皇考",章圣太后为"圣母",世宗暂时获得胜利。不过仍有不少大臣持反对意见,此时的严嵩也正在观望,老奸巨猾地不发一言,他在看:是东风压倒西风,还是西风压倒东风。朱厚照是兄弟,按照没有太子、兄死弟及的继承原则,他的即位得到了所有大臣们的认可。

然而就在世宗即位以后,如何尊称自己的亲生父亲兴献王的问题上引发了轩然大波。世宗坚持要把自己的父亲兴献王尊称为"皇考",其中包含两层含义,一是"兴献王"称皇帝号,二是世宗继承的是父亲、祖父一系的大统,而不是武宗的帝位,这其实也是变相地不承认前朝。这引起了朝中大部分朝臣的激烈反对,以杨廷和为首的大部分人主张尊奉孝宗为皇考,尊"兴献王"为皇叔。世宗对此强烈地不满,他对群臣说:"明明是朕的父亲,却要朕尊他为皇叔,既是皇叔,就要称臣,天下哪里有父亲对儿子称臣的道理呀?"大臣们说:"陛下称'兴献王'为皇考,就要称孝宗为皇伯父,这样孝宗岂不是称臣了吗?"世宗刚刚即位,面对朝中大臣的反对,他也没有办法,开始近似于哀求,后来手段逐渐强硬,把反对他的大臣进行处罚。

嘉靖十七年(1538年),有人上疏请把世宗的亲生父亲献皇帝的庙号称"宗",也好进入太庙供奉。这时候,朝中大臣,包括严嵩在内,认为绝对不合适,就要阻止这件事。世宗大怒,写了一篇《明堂或问》,严厉地质问群臣。群臣吓得噤若寒蝉,不敢再说一句话。严嵩一看,还是皇帝左右了局势,就不再阻止,反而改为支持"献皇帝"称"宗",享祠太庙。不仅如此,他还用实际行动来取悦世宗。他主动安排入太庙的仪式,制定应该遵守的礼仪,前前后后忙个不停,世宗看在眼里,越发喜欢严嵩。当时在西苑值宿经常被召见的官僚有:武定侯郭勋、成国公朱希忠、驸马都尉崔元、阁臣夏言和顾鼎臣,以及礼部尚书严嵩。至此,严嵩作为世宗亲信的地位被确定下来。等到这件事处理完毕,赏赐给严嵩很多金币,严嵩一看这样能够取得利益,从此以后,更加挖空心思、想方设法取悦皇帝。世宗为先祖加上皇天上帝的尊号、宝册,不久又加上了高皇帝的尊号、谥号、圣号,严嵩就上奏说见到了祥云瑞气,请皇帝接受群臣朝贺。然后又精心制作了《庆云赋》《大礼告成颂》两篇取悦世宗的赋颂，世宗非常高兴，下旨把这两篇文稿交到史馆，让史官记录下来。加封严嵩为太子太保，经常跟随世宗左右，得到的赏赐和内阁大臣一样。

假意谦恭　窃居首辅

严嵩看到这样可以立身朝廷并且步步高升，就变本加厉地献媚讨好，完全丧失了一个读书人的气节。世宗崇信道教，到了迷信的程度，他认为奉道就应该戴香叶冠，于是就制作了五顶沈水香冠，赐给自己最亲信的五位内阁大臣，其中包括首辅夏言。夏言生性耿直，于是就向皇帝上疏说："陛下信奉道教，本来无可厚非，乃是个人兴趣所在。如今陛下发给朝廷重臣，出入于朝堂内阁，实在是有失体统。大臣应该身着朝服，这是祖宗传下来的礼制，望陛下不要因为个人的好恶而废祖宗的礼制。"世宗听后大怒，面对夏言的奏疏，自己也无话可说。严嵩则不然，他顺承皇帝的意思带头戴上了世宗赏赐的帽子，为表示爱惜、隆重，还特地在帽子外面笼罩上一层轻纱。世宗见了，越发的喜欢严嵩。老奸巨猾的严嵩看到夏言没有戴着沈水香冠，朝上又奏了一本，他说："夏言身为内阁首辅，重要的是帮助陛下顺利完成陛下交给的任务，现在，他公然反对陛下，望陛下治夏言大不敬之罪。"世宗趁机准奏，罢去了夏言首辅之职。

夏言是江西贵溪人，正德十二年（1517 年）进士。严嵩还曾经做过夏言的主考官，两个人有师生的名分。夏言也是因为在议礼中支持世宗而位居首辅的，他建议设立南、北二郊，实行天地分祀，得到世宗的赏识，一年之内，由正七品的都给事中升到正二品的礼部尚书。入阁以后，他举荐严嵩任礼部尚书。因为对严嵩有引荐之恩，所以对严嵩傲慢无礼，以门客的身份看待他。为了早日升迁，严嵩什么都能忍耐，面对自己的学生、晚辈对自己无礼，他没有丝毫露出不满的意思，反而更加谨慎地侍奉。有一次，严嵩准备好一桌酒席，亲自来到夏言的府上邀请他。夏言竟然连见都不见，严嵩只好回府，在酒席宴上，展开想对夏言说的话，长跪而读。夏言听说以后，丝毫也不感动，他说："严嵩是我的属下，应该这样做。"毫不怀疑严嵩有忌恨他的意思。

现在，夏言既然已经被罢免，世宗祷告上天所需要的青词非严嵩写不可。所谓"青词"，就是写在青藤纸上打醮祷祝的疏文。经常被供奉在香案上，率领群臣向太上老君顶礼膜拜。严嵩向来善于揣摩圣意，他写的青词典雅而有文采，得到了世宗的欣赏。当时严嵩已经六十多岁了，却精神头十足，和青壮年人没有什么区别，每天早晚陪伴皇帝在西苑修道，没有一次说要回家休息，世宗更加认为严嵩是个勤勉之人。时间长了，严嵩干脆请求辞去礼部尚书的职务，专门陪着世宗修道，世宗曾经赐给他一枚银章，上面刻有"忠勤敏达"四个字，不久又加封太子太傅。

现在，严嵩离首辅还有一步，还有一个翟銮资格官职在严嵩之上，但是世宗却对待此人不如对待严嵩好，这时候的严嵩是实际上的首辅。嘉靖二十三年（1544 年），严嵩为了排挤翟銮，便暗中唆使给事中王交以翟銮的两个儿子同时中进士为理由，上奏说翟銮在科举上有作弊行为。结果，在严嵩的构陷下，翟銮父子均被世宗朱厚熜削职为民，严嵩成为首辅，又加封谨身殿大学士、少傅、太子太师，获得了文臣所能获得的最高荣誉和地位。严嵩总算完成了他的平生的志愿，他可以大权独揽，与他同入内阁的吏部尚书许赞、礼部尚书张璧，都不能批答日常事务，全部由严嵩一人把持。

身居一人之下，万人之上，严嵩并没有头脑发热、得意忘形，在一个较长时期内，他做事反而更加谦恭勤勉，不让世宗感到他在独执朝政。他曾经对世宗说："臣每次独自承蒙陛下宣召见，别人未免妒忌臣，妄加议论，臣私下里心中不安。现在内阁中所有的大臣，如果有宣召，请让他们一起来。"这样更加深了世宗对严嵩的信任。

在生活细节上，他也很注意。每当内阁里的大臣在一起用餐的时候，别人带着丰盛的酒肴，金银的酒具，唯独严嵩带着简单的食物，提着一个破篮子，连一个勺子也没有。这种事在朝中传开了，世宗更加觉得严嵩是个不可多得的人才。

独揽朝政　聚财营私

世宗是个奸诈多疑的人，时间长了，他发现朝中的人都畏惧严嵩，什么事都不敢违背他的意思，就想限制严嵩的权势，于是又想重新起用夏言，世宗曾经在案几上写下"公谨"（夏言的字）两个字，表现出对夏言的思念、眷恋之情。严嵩在不经意间看到了，主动提出，以前的辅臣夏言可诏用，世宗顺势答应了他的要求，任命夏言为首辅，位置在严嵩之上。为了安慰严嵩，又加封了他一个少师的头衔。夏言上任以后，又对严嵩盛气凌人，不以同等官职对待严嵩，凡有政务需要批示，他独自拟稿，根本不理严嵩。凡是他的同党，夏言大加贬斥，严嵩也不敢挽救他们。他的儿子严世蕃刚刚做到了尚宝少卿的官，就在公卿间横行霸道。夏言要治他的罪，严嵩父子非常害怕，跪倒在夏言的床前哭泣哀求，夏言这才作罢。面对夏言对自己的打击，严嵩在世宗皇帝面前哭诉，诉说自己受辱的每一件事情，为了安慰严嵩，加封他为上柱国，他为了捞取更多的资本，坚决辞去这样的虚名，他说："没有两个人可以同时称'上'，'上'不是做臣的所适合的称呼。大明王朝建国之初，虽然设有此官，左相国徐达，是第一功臣，也还只是左柱国，臣何德何能，万万不敢称'上柱国'。请陛下免臣此官，以显示为臣应有的节操。"世宗听了，非常的感慨："这样的忠臣，自古少有啊！"于是，允许严嵩辞去这一封号，转而加封他的儿子严世蕃为太常卿。但是，严嵩还害怕夏言杀了自己的儿子，就找了个理由，上疏请求回家扫墓，以此来躲掉杀身之祸。

严嵩知道，夏言始终是自己最强劲的对手，不除掉是不行的。他知道陆炳与夏言有仇，于是就和他勾结在一起，共同对付夏言。后来，严嵩因为自己的谦恭勤勉加封"特进"，再加华盖殿大学士。夏言还是忠正耿直的样子，说话不考虑皇帝的面子，严嵩看到世宗厌倦了夏言，就借机用河套事件陷害夏言和曾铣，结果这两个人都被杀了。

事情的经过是这样的：嘉靖二十五年（1546 年），陕西三边总督曾铣提议收复河套，夏言曾经极力支持。世宗本来也赞同收复，对持反对意见的大臣严加斥责。但在朝廷一片"恢复河套"的呼声中，夏言又改变立场，提出一系列疑问："不知道这次是否出师有名？国家是否有余力出兵打仗？军粮马匹等战备物资是否足够？是否一战能保证取得胜利？"严嵩见夏言前后主张不一致，就抓住这个机会攻击夏言。他说："夏言开始极力主张出兵恢复河套，如今又极力阻挠，军国大事，不认真考虑，全凭个人的一念之间的好恶。臣与夏言同时掌管机务，事无大小，按理要商

中华传世藏书

中華梟雄大傳

宰相权臣卷

量着办，而夏言态度骄横、任意妄为，凡事以个人说了算……一切国家大事忌讳臣参与，每当在夜里分各地的奏折，偶尔让臣看一两本而已。"嘉靖二十七年（1548年），世宗命夏言退休回家。不久以后，鞑靼军进军延安、宁夏等地，严嵩又趁机对世宗说，鞑靼军是因曾铣要收复河套地区才发的兵，世宗以开边挑起战争为理由把曾铣处死。后来，又捏造了夏言曾经受过曾铣贿赂的罪行。结果，夏言也被处死。至此，严嵩扫清了仕途上的最后一个障碍。

夏言死后，严嵩便理所当然地成了首辅，完全掌握了内阁大权。严嵩在打击异己、排斥同僚的同时，还大力培植死党，安插亲信掌握国家重要部门。严嵩的儿子严世蕃结交恶徒，拉拢同党，不断扩大严家的势力。尚书关鹏、欧阳必进、高耀、许炝等都是严嵩党羽。他们或者是亲戚，或者是儿子的朋友，或者是自己的门生，关系盘根错节，形成了一个巨大的关系网，布满了朝廷内外。通政司是负责呈送奏章的重要部门，严嵩为了控制这个部门，让他的义子赵文华任通政使，凡是上疏的奏章，必须由赵文华将副本先送严嵩看一看，然后才能上奏。吏部文选和兵部职方是两个低微的官职，但是吏部文选负责办理官吏的升迁、改调，兵部职方负责军制等具体事宜，都比较机要。因此，严嵩也牢牢控制在自己手中，由亲信万寀和方祥分别担任这两个职位。他们两个人经常拿着文簿由严嵩任意填发，被当时的人们称为"文武二管家"。他任意升降朝中官员，谁给严嵩送的礼物多，做的官就大；送的礼物少，做的官就小；没有给严嵩送礼的，结果保证是无官可做。因此，每天到严府送礼的人络绎不绝，严家成立了专门收礼、登记、存放、处理礼物的一条龙体系。礼部员外郎项治元贿赂严嵩一万三千两黄金而升任吏部主事，举人潘鸿业贿赂严嵩二千二百两黄金外放山东临清知州，仇鸾犯罪以后，以重金贿赂严嵩以后，又当上了宣府、大同总兵。当时，南北给事、御史等监察官吏都认为，朝中贪污大臣应该首推严嵩。严嵩每当被弹劾的时候，急急忙忙找世宗假装诚心诚意地表明忠心，又是哭又是叩头地表演一番，世宗就安慰严嵩，事情就这样不了了之。在朝堂上，世宗故意问严嵩一些国家大事，本来严嵩回答得非常平凡，世宗故意称赞，向那些言官表明，严嵩是自己的心腹，不要因为小事参奏他。

严嵩父子在世宗的纵容下，大量侵占民间田产，仅仅在北京附近就有庄田一百五十多所。在南京、扬州等地，巧取豪夺的良田、美宅也有几十处。在他们的原籍江西分宜侵占的民田更多，袁州的一府四县的民田，竟然有十分之七被严家侵占。由于严氏父子大肆搜刮民财，侵占田产，使他的家富可敌国。严嵩的儿子严世蕃曾经炫耀说："朝廷不如我富。"特别是严世蕃，妻妾成群，吃尽穿绝，夜夜歌舞，享尽了人间的荣华富贵。他还说："朝廷不如我乐。"

残害异己　专权误国

大明王朝之所以没有灭亡，是因为在严嵩权势遮天的情况下，还有很多正直之士，不畏权势，前仆后继，同严嵩做艰苦的斗争。前后弹劾严嵩、严世蕃的朝中御史、大臣有谢瑜、叶经、童汉臣、赵锦、王宗茂、何维柏、王晔、陈垲、厉汝进、沈炼、徐学诗、杨继盛、周铁、吴时来、张翀、董传策等人，但遗憾的是，这些人都被处置。有的丢官，有的充军，有的则被处死。其中最著名的要数沈炼、杨继盛对严嵩的弹劾案。

沈炼（1507～1557年），浙江会稽（今绍兴）人，嘉靖十七年进士。嘉靖三十年（1551年），沈炼是锦衣卫经历，他参奏严嵩有十大罪状。主要是卖官受贿，结党营私，妒贤嫉能，暗中打击谏官，恃宠把持朝政等罪名。世宗听了，以为沈炼在危言耸听，竟然不加追究，这样就给了严嵩打击沈炼的机会，他反而参奏沈炼在知县任上有过失，想借参奏大臣获罪，受些小处分，赢得清誉。世宗竟然相信了严嵩的胡言乱语，把沈炼发配到边关充军。沈炼在边关经常大骂严嵩父子，严嵩的耳目到处都是，不久就听说了这件事，恨得咬牙切齿。嘉靖三十六年（1557年），严世蕃和新上任的巡按御史路楷和宣府、大同总督杨顺合谋，想除掉沈炼，答应在事成以后，可以让他们做王侯公卿。后来，正好遇到白莲教起义，教徒阎浩等人被捕，招供的人名很多，杨顺、路楷就在招供的名单上列上沈炼的名字，报上去以后，严嵩又买通兵部，经兵部审核批准，沈炼有冤无处申，就这样糊里糊涂地被杀害了。

嘉靖三十二年（1553年），兵部员外郎杨继盛再也忍受不了严嵩的误国行为，他把严嵩的罪行归纳为"十大罪""五奸"。十大罪主要是：大权独揽，坏祖宗法；假传圣旨，为己谋利；结党营私，打击忠良；收受贿赂，引用奸邪；废弛战备，贻误军机等。五奸是：贿赂皇上身边的太监，成为自己的间谍；控制通政司，使它成为自己左右朝政的工具；勾结东厂、西厂等特务组织，使之为自己的耳目；或笼络或打击谏官，使之顺从自己的意志；收买网罗各部大臣，使之成为自己的党羽。这道奏章可谓是对严嵩的全面深刻的揭露，处处击中严嵩的要害。然而，有昏君才有奸臣，杨继盛的痛切陈述并没有打动世宗，在世宗看来，严嵩是最大的忠臣，杨继盛是对严嵩打击报复，因此对杨继盛说："爱卿所奏事关重大，朕自会查明真相。给朝廷一个交代。"就这样对严嵩一再袒护。严嵩看到，杨继盛掌握了他大量的犯罪事实，此人不除，日后必然是祸患。于是他在明世宗面前诬陷杨继盛，说杨继盛在河套边境经常挑衅，才引起鞑靼人的进攻，危害国家的安抚大计，严嵩的死党们也随声附和，使明世宗信以为真。世宗大怒，把杨继盛打了一百廷杖，送交刑部审问。杨继盛在监狱里被关了三个月，还是审不出什么罪状。不过，皇上和严嵩不开口，谁也不敢放了他，就这样在狱中关着，一直持续了一年多。有人跟严嵩说："你不杀杨继盛，说明人家没有罪，你要承担陷害忠良的罪名，放他出去更是放虎归山，不如早除掉他，免得外人议论。"严嵩只好再去世宗那里进谗言，又捏造了冒领军功等罪名，结果，杨继盛被处死。

严嵩不仅疯狂打击参奏他的政敌，只要形势需要，就会毫不犹豫地牺牲同党的性命，以维护自己的利益。嘉靖二十九年（1550年），鞑靼部俺答汗率军攻到北京近郊，北京城危在旦夕。这时候，严嵩考虑的不是国家大局，而是个人作为内阁首辅的政绩名声，为了瞒住皇上明军在京郊战事的失利，他千方百计阻止抗战。国子司业赵贞吉等人主张出兵杀退敌兵，严嵩却污蔑他狂妄不切实际，结果被世宗打了板子、降职远调。严嵩还哄骗兵部尚书丁汝夔："北京近郊在天子眼皮底下，假如战败，你我脸上都无光啊！咱们最好坚守不战，敌军抢够了，自然会撤兵。"于是，丁汝夔传出命令，要坚守不战。各路勤王军到京以后，严嵩举荐他的党羽仇鸾为大将军，节制各路兵马。在他的节制下，各路勤王军队眼睁睁看着俺答军杀人放火、抢夺财物。数日以后，敌军烧够、杀够、抢够了以后，大军撤走，严嵩命人假装追杀，回去上奏皇帝说把敌人打跑了。昏庸的明世宗不问青红皂白，听信奸臣的奏报，竟然加封仇鸾为太保，并赏赐金币，夸奖严嵩退敌有功，也给予了厚重的赏赐。毕竟，敌军在郊外烧杀抢掠，要追究责任，严嵩密奏说："兵部尚书丁汝夔，保守怯战，不听微臣的劝告，拒不出战，才让敌军有机可乘，杀我子民，抢我财物，有损我天朝国威。"世宗便把兵部尚书丁汝夔下狱，让他听候处理。严嵩怕丁汝夔在狱中揭发自己不出战的罪行，就安慰丁汝夔说："有我在，一定会搭救你出去。"但是，严嵩为了永绝后患，加紧了谋害丁汝夔的步伐。不久，世宗决定处死丁汝夔。这时候，丁汝夔临刑时才知道上了严嵩的当，大声喊道："严嵩奸贼，害人不浅！"严嵩从个人利益出发，倒行逆施，专权误国，还体现在东南沿海的抗倭斗争中。福建巡抚阮鹗在嘉靖三十一（1552年）年私通倭寇，案发以后，朝廷下令缉捕阮鹗，阮鹗以重金贿赂严嵩，竟然免于治罪，仅仅降官一级，算是对朝廷有个交代。相反，抗倭将领张经曾经在嘉靖三十四年（1555年）大败倭寇，俘获斩首的倭寇有两千多人，取得了辉煌的战果。由于没有贿赂东南督军——严嵩义子赵文华，被严嵩和赵文华以冒领军功罪处死。抗倭名将俞大猷，性格豪爽耿直，不会投机钻营，更不会贿赂长官。严嵩恼恨他不对自己唯命是从，就找了个理由把他逮捕入狱。严嵩的倒行逆施，使东南海防人心涣散，他们只知道贿赂讨好严嵩，这样就可以作威作福，没有人再忠心报效国家，致使倭寇越来越猖獗，东南海防一天天坏下去。

严嵩之所以打击异己屡屡得手，倒行逆施却并不获罪，主要是抓住了皇帝这根救命的稻草。世宗朱厚熜生性多疑，唯独严嵩知道他心中想的是什么，如果他想解救同党，先要顺着世宗的意思狠狠骂那人一顿，然后加以委婉的解释，正好说中世宗所不忍心的地方；如果想陷害异己，必然先微妙地解释那个人的优点和缺点，然后找到犯世宗忌讳的地方，巧妙陷害。利用这样的技巧，往往能够成功。另外，世宗皇帝自从嘉靖十八年章圣太后殡天以后，就不再上朝，嘉靖二十年（1541年）发生了"宫婢之变"，宫女们忍受不了世宗对她们的摧残，想勒死世宗，太监们闻声赶来，世宗幸免于难。从那以后，世宗就移居西苑万寿宫，再也不入大内，大臣们很少能够见到他，只有严嵩经常受到召见，皇帝的御札一天就下好几次，就算同是内阁大臣，别人也没有这种机会，因此，严嵩能够随心所欲，按照自己的意志进退官员，处理军国大事。所以，士大夫都很惧怕他，都来依附他以求自保，当时人称文选郎中的万寀、人称职方郎中的方祥，尚书吴鹏、欧阳必进、高耀、许论等人，都小心谨慎的侍奉严嵩，他的权势也超过了他以前的任何一个内阁大臣，就连首辅徐阶也怕他三分。这一年，江南有倭寇作乱，闹得很凶，严嵩对世宗说倭寇已被荡平。徐阶的儿子徐仲斋进入京城，拜见严嵩。徐阶怕儿子说错了话。事先商议了两昼夜，想好了各种应变的对策，才拜见严嵩。严嵩问道："江南倭寇情况如何？"仲斋回答说："非常猖獗。"严嵩把脸一沉，让家人送客，赶走了徐仲斋。徐阶知道以后，非常害怕，带着儿子到严府请罪，说自己的儿子不该妄言，严嵩这才作罢。

失宠被劾　家破人亡

随着时间的流逝，严嵩慢慢地老了。在很长一段时间，他手中的政事都由儿子代为处理。他的儿子严世蕃长得又矮又胖，是个独眼龙，因为父亲的缘故做了高官。他继承了父亲的文才、狡诈和心机，不仅精通儒家经典，写得一手好文章，还善于揣摩圣意，所以，每次的票拟都很对世宗的心思。后来，严嵩的妻子死了，严世蕃应该回家守孝，严嵩怕自己缺少帮手，请世宗批准他留在京城。世宗答应了他的要求,但是,从此以后,再也不允许他代替严嵩票拟。严嵩所票拟的奏章往往不称世宗的心意,有时候抓紧派人回家问儿子,正赶上儿子沉湎于女色,答的也是漏洞百出。严嵩看了很不满意,皇上的使者催得又紧,他只好自己动手,不过,效果很不理想,往往不合世宗的心意。慢慢的,世宗就不用他批答政事了,只用他写个青词,严嵩才思枯竭,青词也写不好了,只好找人代写,还是写得不够工巧典雅。后来赶上万寿宫失火,严嵩请世宗暂且住在南城。南城,是英宗做太上皇的时候居住的地方。当初,"土木之变"之后,英宗被也先大军掠走,郕王朱祁钰登上帝位,尊明英宗为太上皇,后来,英宗被迎接回来,就住在南城,没有执政的权力。在人们的心中,那个地方是不吉利的象征。今天听严嵩这么说,很不高兴。而徐阶则主张建造万寿宫,非常符合世宗的心意。以后世宗就越发的亲近徐阶,有些政事就不再问严嵩了,到问他的时候,只是一些祭祀的事罢了。

严嵩位居首辅时间久了,在很多部门都安插上了自己的亲信,大臣们屡次以此来弹劾他,这也引起了世宗的注意。为了表示对严嵩的疏远,有时候故意驳斥严嵩的观点,即使他的建议正确。后来,徐阶的同党吴时来、张翀、董传策上疏弹劾严嵩,严嵩知道这是徐阶的主意,就奏请皇上追查幕后主使,下狱问罪。世宗狡黠地说:"严爱卿既然堂堂正正,又何必怕别人说三道四呢?朕信任你忠心不二,谏官要说,那是他们的职责,等到日后查出他们故意诬陷爱卿,朕自当为你做主。"就这样,严嵩碰了个软钉子。看到皇上对自己不像以前那样言听计从了,心中开始惴惴不安。

嘉靖四十年(1561年),吏部尚书吴鹏因为年老退休了,严嵩举荐他的亲戚欧阳必进补这一空缺。世宗早就厌恶严嵩滥用亲信,见到举荐的名单,勃然大怒,气呼呼地摔在地上。严嵩为了达到目的,跪着哀求世宗:"欧阳必进是老臣的至亲,我想在临死之前看到他有所建树,以此来安慰自己,望陛下恩准。"世宗碍于情面,只好暂且答应了他,刚刚过了三个月,就派人找了他一些错误,将他削职为民。严嵩的义子赵文华偶尔犯了点小错误,世宗就将他下狱治罪,同党们请求严嵩疏通一下,严嵩忧郁地说:"我也是爱莫能助啊,皇上心机难测,我怕是自身也难保啊。"

大将军仇鸾,曾经被曾铣弹劾过,仇鸾想借助严嵩的势力打击曾铣,就忍辱吞声地认严嵩为义父。后来仇鸾因为剿寇有功,深得皇上器重,这时候的严嵩可能是老糊涂了,也可能习惯了,还是把仇鸾当儿子看待,仇鸾非常不满,多次当面顶撞严嵩。严嵩恼羞成怒,在世宗面前揭露仇鸾的过失,世宗这次明确向严嵩表示:"你不要再说了,将军仇鸾剿寇有功,功臣难道还要治罪吗?我不能因为小小的过失就擅杀功臣。"说罢,把脸一沉,不再理会严嵩。在以后的一段时间,世宗有好几次不召见严嵩。有一次,严嵩见徐阶、李本要去内宫见皇上,就跟着他们两个一起去了。走到西华门,守卫拦住了严嵩说:"皇上有旨,不经召见,任何人不得入内。"严嵩一惊,发愣了片刻,就低着头默默地回府去了。回到家中,严嵩把事情的经过说给儿子听,父子二人以为大祸临头,抱头痛哭。

过了几天,严嵩备下丰盛的酒席,邀请徐阶前来做客。徐阶来了以后,严嵩率领一家人跪倒在徐阶的面前,把酒杯高高地举过头顶,涕泪横流地说:"严嵩如果有了什么不测,这一家老小就靠您了。"徐阶慌忙站起身来,双手搀起严嵩,满脸严肃地说:"严阁老这是何意呀?徐阶实在是不敢当。"严嵩非要徐阶答应保护他的家人,然后才肯站起来。徐阶只好说:"你我同朝为官,保护他们也是我的责任,阁老不要多想了。"听了这话,严嵩才站起身来入座。

徐阶看到严嵩大势已去,加快了倒严的步伐。他知道世宗非常相信道人的话,就跟道士蓝道行做了一个周密的计划,联合扳倒严嵩。有一天,世宗向蓝道行问起国家兴衰大事。世宗问:"现在,天下为什么这么动荡?"蓝道行假借天神下凡写了一行字:"贤人不能起用,奸臣久在朝中!"世宗忙问:"谁是贤人?谁是奸臣呢?"蓝道行代天神回答:"贤人就是辅臣徐阶、尚书杨博,奸臣就是严嵩父子。"世宗深信道士的话,有意罢免严嵩,就在和内侍说话的时候透露出了这个意思。事也凑巧,几天以后,御史邹应龙在内侍家避雨,谈话中知道了这件事,就连夜写出了上奏的折子,弹劾严嵩的不法行为。

邹应龙,字云卿,皋兰人。明世宗嘉靖三十五年(1556 年)进士,先被授予"行人"一职,后又升为御史,主要职责就是弹劾纠察贪官污吏。他任御史期间,奸臣严嵩父子祸国殃民、肆无忌惮,但他们又深得皇上的宠信,很多御史在弹劾严嵩的时候纷纷落马,邹应龙不敢轻举妄动,他在等待时机。现在,机会终于来到了。

在朝堂之上,邹应龙侃侃而谈,历数严家父子的种种罪恶,揭发得痛快淋漓,大快人心。他在奏折最后说:"如果我说得不错,就请让严嵩等人退休,或者杀之以谢天下,或者斩严世蕃的人头悬挂在百尺高杆上,作为臣子不忠不孝的警示,那么,天下之人,都会拍手称快,山呼万岁圣明。如果臣所说的不实,那么,我愿被斩首,也悬挂在百尺高杆上,以谢严嵩、严世蕃父子,作为天下万世的谏官欺君罔上的警示,那么,臣虽然在九泉之下,也没有遗憾了。"这一番慷慨陈词,打动了在场的每一个正直的大臣,也打动了世宗。他当即下令,令严嵩退休回家,严世蕃下狱问罪,抄没严家的家产,严世蕃的儿子严鹄、严鸿,门客罗龙文,充军发配。老严嵩看到自己担心的那一天终于来了,也顾不上年老体弱,跌跌撞撞爬上金殿,跪倒在世宗面前痛哭:"念老臣陪伴陛下这么多年,如今已是风烛残年,我只有这一个儿子,陛下就饶了他吧!"世宗一听,又心软了,于是又改变主意,让严世蕃到边疆立功赎罪,严鸿削职为民,专门侍候严嵩。同时,提拔邹应龙为通政司参议。

子丧家败　晚境凄凉

严嵩离开以后,再也没有人这么热衷于世宗的修道事业了。他常常想起严嵩协助自己修道,经常闷闷不乐,就告诉徐阶,自己打算传位给儿子,专心修道以求长生不老。徐阶奏道:"现在天下还没有太平,坏人还逍遥法外,求陛下杀了他们,永绝后患。"世宗不高兴地说:"你们不同意我修道也就算了,严嵩既然已经退休了,他的儿子已经处分了,再说别的,一律斩首。"严嵩知道世宗想念自己,于是就买通世宗左右的人,揭发蓝道行和徐阶阴谋陷害自己的事,蓝道行正受皇上宠爱,严嵩又有犯罪事实,这件事就不了了之。

严嵩开始回到江西南昌,正好遇到过万寿节。他为了取悦皇上,请道士蓝田玉建醮铁柱宫。蓝田玉善于招鹤,严嵩就写了《祈鹤文》上呈世宗,世宗一看,感慨万千,下诏说:"大臣之中,爱卿最理解朕的心意,追念爱卿朝夕相伴,助朕修道,撰写青词,无人能及,今虽远离京师,依然念朕修道之事,能在家乡颐养天年,是朕所盼。"诏书下来以后,严嵩很高兴,知道世宗还对自己有感情,就趁机上表:"臣今年八十有四,只有一个儿子严世蕃及孙子严鹄都远戍边疆,乞求让他们回家侍候我,为老臣养老送终。"表章奏到世宗那里,世宗考虑再三,最终还是没有答应。

徐阶看到严嵩还经常上表,怕他有朝一日卷土重来,就命手下人抓紧搜集严嵩的罪证,来个斩尽杀绝。第二年,南京御史林润上奏:"江洋大盗大多逃进了罗龙文、严世蕃家。罗龙文居住在深山里,乘坐华丽的轿子,身穿蟒袍,有依靠险要之地对抗朝廷的迹象。严世蕃获罪以后,和罗龙文每天诽谤时政,对皇上非常不满。他们家里共有四千家奴,都是亡命徒,当地人都说两人勾结倭寇,意图造反。"世宗听了大怒,立刻下诏逮捕严世蕃、罗龙文,全部依法处斩。

当初,严世蕃被邹应龙弹劾,远戍雷州,还没有走到地方,就私自回到家乡,然后大兴土木,修造豪华的住宅。严世蕃听信了手下人彭孔的话,认为南昌地有王气,就在那里修造宫殿,全部按照帝王的标准建造。他又聚集了许多亡命徒,整天加紧训练。罗龙文又有死党五百人,为严世蕃谋划投靠倭寇,先策反的牛信等人,也从山海关离开朝廷的队伍向北走,引诱敌人发兵攻打明朝,前敌的军队和倭寇相互呼应。徐阶听到这个消息,当天就命令黄光升等人赶紧上奏。严世蕃听说秘密泄露,绝望地说:"这一下死定了。"果然,世宗派两万人围剿,严世蕃的亡命徒们没有抵抗,束手就擒,朝廷以最快的速度审结了此案,严世蕃、罗龙文等首犯斩立决,其余从犯依照罪行处罚不等。严世蕃的家产全部被抄没,共计黄金三万多两,白金二百多万两,其他珍宝又价值数百万两白银。

严嵩看到自己苦心培养的孩子被斩,自己苦心经营的家产被抄,仆人们也都离他而去,走在路上,背后听到的是唾骂声。他无处投奔,只好寄住在荒坟间的一所破房子里。第二年,他又老又病,无力照顾自己,也不知道什么时候,人们发现有一段日子没有见他了,也许他死了吧。

张居正：殚精竭虑 功高盖主

张居正

【人物档案】

姓名：张居正

别名：张白圭、张江陵、张太岳。

生卒：1525 年~1582 年

籍贯：江陵县（今湖北省荆州市）人

字号：字叔大，号太岳。

朝代：明朝

职务：太师兼太子太师、吏部尚书、中极殿大学士。

谥号：文忠

主要作品：《太岳集》、《书经直解》、《帝鉴图说》、《四书集注直解》。

主要成就：与高拱促成隆庆和议，整顿吏治，巩固边防，推行"一条鞭法"。

【枭雄本色】

张居正机巧善谋，治世有方：二十三岁中进士，算是早贵，而且仕途顺畅，从翰林到内阁，以普通内阁又到首辅内阁，爬得相当快；创考成法，整顿吏治，清丈土地，推行"一条鞭法"，治黄整淮，修整边防，功在社稷，垂名后世。主政十年，救了明王朝，而得"救时宰相"之誉。

张居正作为一名改革家，不在王安石之下，他没有贸然全面整顿财政，避开了统治势力的"痛处"，改革成功，国富民安于一时。

张居正作为一代宰相，为国于民鞠躬尽瘁。身为帝王之师，力育天子，行非常之师德，可谓用心良苦。然而他尸骨未寒之时，朝野狼烟四起，一帮小人便开始"秋后"算账，张家被罢了官位，被削了谥号，被抄了家！舍家为国者，却成世间"罪人"。然而，社稷危难思贤臣，大明江山被清骑踏破之时，又有多少明朝遗老思念这位救时能臣呢？

南郡神童　早登仕途

明嘉靖四年(1525年)五月初三,江陵(今湖北荆州市)一户普通的农家院热闹异常,一个男孩在家人的期待与梦想中呱呱坠地。这个孩子就是明中叶著名的政治家、改革家,一代首辅张居正。

俗话说"三岁看大,七岁看老",而张居正两岁时便显出与众不同。一天,他的堂叔龙湫正在读《孟子》,见乳母抱着张居正在旁,便停下来逗他说:人们都说你聪明,你能认得"王曰"二字,那才是真聪明呢。过了几天,龙湫读书的时候,乳母和居正又来了。居正看见龙湫就呀呀地叫个不停,龙湫情不自禁地将孩子抱在膝上,要他认"王曰"二字,谁料居正果然认识竟读出声来。龙湫喜不自禁,逢人便讲,一时间乡里皆以张居正为神童。

张居正五岁开始读《论语》《孟子》等,十岁时已能通晓六经大义,十二岁便赴荆州府投考。他的聪慧、才学,在江陵一带已是远近闻名。人们都说,这个孩子将来一定能金榜题名,令张家光耀门楣的。

明朝嘉靖十五年(1536年),荆州府府治江陵举行考试。求才心切的知府李士翱日有所思,夜有所梦,在考试前夕梦见上帝让他把一颗玉印转交给一个童子。第二天府试点名,发现有个叫张白圭的十二岁学童,聪明伶俐,应对敏捷。那时人们多讲迷信,李士翱想,昨夜梦中的童子大概就应在这个学童身上了。他当即给学童张白圭改名为张居正,期望他长大后能正道而行,成为栋梁之材。

接着,主管湖广省(相当今湘、鄂两省)教育的学政田顼来到江陵,他听了知府的介绍,即召居正面试,题目是《南郡奇童赋》。居正凝思片刻,挥毫迅成一篇颇有文采的赋文。他通过这次府试,成了一名生员。

十二岁的张秀才经过学政和知府的褒扬,神童之名很快在荆州传了开来,也给他的平民家庭带来了荣耀。张家的始祖张福是明太祖朱元璋领导的反元队伍中的战士,后因军功授职为归州长宁卫千户,一个可以世袭的正五品武职。张福的曾孙张诚是次子,不能承袭为千户,为另谋生计,从归州迁家江陵。张诚没有功名,其次子张镇充当江陵辽王府的护卫兵,社会地位都较低。张镇的儿子文明,即居正的父亲,中秀才后七次参加乡试(即省试),都失败了。张居正字叔大,号太岳,生于嘉靖四年。他童年时家道小康,但从曾祖张诚以来家中一直没有人当过官。所以他曾说,自己"起自寒士,非阀阅衣冠之族"。

出身平民的张居正从童年起就走上了"学而优则仕"的道路。府试的次年,他到湖广省首府武昌参加乡试。当时他写了一首《题竹》诗:"绿遍潇湘外,疏林玉露寒;凤毛丛劲节,只上尽头竿。"诗中吐露了他的抱负:以凤毛麟角般的奇才自期,要争居百尺竿头。由此可见这个小秀才奋发向上的志气。

在张居正考中秀才的第二年,正逢三年一次的乡试在武昌举行。踌躇满志的张居正不愿错过这个早日中举的机会,毅然决然地前去应试。以张居正的学识和才华,中举应是没有问题的。但是,他这一次却偏偏遇上了对人才的培养有自己独到见解的湖广巡抚顾璘。

顾磷是应天府(今南京)上元县人,为当时文坛名播遐迩的才子,他与同乡人陈沂、王韦并称为金陵三俊。顾磷认为,早熟的天才少年,如果成长道路过于顺利,就可能变得轻狂、浮躁与傲慢,这反而有碍于以后的发展,甚至因此断送前程。顾璘来到武昌后,对张居正有所耳闻,出于对张居正的爱护,他特地对监试的冯御史交代道:张居正是个天才少年,早些发达并没有什么不好,但他毕竟只有十三岁。如果让他再迟几年中举,恐怕会更加前程无量的。这次居正的考卷虽深得湖广按察金事陈束的欣赏而力荐录取,但由于顾磷的作用使冯御史竭力拒绝,张居正落第了。

嘉靖十九年(1540年),十六岁的张居正顺利地通过乡试,考中了举人。次年北京会试,他是否参加,因史书阙载,不得而知。他中秀才,中举人后,以为进士及第也唾手可得,于是注力于古代诗文辞而荒疏了写八股文的科举本业,以致在嘉靖二十三年(1544年)的会试中失利了。他只得重温八股举业,于嘉靖二十六年(1547年)入京再试,中了二甲进士(进士分一、一、三甲三等),被选为庶吉士,从此跨入了仕途。这一年他二十三岁。

庶吉士是在翰林院学习的后备官员,极受人们重视。宰相一职在明太祖洪武十三年(1380年)废除后不再设置。后来内阁大学士(习称阁臣)演变为相当于宰相的执政大臣,人们也就称阁臣特别是首席大学士(即首辅)为相。一般情况是非进士不入翰林院,非翰林官不入内阁,所以进士获选为庶吉士者,人们目之为"储相"即后备宰相。张居正被选为庶吉士后二十年进入内阁,再五年又升为首辅,储相终于成了真相。

野马脱缰　驰骋万里

庶吉士读书翰林院,有机会看到外面难得的文献典籍,这是增长学识的方便条件。翰林官是文学侍从之臣,一般的庶吉士多在文辞上下功夫。张居正却重视有关经国济民的实学。他后来在《翰林院读书说》一文中写道:"道不兼乎经济(经国济民),不可以利用","君子处其实,不处其华",为学应该"敦本务实"。

嘉靖二十八年(1549年),庶吉士学习期满,张居正依例授职为翰林院编修(正七品),参与修纂国史和官书。他不满足于编撰文史,还努力了解国家的典章制度和现实政治。不久,他上呈《论时政疏》,指出当时政治中存在的五大病。一曰"宗室瘃恣",指藩王们奸贪淫虐,侵凌地方官府,百般刻剥小民。二曰"庶官瘝旷",指朝廷不重视人才,任用官吏"轮资逐格",职务旷废的现象严重。三曰"吏治因循",指考核官吏不严,官场风气极坏,以致"贿多者阶崇,巧宦者秩进"。四曰"边备未修",指守臣不做有效的防备,无力阻挡鞑靼南下。五曰"财用大匮",指朝廷用费数十倍于明初,对百姓诛求不已,国家的财力物力大告匮乏。进而指出五病的症结在于"血气阙塞",即嘉靖皇帝多年不上朝,下情不能上达。他要求嘉靖帝听谏纳言,以免五病成为不治之症。

这时的朝廷,内阁大学士是夏言、严嵩二人。严嵩并无特殊才能,只会谄谀媚上,以图高官厚禄。为了夺取首辅的职务,严嵩和夏言发生了尖锐的斗争。严嵩表面上对夏言谦让有礼,暗中却乘机陷害报复他。夏言是个很有抱负的首辅,他任用曾铣总督陕西三边军务。当时,蒙古鞑靼部盘踞河套地区,时常南下进犯,烧杀抢掠，为非作歹。曾铣在夏言的支持下，提出了收复被蒙古人占领的河套地区的计划。河套地区东西北三面濒河，南面临近榆林、银川、山西的偏头关等边镇，土地肥沃，灌溉便利，适宜农桑。控制河套地区，对于明朝北面的边防有着重要的意义。曾铣率兵屡败敌人，得到明世宗的赞赏和支持。可是，严嵩为了抱负夏言，利用明世宗恐惧蒙古鞑靼军的心理，攻击夏言、曾铣等收复河套地区的计划是"好大喜功""穷兵黩武"。这时，恰巧宫内失火，皇后去世，世宗皇上崇奉道教，认定这是不祥之兆。严嵩趁机进谗言说："灾异发生的原因就是由于夏言、曾铣等要收复河套地区、混淆国事造成的。"昏愦无能的明世宗信以为真，立即下令将夏言罢职，曾铣入锋。内阁中凡支持收复河套地区计划的官员分别给予贬谪、罚俸和廷杖的处分。之后，鞑靼军进犯延安、延川等地，严嵩又抓住这一机会，给世宗进言说，鞑靼军是因为曾铣要收复河套地区而发的兵。世宗又按开边事之畔罪把曾铣处死。害死了曾铣，夏言还在，严嵩不把他置于死地是无法安心的。数月后，鞑靼接连进攻大同、永宁、怀来等地，京师告急，世宗急得团团乱转。这时严嵩又进诬告说，这完全是夏言支持曾铣收复河套引来的祸患，又捏造了夏言曾经受贿的罪行。结果，夏言也被世宗处死。夏言一死，严嵩便爬上了首辅的职位，完全掌握了内阁大权。

张居正的奏疏没有被严嵩等人重视，奏疏一去杳无音讯。嘉靖三十二年（1553），与他同年中进士的兵部员外郎杨继盛奏劾奸相严嵩，反被投入狱中。张居正同情杨继盛，但是无法救援他。

一桩桩的事实告诉张居正，只要大权操在严嵩集团手里，朝政便毫无改善的希望，自己也难申报国之志。嘉靖三十三年（1554年），年方三十的张居正以养病为理由，向朝廷告假回乡。他家在江陵，有田数十亩。他在那里盖了几间房子，命名为"学农园"。他常常在阡陌间散步，同农民交谈，目睹田夫佣工终年劳累而难获温饱，遇到歉收，官吏催逼赋税如故，广大农民陷于水深火热的困境。回乡三年，他更多地了解到民间疾苦，体会到农业是民生之本，治国必须"力本节用"。他感触最深的是，官府弊端丛生，豪强地主大肆兼并，田赋负担不均，贫民失业，这一切，正在动摇着大明帝国的根基。他从"百姓嗷嗷"的景象中察觉出整个王朝的危机，穷困无告的人民将铤而走险，国势已近似"汉唐之末世"。他在学农园博览群书，"究心当世之务"，探索着改革弊政、挽救王朝危机的可行道路。

位臻首辅　独挑大梁

嘉靖三十六年（1557年），张居正怀着革新政治的理想，由江陵再次回到北京，再次投入到激烈争斗的政治漩涡中，他决心为实现自己的改革目标，为老百姓的深福，在这政治漩涡中乘风破浪、披荆斩棘地大干一番。

嘉靖三十八年（1559年）五月，徐阶晋升为吏部尚书，次年又由少傅晋升为太子太师。张居正亦由翰林院编修（正七品）晋升为右春坊右中允（正六品），兼国子监（相当于国立大学）司业（相当于副校长），高拱为国子监祭酒（相当于校长）。这时严嵩与徐阶的矛盾日益激化。由于严嵩年事渐高，工作中常常出现漏洞，世宗皇帝颇为不满，严嵩遂渐渐失去宠信。一次，皇上问方士兰道行："谁是朝中的奸臣？"兰道行说："严嵩是最大的奸臣，留待皇上正法。"之后当御史邹应龙上疏揭发严嵩父子罪行时，世宗帝便毫不留情地把严嵩罢职。

严嵩垮台后,徐阶继任为内阁首辅,张居正欣喜若狂,笑逐颜开,为一个新时代的到来而激动不已。因为徐阶是张居正任庶吉士时翰林院掌院学士,在翰林院的名分上,徐阶是张居正的老师。徐阶对张居正的为人处事和聪明才智也很赞赏,他对张居正寄予很大的期望,把其视为国家的栋梁之材。张居正也竭尽全力辅助徐阶工作,二人真是相得益彰。嘉靖四十五年(1566年),明世宗逝世后,徐阶和张居正又以世宗遗诏的名义,革除弊政,平反冤狱,颇得人心。嘉靖帝死后裕王继位,是为穆宗,改元隆庆。由于新皇帝对自己老师的"念旧"和首辅对自己门生的"接引",张居正青云直上,升迁极快。隆庆元年(1567年)正月,升礼部右侍郎兼翰林院学士;二月,又晋为吏部左侍郎兼东阁大学士,成了参与执政的阁臣,二十年前的"储相"终于真的入阁了。同年,以《永乐大典》复本抄缮完成和充任修纂《世宗(嘉靖帝)实录》的总裁,再升礼部尚书兼武英殿大学士,加少保兼太子太保。此后因三年一次的考绩和遇事论功叙勋,于隆庆四年(1570年)加太子太傅,转吏部尚书,又加少傅兼建极殿大学士;六年(1572年)任首辅前加太子太师,又加少师。

大学士高拱怀有权欲,向首辅徐阶争权,彼此暗斗激烈。经过几次较量,高拱处于下风,被迫予隆庆元年(1567年)五月致仕,回到河南新郑的故乡。穆宗因徐阶一再劝阻他游宴作乐,特别是因太监进谗,对徐阶也冷淡起来。徐阶知机而退,在隆庆二年(1568年)七月告老还乡,返回松江府华亭的老家。八月里,张居正上呈《陈六事疏》,提出了省议论、振纪纲、重诏令、核名实、固邦本和饬武备六项施政主张。当时居正在阁臣中居于末位,实权不大。首辅李春芳宽和老成而胸无大志,但求朝廷安宁。居正的这些主张基本上没有实现。

隆庆三年(1569年),资历老而个性强的赵贞吉入阁,高拱也在年底回京复职,他们两人又为争权大闹纠纷。高拱得到穆宗的信任,并且兼掌主管人事的吏部,其实权比首辅还大。赵贞吉斗不过高拱,李春芳也不愿当名义上的首辅,他们先后在隆庆四、五年致仕回乡,高拱就成了首辅。在内阁纷争中,张居正力求不被卷入,当徐阶与高拱交讧时,他没有站在自己的老师一边。高拱秉政后策划打击在野的徐阶,居正多方斡旋,同时尽量不得罪高拱。他知道高拱是有怨必报、容不得人的。不过,高拱是一个有才干有作为的政治家,他主政时努力整顿朝政,加强武备,决策同俺答议和,其政绩是值得肯定的。高拱和张居正在大政方针上基本上是一致的。

隆庆六年(1572年)五月二十五日,穆宗病重垂危,召阁臣高拱、张居正和高仪三人到乾清宫接受顾命,由司礼监秉笔太监冯保宣读诏旨,命他们三人辅佐太子。第二天穆宗去世。六月初九,十岁的太子翊钧即位,是为神宗,年号万历。七天后,在兼为顾命辅政大臣的首辅与内廷之间爆发了一场夺权政变。事情的经过是这样的。

由于先前高拱在司礼掌印太监出缺的情况下,两次拒绝司礼秉笔太监冯保欲为司礼掌印太监的要求,这便使冯保与高拱结下了不解之仇。从穆宗去世到神宗即位的十几天里,冯保在宫中秘密活动,取得了皇后,尤其是神宗生母皇贵妃李氏的信任和支持,在神宗即位时,颁皇帝手谕到内阁,又援引穆宗遗诏,授冯保为司礼掌印太监。同时,冯保又提督东厂。这样,冯保的势力就从朝内扩张到朝外,引起了高拱的极大不满。高拱决心驱逐冯保,便指使六科给事中和十三道御史上疏攻击,只要奏文一到内阁,高拱便可以借首辅票拟的权力驱逐冯保。

在高拱与冯保的明争暗斗过程中,张居正异常冷静清醒。他思考着,高拱胜,下一个驱逐的目标就是自己;高拱败,那么首辅的位子也将是自己的。从二十三岁就一直在寻觅、等待的不就是这把交椅吗?光阴荏苒,已经整整十五年过去了,没有它,何以施展自己伊尹的抱负?政治权力的角逐,在许多带有疵点的政治家那里常常不是以道义为标准,而是围绕着利害关系进行的。这是可悲的,但常又是不可回避的事实。于是,他做出了合乎自己利益的选择,将天平向冯保一边倾斜。他将高拱的行动告知冯保,冯保遂以"高拱擅权,蔑视幼主"为由将此事添枝加叶地又告诉了皇贵妃李氏,这自然引起了李氏的反感甚至愤懑,这个女人的态度决定了高拱的失败。

最终,高拱与冯保的争斗有了分晓。这天一上朝,就见御前太监上前一步急忙宣布:"两宫太后和皇上有特旨在此,文武群臣细听着!"

接着,由冯保展旨,高声诵读:"告尔内阁五府六部诸臣!大行皇帝宾天之先,召内阁三臣至御榻前,同我母子三人,亲授遗嘱曰:'东宫年少,赖尔辅导'。无乃大学士高拱,揽权擅政,威逼自专,通不许皇帝主管。我母子日夕惊惧,便令回籍闲住,不许停留……"

张居正望着高拱远去的背影,一股悲凉之感顿时胀满全身,在听旨之初他或许还颇觉暗喜,可此时,他已说不清是喜是悲,抑或是忧?

高拱被罢了官,高仪不久也谢世,剩下张居正一人独守文渊阁,独挑了首辅的重任。

十年寒窗,坎坷升迁。一生功名所求,现已达到了巅峰,真可谓一人之下,万人之上。可一旦权柄在握,张居正反倒有些茫然了。他清醒地知道自己所处的位置将会是旦夕祸福的险境,是生拼死夺的战场。凡行事做人,当更加小心谨慎。自然,张居正心中也充满着实现夙愿的喜悦和整治朝政的壮志,踌躇满志之情与优柔慎微之心兼而有之,倒使得张居正处理事情时相得益彰,既有深思熟虑的见地,又不乏义无反顾的勇气。

帝王之师　核吏安民

明代皇帝的教育,一种是经筵,一种为日讲。经筵一般每月逢二举行。举行经筵的时候相当隆重,勋臣、大学士、六部尚书、翰林学士等都要到齐,由翰林院春坊等官及国子监祭酒进讲经史。日讲在文华殿举行,不用侍卫、侍仪、执事等官,只用讲读官、内阁学士侍班。

万历初年,内阁首辅张居正以顾命大臣的资望与地位赢得了神宗及其母亲李太后的特殊尊重,他们称他为"张先生",李太后亦把神宗的教育事务托付给张居正。

作为帝王之师,张居正对小皇帝的教育毫不含糊。他亲自为神宗编制了功课表,规定经筵从二月十二日起至五月初二止为上学期,分为九讲,从八月十二日起至十月初二日止为下学期,也为九讲。日讲,除三、六、九皇帝视朝日之外,其他接续不辍。并要求没有特殊原因,不得自动停课。明代皇帝不御经筵,自动放假的事时有发生,但神宗最初的十年,在张居正的约束下,从未擅自休课过。

神宗皇帝的功课主要有三项内容:经书、书法、历史。为了保证教学质量,张居正精心挑选了五个主讲经史的老师,两个教书法的老师和一个侍读。经史的教材,除了传统的"四书""五经"外，张居正又加进了《贞观政要》《通鉴节要》等杂史，以便使小皇帝尽早地知晓国君的使命与责任。

张居正在百忙之余，有时也见缝插针亲自上课，利用一切机会向幼主灌输自己的改革思想，同时教导他要成为一个贤君。一次，张居正拿着图文并茂的《帝鉴图说》给小皇帝讲史，讲到汉文帝劳军细柳的故事时，就对神宗说："皇上应当留意武备。祖宗以武功定天下，如今承平日久，武备日弛，不可不及早讲求。"神宗听后，一个劲儿地称是，于是张居正将自己整饬武备、抵御外侮的主张，和盘托出。

还有一次，神宗在上书法课时，正好以太祖的《大宝箴》作为字帖。张居正见后便说，《大宝箴》的内容与君德治道关系密切，皇上不仅要摹写，还应该背诵下来。其后不久，神宗将张居正召至文华殿，他将《大宝箴》塞到张居正手上，自己则站起来，把全文高声背诵一遍。张居正听后十分高兴，趁势又借题发挥，耐心地给小皇帝讲解做人主的道理。他说："做人应当虚心处事。人心之所以不虚的缘故，全是因为私心的混杂。水是最清的，混了泥沙以后，水便不清；镜是最明的，蒙上灰尘以后，镜便不明。皇上只要涵养此心，除去私欲，和止水、明镜一样，自然好恶刑赏，无不公平，万事都办好了。"

在这样的谆谆教导下，神宗的学习不断取得进步，当然进步最快的是书法。李太后和冯保都是书法爱好者，他们对皇帝在这方面的进步时时加以鼓励。所以，神宗年方十岁，就能书写径尺以上的大字。张居正在这方面颇不以为然，认为应适可而止。所以在万历六年启奏皇上：陛下的书法已经取得很大成就，现在已经不宜在这方面花费过多的精力，因为书法总是末节小技。自古以来的圣君明主以德行治理天下，艺术的精湛，对苍生并无补益。像汉成帝、梁文帝、陈后主、隋炀帝和宋徽宗等，他们都是大音乐家、画家、诗人和词人，只因为他们沉湎在艺术之中，以致朝政不修，有的还身受亡国的惨祸。对于张先生这忠心耿耿的进谏，小皇帝自然只能听从。万历六年之后，他的日讲课之中就取消了书法，而只留下了经史。

在古代，做皇帝最为重要的任务是敬天法祖，即敬重天道，效法祖宗。张先生也是这样教导小皇帝的。在神宗登极还不满四个月时，天上出现星变，在当时被人们看成是上天将要降灾的警告。按照老师的教导，神宗赶紧检讨自己的思想、语言和行动，加以改正，以期消除天心的不快。这次"星变"延续了两年之久，皇帝的"修省"也就相应地历时两年，并且在以后相当长一段时间，他不得不注意节俭、勤勉诚恳地处理政务和待人接物，力求通过自己的努力，化凶为吉。

张居正还教神宗学习太祖、成祖对章奏的批阅，防止宦官独揽批朱权。神宗登极之初批阅本章，只是按照大伴冯保的指导，把张先生或其他大学士的"票拟"改用朱笔批写就算完成了职责。其中有些本章的批示极为简略，如"如拟""知道了"等，简直和练习书法一样。但不要小瞧这几个字，这几个字、这朱笔所代表的是皇帝的权威，如果没有皇帝的许可而擅用朱笔，就是"矫诏"，依律应判处死刑。与此同时，张居正还严格要求皇帝上朝，以避免因君臣阻隔，形成君主被宦官包围而受控于宦官的局面。

经筵、日讲、繁重的学业、批阅章奏和适时视朝对十几岁的神宗，其繁重可想而知。然而，由于神宗的母亲是一个能干、负责且颇有远见的女人，她总是积极配合张先生严格督导，因而神宗也只能乖乖就范。

张居正与小皇帝之间的师生关系，在万历六年以前，即神宗十六岁大婚前，相当融洽。那时,在神宗幼小的心灵中,除了两位皇太后之外,他所要尊敬的就只有两个人,一个是整天与他朝夕相伴的大伴冯保,另一个就是张居正张先生。

那时,张居正似乎永远是智慧的象征。他眉目轩朗,长须玉立,而且注重仪表,袍服每天都像熨过的一样,褶皱全无。他的心智也完全和仪表一致。

小皇帝因之对张居正,言听计从,尊崇有加。天热了,他看见老师在讲书的时候汗流满面,就吩咐太监们替他掌扇;天冷了,他觉得立在文华殿的方砖上,被森肃寒气包围的老师一定很冷,就立即命令左右拿来毡片将方砖盖上,免得老师受寒。有一次,张居正在内阁处理公务,突然发寒热。神宗知道了赶忙亲自调好椒汤,送给老师。在那段日子里,神宗待老师真可谓殷勤到家了。

神宗大婚以后,年轻的皇帝对圣贤经传的教条和太后的管束恍如昨日。新的生活天地出现,小皇帝便开始厌倦紫禁城的日月。这时,张先生再严格如昔,就只能适得其反。

张居正自嘉靖二十六年(1547年)步入官场之后,他最深切的感受就是吏治腐败。按照明朝的制度,京官本来是每六年考察一次、地方官则每二年考察一次的。可是这些规定早已名存实亡。大大小小的官僚们为了各自的私利,送礼行贿,相互勾结,官官相护,狼狈为奸,哪还有什么效率可言?官风不正,政令流于形式,何谈治国?所以张居正认为,治国之要应以吏治为先,吏治清明了,国家机器的职能也就正常发挥了。

张居正以惊人的胆识进行了一场整顿吏治、严肃法纪的"大手笔"。其采取的措施主要有下列几点:

第一,重视人才,付托得人。明代中央六部,最重要的是管人事的吏部、管军事的兵部和管财政、物资的户部。张居正任首辅后,以才兼文武、极不负众望地杨博为吏部尚书,娴于韬略的谭纶为兵部尚书。他所"深倚任"的户部尚书张学颜是理财专家;《明史》曾说,嘉靖年间财力虚耗,至居正执政的"万历十年间,最称富庶,学颜有力焉"。他放手使用潘季驯治河(见下述),取得巨大胜利,也是重用人才的一个突出例子。至于任用戚继光、李成梁等一批名将,后来学者赞居正为"以相将将(以宰相统率武将),故南北守御,百粤滇蜀,必付托得人",可谓"数万甲兵藏于胸,而指挥乎数千里之外"。

第二,重视力行,讲究效率,制定著名的"章奏考成法"。

万历元年(1573年)六月,张居正上疏皇帝,请行整肃吏治的"考成法",神宗批准。

"考成法"于十一月正式颁行,张居正一手提拔的官员带头执行。一年半之后,查出各省级巡抚、巡按官员五十四人共未完成二百七十三事。事隔半年,又查出各省级巡抚、巡按官员六十三人共未完成一百三十四事。张居正对这些不尽职守、不按期完成任务的官员决不手软,严加惩处。其中,凤阳巡抚王宗沐、巡按张更化,广东巡抚张守约,浙江巡按肖廪等人,因未完成事多而被夺俸(停发薪水)三个月。户部员外郎贾实等四十八人因失职被勒令辞职。

"考成法"的推行,给腐败的官场吹进了一股革新的清风。官员们对于朝廷的各项政令再也不敢置若罔闻或听之任之了。嘉靖、隆庆以来那种因循怠玩、姑息偷安的吏风已被改变,办事效率大大提高。明代著名史学家谈迁评价说:"江陵(指张居正)立'考成法',以为制治之本。力振其弊、务责实效,中外凛凛,毋敢以虚文支第三，精简机构，裁汰冗员。明王朝在永乐十九年（1421年）从南京迁都北京后，在南京仍保留了一套中央官署，但多半形同虚设。万历三年（1575年），在张居正主持下，朝廷下令：此后南京官员出缺，非紧要者不必一一推补。万历八年（1580年），依据居正的奏请，朝廷令吏部考核中央和地方职官，“有冗滥者裁之”。这是一次全国范围内的精简，据不完全统计，到第二年，中央和地方的文武官共裁汰冗员一千三百几十名。

第四，信赏必罚，严肃法纪。张居正一再申述：“国家欲兴起事功，非有重赏必罚，终不可振”；“法所当加，虽贵近不宥”。这里举几个例子：

隆庆六年（1572年）秋，由张居正拟旨，把屡次犯法、擅杀无辜的黔国公沐朝弼废为平民（爵位在此以前已由其子承袭），押到南京禁锢起来。世袭的黔国公沐氏又是世袭镇守云南的总兵官，是该省的土皇帝。严惩沐朝弼，对于作恶不法的勋爵贵室是一个严重的警告。

万历六年（1578年）三月，辽东上报“长定堡之捷”，神宗普加恩赏。当时张居正因葬父南归，不在京师。他后来查清辽东副总兵杀降邀功的事实，便不顾情面，把包括几个阁臣和兵部长官在内的大批人员所得的恩赏一律撤销。

万历七年（1579年）三月，神宗援引武宗和世宗朝的成例，要内阁拟旨，封他的岳父王伟为伯爵。居正勉强照办，但他同时援引嘉靖八年（1529年）世宗关于外戚封爵不得世袭的诏令，申明王伟的爵位只终其身，子孙不得世袭。他指出：“夫爵赏者天下之爵赏，人主所恃以励世之具也。今使椒房之属（指外戚）与大勋劳之人并享茅土（指封爵），非所以昭有功、劝有德也。”居正去世后，神宗违反制度，让王伟的永年伯爵位由其后嗣承袭。

与上例可作鲜明对比的，是同年五月封辽东总兵李成梁为宁远伯的事。当时张居正欣然草拟赐爵的诏旨，指出李成梁屡立战功，“加以显秩，良不为过”，且可“鼓将士敌忾之气”。

关于严肃法纪，似也不应讳言，张居正没有力求扫除贿赂公行的腐朽风气，他本人也并非一尘不染。隆庆二年（1568年），江陵的辽王朱宪㸅因罪被废，王府即为张居正家无偿占用。四年后，湖广巡抚等地方官要给居正在江陵建立表功的牌坊，他鉴于当地连年水旱，民不聊生，如再派百姓担负工役，百姓将对他“口咀祝而心咨怨”所以没有同意。后来地方官将建坊费送给张家，移作张家在江陵新建宅第之用，新宅由一名锦衣卫军官带着军士兴建。据居正说，“锦衣庞君遂摹京师宅第，大事兴作，费至不给”。这不赀之费除皇帝赐银千两外，是由地方官敛之于民而奉献给这位首辅的。所以居正说：“是仆营私第以开贿门，其罪愈重”并一再对地方官的“给予频蕃”表示谢绝；但他并没有坚决谢绝，江陵的新第终于落成了。还有，他入阁特别是任首辅以后，四方馈遗不绝；对此，他的态度如同时代人冯时可所指出的，是“多却而少受，不可谓黩货”。的确，他有时酌收少许礼物以表领情，而对地方官的“厚贶”和一些由他推荐提拔的官员“用馈遗像招者”，则都严加拒绝。总的看，他在清廉方面未能严于律己，但也没有到黩货的程度。

第五，整顿驿递，减轻人民应差之苦。明朝政府在从京师到各省的交通大道，设有驿站，对允许利用驿站乘传的出差官员供应食宿，还备有马匹、船只等交通工具和供役使的民夫。膳食、舟马、马料、柴炭等一切供应，均由附近人民负担，民夫也得自备伙食。有的过路官员百般需索。有的官员非公差外出,或其家属甚至家仆外出,也非法利用驿站乘传。因此,派百姓在驿站当差,成为一项虐民的弊政。万历三年(1575 年),张居正整顿驿递,重申官员非逢公差,不发给允许乘传的"勘合"即证明文件。公差只限于执行公务,至于官员奔丧,复职返任,赴吏部报到,赴任调任等,都不给勘合,不许驰驿。勘合严禁转借。有勘合者,使用马匹、民夫和食宿供应,也有种种限制。张居正执法很严。他的儿子由京师回江陵参加考试,是自己雇车而行的。他的弟弟居敬病重回里,保定巡抚给以照顾,发给勘合,居正当即缴还。他家有仆人擅坐官马,即被他送官责打百棍。他说:自己执掌朝政,"欲为朝廷行法,不敢不以身先之"。由于首辅以身作则地严守法令,违者必究,以致万历八年(1580 年)神宗派皇亲上武当山祈神赐子,因非执行公差,也不敢使用驿站乘传。

第六,整饬学风,限制生员名额,禁毁书院。张居正在万历三年(1575 年)奏陈《请申旧章饬学政以振兴人才疏》,疏中具体建议经神宗批准令有关部门遵行。疏中着重讲了两个问题:

其一,开科取士是封建统治阶级培植和选拔人才的重要途径,选取生员是取士第一步。张居正提出核减生员入学名额,严加考核,以保证质量。有的地方执行上过分严格,甚至一州一县只选录一名生员。已入学的生员要再加考试,凡文理不通者则派充胥吏,甚至革去功名,不得享受免役的特权。各省送国子监肄学的生员即贡生,入京考试不合格者如超过五名,该省学政受降官他调的处分。

其二,整顿学风,提倡"敦本尚实""躬行实践",反对"空谈废业"。这对于针砭长期以来士习日敝,学风虚浮,是有积极意义的。但他之所谓"本",着眼于维护封建统治和贯彻朝廷政令,要求士子顺服和效忠朝政。所以他不许士子评骘和非议朝政。该疏重申明太祖时颁布的"天下利病,诸人皆许直言,惟生员不许"的禁令,宣布凡生员"陈说民情,议官员贤否者",以行止有亏论处,革去功名。鉴于不少书院风气不正,聚党空谈,更有无行文人以书院为奔竞请托的工具,疏中又提出,此后"不许别创书院"。到万历七年(1579 年),经张居正提出,朝廷下诏毁天下书院,各省书院改为官廨。全国禁毁了多少书院,不得而详。据《国榷》记载,当时南直隶的书院六十四所,禁毁后只留下紫阳、崇正、金山、石门和天泉五个书院。整顿书院风气是应该的,然而居正一律加以禁毁,主要是由于不少书院又是士大夫的舆论场所。压制舆论,不许生员议政,粗暴地禁毁在传播学术文化上起过积极作用的书院,这不能不说是封建专制主义的文化统治政策。毁书院之举不得人心,当时不少地方设法用各种办法保存下来;居正死后,被禁书院多陆续恢复。

对于张居正施政重视法治这一点,明清之际有两位史学家做出截然相反的评价。谷应泰以儒家正统自居,目居正为"申商(战国时法家申不害和商鞅)";攻击居正"吏道杂而多端,治术疵而不醇"(《明史纪事本末》)。谈迁则赞扬说:"江陵本申韩(申不害和另一法家韩非)之学,其佐治信赏必罚,捷于风雷……而姑息之政诎(抑退)矣。威行万里,坐致富强。"其后《明史》也评论说:"居正为政,以尊主权、课吏职、信赏罚、一号令为主,虽万里外,朝下(令)而夕奉行。"《国榷》和《明史》的评语是符合史实的。张居正在整顿吏治和加强法纪方面诚然存在一些问题,但成效是主要的、显著的。谈迁把吏治和富强直接联系起来是很有道理的,因为吏治清明是进行经济改革以求富强的必要保证。

精明的变革者　导演"大剧目"

张居正秉政之初，有人喟然叹道："吾辈谓张公柄用，当行帝王之道，今观其议论，不过富国强兵而已。"对此，居正曾加以驳诘说：虞舜重视"食"，周公重视"兵"，孔子论政"开口便说足食足兵"，可见这几位古代大圣人"何尝不欲国之富且强哉"；至于"剽窃仁义，谓之王道，才涉富强，便云霸术"，实属"高谈无实"。他自豪地宣称，自己秉政以来所努力以求的"实不外此二事（指富与强）"。

张居正在《陈六事疏》中，指出豪强兼并，赋役不均，偏累小民，是"耗财病民"的大弊。他任首辅后更尖锐地指出："自嘉靖以来，当国者（指严嵩）政以贿成，吏腹民膏以媚权门。而继秉国者（指徐阶）又务一切姑息之政，为逋负渊薮，以成兼并之私。私家日富，公室日贫，国匮民穷，病实在此。"这段话表明，张居正一旦自己成了当国者，就决心扫除国匮民穷之病。

那时农业税叫田赋或钱粮，是封建国家财政收入的基本来源。此外，百姓担负无偿劳役，如派充衙门的门丁、库丁、禁卒、厨役、衙役等，叫"力差"；为供应宫内和官府用物而摊派银钱，叫"银差"。嘉靖以来，执政者贪贿姑息，任凭豪强权势之家兼并农民土地，逃避或拖欠赋税，这就是居正说的"私家日富"。豪强隐报所占土地，少纳钱粮，还隐庇一批投靠他们的农户不向政府纳赋而成为他们的佃户；于是应向政府纳赋应役的田亩数和户口数就减少了，影响了朝廷的收入，这就是居正说的"公家日贫"。豪强勾结官吏，把自己少纳的钱粮强令下户贫民"包赔"，还增加银差款额，由"下户无势者当之"，这就是居正说的赋役不均、偏累小民。

面对上述情况，一些正直的官员曾试行改革。著名清官海瑞在隆庆三年（1569年）任应天（今南京）巡抚时，曾强迫一批豪强地主把强占的田地退还农民，因而遭大官僚地主猛烈攻击而罢官。张居正肯定海瑞强迫退田之举"其心则出于为民"，但认为这种办法"过当"，太激烈了。另有一些官员在嘉靖末年和隆庆年间，在浙江、江西、福建等省试行一条鞭法（或称条编法），即在编定赋役时，把力差和银差统一改为征银，与田赋一起征收，通过简化手续，减少了吏胥从中舞弊的机会。该法比起激进的强迫退田要缓和得多，有助于适当地均平赋役，试行后有一定成效。万历四年（1576年），张居正便在湖广省推行一条鞭法。

对于一条鞭法，有人赞成，有人"极言其不便"。居正的回答是："法贵宜民"，只要宜民，便坚决施行。但是豪门势家隐占了大量土地，使该法的实效大打折扣。全国应纳钱粮土地，明初为八百五十万七千余顷，弘治年间（1488～1505年）减为六百二十二万八千余顷，主要是隐占问题严重。经居正提出，朝廷于万历五年（1527年）宣布：天下田亩统行丈量，限三年竣事。

张居正严格执行清丈土地的法令，各地强宗豪民有阻挠者依法惩治。鉴于皇亲国戚勋臣们隐占土地特多，万历七年（1529年）他又奏请皇帝下诏，"核两畿（北京、南京地区）、山东、陕西勋戚田赋"。他向地方官交代：勋戚"若自置田土，自当与齐民一体办纳粮差（皇帝给的赐田可以豁免），不在优免之数也"。张居正通过考成法来督促地方官依法清丈土地，"以故天下奉行惟勤"。万历八年（1580年）勘实，全国应纳赋的田亩共七百零一万三千九百七十六顷，比弘治时多出了七十八万顷，其中除新垦者外，大部分是清查出来的豪强地主隐占的土地。某些地方官为了邀功,丈量时多算田亩数,这是局部性问题。清丈土地的成绩是主要的。如居正所指出的:"清丈之议,在小民实被其惠,而于官豪诸家,殊为未便。"后来《明通鉴》说得更明白:清丈土地后,"于是豪猾不得欺隐,里甲免赔累,而小民无虚粮"。

清丈土地有利于革除豪强把负担转嫁于下户的弊病,使一条鞭法收到实效。张居正奏请神宗批准,于万历九年(1581年)开始,在全国范围内推行一条鞭法。该法的要点是:统一役法,力差和银差不再区别,都折银征收,力差由官府另外雇人支应。以县为单位,量地计丁,把一县原来的钱粮和役差总额,视田亩和人丁多少,大体上依比例分摊。占地多和地丁兼多者一般为地主大户,他们分摊的份额也大,下户贫民的负担则相对地减轻了。

清丈土地和贯彻一条鞭法,触犯了豪强勋戚的既得利益。有人扬言改革赋役将"致乱"。张居正驳斥道:"究观古今治乱兴亡之故,曾有官清民安、田赋均平而致乱者乎?"改革赋役不仅安民,而且扭转了朝廷财用大匮的危机,因此皇帝和不少官员是赞同支持的。关于一条鞭法,与居正同时代的学者徐希明评之为"便于小民而不便于贪墨之官府,便于贫乏而不便于作奸之富家"。《明史·食货志》上说:"赖行条鞭法,无他科扰,民力不大绌。"这些评价大体上是恰当的。

张居正大力整顿了赋役,通过一条鞭法,增加了收入,又注意节约开支,再加以解决了漕运,所以国库贮藏逐步充裕。请看几个数字:

京师太仓即国家粮仓的储备粮:据居正说,万历二年(1574年)时为一千三百余万石,可支五六年;万历四年时京师和通州的国家存粮已可支七八年。万历四年,居正接受漕运总督的建议,过去漕粮在晚春水涨后启运容易遇上水患,此后提早到春初启运,这样"行之久,太仓粟充盈,可支十年"。

京师户部太仓银库即国库贮存的银两:明末学者在《明经世文编》的批注中说:"江陵辅政十年,国帑余银两千万。"这大致是可信的。太仓银库以外的单位也有存银,如上述太仆寺在万历九年(1581年)时就贮银四百多万两。

张居正高瞻远瞩地着眼于国家的长治久安,力求安民富国,他终于做到了这一点。他脚踏实地地竭力改善国家财政情况,在国家积贮比较充裕的基础上一再减轻民间的负担,还奖民垦荒,发展生产。足见他是一个很有远见又极重实际的政治家。

门生发难　死后蒙冤

张居正自任内阁首辅后,一心为国家社稷着想,尽职尽责地辅佐教导幼主明神宗万历皇帝,力劝他亲贤臣,远小人,慎起居,戒游侠。又劝他罢节浮贵,量入为出,裁汰冗员,严核财赋。他积极进行改革,殚精竭智,一心为国,且舍身取义,不为毁誉所左右;兴利除弊,严明法纪,敢当重任。由于他的勤勉努力,使万历以来,主圣时清,吏治清正。纪纲振肃,风俗淳朴,烟火万里,露积相望,漠北骄虏,俯首称臣。

然而,也正因为如此,他难免得罪了不少人。他们对张居正的改革触及了自己的利益十分敌视,千方百计要与之作对。也有的人与张居正政见相左,甚至嫉妒其才能和权力。他们认为张居正以宰相自居,挟天子以令天下,事无大小,均须听命于他,也太专横霸道了。种种不满和矛盾,不断地困扰着张居正,给他的改革带来了相当的阻力。

万历初年，礼部尚书陆树声就因看不惯张居正的一系列做法而辞职。

陆树声在朝中算是个清流首领，向来恃才傲物，天生一副侠肠，把功名看得淡泊。张居正对他很崇敬，曾以后进之礼前往参谒。可他却不冷不热，弄得张居正非常尴尬。他对张居正的所作所为颇有些不以为然，不免时时耿耿于怀。他指责张居正不行王道，只顾富国强兵。在他看来，当首辅的应行大政，倡王道，举孝贤，清世风，而张居正一会儿节省钱财，一会儿派员巡边，一会儿要裁汰冗员，全是些鸡毛蒜皮的小事。他对张居正的考成尤为不满。有一次，一名给事中提醒他说，有几件事他还未办，督他抓紧，不然将据考成法如实报呈阁部。他听后不觉勃然大怒，大发了一顿脾气，竟拂袖而去，一连几天也不进礼部办事了。

戚继光与李成梁两军大败长董狐狸，获得辽东大捷后，举国欢庆，惟张居正却心绪不佳。想辽东御敌，本是他一手策划，周密布置，又赖边关诸将同心协力，终将犯寇一鼓而歼，他为什么会不高兴呢？

原来，问题出在报捷上。

按照惯例，此次辽东大捷，应由辽东巡抚张学颜向朝廷奏报，不料半路杀出个程咬金，巡按御史刘台来了个捷足先登，把捷报抢先送入京师。从程序上说，这似乎只是个手续上的错误。然而，张居正看得很明白，这实际上是一种越权行径！巡按不得过问地方军事，这在本朝正统年间就曾明文规定。再说，辽东御敌，刘台既未参与军务，又未指挥实战，何由你来报捷？巡按既可报捷，那么，负实际责任的巡抚岂不就可卸责？此对封疆大事，必又生出新弊病。

张居正在阁中向吕调阳和张四维说了自己的想法，他二人也觉得颇有道理，从综核名实的立场看来，不能就此放过。经过研究，张居正决定对刘台的处置可先礼后兵，先请旨动问，薄示警告，看其态度再作他论。同时可上疏奏请降诏，重申巡按之职只能是振举纲维，察举奸弊，摘发幽微，绳纠贪残。而巡抚则要措处钱粮，调停赋役，整饬武备，抚安军民，两者不得混淆。

辽东巡按御史刘台自发出捷报后，就天天在盼着朝中降旨封赏。不料，他盼来的圣旨非但没有加官晋爵的份儿，反而对他严加劲问。把个刘台气得七窍生烟，一腔邪火全部化作对张居正的切齿大恨。他茶饭不思，冥思苦想，精心写就一份奏疏，欲报此申饬之仇，一泄私恨。所以那奏疏开门见山，毫不掩饰：

"臣闻进言者皆望陛下以舜、尧，而不闻责辅臣以皋、夔。何者？陛下有纳谏之明，而辅臣无容言之量也。高皇帝鉴前代之失，不设丞相，治归部、院。文皇帝始置内阁，参预机务。其时官阶未峻，无专肆之萌。二百年来，即有擅作威福者，尚惴惴然避宰相之名而不敢居。乃大学士张居正，俨然以相自处、自高拱被逐，擅威福者三四年矣……"

张居正自入阁以来，还从未遇到过这样用心险恶的弹劾之章，直气得头皮发麻，四肢发颤，那怒火烈焰腾腾地在胸中燃烧起来。此时，他真如万箭穿心。他想起本朝开国二百余年，还从来没有门生弹劾座主的事，偏偏自己在隆庆五年接纳的进士刘台，竟会如此无情，这刺激确切太大了。几年来，当国的艰难，辅导幼皇的辛苦，刘台不一定明白，可他既然疏请皇上抑损相权，自己今后如何办事？刘台呀刘台，你违制妄奏，法应降谪，可我请旨戒饬，并没动你一根毛发，想不到你气度如此狭隘，一言不合，便与我反目……

张居正一气之下上书自请解职。小皇上获悉后立刻召见张居正，细声规劝张居正：“不想有些畜物，狂发悖言，动摇社稷，令先生受惊了！”

就这一句话，张居正听后万分亲切，心中荡起阵阵暖流，那眼泪竟簌簌地掉了下来，万历见状，心甚不安，走下御座，亲手扶张居正站起来，说道：“先生请起，朕当逮问刘台，以免他人效尤！朕不可一日无先生，就请先生照常入阁视事吧！”

张居正不得不收回辞呈，继续回阁，重理国事，而刘台则被削职为民，从此离开了仕途。

刘台事件尽管平息了，但在张居正的心灵上，却从此蒙上了一层难以抹去的阴影。

谁知不久，因为父亲的去世，又引起了一场门生发难的风波。

照旧例，父母去世后要在家守孝3年。可是关于张居正的守孝问题，皇上和朝中大臣却莫衷一是。万历帝降旨：“朕元辅受皇考付托，辅朕冲幼，安定社稷，朕深切依赖，岂可一日离朕？”皇上命令张居正不必回家乡守制。

正在张居正徘徊不前的时候，以吏部尚书张瀚为首的一批张居正的门生又对他刀剑相逼，逼他离阁回乡。

翰林院编修吴中行乃隆庆五年进士。那年，正是张居正主考，依例而言，张居正便是他的“座师”。这种“师谊”“门谊”，向来很为科甲出身的人所注重，可吴中行这人天生傲骨，又正是年少气旺。他趁张居正丧父之机，想轰轰烈烈地闹腾一番，给青史留下个不徇私情的光辉形象。他指责张居正平日里满嘴圣贤义理，却连父丧都不去守，圣贤之训何在？并说张居正哪里是为了国事，无非拨弄名辞，贪恋权位而已。他并写了份谏疏递了上去。

时隔一天，张居正的又一门生，翰林院检讨赵用贤又上疏，诬陷张居正不奔丧是不明法纪，背徇私情……

紧跟着，刑部员外郎艾穆、主事沈思孝又联名上疏斥责张居正不修匹夫常节，不做纲常之表率，愧对天下后世……

天哪，怎么又是自己的门生？他想起当年大奸相严嵩满朝结怨，人人切齿，却还没有一个他的门生或同乡去围攻他。如今，他竟连严嵩都不如了吗？

张居正此时已悲愤到了极点，他几步冲到桌边，提起了毛笔。他浑身上下热血奔涌，什么圣贤之训，什么人伦道德，统统见鬼去吧！我张居正为国、为民，胸怀宽广，忠孝就是不能两全！非顾及那些虚名清议做什么？

他飞快地在纸上写下一疏：

“殊恩不可横干，君命不可屡抗。既以身任国家之重，不宜复顾其私。臣连日自思，且感且惧，欲再行陈乞，恐重获罪戾。遂不敢再申请，谨当恪遵前旨。候七七满日，不随朝，赴阁办事，随侍讲读。”

写毕，张居正连连长嘘了几口气，好像要把数日来的闷气全都倾吐干净。最后，他竟扬起一拳狠狠击在桌上，那支毛笔从笔架上震落下来，滚到一叠梅花素笺上，立时，洁白的笺纸沾染上了几大滴墨迹。

此时是万历十年（1582年）六月二十日。张居正终于遗下他呕心沥血建树的改革业绩以及年近八旬的老母、30余年的伴侣、6个儿子、6个孙子，安静地离开了人间，终年58岁。

张居正病重期间，明神宗万历皇帝曾十分痛心，送给他许多珍贵药品和补品，并对他说：“先生功大，朕无可为酬，只是看顾先生的子孙便了。”这样，张居正在九泉之下也用不着为自己的子孙担心了。张居正病逝后，神宗下诏罢朝数日，并赠他为上柱国，赐谥文忠，据谥法解，"文"是曾任翰林者常有的谥法，"忠"是特赐，"危身奉上曰忠"。明显在赐谥时，神宗对于张居正功勋业绩的评价是相当高的。

神宗曾对张居正说过"先生子孙，世世与国咸休"云云，但在内心对张居正的管制早已厌烦。张居正活着的时候，他不敢怎么样，现在张居正死了，他就谁也不怕了。

张居正死后，司礼太监张诚、张鲸在神宗面前死命攻击张居正的主要支持者大太监冯保，随即冯保被逮捕，家产被查抄。冯保的失势，必然导致对张居正的不利，于是一场反冯运动同时也拉开了弹劾张居正的序幕。

正如曾被张居正逐出朝门的原兵部侍部汪道昆所归纳的："张公之祸是在所难免的。这个中缘由，乃因为张公欲有所作为，必揽大权在手。而这大权非是别人，乃当今天子之权！张公当权便是天子的失位，效忠国家意味着蔑视皇上！功高震主，权重遭忌，此即张公无法逃脱的必由之路。"

明神宗态度的变化，在反对改革的官僚和贵族中引起强烈反应。那些受过张居正斥责的人，乘机告状，原来巴结张居正的人也都反咬一口。明神宗听了朝中这些人的话，下令把被张居正改革过的旧东西都恢复起来。张居正创行的考成法被取消，官员不得任意使用驿站的驿递新规被废弛，张居正重用的官员被罢黜，好多被裁处的官员，一个个又官复原职，重新被起用。

万历十一年（1583年）三月，明神宗诏夺张居正上柱国封号和文忠赐谥，并撤销其儿子张简修锦衣卫统率的职务。不仅如此，当有人告发张居正专权，要谋反，他家里一定藏着许多财宝时，神宗皇帝也不仔细审查，就马上下令："张居正简直是作恶多端，快给我抄了他的家！"

万历十一年五月，张宅被抄。所有的金银财宝都被搜了出来。十余口人被活活饿死，长子敬修自杀，三子懋修投井未死，保存了一条性命。但神宗听了还不满意，索性又下令说："张居正生前专权乱政，干了许多坏事，本当把他的尸首从棺材里拉出来斩首，念他在朝廷办事多年，就免了。不过，对他的亲属不能轻饶，都给我充军去！"在刑部尚书潘季驯的恳求下，神宗才勉强答应留空宅一所，田地10顷，以赡养张居正的八旬老母。

一代忠臣，却得了如此下场，真叫人感慨万千！

鳌拜：欺主乱政　专横跋扈

中华传世藏书

中華枭雄大傳

宰相权臣卷

【人物档案】

姓名：鳌拜
别名：Oboi
生卒：约 1610 年~1669 年
籍贯：满洲镶黄旗（今内蒙古自治区中部锡林郭勒盟西南端）
朝代：清朝
职务：辅政大臣、太子太傅。
封号：巴图鲁
谥号：超武
主要成就：跟随清太宗皇太极攻察哈尔部、征朝鲜。

【枭雄本色】

　　鳌拜，出身将门，自幼弓马娴熟，技艺高强。及长，力大难制，性情凶暴，驰骋疆场，战功赫赫，有"巴图鲁"（勇士）之称号，得以封官晋爵。在皇太极死后，他为福临（顺治帝）幼年继位发挥了重大作用，却因此开罪多尔衮。长年效命疆场虽屡立战功，而三次论死，因"一心为主"，获顺治帝信任，又以护卫太后有功而位至极品。康熙即位，受顺治遗命，任其为四辅政大臣之一。他广植私党，滥施权力，后被少年康熙智擒，革职拘禁病死幽所。

【风云叱咤】

驰骋疆场　屡立战功

　　鳌拜，姓瓜尔佳氏，出生于一个武将世家，伯父费英东在明万历十六年（1588年）随其父索尔果投奔努尔哈赤，历任固山额真、"众额真"，天命建后金国前，位列五大臣之一。他英勇善战，曾被努尔哈赤誉为"万人敌"。鳌拜之父伟齐，系费英东第九弟，而鳌拜又是伟齐的第三子。鳌拜的二哥卓布泰、四弟巴哈、六弟穆里玛以及叔伯兄弟图赖（费英东之子），都是清初军功卓著的战将，在对明和对农民军的战争中效力甚多。但关于鳌拜五弟萨哈、七弟索山以及其他亲属的情况，历史失载，所知不多。

　　鳌拜一家之所以武功赫赫，当然是与当时中国特别是东北地区的形势分不开的。费英东一家投奔努尔哈赤的时候，正值努尔哈赤开始统一女真各部，并逐渐走向抗明立国的道路。不久以后，努尔哈赤建立后金，年号天命，接着，他以"七大恨"

告天,发兵攻打明朝的抚顺,揭开了长达数十年的明清(后金)战争的帷幕。此后,历经开铁、辽沈、宁远、松锦、山海关等多次战役,先后击败了明兵,收蒙古、降朝鲜,灭亡李自成、张献忠的农民起义军,最终夺取了全国的统治权。鳌拜的前半生,就是在这样一段错综复杂、战火纷飞的历史环境中度过的。

在努尔哈赤统治时期,鳌拜尚未崭露头角。在皇太极天聪六年(1632年),鳌拜等人"自明界捉生还,获蒙古人五、汉人三十、牲畜三十二。上命即以所获赏之"。到天聪八年(1634年)二月,鳌拜已成为"管护军大臣",具体职衔是护军参领,即皇太极所领镶黄旗的巴牙喇甲喇章京,所以崇德元年(1636年)皇太极征朝鲜时,称鳌拜为"内直甲喇章京"。

崇德二年(1637年),清军征讨明朝的皮岛(今鸭绿江口东部,朝鲜湾根岛),武英郡王阿济格集诸将问进取之策,鳌拜与参领准塔表示愿意作前锋军。鳌拜对阿济格说:"若不得此岛,勿复见王!"遂与准塔连舟渡海,向皮岛发起攻击,但守卫皮岛的明军将士英勇顽强,使鳌拜、准塔寸步难进。鳌拜急红了眼,拼命嘶喊着冒矢石上前搏击,明军在鳌拜的疯狂进攻之下,功亏一篑。鳌拜在皮岛一战,立下大功,受到皇太极的夸奖,并赐其"巴图鲁"号,晋升为三等男。

清军虽然屡次南犯,但山海关外的宁远(今辽宁兴城)和锦州(今辽宁锦州)仍由明军驻守,联成一道防线。皇太极为了撕破这道防线,于崇德三年(1638年)秋天率兵占领义州(今辽宁义县),并以义州为基地,展开了围攻锦州的松锦之战。崇德四年(1639年)初,明朝为了解除清军的威胁,调派洪承畴总督蓟辽战事,洪承畴率陕西兵与山海关守将马科、宁远守将吴三桂合兵一起,共同抗击清军。就在这一年,鳌拜也随皇太极围攻锦州,因其威猛善战,对明军作战中多有斩获。

崇德六年(1641年),皇太极派郑亲王济尔哈朗再一次围攻锦州,鳌拜也随军前往。在锦州的外围,有松山、杏山、塔山三城,互为犄角,属于战略要地,自然是清军的进攻重点。早在崇德五年(1640年)冬,清军就大举进攻塔山、杏山,洪承畴虽派兵出援,但均被击败。此次失败之后,洪承畴便于崇德六年(1641年)春天急忙征集宣府(今河北宣化)、大同(今山西大同)、密云(今北京密云)等地八位总兵官,兵十三万,马四万匹,集结于宁远,以防清军再次攻击。果不出洪承畴所料,他刚布置完毕,济尔哈朗便于当年的三月率清军来攻。济尔哈朗首先让清军进攻锦州外城,并切断松山、杏山明援军的道路,使锦州变成一座孤城,吓得锦州守将祖大寿成了缩头乌龟,不敢出来应战。

崇德六年(1641年)七月,洪承畴率十三万明军赴援,与辽东巡抚邱民仰驻军松山。在与清军的接触中,鳌拜率步兵屡败明军,得到皇太极的奖赏和提拔,被晋升为一等男。到了八月,皇太极亲率清军攻锦州,并环绕松山安营扎寨,将洪承畴包围。洪承畴与诸将商议,准备突围,但明军军心涣散,士气低迷,先是大同总兵王朴逃跑,接着是马科、吴三桂率兵逃窜,结果遭到清军截击,死伤达五万余人。洪承畴面对败局,只得与邱民仰入松山城固守,被清军包围得严严实实。到了九月,皇太极见清军必胜,便留下多铎攻城,自己返回盛京(今辽宁沈阳)。

多铎预料洪承畴必于夜晚突围,便命鳌拜移驻右翼,协力追剿。一天夜里,大约在一鼓时分,洪承畴指挥松山城的明军突围。守卫在右翼的鳌拜与统领阿济格尼堪等相继出击,将出城的明朝士兵斩杀过半,使洪承畴的突围计划落空。崇德七年(1642年)二月,松山明军副将夏成德降清为内应,使清军迅速攻破松山城,洪承畴、邱民仰被俘。三月，锦州守将祖大寿出城降清。皇太极下诏命斩杀邱民仰，送洪承畴到盛京，并让范文程对其进行劝降。在范文程的劝说下，洪承畴投降了清军，皇太极闻听此事，大喜，说道："我今获一向导矣，安得不乐！"明朝丧失锦州，山海关外的防线一触即溃，清军得以入关掳掠。就在这一年，鳌拜因战功被提拔为护军统领。

顺治元年（1644年）即明崇祯十七年三月十九日，李自成领导的大顺农民军进占北京，远在山海关外的大清政权闻知这一消息，立即由多尔衮率大军南下，向大顺农民军发起攻击，在降将吴三桂的援助下，很快将李自成的大顺农民军击溃，于五月二日多尔衮率清军由北京东城门进入京城。鳌拜在大清与李自成的大顺农民军作战中，也立下了汗马功劳，于顺治二年（1654年）考核群臣功绩之时，因战功卓著忠勤勉力，被晋升为一等子。

顺治三年（1646年）正月，清王朝命肃亲王豪格为靖远大将军，领兵向四川进发，征讨张献忠在四川建立的大西政权。肃亲王豪格所率清军于当年的三月到达西安，五月便攻占汉中（今陕西汉中），使张献忠的大西政权受到严重的威胁。他为了改变这种状况，便于九月间命令四位将军各领兵十万人，自成都（今四川成都）北上迎敌。到了十一月，大西叛将刘进忠自汉中引清兵入四川，袭击大西军。张献忠的西充（今四川西充）凤凰山急忙应战，结果被鳌拜斩杀于阵前。关于张献忠之死，还有另一种说法，那就是刘进忠急于向清军表功，将张献忠指给清军，清军以箭射杀了张献忠。无论张献忠是否鳌拜所杀，鳌拜都是一位疯狂屠杀农民起义军的刽子手。在张献忠被杀之后，清军乘胜追击大西军，鳌拜所部一路斩俘农民起义军数不胜数，接连攻下遵义（今贵州遵义）、夔州（今四川奉节）、茂州（今四川茂汶），为清王朝平定四川立下了不少的业绩。

鳌拜在自己的戎马生涯中，初期是对明军作战，其性质是以掳掠为目的，是两个政权之间的战争，鳌拜的所作所为无可厚非。但大清王朝进驻北京之后，鳌拜的出征目的，都以斩杀大顺农民军、大西农民军为己任，且常常充当急先锋，成为一个彻彻底底的屠杀农民起义军的刽子手，双手沾满了农民起义军的鲜血。

违时运背　屡遭打击

顺治三年（1646年）正月，曾经是多尔衮政敌的皇太极长子肃亲王豪格，被派往四川征讨大西政权的张献忠，鳌拜也在此行列中。在这次征战中，豪格平定了四川，取得了巨大的胜利，捷报传至清廷，顺治帝下旨嘉奖豪格。到了顺治五年（1648年）二月，肃亲王豪格奉胜利而归，顺治帝在太和殿设宴慰劳自己的兄长豪格，豪格的心中自然十分得意。可是，豪格万万没有想到，此次得胜还朝，离自己的末日已不远了。

顺治五年（1648年）三月，睿亲王多尔衮以摄政王的身份，开始报复、打击自己的政敌豪格。在征讨大西政权的过程中，豪格的随军参领希尔根贪冒军功，不幸暴露了，多尔衮借此大做文章。他先由随从豪格征战的鳌拜入手，说鳌拜办事不力，以至于发生希尔根冒功之事，革去鳌拜在世袭之职。接着，多尔衮又听信贝子屯济等人的讦告，说鳌拜于崇德八年（1643）与护军统领图赖等六人谋立肃亲王豪格，私结盟誓，图谋不轨。虽然很多年过去了，并且对立的两派已经瓜分了权力，多尔衮仍将鳌拜治以死罪,多亏其他大臣劝阻,鳌拜才得以用赎金赎回了一条命。多尔衮对鳌拜的惩罚,实际上是杀鸡给猴看,为治豪格之罪在进行铺垫,主要是由于鳌拜属于豪格派。

对于权力争斗中的鳌拜来说,惩罚还没有结束,顺治五年(1648年)四月,侍卫科普索评告他擅自拨护军为遏必隆守门,这在当时可不是一条小罪状。多尔衮又借此对鳌拜处以死刑,多亏顺治帝的哀求,才被赦免。这一年的十一月,鳌拜被赶出京城,派往大同驻防。

当时,已降清的明总兵姜环据大同叛清,驻防大同的鳌拜率部攻大同城,虽然鳌拜勇猛,在一次战斗中以七骑败姜环所部三百余众,但并没有扭转局面。清廷闻讯,急忙命端重亲王博洛率师支援鳌拜,两人联合,向大同发起猛烈攻击。姜环也不甘心败阵,让其驻扎在城外的五千余名兵士,由大同北山来到阵前,与大同城内的姜环形成内外夹击之势,试图一举歼灭清军。鳌拜见情势不对,忙集精兵攻破大同城外姜环一营,并乘胜追击。姜环也乘机打开城门,率部出击,但最终没能击败鳌拜,反被鳌拜斩杀、俘虏了一大批人马。姜环万分紧急的情形之下,弃大同城逃往忻口(今山西忻口)。鳌拜率兵赶来,又一次将姜环击败。在平定姜环叛乱的过程中,鳌拜虽然又建新功,但由于他是多尔衮的对立派,所以没有得到任何封赏,就连在此之前被削去的世袭之职也没有恢复。

顺治七年(1650),睿亲王多尔衮病重,贝子锡翰等人请顺治帝驾幸睿亲王府探望,这使得多尔衮大怒,他认为贝子锡翰等人违令渎请,罪不在小。与此同时,多尔衮以鳌拜知道锡翰等人的请求而不将他们逮捕讯问为由,对鳌拜进行了又一次打击,将其爵位降为一等男,并让其交付赎金赎罪。

在睿亲王多尔衮摄政期间,作为镶黄旗人的鳌拜,在政治斗争的漩涡中受尽牵连,愈陷愈深,整天过着担惊受怕的日子,真可谓违时运背。鳌拜在冥冥之中乞求上苍的保佑,希望自己有朝一日重整旗鼓。

忍气吞声十载　千方百计邀宠

顺治七年(1650)十二月,年仅三十九岁的睿亲王多尔衮病死,顺治帝福临以十四岁幼龄开始亲政。在顺治帝亲政期间,原来遭受睿亲王多尔衮打击的豪格派得势,郑亲王济尔哈朗成为朝中最显赫的贵族,开始对多尔衮派进行疯狂的报复。鳌拜本人也有重见天日之感,喜悦之情溢于言表。

郑亲王济尔哈朗首先让顺治帝恢复豪格的王爵,接着处死多尔衮同母兄长阿济格。并联合巽亲王满达海、端重亲王博洛、敬谨亲王尼堪等人上疏顺治帝,要求追议多尔衮之罪。他们说:"多尔衮摄政之时,独专威权,不令郑亲王预政,遂以其弟豫郡王多铎为辅政叔王,狂妄骄纵,妄自尊大。构陷威逼,使肃亲王豪格不得其死,且纳其妃。对官兵户口财产等项,不行归公,俱以肥己。凡一切政事,不奉上命,概称诏旨,擅威作福,任意黜陟。多尔衮显有悖逆之心,臣等从前俱畏其权势,不敢出言,是以此等情形未曾入告。今谨冒死奏闻,伏愿皇上速加乾断,列其罪状,宣示中外。"睿亲王多尔衮的旧部见郑亲王济尔哈朗得势,也不敢违抗,只得随声附和。

固山额真尚书谭泰也上奏说:"何洛会依附多尔衮,曾骂詈豪格诸子。"

在郑亲王济尔哈朗与诸王贵族的联合打击之下,顺治帝下诏追削多尔衮封爵,籍没其家产入宫,依附于多尔衮的何洛会及大学士刚林、祁充格等人都受到牵连,处以死刑。以郑亲王济尔哈朗为首的豪格派在打击多尔衮派的斗争中,取得了巨大的胜利。

由于巽亲王满达海、端重亲王博洛、敬谨亲王尼堪等人在多尔衮摄政时已开始干涉朝政,郑亲王济尔哈朗对他们极不放心,在多尔衮被议罪消爵不久,便借故将他们降爵,并停罢理政。受到刺激的满达海与博洛病死,尼堪则被派往湖南征战,结果战死在衡州(今湖南衡阳)。升任吏部尚书的谭泰也因所谓的擅自专权,受到郑亲王济尔哈朗的打击,被交付刑部议罪。这时,不甘寂寞的鳌拜乘机落井下石,他说:"谭泰曾对多尔衮起誓,要为多尔衮杀身以报。"结果,谭泰被处死,家产被抄没。

在郑亲王济尔哈朗打击多尔衮派的过程中,鳌拜因其屡受多尔衮贬抑,颇得郑亲王济尔哈朗喜爱。多尔衮一死,鳌拜即被晋爵三等侯。顺治八年(1651年),鳌拜被任命为议政大臣,并晋爵一等侯兼一云骑尉。顺治九年(1652年),鳌拜上奏顺治帝说:"臣以前屡忤多尔衮之意,以至于屈抑战功,今多尔衮已死,臣有翻身之感,请朝廷勘实臣之战功。"

顺治帝对鳌拜表示同情,令议之。最后,鳌拜因功又晋爵为二等公,并被赐世袭,免死两次。不久,鳌拜与索尼、遏必隆、苏克萨哈四人被授领侍卫内大臣,参与朝政。这样,以郑亲王济尔哈朗为首的贵族,掌握了朝中大权,鳌拜从此平步青云,成为朝中举足轻重的人物。

顺治十三年(1656年),鳌拜上奏顺治帝说:"请陛下三年进行一次大阅兵,以讲武事。"鳌拜的奏请得到顺治帝的认可,顺治帝遂命大臣、侍卫等在御前较射,以鳌拜为令,统领其事。这一年的十一月,鳌拜在以前征战中所受的伤复发,卧床不起,顺治帝亲临其府第视疾,这使鳌拜觉着荣幸之至。顺治十四年(1657年),深得顺治帝器重的鳌拜,被授以少保,并兼太子太保。很快,又升迁为少傅兼太子太傅,专门教习武进士。

鳌拜与索尼、遏必隆、苏克萨哈四人,对顺治帝忠心耿耿,深得顺治帝与孝庄皇太后的赏识与信任。他们被委任掌握宫廷宿卫的同时,又掌握上三旗实权。他们经常守卫在顺治帝和孝庄皇太后身边,参政议政。太后有事,即通过索尼、遏必隆、鳌拜、苏克萨哈传谕;太后有病,鳌拜、索尼、遏必隆、苏克萨哈四名近侍护卫,昼夜轮流护卫,食息不暇,从而受到顺治帝的嘉奖。

就在鳌拜等人精心服侍顺治帝与孝庄太后,深受宠信之时,顺治帝竟于顺治十八年(1661年)正月初七日凌晨,不幸病死了。这位自清朝定都北京后的第一位皇帝,是以年仅二十四岁的青春岁月,撒手归西的。在他弥留之际,遗诏指定年仅八岁的三儿子爱新觉罗·玄烨为皇太子。于正月初九日,玄烨在其祖母孝庄皇太后亲自主持下,即皇帝位,改次年为康熙元年(1662年)。

与此同时,顺治帝还亲自从直属于皇帝的上三旗中选了四名亲信大臣,令其辅佐幼帝。顺治帝在遗诏中说:"特命内大臣索尼(正黄旗)、苏克萨哈(正白旗)、遏必隆(镶黄旗)、鳌拜(镶黄旗)为辅臣。伊等皆勋旧重臣,朕以腹心寄托,其勉矢忠荩,保翊冲主,佐理政务,告示中外,咸使闻知。"顺治帝的临终遗言,是与其母亲孝庄皇太后经过认真斟酌、权衡的。按照祖制,皇帝年幼之时,朝中政事由宗室诸王共同处理。在顺治帝年幼时,政事即由睿亲王多尔衮与郑亲王济尔哈朗两位皇叔共同摄理。但是,宗室诸王摄政,容易造成权势过大、大权旁落的局面,而且皇帝也常被架空。有鉴于此,顺治帝死前决定改旧制,由上三旗元老重臣共同辅政,避免宗室诸王摄政带来的弊端。在顺治帝选任的三名两黄旗大臣索尼、鳌拜、遏必隆,他们原来都是清太宗皇太极的旧部,早年即跟随皇太极南征北战,建立丰功伟绩,从而备受信任。皇太极去世时,索尼、鳌拜二人曾联合两黄旗主张拥立皇子即位,最初欲立皇太极长子肃亲王豪格,后来便拥立年仅六岁的皇太极九子福临。在顺治初年,摄政的睿亲王多尔衮欲拉拢分化两黄旗大臣,见索尼、鳌拜等不服从自己,便将他们贬削爵位,进行打击。遏必隆亦因与多尔衮有隙,遭受贬官、籍没家产的惩罚。

在四名辅政大臣之中,苏克萨哈与索尼、鳌拜、遏必隆不同,他原来是睿亲王多尔衮属下的近侍。睿亲王多尔衮死后,苏克萨哈很识时务,倒向太后这一边,得到顺治帝及孝庄皇太后的信任,并被提升为镶白旗护军统领。当原来属于多尔衮的正白旗归属皇帝以后,苏克萨哈以功晋二等子,被授领侍卫内大臣,坚定地站在了顺治帝与孝庄皇太后一边,深受信赖和赏识。

由于顺治帝的遗诏改变了清朝传统旧制,四大臣索尼、苏克萨哈、遏必隆、鳌拜唯恐引起宗室诸王的抗议,从而造成混乱,便奏请孝庄皇太后要求将顺治帝遗诏广而告之,得到了孝庄皇太后的赞同。他们企图用这种方式对下五旗诸王、贝勒进行遏制。

索尼、苏克萨哈、遏必隆、鳌拜四大辅臣得到孝庄皇太后的支持,于是他们四人跪告下五旗诸王贝勒说:"今主上遗诏,命我等四人辅佐冲幼之主。从来国家政事皆由宗室诸王协理,我等四人皆异姓臣子,何能综理政事?今我等四人宜与诸王、贝勒等共任之。"

下五旗的诸王、贝勒哪敢有异议,只得附和说:"大行皇帝深知汝四大臣之心,故委汝等以国家重任,诏旨甚明,谁敢干预?四大臣,其勿让。"

索尼、苏克萨哈、遏必隆、鳌拜四大辅臣原本有意为之,见诸王、贝勒明确表示不敢干预,便奏明太后,并祭告于皇天上帝及顺治帝灵前,宣誓就职。他们在誓词中说:"兹者先皇帝不以索尼、苏克萨哈、遏必隆、鳌拜等为庸劣,遗诏寄托,保翊冲主,索尼等,誓协忠诚,共生死,辅佐政务,不私亲戚,不计怨仇,不听旁人及兄弟子侄教唆之言,不求无义之富贵,不私往来诸王、贝勒等府受其馈遗,不结党羽,不受贿赂,唯以忠心仰报先皇帝大恩。若复各为身谋,有违斯誓,上天殛罚,夺算凶诛。"

索尼、苏克萨哈、遏必隆、鳌拜四大辅臣起誓之后,安亲王岳乐、康亲王杰书以及大臣官员等,奉孝庄皇太后谕旨,齐集于西安门南侧之大光明殿,也分别向皇天上帝及先帝灵位起誓,誓词说:"冲主践阼,臣等若不竭忠效力,萌起逆心,胡作非为,互相结党,及乱政之人知而不举,私自隐匿,挟仇诬陷,徇庇亲族者,皇天明鉴,夺算加诛。"表示希望辅助四大辅臣,同心勠力,以辅佐幼主。这样,在顺治帝死后仅几天,便确立了一个新的政治集团,这个核心以孝庄皇太后为中心,以遗诏为依据,以异姓大臣担当大任,而以宗室诸王、贝勒监督朝政的方式。

四大臣辅政之初,还比较太平,出现了一种与孝庄皇太后、年幼的康熙帝集体统治的局面,凡事由四大辅臣共同商议,奏请太后决策,年幼的康熙帝与辅臣共同听政,因此,四大臣辅政时期的初期阶段,朝中政事的处理大多数是值得肯定的。

但四大辅臣中,鳌拜是一个极不安静的因素,随时都有异变的可能。

一意孤行圈换地　欺上压下戮朝臣

在四大辅臣之中,居于首位的索尼,乃四朝元老,并深得孝庄皇太后的信任与赏识,鳌拜虽然居功自傲、狂妄自大,也不敢与之针锋相对。居于第三位的遏必隆,与鳌拜同属镶黄旗,遇事无什么主见,总是人云亦云,随声附和。鳌拜对其根本不放在心上。居于第二位的苏克萨哈,爵位较低,仅为一等男,但地位仅次于索尼。如果索尼死去,苏克萨哈即有替补其位的可能。这样,苏克萨哈虽与鳌拜为儿女亲家,但由于苏克萨哈的地位,使得鳌拜心存芥蒂,两人遇事总争吵不休,以至于成为仇敌。加之黄旗与白旗之间宿怨较深,鳌拜便利用黄、白旗之间的积怨,在正黄旗、镶黄旗、正白旗之间制造事端,借以打击苏克萨哈。

黄、白旗之间的矛盾由来已久,最早可追溯至清太宗皇太极之时,主要是由于皇太极改旗和圈地所致。皇太极于天命十一年(1626年)九月初一日即汗位,不久便将自己掌握的正白旗、镶白旗改为正黄旗和镶黄旗,分别为左、右翼之首,使其地位日益高升。同时,皇太极又将努尔哈赤留给阿济格、多尔衮、多铎三个幼子的正黄旗、镶黄旗改为正白旗、镶白旗,使其居于左翼之中,地位每况愈下。从此,黄、白两旗之间便产生了矛盾。到了顺治初年,清王朝占领北京城的第二天,便下令北京城内的汉人居民一律迁到城外居住,内城由满洲八旗驻防。在顺治元年(1644年)十二月,顺治帝下诏说:"我朝建都燕京,期于久远。凡近京各州县民人(指汉人)无主荒田,及明朝国舅皇亲、驸马、公、侯、伯、太监等死于寇乱者,无主田地甚多。着户部概行清查,若本主尚存,或本主已死而子弟存者,量口给与,其余田地尽行分给东来诸王、勋臣、兵丁人等。此非利其他土,良以东来诸王、勋臣、兵丁人等无处安置,故不得不如此区划。然此等地土,若满汉错处,必争夺不止。可令各府州县乡村,满汉分居,各理疆界,以杜异日争端。今年从东来诸王各官兵丁及现在京各部院衙门官员,俱著先拨给田园。其后到者,再酌量照前与之。"这一上谕明确规定了分配田地的办法,近京各府州县由此全面展开了对民间田地的争夺,称之为"圈地"。

在圈地过程中,按照规定,依左、右翼次序分配。但摄政的睿亲王多尔衮凭借自己的便利条件,擅自将本应属于镶黄旗应得的永平府(今河北卢龙)之地给了自己的正白旗,而于保定府(今河北保定)、河间府(今河北河间)、涿州(今河北涿州市)等处别拨土地给镶黄旗。多尔衮的所作所为,虽然当时在黄旗中引起不满,但事隔二十余年,由分拨土地引起的矛盾已逐渐淡忘了。

鳌拜为了笼络黄旗大臣,孤立、打击苏克萨哈,又旧事重提,立即引起正黄、镶黄两旗大臣的共鸣。加之索尼一向与苏克萨哈不和,鳌拜遂于康熙五年(1666年)正月,指使两黄旗旗民上诉,要求更换圈地,意图造成八旗纷纷要求重新更换圈地的形势,给孝庄皇太后和康熙帝带来极大困扰。孝庄皇太后把两黄旗旗民的上诉让户部处理。

就在这时,直隶总督朱昌祚、巡抚王登联交章上疏。朱昌祚在上疏中说:"臣等履亩圈丈将及一月,而两旗官丁较量肥瘠,相持不决。且旧拨房地垂二十年,今换给新地,未必尽胜于旧,口虽不言,实不无安土重迁之意。至被圈夹空民地,百姓环诉失业,尤有不忍见闻者。若果出自庙谟,臣何敢越职陈奏?但目睹旗民交困之状,不敢不据实上闻。仰祈断自宸衷,即谕停止。"

王登联上疏说:"旗民皆不愿圈地。自闻命后,旗地待换,民地待圈,皆抛弃不耕,荒凉极目,亟请停止"

朱昌祚、王登联二人的奏疏,对鳌拜胆大妄为,随意圈换土地,给老百姓带来的灾难进行了如实奏报,并预以抵制,要求中止其事。同时,户部尚书苏纳海也认为:"屯地难于丈量,镶黄旗章京不肯受地,正白旗包衣佐领下人不肯指出地界,宜候明诏中止其事。"并决定撤回有关官员,停止大量换地。

鳌拜闻知直隶总督朱昌祚、巡抚王登联的奏疏,及苏纳海的决定,惊慌失措,他感到自己处心积虑筹划的圈换土地之事随时有被迫中断的可能,那时自己将会一败涂地。于是,鳌拜决心先下手为强,让他们明白谁敢反对他鳌拜,那是没有什么好下场的。但朱昌祚、王登联及苏纳海等人还不知道鳌拜已起了杀人之心,要置他们于死地。

鳌拜以直隶总督朱昌祚、巡抚王登联及户部尚书苏纳海办事不力,迟误圈换土地为由,将他们三人逮捕,交付刑部审理。他还以朱昌祚、王登联二人上疏之时,曾将奏疏让苏纳海看过为由,诬陷他们结党营私,违背祖制,以激怒孝庄皇太后,置三人于死地。同时,鳌拜还处罚了三名不肯受地的镶黄旗副都统,将他们撤职查办。

朱昌祚、王登联、苏纳海被交付刑部之后,刑部认为律无正条,只对他们鞭一百,籍没家产。年仅十三岁的康熙帝接到刑部的奏疏之后,知道朱昌祚、王登联、苏纳海三人本无罪过,只是因阻挠鳌拜进行圈换土地,将鳌拜惹怒而招致祸端。康熙帝觉着事体重大,便亲自出面,特召索尼、苏克萨哈、遏必隆、鳌拜四大辅臣,并赐座询问案情。鳌拜极言朱昌祚、王登联、苏纳海三人罪大恶极,要求康熙帝对他们处以重罪。索尼、遏必隆二人则随声附和,唯独苏克萨哈沉默不语。因为他明白,自己在四大辅臣中,只占少数,比分为1比3,是难以取得胜利的,只好以缄默表示反抗。

康熙帝虽然年仅十三岁,但他却是非分明,并没有听信鳌拜等人的话,仍然以刑部所议对朱昌祚、王登联、苏纳海进行处罚,婉拒了鳌拜的请求。但鳌拜的权力欲已极度膨胀,他仰仗自己的权势,竟然矫旨将朱昌祚、王登联、苏纳海三人处以绞刑。并株连已故的苏纳海族人原户部尚书英武尔代,将赠予苏武尔代的官职尽行削去,定罪处罚。鳌拜杀了朱昌祚、王登联、苏纳海三人之后,强行圈换土地。据拨地侍郎巴格统计,在鳌拜强行圈换土地过程中,镶黄旗迁移壮丁共四万六百名,圈换土地十二万三千垧;正白旗迁移壮丁二万二千三百六十一名,圈换土地十一万一千八百五垧。这次强行圈换土地,是顺治初年三次大规模圈占土地之后又一次大规模圈换活动,它使广大旗人及汉人叫苦不迭,失业者达数十万人。

鳌拜挑起的圈地争端,终于实现了他的图谋,表明四大辅臣协商一致的平衡原则已被打破,辅臣之中只要多数人同意,便可以随便决定重大问题,而不必取得一致同意。这样一来,便为个人结党营私,进行擅权乱政活动开了方便之门。这也是鳌拜本人为自己以后专权进行的一次测验,其影响是巨大的。

攘臂强奏欺幼主　手段残忍除政敌

　　鳌拜将自己在作战中的骁勇，变成了在辅政中的骄横，而且随着他权力欲望的膨胀，对于稍不顺己意的大臣不是贬官就是杀害。早在鳌拜辅政的初期，他与内大臣飞扬古不和，当时飞扬古的儿子倭赫任御前侍卫。和倭赫同为侍卫的还有西住、折克图、塞尔弼等人。鳌拜为了置飞扬古于死地，便从他的儿子倭赫下手。作为御前侍卫的倭赫等人，傲慢无礼，对于刚刚取得辅臣地位的鳌拜等人常常不怎么有礼貌，这使鳌拜心生怒火，顿起杀机。

　　有一天上朝，鳌拜说御前侍卫倭赫、西住、折克图等人，擅自乘骑御马并擅自取御用弓矢射鹿，当以死罪论之。鳌拜所说的罪名，对于倭赫等人来说，将要死无葬身之地，他们几人当即被处以死刑。飞扬古对自己的儿子倭赫之死，感到有些冤枉，对鳌拜满腔仇恨。鳌拜又借机说飞扬古心存怨望，于朝廷不利，亦自处死。手握大权的鳌拜在其他大臣的附和下，竟将飞扬古处死，并将其子尼侃、萨哈连也一同杀死，还将飞扬古的财产籍没，分给自己的弟弟穆里玛。鳌拜杀内大臣飞扬古，是他一生中擅杀大臣的起点。

　　圈换土地事件结束后，鳌拜的权力欲望极度膨胀，企图取得启奏权和批理奏疏大权，使自己超过遏必隆和苏克萨哈，成为仅次于索尼的二号人物，但鳌拜的胆大妄为引起了孝庄皇太后和年幼的康熙帝的高度警惕，对鳌拜开始产生戒备之心，处处小心谨慎。同时，孝庄皇太后和康熙帝也开始对鳌拜严加防范起来。

　　鳌拜为了实现自己的阴谋，私下培养了一大批党羽，形成了一个集团，随时准备把持朝政。在鳌拜的私党中，其弟穆里玛受命为靖西将军，因镇压农民起义军李来亨有功，被超授一等阿思哈尼哈番（世袭二品爵号），执掌兵权。除此而外，成为鳌拜私党的还有秘书院大学士班布尔善、吏部尚书阿思哈、侍郎泰必图、兵部尚书噶褚哈、工部尚书济世、内秘书院学士吴格塞及鳌拜的子侄等，涉及朝中的方方面面。由于这些私党的参与，鳌拜的党羽势力日见膨胀，在朝中起着举足轻重的作用。

　　康熙五年（1666），鳌拜授意自己的党羽吏部尚书阿思哈、侍郎泰必图二人，提议给每省派遣大臣二人，设衙门于总督、巡抚衙门之旁，以稽查、监视总督、巡抚。鳌拜的意图很明显，他不仅要控制朝中大权，还试图将自己的亲信之人派往地方，凌驾于总督、巡抚之上，从而操纵地方大政。鳌拜的用心引起其他大臣的不满，吏部侍冯溥反对说："总督、巡抚乃国家重臣，派员监视他们是不信任的表现，应停止此议。"

　　侍郎泰必图见冯溥反对自己，便怒目而视，张拳向冯，试图对其动武。冯溥临危不惧，从从容容地说："即是公议，何不容我再议乎？且议之可否，自有皇上裁决，你我岂敢专此事。"

　　冯溥以及阿思哈、泰必图的奏疏送上后，康熙已明白鳌拜居心不良，坚持支持冯溥的主张，使泰必图等人大为沮丧。后来，泰必图还竟然讨好于冯溥，真可谓厚颜无耻。

　　自从鳌拜挑起事端，重新圈换土地之后，朝内百官惴惴不安，对四大臣辅政产生了恐惧和不安的想法，要求康熙帝亲政的呼声越来越高。这样，围绕康熙帝亲政之事展开了一场激烈的斗争,鳌拜在这场斗争中充当了一个不光彩角色,将自己的丑恶面目显露了出来。

首先上奏要求康熙帝亲政的是刑科给事中张维赤,他在奏疏中说:"伏念世祖章皇帝(即顺治帝)于顺治八年(1651年)亲政,年登十四岁。今皇上即位六年,年齿与世祖章皇帝亲政年齿相符,臣乞择吉亲政。"张维赤的奏疏得到百官大臣的普遍响应。在百官大臣的支持下,辅臣索尼等也于康熙六年(1667年)三月奏请康熙帝,要求他亲政。索尼在奏疏中说:"世祖章皇帝亦于十四岁亲政,今主上年德相符,天下事务,总揽裕如,恳切奏请。"索尼上奏不久,于康熙六年(1667年)六月死去。索尼的死,使鳌拜想入非非,他想乘机越过遏必隆和苏克萨哈,成为首席辅臣。

康熙帝见鳌拜更加目中无人,觉着辅政之制已不能发挥它原来的作用,反而对朝廷构成威胁。于是,在康熙六年(1667年)七月初三,康熙帝以辅臣履行陈奏为由,往奏其祖母孝庄皇太后,要求亲政,取得了孝庄皇太后的同意,定于七月初七日举行亲政大典。

鳌拜为了使自己的阴谋得逞,在同意康熙帝亲政的同时,他绞尽脑汁企图主持起草皇帝亲政大赦诏书,借以捞取政治资本。但康熙帝早已看清了鳌拜的用心,对其不置可否,而是让他人密拟赦诏,临期颁行。这使得鳌拜的欲想破灭了,但鳌拜一计未成,又生一计,他以商议启奏应行事宜为名,试图将苏克萨哈拉入自己的阵营,一起把握政权,并且耸人听闻地声称:"恐御前有奸恶之人暗害忠良,我等应将太祖、太宗所行事例敷陈。"苏克萨哈已诚心归政于康熙帝,对鳌拜的卑劣行径深恶痛绝,他斥责鳌拜说:"教导主子之处,谁有意见各行陈奏,保必共列姓名?"鳌拜见苏克萨哈不听从自己,对其怀恨在心,转而进行陷害。

在康熙帝亲政前夕,鳌拜等人随同康熙帝向孝庄皇太后奏请亲政事宜,鳌拜还假意要求谢政。孝庄皇太后客气地说:"帝尚幼冲,如尔等俱谢政,天下事何能独理?缓一二年再奏。"

鳌拜的本意只是试探而已,并非真要归政,见孝庄皇太后一客气,他便乘机说道:"主上躬亲万机,臣等仍行佐理事宜。"为自己继续拖延谢政时间、把持朝政找借口。

到了康熙六年(1667)七月初七,大清王朝为康熙帝举行亲政大典。这一天,年仅十四岁的康熙帝身着龙袍,头戴皇冠,御太和殿,躬亲大政,诸王以下文武百官,上表行庆贺之礼,宣诏天下。从此,康熙帝开始执掌政权,成为真正的君主。康熙帝在亲政前后,任用他人密拟赦诏,表明辅政大臣的权势已经今不如昔,但在朝班位次上辅政大臣仍然排在亲王之上,继续掌握批理章疏大权。特别是鳌拜拥有一大批身居高官的私党,就连敬谨亲王兰布、安郡王岳东、镇国公哈尔萨等人,也先后设法谄附鳌拜。尤其在上三旗中,鳌拜已居绝对优势,不仅镶黄旗完全听他指挥,而且使得正黄旗也随声附和,苏克萨哈为首的正白旗则遭受到严重的打击和削弱。这样,鳌拜更加嚣张。当时宫廷宿卫的任务完全由上三旗承担,侍卫以鳌拜势大,对其十分惧怕,甚至盲目崇拜,竟有人进奏时吹捧他为圣人。鳌拜为了扩张自己的势力,竟然在录用官员之时降低要求,笼络人心。鳌拜的专权跋扈,得到了遏必隆的依附。这不仅使康熙帝难以实际亲政,而且也使整个爱新觉罗氏皇族受到了威胁。

对鳌拜一向鄙视的正白旗辅政大臣苏克萨哈,不甘心与之同流合污,但又见其势大,自己势单力薄,便产生退隐之念,在皇帝亲政之后第六天便上奏说:"臣才庸识浅,蒙先皇帝眷遇,除授内大臣,夙夜悚惧,恐负大恩,值先皇帝上宾之时,唯愿身殉以尽愚悃,不意恭奉遗诏,臣名列辅臣之中。臣分不获死,以蒙昧余生,勉竭心力,冀图报称。不幸一二年来,身婴重疾,不能始终效力于皇上之前,此臣不可逭之罪也。兹遇皇上躬亲大政,伏祈睿鉴,令臣往守先皇帝陵寝,如线余生得以生全,则臣仰报皇上鞠育之微忱,亦可以稍尽矣。"苏克萨哈在自己的奏疏中隐约道出鳌拜把持政局蛮横无理,自己只好隐退。同时,他又试图以自己隐退的行动迫使鳌拜、遏必隆也相应辞去辅政之职,交出权力。但康熙帝对苏克萨哈的困境及其一片苦心一无所知,见他奏请要去守陵,颇为疑惑,便派米斯翰等人前往查问。

鳌拜本来对苏克萨哈以怀怨恨,时常找机会进行陷害,他便借此对苏克萨哈大做文章,矫旨指责苏克萨哈说:"兹苏克萨哈奏请守陵,如线余生得以生全。不识有何逼迫之处,在此何以不得生,守陵何以得生?朕所不解。著议政王贝勒大臣会议具奏。"

当时,国史院大学士巴泰极力抵制鳌拜专权。鳌拜为了将苏克萨哈处死,在议政王大臣会议议论苏克萨哈之事以前,把可能持异议的大学士巴泰等人拒之门外,自己完全控制了议政王大臣会议。在议论苏克萨哈的所谓罪行时,鳌拜的私党班布尔善不问青红皂白,给苏克萨哈编造了不欲归政等二十四项罪状,要求把奸诈欺饰、存蓄异心的苏克萨哈,以大逆罪论处,与其长子内大臣查克旦均处以磔刑,其余六个儿子、一个孙子、侄子二人皆处斩立决。并将苏克萨哈的家产籍没,妻孥皆交付内务府。正白旗旗人前锋统领白尔赫图、侍卫额尔德也处斩立决。

鳌拜将议政王大臣会议议论的结果上奏康熙帝之后,康熙帝这才醒语,知道鳌拜挟怨构罪,不答应鳌拜的奏请。鳌拜骄纵蛮横,竟然在康熙帝面前攘臂上前,累日强行奏请。最后,康熙帝仅将苏克萨哈的磔刑改为绞刑,其他均按鳌拜的奏请执行。就这样,苏克萨哈这位忠以为国人的老臣在鳌拜的恣意陷害之下,和他的一家大小进了阴曹地府,成了政治斗争的牺牲品。

苏克萨哈一家大小冤死之后,四大辅臣之中仅剩下鳌拜和遏必隆两人,而遏必隆又是个老好人,遇事没有主见,处处依附鳌拜,这就使得鳌拜真正成为一个一人之下万人之上的权臣。康熙帝深感不除鳌拜,后悔莫及,于是年轻的康熙帝准备铲除鳌拜这个后患。

康熙帝忍无可忍　奸鳌拜中计被擒

鳌拜矫旨杀死苏克萨哈之后,更加放纵。凡起坐班行,自动列于遏必隆之前,以首辅自居。对于朝中政事必先于私家议定,然后上奏施行。常常把启奏官员带往私门酌商,如果有人自行启奏,事先不同鳌拜商讨,他便嗔怒不已。在康熙帝面前,凡事不按常理进奏,多以过去的疏稿呈上,逼其依允。更过分的是,鳌拜常常当着康熙帝的面,呵斥大臣,拦截章奏。在康熙帝的眼里,鳌拜的作威作福的卑劣行径已经达到了令人无法容忍的地步。

在康熙六年(1667年)六月初一,内弘文院侍读熊赐履遵旨条奏四事给康熙帝。他在奏疏里说:"我国家章程法度,其间有积重难返者,不闻略加整顿,而急功喜事之人,又从而意为更变,但知趋目前尺寸之利以便其私,而不知无穷之弊已潜倚暗伏于其中。请将国家制度详慎会议,勒咸会典,颁示天下。"

鳌拜得知熊赐履的奏疏之后,大为恼怒道:"是劾我也!"于是,他要求康熙帝以妄言治熊赐履的罪,并且请申禁言官,不许他们上书陈奏。

康熙拒绝道:"他自陈国家大事,与尔何干?"但在当时,康熙帝仍希望鳌拜重新改过,克保功名,特意命鳌拜于二等公外加一等公,并以其子那摩佛袭二等公爵位。到了康熙七年(1668年),又加鳌拜太师,其子那摩佛为太子少师。康熙帝所希望的感恩悔罪的目的并没有达到预期的效果,鳌拜反而更加骄横,毫无悔过之意,甚至出现公然抗旨的事情。

鳌拜的私党玛尔赛死后,部臣请求赐予谥号,康熙帝不允许,并降旨说:"有何显功,不准行。"但鳌拜根本不把康熙帝的旨意当一回事,竟然擅自赐玛尔赛谥号。在鳌拜的怂恿下,其私党大学士班布尔善也敢怠慢康熙帝,奏事时,谕旨稍有不合意之处,便忿然而出。当时,参与议政的蒙古都统俄讷、喇哈达、宣理布等人不肯依附鳌拜,鳌拜便擅自截止蒙古都统,不许他们再行议政。当喀尔喀蒙克毕什克图之子来归时,康熙帝准备封其为公,但鳌拜的私党班布尔善竟然以为过分,嘱令理蕃院,说以后蒙古不必照此例优封。

鳌拜及其私党的抗旨专断,使康熙帝彻底明白了他们结党乱政的丑恶面目,对鳌拜原有的一点幻想也破灭了,开始和鳌拜展开针尖对麦芒的斗争。有一次,康熙帝听政之时,得知有一位大臣援引恩诏误赦一人,便问大学士李霨如何处理此事,李霨说:"既已误赦,宜听之便。"康熙帝别有深意地说:"宥人可听其误,若杀人亦可听其误乎?"暗里表明自己对鳌拜抗旨冤杀苏克萨哈等人的事情,他是不会就此甘休的。

又有一次,康熙帝的朱批红本已发科抄,鳌拜觉着不满意,又重新批示了一回。给事中冯溥得知之后,立即对康熙帝说:"本章既批朱红,不便更改。"鳌拜闻知,要治冯溥的罪。康熙帝不但没有将冯溥治罪,反而进行嘉奖,并责令鳌拜等人:"此后当益加详填批发。"

鳌拜对于康熙帝的警告根本不放在心上,每每听政之时,鳌拜总与他人闲谈,对内容故意不提,康熙帝便警告鳌拜说:"此内有关系民命之事,尤不可不慎,伊等皆经行间效力,不以杀人为意,朕必慎焉。"年轻的康熙帝对鳌拜的警告和不满,使朝中的正直大臣感到了希望所在。

康熙七年(1668年)九月,已升迁为秘书院侍读学士的熊赐履又一次上奏说:"朝政积习未祛,国计隐忧可虑。"并引用宋代理学家程颐"天上治乱系宰相"一语,提醒康熙帝要使朝政有序,必须除掉鳌拜。康熙帝认为时机尚不成熟,为了不让鳌拜发觉,便斥责熊赐履妄行冒奏,以沽虚名。鳌拜便乘机以妄行冒奏之罪,拟将熊赐履降二级调用。康熙帝实际上并没有怪罪熊赐履的意思,其目的是为掩盖鳌拜的耳目,虽然康熙帝处处声称要处罚熊赐履,却始终没有采取行动。实际上,康熙帝已在悄悄部署各项工作,准备铲除鳌拜这个权奸。

康熙帝的除奸准备非常特别,他以自己的年轻作为掩护,特意精选了一些少年侍卫、拜唐阿(即执事人),平日里专为扑击之戏。所谓扑击,满语称为布库,亦可译为角力、撩跤,也有称为布库戏的。康熙帝之所以这样做,是因为他身边的侍卫受鳌拜的影响较大,非常不可信,他将自己特意精选的侍卫、拜唐阿另外组成一支更为亲信的卫队——善扑营。康熙帝这样做,果然迷惑了鳌拜的眼睛,使鳌拜以为皇帝年幼，喜欢游戏，而没有在意善扑营的真实用图。实际上善扑营的成立，并非康熙帝活泼好动，爱玩乐，而是他为自己铲除鳌拜在组织上做好了准备，一支真正属于康熙帝的人马团结在了他的周围。

最早奉命负责善扑营执行擒拿任务的是索额图，他是已故辅政大臣索尼次子、康熙帝皇后的叔父，原来任一等侍卫。康熙帝亲政以后，于康熙七年（1668 年）六月，改任吏部侍郎。第二年，索额图又自请解任，回到康熙帝身边复任一等侍卫，服侍护卫，准备助康熙帝除掉鳌拜。

随着康熙帝的准备工作准备就绪，剪除鳌拜的时机也就日益成熟起来。康熙帝为了确保除奸的顺利进行，在行动之前，先将鳌拜的私党以各种名义一一派出，以削弱鳌拜的势力。鳌拜的胞弟内大臣巴哈被派往察哈尔（今河北北部）；鳌拜的亲侄子、侍卫苏尔马被派往科尔沁（今吉林西部）；鳌拜的姻亲理蕃院左侍郎绰克托被派往苏尼特（今内蒙古苏尼特左旗东南）编定扎萨克事务；工部尚书济世被派往福建巡海。一切安排就绪之后，康熙帝于康熙八年（1669 年）五月十六日，亲往善扑营问道："汝等皆朕股肱耆旧，然则畏朕欤，抑畏鳌拜也？"

众人齐声回答："独畏皇上！"

于是，康熙帝历数鳌拜的罪状，让善扑营做好准备，在他召见鳌拜之时将其拿下。康熙帝将逮捕鳌拜的具体事务安排好之后，随即下诏召见鳌拜。

鳌拜受到康熙帝召见，是常有之事，所以鳌拜也就没有在意，依旧像往日一样大摇大摆地进了后宫。这一次可不同于以往了，鳌拜进宫门刚拜见过康熙帝，只听康熙帝大喝一声"拿下"，善扑营训练有素的侍卫猛扑上来，将鳌拜捆了个结实。和鳌拜同时被捉拿的还有另一位辅政大臣遏必隆和一等侍卫阿南达等。

鳌拜被捕之后，康熙帝向议政王及诸大臣下谕旨揭露鳌拜的罪状。康熙帝在谕旨中说："前工部尚书员缺，鳌拜以朕素不知济世其人，妄称其才而进补之，通结为党，以欺朕躬。又奏称户部尚书应授二员，将玛尔赛徇情补用。又鳌拜于朕前办事，不求当理，稍有拂意，即将部臣叱喝。引见之时，在朕前施威震众，科道官条奏，鳌拜屡请禁止，恐身于物议，闭塞言路。凡用人行政，欺朕专权，恣意妄为。文武各官欲尽出伊门下，与穆里玛等结为同党。凡事在家议定，然后施行；且倚仗凶恶，弃毁国典，与伊相合者则荐拔之，不合者则陷害之。朕念鳌拜旧臣，望其改恶悔过，今乃贪聚贿赂，奸党日甚，上违君父重托，下则残害生民，种种恶迹，难以枚举。其严拿勘审！"

康亲王杰书等议政王支持康熙帝对鳌拜查处论罪，并遵旨勘审，列举鳌拜欺君擅权、结党乱政等罪状三十条，议将鳌拜革职立斩，其亲子、兄弟亦斩，妻并孙为奴，家产籍没。列举遏必隆藐视皇上、附和鳌拜等罪状十二条，议将其革职立绞，未分家之子并其妻为奴。鳌拜及遏必隆族人有官职及在护军者，均应革退，披甲当差。列举辅国公大学士班布尔善附和鳌拜、抗旨妄行等罪状二十一条，议将革职立斩，因其系宗室，改立绞，并将其亲生但未分家的子孙革去宗室，妻子为奴。鳌拜之侄塞本得，以其凡事首恶，罪情重大，议将其革职，即行凌迟处死。吏部尚书阿思哈、户部尚书玛尔赛、兵部尚书噶褚哈、吏部侍郎泰必图、鳌拜之弟都统穆里玛等，助恶结党，背负国恩，犯下重罪，均应革职立斩。玛尔赛已死，应抛尸。此外，鳌拜之子那摩佛、侄讷莫、佛伦，鳌拜私党希福、阿林、刘之源、刘光、插器、阿南达、布达礼、济世、迈音达、吴格塞、额尔德黑、郭尔浑等，均应立斩。鳌拜兄赵布太、婿赖虎等立绞。

康亲王杰书将所议结果上奏康熙帝，康熙帝倍加小心，并没有立即批准执行，因为这次事件牵扯人数之多，是前所未有的，不能操之过急。康熙帝在得知议论的结果后，亲自鞫问鳌拜等人。鳌拜在谒见康熙帝时，露出他搭救清太宗皇太极御贺时留在自己身上的伤疤。康熙帝看了鳌拜的伤疤之后，鉴于他自皇太极以来为清王朝开疆扩土立下汗马功劳，不忍心加诛，便赦免了鳌拜的死刑。康熙帝在赦免诏书中说："鳌拜以勋旧大臣，受恩皇考，遗诏辅佐政务，理宜精白乃心，尽忠图报。不意结党专权，紊乱国政，纷更成宪，罔上行私。朕久已悉知，尚望其改行从善，克保功名，以全始终。乃近观其罪恶日多，命诸王大臣公同穷审，俱已得实。以所犯重大，拟以正法，本当依拟处分；但念鳌拜为本朝效力日久，且皇考曾经倚任，朕不忍加诛。姑从宽革职、籍没，仍行拘禁。那摩佛亦免死，革职拘禁。"就这样，鳌拜在康熙帝的宽宥之下，捡回了一条性命。对于鳌拜的私党，康熙帝也不计较，没有按议政诸王所议定的那样处分，也不加追究宽大处理。

康熙帝在其谕旨中说："遏必隆无结党之事，免其重罪，削去太后及后加公爵，其原有一等公，仍准留与伊子。班布尔善、穆里玛、阿思哈、噶褚哈、泰必图、塞钠代、讷莫，或系部院大臣，或系左右侍卫，乃皆依附权势，结党营私，表里为奸，擅作威福，罪在不赦，皆已正法。其余皆系微末之人，一时苟图侥幸，朕不忍尽加诛戮，宽宥免死，从轻治罪。至于内外满汉文武官员，或有畏其权势而依附者，或有图幸进而依附者，本当查处，姑从宽免，自今以后，务须洗心涤虑，痛改前非，遵守法度，恪其职业，以副朕整饬纪纲爱养百姓至意。尔二部即传谕内外遵行，特谕。"

年轻的康熙帝在处理鳌拜案件中，表现出了极高的政治才能，他既从鳌拜手中完完全全地夺回了政权，又没有株连更多的人。虽然此案涉及的人事关系错综复杂，但康熙帝仅将九人处死，其余之人皆宽大处理，使朝廷秩序迅速稳定。此外，康熙帝对凡受鳌拜迫害致死、革职、降级者，均一一平反昭雪。已故的苏克萨哈、苏纳海、朱昌祚、王登联等人，他们的爵位、世袭之职，续续由后人承袭。此案的处理，使康熙帝大获人心，他不愧是中国历史上为数不多的圣明君主。

后来，鳌拜死于狱中。

鳌拜在其一生中，曾为大清王朝入主中原，统一全国立下赫赫战功，正因为如此，才得到顺治帝的格外信任。顺治帝在其弥留之际，遗诏命其为四大辅臣之一。鳌拜在其辅政之后，很快便野心勃勃试图专权，这是他私欲膨胀的必然结果。在他作为辅政大臣的八年零五个月里，如果不去争权夺利，专权乱政的话，那么像他这样一位开国元勋，必定会名垂千古的。由此观之，一个野心家是没有好归宿的，只有那些淡泊名利，为民请命的人才会使百姓无限地思念，成为名垂青史人人效法的楷模。

曾国藩：文胆武略　中兴名相

【人物档案】

姓名：曾国藩
别名：曾子城、曾文正。
生卒：1811年~1872年
籍贯：湖南长沙府湘乡县人
字号：字伯涵，号涤生。
朝代：清朝
职务：两江总督、直隶总督、翰林庶吉士。
封号：一等毅勇侯
谥号：文正
主要成就：创立湘军，平定太平天国，洋务运动的发起者之一，晚清四大名臣之首，晚清散文"湘乡派"创立人。

曾国藩

【枭雄本色】

　　曾国藩，清代名相，也是个官精。他步入仕途后，曾十年七迁，连跃十级，37岁就当上了二品京官。曾国藩奉行"立言、立功、立德"，三者他都做得很好。立言，他著述、家书、日记，广为流传；立功，他挽救了大清朝；立德，他事事以身作则。因此，他头上除了"一品侯"的头衔之外，还有"中兴第一名臣""洋务运动领袖""圣相""近代史之父"诸等誉称。

　　曾国藩一生是极其成功的，名誉地位，别人所有，他皆有，别人没有的，他也有。他成了毛泽东唯独佩服的人物，成了蒋介石心中完美的老师形象。

　　纵观曾国藩的一生，他那变化无穷的谋略智慧，他那独特的修身之道，他那行之有效的权术哲学，他那居官不败的当官真经，他那一眼见底的观人秘诀，无不令人拍案叫绝，相信了解曾国藩一生经历，定会使你受益无穷！

【风云叱咤】

巧过御试　青云直上

　　曾国藩在28岁时就考中了进士，自此之后，他便踏上了仕途，并成为军机大臣穆彰阿的得力门生。正是有了这位老师的提携，才会有曾国藩的发迹。有一天，穆彰阿对他说："明天我要在朝上，向皇帝正式推荐你，所以你要做好充分准备，把你念过的那些书要多加背诵，我想，皇上一定要试一下你的才学。"曾国藩一听，简直是受宠若惊，忙躬身作揖说："多谢恩师对晚生的栽培，我自当珍惜这个难得的机遇，绝不会辜负恩师的众望。"第二天，穆彰阿就在朝堂之上向道光皇帝保奏曾国藩，请求皇上能给予重用。

道光皇帝听了，便开口问道："你说你的这个门生可堪当重用，朕却不知他有何超人才能。"这一下倒把穆彰阿给问住了，穆彰阿脑子转得快，他马上脱口而出："要说到曾国藩的超人才能，臣倒是知道他是善于留神，有着过目不忘之功。"道光皇帝当时也没说什么，穆彰阿便向皇上告退。穆彰阿回到家里，心里感到懊丧无比，他责怪自己只说了那么两句不痛不痒的话，完全没有把曾国藩所具有的那种真正才能给讲出来。心想，这样一个大好的机会就这样错过了。

可是道光皇帝却把穆彰阿的那句话当真了，他想，如果曾国藩真的像穆彰阿所说的那样，那此人还真可以重用。于是，道光皇帝便决定试试曾国藩是否真的有才华。过了两天，道光皇帝把穆彰阿叫了来，告诉他自己想见一下曾国藩，让曾国藩在初一卯时在中和殿候见。穆彰阿心中大喜，他忙派人把曾国藩叫到自己府中，向他说了这件事，并对他嘱咐了数遍，要他一定要做好准备，他无论如何都要把握好这次机会。曾国藩连连点头，信誓旦旦地表示决不会负恩师所望。就在初一这天，天还没有亮，曾国藩就沐浴完毕，穿戴整齐，来到了皇宫，马上有太监迎着，带着他来到了中和殿。到了殿里面，太监命他在这里等着，然后他关上殿门去向皇上禀报。

曾国藩在大殿里环视了一周，见殿内装饰的金碧辉煌，尤其是气氛，显得极为肃穆。他初到这样的地方，不敢就座，也不敢四处移动，就挺直着身子站在那里，两只耳朵仔细地谛听门外的动静。可是，等了很长的时间，也没见那个太监回

曾国藩像

来，他心里不由得惶恐起来，不知道此行是凶还是吉。

到了后来，他站得腰都酸了，于是就在大殿上来回踱步，这时他看到大殿的四壁上挂的都是些大清历代先皇的圣训。因为他心神不定，所以也没有心思细看。等过了些时，那个太监终于回来了，对他说："皇上今天没有时间，命你明日再过来。"曾国藩这时心里有些不高兴，当他走出皇宫大门时，才发现已经快到晌午时分了。他急忙三步并做两步地来到军机大臣府，把自己上午的情况向恩师作了禀告。穆彰阿听了，觉得这事有些可疑之处，他沉思了一会儿，突然向他问了一句："刚才你说大殿四壁上挂的都是历代先皇的圣训，你可记住了上面的内容？"曾国藩不知老师问这个是什么意思，于是他就摇了摇头说："当时我心里挺紧张，看不到皇上过来，心里就更慌了，哪留意上面写的是什么字，我只注意殿外是否有什么动静。"

穆彰阿禁不住喊道："这下可糟了，这肯定是皇上故意要试你是否有善于留神、过目不忘的才能，所以才做这样的安排。说不定皇上会马上叫人来再次召你去宫里，这可怎么办呢？"听了恩师这么一说，曾国藩可就有些胆怯了。他连忙跪倒在地，口中连称："恩师一定要救我！"穆彰阿让他站起来，他在屋里来回走了几圈，极力想办法。可正当这个时候，守门的家丁进来禀报，说皇宫总管太监王公公来了，想要求见。穆彰阿此时是满脸的不高兴，他吩咐说："你就对王公公说我今日谁也不想见，让他改日再来。"家丁转身刚要走，但突然又被主人给叫住了，告诉他让王公公在正厅里等着相见。然后就回过头来对曾国藩说："真是天意啊，咱们的救星来了，你先回避一下。"穆彰阿热情地接待了王公公，请他坐了上座，这使得王公公受宠若惊。当主宾坐定之后，王公公有些不好意思地说："我此次前来，是想询问大人一下，关于我那外甥做知县差使的事，是否有些眉目。"穆彰阿说："这是一桩小事，怎么会劳王公公的大驾呢。你放心好了，这事我已办好，不出三日即可上任。"老太监神情极是感激，他说："大人如果有要小人效劳的事，请尽管吩咐。"穆彰阿装作好像想起什么事的样子，说："你这么一说，我倒是想了起来。这两天我正要撰写一份大清历代先皇功绩录，有劳你能否将中和殿上所挂的历代先皇的圣训抄好给我送来，晚上我撰写时正好要用，这个你能办得到吗？"王公公马上笑着说："要说别的事我还需考虑，至于这点小事，真是太容易不过了。"

　　果然，到了傍晚的时候，王公公再次登门，把大清历代先皇圣训抄录好送了过来。等王公公一走，穆彰阿就把曾国藩叫了出来，让他今天晚上务必把圣训全部背得滚瓜烂熟，并一再告诫他说："你的前途如何，就在此一举了。"曾国藩一再拜谢不已。他接过抄录，回到住处，彻夜诵读，结果都记住了。

　　第二天一大早，就有太监来传圣旨，要曾国藩马上去面见圣上。这次，道光皇帝在保和殿已经等候了。曾国藩参拜完毕，道光皇帝接下来就问："昨天你在中和殿上呆了那么长时间，想必是已经看到了壁上所挂的大清历代先皇的圣训，你是否留意壁上先皇的圣训都说了些什么？"曾国藩马上背了起来，真是倒背如流。这一下，使得道光皇帝惊喜异常，心说："果真如穆彰阿所言，此人还真是个过目不忘的奇才啊，我倒真应当重用此人。"几天过后，曾国藩接到了圣旨，皇上任命他为吏部侍郎。自此之后，曾国藩踏上了青云直上的仕途。

　　1850年初，道光皇帝因病去世，咸丰皇帝登基。即位后，他就道光遗命四条中"无庸郊配，无庸庙祔"二条交大臣们详议。曾国藩上《遵议大礼疏》，颇得咸丰嘉许。咸丰元年（1851年），洪秀全在广西组织农民发动了起义，在桂平县冲破了清军的重围之后，实力日益壮大，大有一举席卷全国之势。满清的八旗、绿营军只要一和起义军交锋，马上就溃败下来。刚即位不久的咸丰帝马上下诏让朝中大臣们评议朝政得失，提出灭敌建议。这时的曾国藩就定了一份《应诏陈言疏》，他认为解决人才的问题是极其关键的。他说：自古以来，帝王治世不外是招贤能，安定百姓，正社会风气三件事。如果能够让那些有贤德的人来掌权，治理天下，那么人民也就会丰衣足食，人民丰衣足食了，社会也就随之安定了。咸丰帝当时的批语是：剀切明辨，切中事情。

创办湘军　屡败屡战

咸丰二年(1852年),朝廷派他往江西去主考乡试,曾国藩随即悄然南下。可是行至中途就听到母亲去世的消息,曾国藩于是星夜赶奔家乡,为母亲守孝。就在咸丰二年的年底,一个改变他命运的绝大机遇降临了,这就是太平军冲出了广西,正在向江南进军,横扫湖南湘江流域各县。这使得东南各省都陷入了战乱之中。因为这时正是太平天国势力发展的高峰期,所以曾国藩的家乡湖南也已经被太平军占据部分地方,并曾一度围困长沙。为了配合正规军的作战,清廷下令各地在籍的朝廷大员训练乡勇办团练,以图扼制太平军的进一步发展。曾国藩就是其中一位。所谓的团练,就是后来的民兵,结队编团定时进行训练,平日里无事就拿锄头干农活,一旦有战事发生就拿起刀枪参与战斗。这种组织在县城以下的各乡都有。各省的团练大臣都只是沿袭旧例,仅在县、乡一带办团练。曾国藩受命之后,立即向朝廷上奏,认为办团练已经无济于事,而当时的国家正规部队绿营兵也是不堪使用,所以他建议应当按照明朝抗倭名将戚继光的办法来组建新军。请求在省城内建一大团,把湘乡的1000人马全部调进省城,以家乡湘乡的练勇为基础,然后招募那些质朴的农民为士兵,使用当地的儒生担当军官之职,后来皇帝批准了他的要求。由此便编练成了一支军队,称其为湘军。

湘军是曾国藩亲手创建的,它跟清政府的其他军队完全不同。清政府的八旗兵和绿营兵都是由政府进行编练。当遇到战事的时候,清朝廷便调遣将领,统兵出征,可是战事过后,就又会把军权给缴回。可是湘军则不是这样,士兵都是由各哨官亲自选募的,哨官则是由营官亲自选募的,而营官都是曾国藩的那些亲朋好友,包括同学、同乡、门生等。可见,这支湘军实际上是"兵为将有",从士兵到营官所有的人都是绝对服从于曾国藩一人的。这样一支具有浓烈的封建个人隶属关系的军队,包括清政府在内的任何别的团体或个人想要对他加以调遣,都是极为困难的,甚至可说是根本不可能的!

因为乡勇不属于国家正规军,所以,乡勇的军饷费用就要靠在当地自筹,其中的大部分要靠地方乡绅捐助而得,由此,曾国藩的湘军是靠"吃大户"而起家的。因为没有政府给予资金支持,所以曾国藩就得想法得到公众的支持。否则的话,他的湘军就无法支撑下去。他知道作为正规军的八旗军及绿营军战斗力差,纪律腐败,所以给公众的形象也极差。因此,曾国藩在组建湘军时,坚决不靠政府提供军饷,以避免受到官僚的控制,导致出跟绿营军同样的结果。他希望自己组建的这支部队拥有很强的战斗力,能获得民心的支持。基于此,曾国藩对湘军的军纪要求十分严明,以杜绝绿营军中经常出现的骚扰百姓的现象。而且从一开始就坚决要求湘军的各级将领跟正规军及地方政府划清界限。曾国藩的一位下属曾因与湖南巡抚走得太近,并接受了一万两的军饷而导致曾国藩断绝跟他的隶属关系。虽然湘军并非正规军,可是地方官吏的支持同样也必不可少。当初曾国藩忽略了这一点,导致他的团练计划屡受掣肘和排挤,湘军和地方统治阶层之间的大小摩擦也总是不断,所以湘军不得不于咸丰三年八月从长沙移师到了衡阳。到了衡阳之后,他才忽有所悟,知道自己不依靠地方官吏的支持是很难成事的,于是自此之后,他改变了态度,同意接受地方官吏给予的支持,而且还和他们主动加强联系,这样一来,他发展湘军练兵变得极为顺利起来。就在这时,他将团练扩大到了5000人,曾国藩认为,南方水多,要想战胜太平军,就必须要建立一支水师部队,经朝廷同意,他又建立了水师,和陆军一样,湘军的水师每营也是五百人,当时拥有长龙、舢板若干艘,每艘设有哨长。在湘潭集结湘军成立后,曾国藩觉得自己的军队已经练好了,可以出兵和太平军进行较量了。这时他力荐满族塔齐布为湘军大将,荐举多隆阿为湖北湘军的将领,他这样做就是想要争取满洲贵族的信任。

咸丰四年(1854年2月12日),太平军西征军在湖北黄州大获全胜,烧毁清军兵营11座,湖广总督吴文熔投水而死。咸丰帝得报,急令曾国藩统带炮船兵勇,顺江而下,直达武汉。2月25日,曾国藩率湘军水陆兵17000余人,浩浩荡荡,挥师北上。

1854年2月27日,太平军占领岳州,连下湘阴、靖港、宁乡,形成长驱直入的形势,前锋距湖南省城长沙仅有六七十里,长沙城内一片慌乱。曾国藩立即派塔齐布、周凤山、杨载福分率水陆湘军沿湘江北上迎击。太平军见湘军来势汹汹,便退出岳州,撤往湖北。湘军占领岳州后,塔齐布、周凤山乘势进占湖北通城。湘军另一路由曾国藩率领,于4月28日攻打靖港。五营水兵尽遭歼灭。陆军见状也纷纷溃逃,曾国藩看到自己训练的湘军一败涂地,痛不欲生,便投水自杀,被他的左右及时救起,这也是他的第一次自杀。

接下来他重整旗鼓,此后他用兵更为谨慎。到了10月份,就攻取了武昌,被朝廷任命为湖北巡抚。湘军把武昌打下来之后,曾国藩接下来就向朝廷建议部队沿长江东下,分为南北中三路大军一并推进,除北路是湖北都督统率的绿营之外,南路和中路都是湘军,曾国藩本人是这三路人马的总指挥,朝廷对他的这个建议十分赞同,很快得到了的批准。这样一来,曾国藩的湘军便成了太平军的头号对手,由此,一个省的团练便成了

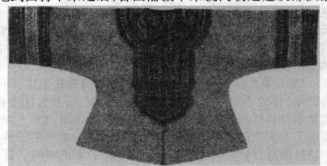

清朝时期的服饰

国家武装力量中的王牌部队。可是好景不长,清政府怕他势力过于强大无法驾驭,所以又解除了他的任命,只是长期给他以侍郎的虚衔带兵。到了咸丰五年初,他率水师进攻九江、湖口。太平军翼王石达开带领部队前来支援,用计将湘军水师的轻便快船引诱到了鄱阳湖里,然后封锁住了湖口,这样一来,就使得仍在长江中的湘军水师的笨重大船困住了,然后又施以火攻。结果湘军的水师大船有数十艘被毁,曾国藩率领他的残部只得狼狈退至九江以西的官牌夹,他的座船又遭太平军的围困。曾国藩这时又投水自杀,但马上被他的随从给捞起,接着武汉又被太平军给攻克。曾国藩只得退守南昌,身处太平军的包围之中,当时真是"呼救无人",几乎惊魂欲断。

接下来,他被朝廷冷落了一年多,以致使他得了严重的神经官能症,一天到晚都吃不好睡不好。虽然还不到50岁,可是就连一寸大小的字都看不清了,面对这

一切,曾国藩坚持了下来。当时他拿湖南乡间的一句俗话来安慰并激励自己:"好汉打脱牙齿和血一块儿吞。"由此也表现了他不示人以弱,不求人怜恤,一切痛苦都由自己来担当的自强品格。

咸丰八年,朝廷让他去办理浙江军务。这时,石达开的部队已经进入了福建,于是,清廷下达命令,让他增援福建;后来,石达开向湖南进兵,围攻宝庆,清廷怕四川会出什么问题,于是又命令他赶紧援助四川。可是曾国藩却一定坚持要先解决安徽,以去金陵屏障的战略,等他攻克了景德镇之后,才进军安徽,围攻安庆。

咸丰十年的春天,太平军跟湘军之间的战事出现了一个突变,朝廷驻扎在南京城外孝陵卫的江南大营被太平军给击溃,清军统帅逃的逃,自杀的自杀,两江总督何桂清则潜逃到了苏州,苏州巡抚紧闭城门不纳,他只得仓皇逃到了上海。江南面临着危机,朝廷此时手脚失措,士气极是低落,曾国藩此时冷静至极,他对全局的认识十分清醒,于是就给朝廷上了一道奏折,提出了两面制胜的谋略。清廷由此不得不依靠曾国藩来对付太平军了。为了能够尽快地将太平天国的起义镇压下去,在清朝正规军无能为力的情况下,清廷给他加封兵部尚书衔,授两江总督,下辖江苏、安徽、江西三省。由此,曾国藩取得了军政大权。

第二年,太平军为了解安庆之围,兵分两路向西挺进。英王陈玉成攻克黄州,向武昌进逼;忠王李秀成攻克了景德镇,自此断了曾国藩驻地祁门的粮道。曾国藩决定先进攻徽州,好解决军队的粮食问题。当部队来到休宁时,被李秀成给包围了,经过一番苦战,湘军的八个营被击溃。曾国藩这时写好了遗嘱让人送回到老家,而后又一次准备自杀,可是被左宗棠等人给救下。转危为安。就在同年的秋天,他督促他的弟弟曾国荃率军攻取安庆。11月,他被朝廷加太子少保衔,奉命统辖江苏、安徽、江西、浙江四省的军务。是时他向朝廷举荐左宗棠督办浙江军务、李鸿章出任江苏巡抚。

1861年8月22日,咸丰帝病死于热河避暑山庄,其子载淳继位,即同治帝。同治元年(1862年),曾国藩以安庆为大本营,命令曾国荃率部队顺江东下,同时命左宗棠率部自江西出发攻取浙江,又命李鸿章率部由上海去攻取苏南,这样一来,就实现了对天京的战略包围。同治三年十月,湘军跟李秀成等部数十万太平军在天京城外激战,持续围困天京。终于攻破了天京城池。曾国藩在经过十几年的千辛万苦后,终于取得了对太平天国作战的决定性胜利。曾国藩也因此被朝廷封为一等毅勇侯,加太子太傅。朝廷在给予厚封的同时,又对他及其手下的十余万湘军给予了高度警惕。

居功不傲　知荣守辱

太平天国起义被镇压下去之后,对曾国藩来说已经功成名就了。可是,富有心计的曾国藩此时并未感到得意,也没有那种飘飘然的感觉。相反,他越来越惶恐,越来越谨慎了。当时和曾氏同处于一个战场的其他将帅,虽然表面上对曾国藩颂扬恭维,可是在暗中则竭力挑刺,恨不得一棒子将他打死。就在自己的九弟及其他人忙于抢掠财富,忙于争功的时候,曾国藩也在尽力地淡化自己头上的光环,缩小中箭的靶的。他在这个时候想的不是如何欣赏自己的成绩和名利,而是想起了那些在中国历史上曾身居权要的重臣因为不懂得功成身退而导致身败名裂的往事。担心自己会功高招忌,恐遭"狡兔死走狗烹"的厄运。

于是,他向朝廷上奏说这次能消灭太平军并非是他个人的功劳,而是把灭太平军的功劳归之于先帝、太后和朝廷,归之于协同作战的友军,认为自己做的事并不多。接下来他写信给他的弟弟曾国荃,劝他尽快抽身引退,方可"善始善终,免蹈大戾"。曾国藩叫他的弟弟认真回忆一下当湘军攻陷天京后是怎样度过一次次政治危机的。原来,湘军进入了天京城以后,就大肆地洗劫抢掠,城内金银财宝,就数他的弟弟曾国荃抢的最多。左宗棠等大臣就这件事向朝廷上奏弹劾曾国藩兄弟吞没财宝罪,清朝廷当时就想追查此事,曾国藩极是知趣,进城之后,怕自己功高震主,树大招风,于是急办了三件事情:(1)盖贡院,当年就举行了分试,提拔江南人士;(2)建造南京旗兵营房,把北京的那些闲散旗兵请来驻防,并发给全饷;(3)裁撤湘军达4万人,以此来显示自己并非是在谋取权势。这三件事一办,马上使多方面的矛盾都缓和了下来,那些原来准备想要弹劾他的人也都住手,不再上奏弹劾了,清廷为此也只得不再给予追究。

同时,他又上奏折给清廷,说湘军成立和打仗的时间已经很长了,由此难免会沾染上一些旧军队的恶习,且已然没有了昔日的那种生气,所以他向朝廷奏请将自己一手编练的湘军给遣散。曾国藩想以此来向皇帝和朝廷证明,自己无意拥军,并非是什么谋私利的野心家,而是一位忠于清廷的卫士。曾国藩想得很周到,他在奏折里面尽管请求遣散湘军,可是对于他个人的去留问题却只字不提。因为他心里明白,如果自己在奏折里面说自己要求留在朝廷效力,必将使朝廷怀疑自己贪权恋钱;如果在奏折中明确地请求自己解职回归故里的话,那也会产生多方面的猜疑,会让清廷以为他不愿再继续为朝廷效力尽忠,同时还可能被许多湘军将领奉为领袖而招致清廷的猜忌。

其实,自太平天国被镇压之后,清廷就一直在思考如何解决曾国藩的问题。因为曾国藩拥有朝廷不能调动的一支强大军队,对清朝廷是一个潜在的大危险。清廷的大臣们可是不会放过这个问题的。如果依照清廷的办法去加以解决,不但湘军难以保住,曾国藩的地位肯定也不会保住。正在朝廷想着如何解决时,曾国藩此时的主动请求,正中朝廷的下怀,于是马上下令遣散了大部分的湘军。因为这个问题是曾国藩主动提出来的,所以在对待曾国藩个人时,清政府仍然让他担任两江总督之职。

同治四年,他奉朝廷之命督办直隶、山东、河南三省的军务,对捻军起义进行镇压。他把军队驻扎在徐州,采用了重点设防的方针,在临淮、山东济宁、河南周口和徐州驻扎重兵,这样一来,一个地方有难,三个地方都能进行援救。可是因为兵力单薄,而没有达到十分有效的效果。同治五年,他又采用了聚兵防河的办法,就是在北面的黄河、东面的运河、南面的淮河、西面的贾鲁河和沙河河岸筑深沟高墙,设置重兵进行防守,其意图就是想把捻军给困死,可是又失败了。转过年来的冬季,清廷改派李鸿章来接替,命他仍回两江总督本任,后来他又被调任直隶总督。1870年6月,天津发生了教案,他奉命前往查办,在处理这个案子的过程中,他屈从于法国势力,处决了官民数十人,由此受到社会舆论的谴责。到了9月,他又还任两江总督。

在镇压农民起义的过程中,他注重使用西洋枪炮。早年枪炮大多是由国外购进的。到了后来他就提出了"师夷智以造炮制船"的思想,1861年,设立了安庆内军械所，制造"洋枪洋炮"，后又试制小火轮船。1863年，造成了"黄鹄"号轮船，并派人赴美国购买机器。1865年至1866年和李鸿章在上海创办了江南制造总局等军事工业。后为之积极地筹措经费，派遣学童到美国留学，成为清末兴办洋务事业的首创者。曾国藩毕生推崇程朱理学，主张兼取各家之长，认为义理、考据、经济、辞章四者不可缺一，可他始终都是将理学放在首要地位。在古文、诗词方面都有着很高的造诣，被当时人奉为桐城派的后期领袖。

曾国藩所处时期，正是清王朝由乾嘉盛世转而为没落、衰败的时期，当时内忧外患接踵而来，由于曾国藩等人的力挽狂澜，才一度出现了"同治中兴"的局面，而曾国藩本人也正是这一过渡时期的核心人物，他在政治、军事、文化、经济等各个方面都产生了令人注目的影响。这种影响不仅仅作用于当时，而且还一直延至今日。从而使他成为中国近代史上最显赫和最有争议的历史人物。

同治十一年二月初四日(1872年3月12日)午后，曾国藩由长子曾纪泽陪同散步，忽感不适，被扶至书房，很快就去世了，终年61岁。清政府追赠太傅，谥文正，并在江宁、湖南、安徽、湖北等地建立专祠，在国史馆立传，6月25日，曾国藩灵柩运达长沙。7月19日出殡于长沙南门外金盆岭。1874年12月13日改葬于善化县(今望城区)平塘伏龙山。后世人将他的诗文、奏章、信函汇总成《曾文正公全集》出版。

权臣篇

伯嚭：贪赃纵敌　害贤祸国

伯　嚭

【人物档案】

姓名：伯嚭

生卒：（？～前473年，一说前473年以后）

别名：太宰否、伯否。

朝代：春秋晚期

职务：太宰

主要成就：伐楚入郢

【枭雄本色】

　　伯嚭，春秋晚期人，生于楚国。因躲避父难投奔吴国，在伍子胥的引荐下，担任吴国太宰（大夫），与伍子胥一起共图国事。起初，由于尚未在吴国站稳脚跟，他与伍子胥同舟共济，出谋划策，为吴国出了不少力。得志后，便利用权力和地位，贪财纵敌，不惜出卖国家利益。拿人钱财，替人免灾，伯嚭助勾践引美女西施入吴，把夫差搞得神魂颠倒，忘了杀父之仇，放过勾践一马，最终落得个国破身死的下场。吴国既灭，伯嚭也完成了使命，勾践毫不犹豫地送他上了断头台。

【风云叱咤】

名臣世家　惨遭横祸

　　吴王夫差二年（前494年），越王勾践被吴王夫差打败之后，便含垢忍耻，刻苦图强。经过十年生聚、十年教训的不懈努力，终于转弱为强，攻灭吴国，称霸徐州，为后世留下了"卧薪尝胆"的佳话。但人们通常不会想到，如果没有伯嚭的鼎力相助，越王勾践恐怕连性命都难以保全，更无法实现其复国大计了。

　　伯嚭原是楚国的贵族，后来为了躲避奸臣的迫害而投奔了吴国。他"为人览闻辨见，目达耳通，诸事无所不知"，在吴国争霸图强的事业中卓有功勋，吴王夫差对他十分器重，任命他为太宰。这样一位深受君王宠信，"位高权盛，专邦之枋"的吴国大臣，为什么要救敌之命、助敌成事呢？原因很简单：他被越王勾践的"美人计"和重金贿赂迷住了心窍。

吴国太宰伯嚭贪图贿赂、陷害忠良,把个人私利置于国家利益之上,他的所作所为,实乃奸佞小人之行径,然而这个备受后人口诛笔伐的奸臣却是出身名臣世家,他的先人几乎个个都称得上一代名臣。

公元前516年,楚平王死,他的儿子珍,即后来的昭王,被立为国君。当时囊瓦为令尹,伯郤宛(伯嚭之父)为左尹,鄢将师为右尹。费无忌因做过昭王的老师,昭王便让他与前三人同执国政。

公元前515年,吴王派大将掩余、烛庸二人率兵2万,水陆并进攻打楚国,将楚国一个叫潜的城邑(今安徽霍山东北)包围起来。楚王让左司马沈尹戍率陆军一万救援潜邑,另派左尹伯郤宛率水军一万从淮汭顺流而下,将吴兵的退路截断。这时,吴国国内发生了政变。公子光利用吴王的得力大臣在国外与楚军交战的有利时机,设宴请吴王僚赴会,在宴席上让刺客专诸刺杀了僚,公子光篡夺了王位,他就是吴王阖闾。掩余、烛庸困在潜城、不见救兵前来,忽然听到公子光弑主夺位,放声大哭。二人怕被太子光加害,乘夜弃军逃走,掩余投奔徐国,烛庸投奔钟吾。天明,吴军兵士不见主将,群龙无首,乱作一团,各抢船只奔回吴国,兵器铠甲丢弃无数,全被伯郤宛的水军所得。楚军将领想乘吴国内乱之机讨伐吴国,但伯郤宛却以为不可,劝阻他们说:"他们乘我国大丧来攻打我们是不义之举,我们怎么能效法他们呢?"于是同沈尹戍一同班师回朝。楚昭王以郤宛有功,把所获铠甲兵器的一半赐给他,对他敬重有加,遇事常和他商议。

然而楚昭王的老师费无忌见伯郤宛备受宠信器重,不由嫉妒顿生。

平王在位时,费无忌以阿谀奉承讨得了平王的欢心,被任为大夫。平王将长子建立为太子,封伍奢为太子太师。费无忌为了能在将来太子继位之后仍然得到宠信,向平王请求去侍奉太子,平王就封他为太子少师。不过,他虽为太子少师,却不尽教导太子之责,每日只知陪平王淫乐。太子建十分厌恶他的这种谄媚奸佞行径,费无忌知道后心生畏惧,不由动了加害太子的念头。为了培植自己的力量,他将朋党鄢将师推荐给平王,善于见风使舵、溜须拍马的鄢将师也得到平王的宠信。后来,费无忌向平王进谗,害得太师伍奢家破人亡,太子建也出奔他国。平王便以秦女所生之子珍为太子,以费无忌为太子太师。太子珍(即昭王)继位时,在共同执掌国政的四人中,鄢将师和费无忌狼狈为奸,囊瓦和伯郤宛都很正直诚实,二人也未结党,费无忌对昭王的影响是比较大的,他的地位没有受到多大威胁。后来,伯郤宛竟因战功赫赫而使昭王对他恩宠有加,备受敬重,费无忌的宠信地位受到动摇。为人正直磊落的伯郤宛一旦和昭王建立起牢固的信任关系,作恶多端的费无忌肯定不会有什么好果子吃。老奸巨猾的费无忌看出了伯郤宛对他的威胁,便决定除掉他。

费无忌同鄢将师商量出一个阴谋。无忌先去见囊瓦,骗他说:"左尹想设宴请我们去喝酒,托我探探相国的意思,不知相国肯去否?"

囊瓦说:"他如果要请我,我哪有不去的道理?"

无忌又跑去对郤宛说:"令尹对我说,想在你家饮酒,不知您是否愿意准备招待?所以他托我先来探探您的意思。"

郤宛不知是计,答道:"我位居下僚,承蒙令尹厚爱,屈驾光临,实感荣幸!明日定当备酒奉候,烦请费大夫您转告令尹。"

无忌说:"您宴请令尹,拿什么东西来表示您对令尹的敬意呢?"

郤宛说："不知令尹喜欢的东西是什么？"

无忌说："令尹最喜欢坚固的铠甲和锋利的兵器。他来你家饮酒的原因，主要是想借此机会看看您从吴军那里俘获的，后来由大王赏给您一半的兵器铠甲。您把所有的兵器铠甲全拿出来，我替你挑选。"

郤宛信以为真，将楚昭王所赐以及家中所藏的全部铠甲兵器拿出来让无忌看。无忌将兵器铠甲各挑了五十件，说："够了。您把它们放在门口，用帷幕罩起来，令尹来后一定会问，这是什么东西，问的时候您就揭开让他看，令尹一定会高兴地观赏，您趁此机会把它们奉送给令尹。如果是其他东西，令尹并不喜欢。"

伯郤宛听信了费无忌的话，真的就在门的左边设起帷帐，将兵器铠甲放在里面。然后备办好丰盛的酒席，托费无忌去邀请囊瓦来赴宴。

囊瓦准备起身赴宴，无忌说："人心不可测。我先替你去探一探设宴的情况，然后您再去不迟。"

过了一会儿，费无忌踉踉跄跄地跑回来，喘着气对囊瓦说："我差一点害了相国。左尹今日请您赴宴，根本没怀什么好意，将要做出对相国不利的事来。我刚才看见他家门口用帷帐罩着兵器铠甲，相国若往，必遭毒手！"

囊瓦说："左尹平日和我无冤无仇，怎么会这样对待我呢？"

无忌说："他依仗大王宠信他，想代您为令尹。另外，我听说左尹暗通吴国，当年在救援潜拢一战时，将领们想乘胜讨伐吴国，但左尹私下得到吴人的贿赂，认为乘吴国发生内乱而去攻打它是不义之举，于是强迫左司马班师而回。吴国乘我国大丧，我国乘吴内乱，正好相报，怎么能不去伐吴！左尹如果不是得到吴人的贿赂，怎肯违背众人意愿轻易退兵？左尹如果得志，楚国就危险了。"

囊瓦不太相信，又打发身边之人去看，派去的人回来报告说："门口的帷幕中确实藏有兵器铠甲。"

囊瓦大怒，将鄢将师请来，告知郤宛要谋害自己之事。将师趁机火上浇油，说："郤宛同阳令终、阳佗、晋陈三族结党，早就想独揽楚国的大政了。"

囊瓦说："郤宛这些异国的匹夫，竟敢作乱，我定当亲手杀死他们！"于是将此事奏知楚王，楚王让鄢将师率兵来攻伯郤宛。

直到这时，伯郤宛才明白自己中了费无忌的暗算，但为时已晚，有口难辩，被迫拔剑自刎。他的儿子伯嚭惧祸逃出郊外去了。囊瓦焚烧郤宛府第，将伯氏一族全部诛灭，郤宛之尸骨亦烧毁无存。随后又将阳令终、阳佗、晋陈拘捕，给他们定以通吴谋叛的罪名，全部杀死，楚国人无不替他们喊冤。

一晚，囊瓦月夜登楼，街市上传来歌声，其词云：

莫学郤大夫，忠而见诛，身既死，骨无余。楚国无君，惟费与鄢。令尹木偶，为人作茧。天若有知，报应立显。

囊瓦让人访查，才知道郤宛确实是含冤而死，心中非常后悔。后来他找机会同司马沈尹戍一起除掉了费无忌的鄢将师。除奸时，百姓拿着各种兵器，争先恐后地前来相助，烧毁费、鄢两家住宅，将其党羽全部杀死。

伯氏一门皆为忠良，虽死犹荣。然而到伯嚭时，却以奸佞之行径辱没了先人的美名，败坏了门风。

投奔吴国　志在灭楚

家庭突遭横祸后,伯嚭逃奔在外,听说伍奢的儿子伍员(字子胥)逃到吴国后得到重用,便也决定投奔到吴国去。

伍员和伯嚭逃奔吴国,有一个重要的原因,那就是吴国是楚国的相仇之国,他们将来可以借它的力量报仇雪恨。

伍子胥辗转来到吴国时,已是吴王僚在位了。而当伯嚭来吴时,伍子胥已帮助阖庐(一作阖闾)刺杀了僚,夺得了王位。吴王阖庐任伍子胥为行人(主持外交的大夫),凡遇国家大事,都与他商议。

伯嚭见到伍子胥后,含泪诉说了自家的不幸遭遇,这又勾起了伍子胥愤恨伤心之处,二人相对而泣。伍子胥当然不会忘记八年前(前522)楚王和费无忌是如何杀害自己父亲和哥哥的。

现在,正当伍子胥为借兵伐楚做准备的时候,同他遭遇相似的伯嚭前来拜见,诉说费无忌的罪行。二人同病相怜,伍员便将这位与自己一样深受迫害的故国之人引见给阖庐。

阖庐认为,伯嚭既是郤宛之后,又有子胥引见,应该不是一般的凡夫俗子,于是问道:"寡人之国地处偏僻的东海之滨,你不远千里来到我们这个国家,将有什么要教导寡人的呢?"

伯嚭回答道:"我的祖父和父亲两代为楚国效力。我父无罪,惨遭杀害。我四处逃命,无家可归。听说大王扶持正义,收纳了究厄亡命的伍子胥,所以不远千里前来投奔您,甘愿听从大王的驱策,是死是活就由大王您来决定吧!"

听完伯嚭的诉说后,阖庐非常同情他,于是封伯嚭为大夫,与伍子胥同议国事。当大家对伯嚭大表同情之际,善于相人的吴大夫被离却对伯嚭有独到的看法。被离是因举荐伍子胥有功,而被阖庐升为大夫。今见伯嚭,观其相貌神情和言语举止,心中颇为担忧。他私下里向刚毅正直的伍子胥说出了自己的担心。并问伍子胥:"您凭什么相信伯嚭呢?"

伍子胥说:"我对楚国的怨恨与伯嚭相同,谚云:'同病相怜,同忧相救。惊翔之鸟,相随而集;濑下之水,因复俱流。'您对这有什么好奇怪的呢?"

被离说:"您看到的是表面的东西,没有看到他的内在实质。从我的观察来看,伯嚭这个人的面相举止是鹰视虎步。这种人生性贪佞,专功而擅杀,是不可同他亲近的。如果有一天他受到了重用,那您的大麻烦就要来了。"

但是,同乡之情,相同遭遇以及惺惺相惜,使伍子胥的情感天平大大地向伯嚭倾斜了。他无论如何也不能相信遭遇非常不幸且对自己有恭敬相从之心的伯嚭会是被离所预言的那种凶狠奸佞之徒。况且,刚毅正直的伍子胥一直认为受人滴水之恩,必以涌泉相报。是他将走投无路的伯嚭引荐给吴王并受到了任用,伯嚭只会对他感恩,怎么会去伤害他呢? 如果他不做对伯嚭不利的事,伯嚭也不会对不起他的。这样一想,伍子胥觉得被离未免有些过虑了。故而对他的话不以为然,依然同伯嚭一起事奉吴王。

伯嚭刚来到吴国,人地两生,虽得伍子胥之力而为大夫,实无功于吴国,和吴王的关系并不亲密。这时的伯嚭脚跟未稳,羽翼未丰,还没有太多的欲望,只是谨慎小心地应付着周围的一切,使自己能够在吴国安然无恙地生活下去。这时他在吴国最亲近的人就是伍子胥。许多方面他都需要仰仗伍子胥的照顾。子胥就是他的保护伞。再说向楚报仇一事不靠伍子胥,凭他伯嚭在吴国的地位和影响是很难办成的。秉承了祖父伯州犁机敏之性的伯嚭当然清楚这一切。他对伍子胥的依赖,决定了他对子胥的恭敬。这种恭敬是发自内心的。向楚报仇是他和子胥的共同目的,这使得他能与子胥同舟共济,互相配合。

但伯嚭决不会满足于现状。他也是楚国名臣之后,伍子胥能在吴国取得如此地位,他却不能,这不能不使他对伍子胥也产生了嫉妒。但同时伯嚭也很明白伍子胥在吴多年,有大功于吴王,而自己刚到吴国,并没有建立什么功劳,因而伯嚭对自己当时的处境是清楚的,这种妒忌虽有,但几乎是一闪,并不强烈到足以使他去危害对方的地步。伯嚭心中有自己的打算,他要为自己寻找建功立业的机会,他将伐楚视为改变自己地位的关键时机。因为伐楚一是能了报仇雪恨之愿,更重要的是它为自己提供了一次建功立业的大好时机。如果他能建功,即使不能升官,也不会因身为吴国大夫而无功于吴国而感到惭愧,同时,必将引起吴王的注意,使他同吴王的关系能有所亲近。如此一来,他伯嚭的底气就会足起来,在吴国仰人鼻息的日子会得到改变。以后再靠自己的努力,在吴国同伍子胥并驾齐驱,甚至超过他,也不是不可能的。

正因为有了这些打算,伯嚭希望凭借伍子胥的影响能促成伐楚之日的早日到来。

借吴伐楚　终报家仇

阖庐刚登上王位时,就答应了伍子胥,要替他向楚国复仇。当子胥荐举专诸刺杀了公子庆忌,除去阖庐的最后一块心病时,就流着泪对吴王说:"大王的患祸已全部铲除,但不知臣的大仇什么时候才能得报?"

刚到吴国不久的伯嚭也哭着请求吴王发兵伐楚,阖庐说:"明天我们就开始商量这个事情吧!"子胥、伯嚭盼望已久的伐楚报仇的日子终于到来了。

为给伐楚做好准备,伍子胥向吴王荐举了著名的政治家和军事家孙武训练军队。此外,他又献上"三师更番扰楚"的计策,吴出一师,楚军全出,"敌出我归,敌归我出"。从楚昭王以后,楚国每年都受到吴兵的侵扰,弄得精疲力尽,士气低落。

公元前506年11月,阖庐拜孙武为大将,以伍子胥、伯嚭为副将,亲弟公子夫概为先锋,公子山专督粮饷,发兵六万,同唐、蔡两国联合,乘楚军连年作战,精疲力尽之机,大举攻楚。大军从水路进军,到达豫章,又越过大别山,与楚军在柏举(湖北麻城)决战,结果楚军大败。吴军不畏路途遥远,一直追袭着楚兵,五战五捷,攻下楚都郢(今湖北江陵西北),楚昭王只带了一个妹妹仓皇逃出。

伍子胥找不到楚昭王,便让人挖开平王的坟墓,狠狠地对平王的尸体抽了三百鞭子,以报杀父灭兄之仇。吴王住进楚宫,孙武、伯嚭等人也分别住进楚国各个大夫的宅第,奸淫他们的妻妾,以此来侮辱楚国。楚国遭到空前的浩劫。伯嚭的复仇之心非常激烈。对他来说,能将楚国践踏到如此地步,他的复仇的愿望已得到满足。再说,昭王原是信任他父亲的,他对昭王并没有多大的仇恨,他主要的仇人是费无忌、鄢将师和囊瓦,而费无忌、鄢将师已被受了蒙蔽的囊瓦诛杀。而囊瓦这次带兵同吴交战，兵败惧罪，不敢回郢，逃到郑国，吴军移兵伐郑，郑定公非常害怕，认为是囊瓦带来了祸端，囊瓦被迫自杀。伯嚭感觉到自己的仇人都已死了，报仇的目的已经达到。

复仇只是伯嚭通过伐楚所要达到的目的之一，他还有一个目的，就是在伐楚中建功，为自己取得在吴国安身立命的政治资本。复仇的目的已经达到了。而立功呢，他是不满意的。虽然在战斗中他作战勇敢，但同孙武、伍子胥相比，他就逊色多了，没有出过什么奇策，也没有赫赫的战功，仅仅搞过一些接应，同吴王一起攻打楚国的都城郢也没有攻下来，与孙、伍的差距是很大的。伯嚭的心里极不平衡，复仇的满足带来的快慰已被这种差距带来的恼火和对二人的嫉妒代替了。他希望再寻找时机建立奇功，期望他能与孙、伍二人，特别是与自己的同乡伍子胥抗衡一下。

伐楚获胜之后，由于伍子胥和伯嚭的报仇愿望得以实现，使他们的共同目的少了一些，另外二人的地位又有所改变，他们之间的关系发生了微妙的变化。主要表现在伯嚭身上。这时他已从大夫升为太宰，与子胥同执国政，不但居位无愧，而且同吴王十分亲近。

在吴国已站稳了脚跟后，伯嚭的羽毛渐渐丰满起来，同子胥分庭抗礼有了一定的基础，因此对子胥虽也恭敬，但毕竟不像以前那么依赖他了，伯嚭自认为如今在吴国也是独当一面的人物，不必再像以前小心谨慎地夹着尾巴做人了。

随着伯嚭和子胥共同利益的消失，由于他们二人的理想与性格上的差异，不可能避免地发生矛盾和斗争。这种斗争的结果，孙武已预见到了。以前他曾私下里告诉过伍子胥："王恃其强盛，四境无忧，必生骄乐之心。"他的话这时已经应验。刚正不阿以国为重的伍子胥同已有"骄乐之心"的吴王的矛盾在所难免，必为吴王所厌恨，给自己带来祸患。而替自身考虑较多、期望和吴主搞好关系的伯嚭，由于能善体王意，投王所好，自然会得到吴王的宠爱。这样一来，他同子胥的争斗就极易取得吴王的支持，从而确立并巩固自己在吴国的地位，打败自己的对手。伯嚭后来得志于吴、谗杀子胥就是明证。

越国战败　贪贿和越

越国过去曾几次帮助楚国攻打吴国。当吴王阖庐伐楚入郢之际，越人又趁其国内空虚起兵伐吴，迫使吴王从楚撤兵。因此，吴对越怀恨在心，时刻准备予以报复。"吴越之争"已在所难免。

公元前496年，越王允常死，他的儿子勾践继承王位。吴王阖庐想乘越国国丧伐越，子胥劝阻他说："越虽有袭吴之罪，然其正逢大丧，讨伐它是不吉祥的，稍缓一段时间再攻打它也不迟。"阖庐不听，留子胥和太子夫差守国，自己同伯嚭、王孙骆、专毅等，率精兵三万，讨伐越国。

越王勾践得知，亲自率军迎战。两军在檇李（今浙江嘉兴）相遇，各自摆开阵势。勾践见吴国军阵严整，不易攻破，就先让敢死队冲锋三次，但都被吴军弓弩手射回。这时，越将诸稽郢提醒说："可以利用咱们国家的罪犯杀敌。"勾践心领神会。

第二天，吴兵看到300多名越兵分为三队，袒着上衣，脖子上架着剑，向吴军阵前走来。为首一人说："我主越王，不自量力，得罪贵国，致辱不讨。臣等愿以死代越王之罪。"说罢，三百人相继自刎。

吴兵从未见过如此悲壮的场面，皆注目观看忘了身在战场，正莫名其妙、互相传语之时，越军忽然鸣鼓大进，冲进吴军阵中。吴军猝不及防，心下着慌，队伍大乱，纷纷败逃。阖庐被越将灵姑浮用戈击伤，一个脚趾被砍去，一只靴子被夺去，由于伤势太重，在回师途中救治无效。这样吴对越的仇恨更深了。

阖庐死后，太子夫差继位，他发誓要讨伐越国，替父报仇。为了激励自己，他让侍臣十人轮番站立在庭门，每当他出入之时，就喊："夫差，你忘了越国杀了你父亲吗？"他便回答说："不敢忘记！"

为了做好伐越的准备，他让子胥和伯嚭在太湖训练水军，等到三年丧期一过，就为父报仇。

公元前494年，三年丧期已满的夫差，便兴倾国之兵，以子胥为大将，伯嚭为副将，从太湖取水路讨伐越国。

两军在夫椒相遇。夫差亲自站在船头擂起战鼓激励士气，吴军顿时精神大振，勇气倍增。忽然北风大起，波涛汹涌，子胥、伯嚭各乘大舰顺风扬帆而下，箭如飞蝗般冲向越军。越兵迎着风向而战，十分不利，抵挡不住，大败而逃。吴兵分三路追击，杀死越兵不计其数。勾践只率五千残兵败将退守会稽山，吴军将其重重包围起来。子胥扎营于右，伯嚭扎营于左。

勾践叹道："从先君到孤，三十年来，从没有过这样的失败！后悔没有听从范、文二大夫之言。"这时，吴兵攻击加剧，眼见勾践要身亡国灭了。大夫文种向前奏道："情况很危急了！但现在求和还来得及。"

越王听从了求和的建议，于是派文种向吴求和。文种从宫中选了人员车辆拉着美女、宝石、黄金，朝会稽山急进。一更时分，到了太宰伯嚭营地，即刻求见。伯嚭刚刚躺下，闻越文种大夫求见，心中不快，本想不见，又想到文种此时到来，一定不会空手。指使手下人探明情况。手下人立即出门，探明文种带来了八名美女和宝石、黄金，向伯嚭禀报了。伯嚭一听心中高兴，面上怒道："宣文种进来！"起身离床，穿着睡衣坐在了会客帐里。

文种被带进后，立即跪下道："太宰在上，寡君勾践，年幼无知，获罪上国，今已追悔。愿举国为吴臣，恐上国天王不纳。知太宰功德巍巍，一言九鼎。寡君使下臣文种，叩首英明太宰辕门，借重贵言，收寡君于宇下。不腆之仪，聊效薄贽，自此源源而来矣。"文种从怀中掏出礼单跪前呈上。

伯嚭接过礼单，一折两半，作色生气道："破越指日可待，凡越所有，皆吴所有。区区薄礼，小视吾乎！"

文种又跪前一步说："越兵虽败，尚有精兵五千，以一当十，堪当一战。战而不胜，将尽烧库藏之积，窜身异国，以图再举，安得越有为吴有耶？即吴尽有，然大半归于王宫，太宰同诸将，不过瓜分一二。太宰若主越吴之和，越非降于吴王，实降于太宰也，春秋奉献，未入王宫，先入宰府。是太宰独享全越之利，诸将不得见焉。况困兽犹斗，依山一战，越军同气敌忾，如猛虎下山，太宰之营，敢保无不测之事乎？"

文种这一席话，入了伯嚭之心。伯嚭不自觉地点起头来。心想，若是不许和解，越军真向自己营地冲来，自己从楚到吴，好不容易混到的太宰高位，享不尽的荣华富贵，就可能付之东流。

文种见伯嚭心动，又说："此次进献八人，皆出王宫，寡君若生还越国，定当搜寻民间美于此者，送于宰府以备太宰洒扫庭除之用。"

伯嚭本是贪财好色之人，出兵两月，深感寂寞难耐。眼见美女、宝石、黄金到手，装腔作势了一会，便露出本相。笑脸请文种站起，说："文大夫舍子胥右营而来吾左营，信吾无害越之意。此事好说，明日，我引上大夫面见吾王，以决其议。"

文种见伯嚭答应，松了一口气，忙又跪道："越国全仗太宰成全。这里我代寡君勾践叩拜了！"

伯嚭笑道："快快请起，伯嚭承受不起。"命左右安排文种留宿营中，以礼相待。又令左右将宝石、黄金入库，将八个美女引入帐中。

次日一早，伯嚭带着文种来到中军夫差账中。伯嚭让文种在门口稍候，自己先入账见夫差。文种戏言道："太宰，勿忘昨夜之欢。"伯嚭也笑道："越女别有风情，嚭终生难忘。"压低声音说，"嚭不敢独享，昨夜已向大王献了一名。除子胥外的诸位将军，我亦各献了一名，哈哈。"文种闻言，心中真不是滋味！

伯嚭进账，见到夫差，行了君臣之礼，问了寝食之安后，述说了越王勾践派文种来营请降之意。

夫差不高兴地说："寡人与勾践有杀父之仇，如何许其降和？"

伯嚭不慌不忙道："大王不记孙武之言乎，'兵者凶器也'，可暂用不可久用。勾践得罪大王，已表示降服，其君为吴臣，其妻为吴妾，越国之宝器珍玩，尽扫贡于吴宫，乞求大王者，仅存宗把一线耳。受越之降，厚实也，赦越之罪，显名也，名实双收，有利无弊。若不许降和，勾践将焚庙毁宝，率死士五千，与吴死战。越人向以不怕死著称，槜李之战时，三百死囚乱我吴军，先王负伤致死。臣担心越人拼命，必冲中军而来，安得不伤大王乎？"

夫差对越人在槜李之战中用三百死囚乱了吴军的事记忆犹新，围山之后，也曾担心这一幕重演。伯嚭提起此事，心中不禁发怵。伯嚭见状，又进一步说："吴军离国太久，人心思乡，臣担心夫概之事……"夫差打了个手势，止住了太宰的话头。

伯嚭提到的夫概之事，是吴王阖闾伐楚占领郢都之后，其弟夫概在吴都姑苏自立为王的事。夫差对此事十分清楚，故而止住了伯嚭话头。话头制住了，但此事像阴影一样立时罩在了心头。夫差瞬时思虑了国内情况，虽然一时想不起哪个王叔王弟敢自立为王，但自己王位如何来的，自己清楚，往往就是一瞬之间，一句话决定了谁是君王啊！

"臣以为，"伯嚭又说，"接受越降，利大于弊。旷日争战，彼在山上，吾在山下，前景难料。"

伯嚭一席话，使夫差感到，杀父之仇已降到了次等位置。若不许越降，三百死囚一幕重现，自己也可能遭杀身之祸。对峙下去，国内有变，王叔、王兄们被诛的下场，可能落到自己身上。想到这里，觉得许降倒是上策，便问道："文种大夫安在？"伯嚭道："现在帐外候宣。"夫差道："宣他进来！"

文种听到宣声，知道事情已成，便膝行进帐，步步叩头，行至夫差近前，泣声说道："亡臣勾践使陪臣文种告上国天王，愿天王赦勾践之罪。勾践愿将越国宝器献天王左右，君为天王贱臣，臣为天王贱民，任听天王驱使。天王若不允，勾践将……"

夫差打断文种的话，他不愿再听到死战之语，高声说："汝君勾践为臣，能从寡人入吴否？"夫差想，若能把越王勾践带到吴国，越国等于无王，勾践虽生犹死，且生死操自己之手，随意拨弄，杀父之仇随时可报。

文种见夫差有允降之意,叩首说:"既为贱臣,死生在君,敢不侍奉天王左右。"

伯嚭帮腔道:"如此,大王已得越国,还图什么呢?"

夫差想了想说:"好吧!"

文种又在地下叩起响头:"天王英明!天王大德,高于上天!"

利欲熏心　庇护勾践

吴国答应越国的求和,使越国有了收拾残局的机会,但越国依然是吴国的案上鱼肉,不得不十分小心地同吴周旋。

勾践回到都城后见市井依旧,而丁壮男子却极为稀少,非常惭愧,他向越国父老解释说:"我不知道自己力量不足,又跟大国结了仇,弄得许多百姓惨死在原野,这是我的罪过。我请求改正!"于是埋葬死者,慰问伤者,扶助生还的人,参加百姓的吊贺,迎来送往,去掉百姓厌憎的东西,增加百姓所缺少的东西。等国事安排好之后,勾践让文种留守越国,夫妇俩同善于临机应变的范蠡,带着越国库藏的宝物和三百多人入吴服役。

勾践等人此去吴国,无异于投身虎口,凶多吉少。他们能否生还越国,谁也无法预料。因此,越国君臣在江口离别之时,无不垂泪。但事已如此,也没有别的办法,勾践仰天叹道:"死是人们所畏惧的,如果我听到自己要死,心中决不害怕。"于是登船径去,一直没有回头。

越王之所以屈身入吴,是因为他并不绝望,而是对生还抱有一些希望,而这希望就寄托在吴太宰伯嚭身上。在吴国,只有伯嚭能成为他们有一些把握的庇护人。因此,他们须得和伯嚭搞好关系。当越王进入吴界,就先让范蠡去吴山拜见伯嚭,范蠡令独山带领十几名水手抬着金币细纱,又令一名年龄稍大的女子带领二十九名女子随他一起到了伯嚭军营。

伯嚭从王孙雄口中得知,越王和王后已答应为奴,这几天即入吴,十分高兴。在吴越和议事上,己之所言夫差听了,说明大王对己之信任。伍子胥,哼!随他去吧。仗着扶大王上台有功,处处想教训大王,唠唠叨叨,如何不让大王心烦呢。天赐良机,越国请降,依仗自己说和,使自己地位又高出子胥一截。大王既已允和,下步更要促成此事,以免前功尽弃。

次日,伯嚭率军把越王押送到吴都,领他去见吴王。勾践袒露着上身爬伏于吴宫台阶下,夫人也在他旁边跪下。范蠡将宝物女子,开列名单呈献出来。勾践对吴王拜了两拜稽首说道:"东海役臣勾践不自量力而得罪大王。大王赦免了我深重的罪孽,使我能够在大王身边拿着箕帚做些杂活服役,得以保全性命,勾践我蒙此厚恩,不胜感戴!"说着连连叩首。

夫差说:"寡人如果念先君之仇,你今日哪还有命在?"

勾践又赶紧叩首说道:"臣确实罪该万死,希望大王能够怜悯臣!"

此时,站在一旁的伍子胥早已忍耐不住,上前大声奏道:"飞鸟在青云之上尚且要将它射下来,更何况它栖落于近在眼前的庭廊之间呢?这个勾践为人狡猾阴险,今天已成为釜中之鱼,性命控制在厨子手中,所以故意说出一些谄媚的话,装出一副可怜相,以求逃脱性命,免于被杀。他如果被赦免回去,就如同放虎归山,纵鲸入海,再想制服他就难了。"

夫差看到眼前的勾践战战兢兢只求保命,分明已成为自己的掌中之物,而伍相国却把他比作虎、鲸,未免有些危言耸听。再说杀了勾践,依伯嚭看,会损害他仁义宽厚名声,不利于以后称霸。因此,他不采纳伍子胥的建议:"孤听说诛杀降顺归服之人,会给三代人带来祸患。孤并非喜爱越王而不肯杀他,只是恐怕上天怪罪罢了。"

伯嚭见此,马上赞同吴王说:"子胥虽然明于一时之计,却不懂安国之道。大王的话确实是仁者之言啊!"

在吴王听来,伯嚭振振有词的说理要比伍子胥咄咄逼人的进谏顺耳得多。他满意地点头赞许。子胥见吴王不采纳自己的意见,气呼呼地拂袖而去。

夫差接受了越国的贡献之物,然后将勾践夫妇贬入刚刚建成在阖庐墓侧的石屋,除去他们的衣冠,让他们蓬着头,穿着破衣烂衫去养马。伯嚭暗地里给他们送一些食物,夫妇俩仅免于饥饿。吴王每次驾车出游,勾践手执马鞭牵马走在车前,人们都指着他说:"这就是越王!"勾践只是低头不语。过了几个月,吴王让人偷偷观察他们的情形,观察的人回来报告说勾践夫妇都很认真卖力地养马,脸上没有一点怨恨之色,晚上也听不到他们一丝愁叹之声。吴王据此以为勾践已无怀念故国的念头,将其置诸脑后。

有一天,夫差登上姑苏台,望见越王夫妇端坐于马粪之旁,范蠡手拿马鞭站在右侧,夫差心中为之一动。因为沦落到如此境况,他们的举止尚不失君臣之礼和夫妇之仪。他回头对身旁的伯嚭说:"越王不过是一个小国的君主,范蠡也不过是一个士人,但身处困苦之地,却能不失君臣之礼,令人可敬。"

伯嚭为了使越王脱离吴国,永远安全,实现自己当年对越王的许诺,并从越国给自己捞到更多的好处,早就准备着帮助越王返国。为此,他时时留心吴王的态度,寻找机会为越王说情。今天,这个时机终于出现了,他说:"不只是可敬,也让人怜悯。"

一向以仁者自诩的夫差,听善揣人主之心的伯嚭这么一说,当然要有所表现。他说:"确实像太宰说的,寡人不忍心再看到他们这种样子。如果他能够悔过自新的话,也可以赦免他们吗?"

夫差的最后一句话,正是伯嚭早就想听到的。于是,伯嚭马上答道:"臣听说'没有得不到回报的恩德'。大王以圣王之心,哀怜孤穷之士,对越国施加恩德,越国怎么会不重重报答吴国呢?希望大王可以赦免他们。"

听了伯嚭的怂恿,夫差觉得自己似乎已是"圣王",于是决定对可怜的小国之君发一些慈悲显示一下自己的仁爱宽厚,他说:"让太史选择一个吉日,我要赦免越王并让其回国。"

不久,吴王害了一场大病,两三个月不见好转,勾践和范蠡在伯嚭带领下,来到夫差寝榻之前。夫差正在迷糊之中。伯嚭近前:"大王,勾践前来问疾?"

夫差强睁双目,说:"勾践来见孤乎?"

勾践和范蠡连忙叩首。勾践道:"因臣闻大王龙体失调,寝食不安,如摧肝肺,特烦太宰引见问疾,愿大王早日康复。"

"唔……"夫差正欲说话,肚内一阵滚雷,胀疼难忍,正疑范蠡之药是否有毒,只觉将有便出。急呼:"桶!桶!"头上之汗随之而出。侍人见状,急将便桶放至榻前,扶夫差坐上,只听卟的一声,夫差便下,喘口大气。夫差一直吃得精细,多日未便,拉下的东西,酸臭无比,寝宫之内,怪味呛鼻。

范蠡叩首:"恭喜大王!恭喜大王!"

夫差拉了一堆东西,腹中疼痛消失,浑身冒了大汗,顿觉清爽,高兴地说:"先生真乃神医。寡人之疾,依仗先生了。"打个手势,示意贴心侍人,撤下埋伏的武士。

范蠡道:"小臣昨日曾向太宰禀报,大王便溺之后,若有忠心之人,用舌尝便,说出味道,臣对症下药,大王之病,可早愈矣。"

夫差问伯嚭:"可有人肯尝乎?"

伯嚭面有难色。

勾践跪前叩首道:"囚臣原在东海,曾事医师,观人粪便,能知症结之所在,求大王许囚臣尝便。"

拉完大便卧倒在榻的夫差,没想到勾践愿做此事,"唔"了一声。

勾践道:"君病臣忧,父疼子代,囚臣之性命,乃大王所赐,无以为报,愿尝粪知症,以表忠于大王之心。"

夫差感动,有些不忍:"唔!你毕竟一国之君,这种埋汰之事如何让你做呢?"

"大王!"勾践又叩头,"大王若不许囚臣尝便,就是不信臣之忠心,囚臣无地自容,只好撞死在大王榻前。"说完抬头往榻上撞去。伯嚭急忙拉住说:"大王,宫中一时找不到尝便之人,成全勾践之忠心吧。"

夫差见勾践十分真诚,点头同意。

侍人已将便桶移到了门口,盖了盖子。勾践见夫差点头,叩了一个头,跪行桶前,揭开桶盖,伸过鹰鼻,贪婪嗅闻,伸出右手长指,到桶内挖了一块粪便,吐出长舌,舔了起来。神色犹如馋猫尝腥一般。

这一刻,夫差寝宫空气凝固了!

侍人们不由掩起了口鼻。

伯嚭、夫差情不自禁闭上了眼睛。

跪在一边的范蠡心里笑了。从夫差神态中看出,夫差之心已被攻下了。

勾践咂咂嘴,发出响声,意在告诉围观之人,他正在品尝。

侍人们发出赞叹勾践忠心的声音。

勾践笑了,眼泪淌了出来,回头面向夫差,高兴叫道:"恭喜大王,贺喜大王,大王之病月内即可痊愈。"

夫差惊喜交加:"何以知之?"

勾践道:"夫粪者,谷气也,顺则健,逆则疾。今大王之便,味苦且酸,是春夏之气凝滞也。范蠡之药,已将其疏通,保养数日,即可强健如初。"

范蠡接口道:"小臣已知大王粪便之味,药服之后定见奇效,大王放心,月内可上朝理事。"

伯嚭见缝插针道:"越国君臣对大王忠心,苍天可鉴!"

夫差对勾践君臣戒心已无影踪。感叹地赞道:"唔!比子事父,臣事君还仁义!太宰,你能尝吾粪便乎?"

伯嚭笑道:"臣甚爱大王,然此事亦不能。"

夫差又问侍人:"你们能做到吗?"

侍人们摇头。

夫差叹道:"不但太宰、你们做不到,吾太子、王后也做不到。仁哉勾践也!"

勾践听到，又连连叩头："愿大王早日康复！"

夫差下了决心："待吾康复，即赦尔君臣返国，苍天可鉴。"

夫差的病果然渐渐地好了，而且都应了勾践所说的日期。他心中感念勾践的忠诚，于是在文台安排酒席，召勾践赴宴。勾践装作不知，仍然穿着囚犯的衣服前来。夫差听说，马上让他沐浴，更换衣帽。勾践辞谢再三，方才奉命。换衣后进见，再拜稽首。已对勾践另眼相看的夫差慌忙将他扶起，并传令道："越王是仁德之人，怎能让他长久受辱！寡人要将他免罪放还。今日以越王设置面北之坐，群臣要以客礼相待。"于是拱手将越王让进客座。大夫们都坐在旁边。

子胥见吴王忘记大仇，以宾客之礼对待勾践，心中生气，不肯入座。拂袖离席而去。

伯嚭趁机毁谤伍子胥："大王以仁者之心，赦免仁者的过错。臣听说'同声相和，同气相求'。今日自然应该仁者留下，不仁者离去。相国是一个刚勇的人，他不坐，大概是惭愧了吧！"

夫差早就对伍子胥不满，听了伯嚭话，心中有点幸灾乐祸，他笑着说："太宰说得恰当。"

酒宴之后，夫差让王孙雄将他们送到客馆去，并许诺说："三天之内，孤定会送你们回国。"

第三天，吴王在蛇门设宴，亲自送越王出城。群臣都去饯行，只有子胥一人没来。

夫差对勾践说："寡人赦君回国，君应该记着吴国之恩，不要记吴国之怨。"

勾践稽首言道："大王哀怜臣之困苦，使臣能生还故国，臣定当生生世世，竭力报效吴国的恩德。苍天在上，实鉴臣心，如若有负吴国，皇天不佑！"

勾践发誓之后，夫差心中更加踏实，他说："君子一言为定。请您上路吧！多加勉励！"

勾践再次向吴王跪拜，泪流满面，装出恋恋不舍的样子。夫差亲自扶勾践上车，越王夫妇同范蠡一起回越去了。

越国君臣的离开让吴太宰伯嚭大松了一口气。但这并没有割断他同越国暗中建立起来的利害关系。只要吴国还有威胁越国存亡的因素存在，他伯嚭就不能撒手不管。越国投下的诱饵已使伯嚭上钩，伯嚭有把柄抓在越国手中，此时也有些身不由己了。他有求于越王，而越王也有求于他，他控制着越王，越王同样也控制着他。要维护和发展这种关系，双方只有相互满足对方的要求，否则，结果只能两败俱伤。保护越国的最坏结果伯嚭当然也意识到，无非是越国渐渐强大，反回来灭掉吴国。而有拯救越国大功的他，绝不会得不到优厚的回报。再说以吴国目前的实力，越国想灭掉吴国也没那么容易，也未必敢有此心。想到这些，他不再有所顾虑。为了自己的利益，伯嚭决心"帮人帮到底"，继续在吴国充当越国的保护人的角色。当然，越国在以后实行自己的复仇计划时，也绝不放弃对伯嚭的利用。

忘恩负义　残害忠良

作为吴国的大贪官，伯嚭害怕的并不是吴王夫差，而是忠贞廉洁的良臣伍子胥。当年他逃到吴国时，伍子胥曾极力把他推荐给吴王，使他结束了流落四方、无所归宿的狼狈生活，得以在吴国安身，并获得了高位厚禄，而且伍子胥还在同秦军的战斗中，挽救过他的性命。可是，这个贪佞小人，只知贪图个人的荣华富贵，不知感恩图报。为了名利，便把一切都抛于脑后，不仅出卖国家利益，而且还忘恩负义，加害恩人。在对待越王勾践的求和、生杀、去留等问题上，由于伯嚭得到了勾践的贿赂，就与伍子胥发生了尖锐的矛盾和冲突。一个是维护吴国利益，一个是暗中出卖吴国。每当伍子胥力谏吴王除去勾践时，伯嚭总是千方百计诋毁伍子胥，一步步把吴王引向亡国之路。

越王勾践回国后，积极推行了一系列强国富民的措施和一系列削弱吴国实力的办法。这些措施和办法无疑会加深吴越两国之间的矛盾，特别是会加深吴国内部主张存越的伯嚭同主张灭越的伍子胥之间的矛盾。

越国君臣在秘密地进行复仇准备时，为了麻痹吴王，每月都派使臣去问候吴王，并带去一定的礼物。吴王被他的这些行为迷惑了，以为勾践恭顺，竟将方圆八百余里的吴地封给越王。越王又送来大量的礼物以答谢吴王。吴王极为高兴，更加相信伯嚭所言不假。相国伍子胥，得知封地之事，气得称病不朝。

夫差对越王已无戒心，就开始追求其他欲望的满足。有一天，他问伯嚭："现在国家周边无事，寡人想建一个宽广的宫室以便自娱，哪个地方合适呢？"

善于逢迎的伯嚭只讨吴王欢心，哪管国家利害，他当即奏道："吴都之内，高台美景，没有比得上姑苏的，但前王所建造的姑苏台，规模未免狭小。大王不如将此台重新改建，让它高可以望见百里之遥，广可以容纳六千余人，然后在台上召集歌童舞女，欣赏歌舞，这样，就可以极尽人间之乐。"

夫差同意了伯嚭的建议，于是悬赏购求大型木料。

越国君臣闻知，为了鼓励吴王修筑宫室，以便耗竭吴国财力，削弱吴国实力，就派木工三千余人在深山寻找。结果找到了两根巨型木料，勾践让文种将它沿江浮送到吴国，献给吴王，说："东海贱臣勾践，托大王的鸿福，私下造小殿时，偶然得到巨材，不敢自己使用，冒昧地让小使我献于王之左右。"

夫差见木料竟有二十围那么粗，四十丈长，不胜惊喜。

眼光敏锐的伍子胥看出了越国的意图，忍不住又来劝谏吴王："过去夏桀筑灵台，商纣起鹿台，使民力穷竭，导致了国家灭亡。勾践想害吴国，所以来献这些巨木，大王不要接受它。"

对勾践已十分信任的吴王夫差，哪里肯听子胥的逆耳忠言，他责怪道："勾践得到这样的好木料，自己不用而把它献给寡人，这是他的一番好意，怎么能拒绝呢？"于是不听子胥之言，用此木料修建姑苏台。

准备建筑材料用了三年，然后又用了五年时间才将此台修成。新修的姑苏台，高三百丈，广八十丈，登台后可以望见二百里远的地方。为筑此台，吴国百姓没日没夜地辛苦劳作，死于疲劳的不计其数。

伯嚭的引王作乐以及越国阴谋的得逞，使伍子胥愤恨不已，他不愿看到自己曾为之呕心沥血尽力辅佐的强大的吴国走向毁灭，决心尽自己最大的努力去挽救它，去唤醒吴王，而不管这会给自己带来什么危害。

修建姑苏台已消耗了吴国大量的财力。为了消磨吴王的意志，越王勾践趁夫差为姑苏台选歌童舞女之时，从国中访求到两位绝色女子西施和郑旦，经乐师对其教习歌舞等技艺之后，让相国范蠡将她们进献给吴国。范蠡见到吴王之后，拜了两拜,稽首言道:"东海贱臣勾践,感念大王的恩德,不能亲率妻妾在大王身边服侍,遍搜境内,得到两个善于歌舞的女子,使陪臣将她们送来王宫,以充洒扫之役。"

夫差看到两位如嫦娥下凡般的绝色女子,早已魂不守舍了。

而伍子胥偏在这时扫他的兴:"臣听说'夏因妹喜而亡,商因妲己而亡,周因褒姒而亡'。美女是亡国祸水,大王不要接受。"

追求享乐的夫差和机警谨慎的伍子胥所想当然不同。他对伍子胥怀疑越国存心不良的看法很不以为然。他说:"好色之心,人皆相同。勾践得到这样的美女能自己不享受,而将她们进献给寡人,这正证明了他对吴国的忠心耿耿。相国不要再怀疑了。"于是将两位美女收下。

夫差自得美女西施和郑旦,以姑苏台为家,日夜享乐,四时随意出游,沉湎于音乐歌舞,不以朝政为要。时常跟从在身边的臣子只有太宰伯嚭和王孙雄。伍子胥求见时,往往找借口把他打发回去。

公元前485年,齐国约吴国讨伐鲁,鲁国害怕,向齐谢罪。齐国没与吴国商量就答应停止攻打鲁国,然后又通知吴国不必兴兵。本来想借此扬威中原的吴王夫差听后大怒,说:"吴不是齐国的属国,吴国军队凭什么听他们的命令,说进就进,说停就停。"鲁国得知,就约请吴一起讨伐齐国,吴王立即同意。两国兴兵伐齐,大败齐国,齐最后以"愿世世服侍吴国"为条件讲和,两国军队方才撤退。

齐国对鲁国约吴伐齐怀恨在心,第二年(前484),齐国在齐鲁边境上驻扎重兵,准备伐鲁并灭其国。孔子的弟子子贡为救鲁国的危难,先去齐国,展开辩才从个人利害入手说动齐国相国陈恒,使齐准备伐吴,然后又到吴国,游说吴伐齐。

子贡来到吴国,对吴王说:"吴鲁两国联合伐齐,齐恨之入骨。现在齐在边境上驻兵,准备伐鲁,然后伐吴,大王何不伐齐救鲁?"然后,又根据吴王好大喜功的心理,从伐齐之利加以鼓动。"如果能打败万乘之国齐国,并收服千乘之国鲁国,威慑强晋,吴国就可以称霸了。"

吴王虽想称霸中原,这时却不能无所顾虑,他对越国国君勤于政事,训练军士,有图谋吴国之心,于是想先伐越国,然后再伐齐国,最后决定出兵攻打齐国。

吴兵就要出发伐齐时,子胥又来谏阻:"越国是我们的心腹之患,而齐国对我们来说只不过是像疥癣一样的小病。现在大王兴兵十万,千里运送粮食,去除疥癣小病,而忘记腹心之大毒,臣恐怕还未战胜齐国,我们吴国就会受到越国的祸害。"

夫差此时对越国已无怀疑之心,见子胥又来絮聒,扫他称霸之兴,不由恼恨起来:"孤发兵在即,老贼偏说出这些不吉利的话来阻挠大计,该当何罪?"想要杀掉子胥。

伯嚭盼望已久的除敌时机已经到来,但他却要装乖卖巧。吴王杀子胥,他若不劝阻,又怕别人唾骂,他若劝阻,又无法杀掉对手。于是想出一条计策,他向吴王建议,写下容易激怒齐国的战书,让伍子胥去送,企图借刀杀人。吴王对这个"妙计"连连称赞。子胥见吴王不听劝谏,料定吴国以后肯定要灭亡,去齐国的时候,带上了他的儿子伍封。但他并不知道,此事早已为居心不良的伯嚭探知。伯嚭以为伍氏父子此去齐国肯定不会活着回来,不料他的计策却被和子胥熟识的齐国鲍牧识破,因此齐国没有杀子胥。当鲍牧私下拜访子胥并问及吴国的事情时,子胥垂泪不语,只是叫出自己的儿子,让伍封叩拜鲍牧,把他寄居在鲍家,只称王孙封,不用武姓。将儿子安排好后,子胥回吴。

子胥还未到达国都，吴王夫差亲自率领中军，以伯嚭为副，胥门巢率领上军，王子姑曹率领下军，兴兵十万，连同越国三千兵士，已浩浩荡荡出发了。与此同时，夫差又派人去约鲁攻齐。子胥在半路遇见大军回复了出使齐国的任务之后，推说有病，先回吴国了。

伯嚭见齐国不杀子胥，阴谋没有实现，心中不甘。为了自身的利益和安全，他只好亲自动手除掉这个威胁自己的强敌。为此他对发生在子胥身上的一些事情加以曲解，编排出一篇足以置人于死地的恶毒的谗言。子胥离开大军后，他对吴王说："子胥为人刚猛粗暴，刻薄寡恩，又爱胡乱猜忌别人。他的怨恨之心恐怕会给吴国带来灾祸。去年伐齐的时候，子胥就认为不可行，结果赖大王英明决策，大胜齐军而还。子胥因为自己的意见未被采用，觉得受到了羞辱，心中愤恨不平。这次伐齐，他竟专愎强谏，诋毁朝政，只希望吴军战败以便证明他的意见正确。大王亲率国中几乎所有的兵力去攻打齐国，子胥却因大王不采纳他的意见，称病不随军出战，自回都中。此时作乱是很容易的，大王不可不加以防备。况且，我让人暗中伺探子胥，听说他出使齐国的时候，曾对儿子说：'吴国眼看就要灭亡，你同吴国一起灭亡，没有益处。'到了齐国，就把儿子托付给鲍牧。作为人臣，在国内不得志，在国外倚恃诸侯，又自以为是先王的谋臣，现在大王却不用他的意见，心中常怀怨恨。他一旦趁我们不在国内而作乱，是很危险的，希望大王早做打算！"

吴王听后，说："你不说，我也怀疑他。"于是派使臣赐伍子胥"属镂"剑，让他自杀。

伍子胥见自己对吴王一片忠心却落得被人陷害的下场，不禁仰天叹道："天哪！谗臣伯嚭在作乱，大王却反而杀我。"他恨夫差不辨忠奸，忘恩负义。拔剑自刎前，他怨愤地告诉门客："我死后，请将我的眼睛挖出来悬挂在都城东门，我要亲眼看到越寇的侵入和吴国的灭亡。"

吴王听说了子胥临终之言，心中大怒，让人将子胥的尸体装进皮囊，投入江中。吴国百姓同情这位忠臣的遭遇，悄悄将其捞出来，葬于吴山，后世因此改称吴山为胥山。

伍子胥死了，奸臣伯嚭的"心腹之患"终于除去了，吴王也不再听到违逆自己心意的絮聒，朝堂上下都是一片歌功颂德之声。子胥死后不久，吴、鲁这次联合伐齐又把齐国打得大败。齐国派使臣带着大量的金币，谢罪求和。夫差主张齐鲁两国言归于好，两国都表示听从并一起盟誓。夫差于是得胜回国。回都之后，即以伯嚭为相国。

吴国败亡　伯嚭被诛

吴王在第二次伐齐大胜之后，更加野心勃勃，觉得吴国现在已经具备了称霸诸侯的实力。越王勾践为迷惑吴国，表面依然恭顺。在助吴伐齐之后，勾践亲自带着臣下到吴国朝贺，且给吴国大臣都送了厚礼，新任相国伯嚭的那份最厚重。吴王见越王始终"孝顺"如一，又助吴伐齐有功，竟想又赐给越国封地，最后由于越王再三推辞才作罢。

盛气骄人的吴王这时对小小的已臣服的越国全没放在心上。就连伯嚭也为吴国虚假的强大所迷醉，觉得小小的越国根本构不成对吴国的威胁。而自己只消在吴王耳边替他们美言几句，就可得到大大的好处，何乐而不为呢？

　　吴国君臣万万没有想到就在他们盲目乐观自大的时候，经过"十年生聚，十年教训"的越国，在迷惑吴国的同时，已发展得足以同吴国相抗衡了。越国的"弱吴"措施使得吴国国力耗竭，只剩下个空虚的大架子，看似强大，实则不堪一击。而越国已今非昔比，国力逐渐强盛起来，它正虎视眈眈准备利用吴同齐、楚、晋争锋中出现的有利时机进攻吴国，公开地实施其复仇计划。

　　就在伍子胥死后的第三年（前482），越国终于等来了攻吴的机会。这一年春天，吴王夫差约请诸侯在黄池（今河南封丘南）会盟，想同晋国争做中原的霸主。出发之前，对吴国形势有清醒认识的吴太子友，为了劝阻此事，先给他的父亲讲了一个"螳螂捕蝉，黄雀在后"的故事，然后提醒他的父亲，吴越的情形正与此同：吴国北上去争霸主之位，而身后的越国却准备以精兵出三江、入五湖来灭吴国。对越国根本没放在眼里的夫差听后，斥责儿子不过是步伍子胥的后尘，根本不予理睬，他决心要实现自己雄心勃勃的霸业。于是，吴王夫差让太子友同一些老弱兵士留守国内，自己亲率国中精兵北上会盟去了。

　　越王勾践听说吴王已经离开吴国，同范蠡商议，决定利用吴国国内空虚的大好时机攻吴。于是召集四万多名精兵，攻入吴境，直逼姑苏，杀太子友等，吴兵全线大败，只得退守城中，火速派人去吴王处告急。

　　黄池的盟会这时还未开始，吴、晋两国正在为谁应为中原盟主争论不决。紧要关头，忽然使者报来越国攻吴的坏消息，吴王心中大惊。伯嚭急忙拔剑砍杀送信的使者。

　　夫差问："你为什么要杀使者？"

　　伯嚭说："事情的真假还不太确切，留下使者泄漏了消息，齐、晋将会趁机生事，大王怎么会平安地回国呢？"

　　夫差说："你说得对。然而吴、晋谁做盟主尚未确定，又传来这个消息，孤是不会盟就回去呢？还是会盟时让晋为先呢？"

　　王孙骆说："二者都不可取。不会盟就回去，人家就会看出我们有急事，如果会盟时让晋为先，我们的行动会听晋的摆布；一定要争得盟主之位，我们才会无事。"于是，君臣们开始讨论，连夜整顿队伍，摆开阵势，向晋国挑战，逼其让步。

　　晋国不明白吴军此举的端底，十分恐慌，不敢出营迎战，派董褐到吴军去探问，知吴要同晋决战，以定盟主之位。董褐还将自己发现的一个情况私下告诉给赵鞅："臣见吴王说话时口气虽硬，但脸色惨白，心中好像有大忧。估计可能是越国打进吴国。如果不让吴为先，必然同我们拼命，我们不可与这种亡命之徒作战。但是，我们也不能白让，一定要让其称公不称王才行。"

　　赵鞅对晋侯说了董褐的意见，晋侯没有别的办法，只好同意，就让董褐重入吴军，将晋国让吴为先的条件传给吴方。夫差怕晋军探知自己的底细，只得答应。于是举行盟会，推选夫差为盟主。不过好不容易得来的盟主之位并没有使夫差志得意满，那种滋味恐怕也不是"苦涩"二字所能概括得了的。

　　会盟一结束，夫差即班师从江淮水路回国。在途中连接告急之报，军士已知家国受到越国侵袭，心胆俱碎，又加上长途行军，疲劳不堪，早已没有了战斗力，一遇越军即为所败。自恃强大的夫差这才害怕起来，他气急败坏地对伯嚭说："你说越王肯定不会背叛，我听信你的话放回了他。时至今日，你应当为我向越王请和。不然的话，杀子胥的'属镂剑'还在，我当会用它杀了你！"

当年无限荣耀的伯嚭终于也尝到了自己酿的苦酒。进入越国军营的时候，他一扫过去的威风，稽首于越王座前，求其赦免吴国的罪行，吴军送给越军犒军的礼物，全部与越国过去给吴军的相同。

范蠡说："我们还不能马上灭掉吴国，暂且答应求和，也算是给太宰一个面子。吴从此以后已是元气大伤，将要走下坡路了。"

勾践同意了吴国求和，班师而回。

越国这次进攻，虽未灭吴，却使吴国大伤元气，失去了同越抗衡的实力，为越国最后灭吴创造了条件。

吴王夫差受此挫折，一蹶不振，再也不是从前那个有雄心大志的夫差了。他沉湎于酒色，不理朝政。祸不单行，吴国又连年发生饥荒，经济完全崩溃，弄得军民疲敝，全国上下怨声载道。经过充分准备的越国认为灭吴的时机已到，便加速了灭吴的进程。

公元前478年越国再次兴兵进攻吴国，在笠泽（一说即今太湖；一说系太湖东岸一小湖；一说即今吴淞江）大败吴军，三战三捷，直捣姑苏城下，吴国的军队溃败如流水。公元前475年越军又攻打姑苏，很快打到城下。由于城池坚固，一时难以攻下，勾践决定长期围困姑苏，以达到彻底灭吴的目的。围了三年，吴国处境非常艰难。公元前473年冬天，越军攻陷吴都，伯嚭向越军投降。夫差率众逃至姑苏台上，越军将其重重包围，夫差走投无路，便派王孙骆袒衣膝行至勾践面前求和，说："孤臣夫差冒昧地说出自己的心思，过去我在会稽得罪了君王，那时，夫差我不敢违抗您求和的命令，同君王谈和而归。现在君王来惩治我的罪过，我一切听从您的指挥，也希望君王能像会稽之赦那样赦免我的罪过。"

勾践听后，心中有些不忍，打算接受夫差的请求。范蠡怕勾践答应，马上劝阻说："君王您忍辱受苦二十余年为了什么？现在怎能抛弃前功呢？您忘记在会稽所受的困厄了吗？"随后对王孙骆道："过去上天把越国赐给你们吴国，你们不要它；今天上天把吴国赐给越国，我们不敢违背天命而听从你们的请求！"

勾践不忍心当面回绝王孙骆，就让范蠡处理此事。王孙骆再三苦苦哀求，范蠡丝毫不为所动，毅然击鼓进兵，说："请使者回去吧，否则就得罪了！"王孙骆哭着回去复命。勾践不禁又动了怜悯之心，他派人对吴王说："寡人念及昔日的一点情分，给你甬东（甬句东，今舟山群岛）之地居住，以五百家来供你的衣食，让你度过余生。"

夫差觉得有辱他一国君主的身份，就说："我老了，不能侍候您了。"于是决定拔剑自刎。临死之前，他连连叹息，哭着说道："我杀了忠臣伍子胥，今日自杀已经晚了！"又吩咐左右的侍臣说："如果我死后有知的话，没有脸面在地下见伍子胥，你们一定要用三幅重罗，盖在我的脸上。"说罢拔剑自杀。勾践命人按侯的礼节将他埋葬。

勾践灭掉吴国，暂居吴宫，百官前来朝贺，伯嚭也在其中。他不但面无愧色，而且还以越国的功臣自居，反倒显出一副得意的样子。

勾践对伯嚭并不感恩，反而对他充满了厌恶憎恨。作为一个国君，他绝不希望自己的臣子为了一己之利出卖本国的利益，更不会给这种误国奸贼以很高的待遇。鉴于吴亡的教训，他决心拿伯嚭开刀，使越国的臣子看一看奸贼的下场，杀鸡骇猴。他对伯嚭说:"你是吴国的太宰,寡人怎么敢委屈你呢? 你的君王在九泉,为什么不去跟随他?"伯嚭满脸羞愧,准备离开,勾践让力士抓住杀掉,并灭掉了他全家,说:"我在为忠臣伍子胥报仇啊!"

伯嚭就这样结束了他可耻的一生。临死之前,伯嚭也许想到了自己的先人,他们虽也遭杀身之祸,但却是一身正气,虽死犹荣,受人敬重。他应该后悔受贿护越之事。如果不是他贪心太重,私心太重,怎么会受越人的贿赂,充当他们的保护人而不惜出卖吴国的利益,结果是害国害人又害己。他当然更不会忘掉伍子胥,如果他能像子胥那样刚毅正直,处处以国家为重,他决不会同对自己有引荐之恩的这位同乡反目成仇乃至加害,也许在灭掉越国之后,他们会同心协力辅佐吴王成就真正的霸业,从而名垂青史,流芳百世了……然而这些反省对伯嚭来说已经太晚了。

历史留给导演吴亡悲剧的伯嚭的教训是深刻的,留给夫差的教训也是不小的。如果他以百姓为重,不好大喜功,亲贤臣远小人,不喜谀恶直,他怎么会受伯嚭迷惑,而导致亡国杀身的结局呢? 难怪他羞见忠心耿耿的伍子胥于地下了。

范蠡:智士能臣 千古奇人

范 蠡

【人物档案】

姓名:范蠡

别名:范少伯、陶朱公、鸱夷子皮。

生卒:前536年~前448年

籍贯:楚国宛地三户(今南阳淅川县滔河乡)人

字号:字少伯,号陶朱公。

朝代:春秋越国

职务:相国、上将军、上大夫。

主要作品:《计然篇》、《陶朱公生意经》《卢氏本草经》。

主要成就:辅助越王勾践灭吴、道商鼻祖。

【枭雄本色】

范蠡(约前536年—前448年),先秦时杰出的谋略家。他精通兵法,善于权谋和经商,是历朝历代罕见的能臣。他能在越王刚愎自用、执意伐吴时,提出高瞻远瞩的战略计谋;能在越王忍辱为吴奴仆时,相伴其左右;能在身处逆境时,矢志不渝,献计献策,保越王归国;能苦身深谋20年,等待时机,兴师伐吴,让越王报了会稽之仇;能在高官厚禄面前,不迷心智,预见"兔死狗烹"而毅然辞官,退隐从商;能巧用经商之术,仅十几年时间便成巨贾,使后世人"富者必称陶朱公"……

范蠡能把家事、国事都处理得如此圆满,真让后人难望其项背。

【风云叱咤】

年少轻狂 欲成大业

范蠡,字少伯,又称范伯,春秋来年楚国宛县(今河南南阳)人。出身微贱,但年轻时便显露出贤圣、独虑之明,只因愤世嫉俗,举止古怪,被称为"狂人"。他整日里独来独往,逍遥自在,隐身待时。这引起了当时任楚国宛令(宛地的长官)文种的注意。

文种认为,士有贤俊的资质,必然会被讥为装疯卖傻;内怀独见之明的人,必然会遭到预料不到的毁谤。于是,他亲自前去拜访范蠡。可范蠡却故意躲避起来,文种再来,范蠡才会客。文种见范蠡衣冠楚楚,彬彬有礼,有君子之容,非常高兴。

两人一谈,果然不出文种所料,范蠡知识渊博,富有谋略。他们共同谈论天下大事，探讨"霸王之道"，决心要干一番事业。范蠡认为，东南地区有建立霸业的基础和条件，决定先到吴国看看。但吴国此时正处于强盛期，人才济济，范蠡感到难有作为，于是转赴越国。

范蠡、文种来到越国时，越国正处在十分严峻的形势中。公元前494年，越王勾践闻吴国治兵备战，欲先发制人，派兵攻吴。

这时已成为越国大夫的范蠡知道勾践心情焦躁，难以御敌取胜。便极力劝阻道："不可。治国之道，要牢记三条：一要掌握好持盈之道，二要掌握好定倾之道，三要掌握好节事之道。"他接着说："天道盈而不溢，胜而不骄，劳而不恃其功。圣人随时而行，是谓守时，天时不至，人事不应，则隐忍不发。现今君王不盈不溢，未盛而骄，不劳而矜其功，实为逆于天而不和于人，若强行之，必危国家，害及己身。"

尽管范蠡极力劝阻，但勾践仍然刚愎自用，一意孤行，结果一出征就大败，被吴军围困在会稽山。

勾践身陷绝境，亡国之忧萦绕于怀。范蠡冷静地分析形势后，认为向吴王求和是上策。他和文种经过分析，认为吴王夫差好色，权臣太宰伯嚭贪财，是可供利用的缝隙。于是，他们用美女8人，白璧20双，黄金千镒，买通了伯嚭。

在伯嚭和文种的轮番游说下，吴王夫差下令与越国讲和。

陪伴勾践　卧薪尝胆

按照吴越两国讲和的条件，越王勾践携妻去吴国充当臣妾。临行前，勾践心中悲痛，与群臣哭成一片。范蠡则神态安然地在一旁劝慰道："臣听说'居不幽者志不广，形不愁者思不远'。古之圣贤，都遇到过困厄之难，蒙受过不赦之耻，并不仅仅是君主啊！"

勾践准备离国去吴，想留范蠡为相。范蠡说："对于兵甲之事，文种不如我；至于镇抚国家、亲抚百姓，我不如文种。臣愿随大王同赴吴国。"勾践依计随即登船径去。

勾践到了吴国，完全依照范蠡卑作言辞的计策，说得吴王一时怒气全消。再加上太宰伯嚭的暗中帮忙，勾践得以免于一死。但是，在吴国，他们却遭受了百般凌辱。在含羞蒙辱的日子里，身处逆境的范蠡"安守被辱之地"，泰然处之。他与勾践朝夕相伴，寸步不离，随时开导他，并为之出谋划策。

在这期间，吴王患了病。勾践闻之，就问范蠡吴王会不会病死。范蠡即献计说："愿大王自己去请求探视吴王，得见时，要求尝一下吴王的屎尿，看一下颜色，然后就拜贺说，吴王不会死的，不久就可以痊愈。日后吴王病好，自然就会相信你，到那时大王就不犯愁了。"勾践觉得此计很妙，就依计行事。

第二天，勾践在尝完吴王的粪便，诊断出病情后，果然受到了吴王的厚礼相待。后来，吴王终于赦越王勾践离吴归越。

公元前490年，勾践终于回到故国。他心念会稽之耻，决定将国都迁往会稽，命范蠡监造新都城。范蠡亲自规划新城，外筑围墙并修城门，唯独西北方向没修城门。他派人到处宣扬："如今越已臣服于吴，不能阻塞通往吴国进贡纳献的道路。"消息传到吴王夫差的耳朵里，夫差非常快慰。实际上，这是越人为不忘吴耻，为发兵伐吴进取之便才故意没修西北方向城门的。

新都建成，勾践便向范蠡请教复兴越国之策。范蠡说："天时、人事都是不断变化的,因而制定方针政策要因时和事而定。譬如地,它总摄万物,是一个整体。禽兽、庄稼等自始至终都不能离开地。万物不论美恶,地都一视同仁,使之生长,人类也依赖它的养生。然而万物之生长又各有定时,不到一定的时机,是不可能勉强生长的;人事的变化也是一样的,不到最后的转折点,是不可能勉强成功的。因此,应该顺应自然以处当世,等到机会到来时,就会把不利于己的局面扭转过来。"勾践听罢,连连点头。范蠡接着又说:"疆域之内,大王应身体力行,拿出时间与百姓共同春种、秋收和冬藏。要让他们勤于稼穑,这样他们的生活才能日益富足,人口才会增加,国家的财富和食粮才会尽快充实起来。在这方面我不如文种。在对外关系方面,应礼待弱小的国家,对于强国则要柔而不屈,强而不刚。至于吴国,则要等待或促使它走向衰落,等到时机成熟时,方可一举而灭之。在这方面,文种不如我。"他最后说道:"但愿大王时时勿忘石室之辱,则越国可光,而吴仇可报矣!"

勾践听罢,频频点头。于是,他依范蠡之计,任命文种主持国政,范蠡治理军旅,并负责外交事务。勾践自己则"卧薪尝胆",苦身劳心,发愤图强。

天时地利　起兵灭吴

在回国后的第四年,越王勾践召见范蠡,表示要举兵讨伐吴国。范蠡连忙加以阻止。又过了一年,越王勾践又意欲伐吴。范蠡以为时机尚未成熟,忙谏阻道:"我国虽然尽心人事但天时未应。"勾践纳谏,仍旧隐忍不发。

周敬王三十六年(前484年),吴王夫差听信伯嚭谗言,怒杀忠臣伍子胥。勾践闻知,便问范蠡现在是不是伐吴的好时机。范蠡答道:"反常的迹象虽已萌芽,但从天地的整体来看,吴国灭亡的征兆尚未十分明显。如果此时加以讨伐,还是不能成功的。"勾践闻罢,心中不悦。

周敬王三十七年(前483年),吴国发生了罕见的大饥荒。越王勾践认为时机已经成熟,立即召见范蠡谋划伐吴之事,范蠡却仍然说:"天时已至,人事未尽,大王姑且等待。"勾践再也听不进去了,大怒。范蠡平静地说:"大王息怒。人事必须与天时、地利互相融合,方能大功告成。现在吴国遭灾,君臣上下反而会同心协力,来抵御内忧外患。为了进一步麻痹吴王,大王可外出打猎,只是不宜过于放纵;可饮酒为乐,只要别沉迷其中就可以了。这样,吴国君臣见大王无伐吴之心,他们势必会更加胡作非为。等到吴国的百姓食不果腹怨恨其君时,大王率兵乘虚伐吴,定会马到成功。"勾践一听,范蠡的话确有一番道理,只好强压怒火,待时而动。

再说吴王夫差认为越国已被彻底降服,便于周敬王三十八年(前482年),亲率精兵伐晋。于是,勾践又问现在是否可以兴兵伐吴。范蠡说:"唯君命是从!顺时成事,犹如救火,当果决疾行,唯恐不及。"勾践大悦,下令兴师伐吴。

周敬王三十八年(前482年)6月,越军兵分两路,兴师伐吴。征战中,吴国太子友身陷重围,被乱箭射死。

吴王夫差闻知,暗遣使者,请求勾践赦免吴国。范蠡见勾践犹豫不决,忙说道:"目前还难以使吴国彻底灭亡,大王可以姑且准和,等待时机再给予毁灭性的打击。"于是勾践赦吴班师。

周敬王四十二年(前477年),越军再次兴兵伐吴,越、吴两军在笠泽夹江对阵。吴军惨败,越军乘胜将吴都姑苏团团围住。勾践又依范蠡之计,高筑营垒,围而不战，竟达3年之久。

至周元王三年（前473年），吴王夫差在越军的强大攻势下，退守于姑苏孤城，派王孙骆向勾践求和。勾践不忍，有意准降。范蠡见状说道："当年大王兵败会稽，天以越赐吴，吴国不取，致有今日。现在天又以吴赐越，越岂可逆天行事？况且，大王勤劳国事，不是为了报吴国的仇吗？难道大王忘了昔日的困辱了吗？谋划了20年，一旦捐弃前功，伐柯者就在眼前！天与不取，反受其咎。"勾践仍面露不忍之色。范蠡当机立断，对王孙骆说："越王已任政于我，使者如不尽快离开，我将失礼，有所得罪了！"说罢，他击鼓传令，大张声势。王孙骆知求和无望，痛哭流涕而去。

不久，越军攻入姑苏城，吴国灭亡。吴王夫差拔剑自刎。

飞鸟尽　良弓藏

灭吴之后，越军横行于江淮之间，成为春秋、战国之交争雄于天下的强国。范蠡因谋划征伐之大功，官封上将军。

但范蠡居安思危，以为盛名之下，难以久居，应该适时而退。他久随勾践，对勾践的为人有非常深刻的认识。在范蠡看来，勾践有一个很大的弱点，即"可与同患，难以处安"。范蠡乘一次随越王征伐途中经五湖时向越王告辞说："君王好自勉之，臣不复入越国矣。"越王对范蠡的举动感到非常意外，不惜硬软兼施说服范蠡留下。但范蠡不为所动，还是"乘扁舟，出三江，入五湖"，一时不知去向。

范蠡在决意隐退避祸的时候，没有忘记老朋友文种。在出走前，曾劝文种也离开越国，说不然会被越王杀掉。范蠡离去之后，又特意写了一封书信告诫文种说："飞鸟尽，良弓藏，狡兔死，走狗烹。越王为人长颈鸟喙（嘴），可与共患难，不可与共乐。子何不去？"文种见书，心有所动，但未能果断离越。不久，越王勾践听信小人所进谗言，赐剑命文种自裁。文种没听范蠡的忠告，落得如此下场。

范蠡出走后，不久就从海路到了齐国（今山东省一带），自称鸱夷子皮，带着儿子，居于沿海一带，从事农业生产。由于范蠡很懂农业生产知识，加上自己一家人的辛勤耕耘，渐渐富裕起来，以至"致产数十万"。齐王见范蠡如此善于营生发家，竟一下要任他为相。范蠡接此职务时，回顾自己的经历，感叹道："居家则致千金，居官则至卿相，此布衣之极也。久受尊名，不祥。"因此又归还相印辞官，同时散尽大部分家财给朋友、乡邻后，再次迁徙，从小道移居到陶（今山东定陶区）。

陶这个地方，交通便利，范蠡看中这里是从事商业活动的好地方，于是因地制宜，除了"父子耕畜"外，把更多精力放在经商方面。范蠡在经济方面特别是在商业上，运用了计然的重要思想。

范蠡师事计然，尽得其术，便用以经商。据司马迁《史记·货殖列传》记载：范蠡"适齐为鸱夷子皮，之陶为朱公。朱公以为陶天下之中，诸侯四通，货物所交易也。乃治产居，与时逐而不责于人。故善治生者，能择人而任时。十九年之中三致千金，再分散与贫交疏昆弟，此所谓富好行其德者也。后年衰老而听子孙，子孙修业而息之，遂至巨万，故言富者皆称陶朱公。"

这段话表明，陶朱公经商致富之道，主要是善于择地、择人、择时。

他实践了计然的经济理论，总结出"择时与择人、择地相结合"的致富术。更可贵的是，他能在经商成巨富后，用所得救济贫困人，因而他既是商人之祖，也是商人的典范。

张良：运筹帷幄　决胜千里

【人物档案】

姓名：张良
别名：留文成侯
字号：字子房
生卒：约前251年~前186年
籍贯：一说颍川城父（今河南郏县）人，另一说
沛郡（今安徽亳州）人。
朝代：汉朝
职务：大司马
封号：留侯
谥号：文成
主要成就：助刘邦建立汉朝，助刘盈保住太子
之位。
评价：夫运筹策帷帐之中，决胜于千里之外，
吾不如子房。（刘邦语）

张　良

【梟雄本色】

　　张良是汉代著名的开国谋臣，是汉初的"三杰之一"，本为战国时期韩国的贵公子，但身居乱世，胸怀国亡家败的悲愤，毅然投身于倥偬的兵戎生涯，辅佐刘邦建立了宏伟的汉室家业，完成了古代文人的宏愿"修身、齐家、治国平天下"。刘邦赞其为"运筹于帷幄之中，决胜于千里之外"，给予了张良极高的评价。综观张良的一生，以三寸不烂之舌为帝王师，最后封万户，位居列侯，然功成身退，乃学道术。张良的传奇经历，真让人心生敬慕啊！

【风云叱咤】

举义灭秦　扶助刘邦

　　张良生于战国末期韩国的阳夏，出身于贵族世家，他的祖父曾连任战国时期韩国三朝的宰相。父亲张平也继任韩国两朝的宰相。到了张良这一代时，韩国逐渐走向了衰落，最终被秦国所灭。因为韩国的灭亡，使得张良失去了继承父业的机会，由此也丧失了显赫荣耀的地位，所以他把这种亡国亡家之恨都集中到了反秦上面。

张良青年的时候就有着一颗报国复韩的雄心，在弟弟亡世之后，他就把家中所有的财资都用来访求刺客上面。后来终于找到了一名大力士，并叫人打制了一个重达一百二十斤重的大铁锥。当他得知秦始皇正准备离京东游的时候，便和大力士在博浪沙那里进行埋伏，等到秦始皇的车路过时，大力士将大铁锥掷了出去，结果误中了副车，张良见势不妙，只得快速逃走。张良锥击秦王没有成功，反倒成了被通缉的罪犯，各处都张贴着捉拿他的榜文。为了躲避官兵的追杀，张良不得不隐姓埋名，逃到了一个名叫下邳的地方，在那里躲避起来，静候风声。

有一天，张良出来闲游，他信步来到了沂水圯桥头上，这时迎面过来一位穿着粗布短袍的老翁，当他从张良的身边路过时，故意一抬脚把鞋子脱落到了桥下，他停下来，向张良叫道："小子，快下去把鞋给我捡起来！"张良当时就是一怔，心想这老头也太霸道了，为什么要我给你去捡鞋呢？可是他又一想，老头上了年纪，我给

张良塑像

他把鞋取上来又有何妨。于是他就来到桥下，把鞋取了上来。可是老者又把脚跷了起来，让张良给他穿上。张良不由面有怒容，就想挥拳揍他，可是张良已经经历过了人间的世事沧桑，饱尝了漂泊生活中的种种滋味和磨难，所以已经不是很冲动了。他把怒火压了下去，小心翼翼地把鞋穿在老人的脚上。但是老人并不言谢，而是看都不看张良，扬长而去。张良望着他远去的背影，不禁一阵发呆，就在这时，只见那老者忽然转身又返回到了桥上，对他说："孺子是可教之人，你于5日后的凌晨再到这座桥头和我相会。"张良不知他有什么深意，但还是非常恭敬地答应下来。5天过后，天刚蒙蒙亮，张良就来到了桥上。可是那老人已经在桥上等着他了，见到张良，老人的第一句话就是："既然已与老人相约，为什么还误了时间？5日后你再来！"说完之后，他转身离去。又过5天，他再次比老人晚了一步。等到第三次时，张良索性就睡到了桥上等候。他的至诚和隐忍精神终于感动了老者，老者送给张良一本书，并说："这本书希望你能好好阅读，10年后天下大乱时，它可助你兴邦立国；咱们13年后再相见。"说完，老人再不留连，转身离去。这位老者就是传说中的隐身于岩穴的高士黄石公，也被人称为"圯上老人"。

张良打开那本书一看，才知道是一本名为《太公兵法》的奇书。从此以后，他日

夜研习,并静观天下世事的动态变化,准备随机而动。秦二世元年七月,陈胜、吴广在大泽乡举兵反秦。随后,全国各地的反秦武装也风起云涌。矢志抗秦的张良见时机已到,于是聚集了100多名义士,也扯起了反秦的大旗。但因身单力孤,难以立足,便率众投奔到自立为假楚王的义军景驹那里,半路上正好遇上在下邳一带发展势力的刘邦。两个人见面叙谈了一番,都觉得很是投机。刘邦发现张良是难得的人才,便想把他留在身边。张良也见刘邦是个能成大事的人,于是改变了投奔景驹的主意,决定跟随刘邦打天下。刘邦对张良十分器重和信赖,而张良自身的聪明才智也得以有机会充分地施展。

秦二世二年六月,项梁、项羽叔侄拥立楚怀王之孙熊心为王,把各路义军首领召集到薛城共商大事。张良没有忘记复兴韩国,对项梁提议:"在韩王的子孙中,横阳君也很是贤德,你既然已经立楚王的后人为王,也可以立他为王。"因为早在下邳的时候,项梁和张良之间就有比较深的友情,所以项梁也就一口应承下来。他叫人把韩王成给找到了,并立他做了韩王,让张良为司徒。张良长期以来的"复韩"愿望终于达到了,可是还必须实现"复家"的政治夙愿啊。所以他竭尽全力地辅助韩王成,指挥军队进行收复韩地的计划,他们虽然攻取了数城,可是又被秦兵给夺回去了,如此一来,过了很长时间都没有能够开创出大的局面。也就在这一年的年底,刘邦、项羽分兵讨伐秦都,当时双方做了约定:谁先入关取了咸阳,便立谁为王。

秦二世三年七月,刘邦攻取了颍川。韩王成带着张良一起和刘邦会师了。刘邦请韩王留守阳翟,让张良随军南下。在攻克南阳郡进逼宛城时,遭到了顽强的抵抗。刘邦灭秦心切,想要绕过宛城,然后西进。张良认为这样做并不稳妥,他说:"进关虽然很急,可是我们在路上还会遇到很多秦兵的阻挡,如果此时不拿下宛城,宛城的秦兵必定会从后面追杀过来,这样一来,前有秦兵,后有追兵,我们就处于危险的境地了。"刘邦认为他的建议很正确,于是,立即让军队把宛城重重包围。接着,以攻心之术,使南阳太守投降,结果,刘邦兵不血刃,轻取了宛城。把西进的后顾之忧给解除了。此后,刘邦士气大振,接下来又有其他城池纷纷起而效之,望风投降。

同年十二月,刘邦率军抵达了位于南阳与关中的交通要隘蛲关,此关是通往秦都咸阳的咽喉要塞,因此有重兵把守。刘邦正想亲率部队攻关,可是被张良给制止住了,他对刘邦说,关内兵力强大,不可轻

张良庙

举妄动。可是刘邦又担心项羽大军抢先进入关中,张良想了一下,就向刘邦献了一

个智取的妙计。他说:"我听说镇守峣关的守将是个屠夫的儿子,对于这种市侩小人,只需用些钱财就可以打动他的心了。您可以预先备下5万人的粮饷,并于四周的山上增设大量军队的旗号,以此虚张声势,作为疑兵。然后派人多带珍宝财物诱降秦将,事情也许能够很快就获得成功。"刘邦依计行事,果然顺利地招降了峣关的守将,并表示愿意配合刘邦进攻咸阳。刘邦十分高兴,张良却很冷静,他说:"我们只不过招降了峣关的守将,可是他的部下却未必服从。所以应趁秦兵懈怠之机,把他们一举消灭。"刘邦听从了他的建议,率兵突然对峣关发起了攻击,秦军大败,逃到蓝田退守。刘邦引兵绕过峣关,穿越黄山,消灭了蓝田的秦兵。然后,大军继续西行,顺利地抵达了霸上。

此时,秦二世已经被赵高杀死,秦王子婴成为新的秦王。眼见义军来势凶猛,他知道自己无力维护大秦王朝,只得乘素车白马,出城纳降。由此,雄霸四方的大秦帝国灭亡了。

刘邦西进入关,由于采纳了张良的计策,一路上没有遇到太多的阻碍,历时仅一年的时间,就比项羽抢先一步进入关中。刘邦到了咸阳的秦宫之后,立即被这豪华的宫殿、美貌的宫女以及大量的珍宝异物给吸引住了,他有些昏昏然了。刘邦想留居宫中,安享这种富贵生活。武将樊哙冒死犯颜强谏,刘邦对此并未加以理睬。他的部下也有很多人对此心急如焚。在这关键时刻,张良又一次面见刘邦,对其分析利害,他说:"秦王是因为多做不义的事,所以您才能把他推翻进入咸阳。既然您已铲除了这样的祸害,就不应重蹈覆辙,而应该在天下人面前做出榜样,布衣素食,以示节俭。可千万不要沉溺在享乐中,助纣为虐啊。"张良虽然语气平和,可是话中对古今成败道理的揭示以及"助纣为虐"等字眼,使得刘邦不由从梦中蓦然惊醒过来。刘邦毕竟还是有清醒头脑的人,他略一沉思,马上愉快地接受了张良的建议,当即下令封存秦朝宫室、府库、财物。这些事情做完之后,他率军回到霸上,等待项羽的到来。在此期间,刘邦还听从张良的建议,召集了附近诸县的父老豪杰,对他们约法三章:"杀人者死,伤人及盗抵罪。"并由此把秦法全部废除,叫各县官民都放心。并说自己的军队并不是秦朝的军队,绝不侵民施暴。他还派人同秦吏一起到各地巡行,把约法三章告示民众。由此一来,博得了秦民的一致拥戴,他们纷纷用牛羊酒食来慰劳军士。刘邦命令军士不要接受百姓的丝毫物件,并对百姓说:"我们军队中粮草充足,不需要乡亲们再破费了。"秦地百姓一见,越发高兴,都希望刘邦为秦地之王。此后,刘邦又采纳张良的建议,施行了这一系列安民措施,大得民心,这为他日后再次进关,同项羽争雄天下打下了良好的政治基础。

追随汉王　谋断有道

公元前206年二月,项羽率兵抵达函谷关。刘邦命令紧闭关门,不让诸侯兵马进关。项羽早就得知刘邦已攻下咸阳,心中便有些恼怒,这时,刘邦部下曹无伤来密告项羽,说刘邦想要在关中称王。项羽用强兵攻取了函谷关,然后率军队进驻新丰、鸿门,大有与刘邦决一死战的架势。

项羽的另一位叔父项伯因为和张良有旧交,就派人悄悄会见张良,把项羽要攻打刘邦的消息告诉了他,希望他能够赶紧逃走。张良说:"我是奉韩王之命来送沛公入关的,而今沛公身处危境,我怎么能够溜走呢? 这是不合人情道义的。我必须当面向他辞行才可以离开。"而后，张良面见刘邦，把项伯所说的都告诉了他。刘邦非常害怕，急忙问张良该怎么办？张良反问他："您认为我们的军队能抵挡住项羽的进攻吗？"刘邦马上摇头说："不能。可事已至此，又该怎么办呢？"张良便说，当务之急是让项羽放弃进攻刘邦的计划。要想达到这一目的，可以利用项伯这个人。他对刘邦说："您派人去告诉项伯，说您绝无背叛项王之意。"刘邦听了，只好说：

"那就烦劳你走一趟，替我把项伯给请来，我要像对待兄长一样来对待他。"经张良再三邀请，项伯终于来见刘邦。刘邦亲自给项伯斟酒祝寿，并由此结为了儿女亲家。二人酒至酣处，刘邦忽然面带委屈之色地说："我自从入关以来，对秦朝的吏民都造册入籍，府库财产严以封存，并且专门等项将军前来接收。我派将士把守函谷关，是为防盗贼窜入，也是为了防止非常的变故发生。我日夜都在盼望项将军的到来，怎么敢反叛呢？请您一定将我的心意向项将军转达，我决不会忘记将军的大德。"项伯听了，满口答应下来，并告诉他："你明天一早一定要亲自来向项羽谢罪。"项伯连夜又赶回鸿门，向项羽叙说了此事，这样一来，才使得剑拔弩张的局势得以缓解。

项羽

刘邦明知此次鸿门之行犹如虎口做客，危险性很高，可是又不能不去。这时候，张良为刘邦精辟地分析了项羽其人，并想好了一切措施来保护刘邦的安全。第二天，刘邦带着张良、樊哙和百余名随从骑马来到楚营。刘邦一见项羽，就说："我同将军合力攻秦，只是因为侥幸，我才能够先入关破秦，现在有小人故意向将军您进谗言，使将军同我结怨……"项羽见刘邦如此谦恭，于是动了"妇人之仁"，便脱口说道："这都是曹无伤对我说的，他说你要在关中称王，否则的话，我又何必如此呢。"项羽听刘邦说自己先行入关并无非份之处，自己对刘邦如此相待倒有违约之嫌，顿时觉得有些理屈词穷了。

项羽当即设宴款待刘邦，这时候，项羽的谋臣范增屡次示意项羽，暗示他速下决断，把刘邦趁机杀死。可是项羽都默然不应。范增到帐外把勇士项庄找来，授意他舞剑助兴，并伺机杀死刘邦。项伯早已看出其意图，于是拔剑对舞，用自己的身体护住刘邦。张良一看情况不太好，他找到樊哙，让他速去护驾。樊哙一听，二话没说，当即持剑拥盾闯入了军门，直奔帐下，瞪着两眼，怒视项羽，其状大有万夫不当之勇。项羽感到很惊讶，他问："这是什么人？"张良回答："他是沛公的随从卫士樊哙。"项羽称赞说："真是一条好汉，赏给他酒！"樊哙端过酒来，站着一饮而尽。一连喝了几大碗，并借题发挥，对项羽进行数落，说刘邦劳苦功高，指斥项羽疑心过重。项羽在这一时间竟被他慷慨激昂的言辞给震慑住了，无言以对，他招呼樊哙坐下，樊哙乘此时机坐了张良身边。过了不大一会儿，刘邦看见情势已有些好转，便借口说去厕所，樊哙张良则紧随其后。三人背地里商量了一番，最后决定由樊哙保护着刘邦脱身，张良则留下来进行应付。

刘邦在樊哙等人的护卫下，经骊山、过芷阳，专走近路，终于返回了霸上。此时，只剩下身处虎穴的张良沉着冷静地跟项羽进行周旋。等他估计刘邦已经回到了军中，便提出告辞："沛公不胜酒力，所以不能辞行，我奉命现将白璧一双，敬献大王；另备玉斗一双，敬献范将军。"项羽收下白璧，也就不了了之。可是范增却气得把玉斗狠摔到地上，非常愤怒地说："项王此人不足与谋。将来的天下，一定会被沛公刘邦所得，我们这些人也必将会成为他的阶下囚！"张良以其大智大勇，巧妙地帮助刘邦脱离虎口，同时又使项羽内部埋下了君臣相隙的祸根。

公元前206年正月，项羽自立为西楚霸王，统辖梁、楚九郡，同时分封了18位诸侯王，并违背了楚怀王"谁先入关，谁即为关中王"的约定，封刘邦为汉王，让他到偏僻荒凉的巴蜀。而把关中分封给了秦朝的三个降将，用以遏制刘邦进军北上。刘邦为此心中怀有怨恨，当时就想率兵攻击项羽，可是经萧何、张良一再劝阻，这才隐忍未发。

天下分封已定，张良打算回韩国，再度服侍韩王成。临别时，刘邦赐金百镒，珠二斗。而张良却把这些金珠全部转赠给了项伯，让他再为汉王请求加封汉中地区。项伯马上去说服项羽。这样一来，刘邦便建都南郑，占据了秦岭以南的巴、蜀、汉中三郡之地。张良在送刘邦的过程中看见此处群山环抱，各处都是悬崖峭壁，除了度人用的栈道凌空高架之外，再无其他的途径进入汉中，便建议刘邦在大军过完之后，把入蜀的栈道全部烧毁，以此来表示自己再也没有东顾之意，打消项羽的猜忌，同时也能防备其他人的袭击。同时他还劝阻刘邦，让他乘机养精蓄锐，等待时机成熟，然后再出兵争夺天下。刘邦听从张良的计策，烧掉了沿途的栈道。进入汉中之后，励精图治，积极地进行休整。

同年八月，刘邦任用韩信为大将，并依其计，避开正面雍王章邯的防御，从故道"暗渡陈仓"，汉军的出现，使雍王章邯、塞王司马欣和翟王董翳大为吃惊，他们仓促应战，结果被打得打败，刘邦由此平定三秦，夺取了关中这块宝地。三秦已定，刘邦便可以依靠富饶的关中地区，同项羽逐鹿天下了。

当项羽听说刘邦出了汉中并平定三秦之后，立即组织兵马进行反击。张良早已经谋算到这一点，他便给项羽写了一封信，用以蒙蔽项羽，声称："汉王名不副实，他只不过想得到关中，实践当年入关为王的诺约，从此以后，他就再也不敢向东进了。"与此同时，张良还把齐王田荣谋叛的事情转告给了项羽，说是齐国想要和赵国共同联兵来消灭楚国，如此大敌当前，不可不防啊。张良这封信的意图就是把楚军的注意力引向东部。项羽自然不会想到这是张良的计策，所以他很自然地就相信了张良的说法，无意西顾，转而把力量对准了三齐诸地的毫无生气的腐朽力量。由此为刘邦赢得了极为宝贵的休养生息的时间。

没过多长时间，项羽就在彭城杀死了韩王成，这样一来，就使张良相韩的幻梦彻底破灭了。同年冬季，张良在躲过楚军的追查之后，终于又回到刘邦的身边，受刘邦之封，成为成信侯，自此之后，他便相随汉王左右，成为刘邦最得力的谋臣。

临危献策　扭转乾坤

公元前205年的春天，刘邦接连把常山王张耳、河南王申阳、韩王昌、魏王豹和殷王印五个诸侯给收降了，由此一来，使得他兵力增至56万。同年四月，趁着项羽正集中力量攻打田荣之机,刘邦率兵伐楚。经过一番征战,刘邦攻取了楚都彭城。刘邦再次被胜利冲昏了头脑,当时并没想到采取措施来安抚此地,反而是恶习复发,大肆地收集财宝、美女,每天只知置酒宴会,如此一来,反而给项羽回军解救彭城赢得了时机。当项羽得知彭城已经被刘邦攻破之后,马上亲率3万精兵,火速赶回来攻打彭城。刘邦的军队虽然有数十万之多,可是人心涣散,再加上又是仓促应战,双方刚一交锋,便接连惨败,刘邦的军队几乎是全军覆没。这样一来,就使得许多诸侯王望风转舵,纷纷背汉向楚。当时,刘邦只顾逃命,连父亲、妻子、儿女也都丢下,只有张良数十个人和他一起狼狈地逃了出来,经过这次的打击,刘邦的大好形势马上又发生了逆转。

刘邦雕像

刘邦最终逃到了下邑,经此惨败,他已经心灰意冷,万念俱灰。他甚至沮丧地对部下说:"如果有谁能立功破楚,我就把关东分给他。"就在兵败危亡之际,张良又为刘邦想出了一个利用矛盾、联兵破楚的策略。他说:"英布与项羽本来就有仇隙,这次彭城之战,项羽本来也邀请他来助战,可是英布却按兵不动。项羽为此更是对他怀恨在心,多次派使者对其加以怪罪;而彭越因为没有受封,早就对项羽心存不满,田荣在反楚时曾经联络彭越共同造反,就因为这件事,项羽还曾经命令人带兵攻打他,当然后来没有成功。我们正好可以利用这两个人。另外,韩信这个人很有才干,能担当重任。现在,只要大王能对这三个人好好地加以利用,那么破楚也就是指日可待了。"

刘邦听完了这个以弱制强的妙计,非常高兴。他马上派出能言善辩的萧何去见九江王英布;接着又派使臣去联络彭越;与此同时,他以韩信为大将率兵攻击燕、赵等地,从而发展壮大了汉军的力量,对楚军形成了迂回包围之势。在张良的精心谋划下,一个内外联合共击项羽的军事联盟终于形成了。此后,刘邦开始由战略防御转为战略进攻。

公元前204年冬,楚军把汉王围困于荥阳,双方经过长时间的战斗,仍未能分出胜负。这时候,楚军千方百计想要截断汉军的粮食补给和军援通道。如果楚军成功,汉军就会因为粮草匮乏而出现危机。这时候,刘邦向群臣问计。当时有一位名叫郦食其的谋士献计说:"当年商汤在征讨夏桀的时候,把杞封给了他的后人;在武王攻打纣时,把宋封给了自己的后人。可是现在秦王失德弃义,侵犯诸侯,终导致他社稷的毁灭,使他没有立锥之地。大王如果能够重新立六国的后人,六国的君臣,那百姓必然会感戴大王之德,无不心向大王。如此德义已行,大王定能南向称霸,楚国也只得向大王朝服。"刘邦听了他的这一番话后,认为很有道理,就立即命人刻制印玺,准备让郦食其到各地进行分封。

可就在这个时候,张良外出归来。刘邦马上就把实行分封的主张跟张良说了出来,并问这个办法是否精妙。张良听完之后,不由惊然失色,他忙问:"不知道是谁给大王出的这个主意？"接下来，他说："如果照这种想法去做，那可就要坏了大王的大事了。"刘邦听后脸色马上就变了，急忙问道："因为什么？"张良于是对刘邦陈述了其中的利害，他说："当年商汤、周武王攻伐夏桀殷纣之后之所以敢于封他的后代，是因为有能力对其加以控制，在必要的时还能置其于死地，可是现在大王能控制项羽并在必要的时候把他置于死地吗？况且当年周武王伐纣攻取了殷的天下之

后，之所以表商容之间，封比干之墓，释箕子之囚，本意都是为了奖掖鞭策本朝的臣民。可是现在汉王最需要的是旌忠尊贤的时候吗？武王当时之所以能够散钱发粟，是因为他有敌国的积蓄，可是现在汉王却连军需都很紧张，哪里还有什么能力去救济饥贫呢？武王在翦灭殷商之后，之所以会把兵车改制成乘车，将兵器全部倒置，那是因为用不着了。可现在大王正当

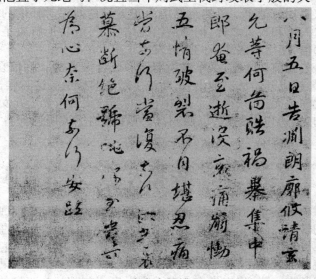

张良中朗帖

鏖战的时候，怎么能加以效法呢？在过去的时候，国家之所以能让马放南山，牛息桃林，是因为天下已经太平无事。可是如今却不同啊，当前正是激战不休的时候，怎么能够偃武修文呢？大王如果现在把土地都分封给了六国的后人，那些将士谋臣就会各自寻找自己的主人，还会有谁会来追随你争夺天下呢？因为楚军势力很大，六国又软弱无力，他们肯定会屈服于楚军，又怎么可能会向陛下称臣呢？"

张良的这一番分析，可说是精妙至极，切中要害。他对刘邦说，当今时移势异，所以绝不能照抄照搬"古圣先贤"之法。张良的这番良谏使得刘邦茅塞顿开，恍然大悟，不由张口大骂郦食其："这个臭儒生，差一点坏了我的大事！"接下来，他马上下令销毁已经刻制完成的六国印玺，由此避免了一次重大的战略错误。

正当刘邦被项羽围困在荥阳的时候，韩信率领大军在北路战线上较为顺利，他先是平定了魏、赵、燕等地，接着又把齐国的故地给占据了。这时韩信便想自立为齐王，于是他派人向刘邦进行禀告并求封，他在书中说："现在齐人十分狡诈，变化无常，在它的南边就是楚国，如果不设王的话，那就很难对齐地加以镇抚。希望大王能允许我为假齐王。"刘邦了解韩信的意思之后，当时不由得怒气上冲，当着韩信派来的使者的面便破口大骂："我在这里被困了这么长的时间，希望他能尽快前来救我，可他倒好反而想着要自立为王！"这时候，坐在刘邦旁边的张良头脑却十分清醒，他明白在这个危难的时候，韩信对楚汉战争的最终结果起着至关重要的作用。况且，如果韩信真的要在齐地自立为王，那刘邦鞭长莫及，也是无可奈何的，也无力去加以阻止。于是，他把腿伸过去，在案下轻轻踩了刘邦一脚，刘邦也是很精明的

人，他当时就反应过来，也感到自己有些失言了，他马上改口骂道："大丈夫既要做王，就要做个真王，何必要做个假王！"刘邦这个人生性本来就爱骂人，有这样一句骂也并不为奇，况且刘邦先后衔接得极其自然，可以说是天衣无缝，所以也没露出什么破绽出来。

就在当年的二月，张良拿着印绶来到了齐地，封韩信为齐王，同时征调韩信的军队去攻打楚军。虽然封韩信为齐王只是刘邦对韩信的暂时妥协，可是就是这个顺水人情和权宜之计，把韩信给笼络住了，成功地解决了汉军内部的权位矛盾，稳住韩信，使得楚汉战争的形势发生了重大的转折。

公元前203年，汉军对项羽已形成合围之势。韩信在齐地对楚军不断发动袭击，彭越也开始从梁地出兵，断绝了楚军的粮道。这时候，楚军已经兵疲粮竭，项羽对此深感无奈，只得放了被扣押的刘邦的父亲与妻子儿女。于是双方讲和，商定以鸿沟为界，以东归楚，以西归汉，并在条约里说明由此各自解甲归国，相互不得侵犯。

安稳天下　流芳后世

项羽按条约规定，拔营东归，回到彭城。刘邦也想就此引兵西归汉中。在这重大的转折之际，张良却看出了项羽腹背受敌、捉襟见肘的境地，他和陈平一同劝谏刘邦，说："如今大王已经占据天下三分有二，这个时候正是灭楚的有利时机，对于穷寇应加以猛追，完成平定天下的大功则在此一举。如果这一次放楚东归，那就像放虎归山一样，将来肯定会有无穷祸患。"刘邦认为张良的意见很有道理，就亲自率领大军在后面追击项羽，同时命令韩信、彭越合围项羽。当刘邦把楚军追至固陵时，却迟迟没有等来韩信、彭越的援兵，结果一番争斗下来，落得个惨败的下场。这时，刘邦躲在固陵的壁垒里面，很是焦躁，他便问张良："为什么他们还没有如期来到呢？"这时候，张良对韩、彭二人的心思可以说早就了然于心，早有了对付他们的办法，见刘邦询问自己，于是答道："楚军眼见快要灭亡了，韩信、彭越二人虽说已经被封为王，可是还没有确定的疆界啊。这就是这两个人这次为什么不来赴约的原因所在。大王如果能和他们共分天下，他们两个人马上就会来接应。如果不这样做，最终的成败还不知道会怎么样呢。"刘邦明白张良的话中之意，他马上派使者去见韩、

张良庙

彭二人，把陈地以东至沿海的地盘都划封给了齐王韩信；把睢阳以北至谷城的地盘都划封给了梁王彭越。果然，此后不到两个月，韩、彭二人就派兵前来救援了。

这样一来，汉兵各路兵马都陆续会集到了垓下。这时候，韩信采用"十面埋伏"的计策，把项羽围在了垓下，而后又以"四面楚歌"来瓦解了楚军的士气，结果项羽

大败,自刎于乌江。至此,刘邦和项羽经过长达四年的争斗,最后刘邦获取了最终的胜利。

汉五年二月,刘邦正式登基为帝,史称汉高祖。同年五月,汉高祖举行了庆功大典,大宴群臣。席间,再论及楚之所以失天下,汉之所以得天下时,刘邦坦言道出其中的关键在于并用三杰,即萧何、张良、韩信。他对张良的赞语是:"运筹帷幄之中,决胜于千里之外,吾不如子房也。"

因为天下刚定,关于定都何处,是一个关系着西汉王朝的巩固和发展的大问题。汉高祖刘邦想要把都城定在洛阳,群臣也有很多人都支持这个意见。有一天,齐人娄敬向刘邦陈说关中地势险要,他的意思是想要刘邦定都关中。这样一来,刘邦又拿不定主意了。虽然君臣商量了几次,都没有最终定论。这时候,张良对娄敬的主张表示了支持。他说:"洛阳虽然险要,可是它的腹地太小,方圆只不过数百里;田地也非常贫瘠,容易四面受敌,并非用武治国之都;而关中则左有崤函之险,右有陇蜀丛山,那里土地肥美,沃野千里;南面巴蜀有着富饶的农产,北面则有可以牧放牛马的大草原。其地北、西、南三面的险要都可以固守,又可面向东方对诸侯加以控制。而今诸侯安定,则可开黄河、渭水用来漕运,把天下的粮食运输过来,用以供给京师所需。倘若诸侯有什么变动,就可以顺流东下进行粮草的运送,如此足可用来维持出征队伍的补给。那里真可以称得上是金城千里,天府之国啊!臣认为娄敬的主张可以采纳。"张良的分析不仅极为全面,而且十分深刻,加上他一直深受众人敬重,尤其是深得刘邦的信赖,经他这一说,汉高祖也就不再犹豫,马上决定把关中定为都城。到了汉五年八月,刘邦正式把都城迁到了长安。

汉六年正月,刘邦对张良在内的20多位功臣进行了封赏,那些未能受封的人为此议论纷纷,争论不休。有一天,刘邦从阁道上看见诸将三三两两地坐在沙土上,正在小声地谈论着什么,这时张良正好路过,他就问张良他们在谈论什么事。张良说:"他们正在商议谋反啊!"其实这是张良故意说的,可是刘邦却极为吃惊,他急忙问道:"如今天下刚定,人心思安,为什么他们还想要谋反呢?"张良回答说:"陛下原本是布衣百姓,您利用这些人得到天下。可是如今您做了天子,受封的那些人都是深得您喜爱的人,遭到诛杀的都是跟您有仇怨的人。现在朝中正在对各人的战功进行统计。如果所有的人都要进行分封的话,天下的土地毕竟是有限。所以这些人怕得不到您的封赏,同时又怕您追究他们往日的过失,招来杀身之祸,所以他们就聚在一起商量着造反哩!"刘邦忙问:"那我该怎么办呢?"张良问道:"陛下往日最恨的,而且为群臣所共知的那个人是谁?"刘邦回答说:"是雍齿。"张良说:"那陛下应该赶紧对雍齿先行封赏。当群臣看见雍齿都被您封赏了,自然也就都安下心来了。"刘邦点了点头,认为张良说得很有道理,于是他在欢宴群臣的时候,当场封雍齿为什邡侯。群臣尽管对这件事情有些议论,但还是非常高兴,都说:"像雍齿那样的人都能被封侯,那我们就更不用担心和忧虑了。"张良的这个建议,纠正了刘邦任人唯亲,徇私行赏所带来的弊端,轻而易举地缓和了矛盾,避免战乱的发生。

张良的身体并不太好,平日里总是体弱多病,汉高祖定都关中以来,他便告了病假,总是闭门不出。刘邦皇位在不断稳固的过程当中,张良也逐步由"帝者师"退居到了"帝者宾"的地位。在汉朝初年,刘邦在翦灭异姓王的残酷斗争中,张良很少参与谋划。就是在汉皇室的明争暗斗中,张良极为小心地恪守"疏不问亲"的遗训。

可是到了汉十年，汉王朝的上层便出现了一场新的危机。刘邦有更换太子之意。当时刘邦宠爱的是戚夫人，而且他还察知吕后对自己有异心，有代刘而王的迹象，所以他就想废掉太子，也即是吕后之子孝惠，并改立戚夫人之子赵王如意为国储。此事引起轩然大波，朝野大臣无不起来进行谏议，可是这丝毫不能动摇刘邦更换太子之意。眼看太子之位马上就要被剥夺去，吕后也知道事情不妙，这时她忽然想起了"智囊"张良。于是向他求救。张良得知这一消息后，他首先考虑到更换太子之事非同小可，不可轻易更立，当时的大儒叔孙通说得好："太子乃天下本，如果本发生了动摇，那么天下就会受到振动。"何况天下刚刚安定没多长时间，汉朝的根基还没有稳固，各项制度还有待进一步的完善，而今只是顺其现状，进行无为而治，才能使得天下安定，对稳固江山有利。基于这种对天下的大局考虑，张良出个主意，他对吕后说："只凭口舌难以保住太子，最好是能够采取一些行动。在商山有四位隐士，他们分别是东园公、角里先生、绮里季和夏黄公四位著名学者。他们不愿意当官，长期隐藏在商山，现在的年纪都已经八十多岁了，如果太子能屈就去请'四皓'出山，由'四皓'相伴左右，于宫中来往，皇上知道了这件事之后，一定会发问，如此一来，就可以保住太子之位了。"事情果然像张良所说的那样，刘邦见自己请了好几次都不肯出山的"四皓"隐士，居然会出山陪侍在太子左右，由此可见太子的羽翼已经丰满，不可对其任意而为了，他奈何不得，自此也就不再提更立太子一事了。太子因此而继承皇位，吕后为此对张良也非常敬重。

刘邦在论功行封时，按级班爵，刘邦让张良自择齐国三万户为食邑，可是张良推辞了，他请封当初和刘邦相遇时的留地，刘邦点头同意了，所以张良又被称为留侯。张良之所以辞封，是因为他自韩灭家败后即沦为了布衣，也就是普通的平民百姓。布衣如今能得封万户、位列于侯，也应该心满意足了。自己"为韩报仇灭秦"的政治目的和"封万户、位列侯"的个人目标也已经实现了，一生夙愿已基本满足。再加他目睹彭越、韩信等有功之臣的悲惨结局，由此又联想到范蠡、文种在兴越后的结局竟然是或逃或死，他深深感悟到"狡兔死，走狗烹；飞鸟尽，良弓藏；敌国破，谋臣亡"这句话所包含的人生哲理，更怕自己会落得这样的下场，于是他自请告退，从此摒弃人间世事，专心修道养生。可是吕后对张良感恩戴德，劝他不要这样，使自己太苦了，张良经多次劝说，只得依从了。他在长安一直到汉惠帝六年才因病去世，谥号文成侯。

张良虽然只是一个文弱之士，不曾上阵挥戈，可是却以谋略家而著称于世。他反秦扶汉，功不可没；筹谋大事，每事必成。后世人无不称赞他那深邃的才智、神妙的权谋。北宋政治家王安石曾经写诗称赞他说："汉业存亡俯仰中，留侯于此每从容。固陵始义韩彭地，复道方图雍齿封。"

霍光：昭宣中兴　辅政功臣

【人物档案】

姓名：霍光

生卒：? ~前68年

籍贯：河东平阳（今山西临汾市）人

字号：字子孟

朝代：汉朝

职务：辅命大臣

主要成就：辅佐幼主，实现"昭宣中兴"。

评价：麒麟阁十一功臣第一

【枭雄本色】

霍　光

霍光（公元前? ~公元前68年），字子孟，约生于汉武帝元光年间，死于汉宣帝地节二年（公元前68年）。河东平阳（今山西临汾市）人。西汉中期著名的政治家。他跟随汉武帝近30年，是武帝时期的重要大臣，后又辅佐两代幼主。霍光匡扶汉室，忠心辅佐幼主，历经武帝、昭帝、宣帝三朝，对内轻徭薄赋、发展生产，对外与匈奴和亲、广扬汉朝天威，20年辅政期间他托起昭宣中兴的局面，安邦兴国，功勋卓越，成为西汉历史上的重要政治人物。

霍光是西汉中期著名将领霍去病（公元前140年~公元前117年）的同父异母的弟弟。其父霍仲孺，曾经在平阳侯曹襄府中做官，与平阳侯的侍女卫少儿（一国之母卫子夫的二姐）私通生下霍去病，后回到河东（今山西夏县东北）家中娶妻生下了霍光。霍去病在京城担任将领后，才知他的生父是霍仲孺。汉武帝元朔四年（公元前119年），二十一岁的霍去病担当骠骑将军的职务率兵出击匈奴，路过河东的时候，拜见了他的父亲，父子相认，霍去病还为他的生父购买了大片田地房产和奴婢。霍去病得胜还京时，就把当时只有十多岁的霍光带到京都长安，先将他安排在自己帐下，后保举他入宫，担任宿卫宫廷的郎官。因为霍光为人正直，办事机灵严谨，深受汉武帝的喜欢。后来逐步被提升为侍中（在内廷侍卫皇帝）。两年后，霍去病死了，他又被汉武帝提拔担任光禄大夫（皇帝身边的官员），负责保卫汉武帝的安全，不仅经常要跟随武帝驾车外出，回宫时也还要在皇帝的左右侍奉，所谓"出则奉车，入侍左右"。霍光在汉武帝身边工作的二十多年里，他平时为人忠厚可靠，端正严谨，办事又始终小心谨慎，从来就没有什么闪失。俗话说，伴君如伴虎，能在皇帝身边呆二十多年而不出差错，霍光的脑袋就算不是绝顶聪明，也是相当有天资的。因为后期武帝对臣子要求是很严苛的，霍光能够凭借自己的才华与操守得到武帝的赏识和信任，可见他是很有智慧和能力的。按照史籍记载，霍光为人沉静详审，资性端正，连长相也是英俊潇洒。他身高七尺三寸约合今天1.7米左右，按当时男子的标准不算太高，但是脸面白净，眉清目秀，还有一副好胡子，一看就知道是一个正派、谨慎的君子。在他担任侍中时，能够谨记自己的职责就是侍卫皇帝。因为他谨慎小心、做事持重，所以得到了汉武帝的极大信任。这也是他后来能够成为托孤大臣，辅佐幼主的重要原因。

【风云叱咤】

接受遗诏　勤心辅政

汉武帝末年，皇位的继承问题已经成为宫中斗争的中心。武帝征和二年（公元前91年），武帝悉心培养的太子刘据，因巫蛊事件被逼自杀（汉武帝相信神仙，总想长生不老，所以他非常重视巫蛊之术。所谓"蛊"就是把几只毒虫放在一个器皿之中，让它们互相争咬，最后只剩下一个，这一个就是怪物，也就是"蛊"。征和二年，汉武帝生病，水衡都尉江充，趁机离间武帝与太子的关系，说有巫蛊祸害皇帝，卫皇后和太子受到此事牵连。汉武帝在别宫养病期间，想去请安问候皇帝的卫皇后和太子却受到了阻拦。太子刘据很是愤怒抓住江充并把他杀了，于是太子要谋反的谣言，一时间传遍了整个长安城都。形势所迫，太子被逼真的起兵。保皇党与保太子党在长安城中大战五天，结果"死者数万"，太子刘据兵败后自杀）。当时汉武帝还有三个儿子，燕王刘旦和广陵王刘胥是亲兄弟，但是他们平时骄傲蛮横，不遵守礼法，不能被立为太子。可是小儿子弗陵当时还只是个七岁的孩子，汉武帝很想把小儿子刘弗陵立为太子，但是弗陵年龄较小，而他的母亲却还年轻，武帝唯恐弗陵即帝位后，重演前朝吕后专权的故事，于是就想托付贤臣来辅佐少子弗陵。在武帝看来，能够承担辅佐任务的人必须具备以下条件：他要有很强的执政能力，能够治理好国家，管理好日常政务；他还要有很高的威望，能够凝聚人心统领群臣；更重要的是他没有野心，不会对刘家天下构成威胁。这三条缺一不可。在他把手下大臣仔细考察了一遍后，最后选定了二十多年来鞍前马后、不离左右的霍光。善于识人、用人的汉武帝认为霍光忠厚可靠，可以担当此重任。汉武帝想起了古代周公辅佐年幼成王的故事（周公是周武王的弟弟，周武王死时，成王年幼，周公辅佐他治理天下，出现了"民和睦，颂声兴"的"成康之治"）。周公曾背着小成王临朝，会见诸侯继承大统。汉武帝让人根据这个故事，画了一张《周公负箕辅成王朝诸侯图》送给霍光。他是想用图来暗示霍光将来要像周公辅佐成王一样来辅佐幼主弗陵。当汉武帝感觉自己去日不多时，又赐弗陵的母亲（即钩弋夫人）一死，以绝母后专权之患。后元二年（公元前87年）二月，武帝病危于五柞宫。霍光流着眼泪问他："皇上如有不测，由哪位皇子继位？"汉武帝说："朕曾送你一幅画，难道你没明白画中的含意?"随后汉武帝接着说:"立少子,请你要像周公那样辅佐他。"同时,又下诏立弗陵为太子,加封霍光为大司马、大将军,金日磾为车骑将军,上官桀为左将军,共同接受遗诏来辅佐少主。御史大夫桑弘羊也一起受命。很快武帝后元二年(公元前87年)春,武帝死于五柞宫,终年七十一岁。大司马、大将军霍光、车骑将军金日磾、左将军上官桀等遵照武帝的遗诏,扶持太子刘弗陵即位,是为昭帝。昭帝年仅八岁还太小不能管理政务,就由霍光来执管朝政,即"帝年八岁,政事一决于光"。

公元前87年,霍光接受汉武帝遗诏,担负起辅佐幼主、治理国家的重任,责任重大关系社稷,所以他工作更加勤恳谨慎,总害怕有闪失,日日夜夜都呆在宫中,不敢有丝毫懈怠,时时刻刻都在关注朝廷的安危。在他辅政的初期,有一天,宫中大臣议事的宫殿中突然发生怪异现象,众大臣都非常惊恐不安,他为了防止发生意外,就把掌管皇帝印玺的郎官召来,要郎官交出皇帝印玺由自己保管,防止有人盗用它变乱朝政。但是这位执掌印玺的郎官却也忠于职守,不愿把印玺交给霍光。当霍光想要夺取印玺时,这位郎官马上就很愤怒,按着剑柄说,你可以拿走我的头,但是印玺绝对不能交出去! 当时霍光虽然碰了钉子,遭到了反对,很生气,但是事后,霍光却对这位郎官忠于职守的精神很钦佩。这样忠于职守,舍生忘死的人,一定是国家需要的人才。霍光非常重视人才,因此,第二天就下令给这个郎官提升两级,并且增加了俸禄,得到了众大臣的赞许。他的这种不计较个人私怨、秉公办事、赏罚分明,一心为朝廷的精神,自然受到朝中众官员的敬佩,他在朝廷中的威望也随之提高。霍光的慧眼使他善于发现和使用人才,在他一心为公的精神感召和鼓舞下,那些热爱工作、甘愿奉献的人才凝聚在他身边。正是由于他能够知人善任,团结了一大批政治素质较高的人才,这也是他的各项施政措施能够顺利推行的重要原因。

昭帝即位的第二年,辅政大臣、车骑将军金日磾病故。他有两个儿子叫金赏、金建,和汉昭帝经常在一起玩,有时还住在一起,是很熟的好朋友。汉昭帝看他们的父亲死了,因为关系很好就想徇私情,来特别照顾他们一下。昭帝就与霍光商量,金家现在只有两个兄弟,那就都加封他们为侯吧! 但是,霍光坚持原则予以反对,因为他认为应该按祖上规矩办事,长子金赏已经继承了他父亲的爵位,被加封为侯了,那次子金建就不能被加封为侯了。但是年幼的昭帝并没把霍光的话当回事,认为这不是什么了不起的大事,想要封他们为侯,也就是一句话,因为自己是拥有最高权力的皇帝。霍光立即严肃地反驳说,无功者不能被加封为侯,这是高祖皇帝立下的规矩,皇上不应该轻易更改、变动! 接着他又陈述了不能封金建为侯的道理,最后终于把汉昭帝说服了。霍光并对昭帝说:"百姓到了现在还在想念着汉文帝和汉景帝,是因为他们对待老百姓好。"他乘机教导昭帝要如何才能当一个好皇帝,于是,汉昭帝也懂得了要治理好国家,就要好好地爱护老百姓的道理。

汉昭帝在霍光的辅佐下,实行"与民休息"的政策,减轻赋税,减少徭役,出现了国泰民安的景象。汉武帝一生,虽然功绩显赫,但是频繁发动战争,用兵过多加重了老百姓的负担。汉武帝为了打匈奴,通西域,耗费了大量人力、财力,再加上他的喜欢讲排场,生活奢侈,还迷信神仙,连年大兴土木。许多年来,几乎花光用尽了文帝、景帝时候积累起来的钱财、粮食。为了敛钱,他重用残酷的官吏,增加税收和捐赋,甚至还卖官爵给有钱的人,而这些人做了官,当然更要变本加厉地搜刮老百姓。若遇到了水灾旱灾,老百姓被逼得无法生活,所以,各地方就有大批农民被迫起来反抗官府朝廷。到了他在位的最后几年,他才决心停止用兵,与民休息,重视发展农业,并且提倡改良农具,改进耕种技术。他还亲自下地,做了耕种的样子,并且命令全国官吏都要鼓励农民增加生产。这样,国内才逐渐稳定下来。汉武帝得病死时,即位的汉昭帝年纪只有八岁。按照汉武帝死前的遗嘱,由大将军霍光来辅助他。霍光掌握了朝廷大权,在辅佐昭帝期间,帮助汉昭帝继续执行武帝末年"与民休息"的政策,减轻税收,减少劳役。还采取了许多安抚百姓的措施:要各郡县推荐贤良的人才;要查办失职的官员;还要为受诬陷的人申冤;最重要的是要安抚孤独疾苦的贫民。为了发展农业生产,每当春耕时,霍光就派人到各地去查看生产情况,政府把种子和粮食借给缺粮少籽的贫民。秋天还下诏:"春天借给贫民的种子、粮食,不再收回了,今年的田租税也一概免了。"昭帝多次下诏削减封建国家的财政支出,减免百姓的田租、口钱和更赋,贫苦百姓看到这样的朝廷诏令后,不禁喜出望外地奔走相告,说:"又一个汉文帝来了。"百姓都知道这一切都是由于大司马、大将军霍光辅佐朝政,使百姓得到的很多实惠,他的声望也随之增高,史称"百姓充实,西夷宾服"。

霍光的另一重要功绩在于"盐铁议"的创举。昭帝始元元年(前86年)闰十二月,霍光就派遣当时的廷尉王平等五人出行郡国,察访推举贤良,访问民间疾苦、冤难以及失业的人,进行实地调查研究,为召开盐铁会议做准备。在汉昭帝始元六年(81年)二月于首都长安,霍光将郡国所举的贤良、文学等人接入京城,由王朝出面召开了一次名为"盐铁议"的大型会议,参加会议有丞相车千秋、御史大夫桑弘羊等作为官方的代表,还有各郡国的贤良文学唐生、万生等六十余人作为民间的代表,实际上是最高统治集团与大地主、大商人就盐铁政策进行对话的会议。众所周知,汉武帝是在反击匈奴、财政空虚的情况下实行了盐铁官营、酒榷、均输等经济政策的。它的实行,为汉朝政府广开了财源,增加了赋税的收入,朝廷才能够有了比较雄厚的财力和物力基础来支持长期的战争,从而不断拓宽了疆土,安定了边疆。这一经济政策在当时的情况下实施无疑是必要的,也是正确的,也起到了一定的积极作用。但是,官营盐铁、酒榷、均输等政策的实行,逐步使一部分财富集中于大官僚、大地主及大商人手中,却剥夺了中小地主和广大老百姓的利益。出现了官吏"行奸卖平",而"农民重苦,女红再税"的状况,以及"豪吏富商积货储物以待其急,轻贾奸吏收贱以取贵"的局面,使得中小地主和一般百姓日趋贫困。这样就加大了对人民的剥削,必然会导致百姓对朝廷的不满和不信任,加剧了社会矛盾,长期如此对经济的发展和社会的稳定是不利的。所以,霍光虽然没有亲临会场,参与辩论,但他改变盐铁官营、酒榷、均输等经济政策的决心是很明确的,因为他看到人民的生活影响政局的稳定,关系到汉王朝统治的长治久安。会议围绕坚持还是罢废盐铁官营、均输问题展开的辩论,涉及各个方面,包括对待匈奴和国内的治理等重大问题,实际上是对汉武帝时期政治、经济的总评价,也是昭帝实施新的政策前的一次大讨论。会议的主题是研讨汉武帝以来,盐铁专卖政策的利弊得失,实质上是想要通过沟通公私的分歧,来缓和社会矛盾。因为盐铁官营、酒榷、均输等政策的实施,直接损害了中小地主的利益,因而贤良、文学大声疾呼,要求改变这一政策;而代表当时大地主、大商人利益的御史大夫桑弘羊,以这一政策给汉朝带来强盛为理由,坚决反对改变这一政策。因此,昭帝即位之初,霍光就围绕是否改变盐铁官营、酒榷、均输等经济政策,与桑弘羊等人展开了斗争。在讨论中,涉及范围之广又远远超越了这个主题，就社会存在着的问题广泛地交换了意见。这个会议是霍光辅政后的一次大型国家议政会议，是霍光施政中的一个重要内容，在霍光的领导与指示下会议进行了半年之久。会议的内容，最后由桓宽以会议纪要的问答形式，整理成《盐铁论》六十卷，这部丰富的会议纪要，至今仍然是研究西汉经济、政治、思想文化的重要文献。经过这场讨论，汉昭帝于是年七月，下诏"罢榷酤"和取消"令民共出马"的规定。废除了盐铁官营、均输等政策。这就从根本上抑制了大地主、大商人的利益，在一定程度上缓和了社会矛盾，调整了阶级关系，从而使汉朝的经济走上了恢复发展的道路。虽然他是为了统治阶级能够实现长治久安的目的，但是实际上达到了维护人民利益、安抚百姓、稳定社会的良好效果。"武帝之末，海内虚耗，户口减半，霍光知时务之要，轻徭薄赋，与民休息。致使匈奴和亲，百姓充实，稍复文、景之业焉。"这是班固在《汉书》中对当时情况的评价，由此也可证明罢废盐铁官营的必要。

汉昭帝在位 13 年，由于霍光的辅佐，对内轻徭薄赋、与民休息，经济继续发展，国内富足民生国力逐渐恢复充实，体现了他关注民生、重视百姓的以民为本、以人为本的治国理念。同时对外也重新恢复了与匈奴的和亲关系使"四夷宾服"，为国家减少了战乱。这些措施对于稳定武帝后期以来动荡不安的局势，恢复社会经济起了重要作用，为汉朝的巩固，为社会的安定和发展都奠定了一定基础。昭帝死后，汉朝的政局曾一度发生混乱，但由于它的政治基础比较稳固，政局在短暂的混乱之后很快就平静下来。

粉碎政变　巩固政权

争权夺利的斗争本来就是封建宫廷中的一个顽症。霍光掌管大权，必然招来其他也想掌权人的怨恨，加上霍光平时坚持制度和原则，办事又严谨认真，这就更让一些人感到霍光处处碍手碍脚，使他们不能为所欲为，是他们争夺权力道路上的巨大障碍。所以，勾心斗角的事接连不断，使霍光应接不暇。朝廷中有几个大臣就把霍光看作眼中钉，非把他除去不可。想与霍光争权的第一个人就是辅政大臣左将军上官桀。他和霍光本是儿女亲家，他的儿子上官安的妻子就是霍光的大女儿。上官桀的孙女（即霍光的外孙女）和汉昭帝年龄相当，为了跟霍光争夺权力，上官桀想把孙女儿嫁给昭帝，将来可立为皇后，使他成为皇亲国戚。上官桀父子与霍光商量此事，霍光秉公办事，不同意他们的想法，于是说，你的孙女儿也就是我的外孙女，现在太小才六岁，还没到结婚年龄就送进宫中去，这样做不合适，朝中官员会有议论的，说咱们谋私利，徇私情。霍光这种一心为朝廷的做法，本是辅政大臣应有的品德，但是，上官桀父子却为此事怨恨霍光。上官桀父子碰了霍光的钉子后并不死心，想办法另找门路，一心要把几岁的小女孩送进宫中去。他们知道汉昭帝从小就失去母亲（被武帝赐死），由姐姐长公主照顾，所以一直很听长公主的话。于是他们就托长公主的情夫丁外人去求长公主出面周旋。长公主听了丁外人的话就同意了，因为昭帝当时只是一个小孩，长公主同意了，他也就同意。这样上官桀的孙女儿就顺利地进宫为婕好了，只几个月时间又被立为皇后。从此，上官桀父子成了皇亲国戚，在朝廷的地位更加尊贵显盛了。他们非常感激长公主和丁外人的帮助，于是就想通过请求给丁外人封侯，来报答他们。这很明显就是想牺牲朝廷的利益来给自己做人情，而且这样封侯又不符合汉朝的制度。当他们与霍光商谈此事时，霍光拒绝了他们，仍然坚持"无功不得封侯"的原则。霍光坦率地对告诉他们说："汉高祖在世时立下的规矩就是，'无功不得封侯'，现在丁外人没有为朝廷立什么功，你们要封他为侯，又不能拿出为他求封的理由，这怎么能行呢？"无论上官桀父子怎么说，霍光就是不同意。上官桀没有办法，不得不降低要求说："那就封丁外人为光禄大夫（皇帝身边的官员）总可以了吧！"霍光又不顾情面断然地回绝说："那也不行，因为丁外人在朝廷里声名狼藉，什么官爵都不能封，请你以后不要再提了。"上官桀父子在霍光那儿碰了几次壁，又气愤又羞愧，就跑到长公主和丁外人那儿添油加醋地说了一气，使长公主和丁外人也对霍光恨得咬牙切齿。为了拔除眼中钉、肉中刺，他们想办法排挤霍光。上官桀父子和长公主等人暗地里联络朝中反对霍光的力量。当时担任御史大夫的桑弘羊，凭借在汉武帝时期，曾建议创立盐铁官营、酒类专卖等制度，支持了庞大的军费开支。加上他又善于理财，多次给国家开辟财源，他就以为朝廷立过大功为资本，总想为子孙在朝廷里谋求一官半职。霍光对桑弘羊的请求同样也是不予答应，并告诉他说，朝廷赏赐你，是因为你有功劳，但是你的子弟要想做官，他们就必须凭着自己的本事才行，而不能依靠你的功劳做官。霍光这种敢于蔑视权贵不徇私情的做法，不仅能够防止这些贵族和功臣的私欲膨胀，而且能够有效地控制朝廷的腐败和堕落。有利于统治的公平和清廉，本来是有利于朝廷和百姓的。但是，晚年的桑弘羊居功自傲，不甘居于霍光之下，且和霍光已发生了严重的政治分歧，现在又从自己的私利出发，提出的非分要求被霍光拒绝后，气愤不已，认为霍光是有意刁难，很怨恨霍光。霍光一下子成了许多人的眼中钉、肉中刺，他们下决心要打倒霍光，夺取大权。汉昭帝的同父异母兄长燕王刘旦，因为没有当上皇帝，心里老是怨恨不已，还迁怒于霍光，当然也想把辅政大臣霍光打倒。这就形成以长公主和燕王刘旦为首的两股政治势力。他们估计到依靠各自的势力还不能够推翻汉昭帝，只好暂时联合。按照上官桀的计划，先利用燕王刘旦的身份，发动政变，到政变成功之后，再除去燕王刘旦，由他来掌握朝政。这个暂时联合起来的政治集团，自然要把矛头首先指向阻碍他们夺取政权的霍光。就这样反对霍光的势力和燕王刘旦相勾结，密谋策划先挤垮霍光，再废昭帝拥立燕王为帝。燕王刘旦恨不得马上当皇帝，加紧了政变的准备工作并将夺取帝位的赌注压在上官桀身上，前后派遣十多人，带了大批金银珠宝，贿赂长公主、上官桀、桑弘羊等人，以求支持他夺取帝位。还催促上官桀等人早点想办法动手。他们想方设法要陷害霍光，总是在不停地窥测动静，以便寻找机会趁早下手。

昭帝始元七年（前80年），汉昭帝十四岁那年，有一次，霍光检阅羽林军（皇帝的禁卫军），还把一名校尉调到他的大将军府里。上官桀他们就抓住这两件事，采用"清君侧"的故伎，假造了一封燕王的奏章，派一个心腹冒充燕王的使者，送给汉昭帝。那封信上大意说：大将军霍光检阅羽林军的时候，坐的车马跟皇上坐的一样。他还自作主张，调用校尉。这里面一定有阴谋。京都附近道路都已经戒严；霍光将被匈奴扣留19年的苏武召还京都，任为典属国，想要借取匈奴兵力；霍光擅自调动所属兵力。所有这些，是为推翻昭帝，自立为帝。并声称燕王刘旦为了防止奸臣叛乱，愿意离开自己的封地，回到京城来保卫皇上，免得坏人作乱。上官桀企图等到霍光外出休假时，将这封奏章送到昭帝手中，而后再由他按照奏章内容来宣布霍光的"罪状"，由桑弘羊组织朝臣共同胁迫霍光下台，从而废掉汉昭帝。但是他们没有想到，当燕王刘旦的书信到达汉昭帝的手中后，却被汉昭帝扣押在那里，把它搁在一边不予理睬。次日早朝，霍光上朝，也已经知道了上官桀的举动，就在张贴着那张汉武帝时所绘"周公负成王图"的画室之中，不敢去朝见昭帝。汉昭帝在朝廷中没看见霍光，就向朝臣询问，上官桀乘机回答说："因为燕王告发他的罪状，他不敢来上朝了。"昭帝十分平静，随即召霍光入朝，霍光一进去，就脱下帽子，伏在地上叩头请罪："臣罪该万死！请皇上发落。"汉昭帝弗陵果断地说："大将军不必紧张，尽管戴好帽子，快请起来。我知道那封书信是在造谣诽谤，你是没有罪的，是有人存心陷害你。"霍光磕了个头，又惊又喜地问："陛下是怎么知道的？"汉昭帝说："这不是很清楚吗？大将军检阅羽林军是在长安附近，调用校尉还是最近的事，一共还不到十天。燕王远在北方，怎么能知道这些事？就算是知道了，马上写奏章送来，也来不及赶到这儿。如果你要调动所属兵力，时间用不了十天，燕王刘旦远在外地，怎么能够知道呢！再说，大将军如果你真的要叛乱，也用不着靠调一个校尉如此大动干戈。这明明就是有人想陷害大将军，燕王的奏章是假造的。"十四岁的昭帝一语揭穿了上官桀等人的阴谋，所有在朝大臣都对昭帝如此聪明、善断表示惊叹和佩服。汉昭帝把脸一沉，对大臣们说："你们要把那个送假奏章的人抓来查问。"上官桀害怕昭帝追查得紧，他们的阴谋将要败露，就对汉昭帝说："陛下就不必再追究这样的小事情了。"从这时起，汉昭帝就对上官桀这一伙人起了疑心，但他们还是没有收手，经常在刘弗陵跟前说霍光的坏话。刘弗陵已经不信他们所说的话，于是警告他们："大将军是先帝临终前托付的忠臣，他辅佐朕治理国家，做了很多事情，天下百姓有目共睹，以后如果有人再毁谤他，朕一定从严处罚，绝不宽恕。"可见，刘弗陵年龄虽然小，但是却知人善用。

上官桀等人的阴谋被揭穿之后，失去了昭帝的信任，就决定干脆誓死一拼，从阴谋走向阳谋，准备发动武装政变。他们计划，由长公主出面，请霍光喝酒。他们布置好埋伏，准备在霍光赴宴的时候刺死他，又派人通知燕王刘旦，叫他到京师来。上官桀还打算在杀了霍光之后，再废除汉昭帝。就在这危急关头，长公主门下一名管理稻田租税的官员将上官桀等人的阴谋向大司农杨敞（司马迁之婿）告发，杨敞转告了谏议大夫杜延年，于是上官桀等人的武装政变计划被昭帝、霍光掌握了，所以在这一政变未发动之前，就先发制人，统统逮捕了上官桀、桑弘羊等主谋政变的大臣，诛灭了他们的家族。长公主、燕王刘旦得到消息，自知不能被赦免，先后自杀身亡。一生严谨、公正的霍光在朝廷安危的关键时刻，冷静、果断地帮助昭帝粉碎了政变，保持了西汉王朝的稳定和政策的连续性。霍光的辅政地位也得到了稳固和加强。十二岁的上官皇后因为年纪很小，又是霍光的外孙女，所以没有被废黜。

捅废新帝　一心为国

汉元平元年（公元前 74 年），仅有二十一岁的汉昭帝就害病死了。那一年，上官皇后也才只有十几岁，还没有生孩子。汉昭帝的其他后宫，也没有生过儿女。那么，又该让谁来继承皇位呢？这是霍光等公卿大臣面临的困难问题，也是关系朝局稳定的关键问题。当时，汉武帝的儿子只有广陵王刘胥还活着。大臣们主张立刘胥做皇帝。大将军、大司马霍光不同意，因为刘胥这个人太荒唐，不是做皇帝的材料，他行事不检点，有失皇家体统。汉武帝生前就很不喜欢他，而且也不放心刘胥。

霍光看到有个郎官的信说:"立皇帝不一定考虑辈分的大小,主要看他合不合适,只要合适,哪怕立晚一辈的也应该是可以。"霍光同意,就把这封信转交给丞相杨敞,请大臣们讨论。经过商议最后的结果,大家都主张立汉武帝之孙昌邑王刘贺,让他来继承帝位。于是,霍光就以上官皇后的名义下了诏书,派少府乐成、总正刘德、长史丙吉等去迎接昌邑王,请他到长安来即位。

但是当时霍光并不了解,昌邑王刘贺,也是个浪荡子弟,荒淫无度。在为汉武帝治丧的时候,他竟然还敢带着随从去打猎。因为按着当时有关规定,这是极其严重的罪过。他手下有个叫王吉的中尉,因为这件事,狠狠地教训了他一顿。虽然他赏给王吉五石酒和五百斤牛肉,表示一定要改过自新。但是事过之后他还是老样子,总也改不了,仍然和以前一样放纵。昌邑王手下有个叫龚遂的郎中令,是一个知书达理的人,也曾多次苦苦地规劝他要守规矩懂礼仪。当他听得不耐烦了,就双手捂着耳朵朝外跑。他一边跑,一边还嬉皮笑脸地说:"郎中令真会羞人啊!"后来,龚遂征得昌邑王的同意,专门挑选了十几个读书人去伺候他,向他讲解各种礼仪。但是还没过几天的工夫,他就把这些人轰走了。乐成、刘德、丙吉等人正赶上是在半夜,来到昌邑(今山东巨野东南)。昌邑王刘贺当听说要立自己为皇帝时,急忙命人点起灯火,用来照着看诏书。第二天,他喜不自胜,都等不及收拾齐备行装,就慌里慌张地带着随从出发了。他的车马,一刻不停,刚刚半天的工夫,就跑了一百二十五里。侍从们在后面紧紧地追赶着,连马也累死了许多匹。王吉急忙告诫他说:"大王到长安去为皇上主持丧事,应该日夜悲哀哭泣,绝不能再出什么差错。天下人都知道大将军仁慈宽厚、足智多谋。如今大将军请大王去即位,大王就应该敬重大将军,一切都应该听从大将军的安排。希望大王处处留心,别忘了臣下的这番话。"可是,昌邑王刘贺,根本没放在心上,却把王吉的话当成耳旁风。他来到济阳(今河南兰考东北),听说当地从南方引来一种长鸣鸡,打鸣的声音又长又好听,就让侍从给他买了几只带着。到了弘农(今河南灵宝北),他还指使家奴抢了几个漂亮的乡下姑娘,藏在装衣服的车厢里,供自己在路上寻欢作乐。所以,当地的老百姓都咒骂他。昌邑王来到霸上的时候,霍光早已派人在那里等候着。他坐上只有皇帝才能乘坐的黄伞车,高兴得手舞足蹈。快到长安东郭门的时候,龚遂对他说:"按照礼节的规矩,奔丧的人看见了国都,都必须哭泣着表示悲哀。"昌邑王却以嗓子疼为借口,说不能哭。一直来到未央宫的东门外,他才装模作样地哭起来。

这些情况,霍光和大臣们自然都不知道。他们把昌邑王刘贺接到皇宫里,先让他参见上官皇后,然后请上官皇后下诏书,立他做太子。等汉昭帝出殡后,霍光和大臣们再请上官皇后出面,把皇帝的玺印交给皇太子刘贺,让他即位做皇帝。十几岁的上官皇后,算是新皇帝的母亲,被尊为皇太后。

昌邑王做了皇帝,却毫无做皇帝的样子。每天从早到晚,他不仅不同霍光和大臣们商议国家大事,反而把从昌邑带来的那些打鼓的、唱曲的、斗狗的、耍把戏的都弄到皇宫里来,叫他们陪着自己玩儿,随意赏给他们钱财。家人都穿上刺史的官服,封官晋爵,任其胡作非为。在居丧期间,宫里不允许吃肉,他却偷偷地派人到宫外去买鸡、买猪,拿回来宰了大吃大喝。他闲着没事儿,甚至还跑到汉昭帝的后宫里去奸污宫女。龚遂眼瞧着昌邑王越来越不像样子,就劝告他说:"如果陛下老是听信那些简直就像苍蝇屎一样小人的话,将来一定会遭殃的。陛下应该重用先帝的大臣和他们的子孙,把从昌邑带来那些小人都发送回去。我也是从昌邑来的,请先从我开始吧!"但是,昌邑王傲慢无比,因为他觉得自己做了皇帝,天老大我老二,无人能管他。你们竟然还敢教训我。因此,他根本就听不进龚遂的话。史书上有记载:昌邑王刘贺,纨绔子弟,不学无术。带着二百多人进京即位后,跟这帮人天天饮酒作乐,淫戏无度,即位刚二十七天内,就干了一千一百二十七件荒唐事,日益骄横,荒淫无道,失帝王礼仪,我行我素,对大臣进谏不闻不问。汉室皇宫被他闹得乌烟瘴气。

霍光没有想到自己拥立了这么一个浪荡皇帝,犯了一个如此大的错误,真是又气愤又后悔。看到皇帝的这些荒唐行为,感觉对不起汉武帝。并且认为事态严重,如果不及早处置,可能会将汉家天下断送在刘贺的手里。霍光不敢声张,悄悄地把他的心腹大司农田延年找来,问他应该怎么办。田延年说:"大将军认为这个人不能做皇帝,为什么不禀告皇太后把他废掉,再挑选一个贤明的人呢?"霍光说:"我也想这么着,但不知道古时候有没有这种先例?"田延年说:"怎么没有呢?殷朝时有个国相叫伊尹的(伊尹是商朝重臣,受先王嘱托辅佐几朝后王。太甲当政时荒淫无道,伊尹将太甲放逐出京,待到3年后太甲悔过,才接回复位,伊尹是一个敢于逾越常规但骨子里忠心耿耿的人物),曾经废黜了昏君太甲,使国家得到了安定,后世人都说他是忠臣。大将军要是这么做,也就成了汉朝的伊尹了。"霍光又去跟已经升任车骑将军的张安世商量,张安世也同意废黜昌邑王。于是,霍光又派田延年去报知丞相杨敞。但杨敞是一个胆小怕事的人,当他听说要废掉新立的皇帝,吓得出了一身冷汗,嘴里不置可否。他的夫人趁田延年出去更衣的时候,急忙对丈夫说:"这是国家大事,如今大将军都已做出了决定,还派大司农来通知您,您如果不痛痛快快地答应,跟大将军同心合力,还会有好结果吗?"等田延年回到屋里,杨敞夫人抢先对田延年说:"一切遵从大将军的命令!"

在昌邑王即位的第二十七天,霍光把所有在朝大臣、列侯、博士等文武百官召集到未央宫,举行会议,跟他们一块商议废除昌邑王的事。霍光开门见山地问道:"昌邑王昏庸无道,恐怕要危害国家社稷,你们说应该怎么办呢?"群臣见霍光不称刘贺为皇帝而称昌邑王,感到意外,一个个都吓得半晌说不出话来,因为废立之事,关系重大,谁也不敢发言。田延年看这种情况,不由得站起身来,假意斥责霍光,手按着剑柄严词厉色说:"是因为大将军忠厚贤明,能够安定刘家的天下,能使汉朝长治久安,先帝才把天下托付给大将军。如果汉朝的天下被昌邑王断送掉,大将军死后难道还有脸面到地下去见先帝吗?今天大将军做出的决定,绝容不得半点迟疑,谁要是不响应,我马上砍了他的脑袋!"霍光说,被责怪是应该的,是他的错。群臣听了,全趴在地上磕头,齐声说:"我们一定遵从大将军的命令!"都同意由霍光主持,废除刘贺,另选贤明之主。于是,霍光联合杜延年、杨敞等人,十分慎重地写了一封奏章,列举了刘贺的种种劣迹,请大臣们在上面一一签名。上奏当时主持汉室的十几岁的上官太后,霍光和大臣们准备好了,就派人去请上官太后,向她说明情况。上官太后来到未央宫,马上吩咐武士们守住宫门,并且不准昌邑王带来的那一批官员入宫。过了一会儿,上官太后又下了一道诏令,请卫士带昌邑王上殿。昌邑王进来后,只见禁卫军的武士们,威风凛凛地排列在大殿下面的台阶上;上官皇太后穿着华贵的服装,端端正正地坐在大殿正中;在上官太后身边,还站着几百名手里也都拿着武器的侍从。文武百官鱼贯而入,分列在大殿两侧,一个个都绷着脸,严肃而紧张。昌邑王一见这阵势,被吓得两腿直发软,慌忙跪在上官太后面前,只能听从她的吩咐。这时候,霍光便让尚书令打开奏章宣读起来。上官太后马上批准了这封奏章,宣布废黜昌邑王。事后,霍光还亲自把昌邑王送到昌邑邸,对他说:"大王自绝于天下,臣下也是没有办法。臣下宁可对不起大王,也不能对不起国家。从今天起,臣下就不能再服侍大王了,请大王多多保重!"就这样,昌邑王刘贺仅仅做了二十七天皇帝,又被赶回封地昌邑。除了王吉和龚遂因时常规劝昌邑王而保留了性命外,刘贺从昌邑带去的那两百多个亲信,全被拉到大街上斩首示众。罪名是不能辅佐君王,将皇帝引向歧途。

　　而封建朝廷不可一日无君,现在昌邑王被废掉了,又怎么才能选择到一位贤明的君主呢?忠心辅政的霍光,为此日夜焦急不安。光禄大夫丙吉上书给霍光,推荐汉武帝与卫皇后的曾孙刘询,说这位皇曾孙有德有才,可接回宫中继承皇位。霍光和大臣们商量后,禀报皇太后,将汉武帝刘彻从民间迎入宫中,先封为阳武侯,于同年7月继位,立十八岁的刘询为帝,这就是汉宣帝。第二年改年号为"本始"。汉宣帝(宣帝,名刘询,本名病己,字次卿,公元前91年~前49年),汉武帝刘彻的曾孙,戾太子刘据的孙子。在位25年,病死,终年42岁。葬于杜陵。他出生才几个月,却赶上刘据因巫蛊事件而自杀,他的父母惨遭杀害,襁褓之中的刘询也被收入狱中。幸亏当时的一位小官员丙吉,暗中派狱中两个女犯人给他喂奶,才保住了刘询的一条命。

　　霍光辅佐刘询六年,刘询在位十八年,独立执政后,对外抗击匈奴,连连得胜,对内政绩累累,颇受史家称道,可见霍光之为的确有胆有识。汉宣帝在他的辅佐下,继续遵照"与民休息"的方针来制定政策,处理国事,使西汉王朝继文景之治之后,又出现了兴盛的局面,"吏称其职,民安其业",史称"昭宣中兴"。这和霍光从汉武帝末年到昭、宣两朝辅政二十余年的功绩是密不可分的。地节二年(公元前68年),三朝元老霍光病逝。他受到与近五十年前其兄霍去病去世时一样的厚葬,被破格允许使用金缕玉衣。作为功臣之首,他的画像被挂在麒麟阁的显要位置。汉宣帝和太皇太后亲自为霍光主持丧礼,并用极其隆重的礼仪,把这位忠心辅政、安定社稷的重臣埋葬在茂陵汉武帝陵墓的旁边,以示对他的尊崇。他年少孤苦,在家臣的抚养下逐渐长大,因他长期生活在民间,因此对百姓的疾苦和吏治得失有所了解,这对他的施政有直接影响。他聪明贤德,通晓经书,而且喜欢法家思想,留心风土人情,所以颇有几分政治家的才干。霍光作为辅命大臣,在处理朝廷废立君主的大事上,起到了决定性的作用,稳定了国家的大局。宣帝即位后对霍光又进行了嘉奖。霍光依然忠心耿耿地辅佐年轻的宣帝,教他如何才能做一个贤明的君主。应该是当时朝廷的重要人物了。

　　霍光不仅在政治、经济上有卓越的智慧和高超的手腕,在军事上霍光也有值得称道的地方,只是很多人不了解。有人说他没打过仗自然没有战功,这是不公正的说法,因为当时的执政者昭帝年幼,霍光实际上就等于是在代行皇帝之职,有点像摄政王,而不是将领。就好比汉武帝和卫、霍不能互相替代一样,就算霍光本人想去西陲征伐,条件也不允许。

　　尤其值得一提的是,霍光在汉昭帝死后的立、废、再立皇帝的壮举,是他政治生涯中一幅浓墨重彩的重要画卷。新皇帝的确立是当时安定全国的需要,然而要确立一个什么样的皇帝,则又是直接关系到汉朝是否能长治久安的问题。霍光不仅要考虑到前者,更要考虑后者。从小父母就教育我们"知错就改才是好孩子",而长大后,我们才会猛然发现,改起一些错误来并不是那么容易的,甚至有时候,改正错误的高昂成本,很令人生畏。并且,一般意义上说,所犯的错误越大,对改正错误的心理障碍就越大。但是,一人之下,万人之上的霍光却有很大的勇气来否定自己,能做到实事求是,勇于承认错误并改正错误,难能可贵,真的很是令人佩服。他宁愿担负所谓擅自废立的恶名这样高昂的代价,也不愿使汉家王朝倾覆。这表明他对汉室的忠诚,也是对国家的高度负责。事实也证明,霍光选择了汉宣帝,才使得汉朝能够保持了兴旺的局面,后继有人。

历史上的废立之事大多是因为掌权者的私心和野心造成的,而像霍光这样恪守信念,为国家考虑的人物却是非常少见的,像霍光这样的人物在中国历史上也算得上是一个忠心、谨慎的稀有珍宝了,正是因为稀少才更加珍贵。历史上辅佐君王留下千古美名的,无人超过周公和霍光。成就他们美名的就一个字:忠。因为他们手掌大权,却无反意,从来不曾想要"挟天子以令诸侯"。武帝不愧是一代明君雄主,眼光很准,霍光也能够不负重托,始终保持着一个正面形象,是难能可贵的。霍光绝对是一个很值得我们学习的人物。每走一步,他都将自己摆放在正确的位置,不越半步,但也不退半步。该说的就说,该做的就做,但不是自己本分的事,他坚决不会参与。同样地辅政,霍光与王莽有明显的区别,霍光守成而王莽篡位,历史人物的行为往往并不完全出于自己的决定,而在一定程度上受到各自的背景影响和制约。昭帝死后,出现很长一段时间的权力真空,霍光实际上就是在行使皇帝的权力。如果他有非分之想,汉家天下不说唾手可得,至少是很容易的。但他没有这样做。

一代帝师 身后凄凉

霍光就是这样一位有大恩于皇室,有大功于王朝的重量级人物,但在去世不久,夫人毒杀宣帝许皇后的事被揭发,宣帝削夺霍家权力。死后两年,地节四年(公元前 66 年)七月,霍氏密议谋反,谋划废宣帝立自家人,结果阴谋败露,被宣帝灭三族。整个家族遭遇灭顶之灾:夫人被"弃世",儿子遭腰斩,贵为皇后的女儿被逼自杀,受霍氏家族株连的数十家皆被杀,即使和霍氏有些交情的人都因此而免官。富贵至极的霍氏家族覆灭了。霍家的命运再一次印证了"君子之泽,五世而斩"这句话。霍家显贵如果从元狩四年霍去病始封侯算起,到汉宣帝地节四年霍氏灭门,前后不过 53 年。是什么原因让霍家遭遇如此大劫? 问题出在哪儿呢? 出在他的家族内部,出在他自己身上。同历史上任何有作为的政治家一样,霍光也受到时代和历史的局限,摆脱不了光宗耀祖思想的束缚,也摆脱不了身为将相,子弟封侯的腐朽传统。在他在位时,他的宗族、子弟都已是高官显贵,霍氏势力也已"党亲连体,根据于朝廷"。霍光历仕三朝,权力过大,整个家族的欲望也跟着膨胀起来。到宣帝时,霍家权势,如日中天,这种情况发展到登峰造极的程度,霍光的小女儿霍成君甚至做了第一夫人——皇后。霍光的外孙女是太皇太后。霍光的长子霍禹,封博陵侯、右将军(相当于现在的全国武装部队副总司令)。霍光的侄孙霍山,封乐平侯、守奉车都尉领尚书事(相当于皇宫机要秘书长)。霍光的侄孙霍云,封冠阳侯、中郎将(相当于现在的首都卫成部队副司令官)。霍光的长女婿邓光汉,长乐卫尉(相当于长乐宫防卫司令官)。霍光的次女婿任胜,诸吏中郎将羽林监(相当于现在的首都卫戍部队司令官）。霍光的三女婿赵平，散骑常侍将屯兵（相当于现在的武装部队训练司令）。霍光的四女婿范明友，封平陵侯，度辽将军未央卫尉（相当于现在的北方军区司令官兼未央宫防卫司令）。霍光的侄女婿张朔，给事中光禄大夫（相当于皇宫机要秘书）。这些官职有多少是皇上赏赐的？有多少是霍光本人提拔的？又有多少是同僚们为讨好霍光而推荐的？现已不得而知。在这些人中，有多少是胜任其职，并且忠于职守的？有多少不是忠于职守的？也不得而知。但是，其整个家族荒淫无度，横行不法，却是记录在案，成为霍氏遭遇灭顶之灾的祸根。

霍氏之祸，也集中反映了皇权与权臣的矛盾，而皇权与权臣的矛盾，始终是专制制度下反复出现、不绝如缕的问题。司马光说："霍光辅佐汉室，可谓忠心耿耿。但是死后却不能保全他的宗族，这是为什么呢？因为霍光掌握朝中的大权时间太长了，不知道在该放手的时候放手，又在朝廷上下安置了自己太多的亲信，这样对上使最高统治者感到危机重重，在下又和底下的人结怨很深，上下都不讨好，危险就在身边啊。霍光活着的时候还可以保全自身，但是他的后世子孙仍然不知道收敛，所以遭到祸患是很自然的事情。"

霍光执掌汉朝政权前后达 30 年，他忠于汉室，老成持重，而且又果敢善断，知人善用，的确是一位具有深谋远略的政治家。他击败上官桀等人发动的政变，废刘贺，立汉宣帝，使汉室转危为安，由此可见他的政治胆略；他改变武帝横征暴敛、赋税无度的政策，不断调整阶级关系，与民休息，使汉代的经济出现了又一个发展时期，这也说明他以国家为重、以民生为本的治国思想。他与匈奴恢复和亲，不仅减少战乱，而且有利于汉族和少数民族和平共处，有利于多民族之间的交流融合、团结互利、共同发展，为中华民族大家庭的繁荣发展奠定了良好基础。当然，不能否认，这些成就的取得，也是与汉武帝所创立的业绩分不开的，如果没有汉武帝时期奠定的基础，霍光在政治经济上都很难取得如此大的成功。但尽管如此，也不能否认他的才略和努力。虽然他有一些缺点如对家人要求不严，但是也不能掩盖他的伟大的功绩和卓越的才能，他不愧为一代帝师。

崔浩：三朝汉臣　力辅北魏

中华传世藏书

中華梟雄大傳

宰相权臣卷

【人物档案】

姓名：崔浩
别名：桃简（小名）
生卒：381 年~450 年
籍贯：清河郡东武城（今山东武城县）人
字号：字伯渊
朝代：北魏
职务：司徒
主要成就：协助北魏统一北方
评价：南北朝第一流军事谋略家

崔 浩

【枭雄本色】

北魏政权在道武帝拓跋珪、明元帝拓跋嗣以及魏太武帝拓跋焘时期完成了由氏族部落向国家和阶级社会的过渡，推动这个过程的是对外征服中所遇到的已进入封建社会的汉族。鲜卑民族复入中原后，便开始了一个艰难的汉化历程，并使北魏一代的政治受到了深远的影响。其实在北魏统一北方的过程中，其政权的重要人物不乏汉人，崔浩就是最突出的代表。他出身北方高门士族，以才学著称于世。他尤其善于以天道来解释时事，每当国家出现了异常的现象，北魏政权的君主总要向他询问原因以寻求解决。北魏政权的统治者还经常请他讲解经书，讨论国家大事。甚至拓跋嗣在立太子的时候也是听取了崔浩的建议，不但按照长幼有序的原则，还请崔浩作为太子的辅佐大臣。拓跋焘当了皇帝后，一有迷惑不解的地方，就马上召见崔浩向他请教。就是这样一位汉臣为北魏政权服务了三四十年，为北魏的发展做出了重要的贡献。

出身望族　才学甚高

崔浩，字伯渊，清河郡东武城（今山东武城县）人。他的七世祖崔林，是三国曹魏时期的司空，被封为安阳亭侯。曾祖崔悦，为后赵石虎的司徒右长史。祖父崔潜，为后燕黄门侍郎。父亲崔宏，号称冀州神童，北魏初期累官至吏部尚书、天部大人，赐爵白马公。崔浩是崔宏的长子，从小就喜好文章和学术，经史书籍没有他看不到的。所以明元帝让他为自己讲解经书。崔浩还精通玄象阴阳之术，各家学说，都有涉猎，并且研习精通易理，他的才学当时无人能及。崔浩在二十岁时就当上了直郎，北魏天兴（398~403年）中期，又当上了给事秘书，转著作郎。崔浩的家族是一个显贵的家族，他本人也是才学甚高，这也是他日后作为北魏政权中汉族人士的领袖型人物的一个重要条件。

崔浩精通天文，经常观察星象变化。他在家一边观察，一边做记录。魏元帝、太武帝遇到了天象的异常现象都去询问崔浩。崔浩的才华也是从他对天象的正确分析开始展露的。

崔浩不喜欢阅读《老子》，认为一定是弄错了，他说："孔子向老聃学习礼数，老子又哪里会写这样败坏礼数的书籍来扰乱国家的统治。"崔浩还尤其不信佛。他的妻子郭氏喜好念诵佛经，他看见了就一把夺过来放火烧掉。

侍奉道武　谨慎保身

魏道武帝拓跋珪是一个了不起的人物。他首先恢复了鲜卑拓跋氏的部落联盟领导地位，接着向南北发展。他击败了善骑的游牧民族高车，又与柔然展开了较量。公元397年，后燕的名城重镇落入了拓跋珪的手中。第二年，拓跋珪定都平城，开始营造宫室，建立宗庙。北魏天兴二年（399年）十二月，拓跋珪称帝。在拓跋珪时期，拓跋氏完成了由氏族部落制向国家和阶级社会的转化。

但是拓跋珪到了晚年时，病重多疑，精神失常。史书记载，开始的时候，拓跋珪服食一种叫作寒食散的东西，自从太医令阴羌死后，这种药物的效力每每发作，后来越来越严重。加上灾害变故又屡有发生，拓跋珪忧患烦闷、坐卧不宁，有时连着好几天不吃饭，有时又一天一夜的不睡觉。他常常把错误归咎于部下，喜怒无常，说身边的人都不可信任，忧虑天象和近在身边的祸患。他又回忆思考一生之中的成败得失，整日整夜地独自言语不能停止，好像在与鬼神和物件对话。有大臣上前，就追究其旧有的过错将其杀死，其余的人有的是因为神情变化，有的是因为呼吸不匀，有的因为走路不合规矩，有的因为言辞失去了方寸，诸如此类，拓跋珪都认为他们是因为心怀不轨才显露在外，就动手打他们，打死了就把尸体丢弃在天安殿前。

于是朝野上下都惊恐异常，人人自危。官员们借机懈怠，盗贼公行，世道混乱，大街小巷里行人很少。拓跋珪成了名副其实的孤家寡人。北魏政局，岌岌可危。

崔浩因为工于书法，被拓跋珪召在身边。这个时候，唯独崔浩对道武帝毕恭毕敬,殷勤伺候,不敢有丝毫的懈怠,有的时候整天地不回家。拓跋珪了解这个情况后,就下令赐给崔浩粥喝。崔浩任职期间,不会因为变通就改变气节,献媚取宠。在大臣们都避之不及的情况下,崔浩能够保身,还受到了拓跋珪的赏赐,这在当时是很少见的。

分析原因,一方面是因为崔浩才华出众,能机敏行事,另一方面还是缘于他的小心谨慎。他工于书法,时常为人书写《急就章》,他在书写时故意把文中的"冯汉强"的"汉"字改换成拓跋国号的"代"字,以示不敢犯国。所以到了明元、太武帝时期,崔浩越来越受到宠信。

参谋元帝　商讨国事

永兴元年(409年),拓跋珪被他的儿子拓跋绍杀死,明元帝拓跋嗣初即位,拜崔浩为博士祭酒,赐予他武城子的爵位。明元帝经常让崔浩为他讲授经书。崔浩很得赏识。据说崔浩父子出游的时候都是乘坐轩轺,人们看到了羡慕不已。

拓跋嗣对阴阳术数很感兴趣,崔浩在这方面也很精通,所以拓跋嗣常常请他讲解这方面的事情。神瑞元年(414年),拓跋嗣听了崔浩讲《易经》《洪范·五行传》后,很是欣赏崔浩在这方面的能力,于是就命令崔浩占卜吉凶,并且参考天文来解决疑惑问题。崔浩这个人很聪明,便借机把天道与人事结合起来,加以综合考察,抓住事情的要害与发展的规律,用来占卜各种灾祥变异,所以总是能够应验。拓跋嗣很器重他,常常召见他,同他商讨军国大事,交往相当密切。

在后秦姚兴去世的前一年,北魏太史启奏说:"火星在匏瓜星座中出现,忽然又不知跑到哪里去了。按道理说,它应该到形势危险严峻、马上就要灭亡的国家去,先出现童谣、妖言,然后再发生祸乱,实行对该国的惩罚。"拓跋嗣听到了十分惊异,马上召见了十几个有名的儒士,让他们与太史一起讨论参悟火星所示的含义,推测星落的方位。崔浩对答说:"按照《春秋左氏传》的说法'神灵在莘地降落',根据它降落的日期推测,可以得知这个神灵是谁。庚午(八月十九日)的晚上,辛未(八月二十日)的早晨,天上有阴云密布,火星失踪的时间,应该是在这两天。庚和午,在地上指的都是秦国,辛指的是西方的夷族。现在姚兴据守在长安,火星一定是降临到秦国去了。"众人听后,对崔浩的话不屑一顾,嘲笑道:"天上没有了一颗星,人间怎么能够知道它掉到哪里去了!"崔浩却对他们的态度毫不在意,微笑着并不回答。八十多天以后,火星突然又从井宿附近出现了,在那里若明若暗,很长时间才消失。接着后秦出现大旱,昆明池中的水也枯竭了,儿童歌谣和各种谣传纷纷四起,国中的百姓人心不安,只隔一年,后秦国便灭亡了。大家这才佩服崔浩的神机精妙。

还有一次,有人在后宫中发现了一只兔子,查问看守的兵士,他们都说没有看到有兔子进入。拓跋嗣认为这件事很奇怪,就去问崔浩。崔浩说,这是邻国要向北魏进献妃嫔。果然,第二年后秦王姚兴把自己的女儿献给了拓跋嗣。这些记载显然带有一定的迷信色彩。但从另一个角度表明了崔浩在分析天道及人事之间的关系上,达到了有机的结合。后秦王姚兴药性发作,他的儿子(广平公姚弼)在这个时候又盘算篡权,把手下的部队聚集在自己的府第之中。后秦国已经出现了危机,所以后秦王姚兴把自己的女儿献给了拓跋嗣,以求自保。崔浩与拓跋嗣经常商讨军国大事,他对邻国的情况应该是了如指掌,他又是一个才华出众的人,精通阴阳术数,所以他能准确地推测这件事情。

从神瑞二年(415年)开始,北魏一连几年发生霜旱灾害,庄稼收成不好,云中、代郡一带的老百姓有很多都饿死了。太史令王亮、苏坦向拓跋嗣建议:说按着谶书的说法,魏国应把都城建在邺城,那样的话,才可以得到富足欢乐。拓跋嗣听了以后,便向各位大臣征求意见,崔浩和特进京兆周澹不同意王亮、苏坦的说法,认为迁都城到邺地,表面看来可以解救今年的饥荒,但却不是长久之计。他们向拓跋嗣阐述了充分的理由,认为迁都后不利的因素主要有三个:第一,崤山以东的人民,认为国家本来居住在辽阔的大漠之上,一定是人口众多,牛羊成群,国力强盛。一旦迁都,便要留下军队来戍守旧都,这样只能分出一部分人向南迁移,而这些人不可能住满几个州的土地,只好与汉人掺杂居住在各郡各县,这样,国家人力不足的情势就会暴露,四方的邻国也会因此而轻视北魏,对国家的稳定产生不良的影响。第二,老百姓迁徙后不习惯那里的水土,得病、受伤、死亡的人一定会很多,这样等于削弱自己的力量。第三,更为严重的是,旧都的守兵减少之后,屈丐、柔然等国就会有窃取北魏的想法,假如他们动员全国的军队前来进攻。云中、平城一定会发生危机。而南迁后的朝廷由于有恒山、代郡的千里险要重重阻隔,很难前去营救,这样的话,就会在名声和实际利益上都受到损害。

根据北魏目前的形势,如果不迁都居住在北方,一旦崤山之东的地区有什么变乱,便可以派遣轻装骑兵向南进攻,把部队分布在林野中间,虚张声势,使敌人无法摸清真实的情况,猜不出北魏的兵力究竟有多少,必然不敢贸然进攻。而老百姓看见自己的国家如此强大,自然会心生畏慑,无比敬服,这就是我们北魏之所以用威力制服中原的真正原因。等到明年春天到来之后,杂草生长起来,家畜吃饱之后,牛奶乳酪等也便可以供应上了,再加上蔬菜水果,便可以维持到秋天粮食成熟的季节,国家面临的这些暂时困难便可以克服了。

拓跋嗣听了以后,说出了自己的顾虑,如果现在国库彻底空了,已经没有办法再等到来年的秋天,如果明年秋天又出现饥荒,又该如何应付呢?听到这里,崔浩回答道:"我们应该把那些最贫穷饥饿的人家挑选出来,让他们去太行山以东的地区去谋生,找饭吃。如果明年再发生饥荒,到时候再想办法,只是现在不能迁都。"这时,拓跋嗣才高兴地说出自己原来的想法:"只有你们二人与我的想法一致。"于是拓跋嗣就按照崔浩、周澹两人的办法,挑选百姓中最贫寒的人家前往太行山以东的三个州去谋生,并派左部尚书代郡人周几统率军队镇守鲁口,安抚召集他们。拓跋嗣本人也亲自下农田耕种,又命令有关部门劝勉指导人们从事农业和种桑养蚕的劳动。第二年秋天,庄稼丰收了,百姓富足了,人心安定了,北魏渡过了难关。明元帝很高兴,就赐给崔浩和周澹两人一人一妾,御衣一套,绢五十匹、锦五十斤。

泰常元年(416年)八月,发生了一件大事,东晋太尉刘裕北伐后秦,水陆并进。晋军势如破竹,后秦连连败退。第二年三月,刘裕率领水军从淮水、泗水进入清河,准备逆黄河西上,为顺利进军关中,刘裕派人去北魏请求借道。后秦姚泓也派人出使北魏,请求救援。拓跋嗣命令文武百官共同商讨这件事,群臣们都说:"潼关是天险,一夫当关,万夫莫开。刘裕用水军攻克恐怕难以达到。但是,如果从黄河北岸登陆向北方侵入,那就容易得多了。刘裕声称伐秦,他的真实目的的难以猜测;而且秦是与我们有婚姻关系的国家,不可以不出兵相助。我们应派兵切断黄河上游,阻止晋军西上。"崔浩说:"刘裕吞并秦国的野心由来已久。如今,姚兴去世。他的儿子姚泓愚劣懦弱,国内灾难一再发生。刘裕乘他国内危机而兴兵讨伐,他的决心是一定要夺取。我们如果切断黄河上游,阻截晋军,刘裕一怒之下,必然登陆向我们进攻,这样一来,我们等于代替秦国挨打。如今柔然进攻我们边境,百姓又缺少粮食,如果再与刘裕为敌,发兵南下进攻晋,那么北边敌军柔然就会更加深入。那时,大军救援北方,南方的州县又将告急,这不是好计策。不如借给刘裕水道,听任刘裕西上,然后我们出兵驻防东部,阻塞他的退路。如果刘裕得胜告捷,一定会感激我们借路的恩德;如果失败,我们也会有援救秦国的美名,这是很多办法中比较好的一个。况且,南方与北方风俗不同,即使朝廷放弃恒山以南的领土,刘裕也决不会用来自吴、越的军队与我们争夺据守黄河以北的土地,怎么会成为我们的威胁呢? 为国家制定方略的人,应该只为国家的利益考虑,怎么可以顾念一个嫁过来的女子呢!"大臣们还说:"刘裕向西进入潼关,便会害怕我们切断他的退路,腹背受敌;而刘裕如果北上进攻我们,那么秦国姚氏一定不会从潼关出兵救援,所以看刘裕的样子虽然是声称向西,但实际一定是北上。"

　　明元帝担心中刘裕之计,最终没有同意崔浩的建议,让司徒长孙嵩掌管山东的各项军事,派遣振威将军娥洁、冀州刺史阿薄干,率领步兵和骑兵共 10 万人屯聚在黄河北岸。他又派出几千名骑兵,沿着黄河北岸随刘裕的大军向西行进,并且时不时地袭扰,使得他们的军队不能很快地向西行进。晋士卒在黄河南岸,用长绳牵引战船,风大浪急,有的牵绳突然折断,战船漂流到北岸,船上的晋军全都遭到北魏军队诛杀劫掠。刘裕派军还击北魏军队,东晋军一上岸,北魏军就逃走,等东晋军回到船上,北魏军又返回岸边。夏季,四月,刘裕派白直队主丁,统率武士七百人,战车一百辆,登上黄河北岸,在距河岸一百步的地方,构筑新月形战阵,以河岸作为月弦,两端抱住河道。每个战车上布置七个武士。新月阵布置完毕,在阵中竖起一个白色的羽旗。

　　北魏军队不知道这是什么意思,都不敢轻举妄动。刘裕先派宁朔将军朱超石严加戒备,准备出战,等新月阵中的白旗一举起来,朱超石率领两千人飞奔而至,进入新月阵,携带大弩一百张,每个战车上增加到二十人,并在车辕上安置了防箭木板。北魏军看到战阵已经完成,开始进攻包围。长孙嵩又率三万骑兵作为后继援军,从四面八方向新月阵展开肉搏冲锋,东晋军的强弓不能阻止敌人的势头。当时,朱超石另外还携带了大铁锤和铁一千支,这时朱超石命人把铁折成三四尺长,用大铁锤打铁,一下去,能贯穿三四人。北魏士卒招架不住,一时间全都四处溃散,争相逃命,阵亡将士的尸体堆积成山。东晋军在战阵中斩杀了北魏冀州刺史阿薄干,北魏军败退,逃回畔城。朱超石率领宁朔将军胡藩、宁远将军刘荣祖乘胜追击,又一次大破北魏军,斩杀和俘虏敌人数以千计。拓跋嗣听到报告后,后悔没有采用崔浩的建议。

　　五月二十四日,东晋齐郡太守王懿投降了北魏,他上书给北魏朝廷:"刘裕现在洛阳,应该迅速发兵切断他的归路,可以不战而胜。"拓跋嗣觉得他说得有道理,表示赞许。

　　当时,崔浩正在为拓跋嗣讲解经典,拓跋嗣便问崔浩对这件事的看法:"刘裕讨伐姚泓,果真能攻克吗?"崔浩肯定地说:"一定能够攻克!"拓跋嗣问:"为什么!"崔浩解释道:"当年姚兴喜欢追求虚名而不做实事,他的儿子姚泓生性懦弱,身体多病,兄弟之间争权夺势,不能团结一心。如今刘裕乘人之危,他的将士勇猛善战,训练有素，有什么理由不能取胜!"拓跋嗣又问："刘裕与慕容垂相比谁的才华更为出众?"崔浩说："刘裕胜过慕容垂。慕容垂凭借父兄的资荫，复兴故有的基业，国人都投靠他，就像夜间的昆虫飞向火光一样，对此稍加凭借，就能轻而易举地建功立业。而刘裕则出身微贱贫寒，没有一尺土地可以凭借，却消灭了桓玄，兴复了晋朝宗室的统治。在北方生擒慕容超，在南方砍下卢循的首级，所过之处，没有敌手，他如果不是才智过人，怎么会这样呢?"拓跋嗣说："刘裕既然已经进入函谷关，一时不能前进，也不能后退，而我们以精锐骑兵直捣他的老巢彭城、寿春，刘裕将会怎么样?"崔浩回答说："如今我们西面有夏国赫连勃勃，北边有柔然，他们都在时刻窥伺我们的行动，准备乘机来攻。陛下既然不能亲自指挥军队，我军纵然有精兵，却没有良将，长孙嵩的长处是善于治理国家，短处是不善于用兵，根本不是刘裕的对手。我军大举兴兵远征，看不到实际利益，不如暂且按兵不动，静观事态的发展。刘裕攻克秦国后回来，一定会篡取皇帝宝座。关中地区汉族、戎族杂居一处，风俗强悍。刘裕打算用教化荆州、扬州百姓的方法统治函谷关和秦国这一带的百姓，这就好像没有翅膀想飞，没脚想走路一样，是根本行不通的。刘裕虽然会留下军队驻守，可一时人心难以信服，志趣习俗又不一样，恰好为别人入侵提供了好条件。现在秦国的百姓在一两年内不会被他制服，希望陛下趁此机会停止出兵征讨，让百姓休养生息，观察局势的变化，秦国的地盘终究会为我国所有，我们便能坐享其成。"拓跋嗣听完崔浩的分析，笑着说："你分析得很周详。"崔浩又说："我曾经私下评论过近世的将领和宰相，比如王猛治理国家，是苻坚的管仲;慕容恪辅佐幼主，是慕暐的霍光;刘裕平定桓玄祸乱，是司马德宗的曹操呀。"拓跋嗣又问："赫连勃勃这个人怎么样?"崔浩说："赫连勃勃当年国破家亡，孤身一人，寄食在姚家门下，接受姚氏的官禄。他不但不想报答姚氏的恩情，反而乘人之危，占据一方地盘，与四邻结下了仇怨。像他这样的小人，虽然能强大暴虐一时，终究要被别人吞并。"拓跋嗣认为崔浩说得有道理，非常高兴。君臣二人一直谈论到深夜，拓跋嗣把三十升御用青白色醇酒和一两水精盐赏赐给崔浩，说道："我听了你一席话，就像品味这盐和酒的滋味一样，所以我想和你一起共享这种美好的感受。"然而，拓跋嗣还是命令长孙嵩、叔孙建各自挑选精兵备战，如果刘裕再向西部深入，他们则从成皋渡黄河南下，进攻彭城、沛郡;如果刘裕推进很慢，则仍继续在岸上紧紧跟随。

果然，泰常五年(420年)六月，刘裕取代了东晋，自称为帝，国号"宋"。这恰恰应验了崔浩的话。当时拓跋嗣正在东南鸿卤池(五原盐池)射鸟，得知刘裕称帝的事情，特地派人把崔浩请来，对他说："你当年的预言全部都应验了，我到今日才开始相信天道!"拓跋嗣说这话是因为泰常三年(418年)十二月崔浩对天象的分析。那一年，彗星出现，拓跋嗣害怕大难临头，就召集儒生、方士询问。由于前几次崔浩的话总能应验，大家就一致推举崔浩来分析，崔浩认为这是刘裕篡晋的征兆。果然两年后，崔浩的话又应验了，所以拓跋嗣才说上面那番话来。其实，崔浩早在分析刘裕借道之时就向拓跋嗣陈述过这个观点，但拓跋嗣却始终没有采纳他的建议。随着事态的发展，刘裕在一两年后，力量逐渐强大，最终登上帝位。崔浩这次借助对天象的分析，再次预言成功，拓跋嗣才深信不疑。古人迷信，不能完全解释天文现象，又爱把天象与时事联系起来，不能做出正确的结论，常常是见到了彗星这类天象就认为是不祥的。崔浩才华出众，博览经史，对各家言论了如指掌，加上懂得玄象阴阳术数，又经常与拓跋嗣商讨军政大事，自然对形势很是熟悉，他的推测怎会不正确呢? 有时即便拓跋嗣不能采纳他的建议，但事态却总是向崔浩所说的那样发展。

从这以后，拓跋嗣对崔浩是更加信任了。泰常七年（422年）五月，拓跋嗣因为长时间地服用寒食散，多年来药性发作，身体越来越不好，灾祸与异常的现象也总是发生。他非常忧虑，于是就派人暗中询问崔浩。崔浩认为，明元帝应该早点立太子，不妨让长子拓跋焘入主东宫，让可以仰仗的人作为师傅，派能够依赖的大臣辅佐他。太子在京师时主持朝政，出京时则统率军队安抚百姓，讨伐敌人。如果这样，明元帝就可以不必亲自处理政事，在宫中调养身体了。这是天大的好事。即便有什么不测，国家有确定的君主，百姓也有所归附，有野心的人就不敢有其他的企图。长子拓跋焘是一个聪明并且性情温和的人，以长子为太子，符合礼制。如果一定等到皇子们长大成人后再选择太子，不免会打乱了长幼的秩序，使天下大乱。

这次，拓跋嗣听取了崔浩的建议，当即立拓跋焘为太子，同时任命南平公长孙嵩、山阳公奚斤、北新公安同为左辅；崔浩与太尉穆观、散骑常侍丘堆为右弼，共同辅佐太子。拓跋焘执政后，明元帝避居西宫，经常暗中观察拓跋焘，发现拓跋焘果然多谋善断，非常高兴，不得不赞赏崔浩的见识。

辅佐武帝　统一北方

泰常八年（423年）十一月，明元帝病故，拓跋焘正式即位称帝，史称魏太武帝。他为人勇健，善于指挥。

这样一位君主，对崔浩这样的人才自然很看重。但是崔浩为人正直，拓跋焘身边的人害怕他说出自己的短处，就一齐诋毁排挤他。拓跋焘明知崔浩有才能，出于舆论的压力，也只得让崔浩离开朝廷。但拓跋焘在政事上一有疑惑，仍要召见崔浩向他请教。

拓跋焘上位后，便致力于统一北方。当时南方为宋朝所占据，北方除了大夏、北凉、西秦、北燕和柔然外，都由北魏统治。拓跋焘通晓兵法，很有才略，就计划做一番大事业。他经常亲自出征作战，在战场上勇猛异常。这时崔浩就在他的身边作谋士，为他出谋划策。崔浩参与了许多重大决策，为北魏最终统一北方发挥了重要的作用。九月，拓跋焘得知夏主赫连勃勃死，他的儿子们正在互相残杀，想趁机拿下夏国。长孙嵩等人不同意这样做，他们认为夏国的城池十分坚固，如果夏坚决防守，以逸待劳，那柔然知道了必定会乘我们国内空虚，大举进攻，这是危险的策略。崔浩与他们看法不同，他以天道比附人事，认为西征一定胜利，不能失去良机。拓跋焘赞同崔浩的意见，就分兵两路攻打夏国。这年的十一月，当拓跋焘亲自率领两万轻骑兵攻打夏统万城（今陕西靖边东北白城子）的时候，夏主赫连昌正在大摆宴席与群臣尽情欢笑，根本没有防备，听说北魏的军队兵临城下，大惊失色，仓皇率领军队迎战，结果大败，退入城中，以至于连城门都没来得及关严。北魏军队大胜。但这一次，北魏军队并没有攻下统万城。始光四年（427年）六月，拓跋焘再次攻打统万城。他分兵埋伏在深谷当中，只让少数部队到城下诱敌出战。夏主赫连昌想凭借坚固的城池等待援兵，对北魏形成内外夹击的态势，所以紧闭城门，拒不出战。拓跋焘便以退军示弱迷惑赫连昌，另外派出五千轻骑掠夺夏国臣民。不料，北魏的一个犯罪兵士奔向夏国，说魏军的粮草已经断绝了，后面步兵还无法跟上来。赫连昌听到这个消息，欣喜无比，就率领三万步兵和骑兵出城攻打魏军。拓跋焘急忙收兵假装逃跑,想拖垮夏军。夏军便分成两路追赶。天公不作美,正赶上风雨大作,飞沙蔽日,魏军逆风前进,不利于作战。宦官赵倪便对拓跋焘说:"风雨是从敌人那边袭来,我们逆风,敌人顺风,这表明天不助我。更何况我们的将士饥渴交加,希望陛下暂时避开他们的锋锐,等以后再寻找时机。"崔浩听到了,厉声呵斥道:"你说的是什么话!我们千里而来,自有制胜的策略,一天之内怎么可以说变就变!敌人贪图胜利的战果,不会停止追击,根本没有后继军队。我们应该把精兵隐蔽起来,分别出击,对他们做一次意外的突袭。刮风下雨,要看人们怎么利用,怎么可以硬套常规而认定对我们不利!"拓跋焘说:"你说得极对!"拓跋焘便依计而行,分骑兵为左右两队,悄悄地跑到夏军的后面,顺风攻击,大败夏军。夏主赫连昌来不及进入统万城,就逃奔上邦(今甘肃天水)去了。魏军顺利进入统万城。

崔浩在这次战斗中起到了重要的作用,拓跋焘正是听取了他的建议,才下决心攻打夏。

统万城城墙高约8丈,基厚30步,上宽10步,固若金汤,崔浩在认真分析了夏国的形势后,做出了失民心者必失国的结论,不顾他人反对,鼓励拓跋焘大胆出击;在作战不利的情况下,崔浩又积极应变,变不利为有利,帮助拓跋焘取得了最终的胜利。纵观北魏攻打夏国的整个战事,崔浩总能在关键时刻保持清醒的头脑,做出正确的判断。这次胜利后,北魏统一了北方的大部分地区,只剩下东北的北燕和西北方的北凉两个敌人了。

另外,在商议进攻柔然的问题上,只有崔浩坚决地站在拓跋焘一边。他以天象及事实为证据,质问持反对意见的张渊、徐辩一派,指出他们是以汉代的老生常谈解决北魏现在的问题,是不切实际的;况且柔然本来就是北魏的附属国,后来背叛而去,我们现在在攻打它,解救善良的百姓是顺理成章的事情,又有何不可呢?崔浩以攻打统万城之役作为证据,有力驳斥了他们的观点。拓跋焘对崔浩在这次辩论中的表现十分满意,对大臣们说:"我意已决。"

事后,朝中公卿重臣中有人责怪崔浩说:"如今南方宋国的敌人正在伺机侵入,而我们却置之不顾兴兵北伐;如果柔然听说我们攻来,逃得无影无踪,我们前进没有收获,后面却有强敌逼近,那时我们将怎么办?"崔浩说:"事情不会是这样的。如今我们如果不先攻破柔然,就没有办法对付南方的敌寇。南方人自从听说我们攻克夏国都城统万城以来,对我们一直深怀恐惧,所以扬言要出动军队,来保卫淮河以北的土地。等到我们击破蠕蠕,一去一回的时间里,南敌一定不敢兴兵动武。况且,南敌多是步兵而我们主要是骑兵;他们能北来,我们也可以南下;在他们来说已经疲惫不堪;而对我们来说还不曾疲劳。更何况南方和北方的风俗习惯大不相同;南方河道交错,北方一片平原;即使我国把黄河以南的土地让给他们,他们也守不住。为什么这样说呢?当年,以刘裕的雄才大略,吞并了关中,留下他的爱子镇守,又配备了经验丰富的战将和数万名精兵,还没有守住,最后落得个全军覆没。原野中的哭号之声,至今还没有停止。况且,今日刘义隆和他的文武群臣,其才略根本元法与刘裕时代的君臣相比。而我们的皇上英明威武,军队兵强马壮,如果他们真的打来,就像是马驹、牛犊与虎狼争斗一样,有什么可畏惧的呢!蠕蠕一直仗恃与我国距离遥远,以为我国没有力量制服他们,防备松懈已经很久。一到夏季,就把部众解散,各处逐水草放牧;秋季马肥兵壮,才又聚集,离开寒冷的荒野,面向温暖的中原,南下掠夺。而今我们乘其不备出兵,他们一看到飞扬的尘沙,一定会惊慌失措地四处逃散。公马护着母马，母马恋着小马，难以控制驱赶，等到找不着水草，不过几天的工夫，他们会再行聚集，乘他们疲劳困顿之际，我们的军队就可以一举歼灭他们。短时间的劳苦将换来永久的安逸，这样的时机千万不能放弃，我在忧虑皇上没有这样的决心。现在皇上的决心已经下定了，为什么还要阻挠！"寇谦之问崔浩说："蠕蠕果真可以一举攻克吗？"崔浩回答说："必克无疑。只恐怕将领们顾虑太多，瞻前顾后，不能乘胜深入，以至于不能一举取得彻底的胜利。"果然，北魏军队开始取得了胜利。但当北魏军队沿弱水（注：古水名）西行至涿邪山（今阿尔泰山脉东南部）的时候，将领们疑虑深入后会中了敌人的埋伏，拓跋焘也下令停止前进。寇谦之把崔浩的话告诉拓跋焘，希望大军乘胜追击，彻底消灭柔然军，但拓跋焘出于谨慎，没有采纳崔浩的建议。七月便率兵回去了。没过多久，有投降的人说："蠕蠕大檀对这次进攻没有防备，不知如何是好，只好烧掉了帐篷，带着几百人逃走了。百姓们带着牲畜，方圆六十里内，没人统领。距涿邪山只有一百八十里；只因魏国的军队没有继续追赶，才慢慢向西逃去，得以幸免。"北魏军队只要再追击两天，柔然就被灭掉。拓跋焘事后后悔不已。这些情况全在崔浩的意料之中。后来北魏再次出兵才重创了柔然，之后柔然很少主动出击北魏，为北魏进攻刘宋解除了后顾之忧。太武帝拓跋焘特地加封崔浩为侍中、特进、抚军大将军、左光禄大夫之职，奖励他的出谋划策之功。

拓跋焘十分赏识崔浩，有时到他家里品尝饭菜，甚至领崔浩到寝室中去。他曾经对崔浩说出了自己的心里话："你富有才智，学识渊博，侍奉过我的祖父和父亲，忠心耿耿辅佐了三代君王，所以我一向把你当作亲信近臣。你应该竭尽忠心，直言规劝，不要有什么隐瞒。我虽有时盛怒，不听你的劝告，但是我最后还是深思你的话。"拓跋焘还曾经指着崔浩，介绍给新近投降北魏的高车部落酋长们说："你们看这个人瘦小文弱，既不能弯弓，又拿不动铁矛，然而，他胸中的智谋远胜于兵甲。我虽有征伐的志向，却不能决断，前前后后建立的功勋业绩，都是得到这个人的教导呀！"拓跋焘又特意下诏命令尚书省说："凡是军国大事，你们所不能决定的，都应该向崔浩请教，然后再付诸实施。"崔浩才智过人，是经过实践考验的，所以拓跋焘对他的信赖也是顺理成章的事。

北魏强大以后，就准备着攻打南方的统治者宋。驻守在南方边境的北魏将领们听说朝廷中文武群臣和西北边防守将跟从拓跋焘出征作战，向西削平了夏国的赫连氏，向北大破柔然汗国，俘获了人、珍宝和成群的牛马，早就羡慕不已，也想南下攻打宋国，抢劫资财，所以上疏请求拓跋焘把黄河以北的流民全部屠杀，以挫败宋的锐气。拓跋焘拿不定主意，就召集大臣们商量。大臣们都同意，只有崔浩反对。他认为一则南方潮湿的环境尤其是夏季不适合作战，将士们容易生病；二则宋国已经加强了戒备，城防坚固，不利于久攻；三则军队四处掠夺就分散了力量，无法对付敌人。如果出战，也要等到秋季，备齐了粮草，与敌人慢慢周旋，才是万全之策。崔浩还毫不客气地指出了上疏的这些人只是为了个人的利益，而置国家的安危于不顾。拓跋焘听后便打消了进攻的念头。

后来，这些人不肯罢休，还是上疏给拓跋焘，说宋调集了精锐部队攻打边境，魏军兵力不足，请求朝廷挑选幽州以南的劲旅帮助守卫城池。并请在漳水沿岸，建造战舰，来抵抗宋兵的进攻。北魏朝中的文武大臣们，都认为应该批准这项请求，并应该任命司马楚之、鲁轨、韩延之等为将帅，使他们引诱宋的百姓归附。崔浩极力反对，说道："这不是长久之计。司马楚之等人都是宋国畏惧和忌惮的人物，如今宋国一旦听说我们调动全部幽州以南的精锐部队，并且兴造舰只，又有大批轻骑兵为后继部队，他们一定会以为我们朝廷打算恢复晋朝司马氏的政权，消灭刘氏家族，一定会全国震惊，害怕灭亡。于是，他们就会动员全国的精锐部队，齐心竭力，拼死抵抗。这样一来，我们南方驻防的各将领就无法抵抗宋军的攻势。现在诸位大臣打算用声威击退敌人，其结果只能是加速他们的进攻。虚张声势，却招来了实际的损害。所以司马楚之这些叛变过来的将领去打宋国，宋国一定北来；不去，他们一定停止，这是必然的。而且司马楚之这些人，都是目光短浅、贪图小便宜的人物，只能招集一些见识浅薄的无赖之徒，不能成就大事，白白使国家兵连祸结而已。当年鲁轨劝说姚兴派叛人夺取荆州，刚进入东晋境内，大军突然瓦解，士卒们被南人活捉，卖为奴隶，造成的灾祸最终殃及姚泓，这是看得到的结果啊！"但这一次拓跋焘对崔浩这一席话却不以为然。崔浩看到以事论事无济于事，就为拓跋焘分析天象，说明对宋发动军事攻击，一定会损兵折将。但拓跋焘没有采纳崔浩的意见，于是下诏命令在冀州、相州、定州三州造战船三千艘；选派幽州以南各地驻军在黄河北岸集结戒备。结果北魏在河南诸镇的兵力严重不足以致难以抵御宋军，只好主动撤离，北渡黄河。宋军没有交战就占领了滑台（今河南滑县东）、虎牢（今河南荥阳西北）、洛阳、金塘（今洛阳东北）等城。正当宋魏交战之际，夏主赫连定想趁机收复统万城，就派其弟赫连谓以代攻打北魏郎城（今陕西洛川东南），幸亏魏平西将军隗归击败了他，赫连谓以代也远逃到别处了。

拓跋焘知道了，立即动员军队，准备进攻夏国。朝廷中的文武群臣反对这样做。拓跋焘又征求崔浩的意见，崔浩回答说："刘义隆与赫连定遥相勾结，互相呼应，只不过是虚张声势，一唱一和，共同窥伺强邻。刘义隆希望赫连定大举进攻，赫连定却等待刘义隆先打，结果没有一个敢先打进我们的。他们就像被捆缚在一起的两只鸡一样，不能同时起飞，当然也就不会产生威胁。我当初认为：刘义隆的大军开来，应该据守黄河中游，分兵两路北伐。东路军直指冀州，西路军则进攻邺城，这样一来，陛下您就可以亲自出马打击他们，不能怠慢。现在形势的发展却完全不同，宋军从东向西所设的防线，长达两千里，每个地方分布的兵力量多不过几千人，兵力分散，力量削弱。如此看来，他们困顿虚弱的本质已经暴露无遗，这只不过是打算固守黄河防线，并没有北伐的意图呀。而赫连定，就像枯树的残根，很容易摧毁，一击就倒。我们攻克赫连定以后，就可以东出潼关，席卷向前，必会威震最南面的地方，而长江、淮河以北将没有一根草可以生存。皇上的英明决断，不是一般愚劣之人所能领会的，希望陛下不要迟疑。"拓跋焘前往统万城，指挥军队袭击平凉，赫连定大败。北魏乘胜攻克了安定。拓跋焘宴请群臣，拉着崔浩的手对北凉主沮渠蒙逊的使臣说："你们听说的崔公，就是这位。他智略与才华的高妙，举世无双。我的一举一动，都要征求他的意见。他预测战场上的成败，就像合在一起的符信一样，不差分毫，从来没有失误。"后来战事的进展与崔浩预测的丝毫不差，拓跋焘对群臣说道："你们总是在我面前说采纳崔浩的建议是错误的，以致惊惧失措，百般劝阻。一直打胜仗的人，开始都自以为超过了别人，到了最后，才发现自己还不如别人。"于是又升任崔浩为司徒。如果不是崔浩的机智过人，拓跋焘怎么会群臣面前对崔浩大加赞赏呢？

在崔浩的辅佐下，拓跋焘最终统一了北方。从拓跋珪到拓跋焘，祖孙三代，是北魏国力发展最快的时期。"推动拓跋氏奴隶制快速向封建社会转化的更主要的原因,是其对外征服中所遇到的已进入封建社会的汉族。"(白寿彝《中国通史》)崔浩作为当时北魏政权中地位最高的汉人,多次参与重大决策,对北魏的发展起了重要的作用。但崔浩也成了鲜卑贵族排挤打击的对象,最后被杀害了。

秉笔直书　国史之狱

北魏政权是鲜卑贵族的统治政权,他们不能容忍汉人大族来分享权力,同自己处于相等的地位。对于君主宠信的汉人,他们偏偏要加以排挤打击。崔浩是当时最受宠信和地位最高的汉人,自然成了鲜卑贵族打击的目标。

在拓跋珪时期,崔浩因工于书法被召至在左右,拓跋珪晚年神志不清,崔浩不是阿谀之辈,小心伺候,反而得到了信任。那时北魏政权正于飘摇不定的特殊时期,大臣为了保命自顾不暇,对崔浩只是羡慕,崔浩也没有真正地参与到国家大的决策中去,因此崔浩与鲜卑贵族之间的矛盾并没有显露出来。

到了拓跋嗣时期,崔浩由于才华出众,开始参与国事政事的商讨。拓跋嗣听取他的建议,办好一些事情。但是,也有好几次拓跋嗣不采纳崔浩的建议,只是在受挫后才知道了崔浩的正确。崔浩的才华在拓跋嗣时代是崭露头角。他与鲜卑贵族之间没有直接的冲突。

直至拓跋焘时期,崔浩的才华得到了充分的发挥。国家的大事没有他不参与意见的,拓跋焘对他是信任无比,并且多次当众赞赏他,甚至主乐工写歌赞扬他。崔浩加官晋爵,成了当时地位最高的汉人。崔浩这个人又不会因为个人的利益隐瞒自己的想法,在商讨国事的时候难免会触及鲜卑贵族的利益,比如进攻刘宋一事。崔浩有时自恃才高,与鲜卑贵族展开公开的较量,这样就得罪了许多人,比如拓跋焘登上帝位时明知崔浩的才华过人,出于鲜卑贵族的压力,只得将他免职。随着北魏政权的逐渐强大,崔浩地位的提高,他与鲜卑贵族之间矛盾越来越尖锐。崔浩有时候还不顾汉族地主与鲜卑贵族之间矛盾,想按照汉族的世家大族的传统思想,整理划分和规定氏族的高低,这当然就触犯了鲜卑贵族的利益。他的亲戚出于好意劝他不要这样做,但崔浩不听。曾经有一次崔浩因为在鲜卑贵族面前大加赞赏汉人的才貌,遭到了拓跋焘的训斥。太子拓跋晃作监国的时候,他又一次推荐了几十人上来就去做太守,对太子的话也听不进去,坚持让他推荐的人去任职。另外,在商讨国事的时候,他的意见总是与大臣们相反,虽然他是以国事为重,没有掺杂个人的利益,但无形中也为自己树立了许多敌人。

"国史事件"使汉族地主与鲜卑贵族之间矛盾激化起来。太延五年(439年)十二月,陈留人江强向北魏朝廷呈献经、史以及诸子百家的经典书籍有一千多卷,另外还有研究文字学的书籍。拓跋焘便命崔浩监理秘书事,综合整理历史史料文献;又任命中书侍郎高允、散骑侍郎张伟参与处理掌管这些事并修撰史籍。由于《国记》秉笔直书,尽述拓跋氏的历史,详备而无所避讳,其中直书了拓跋氏一些不愿人知的早期历史。《国记》刊刻后,石碑树立在通衢大路旁,引起往来行人议论。鲜卑贵族看到后,无不愤怒,先后到太武帝前告状,指控崔浩有意暴扬国恶。太武帝命令收捕崔浩及秘书郎吏,审查罪状。崔浩被捕后,承认自己曾经接受过贿赂。其实他对自己所犯何罪,也不明白。太武帝亲自审讯他时,他惶惑不能应对。太平真君十一年六月己亥(公元450年7月5日),太武帝诛杀崔浩。同时,秘书郎吏以下也都被杀,而清河崔氏同族无论远近,姻亲范阳卢氏、太原郭氏、河东柳氏都被连坐灭族。史称"国史之狱",北方士族在"国史之狱"遭到了沉重打击。不久后,太武帝到阴山巡游时感慨不应该诛杀崔浩,说道:"崔司徒可惜,……"其实,崔浩正是汉族地主与鲜卑贵族矛盾激化的牺牲品。

崔浩作为三朝汉臣,参与了北魏政权重大决策,这在当时少数民族统治的政权中是很少见的。从历史的角度看,崔浩是辅佐拓跋焘的重要人物,在拓跋焘统一北方的过程中确实起到了不可忽视的作用。

高颎:文武兼备 国之能臣

【人物档案】

姓名:高颎

生卒:不详

籍贯:渤海条县(今河北省景县)人

字号:字玄昭

朝代:隋朝

职务:尚书左仆射、元帅长史、太常卿。

主要成就:辅佐隋文帝杨坚取得政权,统一华夏,是一位开国元勋,被人们誉为"隋朝第一功臣"。

【枭雄本色】

隋文帝杨坚原来是南北朝时期北周政权的宰相,后来作了隋朝的开国皇帝。在文帝身边有一位文武兼备的重要人物,他帮助文帝登上帝位,又协助其打理国家大事;后来又辅佐了炀帝,这个人就是高颎。尤其是在建国之初,隋文帝无论什么事都

高　颎

是先与他商量后才开始做,国家的法律也是由他带头制定而后施行的。隋文帝从来不称呼高颎的名字,而是称他为"独孤公",以表现对高颎的尊重。

高颎,字昭玄,又名敏,自称是渤海蓚(今河北省景县)人。据史书记载,高颎出生在一个官宦世家之中。他的祖上原来在北方做官。曾祖高皓从辽东回来后,做到了卫尉卿一职。祖父孝安,官居兖州刺史。高颎的父亲高宾,原来是谏议大夫,为了躲避谗言,离开北齐,投奔到北周政权门下,作了北周大司马独孤信的幕僚,还被赐姓为独孤氏。后来独孤信被诛,高颎一家搬到了蜀地(今四川省)。即便这样,隋文献皇后独孤氏因为高宾父亲的缘故,还是经常往来于高家。高宾这个人在政治上很机敏,果敢决断,官至都州刺史。高颎在政治上的出色表现应该说与在这样家庭环境下成长有一定的关系。所以高家到了高颎这一代已是十分显贵,他被封为礼部尚书、渤海公,谥号"简"。当然,高颎的成功,主要还是源于他本人的努力,他政治头脑清醒,忠心耿耿,又很懂得带兵打仗,所以隋文帝很信赖他,凡事都要同他商量。即便是隋炀帝也要召他回来,留在身边,继续为他办事。

机敏过人　见识高远

　　高颖的才能主要表现在政治和军事两个方面。

　　从选择辅佐隋文帝杨坚这件事上，我们可以看出高颖在政治上的见识与机敏。北周静帝大象二年（580年），北周的统治者宣帝死了，年仅八岁的静帝即位。还是孩童的静帝根本不能亲自打理朝政，这就给了杨坚一个千载难逢的机会。他以都督中外诸军事、大丞相的身份总揽朝政，尤其是掌握了军权，一时间权倾内外。这为杨坚以后登上帝位开了一个好头，但树大招风，自己的羽翼尚未丰满，地位并不巩固。周室诸王策划着发动政变，同时还有公开举兵造反的。这时候，有一个叫元谐的人提醒杨坚："您没有党羽，就像水中的一堵墙，太危险了。"杨坚就采纳了他的建议，想招纳高颖作为他的左膀右臂。

　　这是为什么呢？原来杨坚早就与高颖相互熟悉，高颖的父亲高宾是独孤信的门下，而杨坚娶了独孤信的第七个女儿独孤氏作自己的妻子，这位独孤氏就是那位妒忌自己的丈夫与其他女人交好的隋文献皇后。杨、高二人关系不同寻常，根据对高颖的了解，杨坚认为高颖是可靠的。除了有这层特殊的关系，杨坚主要看重的还是高颖的突出才能。高颖从小就十分聪明机敏，很有气度。他遍读书史，善于辞令。以至于传说高颖小时候，家里有一棵百余尺高的大柳树，枝叶繁茂，树冠像一把撑开的大伞，乡里的老人看了，纷纷说高家该有贵人出现了。这虽然无法证明其真实性，但从这个故事中不难看出高颖在很小的时候已闻名乡里。果然，高颖在十七岁的时候就做官了。后来又参与了平定北齐的战争，立下了战功，受到了爵赏，初步展示了突出的才能与胆识。

　　杨坚为了巩固政治根基，认为高颖应该是一个相当理想的人选。于是，杨坚就派遣了他的心腹杨惠与高颖面谈，高颖高兴地答应了。高颖还对杨坚说："我愿意听从您的指使，即便您的事业不能成功，我高颖全家被杀，也是心甘情愿。"于是高颖便在丞相府担任司录的官职，虽然官不大，却受到了重用，为他以后的发展奠定了基础。

　　为什么精明能干的高颖会如此痛快地接受杨坚的招纳呢？这就是高颖在政治上的成熟与有远见的表现。因为他考虑到虽然杨坚的地位不够稳固，但毕竟已是开始得势，成功的希望很大；另外，高颖在北周任职，他并不是宇文氏家族的嫡系，而是与北齐的高氏皇族同宗，同时由于独孤信的关系，与北周的宇文氏有世仇，在讲究家族门第风气的南北朝，高颖很难有大的发展与作为。所以在得知被杨坚看重的时候，高颖权衡利弊，痛快地答应了，从此走上了辅佐杨坚的路途。

　　开皇元年（581年），杨坚如愿以偿地登上皇帝的宝座，正式建立了隋王朝。高颖担任了尚书左仆射的官职，就是说当上了宰相，并且进封"渤海郡公"，全朝上下没有人可以与之相比，连皇帝都是称呼他为独孤，而不直呼他的名字，这是何等的尊贵！在隋朝建国之初，高颖也是尽心尽力，与另一位叫作苏威的大臣同心协力，努力辅佐隋文帝杨坚。无论政事大小，杨坚都是先同他们商量而后施行。高颖得到了相当的重视与信任，所以他的政治才能得到充分的发挥。

隋朝开国数年之内，天下安定，这与高颍的努力有一定的关系。比如在隋文帝下诏检查户口的时候，高颍提出"输籍法"，规定凡是民间赋税，都必须在籍账上如实地记录数目，这样就有效地防止了各州县长吏随意增加与减少，缓和了阶级矛盾，是保持社会安定的一个好措施，尤其是对于处于建国之初的隋政权起到了巩固政治根基的效果。

另外，高颍还参与修订了齐、周以来的法律。修订成的新律就是《开皇律》。《开皇律》与前代法律相比，对人民的压迫有所减轻。它不仅废除了一些残酷的刑法，而且还准许有冤者上诉。这实际也是一项招揽民心、休养生息的好举措。后来高颍在做"新都大监"时，许多制度都是由他制定的。高颍总是在朝堂北侧的大槐树下听取政事，但这树却没有在行列中，掌握此事的官员要将树砍去。隋文帝听说了就特别下令，保留此树，以示后人，表彰高颍的功绩。甚至又加封高颍为左领军大将军，原来的官职也继续保持。可见，高颍确实是才能出众。

为了使隋王朝的统治得到进一步的巩固和发展，只是管辖统治区域内的事是不够的，还必须北服突厥（注：北方强大的少数民族），南平陈朝。在完成这两项任务的过程中，高颍的功绩尤为突出，他的政治才能与军事才能得到充分的发挥。他是平陈计划的主要策划人。隋文帝表面上任命杨广为元帅，实际上是让高颍做三军的实际指挥者，所以在战斗中杨广的意见并不重要，整个战事贯穿的是高颍的思想。在平陈这件事情上，高颍主张收买江南朝野人士的人心，瓦解他们的斗志，一旦条件成熟，大军渡江，一鼓作气，拿下陈朝。事实证明，高颍的主张是正确的。

开皇元年（581年），高颍向隋文帝推荐了贺若弼、韩擒虎二人，文帝就任命贺若弼为吴州（指以今苏州市为中心的江南东部地区）总管，镇守广陵（今扬州市）；任命韩擒虎为庐州（今安徽省合肥一带）总管，镇守庐江（今安徽省庐江县西南），要他们筹划平陈之事。第二年发兵南征，高颍是总指挥，攻打陈朝。但出兵之后，陈宣帝的死讯又传了出来，这时高颍并没有急于"乘人之危"，拿下陈朝，而是根据形势，果断地决定以"礼不伐丧"（按照礼制，不应攻打正在服丧的人）为理由，停止进攻，班师回朝。不久，他又受命处理萧岩叛乱（萧岩原为南梁皇族，叛归北朝，现又叛投南朝）的善后，以温和态度对待萧岩属地江（长江）汉（汉水）一带的属民。隋朝与陈通使，以礼相待；抓到陈朝的间谍，都是发给衣服，客客气气地将他们送回。高颍为何在陈朝唾手可得的时候，不去进攻呢？隋文帝在询问高频平陈的具体策略时，高颍才道出了缘由："江北的天气寒冷，收获比较晚；江南的气温高，水田庄稼熟得早。在江南的收获季节，稍稍集中兵马，说是要出战江南。他们看到这种情况，必定要屯兵守御，这就可以耽误他们的收获时间。当他们集中军队时，我们就解散军队。我们反反复复地这样干，他们必定习以为常，从而麻痹大意起来。然后我们再调集军队，他们不会相信我们要出征。当他们犹豫之际，我们乘机渡江，登陆作战，士气必定高涨。另外江南的土质不好，房子都是竹子茅草做的。所有积藏，都不是在地窖里。我们秘密地派人过去，乘风放火；如果发现他们修复好了，我们就再放火。这样搞它几年，他们的财力自然枯竭。"杨坚就按照他的设想去做，果然收到了很理想的效果。

开皇九年（589年），隋军分三路大军，晋王杨广、秦王杨俊及杨素为各路元帅，而统归杨广节度。高颍是晋王府元帅长史，掌握着实际的指挥权，三军的进退全由他决定。东路大军将领贺若弼购买了五六十艘旧船，造成陈军错觉，以为隋买船，松懈了斗志。他又下令，江防军队，每交替之际，一定要到广陵集中，并且大排旗帜，让营房帐幕遍布田野故意使陈看到。开始陈军看到这种景象，以为隋军要渡江。就急急忙忙准备抵御，结果发现隋军是换防，就习以为常，不加警惕了。他又经常派兵缘江狩猎，人马喧嚣，如此反复，也使江南陈军麻痹起来。结果贺若弼由广陵渡江，陈军还不知道。与此同时，另一支军队在韩擒虎的率领下也渡江到了采石（今属安徽省马鞍山市）。贺若弼渡江后军容整肃，纪律严明，有个士兵违纪到民间买酒喝，立即被斩首。他俘虏了陈军六千人，全部予以释放，发给粮食，打发他们回去，并将隋朝诏书，交给他们带回，要他们宣传隋朝伐陈的政策。结果，所向无敌，陈军纷纷降附。隋军迅速攻入建康（今南京市），抓到了陈帝陈叔宝，陈朝灭亡，隋朝大体统一了全中国。可以看出，高颖在平陈之役中，其主要作用是非常明显的。隋军贯彻了高颖的作战思想，轻松地平定了江南。所以在一次宴会上，文帝高度赞扬了高颖："高颖平定了江南，……，可以说是功勋卓著啊！"

《隋书》在评价高颖时，也特别提道：高颖克服了东夏，平定了南国，运筹帷幄之中，决胜千里之外。《资治通鉴》甚至这样说道："国家的富庶，是高颖努力的结果。"

在平复尉迟迥的叛乱中，高颖展现了他的军事才能。前面说到杨坚独揽大权后，遭到了许多人的反对。其中首先公然起兵造反的是尉迟迥、司马消难、王谦等人，也尾随其后。一时间天下骚动，大有山雨欲来风满楼的架势，形势十分危急。杨坚派韦孝宽率军迎敌，不料因为部将们有异心，军心动摇，没有人向前奋勇杀敌。杨坚想派一位既忠心耿耿，又具备军事才能、有魄力的人去做监军来稳定局势。他先后挑选了崔仲方、郑译、刘访，不料这三人因为没有达到个人目的，对杨坚愤愤不平，以种种理由拒绝出面。这时恰好一位叫作李德林的大臣在分析了情况后，认为应该派一个既是心腹，又明于事理，而且能够随机应变，向来为大家所信服的人赶赴军中，观察形势，探察内情。这样即使有人图谋不轨，也不敢轻举妄动。谁才是李德林说的这样的人呢，杨坚马上就想到了高颖。高颖见到这样情形，便自告奋勇，愿意担当这样的重任。他当即衔命出发，连家都不回去，只是派人向他的母亲告别。

高颖到达军中后，果然军心稳定士气大振，形势迅速改观。韦孝宽的军队停顿在沁水（今沁河，在山西省东南部）的西边，向敌人袒露出一种胆怯、观望的架势。高颖则命令造桥渡河，表现出一种进攻的态势。他估计到敌人一定会从上游放火烧桥，就提前做好防备。当敌人驾驶大伐企图放火的时候，高颖早就在水中放置了"木狗"，使得敌人无法前进，只好放弃了原计划。当大军渡河后，他又沿用古人破釜沉舟、背水列阵的故事，烧掉新造的桥，以示决一死战来鼓舞士气。随后大军快速地深入敌境，高颖与宇文忻、李询共同商讨，设定计策攻破敌军。当时尉迟迥据守在邺城（今河北省临县境、漳水之南），军威尚盛，士气高涨，如果这时进攻，就是硬碰硬，即便打赢了，也会损失许多人马。那时，两军对阵打仗，旁边往往有许多老百姓观看。高颖便让宇文忻挥军攻入旁观者人群，引起人群大乱。宇文忻乘机大呼："敌人打败了！"于是尉迟迥军大乱，高颖、宇文忻等人乘势轻而易举地攻入了邺城。在这次平复尉迟迥的战斗中，高颖凭借出色的军事才能，迅速扭转形势，反败为胜，为隋朝的稳定立下了大功。

高颖这种"天生的突出才能"在当时是有目共睹的，史书中也多次提到。《北史》

卷72这样评价他："高颖有文武大略,明达政务。"文帝时的贝州刺史裴肃也曾经派使者给文帝上书说："高颖因为天生的突出才能,又是开国元勋,佐命为大臣,受到人们的妒忌以至于被废黜不用。希望陛下记着高颖的大功,忘掉他的小过。"(《资治通鉴》卷179)薛道衡甚至因为赞赏高颖的才能而获罪。前面提到高颖制定新的律令,并且及时实施,收到了很好效果。到了隋炀帝的时候,新的律令却总不能落实,薛道衡看到了,这直截了当地说："假使当初高颖不死,新律令早就会决定下来,而且颁布实行了。"因此得罪了炀帝,被勒死了。

忠心耿耿　辅君两代

高颖是一个有天生的突出才能的人,受到大家的敬重,他的忠心更是让人拥戴。高颖当朝执政将近二十年,朝野上下都非常敬重他,对他没有异议。国家的富庶,是高颖努力的结果。他被杀,天下没有不伤感的(《资治通鉴》)。他尽心尽力辅佐了文帝杨坚、炀帝杨广两代君主。

高颖办事很认真,很勤恳,退朝以后,常常将粉盛在盆里,放在床的一侧,想起了什么,就记在上面,以便天明以后办理。他恐怕是我国最早使用记事牌的一个人。对于文帝杨坚,在危急时刻,他多次挺身而出,甘当重任;在和平时期,他又推荐了许多有才能的人,甘于退让,让这些人发挥才干,全力辅佐文帝。

前面提到的平叛尉迟迥事件中,杨坚首先选中的并不是高颖,而是崔仲方。崔仲方却以父亲在敌方境内为由,拒绝担当此任。最适合的人选是郑译、刘昉,他们都是拥戴杨坚登上帝位的中坚人物,按理说,应该义无反顾地帮助杨坚。不料,两人全都不愿出面。原因是郑译想当大司马,结果当了相府长史;刘昉想当小冢宰,结果当了相府司马,因而他们愤愤不平起来。不仅如此,他们还利用职权,大发横财,与富商大贾们打得火热,并且玩忽职守,消极怠工。杨坚要他们去做韦孝宽的监军,对他们说:"需要心腹之人去统率大军,你们二位,谁能去呢?"刘昉说,他没有当过带兵的将领,不能去。郑译说,他有老母在堂,离不开。一个软钉子碰得杨坚是无话可说。就在这个时间的前后,前线统帅部副长官送来密报,说是"大将梁士彦、宇文忻、崔弘度都接受了尉迟迥的贿赂金,军中骚动,人心大变。"当时,天下人都不看好杨坚,认为他会被轰下台来。

有人分析当时形势,说:"尉迟迥据有北齐的故地,乘杨坚刚刚执政之机,人心浮动,指挥军队,联合各方势力,占据了全国九州的三州,拥有全国人口的十分之六。"杨坚的地位还不稳固,他的"能臣"没有一个是真心实意的,谁都不愿意帮忙,这种情形实在是不妙。高颖却没有远而避之,而是迅速赶往前线,扭转了战局。可以说,高颖是在杨坚最需要他的时候,挺身而出的。他对杨坚是忠诚的。其实在接受招纳的时候,高颖就说过,即便全家被杀,也愿意追随杨坚。杨坚当时也只让他在丞相府担任司录这样的小官,所以在选择平叛尉迟迥监军的时候,高颖并没有成为杨坚的第一人选。高颖也不像崔仲方、郑译、刘昉等人那样由于个人目的没有达到,就不帮助杨坚。这足见其忠心了!从这件事情可以看出,高颖在危急时刻实践了自己的诺言,对杨坚是忠心耿耿。这也是他受到大家敬重的一个重要原因。

从其他事情中也可以看出,高颖是尽心尽力地辅佐文帝杨坚。杨坚本人对高颖的忠诚也是深信不疑。史书记载,一天,文帝对侍臣说:"贺若弼在即将讨伐陈国的时候,对高颖说:'陈叔宝一定要被平灭了,皇帝不就会做飞鸟灭绝、良弓收藏起来的事吗?'高颖说:'绝不会这样的。'在平定陈国之后,贺若弼就急忙索要内史令,又索要仆射等官职。他对高颖说:'功臣是应当授以勋官的,但是不能干预朝政。'贺若弼后来对高颖说:'皇太子和我之间,无论什么机密,都知无不言,言无不尽。您为什么不来依靠我的势力,何必不吐实呢?'"

高颖并不同意他的看法,而是甘于所处的位置,这正是他本人的品质的最好表现。所以,连文帝杨坚本人都对高颖本人的忠诚深信不疑。作为一个臣子,能得到开国君主如此的信任,从一个侧面也能反映出高颖本人的"忠"的品质。

与高颖的忠诚形成鲜明对比的是苏威。苏威是由高颖举荐的,他很有才能。在辅佐杨坚的过程中也立下了不小的功劳。但当杨坚向苏威暗示篡位立国之意的时候,苏威溜之大吉了。他不敢像高颖那样明确地表态,更不要说赔上全家的性命了。高颖一旦决定,就委以行动,以"忠"为先,而不是以"利"为先。在政治风云瞬息变幻的特殊时期,高颖这样的忠诚实属不易,从而可以看出他的个人品质。

不过,高颖的忠诚在某种情况下却为自己埋下了祸根。尉迟迥有个女儿长得很漂亮,因为父罪被没入后宫。一次,文帝见到了她,很是喜爱。文献皇后独孤氏知道后,气愤极了,乘文帝上朝的机会,把她杀死了。文帝得知后大发雷霆,骑上马跑出皇宫,一下子在山谷间跑了二十多里。高颖知道了,与杨素等人随后追赶,抓住皇帝的马缰苦谏。文帝说:"我贵为天子,却不能自由!"高颖说:"皇上您怎么能够因为一个妇女而轻易地丢开天下呢!"文帝听了这句话,情绪稍稍缓和了些,骑在马上久久地停着不动,到了半夜才返回宫中。皇后在宫中守候着,见皇帝回来了。就边哭边磕头赔礼,高颖、杨素也从中调解,并且摆上宴席,痛痛快快地吃喝了一顿,才收了场。这本来是件生活小事,可是却给高颖深深地埋下了祸根。

高颖本是独孤氏的家客,独孤氏与他一直来往密切。独孤氏得知高颖曾经称自己是一个妇人,就怀恨在心,不与他来往了。后来又因为高颖没有同意废太子这件事,独孤皇后就总想着寻找机会暗地对付他。高颖的夫人死了,这本是他的家事。独孤皇后装作很关心的样子对文帝说:"高仆射年岁已高,死掉了夫人,皇上你应该帮他再娶一位。"文帝将皇后的话转告高颖,高颖婉言谢绝说:"我现在岁数大了,退朝以后,只是坐在书斋里读读佛经罢了。皇上您很爱惜我,至于娶妻之事,我还没有这个打算。"事情说过也就算了。可是不久,高颖的一个爱妾生了男孩,消息传到宫内,文帝很是高兴,但皇后却不然,她表现出很生气的样子。文帝不了解皇后的心意,就问她为什么不高兴? 皇后说:"你还信任高颖吗? 你要为他娶妻,他却心存爱妾,当面欺骗你。现在他的欺诈已经败露,怎么还能够信任他呢!"从此文帝对高颖就更加疏远了。这无疑影响了高颖的政治地位。但高颖是一个耿直并且胸襟豁达的人,他没有因为被疏远,就明哲保身了。

到了开皇十八年(598 年),文帝想出兵辽东,高颖在分析了形势后,坚决反对出战。但文帝坚持要打,并派高颖为事实上主帅,杨谅为名义上主帅,高颖只好服从。在作战的过程中,高颖出于负责的态度,对杨谅的主张往往不予采纳,把这个皇子气得要命。杨谅恨透了高颖,回京后在皇后面前告他的状,说万幸没被高颖杀掉。文帝没有调查分析,就对高颖有了成见。

后来,凉州总管王世积有个亲信犯了法,逃到王世积那儿,王世积没收留他,结果这个人被捕受了罚。这个亲信怀恨在心,反而诬告王世积谋反,王世积便被处决了。据说，在审理王世积案时，涉及了一些宫中的事，而且这些事是从高颖那里得到的。结果事情越闹越大。当朝大臣贺若弼等人联合为高颖申辩，文帝因为上次的事不但不听大臣们的辩解，反而将他们与高颖一起予以法办。高颖被免官，带了个齐公的虚衔回家闲居。之后，投井下石的事情便接踵而至。齐公国内的官员报告说："高颖的儿子对高颖说：'司马懿假托有病，不上朝，结果取得了天下。您现在与他遭遇相似，怎么知道不是一件好事呢？'于是高颖就被抓了起来。接着又有人报告说，有个和尚对高颖说："明年皇帝要死。"有一个尼姑对高颖说："开皇十七、十八年，皇帝有大灾难，十九年无论如何过不去。"这就更不得了了。这时甚至有人建议文帝将高颖杀掉。文帝怕遭到反对，不敢这样做，便将高颖削职为民。可高颖为人胸襟开阔，他不但不怨恨，反而感到很高兴，觉得自己的官职已经做得太大了，如果再做下去难免会被砍头。当然，有人说高颖有这样的想法是他母亲的见识，在他刚做宰相时他的母亲便告诫他："你的富贵已经到了头了，剩下的就是砍头了。"但我们分析高颖的才能与为人，极有可能是高颖已经意识到了自己的处境不再是当初辅佐文帝时的境况了，自己对文帝可能没有什么用处了，所以借机全身而退反而是上策。自始至终，我们没有看出高颖对于文帝的不满与怨恨。如果不是出于对杨坚的忠诚，又怎么会是这种态度呢？一个开国元勋，并且曾经救杨坚于危难之际，立下了汗马功劳的人，能做到这点，真是难得呀！

高颖不只是对杨坚十分忠诚，对炀帝杨广也是克尽臣道，见有不对的地方，就直言不讳。比如在炀帝喜欢音乐这件事情上，高颖就坚决反对。炀帝想要向突厥人炫耀，他命令宇文恺制作可以容纳几千人的大帐。等到初七这天，炀帝来到设于城东的大帐，备好仪仗侍卫，宴请启民可汗及其部属，宴间演出散乐。各方部落的胡人都惊异欢悦，争着进献牛羊驼马几千万头。炀帝便赐给启民可汗帛二千万段，启民的部属按等级都有不同的赏赐。炀帝又赐给启民可汗辂车与坐骑，鼓乐幡旗等仪仗，特许他朝拜时不必唱名，其地位在诸侯王以上。炀帝还下令征召全国的散乐艺人。身为太常卿的高颖（炀帝即位后启用高颖为太常卿）劝阻，炀帝根本不听他的。高颖退下来后对太常丞李懿说："北周的天元帝（注：即宣帝宇文赟，在位时穷奢极欲。）因为好乐而亡国，殷鉴并不远，怎么可以再重复呢？"高颖又认为炀帝对启民可汗的待遇过厚，对太府卿何稠说："这个胡虏很清楚中国的虚实，山川的险易，恐怕会成为后患。"他又对观王杨雄说："近来朝廷太无纲纪了。"礼部尚书宇文私下对高颖说："天元帝的奢侈，以今天的情况与之比较，也不算太过分吧？"这些话都被人报告了炀帝。

高颖本是出于忠诚，才会明确指出炀帝杨广的错误，但炀帝认为他是诽谤朝政，把他杀害了。高颖被杀，背后有着深层次的原因。

他的为人以及忠君的态度，全朝无人不知。在废太子杨勇这件事情上，原本与他是同一战线的大臣杨素，见风使舵，投靠了杨广，博得了文帝与独孤皇后的欢心，后来取代高颖，当上了宰相。而高颖出于稳定政权的意图，跪在文帝面前，说道："长幼有固定的次序，是任何时候都不可以废弃的。"这样，就同时得罪了文帝、皇后和杨广三人。有一次，文帝要挑选东宫（太子宫）的卫士作自己的卫士，高颖以为不应该这么做，就直接对文帝说："如果把强壮的卫士都挑选走了，恐怕东宫的保卫力量太差。"文帝听了很不高兴，对高颖说："我时常东跑西跑的，所以需要有较强的卫士。太子呆在东宫，身边何必要有那么多卫士。重兵保卫东宫这个办法流弊极大。

依我看，东宫的保卫由皇宫卫队兼管着就行了！我熟悉前朝的旧法，你不要走过去的老路。"

高颖主张不废杨勇，自然成了杨广的死对头。在杨广看来，他和高颖之间的矛盾就是敌我矛盾，他当上皇帝后，能不痛恨高颖吗？再加上平陈之役，杨广是统帅，高颖是统帅府的长史，掌握实权。隋军攻入陈朝的京城建康，抓住了陈叔宝和他的宠姬张丽华。杨广派高颖的儿子到建康告诉高颖，要把张丽华留下来。高颖对杨广的要求是不予理会，斩杀了张丽华，并且说："周武王灭殷，杀了妲己。现在平定陈国，不宜娶纳张丽华。"杨广当上皇帝后，把高颖的忠诚看成是与自己的公然对抗，所以终于找借口杀死了他。

明明知道文帝不再像以前那样信任他，独孤皇后对自己也是十分不满，杨广一旦当上皇帝会对自己不利，却要坚持站在他们的对立面。高颖真的不识时务吗？绝对不是，他是一个经历了隋朝建国，并且辅佐了两代君主的能臣。他如果不是目光敏锐，怎么会选择杨坚作为辅佐的对象，而后又屡建功勋呢？隋朝到了开皇末年，由于一些吹牛拍马、玩弄权术的人越来越得势，太子杨勇与晋王杨广之间的派系斗争更加复杂化，这对于比较正派而又敢于直言进谏的高颖来说，是非常不利的。高颖不会看不清自己所处的位置，但他还是以隋朝的兴亡、国家的治乱为重，一如既往地辅佐君主。不然当隋炀帝让他做官时，他会因为能做一个"太常卿"就返回政坛，最终招致杀身之祸吗？可以看到，高颖的死正是缘于他对隋王朝的忠诚。所以高颖虽然被杀了，但天下人都知道他的忠诚，直到唐代，还有人为他鸣冤。

举荐贤人　大公无私

高颖不仅具有天生的突出才能，而且对文帝、炀帝是忠心耿耿。隋朝的名将、名臣很多都是由高颖举荐的，而且面对功劳，他多次让位，得到了文帝和大家的赞赏。

杨坚登上帝位后，十分器重他，每每称他为独孤，而不是直呼其名。朝野上下没有人比他的地位更高，都很尊重他。但高颖却向文帝提出了一个请求，想让苏威代替自己。文帝深知高颖的为人，就成全了他的美意，答应了他的请求。可是没过多久，文帝觉得高颖确实是一个不可多得的人才，就下诏，要求他回来。文帝说："苏威虽然也立下了汗马功劳，但这是由于高颖的善于举荐人才。我听说过能够举荐贤才应该受到上等的奖赏，哪里能够让他辞去官职呢？"于是文帝不只让高颖官复原位，很快地又让他担任左卫大将军，同时保留了他其他的官衔。高颖能够得到如此的待遇，完全是因为他对贤才的全力推举。苏威被举荐后，得到了文帝的重用，发挥了聪明才干。他和高颖等人修订的法律，不仅在隋朝施行，而且也被后世所沿用。苏威主张减税，高颖便帮助他来实现；苏威关于改革地方建制的意见，与李德林的意见发生了矛盾，也是由于高颖的支持，才得以付诸实践。高频是以天下的大局为重，将他认为对天下有利之人推荐给朝廷，甚至让这个人来担任他的官职，而且积极地给予其协助，全力推行有利于天下的好措施，这又是何等的胸襟！

高颖越是大公无私、有气度，就越受到文帝的器重。平陈后，文帝加授他上柱国（注：勋官中最尊荣之官）的职位，并且晋封他为齐国公，给了他很多的赏赐。文帝对高颖说："独孤公灭陈后，有人说你肯定要造反，我已经把传言的人杀了。我们君臣和睦,哪里能够被小人离间呢?"这时,高颖又提出让位,文帝不允许,特别下诏说:"独孤公才识过人,独具眼光,见识深远;带兵打仗,廓清海内,确实是朕的心腹。自朕受命(当上天子)以来,是耗尽了心力,幸亏有公的帮助,你是上天派下来的好帮手呀!"后来庞晃、卢贲两人在文帝面前说高颖的坏话,文帝十分生气,把他们贬官了。之后文帝告诉高颖,说:"独孤公你就像镜子一样,一被打磨,就更加的明亮。"

除了苏威,高颖还推荐了贺若弼和韩擒虎。在平陈的战斗中,他们两人都发挥了自己的才干。后来又指挥过许多战斗,对隋朝的巩固与发展起到了很重要的作用。

贺若弼,字辅伯,洛阳人,是隋代名将。他年轻的时候会文精武,颇有名气。他得到过北周齐王宇文宪的器重,在其手下任职。贺若弼擅于攻战,而且很有谋略。北周大象元年(579年),他跟随上柱国大将军韦孝宽攻打陈国,屡献计谋,攻克了陈国的几十座城池。隋朝开皇元年(581年),时任左仆射的高颖独具慧眼,向文帝推荐了贺若弼,让贺若弼担任吴州总管,镇守江北要地广陵(今江苏扬州),做好灭陈的准备。贺若弼果然机智,一下子就进献了十个攻取陈国的计策,得到了文帝杨坚的称赞。贺若弼军令严肃,纪律严明,宽释俘虏,所到之处攻无不克。他挥师进据钟山(今南京紫金山)后,率领8000甲士,奋力击溃陈军主力,擒获陈将萧摩诃,从北掖门进入建康城。因为灭陈有功,他被加位上柱国大将军,晋爵宋国公。最后官封右武侯大将军。

韩擒虎,原名豹,字子通,河南东垣(今河南新安东)人,也是隋代的名将。他是北周大将军韩雄之子,以具有胆略雄威著称。北周时,担任都督、刺史等职,世袭爵位为新义郡公。陈朝时出兵进逼光州(今河南光山),他任行军总管,率军将其击退,后又屡挫陈师。隋开皇元年(581年),高颖向文帝举荐了韩擒虎,任命他为庐州总管,镇守江北要地庐江(今安徽合肥),作灭陈的准备。八年冬至九年春,隋大举攻陈时,韩擒虎为先锋,率领隋军从右翼进攻陈都建康(今江苏南京)。他率领五百精锐部队夜渡长江,迅速袭占采石(今安徽马鞍山市西南),在半日内攻克姑孰(今安徽当涂),然后进军新林(今南京西南)。江南父老久闻其威名,登门拜访者昼夜不绝。陈军听说后很是畏惧,于是镇东大将军任忠等人相继投降。韩擒虎便率领这五百名精骑,由任忠指引入朱雀门,占领建康城,俘虏了后主陈叔宝。事后,韩擒虎被封为上柱国大将军。

可见,高颖选才的本领是很高强的,理应受到奖赏。平陈之后,文帝要他同贺若弼讨论总结平陈的事情时,他又推辞道:"贺若弼先献十策,后来又在蒋山(今南京市钟山)苦战,打败敌军,我只不过是一个文职官吏罢了,怎么能够与大将军评论战功呢?"本是高颖向文帝推荐了一个不可多得的人才,但当总结功劳的时候,高颖又自动地避让。

其实,这次平陈之役高颖才是实际的指挥者,虽然贺若弼立下了大功,但他只是高颖统率的三路大军中的东路大军的将领罢了。况且,平陈之战胜利后,为了争功,贺若弼与韩擒虎在文帝面前打得不可开交。贺若弼说:"臣在蒋山奋勇作战,攻破了敌人的精锐部队,擒获了敌军的骁勇之将,威武之名震惊四方,于是才灭掉了陈。韩擒虎没怎么与敌军交战,哪能与臣相比?"韩擒虎说:"(我)原本是尊奉明确的旨意,(陛下)让我与贺若弼一同攻打陈都。贺若弼却早早地进入,遇到敌军就交战,致使过多的兵士死伤。臣只带领着区区五百轻骑,兵不血刃,直攻陈都,打败了敌人,抓住了陈叔宝,占据了他的府库,倾覆了他的巢穴。而贺若弼到了晚上才到达了北城门的偏门,臣打开城门请他进入,他哪能与臣相比?"贺若弼、韩擒虎后来成了隋朝的名将,高颖看重了他们的才能,向文帝举荐了他们。贺、韩两人也确实是文帝的好帮手,但在胸襟上与高颖是相差甚远,他们刚刚立了功,就公然在文帝面前争功,与高颖进贤让位的做法形成了鲜明的对比。高颖以天下大局为重,进贤让位;贺韩两人以个人利益为重,相互排挤,因此高颖的虚怀若谷的态度再一次受到了文帝的赞赏。

大家对高颖的尊重也不只在于他的善于发现人才,更重要的是他的谦逊和大公无私。他不嫉妒人才,当由他推荐的人与他齐名或超过他时,他感到的是愉快,而不是怨恨。归根结底,高颖是以天下的治乱为己任,所以才会把个人的进退看得很淡,而这种品质,并不是任何一个有才能的人能轻易做到的。

另外,有些悲剧色彩的是,后来成为文帝、炀帝两朝权臣的杨素也是高颖推荐的。在高颖处于不利的政治地位时,杨素没有因为受到高颖的举荐与重用去帮助他,更没有因为国家的利害去向君主力谏,使得高颖被隋炀帝无辜地杀害了。

高颖一生辅佐两代君主,为隋朝的巩固与发展立下汗马功劳。他一生历经的事情很多,可惜的是,他的文稿没有流传下来,所以史书的记载也很有限;但是我们从他在文治武功上的表现,以及他积极举荐人才的做法,仍旧可以清晰地看到他的为人与成就。隋文帝也正是出于对高颖才干和人品的了解,在重大问题的处理上,常以高颖的意见为是。

安禄山：祸国奸雄　狡诈多智

【人物档案】

姓名：安禄山
别名：康（本姓）
字号：字轧荦山
生卒：703 年~757 年
籍贯：营州柳城（今辽宁朝阳）人
朝代：唐朝
职务：三镇节度使、御史大夫。
地位：柳城郡公→东平郡王→大燕皇帝
谥号：光烈皇帝，刺。
评价：安禄山在范阳起兵反唐，终于爆发了"安史之乱"。叛军所到之处，烧杀抢掠，无恶不作，给人民造成极大灾难。（人民网）

安禄山

【枭雄本色】

　　安禄山生性狡诈多智，深得唐玄宗宠信，兼领范阳、卢龙、河北三镇节度使，带甲二十多万，遂生反心。755 年，他同史思明自范阳起兵，发动叛乱。叛军势如破竹，很快攻下了洛阳、长安。昔日威风八面的大唐天子也惶惶如丧家之犬逃离长安，直奔成都。

　　安禄山毕竟是小人得志，有讨好谄媚之本事，却无治国安邦之能力，攻陷洛阳之后，纵军烧杀抢掠，好酒好色，不得人心。内部纷争日甚一日，一代奸臣死于亲生儿子安庆绪刀下，可谓死得其所。其人虽死，其毒犹存。好端端一个大唐帝国，从此江河日下，盛世不再。

【风云叱咤】

大难不死　平步青云得宠信

　　安禄山，是营州柳城（今辽宁朝阳）杂胡。所谓"杂胡"，亦称"杂种胡"是指混合血统的胡族。

　　安禄山的父亲是谁，史书没有明文记载：唐人姚汝能的《安禄山事迹》中，只记载他的母亲是阿史德氏，阿史德氏无子，祈祷于轧荦山，神应而生安禄山。《新唐书》的《安禄山传》也记载其母"祷子于轧荦山……既而妊"。这就是说，安禄山很可能是其母与别人私通所生。其母为了掩盖这种不光彩的私通后果,故而"以神所命,遂字轧荦山"。既然安禄山的父亲身份不明,那么,"少孤"的记载也就难以令人相信了。既然不知安禄山的父亲是何人,那么,《旧唐书·安禄山传》又记载他"本无姓氏",《新唐书·安禄山传》记载他"本姓康",也就难以找到根据了。

本来是与人野合而生野种,连父亲都不知道是谁,都取名轧荦山,那么轧荦山又是什么意思呢。《唐书·安禄山传》和《安禄山事迹》都有记载,说突厥人称斗战神为轧荦山。有人给过深入研究,说轧荦山则光明之神的意思。不论是斗战神还是光明神,都是受崇拜的意思。安禄山的母亲城府也是颇深的,本来是与人野合而生的,反而说是与神交媾所生的,为安禄山的身份披上了一层神秘的面纱。后来安禄山叛乱受到大量胡人的支持,同他这种以神的化身相号召不无关系。

后来,安禄山的母亲又嫁给胡将安延偃。开元(713—741)初年,安延偃所在部落破散,于是,安延偃与将军安道买共同降唐。既然降唐了,就得有一个像汉人一样的名字,所以,安禄山就以安为姓,禄山为名,从此,安禄山就取代轧荦山了。

安禄山出身于粟特族,粟特人善于经营商业,经营商业必然和各族人多有交往,所以,安禄山通多种蕃语。由于具备语言的条件,再加上他足智多谋,善于揣摩人情,最初就做了诸蕃互市牙郎。后来,又被范阳节度使张守珪用为捉生将。

安禄山因为熟悉地理形势,山川井泉他都了如指掌。所以,往往以三五骑出去,俘虏数十契丹人回来。每次获胜,都得到张守珪的称赞。张守珪视其勇敢、有智计,遂以其为偏将,又收为养子,还以军功加员外左骑卫将军,充衙前讨击使。开元二十四年(736),安禄山又为平卢将军。这年三月,安禄山奉命与奚和契丹作战,因其恃勇轻进,为敌所败。张守珪怒而问罪,要将其斩首。临刑时安禄山大呼道:大夫(指张守珪)不是要消灭奚和契丹吗?为什么要杀禄山呢!张守珪惜其骁勇,改变了主意,将其执送京师。

怎样处理这个胡儿呢,朝廷还有激烈的争论。当时的宰相张九龄力主杀安禄山。他讲军纪不能动摇。为了让玄宗下决心杀了这个胡儿,这位诗人宰相引经据典地说,春秋时,齐景公使司马穰苴为将,司马穰苴要求以齐景公宠臣庄贾作监军。庄贾平素骄横,自视有齐景公的宠信,把司马穰苴不放在眼里,故意违约迟到军门,司马穰苴因庄贾违军令将其斩首。又说,春秋时,吴王阖庐欲了解孙武用兵之法,出宫中美女百余人,要孙武指挥演习。孙武把宫女们分为两队,以吴王宠姬二人各为队长,皆令持戟。开始演习前和演习中,孙武三令五申军纪,但两位队长均视其为儿戏,毫无临战的状态。于是,孙武将吴王的两个宠姬斩首,另换队长,演习成功了。张九龄用这两个例子说明,张守珪不应对安禄山惜其骁勇而不执行军令。安禄山不可免死。但玄宗因惜其才,仅免其官职,以其为白衣(布衣)将领。张九龄又据理力争说:"禄山失律丧师,于法不可不诛。"同时还增加理由说:"且臣观其貌有反相,不杀必为后患。"张九龄理由说了一大堆,唐玄宗就是下不了决心杀安禄山,也许唐朝该有一场大灾难,也许安禄山命不该绝。张九龄好说歹说,不光没有受到半点好处,反而被玄宗指斥为固执。要是玄宗知道有后来的安史之乱,安禄山立刻就会死于非命。历史和唐王朝开了个令人笑不起来的玩笑。

大难不死的安禄山从此也明白了皇帝是拥有至高无上权力的。只要赢得了皇帝的好感,便会平步青云,富贵双全。于是他千方百计,从各方面让玄宗注意自己,对自己有所好感。凡是朝廷使者到平卢去的,他都厚加贿赂,尽量使其在玄宗者面前替自己美言几句。这种手段,立竿见影,颇有功效。许多出使过平卢的官员回来都说安禄山如何忠诚如何有才,在朝廷中,玄宗和许多大臣都认不清安禄山的真面目。

开元二十九年(741)七月,御史中丞张利贞为河北采访使,到了平卢(今辽宁朝阳)。安禄山对其察言观色,揣摩来者心意,对其随员也尽力使其满意,从物质上进行贿赂,更是不言而喻。张利贞还京,自然对安禄山大加称赞。安禄山费尽心机,很快有所收效。八月,安禄山被任命为营州都督,充平卢军使,还兼任两蕃(奚和契丹)、渤海、黑水四府经略使。几个月后,即天宝元年(742)正月,安禄山又为平卢节度使。

天宝三载(744),平卢节度使安禄山又兼任范阳(今北京)节度使。原范阳节度使裴宽调任户部尚书。这时,礼部尚书席建侯为河北黜陟使,安禄山对他自然也极尽阿谀奉迎之能事,所以,他上表称赞安禄山"公直、无私、严正、奉法"。李林甫、裴宽等人也顺水推舟,对安禄山再加吹捧,于是,安禄山受宠的地位更加巩固了。

为了节度使得到进京入朝的机会,安禄山更是喜为望外,耍尽手段,极力在玄宗面前献媚取宠。他对玄宗上表道:去年营州发生虫灾,虫食禾苗,为害甚重。为此,臣曾焚香告天曰:臣若不行正道,对君不忠,愿虫食臣心,臣若竭诚事君,不违正道,愿虫自行消灭。接着有赤头青色的群鸟飞来,将虫吃尽。安禄山还要求把他杜撰的东西,送交史馆,以便载入史册。玄宗表示同意。安禄山此举可谓一举两得,一是事迹留入史册赢得了好声名;二是取得了玄宗的欢心。

安禄山这次进京,抓紧一切机会讨好于玄宗。当时的吏部侍郎宋遥、苗晋卿,负责选官事宜。在一次选拔中,参加选拔的上万人,合格的有64人。由于御史中丞张倚受宠于玄宗,宋遥、苗晋卿欲结交于张倚,遂使张倚子张奭名列第一。此事引起朝野大哗。前蓟县(今天津蓟州区)县令苏孝韫将此事暗告安禄山。安禄山认为这又是一个向玄宗讨好的良机,遂直接向玄宗反映此事。玄宗立即召集所有的合格者进行面试。张奭手持试纸终日写不出一个字来,当时人们称之谓"曳白"(白卷)。此事真相大白以后,宋遥被贬为武当(今湖北丹江口市西北)太守,苗晋卿被贬为安康(今陕西安康)太守,张倚被贬为淮阳(今河南淮阳)太守,同考判官礼部郎中裴朏等都被贬为岭南官。有关者受到处分,安禄山无疑又立了一功,进一步取信于玄宗了。

天宝四载(745)九月,安禄山为了以战功向玄宗取宠,在和奚与契丹接界的地方多次制造事端,挑起战争。奚和契丹杀了唐为和亲而嫁过去的公主,公开叛唐。在这种情况下,安禄山击败奚和契丹,上报战功。

十月,安禄山又上奏玄宗道:臣进讨契丹,行军至北平郡(治所在今河北卢龙),梦见先朝名将李勣、李靖向臣求食。臣令为其立庙,并进行祭奠。在祭奠之日,庙梁上出现灵芝草,这是祥瑞的吉兆,望将这些情况转知史馆,以便载入史籍。安禄山屡次用这种虚妄之事蒙蔽玄宗,即使安禄山的政治野心暴露无遗,同时,也反映了玄宗确实已经昏庸怠政,不辨真伪了。

安禄山在玄宗面前,挖空心思,投其所好,常以诙谐的口气使玄宗高兴异常。安禄山是个非常肥胖的人,他腹垂过膝,曾自称腹重三百斤。因此,有一次玄宗手指其腹问道:你这胡人的肚子中是什么东西,如此之大!虽然这是一种戏弄的语气,但安禄山还是很幽默地回答道:没有其他东西,只有一颗红心。玄宗听了,从内心感到高兴。

又一次，玄宗命他见太子，他视而不拜。左右劝他拜，他拱手而立曰：臣是胡人，不懂得朝仪，不知道太子是什么官？玄宗说：他是储君，朕千秋万岁后，他要代我为君。安禄山故装无知说：臣太愚蠢，过去只知道有陛下一人，不知道还有储君。遂拜太子。玄宗视其有竭诚奉君之心，更加宠爱了。当玄宗于勤政楼宴请百官时，百官皆列坐楼下，唯对安禄山特别优待，在御座东间设金鸡障，为其特设专座，以示荣宠。

拍马有方　甘认贵妃为干娘

安禄山千方百计地讨唐玄宗欢心，有一人他自然不会放过，这人便是杨贵妃。杨贵妃娇美艳丽，很受玄宗宠爱，史书上说她"集三千宠爱于一身"。讲到安禄山不讲讲杨贵妃也是不行的。

杨贵妃，名玉环，祖籍弘农华阴（今陕西华阴），后迁居蒲州永乐（今山西永济）。他的父亲杨玄琰曾为蜀州（今四川崇庆）司户，故而她生在四川。因为杨玄琰早逝，杨玉环被其叔父河南府士曹杨玄珪收养。她长相出众，如花似玉，又能歌善舞，也很聪明，所以，很得一些官僚贵族的喜爱。开元二十二年（734），玄宗第十八子寿王李瑁纳杨玉环为妃，于是，她从河南府来到长安皇宫。

李瑁是玄宗最宠爱的武惠妃所生。武惠妃姿色超群，又生了儿子，所以，她的地位很快超过了未生儿子的王皇后。不久，王皇后被废为庶人，武惠妃更神气了，她成了不是皇后的皇后。李瑁因其母亲的地位优越而与众不同，自己有杨玉环这样的美女为妻，当然心满意足，是令人羡慕的人物。但是，好景不长，开元二十五年（737）武惠妃死了，玄宗在精神上受到很大影响，后宫虽然还有宫女数千人，但没有称心如意者。皇帝有至高无上的权力，有人为了讨好皇帝，专门窥探方向，投其所好。这些人向玄宗透露，寿王妃杨氏是绝代佳人。玄宗知道后，暗暗高兴，于是就阴谋策划了一场公公夺取儿媳的丑剧。

开元二十八年（740年）十月，玄宗在温泉宫（在今陕西西安临潼，即后来之华清宫）召见杨玉环，见杨玉环果然是天姿国色，心中喜不自胜。于是不顾廉耻地想方设法把杨玉环占为己有。这时的寿王李瑁因母亲武惠妃已死，地位大不如前，当然不敢违抗皇帝老子的旨意，只好忍痛割爱。玄宗为了掩人耳目，先度杨玉环为女道士，号太真，不久暗纳入宫。唐玄宗为了解儿子的恨，又给寿王李瑁纳韦昭训女为妃。李瑁自然没有办法，不得已而求其次。

天宝四年（745）八月，玄宗正式册封杨玉环为贵妃。贵妃的地位仅次于皇后。杨贵妃的称号就是从这时候开始的。这时玄宗61岁，杨贵妃才27岁。正是这种年龄上的悬殊，一个青年女性成为年逾花甲的专制君主之宠物了。

杨贵妃得宠，杨氏家族鸡犬升天。他死去的父亲玄琰被迫封为太尉、齐国公，其叔父玄珪被封为光禄卿。其从祖兄杨钊（国忠）更为玄宗所赏识，身兼多种要职，曾专权一时。他的三个姐姐分别被封为韩国夫人、虢国夫人、秦国夫人。三人皆甚有姿色，也为玄宗所爱，常常出入宫掖，势倾天下。玄宗妹玉真公主见她们也退避三舍，其他官员对她们更是毕恭毕敬，对她们的任何要求，像对待制敕一样。

杨贵妃和这些皇亲国戚，奢侈腐化，挥金如土，大大加重了国库的开支，也是压在人民头上的重担。宫中仅供杨贵妃织绵刺绣之工就有 700 人之多。杨贵妃喜吃岭南的新鲜荔枝，但是荔枝这东西极难保存，"一日而香变，二日而色变，三四日色香味尽去矣"。玄宗就下令使人日夜兼程，运荔枝到长安，供杨贵妃享用。唐朝大诗人杜牧曾写诗道："长安回望绣成堆，山顶千门次第开。一骑红尘妃子笑，无人知是荔枝来。"杨贵妃的三个姐姐韩国夫人，虢国夫人，秦国夫每年用的脂粉费就高达1000 万贯钱。

以上各种情况，都是玄宗宠爱杨贵妃的结果。在这种氛围中，安禄山不能不认识到讨好杨贵妃就是求宠于玄宗的另一条途径。

杨贵妃受宠，无与伦比。安禄山虽然也取信于玄宗，但他不可能有杨贵妃那样的特殊身份，所以，他绝不敢视杨贵妃为政敌，只能把她和玄宗同样看待。从另一方面说，具有倾国姿色的杨贵妃，既为玄宗无限宠爱，政治野心家安禄山焉能没有贪色之欲呢？否则，为什么当他初次看到玄宗与杨贵妃时，"禄山心动"。后来又听说杨贵妃于马嵬被杀时，又"数日叹惋"呢！但是，安禄山又不敢虎口夺食，只能是通过为人助乐以缓解自己的私欲。总而言之，安禄山认为，屈膝于杨贵妃是曲线求宠于玄宗的关键。同时，也可以通过与杨贵妃接触而达到私人取乐的目的。

天宝六载（747 年），玄宗开宴会招待安禄山。安禄山自然不会放过表忠的机会。他向玄宗奏道："臣蕃戎贱臣，受宠荣过甚，臣无异材为陛下用，愿以此身为陛下死。"玄宗认为安禄山竭诚奉君，对其更加宠信。

本来，玄宗为了表示他既宠爱杨贵妃，又信任安禄山，就命杨贵妃及其兄杨钴、杨铸，还有韩国夫人、虢国夫人、秦国夫人与安禄山兄弟姊妹相称。但安禄山为了讨好玄宗与杨贵妃，也为了出入禁中方便，故而要求为杨贵妃养儿。这时，杨贵妃29 岁，安禄山 45 岁。这种子大于母的咄咄怪事，表面看来难以理解，但如果深入剖析安禄山的内心世界，再结合玄宗沉醉于太平盛世的外部环境，也就不言而喻了。否则，就无法理解玄宗为什么顺利答应此事了。

每当玄宗与杨贵妃共坐，安禄山进行拜见的时候，他总是先拜杨贵妃，后拜玄宗。玄宗问其何故如此，他对曰："胡人先母而后父。"玄宗非常高兴。玄宗的高兴，说明他在醉生梦死之中根本看不到安禄山假象背后准备叛乱的真实意图；安禄山的奴颜婢膝换取了玄宗的信赖，说明他的阴谋诡计已经如愿以偿。双方的满意，促使社会危机日益加深。

天宝十载（751）正月一日，是安禄山的生日，玄宗与杨贵妃分别赐给安禄山大量的衣服、宝器、酒撰等物，《安禄山事迹》一书中详细记载了这些物品的名称和数量。当时的王公贵族也难有这样多的罕有之物。在所赐的物品与食物中，许多盛在金银器中。这些金银器和所盛的物品与食物都一同赐给，可见玄宗与杨贵妃所赐之物是开支巨大的。

第三天，安禄山又被召入宫中，杨贵妃独出心裁，用锦绣做了一个包裹婴儿的大褓襁，把安禄山像小孩子一样裹起来，使宫人用绿车把他抬起来，嬉笑玩耍，欢呼动地。玄宗听到后宫欢笑异常，遂问左右是什么原因，左右答道是贵妃在安禄山生日后三天做洗儿活动，玄宗十分高兴，亲往观看，并赐给贵妃大量洗儿金银钱物，宫中为此"尽欢而罢。自是禄山出入宫掖不禁，或与贵妃对食，或通宵不出，颇有丑声闻于外，上亦不疑也"。从此以后，宫中都呼安禄山为"禄儿"。

安禄山的特殊地位愈来愈突出了。天宝七载（748）六月，玄宗赐其铁券（皇帝赐功臣享受特权的证件）。天宝九载（750）五月，玄宗又封安禄山为东平郡王。唐朝将帅封王者前所未有，安禄山开创了先例。八月，安禄山又奉命兼河北道采访处置使。天宝十载（751）正月，安禄山要求兼任河东节度使。有求必应，玄宗于二月就以河东节度使韩休珉为左羽林将军，以安禄山取代其职务。这时，安禄山就是平卢（今辽宁朝阳）、范阳（今北京）、河东（今山西太原）三镇的节度使了。

总之，天宝十载的安禄山，拥有广大地盘，身兼平卢、范阳、河东三镇节度使，掌兵十多万，结党营私，但又取信于唐玄宗。日渐年迈昏庸的唐玄宗不知不觉地给自己的王朝种下大祸。当时朝廷之上也不是没有人知道安禄山包藏祸心，久有异志，但是苦于奸相弄权，惧于安禄山权势，不得已而明哲保身。这真是大唐王朝的悲哀啊！

拥兵自重　养锐蓄威藏祸心

安禄山身为边将，必然和宰相有所联系。唐玄宗晚期主要是两大奸相李林甫和杨国忠当权。李林甫是一个口蜜腹剑的人物，深谙权术，心狠手毒，安禄山认为他比自己狡猾，难以对付，故而在李林甫面前小心翼翼，恭恭敬敬。李林甫之后，杨国忠当权。杨国忠，本无赖小儿，无才无德，是靠杨贵妃的裙带爬上去的。安禄山认为杨国忠才能低下，不能和他相提并论，故而常表现出不屑一顾的态度。二人为争宠又相互嫉妒。于是杨国忠安禄山两人在唐玄宗面前互相攻讦。杨国忠多次向玄宗说，安禄山久有异志，包藏祸心，但是玄宗却充耳不闻。

杨国忠为了加强与安禄山对抗的力量，有意拉拢哥舒翰。哥舒翰是陇右节度使，素与安禄山不和，玄宗常想协调他们之间的关系。天宝十一载（752）冬，他们共同入朝，玄宗命高力士于城东宴请他们。在宴会上，安禄山对哥舒翰道："我父胡，母突厥，公父突厥，母胡，族类颇同，何得不相亲？"哥舒翰道："古人云，狐向窟嗥不祥，为其忘本故也。兄苟见亲，翰敢不尽心！"安禄山对哥舒翰的答话大为不满，他以为哥舒翰是以狐比喻他是胡人，故而他大发雷霆，怒骂哥舒翰道：突厥人，你敢如此放肆。哥舒翰当然不肯示弱，幸有高力士立即制止，双方暂时罢休。但安禄山与哥舒翰的私怨进一步加深了。

因为安禄山与哥舒翰的关系紧张，所以，杨国忠厚结哥舒翰，共同对付安禄山，他特以奏请玄宗，以哥舒翰兼任河西节度使，并赐爵西平郡王。

天宝十三载（754）正月，杨国忠又一次向玄宗反映，安禄山必然阴谋造反；并且还说，陛下可以试召他，他必然不来。果然，玄宗使人召安禄山。出乎杨国忠所料，安禄山闻命即至，到华清宫（在今陕西西安临潼区）拜见玄宗。为了反击杨国忠，他向玄宗哭诉道："臣本胡人，陛下不次擢用，累居节制，恩出常人。杨国忠妒忌，欲谋害臣，臣死无日矣。"

这次杨国忠是偷鸡不成倒蚀一把米，安禄山趁机在唐玄宗面汉将，尽除异己，在范阳建立了纯属自己的独立王国，连这样的事，唐玄宗都同意，足见其昏庸。安禄山一次又一次的得逞，为叛乱做好了准备。早已是羽翼丰满，万事俱备，只欠东风，只差找个借口起兵了。这时候杨国忠等人欲以召其为相作手段骗其进京，无疑是为时太晚。山雨欲来风满楼，灾祸就要来临了。

起兵叛唐　势如破竹陷东都

安禄山回到范阳,一方面继续迷惑玄宗,他多次向玄宗诈称打败奚、契丹,取得了很大胜利,获得了不可胜计的骓、马、牛等战利品。一方面又十分警惕朝廷觉察他的动向,对长安来的使者避而不见,严加防备。

天宝十四载(755)三月,玄宗命给事中裴士淹宣慰河北。裴士淹到达范阳后20多天,在戒备森严的情况下,才由武士引导见到了安禄山。在裴士淹看来,安禄山已经对玄宗完全失去了臣事君之礼了。于是,他谨慎小心,只是宣读了玄宗的诏书,不敢多说什么,立即退出来了。回到长安,他考虑到玄宗对安禄山坚信不疑,根本听不进安禄山欲叛唐的言论,故而他不敢以实情上报。

七月,安禄山为了欲在京师制造混乱,他请求献马3000匹,每匹马有牵马夫2人,再有车300乘,每乘有车夫3人。仅此两项,就需要进京6900人,另外还有22名蕃将统领。安禄山要派将近7000人进京,显然这不是一般的进献,而是别有用心。所以,《新唐书·安禄山传》中说,这是"欲袭京师",无疑是非常正确的。

十一月九日,安禄山发所部兵及同罗、奚、契丹、室韦等部,共15万人,号称20万,于范阳举兵,公开叛唐。他命范阳节度副使贾循守范阳,平卢节度副使吕知诲守平卢,别将高秀岩守大同(今内蒙古乌拉特前旗东北)。其他各部均于夜间开始行动,向南进军。次日早晨,安禄山出蓟城(今北京西南)南,检阅部众,公开发布文告,他要率众讨伐杨国忠,有人敢有异议,煽动军人不从者,杀其三族。安禄山乘坐铁车,所统步兵、骑兵,浩浩荡荡,烟尘千里,鼓噪震地。由于长期没有战争,百姓都安居乐业,早已形成太平观念,忽然看到安禄山兴师动众,大举南下,声言还要进京讨伐杨国忠,自然使人们大为震动,颇有将要大难临头之感。

蓟城有一老年人向安禄山谏道:师出无名是要失败的。安禄山为了收拢人心,特使严庄回答他:"苟利国家,专之可也。利主宁邦,正在今日,何惮之乎?"当然,老百姓不会相信这种无稽之谈。所以,大家议论纷纷说:百岁老人还未见过范阳兵马向南去者。不言而喻,人民群众根本不相信安禄山的谎言。

由于安禄山身兼河北道采访使。所以,河北都是他的势力范围。安禄山所统大军经过之处,都望风瓦解,郡守县令,有的开城出迎,有的弃城逃匿,还有的被擒杀,没有敢公开抗拒者。

安禄山的先遣将军何千年、高邈率领奚人骑兵20人,声言要献俘虏,奔赴太原(今山西太原),太原尹杨光翙出面迎接,突然被劫之而去。这个消息传到长安,还有东受降城(今内蒙古托克托县南)也上奏安禄山已反,玄宗还不相信,他还认为这是故意和安禄山为敌的人伪造的消息。

十一月十五日,玄宗终于获得安禄山造反的确切消息,遂召宰相诸大臣商谋对策。这时,杨国忠更加洋洋得意神气十足。他唱高调说:"今反者独禄山耳!三军左右皆不欲也,旬日必斩之来降,不如此,陛下发令讨之,仗大义诛暴逆,可不血刃而定矣。"一番高谈阔论,说明了唐玄宗。岂知此时的安禄山已是带甲十五万,自范阳向南进军,一路上攻城掠地势如破竹。而唐王朝是降将如毛,降官如潮。其他大臣见杨国忠如此,也就相顾失色,不敢多言了。

十一月二十一日,玄宗从华清宫回到京城。这时,他才如梦初醒,对安禄山恨之入骨。他先杀了安禄山在京的儿子太仆卿安庆宗，又赐荣义郡主自尽。这位倒霉的郡主，奉命做了安禄山的儿媳，又奉命而自尽，至死也不知道为什么去为别人做牺牲品。昏庸的玄宗，毫不自责个人的过失，反而拿一个弱女子出气，真是颠倒是非，混淆黑白。但是，在当时的情况下，敢于对皇帝兴师问罪的绝不是一般顺民或绵羊似的任人摆布者，而只能是安禄山那样的野心家。这就是弱肉强食的有力证明。

面对安禄山叛军大举南下，玄宗不得不也进行全面的军事部署。他把朔方节度使安思顺调任户部尚书，另以朔方右厢兵马使、九原太守郭子仪为灵武太守、朔方节度使，又以羽林大将军王承业为太原尹，还以卫尉卿张介然为陈留太守、河南节度采访使，再以金吾将军程千里为潞州长史。同时，还在叛军有可能到达之处设置防御使，由州郡长官兼任，准备迎敌。根据这个部署，从现在的宁夏、山西、河南一带，都开始了与叛军作战的准备。另外，还以京兆牧、荣王李琬（玄宗第六子）为元帅，以右金吾大将军高仙芝为副元帅，于京师募集兵士10万余人，号称天武军，准备东征。

十二月初二，安禄山从灵昌（在今河南滑县西南）渡过黄河。取得陈留，以其部将李庭望为节度使，驻守陈留。所统大军又开始西向，朝着荥阳（今河南荥阳）进发了。

安禄山在军逼近荥阳，荥阳太守崔无波督军守城。由于守城军队久不训练，技艺特差，再加之安禄山叛军很快攻下陈留，又大肆屠杀降者，对荥阳震动相当大。守城士兵闻戈矛鼓角之声，竟两股战战，无不惊恐万分。更有甚者，吓得自城上自动坠下。胆小如此，旷古少有这样毫无斗志的军队，当然难以御敌。十二月初八，安禄山轻而易举地攻下荥阳，杀了太守崔无波，另以其部将武令珣守荥阳。

安禄山又以田承嗣、安忠志、张孝忠为前锋，继续向西进军。这时，封常清率军于虎牢关（在今河南荥阳西）阻击安禄山军。因为封常清所率唐军都是临时招募而来，没有经过严格训练，战斗力很差，所以，和叛军交战，一触即溃，虎牢关很快失守。唐军西退，叛军跟踪追击，直至东都。葵园（在今河南洛阳市郊）一战，唐军又败。叛军攻击入城，在上东门（洛阳外郭城东有三门，最北一门名上东门）内一战，唐军再次失败。十二月十二日，安禄山破陷东都，叛军从四面鼓噪入城，杀人抢掠，混乱不堪。封常清虽然接连失败，但还是步步为营，边战边退。叛军入了外郭城，他还在城内极力抵抗。在都亭驿（在外郭城内清化坊或景行坊）又进行一次激战，再遭失败。最后，又退到东城的宣仁门（东城东门）进行抵抗。由于力不从心，不能取胜，只得向西退去。

面对安禄山的强大攻势以及唐军的节节败退，在东都的唐朝官员也采取了各自不同的态度。他们有人害怕"猛虎磨牙而争其肉"，"欲保命而全妻子"，或者狼狈逃窜，或者"不耻苟活"，投降叛军。另一种人则是宁死不屈，忠于唐朝。河南尹达奚珣就是前一种人，他投降了安禄山。东京留守李憕与御史中丞卢奕是后一种人。本来，在安禄山公开叛唐后，他们二人与达奚珣等，共同整顿军备，完缮城郭，准备抗拒叛军。但在危难之际，达奚珣投降，他们二人仍然不改原意，李憕对卢奕道："吾曹荷国重寄，誓无避死，虽力不敌，其若官守何！"这就是说，李憕感到，他们肩负朝廷的寄托，不可怕死，虽力不从心，也要忠于职守。卢奕完全同意这种意见，他们各自坚守岗位。在安禄山入城，杀掠数千人，箭已射到宫阙的时候，他们仍然镇静自若,毫无惧色。安禄山不能制服他们,遂将其杀害。卢奕临死还大骂安禄山,斥责其叛唐的罪状。同时,还面对安禄山党徒大呼曰:"凡为人当知逆顺。我死不失节,夫复何恨!"以此来表示他忠于唐朝廷,不屈服于暴力的英雄气概。

攻入长安　大肆搜捕开杀戒

安禄山进攻洛阳时,在洛阳一带防守的是大将高仙芝封常清。高仙芝,高丽人,初从军河西,勇猛善战,甚受重视。从开元年间到天宝年间,出任安西副都护、四镇都知兵马使。安禄山叛唐以后,玄宗任命荣王李琬为元帅,高仙芝为副元帅,率军东征。天宝十四年,高仙芝和监军边令诚到达陕州。封常清,蒲州猗氏人,初为高仙芝侍从,后由于作战勇敢,不断升迁。天宝年间,为安西四镇节度使。

安史之乱后,封常清也回到长安,玄宗问他平叛之策,因他对形势估计不足,故而发出豪言壮语,主动请缨,出师平叛。不料武牢失败,洛阳失陷。后来封常清高仙芝共同退守陕州。当时玄宗派遣的监军是宦官边令诚。此人不学无术,不懂军事,而又要对军事横加干涉。当时高仙芝和封常清监于叛军势力过于强大,而唐军又是刚刚召募而来的,缺乏训练,作战力不强。两人决定退守潼关。从当时的情况来看这是完全正确的。但不学无术的宦官边令诚上奏玄宗诬告封常清夸大叛军声威,恐吓士众,高仙芝弃地百里,又盗减兵士粮饷及皇帝赐物。玄宗轻信边令城,怒不可遏,遂令边领城立斩高仙芝和封常清。高仙芝此前亦多次向玄宗上奏,阐述战略形势和唐军的实际情况。而昏庸得可怕的唐玄宗就是不听,甚至连封常清的使者都不见。

玄宗斩杀封常清和高仙芝。高仙芝和封常清大呼冤枉,三军将士甚为不满。而边令城这个阉贼竟然不顾诸将士的意见,冒天下之大不韪杀了高仙芝封常清两员大将。两军开战,斩杀大将,无疑是自毁长城,这足以证明唐玄宗昏庸腐朽。杀了封常清,高仙芝,唐军将士大受损伤,安禄山趁势而起,攻克潼关,直捣长安。玄宗只好凄凄惨惨张张皇皇逃往四川。这也是罪有应得啊!

封常清、高仙芝放弃陕州,退守潼关。安禄山立即派其将崔乾祐进驻陕州。在唐军不断溃退的形势下,临汝(今河南汝阳东)、弘农(今河南灵宝)、济阴(今山东定陶西)、濮阳(今河南濮阳西南)、云中(今山西大同)等地都先后降于安禄山。接连不断的胜利,使安禄山更加得意忘形。本来,他还想亲自率军进攻潼关,已经兵行至新安(今河南新安),由于颜杲卿、颜真卿在河北反抗叛军的声势越来越大,他才又回到洛阳。

安禄山叛乱的目的,不只是要取得洛阳,而是要改朝换代,取唐而代之。所以,他很快就要建国称帝了。

至德元年(756)正月初一,安禄山在洛阳自称大燕皇帝,改元圣武,封其子安庆绪为晋王、安庆和为郑王,以达奚珣为侍中,张通儒为中书令,高尚、严庄为中书侍郎。俨然像是一个小朝廷的规模。

封常清、高仙芝被杀以后,潼关必须另有重要将领率军把守。这时,河西、陇右节度使哥舒翰正在长安家中养病。因其战功卓著,素有威名,而且和安禄山积怨甚深,故而玄宗召见他,要他出镇潼关。哥舒翰以病为由,一再推辞,玄宗不允。遂被任命为兵马副元帅,率领各部军队以及高仙芝旧部,共20万人,驻守潼关。

哥舒翰，系突骑施酋长哥舒部落的后裔，父名道元，为安西都护将军、赤水军（在今甘肃武威西南）使，世居安西。他家富于财，好侠义，喜饮酒。他在长安遭到长安尉的歧视，愤然至河西（今甘肃武威）谋出路，后为节度使王忠嗣衙将。他好读《左氏春秋传》《汉书》，学识渊博，而且还疏财重气，受人敬仰。由于其对吐蕃作战有功，天宝六载（747）被任命为陇右节度使，天宝十二载（753）又加河西节度使。

至德元年（756）正月初十，玄宗为了鼓励哥舒翰为其卖命，又加其为尚书左仆射、同中书门下平章事（宰相）。正月十一日，安禄山命其子安庆绪进攻潼关，结果被哥舒翰打退。

在叛军的进攻稍有缓和的时候，唐朝廷内部的矛盾又很快激化了。本来，杨国忠专横跋扈，有很多人对他十分不满，再加上安禄山以诛杨国忠为名进行叛乱，更使很多人对杨国忠恨之入骨。因此，王思礼暗中劝哥舒翰道："禄山阻兵，以诛杨国忠为名，公若留兵三万守关，悉以精锐回诛国忠，此汉挫七国之计也，公以为何如？"哥舒翰内心同意，但未敢明确表态。王思礼又要求允许他以30个骑兵把杨国忠劫持到潼关杀死。哥舒翰反对道：如果这样，就是哥舒翰造反，而不是安禄山造反了。

哥舒翰虽然没对杨国忠采取措施，但已经走漏了消息，杨国忠自感面临危机，遂向玄宗奏道：根据兵法，"安不忘危"。在潼关虽有哥舒翰的强大驻军，如果没有后备力量，"万一不利，京师得无恐乎！请选监牧小儿（指饲养国马的士卒）三千训练于苑中。"显然，这是为了人身周围的安全。玄宗同意这个主张。杨国忠因身领剑南节度使，故以剑南军将李福（德）、刘光庭共同负责训练监牧小儿。另外，杨国忠又奏请玄宗批准，临时召募1万士卒，屯于灞上（今陕西西安东郊），由其亲信杜乾运统帅。

杨国忠的公开举动，必然引起哥舒翰的注意。因为他名为抵御叛军，实际上是为了对付哥舒翰。哥舒翰请求玄宗同意，灞上的杜乾运部由他统一指挥。这样，实际上又架空了杨国忠。但哥舒翰还不放心，遂以议论军事为由，召杜乾运到潼关，将其斩首。这样一来，杨国忠与哥舒翰的矛盾更加激化了。

本来，哥舒翰是在养病期间被迫走上前线的，这时，由于杨国忠的猜疑，使他更加忧心忡忡，病情日益严重。于是，他把军务大事全部委托行军司马田良丘主持。田良丘优柔寡断，缺乏统率全军之才能，又把步兵、骑兵分开，使王思礼负责骑兵、李承光负责步兵，王思礼与李承光又互争高下，难以统一指挥，再者，哥舒翰用兵严而对士卒体恤不够。这些因素，都严重影响着军队战斗力的发挥。

至德元年（756）六月，安禄山在陕州的将领崔乾祐，故意制造假象，迷惑唐军。表面看来，崔乾祐兵不足4000，而且还都是瘦弱无力的士卒，好像根本不堪一击，玄宗知道这些情况，认为是打击叛军的好机会，遂命哥舒翰东进，收复陕州、洛阳。哥舒翰持不同意见奏道："禄山久习用兵，今始为逆，岂肯无备！是必赢师以诱我，若往，正堕其计中。且贼远来，利在速战；官军据险以扼之，利在坚守。况贼残虐失众，兵势日蹙，将有内变，因而乘之，可不战擒也。要在成功，何必务速！今诸道征兵尚多未集，且请待之。"同时，郭子仪、李光弼也同样认为："请引兵北取范阳，覆其巢穴，质贼党妻子以招之，贼必内溃。潼关大军，唯应固守以弊之，不可轻出。"根据实际情况，哥舒翰、李光弼、郭子仪等人的主张是正确的。因为潼关唐军是临时凑集起来的军队，而且还有王思礼、李承光等内部的步调不一，战斗力必然不强。反之，叛军明显的是用诱骗之计促使唐军出击，然后动用埋伏的力量，突然袭击，消灭唐军。显而易见,固守潼关,必然使叛军的阴谋难以得逞。

事与愿违,哥舒翰的主张根本不能实现。因为杨国忠惑疑哥舒翰有意与他作对,遂鼓动玄宗说:在叛军力量薄弱,毫无防备的情况下,哥舒翰逗留不前,将要失去战机。玄宗相信了杨国忠,接连不断派遣宦官督促哥舒翰进兵。哥舒翰无可奈何,抚胸痛哭,于六月初四,带兵出关。

六月初七,唐军与崔乾祐叛军在灵宝(今河南灵宝)西原相遇。崔乾事占据险防守,南靠山,北近黄河,中间隘道70里。六月初八,双方展开会战。崔乾祐埋伏重兵于险要之地,哥舒翰与田良丘在黄河中乘船观察敌情,看到的崔乾祐兵为数不多,遂督促诸军继续前进。王思礼等率5万精兵居前,庞忠等领兵10万继之于后,哥舒翰派兵3万于黄河北岸土山上鸣鼓以助军威。面对这种形势,崔乾祐出兵不过1万来人,而且还是"什什五五,散如列星,或疏或密,或前或却"军容甚不严整,不像打仗的样子。显然,这是一种骗局。但唐军毫不介意,反而笑叛军无临战准备。其实,崔乾祐把精兵埋伏于阵后,会战开始,叛军偃旗好像要逃退的样子。这样一来,唐军更为松懈无备了。

在唐军完全陷入圈套思想麻痹以后,叛军埋伏的精兵突然发动进攻,叛军居高临下,用木石下滚,大量杀伤唐军。由于道路狭隘,兵众拥挤,枪槊施展不开,不能发挥作用。哥舒翰遂以蚝车驾马为前驱,欲冲出重围。不料,午后东风骤起,崔乾祐用草车数十乘堵塞蚝车不能前进,然后纵火焚烧。雺时间,烟雾弥漫,唐军士卒睁不开眼睛,以为叛军就在烟雾之中,故而自相厮杀,有时又向烟雾中乱箭齐放,直至傍晚,箭已用完,才弄清楚根本没有敌人。这时,崔乾祐命其同罗族精锐骑兵从南山绕道唐军背后,突然袭击唐军。唐军腹背受敌,首尾不能相顾,故而一片混乱,溃不成军。有的弃甲逃入山谷之中,有的在互相拥挤之中被挤入黄河淹死。后军见前军失败,也全部溃乱,"死者数万人,号叫之声振天地,缚器械,以枪为楫(舟桨),投北岸,十不存一二"。哥舒翰与麾下数百骑从黄河北岸向西,从首阳山(在今山西永济境内)西渡黄河,到达关内。其余部众又多从潼关退回。退回之惨状,目不忍睹。本来,为了防止叛军的进攻,在潼关外挖了三道壕沟,每道壕沟都是二丈宽,一丈深。这时,失败的唐军毫无秩序地溃退下来,争先恐后,都想早人关内。这三道壕沟反而成了自己后退的障碍。不少士卒妄图超越壕沟,但由于沟宽难越,很多人马坠下沟内,须臾之间,沟被人马填满,后来者就从填在沟中人马身上通过。就这样狼狈不堪的逃回者,才只有8000余人。

六月初九,崔乾祐攻克潼关。

叛军攻克潼关,哥舒翰麾下很快有人到长安向玄宗告急,玄宗立即召见。玄宗无兵可派,派遣负责训练监牧兵的李福德率监牧兵前往潼关,这当然无济于事。当日晚,平安火看不到了,玄宗大为恐惧。

六月初十,玄宗召集宰相商讨对策,杨国忠首先主张弃长安,逃往益州(今成都)。此时唐玄宗别无良策,只好点头同意。

六月十一日,杨国忠召集百官于朝堂,惶恐惊慌又痛哭流涕地征求大家的应变策略。应召者面面相觑,不知所措。然后杨国忠自我表白说:"人告禄山反状已十年,上(指玄宗)不之信,今日之事,非宰相之过。"显然,这是杨国忠为了掩饰自己的罪过。百官散去时,城内已是一片混乱现象,士民惊扰奔走,不知到哪里安全;市井萧条,人人忧心忡忡。杨国忠促使韩国夫人、虢国夫人入宫,劝说玄宗赶快动身。

六月十二日，许多官员各自逃生，朝见玄宗的官员只有十之一二。玄宗离京时还想来点冠冕堂皇的表示，遂故意到勤政楼，说了几句有意亲征的话，但是没有一个人会相信他的鬼话。接着他就进行了逃亡的安排。在益州任命了许多亲信出任地方官，并派宦官打前站，做好迎接的准备。

当天傍晚，玄宗命龙武大将军陈玄礼整顿了皇帝的警卫部队，都给了优厚的赏赐，还选择了900匹好马，准备启程。这都是暗中进行，对外保密的。

六月十三日早晨，玄宗与杨贵妃姊妹、皇子、皇孙、妃、公主以及杨国忠、韦见素、魏方进、陈玄礼等亲信，还有些宦官、宫人，出延秋门（长安禁苑西门）西行；一些在外的妃、公主、皇孙等，都弃之不管了。

唐玄宗路经国库时，杨国忠要求将国库所存钱帛一举焚烧，以免落入敌手。唐玄宗神情忧虑地说：叛贼来到，如果一无所得，他们必然苛剥百姓，不如留给他们，也可以减一些百姓灾难。这些话还有点明君的味道，但早知今日，又何必当初呢！

由于玄宗悄然无声地离去，朝廷官员根本不知，故而当天还有官员入朝。这些入朝的官员，像往日一样，听见计时用的刻漏（壶漏）有秩序的滴水的声音，又看见担任皇帝朝会仪仗的各种人员庄严整齐的站立两旁。不料，宫门打开后，宫人慌乱跑出，呈现一片混乱现象，谁也不知道皇帝哪里去了。

皇帝去向不明，宫中混乱不堪，于是，王公、大臣以及士民等，都四处逃窜。反之，平时根本不知道皇宫是什么样子的山谷平民，却大胆进城，闯进宫中或官僚贵族家中盗抢珍贵物品。更有一种奇观，还有人骑驴上殿，真是天翻地覆了。同时，左藏（中央国库）、大盈库（皇帝的内库）均被燃烧。临时受命的京兆尹崔光远、宦官边令诚，赶快组织人救火，又临时募人帮助京兆府及各县官员坚守岗位，还杀了十几个人，混乱局面才稍稍稳定下来。其实，崔光远、边令诚稳定混乱的局面并非是忠于玄宗，而是准备向安禄山投降。

玄宗仓皇出走，对安禄山来说是出乎所料的。所以，安禄山命令崔乾祐暂留潼关，不急于进攻长安。一直到第十天，安禄山才命孙孝哲率军进入长安。接着，就命张通儒为西京留守，玄宗任命的留守京兆尹崔光远这时又做了安禄山的京兆尹。另外，又使安忠顺率军屯驻禁苑中，镇守关中。在这些官员中，孙孝哲最得宠于安禄山。所以，安禄山命他监视关中诸将，张通儒等都受他节制。孙孝哲奢侈，残忍，手段毒辣，故而其他诸将都对他有所畏惧。

玄宗离开长安，一种往西仓皇而行。沿途饥渴难忍，而各地地方官员又早闻风散去，不见迎送，皇帝威风荡然无存。六月十四日，玄宗行至马嵬驿（今陕西兴平西），将士们饥饿疲惫，愤怒异常，怨怒甚多。龙武将军陈玄礼平素就恶杨国忠专权误国，这时又惧士兵叛乱，乃与飞龙马家李辅国同皇太子李亨商量，请诛杨国忠，以息众怒。太子李亨犹豫不决。恰巧这时吐蕃使者20余人拦住杨国忠要饭吃。将士们看到这种情况，借题发挥，说杨国忠与胡人谋反，射杀杨国忠。杨国忠被杀死后，将士们肢解其尸体，将其首级挂于辕门之外。同时杨国忠子杨暄，以及韩国夫人、秦国夫人也被杀。

众人杀了杨国忠，玄宗只好作罢，安慰将士。但是将士们置之不理，坚持要杀杨贵妃。玄宗见众怒难犯，只好命高力士把杨贵妃赐死。杀了杨国忠杨贵妃，将士们这才怒气稍平，护送唐玄宗逃往成都。

在混乱之中，杨国忠妻裴柔及其幼子杨晞，还有虢国夫人及其子裴徽等，都乘机逃走，他们逃到陈仓（在今陕西宝鸡南），均被陈仓县令捕杀。

杨国忠被杀，罪有应得。安禄山叛乱，是玄宗骄奢淫逸，喜好酒色，重用奸相杨国忠等，导致政治腐败的结果。杨贵妃无力反抗玄宗的霸占，她只能梳妆打扮，对玄宗投其所好。因此，杨贵妃没有祸国殃民的责任。玄宗处死杨贵妃是为平息兵变，保护自己，而杨贵妃则充当了替罪的羔羊。

太子李亨也就趁机同唐玄宗分道扬镳，北上灵武，在灵武即帝位，举起平叛的大旗，在郭子仪李光弼等大将以及谋士李泌的全力协助下，收复长安，终于最后保住了李唐天下。

众叛亲离 奸雄终成刀下鬼

玄宗抛开了太宗以来居安思危的传统观念，在太平盛世的氛围中逐步骄奢淫逸，不理政事，致使大权旁落，奸相专权，为安禄山叛乱提供了可乘之机。安禄山在洛阳称帝后，更是目光短浅，他没有注意玄宗失败的惨痛教训，反而紧步玄宗放纵奢侈、荒淫无度的后尘，很快激化了统治集团内部的矛盾，促使自己走上了绝路。

安禄山在洛阳禁苑中经常大宴群臣于凝碧池，盛奏各种音乐，表演各种舞蹈，歌舞升平，一派太平天子的景象。

安禄山看到了玄宗的败逃，但他没有从中总结经验，吸取教训，根本不理解玄宗的骄奢淫逸和失败而逃亡的因果关系。反之，安禄山又亦步亦趋地学着玄宗的样子，尽情地享受着人间的快乐。这就决定他必然要重蹈玄宗的覆辙。他赶跑了玄宗，别人又在窥伺着他的地位。这真是螳螂捕蝉，黄雀在后，鼠目寸光者的危机。

再者，安禄山叛军每到一处，都严重的摧残人民群众，史书记载："贼每破一城，城中衣服、财贿、妇人皆为所掠。男子，壮者使之负担，羸、病、老、幼皆以刀槊戏杀之。"攻取长安后，安禄山听说玄宗逃跑后，有些百姓曾乘混乱之机盗取国库财物。于是，他下令叛军在长安"大索三日"，名义上是索取官物，实际上连百姓的私有财产都全部夺去。同时，又命京兆府、长安、万年二县官员也尽力对百姓敲诈勒索，甚至在百姓之间造成互相牵连，致使广大市民怨声载道，其后果是"民间骚然，益思唐室"。所谓"益思唐室"，实际上就是反对安禄山的情绪日益高涨。

安禄山只知享乐奢靡，在其统治集团内部日益孤立；叛军到处烧杀抢掠，和广大人民群众形成了尖锐的对立。这样一来，安禄山无形之中成了众矢之的。统治集团内部斗争的导火线，终于使醉生梦死中的安禄山身首异处了。

本来，安禄山患有眼病，从起兵叛乱以来，眼病日益严重，最后失明。后来，又患毒疮，病情加重给他带来的痛苦，使他原来就很暴躁的性格更为暴躁了。他左右的用人，稍不如意，他就严加惩罚，轻则鞭挞，重则杀之。做了皇帝，也像玄宗一样，深居禁中，大将也很难见他一面。文臣武将要想奏事，必须经过他的亲信严庄。严庄虽然显贵，也难免遭受毒打。遭受毒打最多的是他身边的宦官李猪儿。既然严庄、李猪儿屡遭毒打，其他人就可想而知了。

跟随他叛乱的大将们不能见到他，身边的亲信又屡受毒打之苦，这些人当然对安禄山怀恨在心，不再为其所用。众叛亲离，必然使安禄山成为名副其实的孤家寡人。

安禄山称帝时，封其子安庆绪为王，有以安庆绪为其帝位继承人的意思。但其宠妾段氏,欲以自己所生的安庆恩取代安庆绪的地位。为此,安庆绪常常忧惧,担心自己被害而死。于是,经常挨打受气的严庄就想利用安庆绪除掉安禄山。安庆绪又鼓动挨打受气最多的李猪儿,利用李猪儿接触安禄山机会较多的便利条件,直接动手。他们安排妥当以后,在至德二年(757)正月五日,严庄与安庆绪手持兵器站于帐外,李猪儿直接进账砍杀安禄山。次日早晨,严庄对外宣布安禄山病危,立晋王安庆绪为太子,接着,就即帝位,尊安禄山为太上皇。最后,才宣布安禄山已死,为其办理丧事。

安禄山曾经是玄宗的亲信,他视杨贵妃为母,玄宗为父。结果,安禄山叛乱,迫使玄宗逃之夭夭。严庄曾是安禄山的亲信,在别人很难见到安禄山的时候,只有严庄可以转呈文官武将的上疏。结果,严庄伙同安禄山的儿子安庆绪杀死了安禄山。类同的历史事件,为什么会接连重现呢?难道亲信都是最危险的敌人吗?回答只能是否定的。问题的关键在玄宗、安禄山本人。他们生活奢靡,不理政事;用人只看表面,不问本质,喜听华而不实的阿谀奉承,拒闻有实际意义的忠言。他们深居禁中,不了解民情,也不知周围人的实际情况,把自己完全孤立起来。这样一来,就给那些野心勃勃,善于投其所好者提供了良机。历史是一面镜子。如果后来的统治者不懂得这面镜子的作用,不注意从玄宗、安禄山的败亡中吸取教训,还是要重蹈覆辙的。

安禄山死后,安庆绪继续叛乱,但是叛军内讧,使唐军重新获得有利的军事形势,再加之叛军烧杀掳掠,不得人心,叛军的失败也就是必然的了。安庆绪即帝位后不久,安禄山原大将史思明杀安庆绪。没几年史思明又重蹈安禄山覆辙,被儿子史朝义杀死。接二连三的内讧,使叛军元气大伤,到史朝义之时,叛军已是强弩之末了。在这种情况下,唐大将郭子仪李光弼等率领军队猛烈进攻,终于在763年平定了安史之乱。

安史之乱是唐朝由盛转衰的转折点。安史之乱起于755年终于763年,前后长达8年之久,中原地带兵连祸结,使社会生产遭到了极大的破坏。安史之乱后,唐朝强盛一时治世景象不再出现,而是藩镇割据,宦官专权,中央政权微弱,处于风雨飘摇之中,直到907年被藩镇所灭。说安史之乱是唐朝由盛转衰的转折点是最恰当不过的评价。

包拯：铁面无私　惩恶除奸

【人物档案】

姓名：包拯
别名：包希仁、包公、包孝肃、包青天、包龙图、包中丞、阎罗包老、包待制。
生卒：999 年~1062 年
籍贯：庐州合肥（今安徽合肥）人
字号：字希仁
朝代：宋朝
职务：枢密副使、礼部侍郎、给事中、追赠"礼部尚书"。
谥号：孝肃
主要作品：《包孝肃公奏议》
主要成就：秉公执法，刚正不阿。
墓葬：合肥市内包河南畔林区
评价：清官的化身——包青天

包　拯

【枭雄本色】

　　包拯是安徽合肥人。自小就勤奋好学，在他年轻时，他的孝行便在当地闻名。在天圣四年（1026 年），他考中甲科进士，被任命为建昌知县。可是因为父母年事已高，辞官归居乡里。父母去世以后，包拯在景祐四年（1037 年）来到京城听选。当时他就写有一首诗咏志："清心为治本，直道是身谋。秀木终成栋，精钢不作钩。仓充鼠雀喜，草尽狐兔愁。史册有遗训，毋贻来者羞。"这诗表明了自己从政、为人的志向和原则。庆历三年（1043 年），包拯被调到京城担任殿中丞，监察御史之职。庆历六年（1046 年），奉命出使契丹。后升任为三司户部判官，先后担任京东、陕西、河北转运使。庆历八年（1048 年），任三司户部副使，上《天章阁对策》等奏疏。皇祐二年（1050 年）担任天章阁待制、知谏院。皇祐四年，任龙图阁直学士、河北都转运使，后被调任知瀛、扬、庐等州府。嘉祐元年（1056 年），权知开封府，嘉祐三年（1058 年），升任御史中丞，兼领京畿转运使、提点刑狱、考课院。转过年来，以枢密直学士权三司使。嘉祐六年（1061 年），迁给事中，为三司使，随即又升任枢密副使。嘉祐七年（1062 年）五月，包拯在任枢密院视事时，突然得疾，过了数日，在开封逝世，终年 64 岁，谥孝肃。

　　他是我国古代清官的一位典型代表，在民间流传有这样的谚语云："关节不到，有阎罗包老。"有著作《包孝肃奏议》10 卷传世。

廉洁奉公　宽民利国

包拯是庐州合肥人，出身于一个并不富足的地主家庭。生于北宋咸平二年（999 年）。在他还是青少年的时候，当时的翰林学士刘筠出任庐州知府。他工诗、善文，才华超众，尤其是满身正气，是人们所称颂的清官。他因为和当政的奸相丁谓不和，所以才要求外任的。刘筠非常重视人才，对包拯的才干特别赏识。而刘筠的言行，也为包拯起到了很好的榜样作用。包拯读书非常刻苦，他在北宋天圣五年（1027 年）中了进士。按照宋朝的规定，考取进士之后，便可以为官。于是包拯就被朝廷派到建昌县（今江西水修）任职。可是包拯认为自己的父母亲年事已高，应该尽孝，奉养双亲，所以他向朝廷请求回到安徽，在和州（今安徽和县）做官。可是，父母亲仍旧希望儿子在自己身边，包拯于是辞职回家，在家孝敬父母，直到双亲相继去世。包拯守丧期满，仍然不想离开故土。他在亲朋好友的劝说下才出来为官，因为他极有孝道，所以深受家乡人称道。

到了宋景佑四年（1037 年），包拯离开了家乡，来到了天长（安徽天长）县任知县，这时，包拯已是四十岁左右的中年人了。在此任职期间，颇有政绩。尤其是他能明断疑案，为当地人所称颂。有一天，这个县里发生了这样的一个奇怪的案件，有一个农民在夜里把

包孝肃公墓园

耕牛拴在牛棚里，可在早上起来时，却发现牛躺倒在地上，嘴里还淌着血，他赶紧掰开牛嘴一看，原来牛的舌头竟然被人给割掉了。这个农民又是气又是心痛，于是就赶到县衙里面来告状，要求包拯为他追查这个割牛舌的人。这该如何去查呢？包拯想了一下，有了主意，他就对告状的农民说："你先不要声张，你回去先把你家的牛宰了再说。"农民本来舍不得把耕牛宰了，依照当时的法律，耕牛是不得私自屠宰的。可是这样一来，被割掉了舌头的牛也会活不了多少天；再说县官叫他宰牛，也就用不到害怕犯法了。那农民回家之后，果真马上就把耕牛给杀掉了。到了第二天，天长县的衙门里就有人来告发那农民私宰耕牛。包拯问明了情况，当时脸就沉了下来，大喝了一声，说："你好大的胆子，竟然偷偷把人家的牛给割了舌头，反倒来告人私宰耕牛？"那个人一听就吓呆了，伏在地上一个劲儿地直磕头，并老老实实供认牛的舌头确实是他割的。原来，这个割牛舌的人和那个农民有冤仇，所以他先把牛的舌头给割了，然后又去告发牛主人宰牛。自从这件事之后，包拯审案的名声就逐渐地传开了。

在康定元年（1040 年），包拯又来到端州任官。端州当时出产一种很有名的砚台，名叫端砚。这种端砚每年都要向朝廷进贡。因为当地官吏和豪绅等人的层层加码和克扣，虽然这种端砚的产量很多，可是却变成了当地百姓的一种沉重负担。在他之前的几任县令，都是肆意地加上几十倍的数目，从中获取大量民财。但包拯

与他们完全不同,自从到任端州以来,明确下令豪强官吏,不得贪污,只能按照朝廷规定的数量,向朝廷进贡,绝不能给百姓加码。所以,直到他最后离开端州的时候,他的桌案上也没有一块当时全国闻名的"端砚"。当地的老百姓们知道后,便特意精制了一方来送给他,可最终还是被包公婉言谢绝了,包公的"不持一砚而归"就是由此得来的。

包拯一连做了几任地方官,他每到一个地方,都会把一些苛捐杂税给取消,而且还会清理了许多的冤案。因为包拯铁面无私、为人正直,所以他得到一些朝中大臣们的赏识。庆历三年(1043年),朝廷把包拯调到都城开封。这是他自进京考试之后,第二次来到京城。包拯当时被任命为监察御史。尽管监察御史没有多大的实权,可是对包拯来讲,却非常重要。因为这样一来,他就可以直接参与朝政,事实上,包拯在担任监察御史期间,确实对北宋的内政外交提出过许多的批评和改进办法,并且还出使过辽国,出色地完成朝廷交给的任务。包拯在出使辽国时,辽国曾经屡次对他加以刁难,可是包拯不卑不亢,义正词严地据理力争,有力地维护了国家尊严。他回国后,马上将在辽国的所见所闻写了总结,向朝廷做了报告。他说,辽国现正在山西的北部集结兵马,聚粮屯草,其意图可说是人人皆知,对此朝廷不可不防。他向朝廷提出建议,一定要加强山西宋辽边境的代州(代县)、应州(应县)雁门关一带的战事准备,在此之前,辽国之所以会蚕食宋国边境的领土,是因为当时守护边防的人胆小怕事,不敢对外敌进行抵抗,如今朝廷应该下令这些守边的大臣,要严加防守,不能再出现丢失寸土寸地的事情。另外,原来的守将,在军事及作战方面都是外行,为此朝廷应该派懂得军事的人去进行领导和指挥队伍。朝廷采纳了包拯的这些意见,由此加强了河北、山西一带宋辽边境的防卫。更难能可贵的是,包拯对宋代当时存在的冗兵之害有比较清醒的认识,并主张裁减"老病冗弱",由此

包拯

加强了部队的战斗力。与此同时,他还提出要加强边境民间义勇的训练。在宋朝立国之初,为了防止武将专权,曾经使将士们调动频繁,结果造成了兵不知将,将不知兵的弊病。包拯认为朝廷的这种政策应加以改变,使得那些将官有职有权,不要轻易将他们进行调动。包拯在建议加强国防和军事力量的同时,并不给百姓增加负担。包公在奉命出使辽国的途中,发现那些负责迎送外交使者的三番官员经常借机在沿途勒索当地的百姓和地方的官员,边境的人民难堪重负,叫苦不迭。包公发现这种情况后,立即向皇帝上书,说明情况,请求大大地缩短三番官员在边境的停留时间,不准吃请送礼。仁宗采纳了包公的这个建议,很快下诏,加以实行,由此一来,边境百姓的负担便减轻了很多。当时中原地区,特别是河北、山西的农民,多受运送军粮之苦,包拯提出,在丰收之年,政府可以购买当地农民产的粮食,然后储

备起来,作为今后的军粮,由此减少了运输上的困难。

庆历六年(1046年)的夏天,包拯被调任为三司户部判官。当时的三司是中央财政机构,户部掌管全国户口、两税等事务,户部判官协助三司使的工作。当包公担任三司户部副使时,他总是不辞辛劳,深入到下层去体察民情,救百姓于水火之中。有一次,江南地区发生了旱灾,当地的百姓们饥饿得难以为生,包拯了解到这种情况后,马上下令打开官仓放粮救济百姓,以解燃眉之急。可是开仓放粮是件大事情,按惯例是必须事先向朝廷请示的,等得到批准后才能打开粮仓救济百姓。可是当时的情况十分紧急,如果按程序走的话,将文书送到京城,再等皇上批示下来,那需要等上几个月的时间,如此一来不知道要饿死多少人。因此,包公在派人急奏朝廷的同时,很果断地命令开仓放粮,这一来,就使得很多百姓都免受了灾难之苦。还有一次,江淮一带受到天灾,当地的百姓已经出现了缺粮断炊的情况,可是地方的官吏们为了个人的前程,竟然隐瞒灾情,置百姓的生命而不顾,故意向朝廷虚报政绩,

肇庆包公祠

讨好自己的上级,好有利于自己的升迁。不但如此,他们还反过来逼迫百姓们交粮卖米。当包公了解到这种情况之后,马上就给皇帝写了一道《请救济江淮灾民疏》的奏章,请求纠正那些不法官员误国害民的恶劣行为,并根据事情的严重程度给予严惩。皇帝同意了他的建议。因此,包公就被江淮的百姓称为"再生父母"。后来,包拯还曾经先后担任京东、陕西、河北转运使,转运使负责一路(相当于省)的财政、监察等行政事务。在地方上,包拯特别重视体察民情,要求朝廷让老百姓休养生息,从而才能安居乐业。过了两年,包拯被召回到开封,提升为户部副使。在这期间,他曾前往河北解决军粮的问题,又曾到过陕西解决运城(今属山西)的盐业问题。在河北,他奏请朝廷把用来养马的田地都归还给地方和农民。在山西运城的时候,他改革盐税法令,以便利于商贩经营盐业。因为当时宋仁宗实行的食盐官营专卖制度,存在着很多的弊端。使得当地人只得背井离乡,因此,食盐供应成了一个难以解决的大问题,这直接影响到百姓的生计。为了解决这个难题,包拯专门到陕西的解州(今山西运城)考察当地的情况,回来之后,他马上向朝廷做了报告,请求废止这种官营专卖制度,让那些商贩们进行自由经营,如此一来,由原来的官方垄断,变成了允许商人买卖。国家不但增加了税收,而且解除了百姓为政府搬运官盐之苦,而且这样做同样有利于食盐的流通,大大地方便了百姓,真可谓是一举两得。仁宗采纳了包拯的建议。施行了新的食盐通商法之后,效果非常好,国家的收入非但没有减少,而且还相应地增加了很多,百姓们也不再为吃盐而犯愁了。稍后

一些的北宋政治家、科学家沈括曾经称赞这一制度："行之几十年，至今以为利"。除此之外，包拯还主张朝廷丈量那些地主豪强的土地，以防止他们漏税逃役。他还鼓励民间采矿炼铁等等。

不畏权贵　铁面无私

包拯在皇祐二年（1050年）被擢升为天章阁待制、知谏院。天章阁是存放朝廷图书文献的地方，待制之衔，有名而无权。而知谏院即兼任谏官之职，却相当重要。谏官的任务是就向皇帝进谏朝政的弊端，它涉及朝政的各个方面。包拯在兼任谏官期间，不但对横行不法的权臣给予抨击，而且对时政的许多方面都提出了革新建议。为此，他说了好多皇帝不爱听的话，痛斥奸佞大臣，请求罢去皇帝赐给亲信官僚们的恩宠，一切改由主管机构以正常的秩序进行。他还把唐朝魏徵给唐太宗的三道奏章写了出来，呈交给宋仁宗为座右铭，希望他时刻提高警惕，以国家大事为重。并请求仁宗能虚心纳谏，明辨是非，不要搞先入为主，偏听偏信，而要注意爱惜人才，去除那些苛刻严正的刑禁，禁止妖言邪说，不要随意的大兴土木……朝廷大多能够采纳施行。在用人等方面，更是提出了很多切合实效的看法和建议。对那些处事不当，行事不法的官僚，包拯都能给予严厉的弹劾。曾经出现过这样一件怪事，就是转运使王逵向皇帝递上了一个状子，告陈州地方官任中师对百姓进行盘剥，故意多收钱粮。可是任中师在当地百姓的心目中却是非常廉洁的。王逵为什么会告状呢？他是不是恶人先告状？朝廷要派人到陈州去做一番调查。朝中的官员都畏惧王逵的权势，无人愿意前往。包拯为了弄清事情的真相，为民

包公祠

除害，就毅然地来到陈州，经过详细调查，包拯掌握了大量的证据，回到京城后，包拯立即向皇帝做了报告，他说向百姓任意进行搜括，引起百姓大为不满和无法生活的，正是转运使王逵。同时，包拯要求朝廷将王逵撤职查办，要他把多收的钱粮都归还给当地的百姓。

为了能够有力地惩治贪官，他在庆历四年（1044年）向仁宗上疏《乞不用赃吏》，主张用人要用忠直的君子，不能用奸邪的小人，而且建议提拔一心为国的有才能、公正廉明的人来做官。他曾七次弹劾"苛政暴敛"的转运使王逵，接下来他又不

畏风险,极力将皇帝的那些能力平庸的亲戚罢去官职。包拯任职 30 多年,在他的弹劾下,被降职、罢官、法办的重要大臣,就不下 30 人。这个数字可说是相当惊人的,是亘古以来少见的!他有时为了惩办一个人,或为了一个案件,往往要奏上三本、五本、七本,甚至于接连奏上好多本,就如同连珠炮一般,不达目的决不罢休。而这些被弹劾者往往都权势显赫,有后台有靠山。有些人甚至比包拯的官职还要高。可是包公敢于据理力争,不畏他们的权势所压,这种大无畏的精神,深受人们敬叹。比如他曾经六次弹劾张尧佐,曾震动一时。张尧佐是张贵妃的伯父,原来在地方上担任推官、知县、知州等小官。自从张贵妃得势以后,他就被提拔到了京城,不久就当上了三司户部判官,户部副使。时间不长,他又被提升为天章阁待制、吏部流内铨(管理官员的任用),接下来又被晋升为兵部郎中、权知开封府。他刚加封龙图阁直学士,又被晋升为给事中、端明殿学士,直至正式担任了三司使。他一年之内就接连晋升四次,可以说是扶摇直上,这使得朝中的许多官员感到吃惊不已。

三司使是户部副使的顶头上司,当时包公正好担任户部副使,他亲眼看到张尧佐品行恶劣,才学平庸,实是不堪重用之人。当包拯被调入谏院之后,他便马上着手整顿朝纲朝纪,端正朝风,他和谏官陈旭、吴奎等人对张尧佐提出弹劾,展开了抨击,包拯指出,张尧佐实在是个不堪重用的庸才,建议仁宗皇帝把他调离三司的职位,降职使用,改授其他闲散的职务。过了一个多月的时间,张尧佐非但没有被降职,反而还被提升为比三司职务还要高的宣徽南院使,并同时兼任另外三项重要职务。显然,这次弹劾失败了,张尧佐的势力也由此变得更大了。其实事情很明显,仁宗皇帝是有意要挫一挫谏官们的锋芒。皇帝的任命一宣布,朝臣们就议论纷纷,大多人都有不平之态。包公在第三天的时候,就又上了第二个奏章,他更加尖锐地指出张尧佐是在窃据高位,真是不知羞愧!他的用词异常的尖锐。可是过了几天,仍然没有什么动静,包公于是干脆来个趁热打铁,发动了第三次弹劾,深刻地指出张尧佐一日而授四使,是前所未有的事,这会使得朝臣之心不安,不仅仅是破坏了祖宗的章法,损害了当今皇上在天下人心目中的威信,而且对国家社稷也是大大的不利。可是,仁宗皇帝仍然没听进这些意见。这时不但唐介、张择行、吴奎群起参加弹劾,而且平时很和气的御史中丞王举正也由此挺身而出,批评张尧佐所得恩宠过重,如此一来会使得那些忠臣齿冷,贤士心寒,如果不采纳建议,就请罢免我御史中丞之职。这次谏奏已经发展到大臣要掼乌纱帽了,可是仁宗仍然下不了决心。王举正此时不得已,便要求皇上进行廷辩,也就是和仁宗当着面进行诤谏。

就是在这次廷辩中,包公当众作了长篇的发言,他措辞极其激烈,情绪也颇为激动,甚至都把唾沫溅到了仁宗的脸上。当时,满朝的文武大臣无不骇然失色。包公的话,把仁宗弄得非常尴尬,他最后只得灰头土脸地回宫去了。这次廷辩震动了朝野上下。后宫中的张贵妃也知道了,她聪明多智,想法从中进行疏通,接下来,张尧佐自动向朝廷请求辞退免去了一些职务。可是仁宗皇帝只是玩了一个缓兵之计,刚过去几个月,又把宣徽使的重职给了张尧佐。包公马上又和吴奎联名上了奏章,奏章中指出张尧佐这个人贪欲太大,不能让他的私欲得逞。过了四天,也不见回音,包拯又向皇上递了奏章,他提醒仁宗,皇上不可把大恩频频给人,否则就会降低了君王的威信;对于群臣的舆论,不可一意固执地进行违背,如果抵触过分了就会失去人心,造成朝政的动乱。他的这次劝谏,终于把仁宗给说动了。至此,张尧佐再也没有得到升迁。这六次弹劾张尧佐,是包拯一生许多重大经历中的一件。

由此，我们可以看到他那刚正不阿、大奸必摧、敢当风险的气魄。

在包拯看来，对朝廷起不到建树作用的平庸之辈，不管他官职有多大，都必须下台。他建议改革选人、用人制度。主张官员年龄到了七十岁就必须离职。还进一步揭露了那些不愿离职的官员是只知为个人的子孙后代盘算，只为私利的人。他主张不能随便地对任何人封官许愿，即使是因父亲的功劳而袭职的子孙，也要通过考试。这些都有效解决了冗官问题。包拯并不反对范仲淹主持的庆历新政。当新政遭到失败后，许多官员因此受到处分，可是包拯却肯于出面为这些敢作敢为的官员鸣不平，主张起用他们。两年过后，包拯被改命为龙图阁直学士，这也是个虚衔（从此人们又称他为包龙图），并且又一次使他离开了京城，到河北、庐州、池州（今安徽贵池），江宁（今江苏江宁）等地任地方官。后来，宋仁宗为了整顿一下开封的秩序，才把包拯调任到了开封府知府。

坐镇开封　惩恶除奸

嘉祐元年（1056 年）年十二月，朝廷任命包拯任开封知府，他于次年的三月开始正式上任，到嘉祐三年六月离任，前后虽然只有一年多的时间。可就在这短短的时间内，他把号称难治的开封府给治理得井井有条。自从范仲淹施行新政失败以后，北宋的朝政就日益腐败，尤其是在京城开封府，权贵大臣贪污受贿的风气极为严重；那些皇亲国戚更是肆无忌惮，根本就不把国家的法度放在眼里。而开封府一向是皇亲国戚、豪门权贵最为集中的地方。在以前，无论哪个人来当这个差使，都免不了要跟权贵通关节，接受些贿赂。可是包拯自上任以来，就决心把这种腐败的风气彻底地整顿一下。

当时，依照宋朝的规矩，如果有人要到衙门告状，必须先得托人写状子。还要通过下属"门牌司"来进行转达，这使得许多的百姓在这个过程中受到刁难勒索，一些讼师恶棍也趁机进行敲诈勒索。包拯到了这里之后，马上把这条规矩给破了，撤去了"门牌司"，老百姓要诉冤告状，可以直接到府衙门前击鼓。只要鼓声一响，府衙门就会打开正门，让百姓直接到公堂上来进行控告。如此一来，就使得衙门内的小吏想要做些手脚也都不敢了，杜绝了官府小吏们对百姓的盘剥。

开封城里有一条惠民河，在河的两岸上，既有平民，也有达官贵人的住宅。包拯任开封府尹时，有一次天下大雨，导致河水泛滥，淹没了城中的街道，使得许多人都无家可归。是什么原因造成河水泛滥成灾的呢？经过包拯一番调查，发现原来是大官僚和贵族们在河上筑起了堤坝，将坝内的水面都据为己有，在里面种花养鱼，而且还同自己的住宅连在了一起，如此一来，就成了水上花园。要想疏通惠民河，只有将这些堤坝给挖掉，包拯马上下达命令，要这些园主把河道上的建筑全部给拆除掉，可是要挖掉堤坝，冲走花园，这些贵族能答应吗。虽然已经下达了命令，可还是有的权贵不肯拆除。开封府便派人去催，那人还强词夺理，并拿出来一张地契，硬说那块地是他家的产业。经包拯进行一番详细的检查，终于发现这张地契是那个权贵自己私自伪造的。包拯很是生气，勒令那人马上把花园拆掉，同时着手写了一份奏章，向宋仁宗揭发。那人眼看事情要闹大，如果仁宗真的追究起来，肯定没有自己的好处，他只得乖乖地把花园拆了。那些权贵听说包拯执法严明，都吓得不敢再为非作歹了。

包拯不仅不畏那些朝廷权势，就是对那些社会上的无赖、偷盗者也毫不留情，这些人虽然没有权势，可是同样危害人民。有一次，开封的一条小街上发生火灾。有些无赖竟然戏弄起包拯来。他们来到包拯面前，问包拯：是用甜水巷的水救火，还是用苦水巷的水救火？包拯一看，就知道这是些地痞流氓，是来破坏救火工作的，于是当时命人捉住他们，并下令把他们正法。

有一个权贵想要通关节，打算给包拯送些礼物，有人提醒他，不要白费这份心思，因为包拯的廉洁奉公是出了名的，还告诉他，包拯曾经在端州做过官。可是直到他离开端州的时候，都从没有私自要过一块端砚。那位权贵一听，知道没有空子可以钻，也只得作罢。其实，在宋仁宗时，朝野上下就弥漫着一股送礼之风，特别是在官场中，收受礼品不但不会遭到非议，反而还是一种待人交友的礼节。因此，这种送礼之风在当时极为盛行，许多人还乐此不疲，以收礼为荣，而且还是多多

包公家训

益善。可是包拯却对这股送礼收礼之风坚决反对，认为它会助长人们的一些恶习。所以他曾几次上疏皇帝，请求颁诏禁止官员之间的这种送礼收礼的现象，以开清明廉洁之风。这一年正好是包拯的60大寿，正是值得庆贺。可是包拯心想：当今送礼受礼情况日盛，肯定有人会借自己60寿辰之机来送礼。可是我老包一生清白，切不可在寿辰之际蒙上了受礼的恶名。于是他做出决定，凡是来人一概不见，所送来的寿礼一律拒收。就在他60寿辰的前几天，他让王朝、马汉等人站在衙门口特意拒礼。可哪曾料到，第一个来送寿礼的人就是当朝的皇帝，派来送礼的是六宫司礼太监。他到了门外，一定要见包拯的面，要他接皇上的圣旨接受礼物。这一下可难住了王朝等人，这是万岁送来的礼，如果不收，这不就等于是抗旨不遵吗？可大人之命不敢违，无奈之下，只得把老太监送礼的缘由写到了一张红纸上，转呈给了包大人。这老太监当即也提笔在红纸上写下了一首诗：德高望重一品卿，日夜操劳似魏徵。今日皇上把礼送，拒礼门外理不通。王朝把诗拿到内衙里交了包大人。过了不大一会儿，王朝就带回原红纸并交付给了老太监。只见在原诗下边又添了这样四句：铁面无私丹心忠，做官最怕叨念功。操劳为官分内事，拒礼为开廉洁风。老太监看完之后，也没办法了，只得带着礼物和那红纸回宫向皇上交差去了。

包拯为人刚直，既不会两面三刀，也不会搞什么阴谋。他从来不趋炎附势，看人的颜色行事，更不会说大话、假话。即使在皇帝面前，他也直言不讳，不怕触犯皇帝。为了立太子的事，包拯曾冒死直谏。有一次，仁宗皇帝突然生了一场大病，很长时间不能临朝。这时候，众大臣忽然想起：皇帝还没有定下谁是皇太子呢？万一皇上有个意外，朝廷不就发生大乱了吗？包拯来探病时，就向仁宗提了出来。仁宗说："你说得极对，朕也知道你的忠心。可是朕现在还没有儿子，再等几年吧，不必

如此着急。"仁宗心里在想：你们如此着急，岂不是咒我早死吗？所以他对提议此事很不高兴。不料，一些大臣接二连三的上奏，由此使得仁宗极为反感。他想处分其中请求最有力的包拯，好用来警醒他人，就把包拯调离了开封府。包拯一走，其他的大臣果然不敢再吭声了。

后来，包拯再次被召到京城当御史中丞。他并没有吸取上次的教训，一天，他又向仁宗提出："太子乃是国家的根本，如果太子不立，也就是根本未立，这是个大祸害啊。"仁宗当时就有点气恼了，问："那你说应当立谁呢？"包拯答："我之所以请求陛下立太子，是为了大宋的江山社稷；陛下问我应当立谁，是怀疑臣有二心了。反正我已经老了，而且没有儿子，如果你认为我说得不对，也不要紧，反正我也不是为了升官发财。不过我总是觉得太子不立，确实是件危险的事，所以我是不敢不尽忠奏明啊！"仁宗听后马上转怒为喜，说："你对朝廷的忠心，我知道了。过不了多长时间我就要议立太子的，你慢慢等着吧。"后来仁宗就立了一个领养来的孩子为太子，名叫赵曙。仁宗死后，赵曙就接替了皇位，是为宋英宗。

当时，包拯还劝说皇帝，宫内的亲信宦官权力太大，待遇也过于优厚，应该精简宫中的人员和开支。如此一来，当然要得罪皇帝身边的亲信，这有可能给包拯招来不测之祸。还好，包拯遇到的是一位比较开明的宋仁宗。否则的话，恐怕也早就人头落地了。宋仁宗对包拯极为器重，嘉祐四年（1059年），包拯以枢密直学士、权三司使等官职，上升为当时朝廷重臣的地位。宋嘉祐六年（1061年），升任三司使和枢密副使，职位相当于副宰相。他虽然做了大官，可是家里的生活依旧非常俭朴，就跟普

包拯墓

通百姓家一样。可是，年过六旬的包拯，这时已经是夕阳西下，有心而无力了。嘉祐七年（1062年）五月二十五日，包拯得重病死在开封。当时京师的那些官吏百姓知道消息后无不感伤，那些叹息之声，在大街小巷里随处都可以听得到。仁宗皇帝到包拯家中向包拯最后一别，他亲自率领百官吊唁，还派专使护送灵柩回到合肥，安葬在合肥城东五十里的大兴集，同时追认他为礼部尚书，赐谥"孝肃"，所以包拯死后又叫包孝肃。

张邦昌:卖国求荣　恶史留名

张邦昌

【人物档案】

姓名:张邦昌
别名:张子能
生卒:1081年~1127年
籍贯:永静军东光(今属河北)人
朝代:北宋
职务:太宰
轶事典故:张邦昌是个争议人物,分别在宋史,金史,大金国志中录有传记;从传统史观来看,张邦昌被金国立为傀儡皇帝,卖国求荣;现代史观也仍多为下评。而关于其伪楚的帝王身份,在主体史观下也普遍得不到承认。

【枭雄本色】

张邦昌(1081~1127),一个金朝视为能臣,宋朝视为佞臣,历史定性为罪人的人。

张邦昌的一生,可谓是寡廉鲜耻、见风使舵、卖国求荣的一生。当金兵来犯,他"识时务"地屈膝投降;当金兵撤走,他又马上向宋朝表忠;为了给自己的卖身投敌寻找借口,预留后路,他提前设计了一个个"善举";为了再次得到宋高宗的信任,他颠倒黑白,把自己装扮成国家危难时的忠梗之臣。真可谓是老奸巨猾,机关算尽。

越是在国家危急之时,越容易分辨出忠与奸。"乱世出忠臣",乱世同样也出奸臣。这些奸诈之臣以出卖国家利益换取自己的私利,他们中的有些人一时也能达到目的,认为自己很有"智",但正是他们这种种诡诈,被历史和人们视为不齿的"恶"。张邦昌就是这样一个以"智"换得恶名的典型。

【风云叱咤】

为保官位谋和议

张邦昌,永静军东光(今河北东光县)人,进士出身。张邦昌有才无德,极其善于阿谀奉承,因此出仕以后官运亨通。他为官不久就做到了大司成,宋徽宗政和末年升迁为礼部侍郎,后又不断升职为尚书左丞,中书侍郎。到宋钦宗即位时,张邦昌已经官拜少宰即副宰相一职,成为朝廷中权倾内外的人物了。

宋徽宗宣和七年(1125年)10月,金朝分兵两路进攻北宋。虽然宋朝军队英勇抵抗,但金兵来势凶猛,很快就突破了燕山防线,并在滑州(今河南滑县东)渡过黄河,直逼到宋朝的都城开封。宋徽宗惊慌中把帝位禅让给太子赵桓,即宋钦宗,自己则带着宠臣蔡攸、童贯等人逃往南方避难去了。

宋钦宗继位以后,任命李纲为亲征行营使,负责全权指挥京城守卫部队,同时派使臣到各地招募勤王兵入援。李纲受命于危难之际,忠勇为国,他刚把守备事宜部署完,金兵就来到了开封城下。

由于开封城防守严密,李纲又亲自登城进行指挥,全城军民同心协力,把攻城的金兵一次次击退。金军统帅斡离不见开封难以迅速攻下,就施展"和议佐攻战"的策略,一面继续举兵围攻,一面故意散布和议的迷雾,要求宋朝以金500万两,银5000两,牛马万头犒劳金军,尊金朝皇帝为伯父,割中山(今河北定县)、河间(今河北河间)、太原(今山西太原)三镇给金朝,并要将宰相、亲王送到金朝为人质,护送金军过河。表示宋朝如果答应这些要求,金军就从开封城外撤围。

面对金人如此苛刻的议和条件,李纲等主战派官员坚决反对,而身为宰相的张邦昌却极力怂恿宋钦宗全盘接受,并背着朝廷私自派人前去金营议和。由于金人一定索要宋朝亲王为质,宋钦宗只得派他的弟弟康王赵构为军前计议使,张邦昌为副使,作为人质前往金营。

金人见宋朝如此软弱可欺,议和的价码也越提越高。宋钦宗被逼无奈,后来按照金人的要求,以肃王赵枢为人质,换回康王赵构和张邦昌。又任命张邦昌为河北路割地使,与金人谈判割让三地事宜。

在此期间,开封在李纲的部署下,进一步加强了城中防务,宋朝的各路勤王之师也已经陆续来到,金兵担心自己孤军深入,一旦被切断后路将全军覆没。于是,金兵统帅没敢在开封城下久同。在勒索得到部分满足以后,就于靖康元年(1126)2月率军北撤了。

开封解围以后,宋钦宗又故态复萌,希求于苟安,不仅未对金兵再次南下作任何防御准备,相反,却下诏解散了李纲刚召集起来的军队,并把他赶出朝廷,后来又罢免了他的河东、河北宣抚使的职务。可是对一味主张议和割地,只知保全自己的软骨头张邦昌,却是赞赏有加,把他从少宰提升到了太宰(即宰相)的高位。

叛家国粉墨"登极"

金兵自开封撤军后,只经过一个夏天的休整,就又卷土重来,在斡离不和粘罕率领下再次大举南侵。这次金军的声势更为浩大,而且已经下决心灭亡宋朝。西路军在粘罕统帅下攻破军事重镇太原,进抵黄河北岸的河阳。东路军在斡离不指挥下,连陷真定、大名府等地,并打算从魏县(今河北魏县西南15公里)的李固渡河。到靖康元年(1126)十一月,东西路军就相继渡过黄河,再次来到开封城下会师。

由于宋钦宗未对金兵再攻开封做任何防御准备,又罢免流放了抗金名将李纲,城内防守无人部署指挥,再加上各地的勤王兵马一时不能来到,开封城里的军民在外无援兵、物资匮乏的情况下只能坐以待毙。到靖康二年(1127年)正月,金兵攻陷开封,同时,将宋徽宗、宋钦宗掳到金营中,接着,就南金朝皇帝下诏,把宋徽宗和宋钦宗废为庶人,准备另立他人代金人统治中原地区。而金兵统帅选定的这个人选,就是一心卖国的张邦昌。

金人为张邦昌想得非常周详,不但为他定好了国号、都城,而且还规定他这个皇帝做的只是"藩臣",一切都要按照金人的安排进行!金人离开之后,张邦昌又接受百官的朝贺,他假情假意地表示:"本为生灵,非敢窃位,如不听从,即当归位。"并传令下来,不允许众人朝拜。当这些宋朝的旧臣朝拜时。张邦昌又拱手而立,以表示谦逊。他的这种故作姿态的伎俩,连殿内的卫士都看不惯,在背地里悄悄地议论说:"平日见伶人作杂剧,装假官人,今日张太宰却装假官家,真是可笑!"

张邦昌就这样在国家危亡之时,置民族大义于不顾,出卖国家,在金人的扶植下,假戏真做,卖身投靠,甘心成了异族侵略者的傀儡。

冰山倒复投旧主

金兵虽然占领开封,但是孤军远离本土,粮草补给困难。而且宋朝的各路勤王兵马正在陆续向开封集结,一旦到齐,金兵势必被围困在孤城之中,坐以粮绝待毙。所以,粘罕和斡离不在纵兵饱掠了开封以后。没有敢久留,就在靖康二年(1127年)四月初一日,押解着宋徽宗、宋钦宗两帝,以及皇族宗室3000多人匆忙北撤了。

金兵撤离时,张邦昌为了欺骗和收买人心,带领文武百官,来为徽宗和钦宗二帝送行。他大奸若忠,跪倒在地,痛哭流涕。正直的大臣们和城中百姓见了,心里对张邦昌更加厌恶。

金兵撤走后,曾有人这样问过张邦昌:"相公是真要当皇帝,还是敷衍金人,徐图后举呢?"张邦昌听后反问道:"此话为何意?"这个人说:"相公知道人心所向吗?众大臣所以推戴你,是因为为惧怕金人兵锋。而今金兵已去,相公还能风雨不动,安然无恙吗?现在大元帅(指康王赵构)在外,元祐皇后(哲宗废后,金人撤走,六宫有位号者都被北迁,惟后以废独留)在内,岂非天意不绝宋!为今之计,不若推戴康王,这样我们便为功臣,若是为其他人所推,那时我们就成了叛臣。为功臣还是为叛臣,在此一举,刻不容缓。"张邦昌经过权衡利弊,知道金人既去,冰山已倒,于是不得不派人往济州去寻找康王,并把元祐皇后迎入延福宫,尊为宋太后。

张邦昌老奸巨猾,很是老谋深算。他知道,自己在国家危亡之时投靠金国,金人撤走后立刻就会成为众矢之的。为了给自己留条后路,张邦昌经过反复谋划,在金兵北撤之前,就提早做了一些意在笼络人心的"善举"。

靖康二年(1127年)3月14日,张邦昌写信给金兵统帅斡离不和粘罕,恳求免征催金银,信中一副顾及百姓疾苦的口吻。得到允许后,第二天又亲赴金营,向斡离不和粘罕表示感谢,并与金人面议七件事:乞求金人勿毁赵氏陵庙;乞免取金帛;乞存留楼橹;乞等江宁府(今江苏南京)修缮完毕,三年内迁都;乞五日班师;乞以帝为号,称大楚帝;乞借金银犒赏。在张邦昌所提的七件事中,有些是用来笼络人心,故意做样子的,最主要的还是他自己的称帝和迁都之事

金人北去后,宋朝宗室只剩康王构率兵8万人驻扎济州。要重整乾坤,皇帝位置自然非他莫属。这时,勤王之师四集,直指京畿,张邦昌迫于形势,不得不派人给

康王送信，后又遣人前去往迎。他在信中略事叙述二帝蒙尘后，就恬不知耻地标榜自己对宋朝的一片"悃诚"：直把自己说成了真正的忠梗之臣，完全一副大奸似忠的嘴脸。

这时，元祐太后派冯澥为奉迎使，前往康王赵构处，请他迅疾即位，以号召天下。应天府（今河南商丘）朱胜非，也从任所赴济州拜见赵构，请他前往应天府即位，说那里为太祖龙兴之地，四方所响，且漕运便利。于是赵构决意前往应天府。张邦昌在得知消息后，又抢先一步赶到，见了康王赵构便痛哭谢罪，口称特来请死。赵构只得以好言相劝。到了五月初一，康王赵构登坛受命，行礼已毕，向北遥谢徽、钦二帝，痛哭不已，经百官多次劝说才即位。即在府治升座，受百官朝谒，改元建炎，颁诏大赦。康王赵构即南宋高宗，自此北宋灭亡，南宋建立。

赵构即位以后，非但没有惩治张邦昌，反而拜其为太保、奉国军节度使，封为同安郡王。奸诈狡猾的张邦昌前后僭位 33 天，但由于其善于颠倒是非、随机而变，不但保住了身家性命，还取得了高官厚禄。

祸国臣奸食恶果

宋高宗即位以后，同他的父兄一样，惧怕同金人作战，只图苟且偷安。他所任用的汪伯彦、黄潜善二人，也都是主张屈膝投降的人。但是，由于刚刚建立的南宋小朝廷也还没有巩固起来，汪伯彦、黄潜善二人又都不得众人心，各路军民都不听调遣，宋高宗还需要一个能孚众望的人帮他缓和一下局面，使小朝廷能在广大军民心目中有个较好的形象，所以，宋高宗又起用了因组织开封对金作战而声望很高的李纲担任宰相。

当时，宋高宗的小朝廷中，在如何处理张邦昌的问题上争论不休。李纲上奏宋高宗说："张邦昌在朝廷 10 年，钦宗即位，首擢为相，宜以死守节，竟敢乘国势危急，受金人册立，晏然处于宫禁；若不加罪，何以示四方；所有邦昌时伪命臣僚，亦置而不问，何以历天下大夫之节。乞申容断，毋失民望！"宋高宗看了李纲的奏折，还是不肯惩治张邦昌，便召江伯彦、黄潜善二人入内商议此事。

黄潜善与张邦昌平素很有交情，极力替他辩白。宋高宗又召一个曾随张邦昌降金的大臣吕好问问道："卿在围城，当知邦昌情形究竟如何？"吕好回答道："张邦昌僭位，人所共知，但已自归，请陛下圣裁。"宋高宗听后还是下不了决心。这时李纲又入谏道："张邦昌僭逆至此，今仍在朝，百姓将目为二天子。臣不愿与贼臣同列。陛下欲用邦昌，请免臣职。"高宗这才稍稍动了心。在一旁的汪伯彦又接口说道："李纲之直，为臣等所不及。"高宗至此才决定采纳李纲的奏议，榜张邦昌罪于朝堂，贬为彰化军节度副使，潭州（今湖南长沙）安置。

张邦昌既已贬谪，人们没有了后顾之忧，于是就群起揭发他的其他罪行，包括他曾与华国靖恭夫人的养女私通的事。宋高宗听后勃然大怒，后又听说金人以废张邦昌为借口，准备南下入侵，这更使宋高宗更加恼怒，决心除掉张邦昌，派人赴潭州命张邦昌即刻自裁。至此，张邦昌才结束了他寡廉鲜耻、卖国求荣的一生。

阿合马：狂征暴敛 心黑手毒

【人物档案】

姓名：阿合马

别名：Ahmad Fanākatī 生卒：？～1282 年

朝代：元朝

职务：中书平章政事

主要成就：以清理户口等方式增加元朝收入

阿合马

【梟雄本色】

阿合马步入政坛后一手遮天，植党专权，把持朝政达二十余年，干了不少坏事歹事。他一方面依靠自己的地位和职权，采用花样翻新的敛财手段，狂征暴敛，搞得民不聊生，将广大穷苦百姓逼向破产的边缘，致使天下怨怒；一方面植党专权，诬杀异己，损公肥私，强占民田，据为己，挟权经商。获利归己，同时运用各种手段，把良家妇女据为己有，妻妾达四百余人。阿合马被杀死之后，在他家中搜出了两张人皮，生活腐朽糜烂心狠手毒令人发指。

【风云叱咤】

敛财专权 位极人臣

阿合马（？～1282），元世祖时"理财"权臣。回回人，其出生地在花剌子模费纳喀忒（今乌兹别克共和国塔什干西南锡尔河右岸）。早年投靠忽必烈皇后察必的生父按陈那颜，后为察必皇后斡耳朵的侍臣。

中统三年（1262），忽必烈始命阿合马领中书左右部，兼诸路都转运使，专委以财赋之任。是年，发生了李璮之乱，主持中书政务的王文统，因与李璮有牵连而被杀；阿合马等利用忽必烈对汉人的猜忌和"急于富国"、敛财心切的心理，获得了在政坛初露头角的绝好机会。

元世祖中统四年（1263），刚刚入朝的阿合马，为了急于向忽必烈表功，首先从冶铁业入手,开始了自己的贪婪奢侈的生涯。从此,阿合马步入政坛,一手遮天,一方面为忽必烈聚财敛物,一方面植党专权,把持朝政达二十余年。

当时,在钧州(今河南禹县)、徐州(今江苏徐州)一带,冶铁业比较发达,性质是民营。阿合马认为如果将这些冶铁户由朝廷统一管理,实行冶铁业垄断,则有利可图。于是,阿合马请求忽必烈将冶铁业由朝廷掌管,并发给冶铁户"宣牌",得到了忽必烈的同意。阿合马乘机括户三千,并奏请忽必烈说:"礼部尚书马月合乃可当此任。"于是,忽必烈让马月合乃以礼部尚书兼领冶铁户之事,掌管经营事务。

由阿合马掌握的冶铁户,每年输铁一百零三万七千斤,然后由朝廷专门制作成农具,大约可铸二十余万件。阿合马再差人将农具以高价卖掉,每年可得粟四万石。忽必烈非常高兴,夸奖阿合马聪明能干。后来,忽必烈为褒奖阿合马,借升开平府(今内蒙古正蓝旗)为上都之机,以阿合马知开平府,领中书左右部如故。

阿合马实行的冶铁垄断政策,主要以唯利是图为目的,所以由官府制作的铁农具大都粗制滥造,质量差,价钱高。老百姓如不愿意购买,便由官府强行分配,使老百姓叫苦连天。当时人胡祇遹写成一首《农器叹》,揭露这种现实诗中云:"年来货卖拘入官,苦窳偷俘价倍增。"对阿合马给老百姓带来的苦难,进行了真实的描写,可谓入木三分。

阿合马敛财初见成效,使他变得更加大胆。阿合马为满足忽必烈求财心切的愿望,建议忽必烈整顿食盐课税,以增加朝廷收入。当时,食盐已实行官府专卖,在产盐的地区,设立场官,役使灶户煎煮,工作量极大。一些大盐商则通过贿赂手段与官吏勾结,把持行市,勒索百姓,许多大盐商因此暴富。

面对官府和大盐商的盘剥,盐户为了生存只得煮私盐贩卖,方便了广大老百姓,以至于使许多官盐无法出售。精于算计的阿合马,对于官府的损失痛心疾首。当时,太原府(今山西太原)一带的老百姓煮贩私盐最为盛行,使得解州(今山西解县)官盐因此而无法出售。阿合马通过下属的调查,对这一情况非常熟悉,他便对忽必烈说:"太原民煮小盐,越境贩卖,民贪其价廉,竞相购买而食,以至于解州官盐无法出售,朝廷盐课收入大减,岁入课银才七千五百两。请自今岁始,岁增其地课银五千两,无论僧道军匠等户,均出其赋。如此,则听民通用小盐为便。"

忽必烈一听阿合马的汇报,见无故增加五千两白花花的银子,自然而然地批准了阿合马的请求,满心欢喜地对阿合马说:"自汝理财赋以来,朝中日积月渐,逐步丰矣,此汝之功也。"就在元世祖至元元年(1264)的秋八月,忽必烈罢去中书左右部,将其职能并入中书省,阿合马则被破格提拔为中书省平章政事,列副宰相之位,进阶荣禄大夫。

元世祖至元三年(1266),立制国用使司,专门管理财赋之事,忽必烈又让阿合马以中书省平章政事的身份兼制国用使司使。阿合马主持制国用使司期间,对各地的岁课之物进行严格检查,不合格者马上替换。为此,阿合马专门向忽必烈上奏说:"东京(今辽宁辽阳)岁课之布疏恶不能用,可以此换当地之羊,然后卖之以为国用。另外,真定(今河北正定)、顺天(今河北保定)所输之岁课金银,多不中用,宜令其改铸。"又得到忽必烈的同意。

阿合马为了讨得忽必烈的信任,假意规劝忽必烈说:"国家费用日趋浩繁,宜量节经用。"阿合马之所以要如此,他的目的在于向忽必烈表明自己不仅理财是把好手,更是一位忠于王事的贤臣,这是他善于逢迎的最真实地体现。

从至元四年（1267）以后，忽必烈屡次出兵对付西北藩王的叛乱，灭南宋的战争也相持不下，加之根据蒙古惯例，大汗每年需对诸王勋臣进行赏赐，造成财政开支急剧增加。阿合马为了迎合忽必烈视财如命的心理，向忽必烈建议实行"扑买"。

所谓扑买即包税，是阿合马模仿西域人的税制而推行的税收办法。它的根本就是先确定税额，然后由层层官吏进行承包，朝廷不再过问具体的征税方式。这样，承包者便可以任意向老百姓进行勒索。阿合马实行这种税收办法的宗旨就是为了随意增加税额，以满足朝廷日益浩繁的用度。忽必烈对这一税收办法甚为得意。

当时，安西王府相官赵炳对阿合马说："陕西课税岁额一万五千锭（银五十两为一锭），如尽心措办，可得课税四万锭。"阿合马就让赵炳具体办理，还将税额任意增加至四万五千锭。及至后来，贪婪无比的阿合马还认为陕西课税不实，要求进一步核验，使赵炳为之进退两难，十分焦虑。

扑买不仅是阿合马残酷剥削老百姓的一种手段，就连原来以收税渔利的官吏也受到损害，常常因完不成定额而受到责罚。有的官吏为了完成任务，居然兴起丧葬税。当时，任翰林学士的汉族儒王磐指责说："现在害民的官吏，以转运司最甚，竟然税人白骨（即丧葬税），宜罢去，以苏民力。"因此，忽必烈罢转运司，这使阿合马大为头疼。到至元十二年（1275），元兵南侵之时，由于国用不足，阿合马又乘机奏请设立转运司，以督收课税。

阿合马负责制国用使司期间，对于银矿的开采也进行严格的管理，使用一切手段增加朝廷收入。他曾对忽必烈说："桓州（今内蒙古正蓝旗市区以北）所采银矿，已达十六万斤，每百斤矿石可炼银三两、锡二十五斤，采矿所需费用以卖锡所得支付。"忽必烈闻言大喜道："汝总理财赋，朕无后顾之忧矣！"

元世祖忽必烈至元七年（1270）正月，忽必烈罢制国用使司，立尚书省，以阿合马平章尚书省事。因阿合马善于多智巧言，唯利是图，朝中的色目人官员皆在忽必烈面前称赞其贤能。更因为阿合马与丞相综真、史天泽等人争辩论事，屡次以口才获胜，忽必烈更加奇其才，授之以权柄，以至于达到了言听计从的地步。从此以后，阿合马不仅为朝廷聚敛财物，也逐渐开始专权用事，党同伐异成为一代权奸。

阴使拳脚　陷害忠良

按照元朝的官制，阿合马所在的尚书省与前代有所不同，它不是总理政务的机构，而是继中书左右部、制国用使司之后，忽必烈设立的又一个管理财赋的专门机构。尚书省不设令和丞相，只设平章政事，阿合马平章尚书省事之后，一直把持朝中的财政大权。但阿合马欲望太大，逐渐伸手朝中政事。

当时，中书省右丞相为安童，他是木华黎的四世孙。至元二年（1265）秋八月，忽必烈任命安童为光禄大夫、中书右丞相。至元三年（1266）忽必烈对汉族儒士许衡说："安童尚幼，未更事，宜善辅导之。汝有嘉谋，当先告之以达朕，朕将择焉。"

许衡答道："安童聪敏，且有执守，告以古人所言，悉能领解，臣不敢不尽心。"

安童在许衡等人的熏陶之下，颇知汉法，成为忠诚的汉法捍卫者，是当时汉族儒士在朝中的靠山。安童自任中书省右丞相之后，反对任用色目人，对阿合马更是深恶痛绝。安童议事，必请汉族儒士参加，他曾为此专门上奏忽必烈说："内外官须用老成人，宜令儒臣姚枢等人省议事。"

忽必烈推说："此辈虽闲，犹当优养，其令人省议事则不可。"这实际是忽必烈逐渐疏远汉族儒士的征兆。

早在至元五年（1268），忽必烈打算设立尚书省时，朝中的色目人官员伙同阿合马，预谋将拥护汉法的安童排挤出朝廷，由阿合马亲自出马向忽必烈说："请以安童为三公！"忽必烈将阿合马的奏请让汉儒商议。

汉儒商挺一向拥护安童，及闻有此等奏请，不觉大怒。商挺对忽必烈说："安童，国之柱石，若以之为三公，是崇以虚名而实夺之权也，甚为不可。"其他儒士也认为是这样，其事遂罢。阿合马与安童较量的第一回合，其阴谋便被戳穿，以失败而告终。但阿合马贪欲没有满足，并没有就此罢手。

过了不久，阿合马又支使其心腹之人，让他们奏请忽必烈将中书省、尚书省合而为一，以安童为三公，阿合马为丞相。阿合马的企图在朝中引起混乱，汉儒王磐奏道："合两省为一，而以右丞相安童总之，实便。不然，则宜仍旧。三公既不预政事，则不宜虚设。"

年迈的王鹗则断然拒绝，说道："吾以衰老之年，无以报国，即欲举阿合马为相，吾不能插驴尾矣！"阿合马的奸计在朝臣的反对之下，又一次落空。

设立尚书省之初，忽必烈有旨说："凡铨选官员，吏部拟定资品，呈尚书省，由尚书省咨中书省闻奏。"阿合马的企图在一次次被挫败之后，他便借助忽必烈这一圣旨，为非作歹，越权办事，将中书省撇到了一边，与忽必烈直接联系。起初，身为中书右丞相的安童，因为阿合马的背后有忽必烈作为靠山，自己只有怨恨而已。但时间一长，安童终于忍无可忍，他上奏忽必烈说："尚书省、枢密院、御史台宜各司其职，依常制奏事，其大者依臣等议定之后奏闻。今阿合马与尚书省一切预闻，凡事不经中书省，似违前旨。"

忽必烈说："汝所言极是。阿合马岂能以朕之信用，敢如此也！其不与卿议事非是，宜如卿所言。"

后来，忽必烈问及阿合马，阿合马竟然不知羞耻地答道："事无大小，皆委之臣，所用之人，臣宜自择。"忽必烈也不以为忤，安童所奏，也就被轻轻松松地一笔带过。

安童又上奏说："阿合马所用部官，左丞许衡以为多非其人，然而已得旨意宣付。今请试其能，如不称于职，且罢免他们。"忽必烈虽十分赞同，但却没有采取什么行动，使得阿合马更加张狂。

阿合马窥视政权的苗头早在中统三年（1262）就有所表露。当时，阿合马领中书左右部，总管财赋之事，就曾经对忽必烈说："自今臣欲专奏请，事不白中书。"忽必烈召群臣商议。

汉族儒士张文谦说："分制财用，古有是理，中书不预闻，则无是理也。若中书弗问，天子将亲莅之乎？"

阿合马一言不发。

忽必烈说："文谦之言是也。"事情暂时告一段落。

随着忽必烈对阿合马的日益宠信，阿合马的个人野心也日益暴露出来，终于达到了自己梦寐以求的"事不白中书"的目的。这时的阿合马是何等的得意，心目中的飘飘然笔下实难形容，真可谓小人得志便猖狂，忘了来日必遭殃。

面对得意忘形的阿合马，安童无法，只得对其退让，以顾全大局，他上奏忽必烈说："自今以后，唯重刑及升迁上路总管，始属之臣，余事并付阿合马。"忽必烈莫名其妙地同意了安童的奏请，将自己以前下的圣旨抛到了九霄云外，这更加助长了阿合马滥植私党专权用事的气焰，朝中阴云密布，众臣缄默不敢言，任其胡作非为。

当时，任京师宿卫的秦长卿官微职小，但其人尚风节，好论事，他对阿合马专权用事深为不满，便上书忽必烈说："臣愚昧无知，却能识阿合马之奸，其人为政擅生杀人，人畏惮之，固莫敢言，然怨毒亦已甚矣。观其禁绝异议，杜塞忠言，其情似秦之赵高；私蓄踰公家赀，觊觎非望，其事似汉之董桌。《春秋》云：'人臣无将。'请及其未发诛之为便。"

秦长卿的奏折下至中书省，阿合马想治他的罪，但经中书省官员的大力解救，事遂寝。但从此以后，阿合马对秦长卿大恨不已。由于阿合马不能直接参与中书省事，他便上奏朝廷，让秦长卿出任兴和（今河北张北）、宣德（今河北宣化）同知冶铁事，最终借用自己的权力诬陷秦长卿贪污数万缗，逮其下狱，没收其家产赔偿官府。接着又派遣狱吏杀之，狱吏以濡纸塞其鼻口，使秦长卿死在狱中。

与秦长卿一同遭到陷害的人还有刘仲泽、亦麻都丁二人。亦麻都丁在阿合马任制国使司使之时，与他有过节，阿合马此时也乘机报复，罗织其罪，将其下狱。兵部尚书张雄飞说："亦麻都丁所犯之事皆在制国用之时，难道平章独不预也？"阿合马说不出话来。这时，秦长卿、刘仲泽、亦麻都丁三人皆在狱中。阿合马屡欲杀死他们，张雄飞坚持不可。阿合马便派人诱使张雄飞说："诚能杀此三人者，当以参知政事授汝！"

张雄飞断然拒绝："杀无罪之人以求官，吾不为也。"

阿合马闻言大怒，奏请忽必烈将张雄飞逐出朝廷，让其出任澧州（今湖南澧县东之津市西）安抚使。在张雄飞被赶出朝廷之后，秦长卿、刘仲泽、亦麻都丁三人都被判处死刑。

早在至元五年（1268），忽必烈就曾召见张雄飞，问道："今任职者多非其材，政事废弛，譬之大厦之将倾，非良工不能扶，卿辈能任此乎？"

张雄飞回答说："古有御史台，为天子耳目，凡政事得失，民间疾苦，皆得言。百官奸邪贪秽不称职者，即纠劾之。如此，则纪纲举，天下治矣。"

忽必烈高兴地说："很好。"

于足，于至元五年（1268）七月立御史台，以前丞相塔察儿为御史大夫，张雄飞为侍御史，并警告他们说："卿等既为台官，职在直言，朕为汝君，苟所行未善，亦当极谏，况百官乎！汝等宜知朕意。人虽嫉妒汝等，朕能为汝地也。"

与朝中的御史台保持一致，忽必烈还在地方上设置诸道提刑按察司，纠察地方政务，属御史台统领。

在忽必烈设置御史台及提刑按察司时，总理财赋的阿合马因作恶多端，恐御史台、提刑按察司发现他的所作所为，便上奏说："庶务责成诸路，钱谷付之转运，今绳治之如此，事情怎么能办成呢？"

位居中书左丞的廉希宪回答说："立御史台及提刑按察司，古之制也，内则弹劾奸邪之人，外则察视非常之事，访求民间疾苦，裨益国政，无过于此者。若去之，则使上下专恣贪暴，事岂可集也？"阿合马无话可说，由此对廉希宪的新仇旧恨一齐迸发出来。决定报仇雪恨。

阿合马主持尚书省之时，位居廉希宪之下，他不以为然，每次欲肆意行事，廉希宪守正不从。阿合马对廉希宪又是憎恨，又是害怕。关于阿合马对廉希宪的害怕还有一段故事呢。

在阿合马领中书左右部时，因其擅长财政而深受忽必烈宠信，朝中多附和之人。有一次，阿合马与其私党发生内讧，他们之间矛盾重重，一直闹到忽必烈那里，忽必烈便让中书省推问此事。中书省官员因畏惧阿合马的权势，没人敢过问此事。廉希宪挺身而出，决定要查个水落石出，将结果上奏忽必烈，并杖责阿合马，最后还使忽必烈罢免了阿合马的领中书左右部之职。从那时起，阿合马深知廉希宪禀公执法，对其既恨又怕。

阿合马虽然憎恨廉希宪，但一时还想不出办法对付他。及至廉希宪离开中书省，有一天早晨上早朝，阿合马便站在廉希宪的位置，其他人皆畏阿合马，竟然不敢上前奏事。这时，一个叫陈思济的官员独以文牍奏上，阿合马便试图在其文牍上画押，陈思济急忙以手遮住自己的文牍，并说："此非君所画押之位也！"阿合马恼羞成怒，其他大臣都为陈思济担忧，但陈思济却神色自若，毫无畏惧之色，使阿合马讨了个没趣。

元世祖至元七年（1270），忽必烈下诏释京师囚犯。当时，有一个各叫匿赞马丁的西域人家资巨万，为冤家所诬告，被囚禁于京师监狱，廉希宪以忽必烈之诏释放了匿赞马丁。匿赞马丁的冤家诉于忽必烈，忽必烈便召见廉希宪，责问他："诏释囚也，岂有诏释匿赞马丁也？"

廉希宪回答说："不释匿赞马丁，臣亦不闻有释囚之诏！"

忽必烈更是大为恼怒，呵斥道："汝等号称读书之人，临事却如此，宜得何罪？"

廉希宪说："臣等忝为宰相，有罪当罢退。"

忽必烈说："当从汝言。"

于是，廉希宪与左丞相耶律铸被免职。

有一天，忽必烈思念廉希宪，问侍臣说："希宪在于什么？"

侍臣回答说："读书。"

忽必烈说："读书固朕所教，然读书而不肯用，多读何为。"意责廉希宪罢政后而不复求进。

阿合马乘机诽谤道："希宪每日与妻子宴乐耳。"

忽必烈变色斥道："希宪清贫，何来宴设之费？"

会廉希宪病了，忽必烈遣医官三人诊视，医官诊视之后说："须以砂糖作饮，方可治愈。"

当时，白砂糖是稀有之物，廉希宪家中并无此物，家人便求之于外。阿合马得知之后，为拉拢廉希宪，便特地送来二斤白砂糖，并且阿谀奉承，欲释前憾。廉希宪让家人给退了回去，并说："使此物果能活人之命，吾终不愿以奸人之物求活也。"气得阿合马大骂廉希宪不识抬举。

元世祖至元八年（1271），忽必烈在汉族儒士的谋划下，建国号"大元"。自此以后，蒙古统治时期退出历史舞台，一个大一统的元朝建立了。到了至元九年（1272），忽必烈宣布并阿合马主持的尚书省入中书省，同时又以阿合马为中书省平章政事，阿合马成了元朝的副相，位极人臣。

横征暴敛　荒淫无耻

忽必烈于至元十一年（1274）任命伯颜和史天泽共同领民二十万伐宋。同年六月，忽必烈决定讨伐南方，并宣布"将士勿得妄加杀掠。有去逆效顺，别立奇功者，验等第迁赏。"至元十二年（1275）初，伯颜率大军顺江东下，接连攻城掠地，捷报频传。随着元军的连战连胜，忽必烈便命平章政事阿合马、姚枢、徒单公履、张文谦、陈汉归、杨诚等人商议在江南施行钞法，以及贸易药材和食盐之事。

所谓钞法，即元代的货币政策。在蒙古窝阔台至蒙哥时期，继承金朝的钞法，曾陆续印造纸币。忽必烈即汗以后，曾于中统二年（1261）颁行交钞，这种货币以丝为本，每二两合银一两。中统二年（1261）十月，又发行中统元宝钞，分为十等，以钱为准，钱一贯（一千文为一贯）同交钞一两。而在当时，南宋通行的货币主要是交子和会子。伯颜在攻打南宋的过程中，为了社会安定，曾宣布不改变南宋的货币。但忽必烈却突然改变了伯颜对江南百姓的承诺，许多汉族儒士不以为然。

姚枢说："江南百姓，以交子、会子习以为常，今突然不行，必使小民有所失，招致怨愤，不利于人心稳定。"

徒单公履说："伯颜已张榜宣谕江南百姓，不更换交子、会子，今亟行之，失信于民，不大妥当。"

张文谦说："可行与不可行，当去问伯颜。"

陈汉归与杨诚则说了自己的看法，他们说："以中统钞更易交子、会子，何难之有！"

阿合马将以上诸人的意见一一奏报忽必烈，忽必烈说："姚枢、徒单公履、张文谦不识时机。朕尝问此事于陈岩，陈岩说交子、会子宜速更换。平章之意如何？"

阿合马说："马上更换。"

忽必烈听了阿合马的话，非常同意道："今议已定，当依汝言行之。"

南宋灭亡以后，元朝便以中统钞更换了江南地区的交子、会子，统一了币制，这对促进经济的发展极为有利。但是，在阿合马看来，统一全国的货币，那是聚敛钱物的好手段。在至元十年（1273）以前，中统钞的发行额每年不过十万锭，灭南宋以后当然数量要有所增加，但阿合马却乘机滥发钞币，将其变成了牟取、暴利的手段。自至元十三年（1276）起，阿合马印发的中统钞，自数十万锭至一百九十万锭，使中统钞贬值五倍以上。阿合马这样做导致严重后果，致使物重钞轻，公私俱弊，严重阻碍了经济的发展，将老百姓推入火坑。

至于药材与食盐的贸易，姚枢、徒单公履主张使百姓从便贩卖，不加干预。但阿合马则不同意，他对忽必烈说："食盐与药材贸易事宜，姚枢、徒单公履皆言听百姓从便贩鬻，臣则以为此事若让小民为之，恐造成天下混乱。应于南京（今河南开封）、卫辉（今河南汲县、辉县等地）等路籍括药材于蔡州（今河南汝阳）发盐十二万斤，禁止私人私自贸易，一概由官府统辖。"

忽必烈听后，对阿合马的建议十分欣赏，说道："善，其行之。"这样一来，官府将质次价高的食盐、药材出售给老百姓，从中渔利，残酷地搜刮百姓。

在更换交子、会子，专营药材、食盐的同时，阿合马于至元十二年（1275）又对忽必烈建议道："自大军南伐以来，减免编户征税，又罢转运司官，令各路总管府兼领税课,以致国用不足。臣以为莫若验户数多寡,远以就近,立都转运司,量增旧额,选廉官干吏分理其事。如此,则民力不屈,国用充足矣。"

经过阿合马的怂恿,忽必烈又恢复了剥削人民的诸路转运司,并派阿合马的亲信亦必烈金、札马剌丁、张晿、富珪、蔡德润、纥石烈亨、阿里和者、完颜迪、姜毅、阿老瓦丁、倒剌沙等人为诸路转运司使。

为加重税收,阿合马则改变了以往汉族儒士所推行的重农桑、轻赋役、休养生息的政策,随意增加税收。元初,在北方地区实行丁税政策,并按丁和驱丁征收,每丁每年纳粟一石,驱丁每年纳粟五升,新户丁驱则分别为五升、二升五斗,老幼之人不缴纳丁税。阿合马则将其提高一倍,使老百姓背负着沉重的负担,竟然还规定地多者要缴纳地税。在江南地区,自南宋灭亡以后,元朝按以往惯例,对其实行夏秋税制,但阿合马只令其缴纳实物的三分之一,其余以钞折算,仅此一项每年即多向江南百姓搜刮羡钞十四万锭,将百姓置于破产的边缘。

随着阿合马敛财手段不断变换花样,朝廷中的汉族儒士纷纷反对阿合马的横征暴敛,但忽必烈并不以为意,反而更加信任阿合马,任其胡作非为。有一次,一个名叫亦马都丁的官员因欠官府之钱被免职,在他死后也没有还清。中书省官员便将此事上奏给忽必烈,要他处理这件事。忽必烈竟然不屑地说:"此乃财谷之事,请与阿合马商议处理。"忽必烈对阿合马的信任无以复加,令上奏者无所适从。

南宋灭亡后,忽必烈建立江南行省,处理江南地区事务。这时,阿合马又想出一个新招,名为"理算",以搜刮财物。所谓理算,又叫"打勘""拘刷",在其设立之初,目的是为了检查和清理官、司钱财的陋洞。但阿合马却以此为名,对各级官吏进行额外的勒索,使他们任意搜刮百姓的脂膏。郑所南在其《心史》中揭露阿合马的这种做法,并说那实质上是一种"骗财之术"。受理算的官长苛取民财,却又被上司所胁取,这好比鸬鹚得鱼满颔,即被人抖取;鸬鹚再去取鱼,人又来抖取。与此同时,阿合马还将理算作为残害异己的秘密武器,随时报复那些反对他的人。

当时,江南行省平章政事阿里伯、右丞燕帖木儿与阿合马有隙,阿合马便开始对江南行省进行理算,要将江南行省自成立以来所经手的一切钱谷事宜理算一遍。阿合马派自己的亲信不鲁合答儿、刘思愈等人前往江南行省,他们在理算钱谷的同时,更注意收集阿里伯、燕帖木儿二人的所谓罪证。结果,查出阿里伯、燕帖木儿擅自更换官员八百余人,以及铸造铜印之事,将其作为罪状上奏忽必烈。

忽必烈接到报告,便问阿合马:"阿里伯等人何以为辞?"

阿合马答道:"他们二人说铸铜印之事是朝廷恩准的。臣以为江南行省成立之初,地未稳定,故让其便宜行事,今与昔时已经不同,还铸铜印干什么?分明心怀异志,欲自行分司左右官员,此事还请陛下明察。再者,臣已派人查出,自江南行省成立以来,阿里伯、燕帖木儿擅自更换官员八百余人,并擅自支粮四十七万石,征钞一万二千锭,还公然反对理算,实为大逆不道!"

在阿合马的谗言迷惑之下,阿里伯、燕帖木儿竟被忽必烈下令处斩,蒙受了不白之冤。像此类事情,阿合马干起来驾轻就熟,犹如吃饭睡觉一般容易。

阿合马为朝廷搜刮钱财的同时,还依靠自己的地位职权,在各地强占民田,据为己有。同时,他还挟权经商,获取四方之利,在家中设置总库,号之曰"和市",那些唯利是图者趋之若鹜。阿合马还常常仗势欺人,见别人妻女有几分姿色者,便夺为己有。他曾声称,只要别人献上妻女,便可获得美官。于是,那些不知羞耻的人便将自己的妻女作为礼物送到阿合马的床上,任其凌辱,以换取高官厚禄。阿合马通过各种手段,拥有妻妾达四百余人,荒淫无耻。

天怒人怨　命丧黄泉

真金,乃忽必烈嫡子,生于公元1243年。蒙古宪宗二年(1252),年仅十岁的真金便跟随忽必烈藩府儒士姚枢、窦默学习《孝经》。这些汉族儒士整日给真金灌输儒学真谛,以薰陶他那幼小的心灵,开导他区别善恶,培养他的参政能力。在这些汉族儒士的教诲之下,真金终于摆脱了草原游牧贵族重武轻文的陋习,成为日后朝廷中汉法派的支持者。

元世祖中统四年(1263),真金任中书令并判枢密院事。到了元世祖至元十年(1273)二月,真金被忽必烈册封为皇太子。由于真金自幼随汉族儒士学习,他长大之后更加尊崇儒术,深受汉族儒士的拥戴。当时,忽必烈重用善于敛财的色目人阿合马,朝中的汉法派力量急转直下,崇信儒术的真金被封为皇太子,在客观上也多多少少扭转了这种不平衡的力量对比,对元朝的政治格局产生了重大的影响。

真金被册立为皇太子之后,对其父忽必烈重用阿合马聚敛财物的做法深为不满,为了改变这种状况,真金竭力主张"节用""爱民",与忽必烈唱反调,对阿合马更是憎恨无比。有一天,真金碰到阿合马,便抽出所带之弓怒击阿合马的头部,划破了他的脸。朝见忽必烈时,忽必烈问道:"汝面部何故破矣!"

阿合马惧怕太子真金,不敢俱实上奏,便撒谎说:"臣骑马不慎,被其踢伤。"

在一旁的真金看着阿合马狼狈不堪的样子,觉着意犹未尽,便问:"阿合马,吾以弓击汝头,划汝脸,为何不实言告诉陛下,反而要撒谎呢?"

阿合马面对忽必烈和众位朝臣,当即羞愧难当,低头不语。忽必烈问阿合马:"太子之言当真?"

阿合马再次否认道:"陛下,实乃臣骑马不慎所致,与太子无关。"

太子真金大怒,呵斥阿合马道:"汝敢言吾乃马也!"说罢,上前对阿合马拳打脚踢,使其胆颤心惊,不知所措,多亏忽必烈制止,太子真金方才停下手脚。

阿合马对太子真金谢罪道:"臣并无骂太子意,实出无心。"

太子真金说道:"阿合马,汝可知欺君之罪?"

阿合马答道:"臣知!"

太子真金说道:"汝为何不实言相告面破之事?"

阿合马无言以对,面红耳赤呆呆地站在那里,等候忽必烈发落。这时,太子真金对忽必烈说:"陛下,阿合马乃奸臣人,不知节用、爱民,只顾重敛搜刮民脂民膏,此等下作之人当废黜之,不应留其在朝廷。"

忽必烈听了太子真金的意见,十分不满,但他并没有显露出来,只是说:"朝中用度日增,阿合马敛财有术,于朝廷有功,不可随意废黜之。"

太子真金见忽必烈袒护不便再说什么,回头怒目直逼阿合马,使阿合马刚刚放下的心又紧缩起来,唯恐太子真金又对他拳打脚踢。这件事之后,阿合马仰仗忽必烈对他的信任,仍然擅断朝政,威震朝内朝外,但他对太子真金却甚为惧怕,避之唯恐不及。

至元十年(1273),阿合马凭借权势,以其子忽辛为大都路(今北京市)总管兼大兴府（今北京市）尹，父子专权，控制朝政。右丞相安童见阿合马擅权日甚，焦虑不安，不得不又一次上奏忽必烈，弹劾道："阿合马之子忽辛，自任大都路总管以来，任用非人，使路治混乱，臣请以能者代之。"结果，忽必烈没有采纳。

安童无奈，只得直接弹劾阿合马，他说："阿合马挟宰相权，却为商贾之事，以罗致天下大利，中饱私囊，使天下之民深受毒害，但苦于无处诉说，臣请治其罪。"

忽必烈问阿合马："汝可为此事乎？"

阿合马厚颜无耻地说："谁为此言，臣等当与之廷辩。"

安童说："阿合马私党省左司都事周详，为阿合马经营木材，从中渔利，其罪状昭然若揭，何用廷辩，陛下可问天下之人。"

忽必烈说："若真如此，当罢黜之。"但真正执行之时，忽必烈并没有罢免阿合马，只是对其亲信私党进行了惩罚，阿合马依然逍遥法外。

不久，在阿合马的授意下，他的一些党羽上奏忽必烈，要求任命阿合马之子忽辛为同签枢密院事。

汉族儒士许衡清正廉洁，历来对阿合马嗤之以鼻，屡屡与之论辩，步步紧逼。许衡闻知有人奏请忽必烈以忽辛为同签枢密院事，当即上奏忽必烈说："国家事权，兵、民、财三者而已。今阿合马身居中书省，手握财权，治于民事，又以其子忽辛典兵事，臣不知天下是陛下之天下，还是阿合马之天下？臣以为万万不可以阿合马之子忽辛为同签枢密院事。"

忽必烈看着许衡十分焦急，觉着没有必要，认为许衡过于迂腐，便问道："卿虑阿合马欲造反也？"

许衡答道："阿合马虽不反，此使其造反之道也。"

忽必烈觉得有道理，便说："阿合马之子忽辛，于贾胡之事犹不知，朕岂可命其同签枢密院事也。"阿合马的一番心思，顷刻间像一个美丽的肥皂泡那样，没过多久，便破灭了。对于许衡，阿合马则怀恨在心，又使出往日的害人伎俩，亟请忽必烈将其任命为中书左丞，以便伺机陷害。许衡屡次人辞其职，均被忽必烈推托以他事而罢。许衡只得停留不前，忽必烈无法，便让左右将其掖出。

许衡乘机问道："陛下命臣出，是出中书省耶？"

忽必烈笑道："非也，乃出殿门也。"

许衡任中书左丞期间，经常提到阿合马专权罔上，蠹政害民之事，但都被阿合马借故扣留，不得上报忽必烈。后来，许衡终于以年迈之故，被阿合马挤出朝廷。太子真金对阿合马毁汉法、斥儒臣的做法举动痛心疾首，他千方百计地保护儒臣，对他们关怀备至，细心保护。当许衡被挤出朝廷时年老多病，太子真金便奏请忽必烈让许衡之子许师可为怀孟路（今河南沁阳）总管，以养其老。

尽管有太子真金出面保护儒臣及拥护汉法的大臣，但阿合马依旧肆无忌惮，他借助各种恶劣的手段终于将右丞相安童排挤出朝廷，使安童守边达十年之久，在阿合马死后才得以返回朝中。随着阿合马的势力逐渐增大，以太子真金为靠山的汉族儒士愈来愈受到阿合马的威胁。为了与阿合马对抗，一批年轻的汉族儒士在太子真金的庇护之下成长起来，加入反对阿合马的行列之中，其代表人物有李谦、白栋、宋衟等人，这些人均为博通经史的汉族名儒，深得太子真金的信任。此后，太子真金身边的力量不断增强，又增加了何玮、徐琰、马绍、杨仁风等人。他们经常向太子真金讲述儒家的政治主张和统治要术，李廉对太子真金说："为帝王者，为政要正心、睦亲、崇俭、几谏、载兵、亲贤、尚文、定律、正名、革弊。"王恽也向太子真金献上《承华事略》二十目,要求太子真金广孝、立爱、端本、亲贤、尚俭、审官等等。

对于汉族儒士的各种建议,太子真金非常赞赏,他对阿合马的横征暴敛,则更加深恶痛绝。这样一来,汉族儒士与阿合马之间的斗争白热化。

至元十三年(1276),忽必烈的藩邸老臣张文谦任御史中丞。阿合马对张文谦十分忌讳,唯恐其任御史中丞期间揭露自己的斑斑劣迹,便上奏忽必烈,要求罢诸道按察使以绝其言路来源,使御史台变成睁眼瞎、对国家大事爱莫能助。张文谦对于阿合马的险恶用心一目了然,上奏忽必烈力争不让,使阿合马的阴谋化为乌有。但张文谦自知为奸臣阿合马所忌,便在完成自己的使命之后,极力求去。这使阿合马暗自欢喜,他对忽必烈说:"张文谦乃当今大儒,陛下当命其为大学士,以尽其能。"于是,忽必烈便任命张文谦为昭文馆大学士,领太史院,总理修《大明历》之事。张文谦在阿合马的排挤之下,失去大权,再也没有机会参与朝政。

至元十五年(1278),西京(今河南开封)闹饥荒,忽必烈下诏开仓赈济,发运粟米一万余石。为了防止饥荒再次发生,忽必烈在赈灾的同时,又下诏让阿合马广积贮,这又给阿合马提供了一次搜刮民脂民膏的机会。阿合马为了进一步控制财权,乘机上奏忽必烈说:"自今而后,御史台不经中书省不得擅自召仓库官吏,更不得追究钱谷之数。"欲图剥夺御史台的监察权力,使它变成中书省的附设机构,丧失对他的恶迹的监察能力。对于阿合马的所作所为,朝中大臣多慑于他的淫威,没有人干涉这件事。

当时,江淮行省左丞崔斌对于阿合马擅权专制甚为不满。崔斌乃忽必烈的藩邸老臣,为人机敏多智,魁岸雄伟,善骑射,尤长于文学,精通政术,深得忽必烈的信任。崔斌曾随忽必烈巡游察罕脑儿(今河北沽源县北),忽必烈问他:"江南各省如何抚治?"

崔斌回答:"治天下之道在于得人,得人则天下大治。今所用多非其人,皆因阿合马奸蠹所致,当革其弊。"

礼部尚书谢昌元奏道:"江淮之地,事关重大,今所用之人却无一人通于文墨者,宜命儒臣为之。"

于是,忽必烈便任命崔斌为江淮行省左丞。崔斌一到任上便革去阿合马的亲党,对于那些蠹国害民的贪官污吏,皆狠狠地予以打击,并将江淮一带的弊病上奏忽必烈。崔斌说:"江南多冗官,此前已让阿里等澄汰之,今已显有征验,如蔽之不使上闻,是为罔上。杭州(今浙江杭州)地大,委寄非小事,阿合马却溺于私爱,乃以其不肖子抹速忽充任达鲁花赤,佩带虎符,此非量才授任之道。阿合马以前曾自陈乞免其子弟之任,而今却身为平章政事,子侄却或为行省参政,或为礼部尚书、将作院达鲁花赤、领会同馆,一门子弟,悉处要津之职,自背其言,有愧于公道。"

忽必烈对于崔斌的奏言十分在意,命御史大夫相威、枢密副使孛罗前往按问,悉裁冗官,斥逐阿合马亲党,治害民者之罪,使四海之人大为快慰。虽然如此,忽必烈却没有触动阿合马,甚至还对淮西宣慰使昂吉儿夸奖阿合马说:"夫宰相者,明天道,察地理,尽人事,兼此三者,乃为称职。阿里海牙、麦术丁等人,亦未可为相,回回人中,阿合马才堪为宰相。"

阿合马对于崔斌深恶痛疾,恨不得立即食其肉,寝其皮,并利用自己身居中书省之便,将崔斌的奏折一律扣下,不使其上闻。后来,崔斌被阿合马诬陷并杀害。

当崔斌遭阿合马诬陷之时，太子真金在东宫正在用饭，得知这一消息，立即投箸于地，心烦意乱。当他派使者前往阻止之时，崔斌的人头已经落地，天下之人觉其冤。在阿合马死后，崔斌才得以昭雪，被赠为推忠保节功臣、太傅、开府仪同三司，爵位郑国公，谥忠毅，使忠良的在天之灵得到宽慰。

为了遏制阿合马嚣张气焰，在至元十四年（1277），礼部尚书谢昌元就建议忽必烈依汉法设置门下省，掌握政事审核，太子真金非常赞同这个作法，忽必烈也表示同意。当论及谁可为门下省侍中时，忽必烈说："侍中之职非廉希宪莫属。"并派使者对廉希宪说："鞍马之任，不以劳卿，坐而论道，时至省中，事有必须执奏，肩舆以入可也。"

廉希宪附奏说："臣之疾何足恤！输忠效力，乃臣生平所愿，请陛下放心。"

太子真金对廉希宪说："上命卿领门下省，群小不足畏，吾为卿除之。"

但阿合马绝对不会让朝中政权落入汉族儒士的手中的，他极力向忽必烈进谗言阻止门下省的设立，并反对以廉希宪为侍中。到了至元十六（1279）的春天，忽必烈听信阿合马的谗言，赐廉希宪万贯钞，让其复入中书省任职，阿合马的阴谋得以实现。廉希宪对阿合马愤恨至极，称疾不去上任。太子真金听说廉希宪病了，便派自己的心腹借探病的机会，问其治天下之道。

廉希宪说："君临天下，欲使天下大治，首要者在于用人。用君子则政通人和，天下必然大治；用小人则政纲紊乱，天下必然大乱。今阿合马居于朝中，手握权柄，专恣贪杀，群臣莫敢言事。臣病虽日以加剧，但心所忧者在于阿合马也，此人不除，恐日就沉疴，不可救药矣。殿下宜开圣意，早日除之，使天下大安。"

至元十六年（1279）四月，中书省上奏说："请立江西榷茶运司以及诸路转运盐使司、宣课提举司。"这几个巧立名目的机构都是在阿合马的授意之下，由别的官员临时安排的，其目的是为了进一步搜刮民财，以充朝廷府库，从而使忽必烈欢心。

阿合马的这一做法，引起朝中许多大臣的不满，阿塔海、阿里、陈岩、范文虎等人纷纷上奏忽必烈说："今立宣课提举等司，官吏至五百余员，他们为所欲为，侵扰百姓，盗用官钱，乞罢之。"

对于朝中的反对言论，阿合马非常不满意，便上奏进行反驳，他说："陛下昨有旨籍江南粮数，屡次移文索取，均不以实际数量呈报。为此，遂与枢密院、御史台及廷臣诸位元老共论此事，皆谓设立运司，官多俸重，宜于诸路立提举司，都省、行省各委派一人任其事。今行省还未委派官员，即请罢之，且归咎臣等。然臣等所委派的官员，至官者有的仅两个多月，却计其侵盗官钱凡一千一百锭。以他们所管四年之久，二者相较，又当几'何？今立提举司，未及三月而罢，岂非恐彼奸呈露，故先自言以绝迹也？宜令御史台能臣前往，凡有非法之事，具以实闻。"

阿塔海等人的上奏不但没得到忽必烈的同意，反而被阿合马诬陷，说他们居官四年之久也大量侵盗官钱，并恐自己恶迹暴露才请罢宣课提举等司。忽必烈竟然听信阿合马的胡诌，并说："阿合马所言极是，宜令御史台选人前往按察，如果能说清楚自己是清白的，才可以责备他人。"

阿合马见忽必烈非常支持自己，得意扬扬，但他做梦也想不到，自己的末日已经来临。

自从阿合马领中书左右部，专理财赋之事开始，支持汉法的蒙古贵族和一些汉族官僚、儒士便同阿合马集团之间展开了持久战，这场斗争持续了二十年之久。在这二十年的时间里,阿合马仰仗忽必烈的信任,屡屡得手,使其对手常遭打击。但汉法派并没有屈服于阿合马的淫威,终是奋力抗争,坚持己见,使阿合马的权力得到一定程度抑制。

阿合马在位日久,益肆贪横,援引奸党,骤升同列,阴谋交通,专事蒙蔽,逋赋不蠲,众庶流移,京兆等路岁办课至五万四千锭,犹以为未实,如此狂征暴敛,搞得民不聊生,致使天下怨怼。他又诬杀异己,诬杀异己是阿合马惯用的手法。特别是崔斌之死,"天下怨之"。凡此种种,表明了阿合马与汉法派之间的斗争已到了十分尖锐的程度。

阿合马本人亦知其树敌和积怨太多,所以他平日"极为小心和警惕,常有卫士随从,其寝处不为人所知",以防不测,整日里提心吊胆。然而,他终究未能逃脱灭亡的命运。到了至元十九年(1282)三月,忽必烈巡游上都,太子真金也一同前往,阿合马被忽必烈任命为大都(今北京市)留守。这时,一场刺杀阿合马的阴谋在偷偷运转着。

当时,益都有一个叫王著的千户,此人平日里爱恨分明,对于危害百姓的阿合马更是疾恶如仇,他常常仰天长叹:"此生不杀阿合马,誓不为人。"于是,王著秘密地铸造了一只大铜槌。铜槌铸好之日,王著双手捧着铜槌,对天发誓说:"苍天啊,我王著一向痛恨朝中大奸阿合马,今欲以此槌杀阿合马,取其首级,愿苍天保佑!"说罢,王著望着手中的武器,喃喃地说:"铜槌啊铜槌,你若有灵,请你助我,一槌要其性命。"铜槌似乎很有灵性一般,静静地躺在王著的臂弯处,聆听王著的话语,王著一说完,不知是他大意了,还是铜槌听懂了他的话,只听当啷一声,铜槌在地上弹得老高,然后向旁边滚去。王著见状,害怕有人知道,赶忙将其藏在室内,等到举事之日,再让它发挥威力。

再说王著为什么要秘密铸造铜槌呢?早在至元十二年(1275),阿合马就曾上奏忽必烈,要求禁止民间私铸铜器,全由朝廷专铸专卖。再者,元代时期,对于民间私藏兵器查得非常紧,王著铸造的铜槌既是铜器又是武器,自然在于官府的查禁之列。对于这一点,作为千户的王著非常清楚,他当然要秘密地铸造铜槌,以免被人发现,告知官府,那就会使得功败垂成,所有设想都破灭,留下终生的遗憾。

和王著一样,图谋刺杀阿合马的还有一位志士。不过,这位志士是一位姓高的和尚,人称高和尚。高和尚曾自称有秘术,能撒豆成兵,元朝官兵受骗上当,便将其收编军中,让他助军作战。其实,那里有什么撒豆成兵的秘术呢?高和尚的秘术自然破灭了。面对杀头的危险,高和尚便诈死,以战死的其他士兵的尸体作为自己的替身,他本人也就逃走了。元朝的官兵真以为高和尚已经死了,便不再追问,他这才得以隐遁踪迹。到了后来,高和尚结识了千户王著,这两位志士一见面,相见恨晚。从此,王著和高和尚整日秘密商议,如何除掉朝中大奸阿合马,为民除害。适值忽必烈与太子真金巡幸上都,王著与高和尚非常惊喜,认为是天赐良机。于是,他们二人约定,在三月十七日夜里刺杀阿合马。

由于太子真金与阿合马之间的矛盾,从皆知,王著与高和尚便准备假借太子真金来刺杀阿合马。当时,在元朝贵族之中,对于佛教非常痴迷,于是,王著与高和尚便纠集八十余人,于三月十六日夜潜入京城大都,并先派两个西蕃僧至中书省说:"太子已快至大都,此次回都城欲作佛事,请先置办好斋戒用品。"

守卫皇宫的中议大夫、工部侍郎高觿听说太子真金快至大都,内心不安,他让经常出入太子真金东宫的人前来辨认，皆莫识之。高觹便以西蕃语问二僧："皇太子今至何处？"两个西蕃僧面露惶恐之色。高觹又以汉语问他们，二人竟然不能答，他便将两个西蕃僧拘押审问，虽然经过百般拷打，他们两个也没有露出一点痕迹。

高觹害怕有事发生，便与尚书忙兀儿、张九思集卫士及官兵，各执弓矢以备不测。等候在宫外的千户王著、高和尚左等右等不见那两个西蕃僧出来，知道不好。到了三月十七日中午，千户王著又派遣崔总管假传太子真金的旨令，要求枢密副使张易派兵，于十七日夜守卫在太子真金的东宫周围。张易闻知太子真金返回大都，还没来得及考虑，便与指挥使颜义领兵前往东宫。

作为枢密副使的张易，对阿合马的专政擅权早就不满意，他也和其他汉族儒士一样，主张实行汉法，反对任用色目人横征暴敛。王著见张易不追究真相，知其可用，便派人告诉张易说："今夜当杀阿合马！"张易先是一惊，继而表示赞同。在前往东宫途中，张易碰见了严加防范的高觹，高觹问道："张枢密带兵欲何为？"

张易含含糊糊地回答："入夜后汝当自知。"

高觹穷追不舍，张易被弄得无法，只得附在高觹耳旁低声说："皇太子返大都欲诛杀阿合马矣。"

高觹听后，没有听明白，但没有再问什么。到了三月十七日夜里二鼓时分，忽闻宫外有嘈杂声，远远望去，只见烛笼仪仗浩浩荡荡，往宫城西门走来，其中一人来到宫门前，大呼"开门"。高觹对张九思说："往日太子殿下返宫，必先遣完泽、赛羊二人为先，请得见此二人，然后再开宫门。"张九恩点头答应下来。

高觹站在宫门之上，对着门外的仪仗队伍大声说道："请完泽、赛羊二人出来答话。"他喊完话之后，见门外变得寂静下来，只是不见完泽、赛羊二人出列，便心生怀疑。高觹接着说道："皇太子殿下往日未尝经此门还宫，今何故至此也？"

千户王著、高和尚心急如焚，只得率领人马直赴南门，高觹见状，便留下张子政等人守卫西门，自己则急赴南门，但为时已晚。王著、高和尚已假借太子真金之名，进了宫城，王著本人也亲自去见阿合马，佯言太子真金将至，令中书省官员悉候于宫前。阿合马轻信了谣言，唯恐太子真金又怪罪自己，便派遣右司郎中脱欢察儿等人出城，欢迎他的到来。王著、高和尚命人伪装成太子真金，责备脱欢察儿等人无礼，将他们全部杀死，然后，王著、高和尚随伪装成太子真金的那个人来到东宫之前，假太子呼阿合马上前几步，责备了他几句，站在一旁的王著立即抽出铜槌，狠狠地击在阿合马的脑袋上，阿合马当场死亡。接着，假太子又传郝祯来到自己面前，王著也将其杀死。

这时，张九思、高觹率兵赶来，见阿合马已被刺杀，心中大惧，唯恐忽必烈怪罪，便大呼："有贼！"随同王著、高和尚的义士多半当场被捕，高和尚乘乱逃走，王著则挺身而出请求治自己的罪，大义凛然，威武不屈。

阿合马被杀之后，中丞也先帖木儿驰奏忽必烈。忽必烈得知消息，震怒异常，立即命枢密副使孛罗、司徒和礼霍孙、参政阿里等人日夜兼程赶回大都，讨伐所谓的叛乱者。不久，在大都的高梁河一带捕获了高和尚，他和王著一起被杀，王著仰天大呼道："我王著为天下人除害，异日必有为我树碑立传者！"

忽必烈返回大都之后，得知枢密副使张易非但知情不报，反而暗中相助，也将其处以极刑。这时的忽必烈气愤已极，处处在为自己的宠臣阿合马报仇，同时令厚葬阿合马。

张易被杀之后,忽必烈欲将其首级传示四方,张九思对太子真金说:"张易应变不审则有此事,其死无憾,请免其传首之罪。"太子真金将张九思的话禀告了忽必烈,遂免传张易之首级于四方。但忽必烈却怀疑张文谦和张易合谋,协助王著杀阿合马,便问王思廉:"张易反矣,汝知之乎?"

王思廉回答:"未详也。"

忽必烈迫不及待地说:"反已反矣,何言未详也?"

王思廉说:"僭号改元谓之反,亡人他国谓之叛,群聚山林贼害民物谓之乱,张易之事,臣实不能详也。"

忽必烈说:"朕自即位以来,如李璮之不臣,岂以我若汉高祖、宋太祖遽陟帝位者乎?"

王思廉说:"陛下神圣天纵,前代之君不足比也。"

忽必烈叹息道:"朕在以往,有事问于窦默,其应声如响,盖心口不相违,故不思而得。朕今有事问汝,能那样吗?且张易所为,张文谦知之乎?"

王思廉发觉不妙,便立即答道:"张文谦不知。"

忽必烈问道:"何以知之?"

王思廉答道:"二人不合,臣故知其不知也。"

听了王思廉的回答,忽必烈这才不再怀疑张文谦参与谋杀阿合马之事。但忽必烈对于阿合马之死仍然耿耿于怀,仍然想要追查这件事。太子真金为了保护汉法派官员,便不失时机地揭露阿合马贪污西域商人进献给忽必烈珠宝的罪状,这事使得忽必烈大怒不已,他下令让人对阿合马发墓剖棺,并将其尸体抛在城门之外,任其野兽食之。

接着,忽必烈又让枢密副使孛罗按问阿合马之罪,并于其家搜出两张人皮,其惨无人道可见一斑!忽必烈慨然叹道:"王著杀之,诚是也!"

孛罗将阿合马的罪状一一查清之后,奏报忽必烈,请籍没其家,治其子侄之罪,忽必烈表示赞同。在太子真金的支持之下,阿合马的妻、妾、子、侄以及私党多人伏诛,并有七百一十四个私党被分别治罪,置簿籍名,永不录用。

阿合马的聚财敛物,是忽必烈为满足他东征西讨、穷奢极欲的产物。但阿合马本人借机任情专权、滥杀无辜,则是他险恶心理的大暴露,最终被人刺杀,理所当然。对于人民而言,阿合马花样翻新的敛财手段,将广大的穷苦百姓逼向破产的边缘,以至于哀鸿遍野,从这一点看来,阿合马虽百死也难赎其身,死不足惜!阿合马始料未及,在他死后,他那一身臭肉竟会成为狗的美餐,这难道不是佛教中的因果报应吗?如此看来,上苍是有眼睛的,它绝不会让一个大奸逃脱历史的惩罚的。

范文程：历清四世　佐其三主

【人物档案】

姓名：范文程
生卒：1597年~1666年
字号：字宪斗，号辉岳。
朝代：清朝
职务：秘书院大学士、议政大臣。
谥号：文肃
墓葬：北京怀柔区红螺山
主要成就：清朝开国重臣，完善清朝制度，帮助清朝统一全国。
评价："文程之策，可抵百万雄兵！"（康熙帝）

范文程

【枭雄本色】

范文程，初为大明生员，后努尔哈赤为报"七大恨"而誓师南下，范文程沦身为奴。皇太极登位。范文程悟移人主，甚有政治家之见识。守遵化，突围力战，战功显著；行反间，计除袁崇焕，功不可没；劝降西山明军，招降登州孔有德、耿仲明，收降洪承畴，范文程乃头功！后得皇太极重用，成肱股大臣。

上疏言天下，定计取中原，清军才得以入关进京，夺了朱家天下。开国之初，下令禁士卒抢百姓，乃稳民心；为不争气的明崇祯帝发丧三日，乃收民心；废除加派田赋，乃快民心；争取汉臣归顺、合作，乃治民心。范文程，大清智囊也！

范文程一生历仕清四世而佐其三主，为清朝打江山。立下了不世之功，不亚汉之张良，明之刘基。至于弃明佐清，范文程也大发感慨："大明骨，大清肉"！

【风云叱咤】

厄运磨炼少年志

范文程，字宪斗，生于明万历二十五年（1597）。其先世于明初自江西贬往沈阳，"居抚顺所"。

先祖范仲淹，是北宋的名臣，曾任陕西经略副使兼知延州，官至朝廷枢密副使，抵御西夏入侵的业绩、倡"庆历新法"以图中兴国家的壮心政见和一卷卷璀璨夺目的诗文，五百年来在华夏大地流传不泯，得到历代朝野仁人志士的颂扬。一部《范文正公集》，记载着先祖忠君爱国、关心天下黎庶的心血；《岳阳楼记》中一声"先天下之忧而忧，后天下之乐而乐"的呼号，唱出了人世间最响的心曲，成了五百年来一切清正爱国之士的抱负和理想，成了为人处世的至理名言，也成了范氏家族教训后世子孙的家规，先祖的荣耀，是身处顺境时的锐意进取、敢作敢当，是身处逆境时的任谤任怨，不移其志，祖先范纯仁公、范纯礼公都继承了这"先天下之忧而忧，后天下之乐而乐"的品格，都延续了这种荣耀啊！

曾祖范鏓，继承了先祖的遗风，忠耿尽职，不阿不屈，启职于本朝武宗（朱厚照）皇帝正德十二年，抗争权贵，赈灾活民，按察湖广，布政浙江、河南，巡抚宁夏，本朝世宗（朱厚熜）皇帝嘉靖二十一年，任兵部尚书，出督三边，缮治关隘，部署战守，筑墩建台，亲自勘察居庸关至山海关三千里边塞的关隘崖堑，并亲自绘制成《山川战地要津图志》，以防蒙古人、女真人侵袭。终因得罪奸相严嵩而遭谗致仕，归里沈阳卫而郁郁病亡。

祖父范沈，官居沈阳卫指挥同知，承袭祖先不阿不屈之风，生性刚毅，言词磊落，忠于国事，惜贫爱民，从不妄取民间一物，从不亡杀一名女真人。只因弹劾辽东总兵官李成梁横征暴敛、滥杀女真、诳功求赏、贪赎自肥而遭谗遭贬。沈阳难居，避祸抚顺，亲自镌刻"退一步"三字嵌于门楼，以压抑心中的愤懑，求得过个平民生活。然国事焦心，欲抑不能，愤郁而亡。

其父范楠，有两子，名文采、文程范文程自幼好学，聪颖过人，于明万历四十三年（1615）在沈阳县学考取了生员（秀才），时年仅18岁。正当范文程踌躇满志，决心在仕进道路上有所作为的时候，厄运降临了。万历四十六年（1618），后金政权首领努尔哈赤带兵南下，攻克抚顺等地，大肆掳掠，并将所得人畜30万份赐给有功官兵，21岁的范文程身在被掳之列，从而沦身为奴。

后金是我国东北部女真族（满族前身）建立的一个少数民族政权。女真人是我国境内一个非常古老的少数民族，其先祖是春秋战国时代的肃慎人；后汉、三国时被称为"挹娄"；北魏时叫"勿吉"；隋、唐则称作"靺鞨"；唐昭宗天复三年（903）之后，正式改称"女真"。我国历史上唐代的"渤海国"以及与北宋对峙的"金"，就是女真族先后建立的少数民族政权。

进入明代以后，居住在长白山以北、东濒大海及黑龙江流域广大地区的女真族分为海西、建州和野人三大部。随着明朝统治的日渐腐朽，官府对女真人的压迫日益加深，女真族与明廷的矛盾也日趋尖锐。明中后期，懦弱无能的统治者回天无力，面对女真族与日俱增的反抗情绪，对其采用拉一部、打一部，以便"分而治之"的策略。当时，明有个"镇辽"武将叫李成梁，千方百计地激化海西女真和建州女真的矛盾。他首先利用海西女真哈达部酋长王台杀了原建州右卫都督王果，为了斩草除根，李成梁进而又于万历十年（1528）派卫帮助图伦城主尼堪外兰攻打王果之子阿台。阿台之妻是努尔哈赤的堂妹，努尔哈赤的祖父叫场和父亲塔失急赴阿台所在的古埒城外，让尼堪外兰暂停进攻，由他二人前去劝降。由于劝降未成，明军与尼堪外兰联手破城后血腥屠杀，竟把为救亲而入城劝降的塔失和叫场也乱刀砍死在城中，这件事铸成了努尔哈赤对明廷的刻骨仇恨。

万历十一年（1583），25岁的努尔哈赤终于以父亲遗留下来的13副铠甲起事了。他首先攻克了图伦城，城主尼堪外兰仓皇出逃，努尔哈赤率兵穷追不舍，沿途征服了一个个女真族部落，他最终杀了仇人，并统一了女真各部。

万历四十三年（1615），雄心勃勃的努尔哈赤在实力不断壮大的基础上，终于宣布建立"大金"（史称"后金"）政权，建元"天命"。58岁的努尔哈赤从而登上了可汗宝座。后金政权建立后不久，努尔哈赤便以"明无帮生事，杀其父、祖"等所谓"七大恨"誓师，揭开了向明朝寻仇的战幕。

天命三年（1618），努尔哈赤率精兵强将2万余人鼓行而西，以迅雷不及掩耳之势，攻取了东州、马根单两城。紧接着，他又派"商队"50人先发，以重兵潜随其后，乘夜雨初晴之际，突至抚顺城下，一举拿下了抚顺，于是便有前文所述的包括范文程在内的明朝人畜30万被掳的一幕。次年，又经萨尔浒一战，严重挫伤了明朝"边兵"的实力，从而改变了双方的力量对比。

努尔哈赤在短短数年之间，便攻占了辽河以东的全部地区，从而将矛头又指向了辽西地区。由于蓟辽经略孙承宗、宁前兵备道袁崇焕等几位仁人志士的苦心经营，才确保了关外四年左右的平安。但明廷奸臣魏忠贤弄权，却革了孙承宗的职，还撤除了许多要塞和据点，使御敌防线大为削弱。

天命十年（1626）初，努尔哈赤亲率13万大军乘虚长驱直入，"南至海岸，北越广宁，大路前后如流，首尾不见，旌旗剑戟如林"，浩浩荡荡，直逼宁远城下。此时，袁崇焕身边仅有2万人马，孤立无援，处境维艰。但在他的感召下，宁远全民皆兵，严阵以待。

二月二十日，努尔哈赤指挥八旗精锐以裹铁车牌、勾梯等攻城器械蜂拥而上，袁崇焕命发红夷大炮猛烈轰击。后金兵在铁皮车的掩护下，直抵城墙根掘城，明军一面扔棉油火把焚烧敌军，一面组织敢死队缒城出击，一次又一次杀退了敌人的进攻。

21日，后金军又乘夜袭击，仍无法得手。至26日，不得不撤围而去。

努尔哈赤自25岁起兵以来，历时43载，自命"战无不胜，攻无不克"，却万没料到竟栽在了袁崇焕手上，自此郁郁寡欢，背上长了毒瘤，不到一年功夫，便一命呜呼了。

努尔哈赤死后，他的第八个儿子皇太极于天命十一年（1626）即了汗位，改元天聪。皇太极登基后，对各项政策进行了重大调整，范文程的命运也随之发生了根本性变化。

蛟龙得出头

皇太极即位后的第八天，便让所辖汉民"分屯别居，编为民户，选汉官之清正者统之"，从而使庄园中百分之四十奴隶身份的汉民壮丁恢复了民户的地位。不仅如此，皇太极还更新观念，摒弃了其父对汉族知识分子的偏见，多次选拔和荐举汉族与蒙古族官员加以"量才录用"，赢得了不少汉族与蒙古族有识之士的支持，甘愿"实心齐力报答皇恩"。

天聪三年（1629），皇太极设立文馆，要求文馆"以历代帝王得失为鉴，并以记躬之得失"。这就不禁使人联想到一代名君唐太宗关于"以铜为镜，可以正衣冠；以古为镜,可以知兴衰;以人为镜,可以知得失"的名训。皇太极设文馆,无疑是为了知兴衰、明得失。

文馆设立后,便急需有用之才供职其中。于是在同年八月,皇太极又颁布了一道上谕:"自古国家文武并用,以武功勘祸乱,以文教佐太平。朕今欲振兴文治,于生员中考取其艺文通明者,优奖之,以昭作人之典。诸贝勒以下满、汉、蒙古家,所有生员俱令考试。于九月初一日命诸臣公同考校。各家主毋得阻挠。有考中者,仍以别丁赏之。"范文程就属于文中所说"生员"的范畴,由于这些人被掳后作为战利品赏赐给了有功人员,从而变成人家的家奴,故上谕特别关照其主人"毋得阻挠"。并答应凡考中被选拔走的,便赏给别的家丁来替换。

这次应试的生员共计300多名,考取了近200名,范文程有幸名列其中。就这样,范文程因祸得福,凭着自己的聪明才智,从一个奴隶一步步登上了群臣之首的显赫官位。

人常说"大难不死,必有后福",这句话在范文程身上还真应验了。皇太极即位后对各项国策所做的重大调整和改革,在很大程度上化解了满、汉族之间的矛盾,使其统治区内的汉族臣民逐渐改变了以往的敌视态度,对其也能心悦诚服。也正是这些比较开明的政策,为范文程提供了应试得中的机会,使他终于有了出头之日。

计除袁崇焕

天聪三年(1629),皇太极在整顿好内政后,便大举兴师伐明,范文程也随军出征。自从努尔哈赤在宁远被袁崇焕挫败郁闷身死之后,皇太极在宁远、锦州一线与袁崇焕也进行过反复较量,但都以损兵折将而告终。因此,这一次在范文程等的筹划下,改变了进军路线。大军由喀喇沁部蒙古人做向导,从喜峰口越过长城,直接进入了明朝内地。在这次战事中,范文程独当一面,发挥了重要作用。他受命率偏师沿潘家口、马兰峪、三屯营、马栏关、大安口一线进发,以策应主力。范文程智勇兼施,力克五城。明军曾集中诸城兵力,拼命反扑,将大安口层层包围。范文程用计火攻,解了重围,有力地配合了主力部队的行动。其后,皇太极率主力西进永平(今河北境),又把留守战略要地遵化的重任交给了范文程。明军乘虚掩杀而来,兵临城下,其势甚猛。范文程多方设计,奋力抵抗,以少胜多,确保了后金军大本营的安全。由于范文程屡建战功,被封为世职游击。

皇太极在遵化一带站稳脚后,便由蓟州霸占三河、略顺义、至通州,渡河而直逼北京。袁崇焕曾建议朝廷加强蓟门兵力,严防后金绕道而入,可惜未被采纳,故而使皇太极有隙可乘。皇太极将军队一下子驻扎在离北京城关仅两里之遥的南海子一带,明廷上下惊慌失措,乱了阵脚。明总兵满桂等拒敌于德胜门、安定门外;城上明军发炮助战,竟打伤了自己的军队,连满桂本人也受了误伤。只好率残兵躲入城中,坐以待毙。

袁崇焕得知皇太极绕道入关,即挥宁、锦将士回师援救,他率兵马日夜兼程,跟踪追击。到达蓟州后,更以两昼夜300余里的速度直追到北京城外,与后金军在广渠门外激战六小时之久,有力地牵制了后金军的行动,使其锐气大为挫伤。皇太极亲往袁崇焕阵前察看营寨形势,见阵坚难破,不可力取。

皇太极问计于范文程："如何除掉袁崇焕,请先生赐教?"

范文程兴致亦起："请汗王明天于崇政殿大宴李喇嘛一行,表以殷切,重以赏赐,迎合袁崇焕来信之所请,以'议和'对'议和'……"

"'议和'能除掉袁崇焕吗?"皇太极神情茫然地询问。

范文程坚定地说:"'议和'自然不能除掉袁崇焕,但'议和'产生的流言可以除掉他,'议和'产生的猜疑可以除掉他,'议和'破裂后的结局可以除掉他,只要'议和'的消息悄悄地传进北京,袁崇焕战、守、款三着并用的方略就讲不清楚了……"

皇太极微微摇头,仍有些不解。

范文程款款谈起:

"汗王,'议和'原是敌我在斗法,袁崇焕借'议和'以积蓄力量,汗王借'议和'以调整部署,两者是相同的,所不同的是,汗王亲自决定'议和',大臣贝勒明其要旨,必全心拥护;袁崇焕决定'议和',系边将自为,即或征得明朝皇帝默许,也会为反对者提供了口实,招致明朝群臣的猜疑,遭受猜疑的边臣边将能长期执掌兵权吗?况且,袁崇焕生性刚烈,自恃知兵,多出浪言,行事果敢,遵奉的信务是'将在外,君命有所不受',宁远之战前夕,曾对抗兵部尚书、辽东经略高第的军令,拒绝撤兵,结怨于明朝朝廷擅权的阉党。凡此种种言行,都是招致'猜疑'的土壤。再说,'流言'可以制造,'猜疑'也可以制造,秦汉时期层出不穷的'反间计',不都是制造的'流言'、'猜疑'吗?……"

"善! 先生高见,开我茅塞!"皇太极通悟而大喜。

皇太极这次大举入关,曾俘获两名太监,撤退余中,便密令副将高鸿中、鲍承先等坐在非常靠近这两个太监的地方,并故作耳语道:"今天退兵,其实是皇上(指皇太极)设下的计策。前不久,皇上单骑到袁巡抚阵前,跟袁巡抚派的两个人谈了好长时间。袁巡抚跟咱有密约,图明的事眼看就要大功告成了。"之后,又故意给姓杨的太监一个逃脱的机会,杨太监逃回北京,便把他听到的"重大机密"一五一十地禀报给了崇祯帝。当时,朝中一些反对袁崇焕的人早已纷纷诬告袁引狼入室,是要胁迫朝廷答应他提出的与后金议和的主张,好与后金订立城下之盟。崇祯帝一向师心自用,独断多疑,他对袁崇焕本已有了疑心,听了杨太监的密奏,便不分青红皂白,召袁崇焕问罪,责备他援兵逗留,将其下狱。第二年,袁崇焕竟被凌迟处死。真是范文程略施小计,便使明"自毁长城"。

皇太极用计拔掉了袁崇焕这颗眼中钉,一下子消除了后顾之忧,真是喜不自胜。他的将领创立也因为没有了心腹大患而纷纷要求乘虚攻打北京,但皇太极却说:"如今攻城,必能克复。但若因此损失我一、二良将,即使得到100座城池也不值得高兴。"所以,他率军直捣卢沟桥,进击永定门外满桂等四总兵的营盘,4万明军被打得溃不成军,一败涂地。然后,皇太极移军至通州,向东攻取遵化、永平、迁安、滦州(皆在今河北省境内)4城,分别派兵把守,自己率大队人马班师而回。看来,皇太极采取的是先消灭明军有生力量,然后再攻城掠地的长久之策。

单人独骑降敌军

皇太极分兵留守四城,本有里外夹攻山海关之意。但他退兵之后,明大学士孙承宗便组织兵力恢复了四城,从而打乱了皇太极的计划,使皇太极大为震怒。紧接着,又传来了明军昼夜赶筑大凌河城,以图进一步收复疆土的消息,皇太极怎能坐视不管!天聪五年(1631)八月,大凌河城才修复了一半,皇太极便率大军包抄而来。皇太极采用围城打援战术,守城明军在"粮绝薪尽,兵民相食"的情况下,被迫投降了。

这次战役中,有一支蒙古军投降了,但因部分士兵不肯投降,竟暗杀了他们的将领,然后纷纷逃去。皇太极闻讯十分恼怒,要将剩余的蒙古士兵统统杀掉。范文程委婉进言说:"没有逃走的士兵,说明他们愿意诚心归服,反而却把他们杀了,这不但于事无补,还会直接影响到今后的策反受降工作。"皇太极见范文程遇事能从长远的利益出发,便愉快地接受了他的建议,从而使500余条无辜的生命免遭屠戮。

当时,还有一支明军凭险固守西山,屡战不下,皇太极甚是着急。范文程胸有成竹,决计劝降。他单人独骑,置安危于不顾,直抵明军寨前,凭三寸不烂之舌,晓以利害。明军终于被感化,真心实意相投。皇太极极为高兴,将所降人马全部拨给范文程统辖。

天聪六年(1632),皇太极继续攻掠明朝边地。大军进驻归化(今呼和浩特)城后,皇太极打算把战事再次向明纵深推进,于是召集范文程等商议战策。范文程根据双方的战略势态,提出了一明一暗两套方案:一是凭借高昂的士气和强大的战斗力,长驱而入,直抵北京,迫使明廷妥协。然后,捣毁山海关水门而归,以壮军威。要实现这一目标,从雁门关进军最为便利。这条道明军疏于防范,一路上不会有大的阻碍。且沿途居民较为富裕,对筹措军马粮草十分有利。大汗若顾虑师出无名,可这样晓谕百姓,就说察哈尔汗已经远逃,他的部属皆已归在我的账下,现打算与明朝议和,苦于路途遥远,难以徒步跋涉。今借你们的马匹让新归附的察哈尔汗部骑用。如果议和成功,当偿还你们的马价;如若议和不成,双方兵戎相见,赖天保佑,疆土归我所有,定当免除你们这一带几年赋税,以补偿战争给你们所造成的损失。这样,便可以堂堂正正地出师。如若不然,则可修书给明守疆大吏,让把我方议和的主张转达给他们的皇上,并限期让他们做出答复。料定明廷文臣勾心斗角,边将推诿扯皮,必然延误逾期。我们便可以此为借口,出其不意,攻其无备,乘隙直捣北京。因为后者是一条借议和之名以麻痹明方,趁机采取突然行动,以行攻战之实的策略,故我们称其为"暗"的一手。皇太极虽然未能将这条计策付诸实施,但仅从范文程虑事之周到、计划之缜密,并能知己知彼,对明朝内幕了如指掌几项而言,这真不失为一条锦囊妙计!

早在天聪五年(1631)皇太极围困大凌河之际,明登莱巡抚孙元化曾派参军孔有德率军救援。但部队行至吴桥,碰上了大雨雪,没有粮吃,政府也不管,致使部分军士出营抢掠。这下子把贪污了公款、惧怕被治罪的李九成钻了空子,他煽风点火,策动叛乱。孔有德也心怀不轨,见机行事。第二年正月,孔有德与驻守登州的另一位参将耿仲明里应外合,占据了登州城,他自号都元帅,铸印置官,封耿仲明等为总兵。他们攻城陷镇,四外抄掠,焚杀甚酷。闹到这般地步,崇祯帝不得不派大军征剿。天聪七年(1633)孔有德遣使向后金求援,皇太极正中下怀,当即派范文程等率军前去策应。范文程凭借自己的才干,又一次出色地完成了招降任务。降将孔有德和耿仲明等后来为清朝打天下立了汗马功劳。

拂尘知降　收服洪承畴

天聪九年（1635），皇太极宣布废除"女真"称号而定族名为"满洲"。第二年五月，又改"大金"为"大清"，正式建立清朝，当上了皇帝。皇太极称帝后，对政府文武机构都进行了扩充。把原来的文馆扩编为内三院：即内国史院、内秘书院、内弘文院。各设大学士一人主持。任命范文程为内秘书院大学士，官爵晋升为二等甲喇章京（汉语称为参领）。

内秘书院大学士的地位虽然相对较低，但所执掌的却都是机密要事。皇帝敕书的草拟，各衙门奏疏的收录，与他国来往书信的撰写等等，皆出自内秘书院大学士之手。范文程实际上充当着皇太极秘书长的角色。他虽不在议政大臣之列，却往往参与着政府内外重大方针政策的制订。而且对朝廷要员的任免，他从中也起着重要的作用。皇太极对范文程的倚重，几乎到了无以复加的程度：每次召见，商议政事的时间都特别长，而且经常是前面被召见之后刚回到家中，还未来得及吃饭或休息，后面又再次被召入宫。凡遇军国大事，皇太极总要问范文程是否知道。有时觉得其中有什么不妥当的地方，便说为何不和范文程商议。若回答说范文程的意见也是如此，皇太极便批准同意。各种外交文书，均由范文程批复或草拟，起初皇太极还要亲自过目审查，每一次都感到非常妥帖，后来通常的文书便看也不看了。一次，范文程因病告假，好多事情因一时拿不定主意而无法决断，皇太极便谕令待范文程病愈后再行裁决。皇太极对范文程言听计从，范文程为了报答皇太极对自己的知遇之恩，也竭尽全力帮助他打天下。

皇太极从即位之日起，到崇德六年（1641）间，历时十五六年之久，他虽曾三次率军突入关内，但却总因未能拿下山海关与锦州而行动不便，难有大的作为。于是，皇太极便把进攻的矛头对准了自己入关的最大障碍——山海关与锦州一线。而明朝也千方百计地加强这一线的防务。崇德四年（1639），明蓟辽总督换上了因镇压农民起义军有功而成名的洪承畴。崇德六年（1641），清军开始采取行动，派兵包围了锦州。这年七月，洪承畴便率吴三桂等八总兵、13万人马驰援。大军云集宁远之后，便分头向杏山、松山缓缓推进，准备步步为营，稳中求胜。但新上台的兵部尚书陈新甲，却以持久费粮为由，派员临阵监军督战。洪承畴经不住催促，便轻易地将粮草留在宁远、杏山和塔山外的笔架岗，仅率6万兵马贸然前行。命其余兵马随后赶上。洪承畴到达松山、杏山一带后，将骑兵驻扎在松山东、南、西三面，将步兵布防在离锦州仅六七里地的孔峰岗，与清军成对垒之势。

皇太极获悉明朝援军大至，便于八月亲率大军从盛京（今沈阳）赶来，驻于松山、杏山之间，截断了松、杏间明军的联系，断绝了洪承畴的归路。随后，又派兵夺了塔山之粮。洪承畴失去战机，困守松山半年之后，被部下出卖，城破做了阶下囚。皇太极深知洪承畴对自己入主中原将会起到多么大的作用，所以，他一面派人款待好洪承畴，一面让范文程前去劝降。

范文程来到洪承畴囚室，洪承畴得知其来意，便大骂范文程没有骨气，投身事清，为人走狗。并慷慨激昂，立誓要杀身成仁，决不屈膝投降。范文程也不和他争辩，只是随便地与他谈古论今及生死得失。谈话间，屋梁上偶尔掉下一撮尘土，落在了洪承畴的衣服上，洪承畴便用手将灰尘轻轻拂去。范文程瞧在眼里，心中已有了成算。他辞别了洪承畴,便去告知皇太极:"洪承畴必不肯死,面对这样的处境,对衣服尚且如此爱惜,更何况自己的生命。"皇太极听了非常高兴,便亲自前去看望洪承畴,见洪承畴衣着单薄,当即脱下自己穿的貂皮裘袍,亲手披在洪承畴身上,并关切地问:"先生还冷吗?"这一招使洪承畴大为感动,目瞪口呆了半晌,方才叹道:"真不愧是救世之主呵!"说罢伏地便拜,叩头请降。

关于洪承畴降清一事,还有皇后皇太极劝降的传说。据说洪承畴初到盛京,绝食累日,自誓必死。范文程窥知其并无必死之心后,皇太极便令人百般劝降,但洪承畴却无动于衷。皇太极大费心思,后经多方了解,从明朝降人口中得知洪承畴好色。于是派了一拨又一拨美女前去勾引,却仍不奏效。最终,皇太极竟派自己美冠一时的爱妃博尔济吉特氏暗带一小壶人参汤入侍。博氏见洪承畴闭目面壁,哭泣不止,劝之不成,动了恻隐之心,十分同情地说:"将军即使绝食,难道不能喝口水而后就义吗?"话音委婉,情切意真,并承壶于洪唇,洪承畴便轻轻呷了一口。不一会,博氏又如此这般,承壶于其唇,洪承畴终于抵挡不住这般强烈的诱惑,连饮不辍。一连多日,博氏每每相机劝慰,迭进美馔,洪承畴渐渐心回意转,开始进餐,终于投降了。

姑且不论是何种手法对洪承畴归降生了效,仅就范文程单凭"拂尘"这一小小的举动,便能断定洪承畴必不肯死而言,他真是机敏过人,能够见微知著,不愧是一个名副其实的谋略家。

定计取中原

清崇德八年(明崇祯十六年,1643)八月初九日,皇太极去世。十四日,诸王贝勒大臣议定,立皇太极之第九子福临继位,以郑亲王济尔哈朗、睿亲王多尔衮"辅理国政"。二十六日,举行新皇帝登基大典,颁诏大赦,改次年为顺治元年。

福临被推为新君,是八旗贵族内部各派激烈争斗的暂时妥协。福临继位以后,这一斗争仍在进行。八月十六日,郡王阿达礼、贝子硕讬向郑亲王济尔哈朗、礼亲王代善、睿亲王多尔衮游说,谋立多尔衮为君,代善、多尔衮告诸王贝勒,遂以扰政乱国的叛逆罪,将阿达礼、硕讬处死,籍没其家。范文程原是红旗硕讬的属下人员,此时被拨入镶黄旗。

范文程刚刚避免了因主硕讬乱国而险遭不测之祸,不久又遇到了新的麻烦。摄政王多尔衮之亲弟豫郡王多铎色胆包天,竟然要抢夺范文程之妻,经过一番周折,才得到解决,诸王贝勒审实后,决定罚多铎银一千两,夺其十五个牛录。范文程虽然化险为夷,没有遭受妻室被霸之灾祸,但仍不免忧心忡忡。多铎乃一旗之主,贵为亲王、郡王(原系亲王,因故降爵,不久复封亲王),又系摄政王多尔衮之同母亲弟,日后会舍此不究吗?万一追念前怨,范文程恐难免灭门之灾了。

尽管身遭故主被戮、爱妻险被欺凌之双重危难,范文程仍以大局为重,在清朝入主中原这一紧急关头,献计献策,立下了殊勋。顺治元年(1644)四月初四日,范文程上书摄政王,奏请立即出兵伐明,夺取天下。

范文程此书,讲清了四个问题。其一,明国必亡。尽管此时清国君臣尚不知晓李自成农民军已打进北京,灭了明皇朝,崇祯帝自尽,但范文程已经看准,曾拥有雄兵百万、辖地万里、臣民上亿的大明国,必将迅速灭亡。他非常透彻地剖析了明朝的内忧外患,四面受敌,人心尽失,业已病入膏肓,无可救药。认清这一基本形势,对久怀入主中原雄心的八旗王公的决策,无疑有着重大的影响。

其二,与"流寇"争天下。如果说在此之前已有人议论明国将亡,范文程不过是阐述得更清楚、更全面、更深刻的话,那么,与明末农民军争夺明皇朝的天下的论点,则是范文程最先提出来的。此时,清朝将领和谋士对大顺、大西农民军所知甚少,仅把其当作活动于西北一隅的"流寇"。顺治元年正月二十六日,蒙古鄂尔多斯部之人向多尔衮报告李自成取陕西、攻三边的消息时,多尔衮还于当日给农民军写信,欲图与其建立联系,协同攻明。信中明确讲到:"兹者致书,欲与诸公协谋同力,并取中原,倘混一区宇,富贵共之矣。"范文程高瞻远瞩,敏锐地察觉到农民军才是清帝主人中原的大敌,强调指出:"正如秦失其鹿,楚汉逐之,我国虽与明争天下,实与流寇角矣。"这一论断十分精辟,至关紧要,为清军入关及其与大顺军决战,奠定了思想基础。

其三,良机难得,稍纵即逝。范文程剖析了明朝必亡、"流寇"势强之后,着重点明,中原土地人民,不患不得,患得而不为我有,恐将落入农民军之手。如果处理不当,不争取人心,则有可能以己之力驱逐人民投往"流寇",那时大势就无可挽回了。因此他大声疾呼:"成丕业以垂休万禩者此时,失机会而贻悔将来者亦此时。"机不可失,时不再来,成败与否,在此一举。范文程此论,确系高见,此时李自成已入据北京半月有余,河北、山东传檄而定,设若清军晚个一年半载才出兵,大顺农民政权有可能统一黄河、长江流域,全部接管除辽东以外的明朝旧有辖地,那时大局已定,清军要想问鼎中原,就难上加难了。

其四,变方针,创"大业",禁杀掠,收人心。早年努尔哈赤大杀辽民,二大贝勒阿敏贝勒弃遵化屠永平,清军四次深入,抢掠而返,使明国臣民以为清朝并无大志,不过是抢掠子女玉帛而已,"纵来归附"于清,亦"未必抚恤",因此他们疑惑不定。范文程剖析了汉民"因怀携贰"的缘故,提出应当宣布此次"进取中原之意",申严纪律,"秋毫无犯",并纲要性地提出四条原则:"官仍其职,民复其业,录其贤能,恤其无告。"这样一来,汉民必然纷纷归顺,"大河以北,可传檄而定"。

范文程的建议,对清夺取中原的基本方针、政策的制定,对促使清军出发,起了巨大的作用。四月初九日,即范文程启奏摄政王之后的第五日,摄政王多尔衮带领郡王多铎、阿济格等八旗王公大臣,统领满蒙汉官兵十余万,祭师出发。多尔衮并明告三军:"曩者三次往征明朝,俱俘虏而行。今者大举,不似先番,蒙天眷佑,要当定国安民,以希大业。"

四月十四日,大军抵达翁后,明平西伯吴三桂自山海关遣使前来求兵,言及李自成已破明都,多尔衮立即派人往召在盖州汤泉养病的范文程来商大计。

多尔衮收到吴三桂的乞兵书,本来相当犹豫,是前进,还是中止。清军之行,是为了夺北京取中原,现在既然农民军已先据都城,直捣山海,清军还有无必要继续前进。而且过去清兵三逼明都,皆未能得手,现农民军能袭破其城,其军战斗力谅必很强,如与清兵交战,胜负难卜。多尔衮对阿济格、多铎说:"吾尝三围彼都,不能遽克,自成一举破之,其智勇必有过人者。今统大众亲至,得毋乘战胜精甲,有窥辽之意乎?不如分兵固守四境,以观动静。"三人"咸有惧色,遂顿兵不进"。正是在这犹豫不决的紧急关头,范文程讲明了清军必能打败李自成农民军,获取大胜,并再次强调禁杀掠收人心,从而坚定了多尔衮进军的信心和决心,决定收降吴三桂,迎战农民军。四月二十二日，两军大战于山海关石河西，李自成败走，清军大胜，并乘势追击。

此时，沿途官民畏惧杀掠，"民多逃匿"。范文程扶病随征，草檄宣谕："义兵之来，为尔等复君父仇，非杀百姓也，今所诛者惟闯贼。官来归者复其官，民来归者复其业。师律素严，必不汝害。"其檄皆署范文程的官阶姓氏。这一宣谕相当有效，"民心遂安"。清军迅速前进，五月初二日，摄政王多尔衮入居紫禁城内的武英殿，实现了多年以来入主中原的宏愿。

新主进京　攻心为上

初入北京，多尔衮以身作则，只带1000人马宿卫，其余骑兵尽屯城外。规定没有九王（多尔衮）的标旗，一概不准出入，以免惊扰百姓。

此时的北京，几经折腾，人心惶惶，动荡不安。面对严峻的局势，范文程协助多尔衮推行了一系列行之有效的安抚人心措施。

首先，为崇祯皇帝、皇后发丧三日，布告天下，"以昭大义"，并派人保护明陵。同时还宣布："故明诸王来归者，不夺其爵。"这就促使明王室成员认可和接受了清的统治，那些誓死要向清复仇的王室宗亲也很难找到有力的理由去号召他人。

其次，传谕城中各级汉族官吏各司其职，照常办理公务，并给了这些人一定的甜头。政治上：不仅规定降附者升级、殉死者立庙、隐逸者征辟录用，而且要求内、外衙门的公章，一律要铸有满、汉文字，使汉族官员表面上能与满族官员平起平坐、有职有权。经济上：所有官员、退休官员、举人、贡监生员，都可减免一定的赋税、徭役，并尽可能地帮助汉族地主恢复旧业。这就收买了绝大部分汉族官绅。

再次，为了进一步笼络人心，范文程还提出了按旧册收赋的主张。明朝末年，赋税不断增加，如辽饷、练饷、新饷、召买等等，名目繁多，老百姓不堪重负。农民起义军进城后，烧毁了征收簿册。而万历年间的旧册地得以幸存，但其赋税数额则比现行的要低得多。于是，有人建议责成有关部门另造新册，范文程坚决不同意，他说："即使以此为额，犹恐老百姓难以承受，怎么能有更多的过分要求呢？"清政府采纳了他的意见，从而减轻了老百姓的负担，缓和了政府与百姓间的矛盾。

此外，对于那些鳏寡孤独、衣食无靠的人，范文程也让人着意加以救济和妥善安置。

上述种种措施收到了极佳的效果，使明朝遗民上至王公贵族，下至寻常百姓，都在很大程度上消除了对清廷的敌意，使一触即发的反抗情绪大为化解，从而使大局稳定了下来。这些措施也产生了不可低估的巨大影响，就连远在扬州的抗清名将史可法，在上书给朝明福王时，也不得不感叹："以清之能行仁政若彼，而我之渐失人心如此，臣恐恢复之无期，而偏安未可保也！"

顺治二年（1645），平定江南之后，范文程为了确保长治久安，他建议开科取士，广揽人才。他说："治天下在得民心，士为秀民，士心得则民心得矣。请再行乡、会试，广其登进。"清政府采纳了该建议，规定每逢子、午、卯、酉年，各直省举行乡试；每逢辰、戌、丑、未年，举行会试。这一举措，使皓首穷经的知识分子们终于有了出人头地的机会，赢得了他们的普遍好感和拥戴，认为清皇帝乃"圣明之主"。出于感恩戴德的心理，这些人为清廷提出了不少治国良策。知识阶层犹如一个民族的灵魂所在,其态度的转变,必然会对整个民族的心态产生潜移默化作用,从而左右人心的向背。笼络住了知识阶层的心,就意味着得到了整个民心。范文程正是从优待知识分子着手,以获得整个民心。他真是步步棋高一筹,不愧为一个富有远见卓识的谋略管。

万民削发　忠巨削权

清统治者在创业之初,对各种好的建议和主张都能虚心地加以采纳,从而使范文程的政治抱负获得了广阔的用武之地,他的才干也得到了淋漓尽致地发挥。然而,随着清统治地位的日益巩固,其统治集团的最高决策者便头脑发热,自以为是,甚至倒行逆施,与范文程所力主的"安抚百姓"的既定国策背道而驰。

在对"剃发令"的态度上,范文程与清廷当时的实际决策者多尔衮产生了分歧。

清统治者入主中原之后,要求各族人民都要按满族的传统发式,男人将前额剃光,把其余的头发梳成辫子,垂在脑后。而汉族成年男子历来是束发绾结于头顶的。加之士大夫们又拘执于"身体肤发,受之父母,不可毁伤"的观念,认为剃发是万万使不得的。其实,发式本是个社会习俗问题,剃与不剃并不是什么生死攸关的大事。如能采用适当的方式善加诱导,很可难会相互效仿,逐渐风行,成为时尚。但如将其作为政治标准,且在时机并不成熟的情况下,把剃发视为是否臣服的标志而强迫执行,结果只能适得其反。事实上,早在清初入关时,就曾下过剃发令,以致"人情恐怖,逃去者不下几千、万人"。鉴于当时立足未稳,多尔衮不得不收回成命,才避免了一场社会骚动。然而到了顺治二年(1645),清统一全国已成定局,多尔衮便志得意满,认为夺取天下易如反掌,完全可以随心所欲,为所欲为了。加之一些主动剃发以示效忠的汉族官员如冯铨、孙之獬之流,也积极迎合多尔衮的意图,怂恿重颁剃发令。这部分汉官之所以热衷于"剃发",也是事出有因。据说,清人关后,皇帝临朝时,满大臣与汉降臣各为一班分列于宫殿之下。进士出身的明朝降官孙之獬,为了向满族主子讨好,主动剃了发,并穿上满人的窄袖短衣,挤进满班,却被满班请了出来。他只好讪讪转入汉班,结果汉班也不容他入列。他羞愧不堪,便上疏说:"陛下……万事鼎新,而衣冠束发之制,独存汉旧,此乃陛下屈从汉人,非汉人服从陛下也!"于是,清朝才决定重颁剃发令。消息传出,满朝哗然。御史大夫赵开心指斥冯铨、孙之獬等是"贪位固宠之辈",推行剃发令是"阻人归顺之意"。但是,多尔衮根本不顾众人的反对,竟悍然下令:"复有为此事读进章奏,欲将已定地方人民仍存明制,不随本朝制度者,杀无赦!"

随着剃发令的强制实施,民族矛盾迅速激化,骤然发展到了"留发不留头,留头不留发"的地步,形势发生了出人意料的变化。本已安定了的江南,此时又"人心始摇,纷然四起",人们"毁弃身家,上灭宗祀,断头碎骨,浩然不顾",纷纷反抗。清统治者也旧病复发,恢复了其奴隶主阶级出身的残酷本性,穷凶极恶,血腥镇压,烧杀掠抢,无所不用其极。目睹自己为之苦苦追求了大半生的老百姓"安居乐业"的局面行将化为泡影,范文程怎能不痛心疾首,心怀不平。

剃发令激起了广大人民群众的强烈反抗,也延误了清朝统一天下的进程。因此,几个有胆略的御史接连上本,弹劾与剃发令密切相关的人员。但多尔衮权倾幼主,炙手可热,顺我者昌,逆我者亡。反对剃发令的人先后被废黜,奉迎的人非但没有被罢官,反而日益得到了重用。冯铨竟然还获得了"赐婚满洲"的殊遇,并逐渐取代了范文程内阁班首的地位。

多尔衮的所作所为与范文程的政治抱负大相径庭,范文程对多尔衮便采取了不合作的态度,进行消极对抗。

顺治三年(1646)二月,多尔衮责成大学士等"宜时具条奏"。范文程则以"凡有闻见,即面启,毋庸具本"为词加以推脱。多尔衮对范文程不票承自己意志的行为极为不满,遂以"尔素有疾,毋过劳,自后可早出休沐"为借口,削夺了范文程的权力。数月后,甘肃巡抚黄图安上书申请辞官,以奉养父母双亲。主管部门认为这是"借端规避,应革职"。范文程不以为然,他将此事禀报了另一位辅政王济尔哈朗,并请求说:"奉养父母是人子最高兴的情感,不应革其职。"多尔衮对范文程没有将此事禀告给自己却去请示济尔哈朗耿耿于怀,一怒之下,便以"擅自关白"辅政王济尔哈朗为口实,将范文程下法司问罪。稍后获释。

顺治五年(1648),多尔衮在清王室内部的权力争斗中再度获胜,他借故削去了济尔哈朗的亲王爵位,将二人共同辅政从而变为由他一人大权独揽。出于不可告人的目的,多尔衮令大学士刚林等删改《清太祖实录》,并让范文程参与其事。范文程深知此事关系重大,不可随意妄为,但又难以违命,便借故养病,闭门不出。

顺治七年(1650)十二月,多尔衮因病亡故。第二年初,顺治皇帝(福临),开始亲政。此时,有大臣告发多尔衮生前"专权""僭位",以及攻讦皇太极"序不当立",即不应该轮到皇太极做皇帝等等言行。经查属实,于是削去了多尔衮及其母、妻的尊号,并废除庙享,抄没财产,诛戮党羽。曾为之删改《清太祖实录》的刚林等人皆被处死。范文程本应受到株连,但因并非同党,且几乎没有实际参与删改事宜,故从宽革职,旋即又复职。

范文程由于能坚持自己的政治立场,没有轻率地投靠多尔衮成为其私党,且在删改《清太祖实录》一事上又具有先见之明,闭门避祸,获得成功,终于避免了一次灭顶之灾。

元辅高风

顺治九年(1652),清廷任命范文程为议政大臣。范文程复出后,便辅佐亲政不久的顺治皇帝将国家的大政方针迅速转向以仁德治天下的轨道。对南明政权采取了"招降弭乱"的政策;敕封郑成功为海澄公,容许他有拥兵自保的权力;各种抗清武装,只要投诚,便"悉赦前罪"。并派洪承畴前去经略湖广、云贵等地,告诫他应以"收拾人心为本",对已归顺的,要多加安抚;未附,则开诚招徕。这就使一度十分紧张的形势渐趋缓和。

当时,清政府还面临着经济危机的严重困扰,各省钱粮不足,缺额惊人。于是,范文程上疏建议实行屯垦。他说:土地荒芜,赋亏饷绌,对国家极为不利。若推行军屯,便能兴利除弊,使国家受益。明太祖曾炫耀自己养兵百万,不费民间一粒粮食,就是在元末战乱之后,他实行了屯田的结果。如今湖广、江西、河南、山东、陕西五省战乱日久,人口稀少,应该在这些地方大兴屯田。可供具体实施的办法是:设二个道员,四个同知专门管理屯田事宜。道员全面负责,同知各自独当一面,共同的部属来担任,并把人选当与否作为衡量督抚功过的一个标准。驻屯官吏的俸票,第一年由屯垦专款拨发,第二年从仓库收入中支付,以后每年自负盈亏,从屯垦收获中提取。屯垦所需的耕牛、谷种、农具等,均由各道所在州县提供。屯田应先从土地荒芜面大而又便于灌溉的地方着手,再逐渐向周围扩展。无主或虽有其主却弃而不耕的土地,都由官屯。百姓愿意耕种而财力不足的,官府贷给耕牛及种子,每年收成的三分之交公。三年之后,自耕的条件成熟了,所耕之地便可成为私人的田产。老百姓一无所有的,可以雇佣,付给工钱。第一年屯田所收粮草,听任各屯自留,用作储备,为第二年屯田打好基础。若富余较多,可将不宜久存的陈粮供给附近驻军,但不得强取多要。三年以后,收获的粮草充足了,由政府派舟车运往军队作粮饷。不可烦劳和役使屯田官民及耕牛从事运输,以确保屯垦不受干扰。把屯田户编成保甲,让他们相互保护和监督,以杜绝奸猾不法行为。屯田官称职的,三年进两级,薪俸与边将等同,以酬其劳;若不称职,责成巡抚按察纠举;巡按如若徇私包庇,则连从同罪。清政府实施了范文程屯田的主张,收到了预期的理想效果。

兴办屯田,不但增加了政府的财政收入,缓解了经济危机,增强了国力,而且还吸引了大批流民重新回归于土地,这对恢复和发展农业生产,安定人民生活,也起了不可低估的积极作用。

同年十一月,范文程认为时机已经成熟,于是,他将那些因反对剃发令而被多尔衮降罪革职的官员们弹劾冯铨之流的奏折汇集起来,进呈给顺治皇帝御览。顺治帝阅后说:"诸大臣弹劾得完全正确,为何却因此罢了官?"范文程说:"他们为了忠君报国,才冒死弹劾佞臣,不料却被加上了莫须有的罪名。皇上应该加倍爱惜这些秉公不阿的臣属。"顺治帝当即谕令吏部把这些人官复原职,从而昭雪了一大批冤案。

顺治十年(1653),范文程针对朝廷长期以来在用人制度上存在的重满轻汉、任人唯亲、拉帮结派等弊端,与同僚一道上疏,恳请皇上敕令各部院三品以上大臣,推荐自己所熟知的人才。不论满人还是汉人,不论久任官职还是新近启用,更不拘泥于其官阶的高低,也不用避讳亲疏恩怨,只要有才能,就大胆荐举。一官可举数官,数官也可同举一官。将姓名汇置御前,不时召对。察其议论,核其行事。遇缺便量才录用。称职者,根据其政绩的大小,推荐者一同受赏;若不称职,视其过失的大小,对举荐者一同处罚。顺治"特允所请"。

这条建议,不仅促使了用人制度由任人唯亲向任人唯贤方面的转化,而且还体现了在举荐人才方面对满汉官僚做到了一视同仁,使汉族官员在举荐人才这一重大事项中与满族官员享受了同等的待遇,从而有效地克服了汉族官员一向受歧视的心理障碍和自卑感,使他们有了同样能被朝廷信任和重用的觉受,所以就更加乐于为朝廷卖命了。洪承畴就是其中的例证之一。

就在这一年,顺治帝让洪承畴去经略江南时,便明确指示:"抚、镇以下听其节制,兵马钱粮听其调拨","吏、兵二部不得掣肘!"洪承畴随军南下,忍辱负重,攻城劝降,非常卖力。他曾派人迎母于闽,其母至,见承畴而大怒,以杖击之,骂道:"迎我来,将使为你旗下老婢吗?我打死你,为天下除一害!"随后买船又南归福建而去。但洪承畴为了报清朝的知遇之恩,仍义无反顾,一直干到双眼几乎失明,虽然只混了个三等轻车都尉的官衔,却毫无怨。

汉族官僚能对清廷如此效忠,使清统治者也从中尝到了满、汉官僚地主合流的甜头。于是在顺治十六年(1659),清政府进一步规定:不必分别满、汉,谁的官衔在前,就由谁管印。至于奏事,也要求满、汉官员"公同来奏",不许"只有满臣,不见汉臣"。起初,内阁大学士满人是一品,汉人却是二品,顺治十五年(1658),全改成为一品。六部尚书原先也是满人一品,汉人二品,顺治十六年(1659),皆改为二品。这就进一步消除了满、汉官员之间的人为隔阂,有利于他们团结一心,报效朝廷。

顺治十一年(1654),顺治皇帝打算派朝官到各省去检查刑狱,范文程劝道:"上次欲遣满、汉大臣到各地巡察,因考虑到会骚扰百姓,所以取消了。如今各地水旱灾害严重,百姓苦不堪言,理应停止遣使前往各地。各地关押的重囚,可令各省巡抚对其案详加审查,如有可疑的冤情,让他们上奏皇上裁定。"这条体恤民间疾苦的建议也被顺治帝采纳了。

同年八月,皇上加恩于辅政诸臣,特加范文程为少保兼太子太保,九月,再进为太傅兼太子太师。由于范文程是先朝旧臣,有大功于国家,所以顺治帝对他"礼遇甚厚":范文程病了,皇上曾亲自调好药饵赐送给他治病;并派画工到范文程家里为他画像,将其珍藏于内府;又经常赐给范文程大量的御用衣物,范文程形貌颀伟,为称其体,专门让做特制衣冠赐给他。

顺治十八年(1661),玄烨继福临登位,改元康熙,循例要祭告天地祖宗。特命德高望重的范文程赴盛京(沈阳)告祭太宗皇太极陵墓。范文程在皇太极陵前伏地哀恸,久不能起。这其中不仅饱含着他对皇太极知遇之恩的由衷感激,同时也是对自己一生历经坎坷,几乎不保性命,幸而全躯至今,能得以善终的无限感慨!

康熙五年(1666),范文程这位三朝元老终于寿终正寝了,享年70,康熙帝亲自做文,遣民部侍郎黄机前去谕祭。并御书"元辅高风"四字作为祠额,以表彰范文程的不朽功德。

范文程一生历清四世而佐其三主,为清朝开创江山立下了不世之功,他的建树实不亚于汉之张良、明之刘伯温。但由于范文程是帮助少数民族夺取汉人的天下,以致人们对他的"叛逆"长期怀有某种偏见。范文程称自己是"大明骨,大清肉",这说明了他自己为此受到过煎熬。实际上,范文程面对各种复杂的形势,能够识大体、顾大局,言所当言,为所当为,不因人俯仰,不随风摇摆。他韬略过人,又能悟移人主,把自己的政治抱负能巧妙地转变为现实,从而为人民的安定、社会的进步做出了不可磨灭的贡献。他不愧为一个富有远见卓识的谋略家。

和珅：位极人臣　千古巨贪

和　珅

中华传世藏书

中華枭雄大傳

宰相权臣卷

【人物档案】

姓名：和珅

本名：钮祜禄·善保

生卒：1750 年~1799 年

籍贯：奉天府开原县（今辽宁省清原县）人，满洲正红旗人

字号：字致斋，号嘉乐堂、十笏园、绿野亭主人。

朝代：清朝

职务：领班军机大臣、领侍卫内大臣、总管内务府大臣等。

主要成就：位列紫光阁功臣

评价：和珅为相二十余年，家中私蓄，几乎不可胜算。乾隆时，清政府岁入，止七千万，和珅家产，适当清廷二十年岁入之一半而强，然卒之全归籍没，贪官污吏之结局如此。后之身为公仆者，亦何不奉为殷鉴耶？（蔡东藩）

【枭雄本色】

清嘉庆四年（1799）正月十八日，北京刑部监狱里的一位死囚走到了他生命的尽头。他跪听完皇上的诏令后，怀着一种别样的心情提笔留下了四句隐晦的诗：

五十年来梦幻真，今朝撒手谢红尘。

他时水泛含龙日，认取香烟是后身。

写毕，他用皇上赐给的白练为他人生的五十岁画上了句号，将自己送到另一个世界里去了。

他便是主宰朝政二十余年，身历乾隆、嘉庆两朝，枉法纳贿、权势显赫的和珅。他聚敛的财富折合白银达八亿两之巨，比清政府当时十年的财政收入还要多一点，成为中国有史以来头号贪污犯。他的罪恶活动是乾隆后期政治混乱、吏治败坏的重要原因。

就读官学

清乾隆十五年（1750），北京的一个普通的四合院里出生了一个男孩。孩子的父亲名常保，姓钮祜禄氏，满洲正红旗人。他的先世噶哈察鸾在清初就投到努尔哈赤的麾下，以后，历代祖先都立过战功。常保的曾祖尼雅哈纳曾在一次围攻战时第一个登上城楼，被赐"巴图鲁"（满语："勇士"）称号，并授三等轻车都尉世职。后来，他的先辈又以佐领的身份，参加过平定准噶尔的战争，到常保时追叙这一战功，加授了一等云骑尉的爵位。这样的家庭在旗人中是很普遍的。常保虽在外做官，家境却并不宽裕，同那些权贵富豪相比是远远不如了。

孩子出生了，常保对孩子是有所期望的。想到先祖们均未因战功博取高官厚禄，他觉得以"武"去获取功名太难了。自己是武职官员，文墨不深，处在倾轧的官场只是安分自保而已。孩子应该比自己有出息，将来不光能保护自己，还要善于保护自己才行。这就要让孩子好好念书，成为知书达理、聪明机智的人。想到这里，常保决定给孩子起名"善保"。孩子的字叫什么呢？应该有书香气。琢磨来琢磨去，最后定了"致斋"二字。好了，"文"能上就上"文"，"文"不起来，将来世袭武职也不会是呆笨角儿。常保对自己起的名字很满意。

善保渐渐长大了，模样俊俏，机灵聪明，人见人爱。在童年时代，家中给他和弟弟聘了一位私塾先生进行启蒙教育。有了一定基础后，常保又将小兄弟俩送到咸安宫官学就读。这所学校最早是雍正帝提议创办的，原来主要是培养内务府的优秀子弟。到乾隆年间，除继续招收内务子弟外，更多的是招收八旗官员俊秀子弟入学。官学的师资力量很强，教师都是进士、举人出身，学生的待遇也不错。要进这样的官学就读，常保忽然觉得自己给儿子起的名没有文采，入学后可能招人笑话，于是他请塾师给两个儿子重新起个好一点的官名。塾师说："两位公子天姿聪慧，实堪造就。我看就叫和珅、和琳吧！这'珅'和'琳'都是'玉'意，这'和'既有'和气，热情'之意，又暗用'和氏璧'之典，意思是说二位公子将会是国家难得的人才，是可堪造就的栋梁之材。"

常保听后非常高兴，赶忙说："先生学识渊博，老夫佩服。"

塾师出于对主人的礼貌，自然不无恭维之意，但他也对这两个学生表明了他的看法。"珅"意指一种玉，"琳"意指美玉。他对和珅是拿不准的，有所保留的，但对和琳，他却是有些把握，能基本上看准的。和珅比和琳机敏，但比和琳浮躁好强。和琳踏实，和珅取巧。过于机敏，虽可长于应变，也容易欺瞒。和珅的浮躁好强心使他难安分守常，他的机敏又给他的取巧提供了条件，有了取巧之心，便难堵投机之路了。

常保希望儿子能改变门风，和珅慨然任之，但他对父亲这样老老实实干事的人心中是不佩服的。他在天姿上是胜过父亲的，他能过目成诵，读书中的许多经验告诉他实干不如巧干，所谓"一窍不得，少活几百"。他要走一条通往官场的捷径。在官学里有许多贵族子弟，官场中的虚伪，官场中的倾轧，官场中的种种传闻，都被同学们当作新闻来贩卖。和珅对官场的了解更深刻了些，什么圣贤书，不过是官场里应酬的工具,有谁去老老实实按它去做,全是装门面罢了。不过谁的门面装得越好,谁就越有机会升官。看来这升官,还得要用圣贤书这块敲门砖不可。聪明的和珅悟到这一点后,便用心读书,举动合于圣贤之道,摆出一副谦和君子的模样。咸安宫官学学习期间,他不仅背熟了《四书》《五经》,而且满汉文水平也提高得很快,另外他还掌握了蒙文和藏文。同时,他在当时颇具名声的吴省兰、吴省钦等老师的指点下,还学会了作诗填词。这些准备,对他以后的发迹起了不小的作用。他的学业和"谦和",很赢得了一些人的赞许。当时的著名学者袁枚称赞和珅兄弟二人知书达礼,聪明机智。

和珅虽出身官僚家庭,但父亲长年在外做官,开销较大,加之母亲去世,继母对兄弟俩不好,手头并不宽裕。因此在学习期间兄弟二人曾与家人刘全四处借钱,来补充他们在官学的花费。权势富豪人家的作威作福,"一文钱难倒英雄汉"的难堪,借钱时别人的眉高眼底,都在他心中留下了烙印。好强的和珅暗暗发誓:有朝一日时来运转,我和珅要让你们观老爷我的颜察我的色!依聪明,凭才华,老爷不比你们差,我就不信混不到你们上面去!

和珅在官学读了十年书,度过了他的少年时代。乾隆三十四年,(1769),和珅年方二十,风度翩翩,一表人才,被身居高位的英廉看中了。和珅英俊的模样"谦和"的态度以及聪敏机警的性格深得他的喜欢,他将自己视为掌上明珠的孙女冯氏嫁给了他。英廉是内务府镶黄旗人,雍正十年(1732)中举,当时已是刑部尚书兼户部侍郎和正黄旗满洲都统这样的高官了。这样的靠山给和珅的发迹创造了很好的条件。这一年,他承袭了父亲的爵位。

第二年(1770),和珅应举未中。不久,在英廉的帮助下,他被挑选到銮仪卫,担任协同管理皇帝銮舆、仪仗的侍卫。这差使虽然地位不高,但能接近皇帝,一旦得到垂青,便可飞黄腾达。他对这个差使很满意,因为这正符合他投机取巧的心理,他自信凭自己的才学和机敏一定会博得皇帝的好感。英廉也很满意,他觉得这么出众的人见人爱的孙女女婿在皇上跟前是会走好运的。事实正像他们预料的那样,銮仪卫侍卫成了和珅青云直上的起点。

得宠乾隆

和珅的得宠有一个戏剧性的开场。

有一次,和珅同众侍卫一道随从乾隆皇帝出宫,起行之际,仓促间找不到御用的黄龙伞盖。乾隆很生气,借用《论语》上的一句话发问:"是谁之过欤?"在场者你看我,我看你,不知如何回答。

"典守者不得辞其责。"一个清亮的声音忽然回答。大家一看原来是和珅。

乾隆帝吃了一惊。因为《四书》上对上句话的注解是:"岂非典守者之过邪?"这里,和珅巧妙地变通了一下,用得自然贴切。他回头看了看这位年轻人,只见他唇红齿白,相貌俊美,举止合度,看上去机敏灵活,心中不觉喜欢起来。

"你是什么出身?"乾隆和颜问道。

"文员。"和珅回答。

"你下过场吗?"

"庚寅曾赴举。"

"何题?"

"孟公绰一节"。

"能背你的文章吗?"

和珅非常流利地背了下来。

乾隆帝说:"你的文章也可以中得了。这个差使未免委屈你了。"

乾隆帝便令他跟住身后,有问必答,句句称旨,引得龙心大开。随后就让他总管仪仗队,不久,又升为御前侍卫兼副都统。宫中的琐碎事务,如仪仗排列,护从派遣,车马准备及宫中膳食等事宜,几乎都由他管理。和珅每日形影不离地跟随在乾隆帝左右。

和珅凭着自己的机灵聪敏,留神观察,细心揣摩,对乾隆帝的脾气、心理、好恶等,了解得很清楚。据说有一次顺天府乡试,题目照例由皇帝"钦命"。和珅通过宫内太监,打听到乾隆帝在命题时翻着《论语》,当第一本快翻完时,忽然似有所悟,立即提笔命题。和珅据此揣摩了一番后说:"这次肯定要考《乞醯》这一章。"后来考题发下果如所料。原来这一年是乙酉年,"乞醯"两字中正好包含"乙酉"两字。由于和珅对乾隆帝的心理摸得很准,又费尽心机去逢应,乾隆帝对他的办事能力极为满意,嘉他勤勉忠心。

和珅还有一个善于诙谐的本领。一次,王、大臣们在乾清宫演礼,其中有些薰香傅粉的少年,和珅笑着说:"今天正如孙武子教演女儿兵矣。"又有一次,安南向清朝进贡金座狮象,和珅拿起一看,座底是空的,惊讶地说:"惜其中空虚,不然可得黄金无算也。"他讲的这些市井谚语,常常引得龙颜大开。乾隆帝已步入老年,希望身旁有人排遣寂寞,和珅的这一本领,确实让他喜欢。

和珅的机敏能干、忠心诙谐深得乾隆帝的欢心,他想把这位青年人培养成一位自己倚重的得力大臣。

乾隆早年,很注意培养人才。他曾得意地说:"从前当大学士鄂尔泰在之时,朕培养陶成一讷亲;讷亲在之时,朕培养陶成一经略大学士傅恒,皆几经教导,几经历练,而后及此,人才难得,固非一朝一夕所能造就。"乾隆虽表白事必躬亲,但日理万机,毕竟要依靠军机大臣,尤其是满旗的军机大臣。鄂尔泰、讷亲、傅恒都是乾隆倚重的人物,他们文武兼备,出将入相,对乾隆盛世的形成起了积极的作用。

乾隆三十五年(1770),傅恒病逝,乾隆开始倚任军机大臣于敏中。于敏中是状元出身,也很能干,但他是汉人,把大权全部放给他有伤于满人的自尊。乾隆帝一直在物色一个满族人来帮助自己处理日常政务。正在这个时候,和珅头角峥嵘,令他欣喜不已。他决心有计划地培养和珅。

在和珅提为御前侍卫后的第二年,即乾隆四十一年(1776)正月又升为户部侍郎。这一年二月乾隆以平定两金川、告成阙里为由开始他的第四次东巡,新任侍郎和珅为开路先锋,一切供奉统由和珅监视,所到之处,和珅说好就好,说不好就不好,迎接官员都求和珅在皇上前美言,私下馈送甚多。由于和珅深知上意,安排得周到细心,场面隆重热烈,乾隆觉得称了他作为盛世之主的身份,龙心大悦,以为和珅办事干练,三月,即升其为军机大臣。待四月份返京,又让和珅兼任总管内务府大臣;八月,调任镶黄旗副都统;十一月,授国史馆副总裁,戴一品朝冠;十二月,兼任总管内务府三旗官兵事务,赐紫禁城骑马。至此,这位京城胡同里的普通青年进入了乾隆的权力中心,成为参与军国大政的核心人物之一。和珅只有二十五岁多就当上军机大臣，走完了一般官员钻营一辈子才能到达的目的地，这在论资排辈的封建官场中不能不说是一个奇迹。

乾隆四十二年（1777），和珅又任吏部左侍郎兼署右侍郎，并兼步兵统领。

四十三年（1778）兼任崇文门税务监督，总理行营事务，补镶蓝旗满洲都统；不久又授正白旗都统，领侍卫内大臣。

这样一来，这些既非常重要，又被视为肥缺的职务都让他一个包了。即便如此，乾隆觉得对这位想皇上所想，急皇上所急且尽心尽力满足皇上愿望的知己臣子还不足以示恩宠，于是在乾隆四十四年（1779）又亲赐和珅长子名丰绅殷德，并把心爱的小女儿固伦和孝公主许配给他。从此君臣关系更加亲密。和孝公主未嫁时，见到和珅就称他为"丈人"。有一天，乾隆带着和孝公主游同乐园的买卖街，和珅也随同。乾隆看见一买衣服处有大红夹衣一领，便对公主说："向你丈人要去。"和珅花了二十八两银子买来送给了公主。其关系亲密到不拘君臣礼节的程度。

乾隆四十五年（1780）云贵总督李侍尧贪污案发，和珅受命查办。他同李侍尧较量的胜利，使乾隆对他的办事能力有了进一步的认识。

李侍尧是汉军镶黄旗人。他是闻名关内外的清朝开国元勋二等伯李永芳的四世子孙。李永芳的妻子是世祖努尔哈赤的孙女。李侍尧的父亲李元亮当过户部尚书，李侍尧很有才干，他短小精敏，过目成诵，能言善辩，才智过人。凡是他读过的书或者批阅过的文件案宗，都终身不忘。他善于识人，和属下人接触，只需谈几句话，就能立即辨别出对方的才能。他经常拥几高坐，谈起治所的肥瘠利害，或者僚属私下的一些勾当，好像亲眼看到的一样。因此，心中有鬼的人都害怕他那双眼睛。他的才干深得乾隆帝的赏识，他曾破格授李侍尧任满洲副都统。二十年（1755），李侍尧署广州将军，以后历经两广总督、湖广总督等职。三十八年（1773），他已官至武英殿大学士。四十二年调任云贵总督。在二十来年的各种要职中，李侍尧办了不少事，政绩比较显著。乾隆对他有这样的评价：李侍尧由将军用至总督，历任各省二十余年，"其才具尚优，办事明干，在督抚中最为出色"。不少大臣赞扬他："历任封疆，实心体国，认真办事，为督抚中罕见。"这样一位被朝野鹊誉的军国要臣竟是一个贪官，这不能不令乾隆帝震惊。他非常痛惜又非常气愤。

李侍尧自恃位高权重，资历深厚，把很多大臣都不放在眼里，对皇上近来宠信的后生小子和珅竟"儿珅"视之，极大地伤害了和珅的自尊。这次李侍尧案发，和珅终于找到了一个合适的报复机会。他把李侍尧的情况添油加醋地渲染了一番，加之乾隆帝想借这个特别难对付的"能臣"检验一下他的才干，于是他就委派他去查办此案。

由于李侍尧特别精明，为了不走漏风声，以利办案，乾隆帝在南巡途中先发了这样一道引人注目的上谕：

"现派侍郎和珅、喀宁阿驰驿前往贵州省查办事件，沿途驿站尤应稽查严密，以防透漏消息之弊。李湖人尚结实，该省为贵州必由之路。着传谕李湖于该省往来经由首站，派委干员，严密稽查。如有私骑驿马由此往南者，即系透漏消息之人。该抚即行截拿，审讯来历，一面据实具奏。将此由六百里加紧传谕知之"。

贵州全省官员纷纷猜测，不知谁犯下了滔天大罪。和珅到达贵州后，又一道上谕到来，传谕和珅立即同贵州巡抚舒常一道赴云南，查办云贵总督李侍尧。贵州文武官员这才松了一口气。

李侍尧看不起和珅等，觉得他要同自己交锋还太嫩，因而思想麻痹。没想到这次竟栽在他的手里。

和珅常机敏，他用了轻巧的一招，李侍尧就翻了船。这一招就叫"釜底抽薪"。和珅一行到云南后，首先审讯李侍尧的家人张永爱、连国雄等人，将李侍尧贪污情况基本弄清。待审问李侍尧时，由于证据皆在，李侍尧无法抵赖，不得不一一交代贪赃罪行。这位自视甚高的要员终于被和珅巧妙地制服了。

根据和珅的审讯结果，李侍尧贪赃索贿银粗略统计就有三万多两，数目庞大，且手段恶劣。和珅等人还报告乾隆，由于李侍尧勒索下属，贪赃狼藉，致使"云南通省吏治废坏，闻各州县多有亏空之处"，造成了极坏的影响。

乾隆帝虽痛恨李侍尧的贪赃枉法，但念及他世祖对大清的功业，特别是念及他一生的"勤干有为""才能出众"，因此萌生了从宽处置李侍尧的想法。他以为李侍尧虽可恨，但人才难得，其人固然要惩戒，其才还是要用的。这和他早年对贪官惩治的严厉形成了鲜明对比。进入暮年的乾隆大概因为精力不济，只想靠一些有"才干"的臣子维护统治，对所贪污的几万两白银已不那么看重了。

按照清朝法律规定，贪污一千两银即处死。但善于揣摩乾隆意思的和珅在对李侍尧定罪后，却提出判断李侍尧斩监候。而大学士九卿复议改为斩决，前者为死缓，后者为立即死刑。《大清律例》中又有"八议"规定，即议亲，议故、议功、议贤、议能、议勤、议贵、议宾。符合其中一项，即可减刑。乾隆从中找到了为侍尧减刑的根据，同意了和珅的意见。一年以后李侍尧又被赦罪起用。

在查办和处理李侍尧的案件中，和珅表现出了他精明干练的才能，并且在案件的处理上深合上意，使乾隆对自己培养的这位以后要大加倚重的"人才"非常满意，更有一层不便明说的原因，满洲"能臣"制服汉人"能臣"，压汉人一头，满足了作为满人的乾隆帝的自尊心，这也是让他高兴的原因之一。在和珅办案完毕回京的路上，乾隆即任命他为户部尚书兼议政大臣。回京后，和珅又向乾隆面陈了云南盐务、钱法、边防等方面的问题，并提出了解决这些问题的想法，深得乾隆的赞赏，于是又授他为御前大臣兼都统职务。不久又任和珅为《四库全书》馆正总裁，兼理藩院尚书。两年之后，和珅又兼署兵部尚书，管理户部三库，加太子太保，充经筵讲官。乾隆四十八年（1783）任国史馆正总裁。乾隆四十九年（1784）授一等男。乾隆五十一年（1786），三十六岁的和珅被乾隆任为文华殿大学士，官居一品。而另一深受乾隆信任、屡立战功的军机大臣阿桂在六十岁时才当上大学士。乾隆五十三年（1788）授和珅三等忠襄伯。乾隆五十五年（1790），和孝公主同和珅长子丰绅殷德结婚，乾隆赐给大量财物。据当时在北京的朝鲜使臣记载："宠爱之隆，妆奁之侈，十倍于前驸马福隆安时。自过婚翌日，辇送器玩于主第者，概论其值，殆过数百万金。二十七日，皇女于归，特赐帑银三十万。大官之手奉如意珠贝，拜辞于皇女桥前者，无虑屡千百。虽以首阁老阿桂之年老位尊，亦复不免云。"君臣关系之亲密，恩遇之隆可想而知。

在乾隆晚年、嘉庆初年和珅任首席军机大臣兼领吏、户、刑三部；嘉庆三年（1798）封为一等公爵，成为集军政财大权于一身，总揽一切的权臣。和珅担任的职务还有文渊阁提举阁事、清字经馆总裁等职。

和珅得到乾隆的宠信，不仅因为他善于诙谐、机敏过人和长相俊美，也由于他是乾隆最喜爱的皇十女固伦和孝公主的公公，同时也由于他确有才学、善揣上意，善于逢迎，以及对皇上生活方面尽可能地关心和照顾。乾隆帝是位聪明过人的英主，那些蠢笨的逢应者是不会得到他的好感的。只有像和珅这样聪明机敏的逢迎者才会逢迎出水平，博得这位英主的欢心。乾隆帝喜欢吟诗作赋，和珅对乾隆的诗作经常奉和，和珅的集子《喜乐堂诗集》中就有不少应制奉和之作。清代诗歌评论家钱咏评他的诗格律妥切，颇有佳句。和珅对书画也很在行。另外，他不仅精通满、汉文，而且通晓蒙、藏文，并能用蒙、藏文为皇帝拟诏书。当时的满汉大臣，像他这样通晓四种文字的极少。如果和珅没有一定的才能，是很难想象他能出任那么多的职务的。"德胜才为君子，才胜德为小人"。小人并非无才，不过，有才的小人欺骗和蒙蔽的本事更大罢了。

和珅青云直上的秘诀全在于他能利用自己的优势尽全力讨好乾隆，唯皇上所欲是务。乾隆皇帝是位英主，但他不愿只做"有道明君"，他还要做"快活天子"。他私生活的风流是人所共知的。和珅在他南巡途中，作为近臣曾成就他的风流事。乾隆喜欢游乐，讲究享受，和珅皆予以满足。他用长期主管户部和内务府掌管钱财的大权，扩建圆明园和避暑山庄供乾隆享乐。扩建后的圆明园方圆三十里，拥有一百五十多所精美的楼殿，40个风景区，是乾隆十分满意的游乐与休憩之所。和珅成就了他做"快活天子"的愿望。平日，和珅对乾隆生活上的服侍更是体贴入微。乾隆年岁较高，偶感风寒便咳嗽。朝鲜使臣曾看到，当上朝遇到乾隆咳嗽，身任宰臣的和珅便当着文武大臣为皇帝手捧唾盂。正因为这样，皇帝对和珅的宠信，甚至超过了自己的四位皇子，以至于后来乾隆退位当太上皇，嘉庆这位新登基的皇帝对和珅也退让三分。

对于和珅获宠的原因，野史里有另一种解释。说是乾隆为太子时，对其父雍正皇帝的一位妃子特别着迷，由于他戏耍该妃，引起母后的误解，该妃立被赐死。他想不出救活的她办法，就用手指粘了些红色印在她的脖子上，并且说："是我害了你。死后有灵，待二十年后，你能和我再相聚吗？"等到乾隆三十八年见到和珅时，他觉得似曾相识，一下子又想不起在哪里见过，但始终忘不了他。回宫后，追忆少年到壮年时期的往事，才明白和珅的相貌同自己着迷的那位妃子相似。于是密诏和珅进来，让他跪进御座，低头看他的脖子，果然有一个分明的红指痕，因而心里认定和珅是那位妃子的后身，便倍加宠爱，对和珅后来的贪恣虽知亦不加责。乾隆将要归政时，对和珅说："我和你有宿缘，所以能像这样相处，后人将不会这样容忍你的。"

这种解释虽有迷信成分，但由于相貌相似而产生移情是可能的，和珅的倍受恩遇不能排除他是乾隆的男宠这个原因。这仅仅是和珅始终受宠的原因之一，而不是全部的原因。如果设想和珅仅仅因为相貌同乾隆着迷的那位妃子相似，而无其他"讨人喜欢"之处，我们是很难设想他到五十多岁乾隆帝还对他宠信不衰。

植党排异

奸人立身处世以自己为重，其所做所为皆以满足自己的私欲为目的，因此目光短浅，心胸狭窄，奸诈狡猾，心地阴暗、手辣心恨，对妨碍自己利益的人，必除之而后快，至于他人利益和国计民生则非其急务，甚且置诸脑后。与此相反，贤人立身处世则上不负天，下不负地，中不负人，凡事先以他人为念，因而心地坦荡，胸怀开阔，正道直行，刚正不阿，其为臣则忠心体国，日以社稷百姓为念，所为只求利国利民，对那些害国害民之佞人嫉之如仇，亦必除之而后快。像和珅这样只求媚上邀宠，饱一己私欲、误国害民在所不顾之人，必然会遭到国之忠臣的反对，同时也会受到同他一样企图邀宠的佞臣的威胁。为了使皇上对他宠信不衰，必须尽可能保持自己"一枝独秀"的局面。而要达此目的，则一方面排挤那些威胁自己地位的任何人，使皇上听不到反对自己的声音，另一方面则培植私人和一批对自己不构成威胁的势利佞臣为自己摇旗呐喊，大肆吹捧，这样便会使皇上的宠信不断巩固、不断提高。奸诈狡猾的和珅自他得势之日起在这方面的努力就一直也没有停止过。

据乾隆晚年住在北京的朝鲜使臣说："阁老和珅，用事将二十年……内而公卿，外而藩阃，皆出其门。纳赂谄附者，多得请要。中立不倚者，如非抵罪，亦必潦倒。"

和珅的弟弟和琳同和珅一样是生员出身，就是因为和珅当朝，才先后任过杭州织造、湖广道御史、吏科给事中、工部左侍郎、工部尚书等职。乾隆六十年（1795）贵州、湖南两省爆发苗民起义，和琳前往镇压，嘉庆元年（1746）病死于军中。死时任光禄大夫、兵部尚书兼都察院都御史、四川总督数职。

景安是和珅的族孙，仗着和珅的权势升任河南巡抚，在各省清军配合镇压白莲教起义时，率兵四千屯南阳，表面上算是发兵，其实喝酒打牌，遇义军过时避匿城中，闭门不出。手下的弁兵，奸淫掳掠，扰害百姓，景安也不过问。景安所以敢如此妄为，无非因为朝中有和珅这个靠山。

满洲旗人苏凌阿是乾隆六年的举人，毫无政治能力，在官场上很不得意。晚年他成了和琳的亲家。和珅便对他特别提拔，先后任兵部、工部、户部侍郎，后又升为户部尚书、两江总督。在两江总督任上，苏凌阿公开索贿，接见属员时竟厚颜无耻地说："皇上厚恩，命我这老头子来捞点棺材本。"嘉庆二年（1797），已年逾八十，耳聋眼花，连走路都要人扶的苏凌阿，和珅公然将其推举为东阁大学士。直到和珅被诛他才退休回家。

曾为和珅的老师的吴省兰，因依附和珅，后被任命为学政，并担任乡试的主考官。嘉庆初年，他被和珅安排到皇帝身边录诗稿，替和珅充当密探。无资历又无学识的明保是和珅的舅舅，借和珅之力当上汉阳知府，气焰熏天，当地官员对他十分畏惧。乾隆接见他时，对其庸碌无能十分不满，当向和珅问起他的出身等情况时，和珅胡编了一套蒙混过去。

一些想保官升官的佞人见和珅受到乾隆宠信，便主动投靠他，与之狼狈为奸。就连家世十分显赫的福长安也有此作为。他的父亲傅恒是乾隆的重臣、孝贤纯皇后之弟，任大学士及军机大臣二十三年之久。他的三位哥哥福灵安、福隆安、福康安在乾隆时都身居要职、手握重权的大臣。他的妻子是皇族之女。由于他也长相俊秀，深得乾隆喜欢，由侍卫渐升至军机大臣。他是与和珅同值军机处时间最长的大臣之一，但却没有发现他有反对和珅的任何记录。他看到和珅得势，就去依附，甘心听他摆布，和珅曾举荐他代理自己户部尚书的职务，两人合伙干了许多勾当。和珅事发，嘉庆帝知道他对和珅贪赃枉法的事情知道得最多，便启发他，希望他能将和珅平日的所作所为，毫不隐瞒地揭露出来，但他却始终掩饰，佯作不知，甘充和珅的死党。由于福长安和和珅的这种特殊关系，连满语都说不好的福长安的小舅子湛露，也被和珅安排了一个知府之职。在一次考核官吏政绩时，和珅竟将其列为"保送一等"。

当时,趋附和珅的官员太多了。当和珅去公署时,京官们争先恐后地站立在道路两旁,人们称之为"补子胡同"。有人写了首诗嘲讽这种奇景:

绣衣成巷接公衙,

曲曲弯弯路不差。

莫笑此间街道窄,

有门能达相公家。

外省的官员入京,都以能谒见和珅为荣,但不是所有的官员都有资格攀附。据说山东历城县令到北京,想见和珅一面以便回去向其他官员夸耀,花了两千两银子给和珅的看门人。和珅回官邸时,历城县令恭敬地跪在门前,呈上自己的手版,和珅从轿中呵斥道:"县令是什么虫豸,也来叩见!"一时间成为京城士人街谈巷议的笑料。

和珅为巩固自己的地位,在培植亲信、树立私党的同时,对那些不依附自己的比较正直的大臣予以打击和排挤。

和珅为了达其专权目的,在衙署自立私寓,时任御史之职的钱沣上本弹劾道:

国家所以立衙署,盖欲诸大臣共集一堂,互相商榷,佞者既明目共视,难以挟私;贤者亦集思广益,以济其事。今和珅妄立私寓,不与诸大臣同堂办事,而命诸司员传语其间。即有私弊,诸臣不能共知;虽欲参议,无由而得,恐启揽权之渐,请皇上命拆毁其寓,遇事共同办理,无得私自处判。

乾隆正宠信和珅,觉得这也并非什么大问题,只命钱沣进入军机处监督,未让拆毁私寓,和珅依然在里面办公。过了一年,这位在军机处监督和珅的钱御史竟暴病而亡,永远闭上了嘴巴。

乾隆三十九年(1774)王伦在山东临清发动起义被镇压,民间盛传王伦未死,说他潜伏他乡。有一个叫董二的人上告说王伦藏匿在山西某县。山西巡抚觉罗长麟进京。和珅嘱他办理此事,说:"不管真假,务必定为逆党,我与公就可同得皇上赏赐了。"长麟回到山西一调查,原是董二与某家有仇,想以此陷害,于是便判董二为诬告罪。长麟得罪了和珅,和珅后因其他事牵连到长麟,便将其"谪戍西域",予以报复。查访王伦的事并没有结束。和珅的仆役想讨好和珅,愿亲自往山东访王伦踪迹,和珅便派其秘密前往。该仆役到山东博山县,仗和珅权势,携带一帮地痞无赖骚扰百姓,被博山县令武亿擒获。仆役亮出和珅属役的身份,武亿看签票上只有二位公役的名字,但结伙而行的却二十五人,于是责备该仆役,仆役抗衡无礼,根本没把小小县令放在眼中,武亿因此大怒,命县役重打该仆役一顿。仆役回京将此事告知和珅,和珅大怒:"县令疯了!竟敢打我的仆役?"便让山东巡抚找个借口将武亿罢官。

监察御史谢振定有一次带兵士巡视京城时,将坐着高大华丽的马车在市面上横冲直撞的和珅的妾弟从车中拖出,命兵士痛加鞭打,并当场将马车烧毁,围观的士民拍手称快。和珅闻讯,几天之后便指使亲信捏造罪名参劾谢振定,罢免了他的职务。

在所有对异己者的打击中,对付曹锡宝的那一次要算是最具"威慑力"的一次。

乾隆五十一年(1786)六月,陕西道监察御史曹锡宝上疏乾隆:"和珅家人刘秃子,本系车夫,荐管家务,服用奢侈,器具完美。苟非侵冒主财,克扣欺隐,或借主人名目招摇撞骗,焉能如此!"他请求查办刘秃子。

曹锡宝在上奏之前，曾和他的同乡侍郎吴省钦商议此事，不料吴省钦为了讨好和珅竟乘马急驰至避暑山庄，将弹劾一事告知陪同乾隆在此的和珅。和珅忙令刘秃子拆毁那些与他的身份不相称的房屋，那些超分逾制的衣服、车马等也都藏得无了踪迹。

当乾隆询问和珅时，和珅从容答道："刘秃子，名全儿，并无秃子之名，本系世仆，有旗档可查。因家人众多，宅内不敷栖止，是以令其在宅西附近兴化寺街居住。一向派在崇文门税务上照管一切。素昔尚为安分朴实，平时管束家人甚严，向来未闻其敢在外间招摇滋事。或因扈从出外日多，无人管教，渐有生事之处，亦未可定，请旨饬派严查重处。"

和珅这番巧妙地回答，使乾隆从感情上更加倾向他这位替皇上操劳日多而家事或有疏漏的宠臣，反使得职位不高职责有限的陕西道监察御史有吹毛求疵、不识大体之嫌。总之，乾隆对和珅的话信以为真，而对曹锡宝则有些讨厌，甚至对曹锡宝的动机着实怀疑了一番。他认为，和珅的家人刘全既然长期在崇文门替和珅管理税务，有点积蓄是正常的；如果有招摇撞骗擅自加税额的事自应治罪，但曹锡宝应指出实据，不能凭空给人定罪。他进一步推测道：或许是曹锡宝及亲友有应交税的事，刘全多索税银，或者刘全不肯将曹锡宝亲友免税放行，曹锡宝因此"架词耸听"。

乾隆完全站在了这位"忠心体国，与己分忧"的宠臣一边替他解决这个麻烦。他知道曹锡宝弹劾和珅却又不敢明言，因此以家人为由，"隐约其词，旁敲侧击"。他还推测曹锡宝的弹劾背后可能有与和珅有私怨的人主使。因此，他叫王大臣详细盘查曹锡宝，曹锡宝竟由原告变成被告。

当曹锡宝被盘问时，他说他并不认识刘全，只是听人说刘全的住房服用非常华美，在路过其家时留心查看，房屋果然高大；他认为一个家奴不会有那么多钱造这样的屋子，怕是有借主人的名义招摇撞骗的事，因此具奏。

针对曹锡宝的解释，乾隆说，刘全代和珅办理税务，有点积蓄，造数十间房屋，也是人之常情。并说，现在内外旗员大臣中，其管事家人的住房同刘全一样，谅也不少。他还说，扬州盐商都是平民；因其富有，他们的居屋园圃无不华丽崇焕，难道也以其华侈富厚而治罪吗？他最后说："朕任用大臣等办事，而大臣等亦不能无驱使之仆。"总而言之，只要能忠心办事，奢华一点不足为怪；他要保护和珅这位宠信的大臣，也就要保护他的家人；不能抓住"小节"不放以伤大臣之心。

由于已从和珅那里知道刘全"确无奢华之举"，为表示他办事公平，乾隆还是让绵恩带领步军统领衙门司官一员，与曹锡宝同往刘全家检查房屋实际情况，若刘全家有"高楼广厦"即治其罪，若只是比平常百姓的稍强，也难以律定罪。他还让曹锡宝等人看完刘全家房屋之后，再去看阿桂等大臣的家人的房屋，如果阿桂等各家管事家人的住房有比刘全还好的，就要问问曹锡宝为何对他们不予以参劾的原因。

其检查结果不问可知，曹锡宝这次去后看到的仅是与普通百姓一样的房屋，更不见什么华服车马，只得"自认冒昧。"乾隆据此认为曹锡宝因今年为乡试年，想通过此奏获得他的赏识，以便能外放做考试官，说他"所见甚鄙。"吏部的意见要将曹锡宝降两级调用。曹锡宝既已"认罪"，乾隆也不深究，并宽宏大量地说，曹锡宝身为监察官员，上书奏事是他的本职，一时未察虚实，姑且免其实降，改为革职留任。

曹锡宝先被同乡出卖，一片忠君忧国之心又让乾隆误解为邀赏谋私，受此打击,心中郁愤难平,没几年就去世了。

乾隆末年常将揭发和珅的材料交由和珅自己处理。陕西的一位读书人因上书揭发和珅贪赃枉法的罪行,和珅得到材料后,竟让党羽将他的全家杀害。

曹锡宝和其他人弹劾的失败,给人们发出这样一种信息:在乾隆看来,他最可信赖的大臣和珅掌管多方面的权力,难免得罪了不少人;任何想参劾和珅的人,都极容易被他理解为挟私报复。加之和珅非常狡猾,许多正直之士鉴于曹锡宝的教训也只冷眼相看,不敢上言了。一些不愿阿附和珅的重臣也不得不为"韬晦之计。"

乾隆的保护,打击了正直之士,助长了小人们的趋炎附势之风,为和珅通向人臣权力的顶峰清除了许多障碍,使他企图专权独断之心受到了鼓励,越来越气势逼人,放胆而为。

有一次,和珅建议将官厩里的马分给兵丁饲养,让八旗大僚讨论,大家都同意和珅的意见。而一位参领海秀却指出这种做法的种种弊端,提出自己的不同意见。和珅沉着脸骂道:"你是什么醒龊官,竟敢反对乃公意见?"其独断专行可见一斑。

大学士梁国治在军机处与和珅同僚时,和珅以其懦弱可欺,经常嘲弄,甚至用佩刀割掉梁国治的头发来取笑,梁国治不敢得罪他,脸露笑容让他割。乾隆年间担任内阁大学士职务较长,也较稳定的有阿桂、嵇璜、和珅、王杰。阿桂虽以元勋上公为枢府领袖,并兼军机大臣,但实际上大部分时间是奉命在外办事,真正在京的时间并不多。因此,他虽鄙视和珅的为人,但也无可奈何,只是对他持严峻的态度,不同他同室办公,上朝也离他远远的,和珅过来同他说话,他漫不经心地应着,脚步连动也不动。嵇璜是以河督入相,在乾隆四十五年九月任文渊阁大学士。他对于治河业务还有一套,但朝廷大政则非所长,加上他并非军机大臣,实权不大,为人老实,既不愿趋附和珅又不愿与之抗争,所以只好委曲相安。王杰于乾隆五十二年正月入阁,任东阁大学士,兼任军机大臣,有一定权力,为人也正派。当时和珅气焰方张,遇事专断,同僚隐忍不言,王杰遇有一些不应该做的事时,敢于据理力争。由于乾隆非常了解王杰的为人,和珅虽很讨厌他但不能拔掉这个"肉中刺"。王杰讨论完政事,常默然独坐。有一天,和珅抓住他的手说:"何柔荑乃尔!"王杰正色道:"王杰手虽好,但不能要钱耳"! 和珅落了个脸红。可见王杰还是敢于同和珅作正面抗争的。但其资历比和珅浅,虽有抗争也无济于事,有时反受和珅压制。

乾隆毕竟算是一位英主,他虽宠信和珅,但并不以为和珅在各个方面都有卓越的才能。譬如乾隆四十六年(1781)暴发撒哈拉族回民起义时,和珅以钦差大臣的身份先于指挥全局的阿桂赶到甘肃前线,急于立功。由于他不懂打仗,让清军急进,被起义军打败,这样一来将领们就不听他指挥了。阿桂到后向和珅询问失败的原因,和珅说将帅傲慢不听指挥。第二天,阿桂召集将领,让和珅坐在旁边观看,有所调拨,诸将领皆遵其命。布置完毕,阿桂问和珅:"怎么没见谁傲慢呢?"弄得和珅十分难堪,随打发和珅回京。这件事乾隆是知道的,和珅不是全才是显而易见的事实。而维护统治是需要各个方面的优秀人才的,这一点他还是清醒的。因此,对于一些确有才能的大臣,乾隆也是保护的,并不是一味无条件地偏袒和珅,有时甚至因其对这些大臣的诋毁而受到乾隆的切责。但是随着像阿桂这样的老成大臣的相继谢世,加上和珅对其他大臣的压制,整个朝堂之上,只显得和珅"资深望重,一枝独秀"。晚年的乾隆虽禅位嘉庆,但继续"乾纲独揽",而他已衰老健忘,精力不济,在他眼中此时的满洲大臣中和珅最为出色,于是更加重用他,让他任首席军机大臣兼领吏、户、刑三部，集军政财大权于一身，几乎所有的事乾隆都依靠他这位宠臣去办理。和珅终于登上了人臣权力的峰巅，在整个争夺权力、排除异己的过程中，他的成功似乎是不容置疑了。不过中国的哲人说过一句话："物极必反，盛极而衰。"这位不可一世的权臣最终也没能跳出这个法则。

枉法暴敛

和珅的青云直上直至大权独揽，一个最重要的秘诀就是他有一套媚上邀宠的本领。他不靠操劳国计民生，不靠战功和政绩，只凭一套讨好皇帝的逢迎本领，就轻而易举地获得高位。而那些忧国忧民的直臣却没有哪一个能像他这样幸运，有的一辈子也混不到他这个份上。自身的经验告诉他，要做官须会逢迎，国计民生并非急务。这种人做官只是想通过满足皇帝的欲望来达到满足自己私欲的目的。他们立身不正，岂望行事能端？由于他们是以满足自己私欲为最终目的，所以随着权力的膨胀，他的贪欲也大大地膨胀起来。如果说身居高官可以满足他的虚荣心，使个人意志得到最大限度的自由，那么大量的财富则可以最大限度地满足他的物质享受。高官和财富对这种私欲浓烈的人来说，缺少任何一个都是十分遗憾的，因此随着官位的步步高升，和珅摄取财富的手也越来越有力，当他位极人臣权力的峰巅时，中国有史以来最大的贪官也就诞生了。

和珅私欲的急剧膨胀是和乾隆本人密切相关的。乾隆早年励精图治，严惩贪官，通过几十年的努力，大清出现了乾隆盛世的新局面，国库积蓄了大量的财富。晚年的乾隆满足于已有的功业，通过一些大肆铺排的巡游，和前无古人的"壮举"来炫耀自己的功业，陶醉在一片歌舞升平之中。他不再像早年那样克己勤政，雷厉风行，而是宽缓纵贪，接受大臣的礼物，追求个人享受，只希望能维持这种"盛世"局面就行。如果早年的乾隆重在做一个"有道明君"，那么，晚年的乾隆则重在做一个"快活天子"。乾隆对个人生活享受的追求给和珅提供了许多敛财的机会；而他姑息纵贪，则无疑使和珅的贪欲之心受到鼓舞，得以迅速膨胀。在和珅当权的二十年间，他用种种手段聚敛起数额惊人的财富。

利用职权贪污是和珅敛财的主要手段。和珅曾担任过户部侍郎、户部尚书、内务府大臣等职，又兼任过崇文门税务监督，并长期管理户部三库（银库、缎匹库、颜料库）。这些无一不是肥缺。

内务府负责宫廷使用、食物、武装守备等方面的事务，内廷和皇帝的一切开销都由它包下来。各地朝贡的礼品首先都得经过和珅这一关。据野史之中的有关记载，乾隆末年，各省进贡的东西，和珅私自侵吞了十之八九，只有十之一二进宫，以至于和珅家中拥有的珍宝多出内宫好几倍。他家所藏的一颗大珠比乾隆御用的冠顶还大。

有一次，和孝公主的异母兄弟七阿哥不慎打碎了一个碧玉盘，这个盘子直径一尺多，是乾隆帝喜爱的一件珍宝。七阿哥怕父皇怪罪，吓得一时没了主意。七阿哥的弟弟成亲王让他去找和珅商量。和珅听完哥俩诉说，装出为难的样子说道："此物世间稀有，我又有何办法？"七阿哥一听这话，竟害怕得失声而哭。后来和珅答应想想办法。第二天，和珅一见面就拿出一个盘子，比打碎的那个更大，色泽更精美。

凡是他所喜欢的宝物，他会想方设法得到它。有一次，两广总督孙士毅出使安南(今越南)回来,在宫门外等候乾隆召见时撞见了和珅。

"你手中那是个什么东西?"和珅问。

"是个鼻烟壶。"孙士毅回答。

和珅走过去看了看。原来这个鼻烟壶是用一个大如雀卵的明珠雕琢而成的。和珅越看越爱,便说:"你能否割爱……"

孙士毅为难地说:"可惜昨天已奏知皇上了,过会儿就要敬呈,怎么办呢?"

和珅有点扫兴,说:"开个玩笑,何必当真!"

没过几天,和珅又碰得孙士毅,得意地说:"昨天我也得了一个珠壶,看看怎样?"

孙士毅一看,正是自己进献的那个,就说:"这是陛下将我献的那个珠壶给大人了。"

和珅笑了笑。

过后,孙士毅经多方打听才知皇上根本没有赏给和珅,是和珅通过同党从宫内盗出来的。

崇文门税务是清政府一个重要的进财口,同时,也是和珅的一个重要财源之一;至于户部,主管全国财务,更为和珅侵吞提供了方便。和珅利用掌握财权的便利为乾隆的巡游、祝寿等各种活动大肆铺排,并扩建园林供乾隆游乐休憩,以满足这位皇帝做"快活天子"的愿望。在划拨经费时他大肆侵吞。只要事事让皇帝满意,还可得到大量赏赐,至于花费的大小,已达"盛世之治"的乾隆并不在意,更不去过问他宠信的这位臣子。据记载,乾隆五十三年(1788)乾隆帝一次就亲自从张家口赋税收入中拨出三千万两白银由会办事的和珅支用。这些银两大都流入了和珅的私库。

和珅不仅利用职务之便大肆贪污,而且索贿、纳贿。在清代中央政治机构中,内阁大学士声望最高,军机大臣权力最大,御前大臣和内务府总管大臣与皇帝最接近。这四项关键职务和珅都担任了,而且还兼任了吏部尚书和户部尚书,有了用人权和财政权。他曾行文各省,要各省凡给皇帝的奏折都要先向军机处提交副本,这无形中将各地大员向皇帝直接奏事的权力剥夺了,将他们直接掌握在自己手里,使得他们不得不对他俯首帖耳,唯命是从。有敢违逆和珅意志的均受到排挤或清除。这样一来,从朝廷到地方内而公卿大臣,外而督抚藩臬,为了保住自己的地位,纷纷投到和珅门下,争相进贡,讨好和珅。即便例行公事,如不给贿赂,他也会故意刁难;至于升官,则更需以钱铺路。在和珅那里大小官职都有定价,出多大价做多大官。盐政总督、河道总督当时是两个最大的肥缺,标价也最高,想得此职者必以"巨万纳其府库。"

由于乾隆帝喜欢游山玩水,每次巡游都穷奢极欲,尽情挥霍,再加上连年用兵、大兴土木,国库渐渐空虚,国家每年正常的财政收入已是不敷支用,对此,掌握财政大权的和珅想出了一个"计划外"开支的办法:议罪银。议罪银主要是为皇帝聚财的措施,又称罚银或自行议罪银,其对象主要是各省督抚、盐政、织造、税关监督等大员。他们一旦犯罪,就必须交出罚银,以免于查处。罚银的数额视罪状的轻重而有所不同。这些罚银归皇帝私人使用。和珅作为议罪银的主要负责人,除使部分议罪银落入自己私囊外,还可以借此索贿受贿。许多官员担心自己被议罪而罚以巨款,便早早向和珅行贿,预为铺垫。这样,一旦获罪,和珅从中周旋,就会大事化小,小事化了。

乾隆五十五年,皇帝八十大寿,和珅筹办庆典,皇宫内外装饰一新。从京城到圆明园,楼台歌树一律用金珠翡翠装点,假山上还设有木偶和尚,一动机关,便自行舞蹈。和珅又行文各省,令其进献宝物贺寿。乾隆陶醉于自己的文治武功,并不加阻,他以为富商巨贾,其奢侈尚比于王公,治成"盛世"富有一国的他享受一下也无可厚非。不料,庆寿刚完,内阁学士尹壮图上得一本奏疏,内称:现督抚犯法,处罚交银数万两,督抚借口缴纳罚银勒索州县官员,造成州县亏空,于廉政不利,请永停罚银之例;各省督抚声名狼藉,吏治废弛,商民皆蹙额兴叹,各省风气大抵皆然;请简派满洲大臣,密往各省盘查亏空。一向比较自信的乾隆见有人如此诋毁他的"盛世之治",反对为他的享受筹集资金的措施,一时勃然大怒,他简直听不进这样的忠言,下旨道:

朕自御极以来,迄今已五十五年,寿跻八秩,综览万机,自谓勤政爱民,可告无愧于天下,而天下万民亦断无泯良怨朕者。兹据归政之期,仅有数载,犹恐年耄倦勤,稍有弛懈。唯日孜孜,冀仰答昊苍鸿贶。每于召见内外大小臣工时,以朕办理庶务情形,时加谘访,佥称朕精神强国,办事日益勤励。若如尹壮图所奏,则大小臣二等皆虚词贡谀,面为欺同。而朕五十年以来竟系被人蒙蔽,于外间一切情形全无明察,终于不知矣。著尹壮图将所奏直隶等省亏空者何处?商民兴叹究系何人?月选官议论某缺亏空若干又系闻自何人传说?逐一指实复奏。若果查询得实,朕从不肯颟顸混过,自有办法。尹壮图不可徒以空言无实,自蹈欺罔之咎也。

总之,乾隆不相信他的"盛世之治"竟会招致民怨;不相信大小百官皆虚词贡谀,唯独他尹壮图是实言相告;他也决不相信自己五十年来是昏暗不明,受人蒙蔽。因此,言语之间对尹壮图充满不信任,对尹壮图上疏的动机有所怀疑。由此可见,和珅把持朝政之黑暗和乾隆所受蒙蔽之深。晚年的乾隆不知道和珅已耗虚了国财,给他所维持的仅是一个"盛世"的空架子。这一点和珅当然不能让尹壮图向乾隆捅破,也不能容忍他否定自己当政的"成绩",因此,理所当然地要阻挠密查,保护那些同他狼狈为奸的贪官,以达到继续蒙蔽皇上的目的。

乾隆要尹壮图拿出证据来,尹壮图说各省都有亏空,愿随钦差大臣一同盘查。和珅对乾隆说,皇上不能只相信尹壮图一人,而不相信自己精心挑选的大臣。于是奏请派他的爪牙侍郎庆成为钦差大臣。乾隆准奏,就让庆成与尹壮图先往山西盘查亏空。为了发泄他对尹壮图的怒气,乾隆说,尹壮图是自请前往,不能算是公务,让尹壮图个人负责旅费开销。庆成本来就是个贪官,到山西后,按和珅的授意,并不马上盘查,先暗中送信,玩乐宴饮以拖延时日,等地方官把府库亏空挪移充足,才去开库检查。这样一来,所查之处皆无亏空,弄得尹壮图只好承认自己的奏疏"实为过当",恳请"回京待罪"。但乾隆还不放手,定要他同庆成再往直隶、山东、江南各省盘查。其结果自然是"所查皆无亏空"。乾隆又寄谕尹壮图,问他在途中是否看见"商民皆蹙额兴叹"。已知大忤上意处境极为难堪的尹壮图不愿再做无谓的挣扎以激怒乾隆,于是奏折中写道:"所过淮、扬、常、镇以及苏州省会,正当新年庆贺之时,溢巷摩肩,携豚沽酒,童叟怡然自乐。"

在这次反贪斗争中刑部以"挟诈欺公妄生异议"的罪名判处尹壮图斩决。不过还是乾隆宽大,只要在"事实"面前尹壮图服软,他的大清帝国还是盛世,乾隆就满足了,放心了,严厉地处置尹壮图并不是目的。况且尹壮图所言或许有之,只是并非如他所说的一片漆黑,他所奏只是过当,可能并非没有根据。这样想着,乾隆便将尹壮图从轻发落,将死刑改为革职留任。

尹壮图反贪的失败同曹锡宝弹劾和珅家人的失败有着惊人的相似。此次斗争使反贪人士遭到沉重打击,一直到乾隆去世,再也没人敢像尹壮图那样出来公然反对了。另一方面,以和珅为首的贪官是大大地胜利了。这次斗争和珅不仅通过他的爪牙在保护各地贪官中得到大量贿赂,而且更重要的是反贪人士的噤言为他以后的索贿、受贿创造了良好的氛围。从此以后,和珅的索贿、受贿变得明目张胆,各地贪风日炽,政治更加腐败。

由于把持朝政大权的是贪神和珅,只要舍得花钱,不但官能做稳,而且可以升迁,甚至犯罪也可以得到这尊大神的周旋保护。因此,各级官吏更加肆无忌惮地搜刮和贪污资财,争先向和珅进贡。这样一来,和珅受贿的价码也越来越高。两淮盐政征瑞一人,先后就贿赂和珅四十万两银子。有的官员则不惜代价购买奇珍异宝,投其所好。和珅每天早晨都服用一粒珍珠,以延年益寿,增强记忆。江苏吴县(今苏州)有个珍珠商得知这一情况后,想到了一个发财的办法,他把每个珠子用赤金包裹成丸状,增加了珠子的价值,大粒2万金,次者万金,最便宜的也有八千金。价钱尽管昂贵,但为了讨好和珅,官员们仍争相购买,生怕买不到。

向和珅行贿的官员太多了,以至于出现行贿无门的情况。有一个山西巡抚派他的属下带二十万两银子专程到京城给和珅送礼,和府无人接待,这个人打听出其中的原委后,以五千两银子作"小费"求见,结果只出来了一个年轻奴仆,张口就问"黄的(指黄金)还是白的(指银子)?"态度十分傲慢。当听说是白的时,他便让手下人收入外库,然后给了送礼人一纸便条,说:"拿这个回去为证吧。"说完即返身入内。送礼人一打听,这个年轻奴仆原来是个门子。送了二十万两银子竟连和珅的面也没见上,见个门子竟花了五千两,他不由得长叹道:"侯门深似海,和府财如山。"

为了获得大量的资财向和珅行贿并供自己挥霍,各级官吏除向百姓搜刮外,还有恃无恐地大量动用国库,各省的亏空更趋严重,吏治更加腐败。有的因后任不肯接受前任的亏缺,上司出面说合;有的虽接受前任亏缺,离任时照旧亏欠;有的本来没有亏空,离任时将库中银两拿走,名曰"做亏空"。这样一来,搞得处处亏空,且数字惊人。由于这些官吏们将负担最后都转嫁到人民头上,使国计民生受到严重影响,从而激起民变,各地起义不断,社会动荡不安。大清帝国从此元气大伤,渐渐地衰落下去。

与国库亏空财政告急的情况相反,和珅家的仓库虽然一个又一个地盖,仍然不够用;有时不得不"夹墙藏金""地窖藏银"。

和珅通过贪污受贿、聚敛起大量的金银珍宝,虽说已有了个人大肆挥霍的物质生活基础,但破绽明显,过于招眼。因为凭俸禄和皇帝的赏赐是很难支撑起那种大肆挥霍的物质生活的。狡猾的和珅,用他库藏的赃银或其他手段置办了许多产业,不仅以此作为他巨额收入的堂而皇之地借口,还可由此再增加一些收入。

根据清代官方档案记载,和珅拥有的土地共计十二万六千六百亩,主要集中在直隶、热河及京津地区。这些田产有的是乘人之危低价买进的,有的则是向有求于他的人直接索取的。另外,和珅还用相当一部分钱财去放债,并开有当铺、银号、钱庄,以实现钱财增值。他的当铺有七十五座,银号、钱庄有四十二座,共计本银三千零四十万两。和珅还经营工商业,他开有粮店、酒店、瓷器店、灰瓦店、旅店等。总之,凡是有利可图的行业,他都去投资。在经营中,他倚仗自己的权力排斥同行,垄断市场,从中牟利。尽管这些产业的收入也是一笔不少的数字,但比起他的贪污和受贿所得,那是小巫见大巫,不值一提的。

总之,和珅通过种种手段聚敛起无法统计的财富,在当政的二十年里,他不仅爬上了人臣权力的顶峰,而且成为当时天下的首富。

奢侈生活

小人终生营谋只为逞一己之私欲。身登高位的和珅,不以社稷安危为重,更不念黎民百姓之疾苦,日以欺蒙阿谀为务,维持着乾隆对自己的宠信,把持朝政,对下颐指气使,张扬个人意志,过足了"官"瘾,同时,又"靠官吃官",大量受贿,榨尽民脂民膏,聚起惊人财富,过着豪华奢侈的腐朽生活。史书说他的生活食用"豪侈富丽,拟于皇室",这绝不是夸张之说。

和珅曾为内务府大臣,各处上贡的山珍海味,稀有特产,无不经过他手,他从中侵吞,皇上桌上有的,他桌上自然也有。后来,他大权独揽,皇帝又宠信无比,各级官员对他的巴结胜过对皇帝本人,因而和珅桌上所列珍味,皇帝老子的御膳未必就能赶上。美味之奢,无须细述,单道一事,亦可想其见平日食用之一斑。和珅为增强记忆,益寿延年,每天要服用上好的新鲜珍珠一粒。而这些珍珠是各地达官贵人以每粒八千至两万两银子不等价格买来进贡给和珅的。我们曾在前面提到过这件事。和珅每日所食,且不说他珍味价值几何,即此一项,不知需要多少百姓一年的血汗钱才能负担得起。

饮食如此奢侈,衣着自不寒酸。和珅当政时,人们只见和府男女轻裘锦绣,难知其详。后来和珅被诛,在清查他家产的账单上,单貂皮就有一千五百多张,狐皮一千多张,其他各种上等皮毛不计其数,另外,他还有绸缎库两间,各种衣服五千三百多件。和珅的衣服很讲究,他有一件衣服的纽扣全部是精致绝伦的西洋小钟表做成。又据说和珅患有腿病,每个夏秋之间就要发作。不知谁献了一方,和珅为了减轻痛苦,上朝前就要让家人杀一条狗,用剥下的热狗皮包在膝盖上,然后乘轿或肩舆入宫。有多少狗因和珅而丧命,无人统计。

随着和珅官位的加高,财富的剧增,和府规模越来越大,修造也越来越豪华。和珅的宅第在当时京城权贵中是名列前茅的。它北临前海(今什刹海),南近北海,周围河渠纵横,风景秀丽,水色宜人。和府分左、中、右三路建筑。中路建筑的两侧是各有四五进院落的两路住房,两路建筑的最后一进院落连在一起,这个院落的五间正房号为"锡晋斋",该房是以名贵的楠木为料建筑而成。三路建筑最后是后花园。园内有假山、亭阁、戏楼,还有仿长城的建筑物。整个宅第还有一个特别之处,就是它安有路灯数十对,陈设太平铜缸五十余个。这两样东西连同楠木建筑是只有皇宫才能享用的。

可供和珅玩乐的花园有三处,但豪华富丽一如皇宫当数淑春园。淑春园是乾隆帝赐给和珅的。这个园位于今北京西北郊海淀一带,大约是乾隆初年开始修建的。乾隆晚年,精力不济,对大权独揽的和珅特别依重,为了酬劳他的这位宠臣和亲家,特将此园赐给和珅。和珅成为园的主人后,改其名为"十笏园"。这个园名,既可以看出皇上依任之重，宠遇之隆，也可以道出他政务之劳，辛苦之甚。同时，我们从中也不难看出他的炫耀，看出他对此园"受之无愧"的巧妙说明。和珅拥有此园之后，不惜重金对全园进行了一次大改造，内部的建筑和圆明园中的蓬岛、瑶台一模一样。新园遍种名花异草，房屋式样均仿照大内宁寿宫的建筑，富丽堂皇，华贵雍容。园内计有房屋一千零三间，游廊楼亭三百五十七处；另有马圈一处，计房四十五间。修园所费难以计算，光是园内的一尊太湖石，据说就花了数千金才运来。耗费之巨可想而知。除此之外，和珅在热河避暑山庄附近及其他地方还有不少住宅。和珅的府第为一些王公大臣所羡慕。庆僖亲王永璘，是乾隆的第十七个儿子，他对争取储位并不热心，对和珅的府第却很感兴趣，他曾说："天下至重，怎么敢存非分之想，只希望圣上他日能将和珅邸第赐我居住就心满意足了。"后来嘉庆亲政，没收了和珅住宅，随即赐给庆僖亲王一处，满足了他的愿望。

乾隆五十五年（1790），和珅的儿子丰绅殷德同乾隆最喜爱的皇十女固伦和孝公主结婚后，和珅将丰绅殷德夫妇安排在淑春园的西半部分居住，和珅自己和他的妻妾们则住在东半部分。

和珅的妻子冯氏，在和珅受诛的前一年去世了。当时葬礼十分隆重，出殡时，王公大臣无不往送，一时间车马为之拥阻，真是景况空前。和珅除正妻之外，还拥有许多姬妾。里面有商人、下属送给他的美女，也有内廷中遣出的宫女，还有别人遗留下的侍妾。姬妾到底有多少，当时的人也说不清。这里只说一件事，大家可以去推想。据说有一次庆典，光给姬妾们买花和珅就用了数万钱。众多姬妾中，最受和珅宠爱的有两个，一个是被府中称为二夫人的长二姑，另一个是苏州女子吴卿怜。吴卿怜貌美聪慧，十五岁时被浙江巡抚王坤望纳妾。后来，王坤望因贪污罪受诛，吴卿怜为侍郎蒋锡坤所得，蒋为了讨好和珅又将其献给和珅。和珅十分迷恋吴卿怜，同她常在一起饮宴、吟诗。为讨她欢心，还特地给她建了一座小楼，名曰"迷楼"。后来和珅被赐死，吴卿怜也自缢身亡，且留下一首悲怆凄婉的诗：

晚妆惊落玉搔头，
家在西湖十二楼。
魂定暗伤楼外景，
湖边无水不东流。

权倾朝野、位极人臣的和珅竟也落了个亡身破家的结局，几度适人的吴卿怜对未来彻底绝望了。自己会渐渐地人老珠黄，若再适人，此人再败，何人是依？再说，所依之人未必如和珅那样宠爱她。人活百年，总须一死。与其委屈求全所适非人，凄惨度日，勿宁一死，早为解脱。何况和珅不论怎么说对她有"知遇"之恩，她自己心中也不忍割舍。思想至此，心情凄凉而哀伤的吴卿怜，在抄家的人进门时，悬帛自尽，一缕芳魂寻和珅去了。

为了服侍一家大小，和珅使用了大量的家奴和婢女，并且还利用职权大量使用公役人员，步军统领巡捕营在和府供役的就有一千多人。这些奴才也狗仗人势，欺压良民，敛财挥霍。一切没廉耻的达官贵人也巴结他们，进献财物，甚至与之联姻。和珅的大总管刘全造的房子有一百多间，规模不亚于王公大臣的官邸，它的家产有二十余万。和府还有一个管家呼什图，时称"内刘"，家资也有十余万，他替他的三个弟弟分别捐纳了知州、守备、州同等官衔。

和珅虽位极人臣、富甲天下，但他毕竟是人臣，这一切都是靠伺候颜色、阿谀逢迎得来的,并且还要靠这一手去维持,他的身心无疑受到压抑,他的种种欲望也无疑受到种种限制。人的欲望是无限的,特别是和珅这种贪婪的人更是如此。他对于受到的种种限制心有不甘,常常是采用曲折的方式去满足自己。为了过"皇帝瘾",每至夜深,和珅在灯下穿戴起皇帝的衣服,把朝珠悬挂在脖子上,对着一面大镜子或走或停或说或笑,发号施令,颐指气使,品尝身处人世权力顶峰的虚假的"快乐"。待过足了瘾,他才有所失落地取下朝珠、脱去衣服。这一切和珅是悄悄去做的。

在人世,和珅所享受的荣华富贵达到了一个人臣所能达到的极点。在他看来,他的后代即使不去做官,偌大的家业,也够他们消受的了。对于子孙的未来,他基本是放心的。可恼的是人总是要死的,他和珅也不例外,已进入老年的他不能不考虑这个问题。他太留恋人世的荣华富贵了,他不愿撒掉这一切。在去地府之前,他要将后事安排好,他想把这人世的尊荣豪侈带进地府去。假如他知道将转生何处,他也一定会妥为安排,以求生生世世永享此荣华富贵。可惜他只知道今世完了之后要进地府,其他则不得而知。和珅在蓟州选了一大块土地,预建地府宅第,即所谓生坟。该坟建筑壮观,外围墙长二百丈,内围墙长一百三十丈;里面有石门楼一座,石门两扇,前开隧道;盖有正房五间,东西厢房各五间,正房称亭殿,厢房称配殿,大门称宫门。坟的四周,还建有大批阳宅,计房屋二百一十九间,和珅派十几户家奴守护。当地人称这座坟为"和陵"。坟的规模和陈设超越了规定。亲王墓地的周长不过百丈,而和珅比亲王的还涨了一倍多,简直是想同皇帝老子相比了。不幸的是和珅辛苦所营竟成徒劳,死后终未居身其中。

受诛嘉庆

古人有言:玩火者必自焚,玩水者必自溺。权相和珅怙宠贪恣,滥施淫威,蠹国害民,埋下了大清帝国社会危机的祸根。晚年重在做"快活天子"的乾隆没有想到他留给子孙的已不是什么"盛世",而是内部已腐烂不堪、创痕累累且已开始动荡的大清帝国,一个由此开始走向衰落的大清帝国。月圆则亏。封建社会虽说有其自身难以克服的矛盾,但人事方面的影响也是十分重要的,至少它对国家的治乱兴衰会起到一种延缓和加速作用。大清帝国走到目前这一步,乾隆与和珅负有不可推卸的责任。然而,历史对他们的惩罚却大不相同。以"十全老人"自命的乾隆,做着"功德圆满"的好梦安然崩逝。他的儿子很隆重地葬了他。至于作恶多端、积怨太深的和珅,在扰乱了大清的同时,也毁掉了自己,落得一个亡身破家的结局。

乾隆在位时,和珅位尊崇厚,有泰山之安,平日只顾哄这位已衰老的皇帝开心,从未认真考虑过像他这样的宠臣和重臣会受到什么威胁。但在公元1795年,和珅的内心却受到了极大的震动。

这一年,乾隆八十五岁,在位已六十年。他决定正式公布密立的储君,并于明年禅位于新君。和珅从乾隆那里已预知这位储君为十五阿哥嘉亲王颙琰。乾隆的这一做法使和珅吃惊不小。春风得意、气焰熏天、胡作非为的和珅一下子从对自己权势的陶醉中清醒过来:乾隆帝已是风烛残年的老人了,这个靠山如即将崩溃的冰山,难以长久地靠下去了。他没有任何理由阻止一位老皇帝建立储君,他将要面对一位自己并不十分了解,心中毫无把握的新君。这是一个难以否定的事实。明年老皇帝就要禅位,他的思想还没有做好接受新君的准备,新君如何待他,更是不得而知。他从来没有像现在这样切切实实地感到自身受到了一种严重的威胁。

乾隆决定的禅位时间,对于还未巴结好新君的和珅来说太仓促了。他当然愿意老皇帝在位,虽说面对新君是迟早的事,但老皇帝在位一天,他能心安一天,至少可以赢得从容巴结新君的时间,为继续受宠于新君,保持自己既得的一切打好基础。想到这里,和珅向乾隆启奏道:"内禅的大礼,史书上虽然常有记载,也没有多少荣耀的地方。只有尧传舜、舜传禹才是旷古盛典。帝尧传位时,已在位了七十三年;帝舜六十一岁始践帝位,在位三十九年才传位于禹。当时,尧舜的年纪,都已到一百岁左右,皇上精神矍铄,一定会比尧舜还要长寿,再在位一二十年,传给太子也不算迟。况且四海之内仰皇上若父母,皇上多在位一日,百姓也多感戴一日,奴才等近沐恩慈,尤愿皇上永远庇护。尤马尚知恋主,难道奴才不如犬马吗?"

从前,和珅伺乾隆喜怒,所言无不听从,不料这次却难以劝转,只听乾隆说道:"爱卿只知其一,不知其二。朕二十五岁即位,曾对天发誓,如果能在位六十年,就传位于太子,不敢超过皇祖在位六十一年之数。蒙上天保佑,甲子已周,初愿已尝,怎敢再生奢望?皇十五子颙琰,克肖朕躬,所以朕将公开宣布他为皇太子,明年禅位。如果怕他初登大宝经验不足,出什么差错,这时朕躬尚在,自然会随时训政,不劳爱卿忧虑。"

和珅听后无话可说,但心有不甘,于是又暗中运动和硕礼亲王永恩等人联名上奏,请乾隆帝暂缓归政。乾隆帝仍不改初衷。和珅见事无可挽,不得不另作打算。不过,乾隆虽说明年禅位,但也明确表示"随时训政",并未彻底放权,禅位只是个形式问题。这一点让和珅多少有些心安。话又说回来,乾隆已是风烛之年,他必须抓紧老皇帝在世的时间,搞好同新君的关系,以便能继续受到宠信,一如乾隆在时。否则的话,怕将来乾隆驾崩,新君亲政,于他和珅是大有不便了。他现在觉得自己须立即行动起来,积极去消除自己所感到的威胁以及由此带来的不安。

基于自己得宠的经验,和珅为邀新君欢心,依然决定采用那套讨好逢迎的手段去达此目的。在乾隆帝于当年(1795)九月初三日宣布册立颙琰为皇太子的前一天,和珅为了表明自己对新君的"拥戴",拿了一柄表示吉祥、喜庆的如意,来到颙琰府上进献,暗示喜事就要来临,他先表祝贺。和珅想通过泄露机密取悦颙琰,为将来在他手下站稳脚跟捞取政治资本。

嘉亲王颙琰聪敏好学,性格内涵,且以仁孝见称,他得以成为皇太子是和他这些自身条件分不开的。和珅今天前来预先透露消息,对于大清的状况以及自身的处境十分清醒的颙琰的心情却是复杂的。他知道父皇交给他的将是一个急待整顿的烂摊子,但在父皇的有生之年他却不能去打破他的"盛世"之梦,否则,自身之位难保,整顿大清也将成为一句空话,他只能顺从父皇之意,等待这位老人归天之后再行整顿;再者大清这种已露衰败之象的局面的形成,奸佞和珅有无法推卸的责任,他真想早除此贼,但他现在不能,确切地说,父皇在世之日他不能有所动作,因为他知道父皇对和珅的信任甚至超过了对他们这些皇子们的信任,他得罪了和珅,同样会威胁到自身的位子,对于和珅,他目前也只能隐忍不发,且谨慎以待。见和珅以泄密来邀"拥戴"之功,颙琰既不表特别的感激,也不表特别的冷淡,不温不火,喜怒不形于色,让狡猾的和珅看不出他的心思。以常理相推,知自己将为皇太子岂能不高兴?知某人拥戴岂能不感激?善于伺候颜色的和珅却从颙琰脸上看不出个究竟来,只得以为他就是这么个性格罢了。

乾隆六十年九月三日宣布册立颙琰为皇太子,第二年(1796)正月初一举行归政大典,将象征皇权的"皇帝之宝"亲授给皇太子,自己称太上皇,本年即称嘉庆元年。归政之后,乾隆继续执掌国家重务,用人行政,非他莫属。他才不愿做一个无权的太上皇,使自己像历史上曾有的一些太上皇那样受制于人。嘉庆名义上是皇帝,但在乾隆心中,他顶高也没有高出皇太子的地位。不过,岁月不饶人,乾隆的精力是越来越不济了。始终不肯给自己不放心的嘉庆放权的乾隆,不得不更多地依靠宠臣和珅替他处理政务,和珅得意非常,也狂妄非常。虽然如此,他并没有忽视嘉庆的存在,相反,对这个让人摸不透的嘉庆,他是警惕的。他不能让新皇帝培植自己的人,另起炉灶,拆自己的台;他要让新皇帝任用他就像老皇帝一样,他要想尽一切办法控制这位新皇帝。

归政后,乾隆想把正在两广总督任上的朱珪召为大学士。这触动了和珅敏感的神经,因为朱珪不是别人,而是嘉庆帝的老师。朱珪和嘉庆帝感情非常好,嘉庆帝十分敬重他。这人若被召为大学士,他和珅的位子岂能不受威胁?善于保护自己、狡猾阴险的和珅,在自己不知道谁将被密立为皇太子时,早就注意伺察每位皇子的过失,作为将来控制他们的资本,正所谓"闲时备下,忙时用"。他这一具有"远见"的工作这下派上用场,不但排挤了朱珪,也使嘉庆帝险遭阴沟翻船。

原来乾隆五十五年这一年,既是乾隆八旬大寿,又是朱珪花甲之年。颙琰情不自禁,竟不顾避讳地在贺诗中把父皇与老师联在一起。诗曰:

> 圣主八旬岁,鸿儒花甲年。
> 三天德凤著,五福寿为先。
> 律转浃辰纪,辛占二百前。
> 芝颜驻丹景,艮背贯渊泉。
> 鹤下瀛洲树,花摇海岳烟。
> 千眷桃结实,十丈藕成船。
> 论道心追洛,传家族茂燕。
> 吏铨资重任,台鼎待名贤。
> 文笔超韩柳,诗才贯道禅。
> 早锤爪胈盛,不使葛滕牵。
> 设醴诚难馨,尊师独敬尊。
> 期颐长颂祷,如阜更如川。

这首诗,和珅早就盯上了,不过,到现在它才有了利用价值。和珅偷偷地取来这首贺诗给乾隆看,说嘉庆早就想"市恩于师傅。"乾隆大怒,准备治嘉庆的罪,多亏董诰劝谏才得以作罢;但对朱珪,不久就因他事降为安徽巡抚,并谕令"不得内召"。

嘉庆帝经此一挫,对和珅更加小心,表面上似乎也很倚重和珅。遇有需要上奏太上皇的事,就托和珅代言。一些近臣认为不当如此,嘉庆说:"朕正依靠相公处理四海事务,你们这些人怎么可以轻视呢?"和珅还不放心,又推荐他的老师吴省兰给嘉庆抄录诗稿,以便监视其动静,嘉庆当然知道和珅的用意,吟咏中一点也不露出对和珅的不满。这样,和珅才安了心。

此时的和珅任首席军机大臣,并兼管吏、刑、户三部事务,是精力严重不逮的乾隆处理政务所依靠的得力大臣。太上皇的过分宠信和倚任以及新皇帝的隐忍退让,使手握军政财大权、总揽一切的和珅产生了这样的感觉:老皇帝一点也不离开他这个国家重臣,特别是现在,这个感觉是真实的;他又有一个感觉,即不及乃父、缺乏经验的稚嫩的新皇帝,也会倚重他这个老皇帝曾倚重二十年的能臣,这是一个错觉。对这个错觉,他有一套"合理"的解释:嘉庆以仁孝见称,其父所重,岂能不重? 自己有"拥戴之功",嘉庆岂无感激之心? 嘉庆无理政经验,岂能不需要他这个身历多职、熟悉国家事务的国家重臣为自己效力? 如此一想,他和珅真是为新老皇帝所重的"国宝"了。

和珅心中春风轻拂,难免得意忘形。老皇帝在圆明园召见和珅,和珅竟然骑着马直进左门,过"正大光明"殿至寿山口,大失人臣之礼,一派无父无君的气势。八十几岁的老皇帝身体不佳,批折里的字的笔画有不真的地方,和珅胆敢说"不如撕掉,"竟然另行拟旨。训政期间,乾隆的很多谕旨是由和珅传达出来的。和珅的专权比以前更甚,虽然人人侧目,却无可如何。

嘉庆三年(1798)和珅被封为一等公爵,荣耀无比。但他哪里知道这是他人生历程的"回光返照"。不动声色的嘉庆郁积的怒火正在待机喷发,准备烧毁他这个祸害大清的恶魔。

嘉庆四年(1799)正月初三日上午,已走过八十九个年头的乾隆帝驾崩,约束嘉庆帝的绳索终于打开。他虽有丧亲之痛,但更多的是解脱之后的轻松和除奸之急切。他三年多的隐忍难道不正是为等这一天吗? 对父皇留下的内创累累、积重难返的疲败政局,他必须迅速予以匡救;而要整饬内政、挽救危机,必须从铲除大奸和珅入手,这一点他早已计划好了。

嘉庆帝现在对和珅简直是一天也不能容忍下去了。再说和珅手握重权,若有迟疑,可能会有不测之事。为先发制人,嘉庆帝不惜在大丧之日动起手来。乾隆帝驾崩的第二天,嘉庆就褫夺了和珅军机大臣、九门提督两职,让他同其死党福长安昼夜守值殡殿,"不得任自出入。"这实际上是将两人软禁起来,让其无法作乱。当天,又发了一道上谕,明揭种种积习流弊,为顾全皇考的体面,尽力将各种责任下移,说"伊等之意,自以皇考高年,唯将吉祥之语入告"。将矛头直指和珅。

政治嗅觉比较敏感的官员们从嘉庆帝的言行中看出了诛除和珅的序幕已经拉开。乾隆帝的去世使和珅失去了政治上的靠山,正式亲政的嘉庆帝的行动完全出乎和珅的意料,他非但不重用他这位"老臣",而且对他发起了咄咄逼人的攻势,使他方寸大乱,处在一种任人摆布的被动境地。和珅的"威势"已经倒了。早就想铲除和珅的正直的大臣和曾依附和珅的政治上的投机分子都看准了这个时机,纷纷揭露和珅。

正月初八日,嘉庆帝以给事中王念孙、御史广兴等列款纠劾,宣布夺大学士和珅、户部尚书福长安职,下狱治罪。特命皇兄仪亲王永璇、成亲王永理前往传旨,由武备院卿、护军统领阿兰保监押以行。同时,嘉庆帝又当即令钦差查抄两人家产。所查和珅家产的清单如下:

赤金首饰共三千六百五十七件,东珠八百九十四粒,珍珠一百七十九挂,散珠五斛,红宝石顶子七十三个,祖母绿翎管十一个,翡翠翎管八百三十五个,奇楠香朝珠六百九十八挂,赤金大碗五十对,玉碗十对,金壶四对,金瓶两对,金匙四百八十个,金盆一对、金盂一对,水晶缸五对,珊瑚树二十四株,玉马一只,银杯四千八百个,珊瑚筷四千八百副,镶金象箸四千八百副,银壶八百个,翡翠西瓜一个,猞猁狲皮八十张,貂皮二百六十张,青狐皮三十八张,黑狐皮一百二十张,玄狐皮一百八十张,海虎皮三十张,海豹皮十六张、西藏獭皮五十张,绸缎四千七百三十卷,纱绫五千一百卷,绣蟒缎八十三卷,猩红洋呢三十疋,哔叽三十疋,各色布四十九捆,葛布三十捆,各色皮衣一千三百件,绵夹单纱绢衣三千二百件,御用纬帽二顶,织龙黄马褂二件,酱色缎四开褉袍二件,白玉玩器六十四件,西洋钟表七十八件,玻璃衣镜十架,小镜三十八架。铜锡等物七千三百余件,纹银一百零七万五千两,赤金八万三千七百两,钱六千吊,房屋一千五百三十间,花园一所,房地契文五箱,借票二箱,杂物不计。

清单统共一百零九号。除金银铜钱外,有二十六号,当时估价,已值白银两亿两千三百八十九万两。另外八十三号,还未曾估价。如果按近人梁启超的估计,和珅的全部家产大概有八亿两之巨。当时清政府全年的收入才七千万两白银,当权二十年的和珅的家产竟比清政府十年收入的总和还要多,难怪在正月十七宣布这些查抄清单后,人人瞠目,以至当时在民间流传起"和珅跌倒,嘉庆吃饱"的谣谚。历史上曾有的巨富王崇、石恺简直无法与和珅相提并论,就是皇帝老子恐怕也没有过这种大家私。和珅是中国有史以来名副其实的头号蠹国肥私的大贪污犯。

正月十一嘉庆帝又发了一道上谕:

和珅受大行太上皇帝特恩,由侍卫拔擢至大学士。在军机处行走多年,叨沐殊施,无有其比。朕亲承付托之重,猝遭大故,苦块之中,每思三年无改之义,皇考简用重臣,断不肯轻为变易。今和珅情罪重大,并经科道诸臣列款参奏,实有难以刻贷者。是以朕于恭颂遗诏日,即将和珅革职拿问,胪列罪状,特谕众知,除交在京王公大臣会审定拟外,着通谕各督抚,将指出和珅各款,应如何议罪?并此外有何款迹?各据实复奏。

各省督抚多是指斥和珅一番后,请求将其处死。正月十五日嘉庆正式公布了和珅的二十大罪状:

朕于乾隆六十九年九月初三,蒙皇考册封为皇太子,尚未宣布谕旨,而和珅于初二即在朕前先递如意,漏泄机密,居然以拥戴为功。其大罪一。

上年正月,皇考在圆明园召见和珅,伊竟骑马直进左门,过正大光明殿,至寿山口,无父无君,莫此为甚。其大罪二。

又因腿疾,乘坐椅轿抬入穴内,肩舆出入神武门,众目共见,毫无忌惮。其大罪三。

并将出宫女子娶为次妻,罔顾廉耻。其大罪四。

自剿办教匪以来,皇考盼望军书,刻萦宵旰。乃和珅于各路军营递到奏报,任意延搁,有心欺蔽,以致军务日久未竣。其大罪五。

皇考圣躬不豫时,和珅毫无忧戚,每进见后,出向外廷人员叙说,谈笑如常,丧心病狂。其大罪六。

昨冬皇考力疾披章,批谕字划间有未真之处,和珅胆敢口称不如撕去,竟另行拟旨。其大罪七。

前奉皇考谕旨,令伊管理吏部、刑部事务,嗣因军需销算,伊系熟手,是以又谕令兼理户部题奏报销事件。伊竟将户部事务一人把持,变更成例,不许部臣参议一字。其大罪八。

上年十二月内,奎舒奏报循化、贵德二厅,贼番取众千余,抢夺达赖喇嘛商人牛只，杀伤两命，在青海肆劫一案。和珅竟将原奏驳回，隐匿不办，全不以边务为事。其大罪九。

皇考升遐后，朕谕令蒙古王公未出痘者，不必来京。和珅不遵谕旨，令已未出痘者，俱不来京，全不顾国家抚绥外藩之意，其心实不可问。其大罪十。

大学士苏凌阿两耳重听，衰迈难堪，因系伊弟和琳姻亲，竟隐匿不奏。侍郎吴省兰、李璜、太仆寺卿李光云，皆曾在伊家教读，并保列卿阶，兼任学政。其大罪十一。

军机处记名人员，和珅任意撤去，种种专擅，不可枚举。其大罪十二。

昨将和珅家产查抄，所盖楠木房屋，潜侈逾制，其多宝阁及隔断式样，皆仿照宁寿宫制度，其园寓点缀，竟与圆明园蓬岛、瑶台无异，不知是何肺肠？其大罪十三。

蓟州坟茔，居然设立亭殿，开置隧道。附近居民有和陵之称。其大罪十四。

家内所藏珍宝，内珍珠手串，竟有二百余串，较之大内多至数倍，并有大珠，较御用冠顶尤大。其大罪十五。

又宝石顶并非伊应戴之物，所藏真宝石顶有数十余个，而整块宝石不计其数，且有内府所无者。其大罪十六。

家内银两及衣服等件，数逾千万。其大罪十七。

且有夹墙藏金二万六千余两，私库藏金六千余两，地窖内并有埋藏银两百余万。其大罪十八。

附近通州、蓟州地方，均有当铺钱店，查计资本，又不下数十余万，以首辅大臣与小民争利。其大罪十九。

伊家人刘全，不过下贱家奴，而查抄资产，竟至二十余万，并有大珠及珍珠手串，若非纵令需索，何得如此丰饶？！其大罪二十。

其余贪纵狂妄之处，尚难悉数。

经刑部严讯，和珅对上述指控大多供认不讳。大学士、九卿等文武人员及翰詹科道官员经过会议之后，奏请将巨贼和珅照大逆律凌迟处死，将福长安照朋党律拟斩，并请即行正法。这时，便轮到嘉庆帝做最后的裁决了。

和珅亡身破家已成定局，皇妹和孝固伦公主无论如何求情，也无法使皇兄饶恕他的公公犯下的罪孽。万般无奈之下，只求能保全和珅的家眷，以及和珅的肢体。为了顾全皇考的体面和皇妹的面子，嘉庆帝作了一些非实质性的变通。正月十八他下达上谕：

和珅种种悖妄专擅，罪大恶极，于法实无丝毫可贷。因思圣祖仁皇帝之诛鳌拜，世宗宪皇帝之诛年羹尧，皇考之诛讷亲，此三人分位与和珅相等，而和珅之罪尤为过之。从前办理鳌拜、年羹尧皆蒙恩赐令自尽，讷亲则因贻误军机，于军前正法。今就和珅罪状而论，其压搁军报，有心欺隐。各路军营，听其意指，虚报首级，坐冒军粮，以至军务日久未竣，贻误军国，情罪尤为重大，即不照大逆律凌迟，亦应照讷亲之例，立正典刑。此事若于一二年后办理，断难宽其一线。惟现当皇考大事之时，即将和珅处决，在伊固为情真罪当，而朕心究有所不忍。且伊罪虽浮于讷亲，究未身在军营，与讷亲稍异。国家本有议亲议贵之条，以和珅之丧心昧良，不齿人类，原难援八议量从末减，姑念其曾任首辅大臣，于万无可贷之中，免其肆市。和珅著加恩赐令自尽。此朕为国体起见，非为和珅也，至福长安受皇考厚恩，即居和珅之次，且与和珅朝夕聚处，于和珅罪状，知之最悉，……乃始终并无一语，是其有心扶同徇隐,百喙难辞,……即照大学士等所请按例办理,实罪所应得。但科道中并未将福长安指款参劾,而所抄资产,究不及和珅十分之一二。和珅现已从宽赐令自尽,福长安亦著从宽改为应斩监候,秋后处决。并著监提福长安前往和珅监所,跪视和珅自尽后,再押回本狱监禁……

在这道上谕下达之前,因在刑部大狱中的和珅已知大势难回,时日无多了。他触景生情,把自己对嘉庆的怨恨以及对往昔岁月的眷恋,写进了他的《狱中对月》诗:

夜色明如许,嗟余困不伸;
百年原是梦,廿载枉劳神。
室暗难挨晓,墙高不见春;
星辰环冷月,缧绁泣孤臣。
对景伤前事,怀才误此身;
余生料无几,空负九重仁。

这首诗我们看不到他对自己罪行的反省,而更多的则是他对嘉庆的怨恨,这种怨恨在他临死前留下的绝命诗中,变成了一种隐晦的诅咒:"他时水泛含龙日,认取香烟是后身。"

正月十八日黄昏,执法官到监狱宣读了嘉庆帝的圣旨,和珅叩头谢恩之后,留下了文章开头提到的四句绝命诗。然后他对儿子和福长安说:"我和你等服事先帝甚久,本来应当一道同归。今皇上已有钟爱之臣,不再需要我们了,我就先走了。"说完,挂好白练,将脖子套入,福长安等跪在一边眼睁睁地看着和珅气绝身亡。此时的和珅不但丧失了他的阳宅,连在蓟州营建的阴宅也被尽行拆除。他的儿子丰绅殷德只得在原墓地附近寻了一块地方将他草草埋葬。曾经气焰熏天的和珅,曾经富可逾国的和珅,终于同他的富贵荣华一起烟消云散了。

和珅死后,于嘉庆元年(1796)病死于"剿"苗军中的和琳,此时也被削夺所赐公爵,撤出太庙,拆毁所立专祠。丰绅殷德因皇妹和孝固伦公主的情面,仍命留袭伯爵,让其在家安住,不许出外滋事。丰绅殷德后来慕道,向方士们学习养生术,结果得了喘痰,号咳了几十天后死掉了,死时年尚未交不惑之年。大学士苏凌阿系和琳姻亲,和珅引他入相,年逾八十,老迈龙钟,勒令致仕。侍郎吴省兰、李潢、太仆寺卿李兴云等,统是和珅所引用,黜革有差。真是树倒猴狲散,恃人不久长。

乾隆死了,巨贼和珅也死了,但政治腐败、积重难返的大清并没有因此而得到根本改观;尽管嘉庆帝后来费了九牛二虎之力,元气大伤的大清还是在动荡之中无可挽回地衰落下去。和珅之为害可谓大矣!